公司法判例研习

以韩国公司法为视角

著者（以姓氏拼音为序）

［韩］安秀贤　崔文僖　金建植　鲁赫俊
朴　峻　宋沃烈　尹荣信

译者（以姓氏拼音为序）

崔贞莲　韩文吉　黄晓敏　金李龙
金　艳　李　兰　朴正兰　许成花
张珍宝　赵银姬

法律出版社
LAW PRESS · CHINA

图书在版编目(CIP)数据

公司法判例研习:以韩国公司法为视角/(韩)金建植等著;张珍宝等译.-- 北京:法律出版社,2021
ISBN 978-7-5197-4975-0

Ⅰ.①公… Ⅱ.①金… ②张… Ⅲ.①公司法—研究—韩国 Ⅳ.①D931.262.29

中国版本图书馆 CIP 数据核字(2020)第 182659 号

신체계회사법
김건식 노혁준 박준 송옥렬 안수현 윤영신 최문희

著作权合同登记号
图字:01-2020-7674

公司法判例研习
——以韩国公司法为视角
GONGSIFA PANLI YANXI
—YI HANGUO GONGSIFA WEI SHIJIAO

[韩]金建植 等 著
张珍宝 等 译

责任编辑 陈 慧
装帧设计 凌点工作室

出版 法律出版社
总发行 中国法律图书有限公司
经销 新华书店
印刷 固安华明印业有限公司
责任校对 晁明慧
责任印制 胡晓雅

编辑统筹 教育出版分社
开本 787 毫米 ×1092 毫米 1/16
印张 30.5
字数 626 千
版本 2021 年 1 月第 1 版
印次 2021 年 1 月第 1 次印刷

法律出版社/北京市丰台区莲花池西里 7 号(100073)
网址/www.lawpress.com.cn
投稿邮箱/info@lawpress.com.cn
举报维权邮箱/jbwq@lawpress.com.cn
销售热线/400-660-8393
咨询电话/010-63939796

中国法律图书有限公司/北京市丰台区莲花池西里 7 号(100073)
全国各地中法图分、子公司销售电话:
统一销售客服/400-660-8393/6393
第一法律书店/010-83938432/8433 西安分公司/029-85330678 重庆分公司/023-67453036
上海分公司/021-62071639/1636 深圳分公司/0755-83072995

书号:ISBN 978-7-5197-4975-0
定价:98.00 元
(如有缺页或倒装,中国法律图书有限公司负责退换)

作者及译者简介

作者简介(以姓氏拼音为序)

安秀贤 梨花女子大学法学院毕业,首尔大学法学博士,韩国外国语大学法学院教授。

崔文僖 汉阳大学法学院毕业,首尔大学法学博士,江源大学法学院教授。

金建植 首尔大学法学院毕业,美国华盛顿州立大法律职业博士(JD)、法学博士(PhD),首尔大学法学院教授。

鲁赫俊 首尔大学法学院毕业,首尔大学法学博士,首尔大学法学院教授。

朴　峻 首尔大学法学院毕业,美国哈佛大学法学硕士(LLM),首尔大学法学院教授,1982—2007年任金张律师事务所律师。

宋沃烈 首尔大学法学院毕业,美国哈佛大学法学硕士(LLM)、法学博士(SJD),首尔大学法学院教授。

尹荣信 首尔大学法学院毕业,首尔大学法学博士,中央大学法学院教授。

译者简介(以姓氏拼音为序)

崔贞莲 延边大学毕业,首尔大学博士,中国临沂大学法学院讲师。

韩文吉 西南政法大学毕业,首尔大学博士在读,韩国金张法律事务所律师。

黄晓敏 中国人民大学毕业,韩国世宗律师事务所律师。

金李龙 中国政法大学毕业,首尔大学法学硕士,韩国广场律师事务所律师。

金　艳 吉林大学毕业,首尔大学法学硕士结业,韩国太平洋律师事务所律师。

李　兰 东北师范大学毕业,首尔大学法学硕士结业,中国北京德和衡律师事务所。

朴正兰 延边大学毕业,首尔大学法学博士结业,韩国和友律师事务所律师。

许成花 吉林大学毕业,首尔大学法学硕士结业,LG化学法务部部长律师。

张珍宝 山东大学毕业,首尔大学法学博士,山东文康律师事务所律师,韩国忠北大学法学院教授。

赵银姬 中国政法大学毕业,首尔大学法学博士结业。

序

很高兴被邀请为《公司法判例研习——以韩国公司法为视角》这本书作序。2019年4月，我收到本书负责带领翻译团队的张珍宝教授的邮件，提到本书主要写作者金建植教授邀请我为这本书写序，我欣然同意，缘由如下：

首先我注意到，这是一本以韩国司法审判领域的判例为基本素材的公司法教科书，选取了韩国近40年大法院及各级法院最具代表性的判例，来对韩国公司法原理、条文、规则等进行解说和评析。它力图将纸面上的公司法转变为实践中的活生生的公司规则，不仅注解公司法理论怎样“相遇”公司的实务运作和纠纷解决，让希冀参与公司运作的各方当事人通过本书的学习，能够预设权利保障机制与风险防范措施；更强调如何在法学院的教学中营造公司实务的真实场景，以利于培养学生们的独立思考能力、发现和分析问题能力。而这种结合司法判例写作的公司法教材，在中国的法学教材中比较缺少，其中译本的发行，无疑为中国的公司法教育者们提供了可资借鉴的范本之一，也可为公司法的教学环节增添一本有意义的参考文献。

其次，这本书对于中国从事公司法实务的法律工作者无疑也是一本值得一读的书籍。我很赞同本书作者的观点，即中国与韩国在传统文化背景和经济发展历程方面具有许多相似性或者同源性。中韩两国的文化交流与经贸往来源远流长。据中国商务部官网数据显示，中国是韩国第一大贸易伙伴国、进口来源国和出口对象国，而韩国是中国第三大贸易伙伴国、第一大进口来源国和第三大出口对象国。截至2018年12月底，中国累计对韩国投资76.4亿美元；而韩国累计对中国的实际投资额是770.4亿美元。[1]显然，这么频繁的国际经济交往，非常需要一批对两国公司法律制度深入了解和精通的法律人才。

对于中国学习公司法的研习者而言，并非完全不了解韩国的公司法文本，也曾有许多学子阅读过由中国政法大学出版社于2000年出版的李哲松教授撰写的《韩国公司法》中译本，但可阅读学习的韩国公司法文献还是太少了。因此，以判例说法为基本特色的本书，将便于更多的中国公司法务实践者从韩国法院对公司纠纷的审理中窥视韩国公司

〔1〕《中韩经贸合作简况》，载 http://www.mofcom.Gov.cn/article/jiguanzx/201902/20190202833671.shtml。

法的原理与精髓，可以了解韩国企业组织运营的实际状况，并为推进中韩两国的经贸交流和商业往来助力。

再次，中国目前正值再次修订公司法之际，韩国公司法的发展演变历程中应有诸多我们可资借鉴的经验与教训。因与韩国公司法学者之间的交流较多，中国学者对韩国公司法修改中许多热点难点问题的讨论也略知一二，但远不及本书以韩国各级法院近40年一些有重大影响的判例来解说韩国公司法的原理让我们能更直接地理解韩国公司法具体规则的精华所在。近40年恰恰是中国改革开放的40年，中国的公司组织从无到有、从小到大，发展迅速。正是这些快速发展的公司实务，不断地挑战公司法的漏洞与不足，也促进公司法修正的展开。显然，公司法的修改，既要建立在对中国公司本土化实践经验认真总结的基础上，也要借鉴全球诸多国家和地区先进的、成功的公司法规则。尤其是与中国处于同一法系的近邻——韩国，其公司法具有与中国公司法原理的相同性和公司法适用中所遇问题的相通性，本书的推出，又给予我们以司法审判的视角观察公司法修正之走向的新路径。

最后我想说的是，我很佩服以金建植教授为首的几位韩国著者，因为推出一本以真实判例解说公司法理论的教科书，其难度不能小觑。一方面是因为司法实践中发生的公司法判例，经由不同级别的法院或者具有不同知识背景和经验的法官的审理，不可避免地会发生同案不同判的情形。另一方面，公司本身就是一个多方利益主体的集合体，各种主体的利益平衡一直是公司法司法适用中法官面临的难题。面对大小股东之间、股东与董事高管之间、股东与债权人之间、实际控制人与公司之间的利益冲突，法官们的困惑、疑虑或者对公司法法条文义的“僵化”理解，都可能导致司法判例留下遗憾。因此，在选择判例、编排判例，甚至缩写判例之精华而为公司法理论体系解析使用时，不仅需要真实反映判例的核心内容、公司法适用的原理，更需要指出这些个案审判出现的各种样态，促进阅读者的批判性、综合性思考能力的培养。这需要作者们的智慧。

理论联系实际，将法律条文准确适当地运用于具体案例，恰是所有法律人毕生追求的最高境界。作为在高校中一直从事公司法教学的教师而言，我非常赞同金建植教授在本书中文本的序言中所言，法律的意义不在于知晓，更在于适用。

是为序。

清华大学法学院教授 清华大学商法研究中心主任

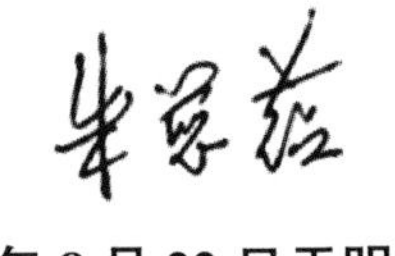

2019年8月22日于明理楼

祝　词

（代中文版序）

谨代表本书原作《新体系公司法》的共同作者们真心祝贺中文本的发行。特别是对于组织翻译本书的张珍宝教授和其他共同参与的翻译者几乎都来自首尔大学这一点，倍感欣慰，并感意义重大。

本书的大部分内容由韩国公司法判例构成。超越抽象性的法理，学习实际的判例是需要付出大量时间和艰辛努力的。同时，判例能够覆盖的问题点是有限的，并且法院的判决也会出现时有反复的现象，因此有体系地理解公司法的全貌不是件易事。可是，相比对法典中抽象性法理的表面观察，判例能够给予前者完全得不到的具体、生动的指导。韩国的公司法规制定于20世纪60年代初，本书观察的判例大部分是1990年以后的。中国的读者通过本书不仅可以了解韩国的公司法法理，还可以掌握韩国企业组织运营的实际状况。另外需要明示的一点是，对于韩国法院为了解决日渐多样化的公司纠纷而采用的法律逻辑和结论，共著者们感到不满意的情况也不少。但是，如果能把韩国法院的错误选择作为反面教材的话，对中国的读者们也不无效用。

以往数千年，中国在政治、社会、经济、文化各领域对韩国的影响几乎可以说是绝对性的，这言不为过。两国之间真正意义上的双方性交流，可以说是在中国的改革开放和两国建交之后才正常化的。身处法学界的我，真心渴望两国的法律家们在法学领域也能更加积极、活跃地交流。无论怎样，只希望本书能起到为这种交流提供些许契机的作用。最后，向包括张珍宝教授在内的翻译团队为本书的发行付出的努力表示敬意。希望翻译团队成员们将来在各自的领域中发挥更大的作用。

金建植

2019年5月

译者序

本书原版名为《新体系公司法》，[1]是在韩国首尔大学法学院金建植教授主导下，由7名作者共同完成的。其特点是在结构上采用简述公司法相关法理，浓缩典型判例事实关系，说明法院裁判要点，附加相关案例辅助说明，就相关主题提出设想的问题，通过对判例和相关公司法原理的解析和设定的提问内容，将公司法原理和法院的判决说理部分清晰地结合在一起，从源头阐释公司法的精髓问题。这种写作方式，在公司法教材的创作上是一种积极的尝试和探索。

近40年间，在中国的经济和企业规模不断发展扩大的同时，中国的公司法在立法和实践方面也取得有目共睹的发展。伴随企业的发展，并购重组等经营性需求时常发生，出现了各色各样的需要公司法解决的问题。而公司这一组织形式毕竟是舶来品，有效借鉴已有经验是解决问题的捷径。

韩国现在适用的公司法有近80年的不间断发展历史。与欧洲国家、美国、日本相比，韩国在政治、文化、经济、企业发展背景上与中国最为类似。韩国企业曾经发生的争夺经营权（如新世界百货有偿增资）、企业主（财阀）向下一代转移经营权（如三星爱宝乐园发行转换债券）等各种股权纠纷等问题，都是中国正在发生和即将发生的法律问题和社会问题。本书解析了韩国近40年大法院及各级法院最具代表性的91个判例，另附加了数百余判例作辅助说明。通过本书可以成体系地了解公司法原理和韩国公司法相关法律法规在韩国企业实务上的运用。同时，还可以了解韩国企业的真实过去和现在。

正如朱慈蕴教授在"序"中所评价的，本书不仅能为中国的公司法教育者提供可资借鉴的范本，对于中国从事公司法实务的法律工作者也是值得一读的专业书。在教学方面，可以结合本书对公司法原理、法条和案件事实关系的辩证论述，与中国公司法、企业现实的运营状况相比较，促进对中国公司法的学习。实务者可以通过本书对典型判例的解析梳理，了解公司法原理在具体案件中的运用方法，提高说理能力，直接将这些经验运

〔1〕 经法律出版社陈慧老师提议，中文版书名定为《公司法判例研习——以韩国公司法为视角》。在此表示感谢。

用到实务工作中。

本书翻译团队成员基本都拥有韩国首尔大学法学院硕、博士学位，全部有律师资格和工作经历。译者代表非常荣幸能在恩师金建植教授的指导下，和由首尔大学法学院的前辈、后辈组成的翻译团队成员共同完成这一作品。团队成员各自负责的章节如下。

张珍宝：第一章；

许成花：第二章、第五章；

李兰：第三章第一节；

金艳：第三章第二节、第三节；

金李龙：第四章第一节、第二节；

黄晓敏：第四章第三节、第四节；

赵银姬：第六章、第七章第五节；

朴正兰：第七章第一节至第四节、第六节；

韩文吉：第八章；

崔贞莲：第九章；

金建植、张珍宝：第十章。

这本公司法教材的创作对原书共著者来说，是一种积极的尝试和探索，对作为学生的翻译团队成员来说，也是一次学习的机会。译者代表负责统稿，并对 91 个典型判例附加了判例名（原著没有），以便读者按照需要查阅。翻译团队成员们尽了最大努力，但难免因个人能力，以及对原文理解上的差异，使本书存在不尽如人意的方面，还请读者谅解。与本书中文版有关的一切偏差与错误均由译者代表承担并负责纠错。希望本书的出版能够给中国公司法学界和实务界带来实用价值，这是翻译团队最为期待的结果。

在此需要感谢法律出版社的陈慧老师和为本书出版而奔波的中国西北政法大学民商法学院的国瀚文老师，还有帮助本书编辑的中国延边大学袁淑华博士。本书中文版的出版费用由作者代表和译者代表负担。对于本书出版后产生的收益，经共著者和翻译团队一致同意，将捐献给首尔大学法学院，作为中国留学生的活动经费使用。

译者代表　张珍宝

2019 年 11 月

前　言

（第一版 2010 年）

本书是为了公司法教学而创作的教材（现为 2018 年第 7 版）。一部教材的内容，会随着课程进行的方法而有所不同。至今的法学课程，普遍由教师按照一般说明的方式进行。这种讲义式的教育方式按照体系传达大量信息，具有一定的效果。可是，对生活在变化时代的法律专家来说，与对既存法理的表面上的理解相比，更迫切的是需要培养独立的思考和分析能力。本书相较传递基本的信息，更注重于激发学生们的思考和探究能力。作者们感知到公司法领域的急速变化和日益扩大，放弃了全面性地网罗各种信息。本书采用通过判例观察公司法的个别法理应用于具体的现实情况时出现的各种样态的写作方式，以此培养批判性、综合性的思考能力，即本书的目标。

为了有效实现上述指向性的学习效果，最重要的是学生的能动性参与，这是不可或缺的。不停留于被动性地对法律规定和判决的表面性理论结构的理解，不仅深入判例具体的场景中，还进入判例当事人的具复合性的精神活动的多样性侧面，积极地对由此引发的现实性变化作出价值判断，通过引导学生积极地参与获得能动性的教育效果。这与传统的讲义式方法相比，要求老师付出加倍的努力和创意。因此，本书对于学生和老师都是本厚重的教材。但是，既然出版这本书的目的是培养高水准的法律专家，那么这个过程就是不可避免的了。

本书是集体工作的结果。自 2009 年 7 月共同协商决定写作这本教材后，作者们主要利用周末下午的时间，共进行了约 20 次会议。在会议上，作者各自发表自己负责部分的内容，其他参加者对发表部分进行讨论。作者各自负责的部分如下：

金建植：第 1 章绪论、第 2 章公司设立；

尹荣信：第 3 章公司的运营结构、第 7 章公司财务（Ⅰ～Ⅳ、Ⅵ）；

崔文僖：第 4 章董事义务和责任；

安秀贤：第 5 章监事机构；

宋沃烈：第 6 章企业会计，第 7 章公司财务（Ⅴ），第 8 章敌意收购和经营权；

卢赫俊：第 9 章公司组织的基本变更（企业并购）。

在对本书的基本结构和各章进行讨论时，意见交换异常活跃。在准备过程中，各作者毫不吝惜提供自己掌握的资料和信息，使本书成为真正意义上的共同作品。朴峻教授虽然不负责特定部分的撰写，但除了校对工作外，他还积极参加每次会议，以丰富的实务经验，提供了很多宝贵的意见和建议，他的贡献非常之大，经全体参与者一致同意，将其列入共著者。

虽然尽了各种努力，但也不能避免本书各方面的不足。特别是对于作为一种新的努力和尝试的 Questions & Notes 部分，还没有完全的自信。对此，共著者也曾认真地讨论了是否有必要推迟本书的发行。而最终决定出版，是考虑到本书即便进行到目前的程度，对于试图给公司法讲义带来变化的作者也是有帮助的。读者的批判和意见虽然是令作者惶恐和痛苦的事情，但相信对提高这部实验性作品的完成度是最有效的促进剂。

本书为韩国高校法学院公司法讲授而作。但是，理想的讲义无论是对法学本科还是研究生课程没有大的差异。本书如能多少提高高校本科公司法讲义的水准，共著者就非常满意了。另外，对于法律专家来说，通过本书如能感知到一些世界上公司法变化的潮流，是作者们更希望的事情。最后，对在艰难的出版环境和收支不明的情况下，爽快答应出版的博英社安钟万会长表示敬意和感谢。

作者代表　金建植

2010 年 3 月

目 录

CONTENTS

第二章　公司设立 CHAPTER 2

第三章　公司的运营结构 CHAPTER 3

第七章 公司财务 CHAPTER 7

第八章 敌意收购与经营权 CHAPTER 8

第九章 公司组织的根本性变更（企业并购） CHAPTER 9

第十章 韩国公司法概要 CHAPTER 10

第一章 CHAPTER 1 绪 论

第一节 公司的特征和功能[1]

在资本主义社会，企业的活动原则上在民间进行。但随着企业规模的增大，以个人的财力很难再促进企业的发展，需要更多的人共同投资运营企业。像这样共同运营企业的法律形态主要有公司法上的公司和民法上的合伙。在韩国，多人共同运营的关系是合伙的，实质在法律上更多采取公司形式。商法上的公司形态有股份公司、有限公司、有限责任公司、合资公司、合名公司等，但在韩国基本上都使用股份公司形态。本书中的公司一般是指股份公司。

与其他企业形态相比，公司具有下列五个特征：①法人人格；②有限责任；③股票之可转让性；④委任董事会经营；⑤股东利益优先。

这里特别对法人人格和有限责任进行观察。这两个特征能够起到促进多人共同运营企业的功能，对个人企业也有作用。公司的法人人格可以将企业活动中发生的复杂的权利义务关系进行简单的处理。公司是其财产的法定持有主体，在公司与对方交易时，公司的财产具有某种担保的功能。使用公司形态的话，企业家可以将公司的财产与自己的其他财产分离。

进一步强化公司财产与股东财产分离的是股东有限责任原则。股东有限责任是指股东对公司的债务不承担责任。企业家利用公司形态，可以在其企业发生危险时保护他的其他财产。

上面已经讲过，公司（corporation）具有五个核心的结构性特征。事实上，先进国家基本都设置了支持具有这些全部特性的公司的基本法律。与这样的立法模式所显示的一样，企业也相应地呈现这样的属性。在公司的生产活动组织化方面，这些特性使其成

---

〔1〕 参见《公司法解剖》，［韩］金建植等译，小花出版社 2014 年版，第 28～36 页。Reinier Kraakman et al., *The Anatomy of Corporate Law —A Comparative and Functional Approach*, Oxford University Press, 2009, pp.5-11.

为一种有魅力的企业形态。但是，这些特性也造成矛盾和冲突。公司法要处理的代理问题，就具有典型的公司属性。

一、法人人格

经济学文献经常把企业表述为“合同的连接点”（nexus of contracts）。这种表述虽然被广泛使用，但仍是模糊的。在公司内的重要关系中（特别包括公司的所有人、经营人和职员之间的关系），大部分关系具有基本的合同性质，与伴随其合同外（extra-contractual）的命令、支配权相比，更强调以相同的意思表示为基础。这些虽然是对公司重要的全面性观察，但公司与其他的契约关系还是无法区别的。公司在与公司的供给者、职员、顾客之间形成的无数合同关系中，作为合同的当事人，自己行使合同上的权利，调整这些关系，因此称公司为“合同的连接点”是恰当的。公司法的首要也是最重要的贡献是，与其他形式的团体法一样，将公司与运营公司或对公司具有所有关系的个人相区别，使公司成为独立的合同当事人，并行使相应职能。这样，公司法就起到了鼓励这些个人共同参与的作用。

作为合同的连接点，公司的核心要素是大陆法系上的“财产独立”（separate patrimony）。公司财产是与公司的所有人（股东）各自或共同所有的其他财产相分离的财产集合体。公司财产的法定持有人是通过特定的经营者运营的公司自身。公司对财产的所有权包括对财产的使用和处分——特别重要的是——公司的债权人可以保全公司的财产。反过来，因为财产不属于股东而属于公司，股东的债权人不能对其保全。财产独立的核心功能是将公司的财产与公司所有人（股东）的债权人相分离，这一点也称为“组织隔离”（entity shielding）。

与公司相关的组织隔离具有两个比较鲜明的法律原则。第一个原则是“优先原则”（priority rule）。根据优先原则，对作为公司债务担保的公司财产，公司的债权人与公司所有人的债权人相比拥有优先权。这一原则，是包括合伙等全部现代企业组织在法律形态上都具有的特征。优先原则是企业财产在法律上的默认规则（default rule）（注：与设置电脑程序一样，是指在当事人没有其他约定的情况下适用的规则），在以公司名义缔结的合同中，自动赋予其成为债务强制执行对象的效果。如此，这一原则在公司合同的履约担保方面，提高了信赖程度。

组织隔离的第二个原则是“防止清算原则”（liquidation protection）。根据这一原则，公司的个别股东，任意回收属于自己份额的公司财产时，不会导致公司的一部分或全部清算，不仅如此，该股东的债权人也不能强制执行与该股东份额相当的公司财产。防止清算原则禁止个别股东和债权人解体企业，起到了保护和维持公司企业价值的作用。但这一原则与上述的优先原则不同，合伙等其他形态的企业组织对防止清算原则并不认可。这可以理解为，与股份公司类似的全部适用公司债权人的优先原则和防止清算原则的法律组织是一种“强形态”(strong form)的组织隔离；与合伙类似的适用优先原则，但不适用防止清算原则的法律组织是一种“弱形态”的组织隔离。

公司如要有效地履行合同当事人责任，需追加两个规则。首先是对第三人明示规则，即向第三人明示其是有权限以公司名义买卖资产并以公司资产作担保之个人。虽然公司的参与人可以通过合同自由的委任权限——在这些合同上的协议之外也是——但需要代理人让第三人在单纯的外观上信任自己拥有该权限的基本规则。这样的规则因组织形态不同而不同。关于公司固有的特定权限规则，此后在属于核心特性的“经营委任”主题下进行讨论。根据该规则，不是个别的股东，而是董事会依据合同享有制约公司的权限。

其次，不仅本公司，交易对方也需要以公司的名义，以缔结的合同为依据进行诉讼程序的规则。公司在程序上接受这种便于起诉的规则。特别是，这些规则去除了特定公司个别所有人，或通知他们的必要。这些特定所有人的程序，是至 19 世纪后半叶英美合伙法上固有的诉讼规则所具有的特性。

为了让这三种类型的规则(组织隔离、权限、程序)各自达成的结果更加有效，就需要特别的法理。没有这样的法理，单纯地依据企业所有人、客户或顾客之间的合同，现实上无法形成需要的结果。在公司与其各种现在或未来的债权人关系中，公司与特定债权人间的合同对公司向其他债权人提供资产担保将产生影响，这种情况下组织隔离法理是必要的。权限分配的规则是，在缔结公司财产转让合同之前，谁享有转让权限的权利。诉讼程序规则是，依据程序需要确定行使第三者权限的准据法。根据具体的法律规则，上述三种规则与这里讨论的公司形态的其他要素有别。理论上，这些基本要素在法律对标准型企业组织没有规定时，根据合同也可以形成。

在法律文献中使用的公司之“另外的法人格”概念，在我们看来，是为了描述具有以上三种“基本”规则的组织形态的一种便利的探索性(heuristic)公式。以前提是公司自身在法律观点下具有法人人格为出发点，公司可以缔结合同持有财产，可以委任代理人以权限，可以以自己的名义进行诉讼，这样的推论是很简明的。为了阐释上的便利，我们将“法人人格”这一用语，使用在公司和具有上述三种属性的组织形态上。但需要说明的是，法律专家所理解的法人人格，本质上不是这些规则的一部或全部所必须的属性，不过是为了便利而包装起来使用的简便名称而已。另外，法律文献上以法人人格为前提，通过三段论的演绎，承认存在上述三种基本特征之外的其他特性。但从功能上看，并没有一定要这样做的根据。

二、有限责任

公司这种形态，实质上是履行默认公司和债权人之间在合同上的“公司只能以自己名义持有(公司所有)的财产作为责任财产，对股东以自己名义持有的财产没有任何权利”的功能。这种“有限原则”在历史上不是一直伴随于公司形态的。从公司法上看，一部分国家在很长时间内选择了股东对公司债务的无限责任。可是现在有限责任几乎已经成为公司形态的普遍特性。这样的发展，很好地表现出了其在合同工具以及作为资金筹措手段上的价值。

前面提到了法人人格的构成要素“组织隔离”，有限责任属于“组织隔离”反对面的一种（强形态）“所有者隔离”。组织隔离是与公司所有人的债权人相对应来保护公司财产，有限责任是与公司债权人的请求相对应保护公司所有人的财产。这两种隔离支持了“财产分离”（asset partitioning）体制，根据这种体制，企业用财产给企业的债权人提供担保，企业所有人个人财产保留给其个人的债权人（这里所说的债权人范围是广义的，包括职员、供给者、顾客，还包括对公司享有合同上权利的全部主体）。这样的财产分离，可以提高两种财产对债务担保的价值。公司债权人通常在评价、监督公司财产价值上具有比较优越的地位，相反，公司所有人的个人债权人在评价、监督所有人的个人财产时，具有比较优越地位的可能性更大。最终，通过公司形态的财产分离，可以取得减少公司和其所有人的全部资本费用的效果。

财产分离的另一侧面是可以给各分离的企业内部经营部门提供信用。把特定的高风险部门或一般企业部门设立成子公司，灵活地将高风险部门或一般部门的相关财产向与其交易的债权人提供担保。他们的债权人虽然通常处于可以很好地评价其财产价值的地位，但对其母公司的其他部门没有特别的监督能力。

公司也可以利用财产分离、组织隔离和有限责任，设立公司和子公司，与债权人分担经营风险。公司的债权人更了解该公司的财产风险，其可以分担风险就是指这种情况。因此，全部持有子公司股份的母公司，在没必要追加发行股份的情况下，也可以利用公司形态进行借贷。

财产分离还可以将风险和收益在股权持有者和债权持有者之间实现适当的分配。同时，将企业和个人的破产大幅简化——切断股东个人的财务状况与公司价值的联系——促进公司的第三个特性，即股份转让性。

最后，财产分离特别是有限责任还有个重要的功能，虽然它没有像描述的那么美妙，并被经常提及。它就是公司形态的第四个核心特征——委任董事会经营。实际上，有限责任是将经营失败的风险从股东转移到债权人，这就诱导债权人监督经营者，在股权分散的公司中，债权人能比股东更好地监督经营者。

提到有限责任时，应该强调的是合同上的有限责任，即对于公司具有合同上请求权的债权人的有限责任。只认定合同上的有限责任的论据是，该理论适用于因不法行为所生债权的债权人，即因企业的过失受到损害的第三人，或明知处于财务困难的公司而变更授信条件，提出更高利息等要求，以保护自己利益的债权人时，是不妥当的。对上述债权人的有限责任，将在第五章进行详细论述，其不仅不是公司形态的必需要素，大概对社会也是不可取的。

QUESTIONS & NOTES

Q1 (1)Y1以个人企业的形态，对外开展租赁办公用房产业务。Y1以建设家族别墅为目的，新建了田园住宅，从X1处借入资金，未能偿还。X1是否可以对Y1的办公用建筑申请强制执行？

(2)Y2是持有甲股份公司100%股份的股东（韩国商法对股份公司的股东人数没有限制。——译者注）。Y2建设田园住宅，从X2处借入资金。X2是否可以申请扣押甲股份公司的办公用建筑，并申请拍卖？

Q2 (1)个体经营者Y1为了回收投资到经营上的资金，转让办公建筑。Y1可否将上述款项用于购买个人住宅？

(2)甲股份公司的股东Y2为了收回自己的投资，可否向甲股份公司提出出让办公用建筑并将所得支付给自己的请求？

Q3 假定甲股份公司的资产是1亿韩元，X3持有甲公司5亿韩元债权。X3是否可以向甲公司的唯一股东Y2请求支付无法得到偿还的4亿韩元？

Q4 (1)韩国民法上的合伙人（译者注：《韩国民法》第703条规定合伙是二人以上约定共同出资，经营共同业务的经营形态。出资可以是金钱和其他财产，也可以是劳务。）是否可以任意退伙？

(2)合伙人的债权人可否对构成合伙财产的各个财产申请强制执行？

NOTE 合伙人的债权人可以申请保全该合伙人的股份（《韩国民法》第714条）。根据判例，合伙人的股份是指"对于全体合伙财产的该合伙人股份"，"构成合伙财产的各个财产形成的共有股份"不能作为保全或其他强制执行的对象（大法院2007.11.30.宣告2005Ma1130裁定）。保全合伙人股份的债权人，在合伙人没有特别事由的情况下，可以代位行使退伙权（《韩国民法》第716条）（大法院2007.11.30.宣告2005Ma1130裁定），再通过代位行使因退伙引起的退股回赎请求权（《韩国民法》第719条）回收债权。从这点上看，合伙人的债权人比起股东的债权人存在有利的一面。

第二节 法人人格否认之法理

如上所述，韩国法上认定公司与其股东的法人人格有别。公司在企业活动中发生的权利义务归属于公司法人。原则上不认可公司的债权人向股东追偿，或股东债权人向公司追偿（《韩国商法》第331条）。可是在一定情况下，将公司与股东视为另外的人格体非常不当时，法院认为可以否认公司的法人人格，公司的债权人以股东为对象主张债权，股东的债权人以公司为对象主张债权。这称为法人人格否认法理。大部分先进国家认可法人人格否认法理，但在具体形态上多少存在差异。韩国在商法上虽然没有明确规定，但法院很早就接受了法人人格否认法理。但是如下列判例所示，具体到哪种情况下可以否认法人人格，没有明确的基准。另外，法人人格否认法理不是全面地消灭特定公司的法人人格，只是限于具体个案否认该法人人格。在这点上，否认法人人格的判决与解散公司命令、设立无效之诉、设立取消之诉等形成判决是有区别的。

一、法人人格否认之要件

【判例 1】- 股东滥用法人人格(大法院)

大法院 2001.1.19. 宣告 97Da21604 判决

事实关系

原告从被告处受让写字楼,支付了定金和分期款,被告公司因为销售不畅,无法正常支付建筑公司的工程款,建筑公司中断了施工。原告以公司和其股东 Y 为被告,以债务不履行为由,提起了解除转让合同返还转让款之诉。

法院的判断

公司与其组成人员股东具有不同的法人人格,即使是一人公司,也是这样。

可是,如果公司在外形上具有法人的形式,实质上其只是借用这种形态,在法人人格背后完全是其他人的个人企业,法人这一形式只不过是法人人格背后的人使用的一种回避法律的手段,却允许公司与其背后的人设立不同的人格体,主张只有公司来承担行为的法律效果,否定背后人的责任。这时,即使从外观上看是公司的行为,但其行为违反了诚实信用原则,滥用了法人人格,严重相悖于公平正义,是不能被接受的。因此,对公司的行为,不仅可以追究公司的责任,也可以追究公司背后的其他人的责任。

根据记录可以认定下述事实:被告 Y 事实上以前即 UkilPalace 流通股份公司、Jeonil 产业股份公司等几个公司的实际控制人,其设立这些公司后,以公司或个人的名义销售楼房、写字楼等,作为上述业务的一部分,Y 为了销售和管理本案房产,1991 年 5 月 3 日从被告公司的前任法定代表人、诉外人 A 处受让被告公司的股票,之后自己出任被告公司的法定代表人之事实;被告公司全部股票是 5000 股,现在在外形上分散于被告 Y 等 4 人名下,实质上大部分由被告 Y 所有,股东大会或董事会决议只不过在外形上具有公司的形式,实质上并不遵守法律程序,与公司运营相关的一切决定都根据被告 Y 个人的意思作出之事实;现在被告公司办公室已经关闭且没有职员,被告 Y 任意将被告公司从受让人处收取的约 78 亿韩元购房款中的 30 亿韩元左右用于从上述 A 处购买本案建筑使用的土地,为了应对公司债权人的强制执行,将上述地块临时登记于第三人名下,事后取消等,被告公司财产和被告 Y 的财产无法正常区分之事实;被告公司进行的本案工程,是发标额就达到约 166 亿韩元的大型工程,本案建筑的出售款也达到数百亿韩元,与此相反,被告公司的资本金不仅只有 5000 万韩元,而且还只是名目上的,用上述购房款买入的本案地块登记于被告 Y 个人名下,剩余购房款的用途也不明确,被告公司的资产被全部用尽之事实。

根据被告 Y 受让被告公司股票之经过,被告 Y 对被告公司的控制形态和程度,被告 Y 与被告公司业务及财产的混用程度,被告公司的业务实态与收取购房款的用途,被告公司新建写字楼和销售规模与自身资产和支付能力等各种情况分析,被告公司形式上具有股份公司形态，但这只不过是借用公司形式，其实质上是背后被告Y的个人企业，外观上被告公司打着从事房产销售业的名义，向购房者销售本案房产，实质上与被告Y的个人业务完全相同。

可是，被告Y将没有任何资力的被告公司设立成独立法人，回避与本案房产销售相关的全部责任，将其归属于公司，否认相对有资力的本人之责任，这些行为在记录上已经非常明确，上述事实违反了诚实信用原则，属于滥用法人人格，严重违反了公平正义，法律不能容许这种行为的存在。因此，从被告公司受让本案写字楼的原告，不仅可以向被告公司，也可以向被告公司的实际控制人，即被告公司背后的被告Y要求返还解除上述房产买卖合同产生的款项。

QUESTIONS & NOTES

Q1 大法院从法人人格滥用中寻找法人人格否认的根据。

(1)大法院将法人人格之滥用大致分成两种情况。这两种情况分别是什么?

(2)大法院将本案认定为哪种情况?根据是什么?

NOTE 对认定法人人格否认根据要件的举证责任，由主张的人负担(大法院2011.12.22.宣告2011Da88856判决)。

二、母子公司之间的法人人格否认

【判例2】-母子公司的独立人格否认要件(大法院)

大法院2006.8.25.宣告2004Da26119判决(KT海外法人判决)

事实关系

被告的菲律宾子公司KTPI(Korea Telecom Philippines, Inc.)与菲律宾通信公司PT&T(Philippine Telegraph And Telephone Corporation)缔结了在菲律宾进行建设工程的合同(以下简称OSP合同)。KTPI只直接执行管理业务，原材料供应及工程的其他业务向包括原告在内的韩国公司定购。根据合同，总工程款中的20%由PT&T直接支付给原告，余款PT&T在3年后分7年支付给KTPI，KTPI在3年后分2年支付给原告。可是KTPI的资本金规模只不过约16亿韩元，而OSP合同的规模达到8700万美元(之后因合同变更等原因增加到9511万美元)，KTPI为了筹措资金于1996年7月24日与美国大通曼哈顿银行(Chase Manhattan Bank)缔结了限度为4000万美元的信用贷款合同(Credit Agreement)。

在上述信贷合同缔结之前，被告根据KTPI的请求，经过经营企划审议委员会的表决(支付保证决议书)，为KTPI与银行就上述贷款合同(chase loan)签订了借款保证合同(guarantee agreement)，KTPI根据上述借款合同的约定，随时从chase loan中提取借款，根据本案合同向原告支付欠款和利息。

可是在合同履行中，受1997年东南亚经济危机影响，PT&T于1998年6月30日宣布预期违约，被告对子公司KTPI发出了“chase loan的支付保证残额支出禁止最少化”和“chase loan支出时与被告事前协商”等指示，事实上限制了chase loan的支出。就此，KTPI对原告中断了本案合同上规定的付款，原告也中断了对PT&T的原材料供应。

原告向被告提起了支付未付款的诉讼。大法院支持了驳回原告请求的原审判决。

法院的判断

……

2.公司在外形上具有法人的形式，实际上不过是借用法人的形态，它完全是法人人格背后他人的个人企业，是背后人为了回避适用法律而使用的手段。这时，尽管外观上看是公司行为，但公司与其背后人是分别设立的法人体，主张公司在法律上的效果只归属于公司，却否定背后人的责任，这种行为是违反了诚实信用原则的法人人格滥用，严重违反了正义和衡平原则，不能容许这种行为。因此，对公司的行为，不仅可以追究公司的责任，也可以追究公司背后的其他人的责任（参考大法院2001.1.19. 宣告97Da21604判决、2004.11.12. 宣告2002Da66892判决等）。

3. 可是，像本案这样具有亲子关系的公司，相互间在人事、资本上具有相当的结合关系是当然的。本案可以认定子公司的高管和职员兼有母公司的高管和职员身份的事实；母公司持有子公司全部股权，因而行使股东权利选任董事和高管，结果对子公司具有高度控制权的事实。此外，只考虑子公司的业务规模扩大了，其资本金的规模没有相应增加等情况，母公司提出的子公司具有独立法人人格的主张，在子公司与其债权人的关系中，认定母公司主张属于法人人格滥用的理由不足。认定母公司滥用法人人格至少要求子公司丧失自身的独立意思或存在，达到母公司以子公司的资产作为自己资产的一部分来运营子公司的程度，并完全行使控制权；具体来看，即要求母公司和子公司之间在财产、业务和对外企业交易活动等方面没有明确区分开来，两者具有相互混同的客观性特征；在这里更重要的是，应当认定母公司存在滥用公司制度等的主观意图和目的，即子公司的法人人格是母公司为了回避法律适用或达到逃避债务的违法目的，而作为一种手段被任意使用。

4. 由此，首先审查原审对上述客观性特征的判断是否适当。(1)原审认定了本案合同缔结的当时，被告是公法人，KTPI根据菲律宾法律设立，在菲律宾从事通信业务，定期接受外部监查人（auditor）的监查（乙参考第17号证之1至6），记录上记载的事实。(2)根据上述指针（乙第10号证），被告每个会计年度为当地法人经营目标设定指针，制作当地法人预算编制和共同适用事项的指针，然后通报当地法人；海外当地法人根据指针设定下一年度的经营目标，董事会确定预算和经营计划通报被告；被告的海外经营管理部门在会计年度开始前1个月确定、通报当地法人的经营目标（上述指针第7条）；另外规定了当地法人的业绩报告，被告海外业务管理部门的业绩评价和成果报酬方针等（上述指针第10条至第12条）；从上述指针可以看出当地法人的独立性经营目标的设定和其预算编制能力；还有以经营目标的现实性执行为前提(结果上，包括KTPI在内的海外当地法人与被告，是以分别独立的组织和法人人格存在为前提的，只不过将母公司对海外子公司的控制和支配关系的各要素条文化了)；依据上述指针，不能认为被告和KTPI的财产和业务以及对外的企业交易活动等没有明确分离。(3)KTPI不仅独自决定和实施了本案业务的促进和本案合同，还有被告接受当地银行的贷款，要求提供支付保证等内容，原审判决综合了宏观证据，合法认定了各种事实；原审的被告和KTPI在组织、财产、会计和业务上区分明确，不符合法人人格否认所要求的客观特征的判断是正当的。

5. 原审综合了宏观证据，合法认定了各种事实，即原告在本案合同缔结当时，要求KTPI提供被告的支付保证等，将KTPI与被告明确区分，与KTPI缔结本案合同的意思分明；原告就本案合同上的债务，要求被告提供支付保证，被交涉的对方KTPI拒绝。即使如此，考虑以对被告拘束力不充分的确认书和一部分合同内容，原告与KTPI缔结本案合同的过程等内容，在原告和KTPI之间的本案合同中，被告没有为了不法和不正当目的利用当地法人KTPI的行为。

最后，原审认为，KTPI主张拥有独立性法人人格，被告否认自身合同上责任的行为，不能视为违反诚实信用原则的法人人格滥用，原审判断符合相关法理，是正当的。原审中不存在法人人格否认法理上的误会、理由矛盾、违反采证法则等违法内容。

QUESTIONS & NOTES

Q1 大法院引用了上述【判例1】的判决要旨，在母子公司关系中是否也可以维持该要件？

Q2 大法院即使认定所谓客观性特征，如果没有逃避债务的主观意图，是否不能认定滥用法人人格？

Q3 假设原告没有识别被告和KTPI是分别独立的法人而缔结合同，结果是否不同？

NOTE 根据本判决，仅有高管和职员身份兼具、持股的高度控制力、资本过少这些要件是不能将法人人格否认正当化的。实际上，使用最少限度的资本金设立子公司，转嫁经营风险的做法已经被广泛认可。

理论上，虽然在股东是法人的情况下，更容易否定法人人格，但根据美国的实证研究，股东是个人的情况下，否定法人人格的案件数更多。

【参考判例】

大法院2006.10.26. 宣告2004Da27082判决

Dainty Shipping Ent.Ltd.(以下简称Dainty Shipping)是设立于英属维京群岛的上市公司，在韩国国内使用Jinsu海运的名称，其办公室与被告地址相同；职员的电子邮件地址也使用具有被告含义的域名地址；另外，职员的月工资明细表和劳动所得源泉扣缴证明书上的经营者名称也是被告；印有被告名称以及Dainty Shipping名称的办公用纸上记载的是被告名义上的账号；运单签名栏上不仅使用Dainty Shipping的名称，法定代表人也是由被告的法定代表人担任；等等。即实质上公司是与被告一起运营的，在该案件中，大法院作出下述判决。

“Dainty Shipping 在海上运输中以不当回避运输人的责任为目的，在业务上实质与被告相同，只是在形式上是英属维京群岛设立的公司（所谓的皮包公司），运营上与被告就像具有同一个法人人格，原审在认定上述事实后，本案第 2 运输合同外观上看即使是在原告和 Dainty Shipping 之间缔结的，同时 Dainty Shipping 的背后人被告主张其与 Dainty Shipping 是不同法人，也不能主张本案运输合同之债务只归属于 Dainty Shipping，被告也应当承担本案运输合同之债务，原审判断的方法与记录相对照是正当的。”

大法院 2010.2.25. 宣告 2007Da85980 判决

特殊目的公司（SPC）一般是为了达成一时之目的，具备最少的资本出资要件，在没有人、物的资本情况下设立的。因此，特殊目的公司为了达成其设立目标，在设立地法律要求的范围内拥有最少的出资财产，或者设立特殊目的公司的公司职员兼任特殊目的公司的高管或职员运营控制该公司，只依据上述情况认定特殊目的公司的独立法人人格，不能判断是违背诚实信用原则的法人人格滥用，和严重违反公平正义；欲认定法人人格滥用，至少应当认定特殊目的公司的法人人格作为其背后人回避法律适用的一种手段被任意使用，具有为了达到逃避债务、回避合同上的债务、逃避法律等违法目的滥用公司制度等的主观性意图和目的（参考大法院 2006.8.25. 宣告 2004Da26119 判决）。

三、以逃避债务为目的的公司新设

【判例 3】- 逃避债务的法人人格否认（大法院）

大法院 2004.11.12. 宣告 2002Ta66892 判决

事实关系

原告对 Angunsa 股份公司（以下简称 Angunsa）享有借贷保证金返还请求权。Angunsa 的控股股东 A 将 Augunsa 停业，新设立了被告公司 Totalmedia Angunsa。原告以被告公司与 Angunsa 是同一公司为由请求被告公司支付借贷保证金。大法院支持了认定原告请求的原审判决。

法院的判断

如果既存公司以逃避债务为目的，设立在形态、内容上实质相同的新公司，新公司的设立是为了达到逃避既存公司债务的违法目的而滥用了公司制度，则对于既存公司的债权人，上述两个公司分别具有独立法人人格的主张，在诚实信用原则上不能被容许，既存公司的债权人可对上述两个公司的任意一个公司请求履行债务（参考大法院 1995.5.12. 宣告 93Da44531 判决、2001.1.19. 宣告 97Da21604 判决）。

根据原审判决理由，原审认定了第一审判决的一部分，在认定了各项事实后，考虑了“被告公司与诉外Angunsa的商号、象征、经营目标、地址、海外合作企业等相同或类似；Angunsa和一部分其他被告公司的主要董事会成员或大部分股东，是Angunsa的控股股东、法定代表人A的亲友，或Angunsa中A的职员；被告公司在对外进行经营等活动的同时，宣传与Angunsa是同一公司；上述A和被告公司法定代表人B也在Angunsa中履行职责，进行活动；据此，外部认为被告公司和Angunsa是同一公司，而发出工程等订单；被告公司内部如前一样，A作为会长履行职责；本案经第一审判决确定了被告公司负担Angunsa债务，这次A的儿子等设立了MutecKorea股份公司，与被告公司一起接受相关工程订单；等等”事项，认为被告公司与Angunsa相比减少了职员数和规模，但与Angunsa实质上是同一公司，只是以逃避Angunsa的债务为目的，在Angunsa之外形式上新设立了公司，被告公司相对于原告，在Angunsa之外设置法人人格，否认其责任，违反了诚实信用原则，滥用了法人人格，不能被容许，原告不仅对Angunsa，也可对被告公司请求支付借贷保证金。

根据原审判决的理由和记录，其对事实的认定虽然多少有不适当之处，但是原审认定了Angunsa于1999年10月20日向被告转让室内建筑工程业务的事实。建设业务转让需要申报的，受让建设业务者承继建设业务转让者的建设业务者地位(《韩国建设产业基本法》第17条第2款)，欲转让建设业务者对于准备转让的业种，关于施工中的工程的承包合同的权利、义务，完工的工程处于瑕疵保证期间的，关于该工程的瑕疵保修的权利、义务，应当全部转让(《韩国建设产业基本法》第19条第1款)。Angunsa向被告公司转让了属于专门建设业务的“室内建筑工程业务”，被告公司承继了Angunsa的建设业者的地位，Angunsa转让了正在施工工程与承包合同相关的权利、义务和完工工程与瑕疵保修有关的权利义务。分析这个“室内建筑工程业务”的转让，再加上原审认定的其他事实，认定Anguansa以逃避债务为目的设立了形态、内容上实质相同的被告公司没有理由不足的地方。因此，原审认为被告公司对于原告，在Angunsa之外另设立法人人格，是违反诚实信用原则滥用法人人格的行为，不能被容许，原审判断与前面陈述的法理是相符的，可以肯定。这个判决不存在影响判决结果的审理上的不完整之处，或违反采证原则引起的事实误认上的违法，或对股份公司制度和法人人格否认有法理上误会等违法内容。

因此，驳回全部上诉，上诉费用由败诉者负担，本判决由参与审理的大法官一致意见作出。

QUESTIONS & NOTES

Q1 大法院在认定新设公司是为了达到逃避债务的违法目的而滥用公司制度时，认为企业的形态和内容实质上应当同一。本判决中可以列为实质上同一性根据的事项有哪些？

Q2 根据本判决，为了认定实质上的同一性，大股东是否需要是同一个人？
原告为了向被告提出请求，是否还有其他可以引用的法理？

NOTE 法人人格否认法理和程序性法律关系

对于法人人格否认法理适用于诉讼或执行程序时，学说上一般以明确性和安定性为由持否定态度。大法院同样，在以逃避债务为目的设立公司时，作出过既存公司胜诉不能执行新设公司的判决（大法院 1995.5.12. 宣告 93Da44531 判决）。

在日本强占期中被征用的被害者以日本公司为对象，请求支付欠付工资和损害赔偿案件中，大法院认为，依据日本现行法律才属于以逃避债务为目的设立公司的，因为其产生了违背大韩民国公序良俗的结果，所以认定过去的公司与新设立公司之间具有法律上的同一性（大法院 2012.5.24. 宣告 2009Da22549 判决、大法院 2012.5.24. 宣告 2009Da68620 判决）。

【判例 4】- 以逃避债务为目的新设公司（大法院）

大法院 2008.8.21. 宣告 2006Da24438 判决

事实关系

原告持有 A 制药股份有限公司（以下简称 A 股份公司）的借贷债权，A 股份公司于 1997 年处于倒闭的状态。A 股份公司的大股东法定代表人 B 的亲戚等设立了在实质上各方面与 A 同样的 B 公司，中标了 A 股份公司的不动产和机器设备，受让了剩余业务。原告以被告公司为相对方请求返还借贷款。原审以被告公司是为了逃避债务而设立为由，支持了原告的请求，大法院撤销原审判决发回重审。

法院的判断

既存公司为了逃避债务，设立实质上在形态、内容上同样的新公司，新公司的设立是为了达到既存公司逃避债务的违法目的，属于滥用公司制度行为。这时，对于既存公司的债权人，上述两公司分别具有独立法人人格的主张，在诚实信用原则上是不能被容许的。既存的债权人对上述两个公司任何一方都可以请求履行债务（参考大法院 2004.11.12. 宣告 2002Da66892 判决）。这里，对既存公司是否以逃避债务为意图而设立公司，应当综合既存公司停业当时的经营状态或资产状况、新设立公司的时间点、新设公司是否从既存公司处挪用资产及程度、新设公司从既存公司处转移资产时是否支付了正当的代价等情况进行判断。

根据原审判决的理由和记录可以认定下述事实：A 股份公司作为制造医药品的私营企业，在其法定代表人 B 负担了包括本案借贷在内的大部分债务的情况下，于 1997 年 6 月倒闭的事实；2000 年 5 月 9 日被告股份公司设立时，其地址与 A 股份公司的地址安城市新昭岘洞（号码省略）一致，使用了被告股份公司的商号，公司以医药品制造和销售为目的，与 A 股份公司的经营目标一致，高管和股东等是 A 股份公司法定代表人 B 的妻子和子女，或曾经是他的部下职员的事实；被告公司就 A 股份公司位于上述住所的不动产和机器设备等，参加了水原地方法院平泽支院的 99Ta 竟 12114 号不动产任意竞买程序，于 2000 年 12 月 8 日以 10.45 亿韩元拍得上述不动产和机器设备等，2001 年 11 月

20日交付了全部竞拍款，取得所有权，上述竞拍款中被告公司从首尔储蓄银行处贷款579,374,450韩元，以上述不动产等设定最高额抵押从诉外第三人处借款258,445,600韩元之事实；另外，2001年12月17日A股份公司与被告公司就A股份公司的制造设施、品质管理设施和与制造相关的全部整体制造方法、全部医药品制造业许可证和医药品制造品目许可(申报)证、与登记和认许可相关的全部资料，以债权债务款1.5亿韩元缔结了转让合同，以上述转让合同为基础，在食品药品安全厅取得了医药品制造业变更许可，A股份公司将上述转让款中的7500万韩元用于支付与医药品制造相关的罚款，该款项由A股份公司代替支付，剩余的转让款免于支付之事实；被告公司接收了A股份公司大部分职工，特别是将拥有药师资格的B委任为品质管理人(之后变更为制造管理人)，生产的产品与A股份公司大部分相同之事实；另外，曾是B的下属职员，A股份公司的经理课长C，在没有任何资金能力的情况下，主导了被告公司的设立，竞拍了上述A股份公司的财产，然后将经营权全部转移给正处于公益服务(译者注：2013年“公益服务”经《韩国兵役法》改为“社会服务要员”)中B的儿子D，上述不动产竞拍款中除银行借款外的竞拍费用和被告公司的设立等其他相关费用，不能明确C资金的来源，除C之外的其他股东都是B的妻子和子女，看不出他们有其他收入来源之证据事实。

根据上述事实，本案中被告公司与A股份公司在企业形态和内容上一致，都是接受B控制的公司，A股份公司不动产等的竞拍款10.45亿韩元中的837,820,050韩元是由被告公司从银行借贷或筹集借款支付的，另外，被告公司就本案中的医药品制造许可权等内容向A股份公司支付了7500万韩元，尽管有以上事实，如果要认定被告公司是A股份公司为了逃避债务而设立的话，还应当认定免除本案的医药品制造权等的评估价额和对价款的一部分是不正当的，包括客户在内的业务被无条件转让。此外，还有A股份公司的资产被挪用作为被告公司的设立费用资金等，导致不利于A股份公司债权人结果的逃避债务之事实。

可是，原审判决并没有充分地考虑上述逃避债务之情节，原审将被告公司的设立费用等资金实际上来源于B处等当作主要证据，以曾控制A股份公司的B，又设立了由其控制的被告公司之情节为基础，判断B以逃避A股份公司的债务为目的设立新公司，原审法院的以逃避债务为目的设立新公司的判决，误会了关于法人人格滥用之法理，该误会影响了判决结果。在这点上，上诉主张有理。

因此，对于原审判决的其他上诉理由，没有再进一步审查的必要，原审判决不能维持，经参与大法官一致意见作出如下判决：撤销原审判决，为了再次审理、判断本案，发回原审法院重审。

QUESTIONS & NOTES

Q1 本案中认定了两个公司的同一性，却不认定法人人格滥用的理由是什么？

【参考判例】

大法院 2010.1.14. 宣告 2009Ta77327 判决

虽然认定了新设公司从既存公司处直接受让工厂建筑、机器和大部分职工，经营与以前同样的业务之事实，但鉴于既存公司股东和新设公司股东完全不同和没有从既存公司处无偿取得财产等情节，不能认定新设公司与既存公司实质上是同一个公司，是为了逃避债务的目的而设立的。可是，新设公司从既存公司处直接收购大部分经营资产，既存公司转让业务的同时，向正在进行交易的既存公司的债权人发出了变更商号的通知，新设公司的这种行为属于《韩国商法》第 44 条的公开告知收购债务，判决新设公司对债权人负有偿还债务的责任。

NOTE 大法院认为关于以逃避债务为目的的法人人格滥用法理，也适用于“任何公司以逃避债务为目的，利用已经设立的，实质上在企业形态、内容上是同一个公司的其他公司的情况”（大法院 2011.5.13. 宣告 2010Ta94472 判决）。

【判例 5】- 不属于法人人格滥用的公司停业和新设（大法院）

大法院 2008.9.11. 宣告 2007Ta90982 判决

事实关系

Y 将自己实际控制面临破产危机的 A 股份公司（以下简称 A）停业，设立了 B 股份公司（以下简称 B）。B 与 A 的经营场所、总部所在地、业务种类相同，职员也相同。B 全部接受了 A 的 4000 万余韩元衣料应付款债务，此后，继续与原 A 的客户 X 交易，维持原来一样的年平均 3 亿韩元的交易关系。Y 用自己的账户接收 B 的衣料退货款，B 的账户与 A 的账户之间资金流动频繁。

原审综合认定了下列事实关系：在认定 Y 在 A 处于破产危机的情况下，将 A 停业，设立了全部收购 A 的客户、职员等的 B 代替 A，并实际运营 B。①上述关于 B 的设立经过；②股东名册上 Y 持有 B 股份公司 40% 股份，除 Y 之外的其他股东大部分是 Y 的亲戚和职员，实际上 Y 几乎持有 B 的全部股份；③最初选任的 B 的高管基本是 Y 的妻子和亲戚，这些高管全部于 2001 年 12 月 11 日离职，Y 被任命为单独董事，B 全部根据 Y 的个人决定运营；④ B 的衣料退货款汇入 Y 的个人账户，B 和 Y 的账户混用；⑤ Y 将 B 停业的同时，以他人名义设立其他公司并运营；⑥ Y 将 A 和 B 停业，只支付客户 20% 至 30% 的应付款，在免除其余应付款的情况下，仍然设立其他法人继续经营，等等。原审综合以上情节判决如下：B 在形式上具有股份公司的形态，但这只不过是借用公司的形态，其实质上是背后 Y 的个人企业，Y 将 B 设立成不同的人格体，否认对 X 的衣料款支付责任，是违反了诚实信用原则的法人人格滥用，严重相悖于公平正义，不能容忍这种行为。

大法院接受 Y 的上诉，撤销原审判决，发回重审。

法院的判断

公司虽在外形上具有法人的形式，但只不过是借用法人的形态，实质上是其法人人格背后的个人企业，这是其背后人为了回避法律适用而恣意利用公司形态的表现。尽管外形上看上去是公司行为，将公司与背后人设立成不同人格体，主张只将引起的法律效果归属于公司，否定背后人的责任，这种行为是违反了诚实信用原则的法人人格滥用，严重相悖于公平正义，不能容忍，因此，不仅可以追究公司的责任，也可以追究其背后其他人的责任（参考大法院 2001.1.19. 宣告 97Ta21604 判决）。

这里，如果欲将公司视为其法人人格背后的他人个人企业，原则上，应以成为问题的法律行为或事实行为的时间点为基准，综合判断公司与背后人之间在财产和业务上是否达到很难区分的程度；是否不召开股东大会或董事会等，不履行法律或章程上规定的议事决定程序。同时比较公司资本的虚假程度、经营规模和职工人数等，若公司只是名义上的，实质上是个人经营，其形态之程度应当达到了形骸化。

另外，与上述相同，即使法人人格没有达到形骸化的程度，若公司背后的人滥用公司的法人人格，不仅可以追究公司的责任，也可以追究其背后他人对公司的责任。这时，要求以逃避债务等滥用行为的时间点为准，判断公司的背后人是否处于随意利用公司的支配地位，并实施了利用该地位滥用法人制度的行为。同时，背后人是否滥用了法人制度，应当综合考虑前面的形骸化程度和交易对方的认识与信赖等各种情节，逐一判断。

可是，在法人人格形骸化参照上述法理时，即使如本案上述②和③，Y 作为 B 的控股股东，从 2001 年 12 月 11 日起被选任为单独董事，行使公司经营的全部权利控制公司，如④ B 与 Y 的个人账户只不过是达到一部分混用的程度，仅依据上述情节，不能认定 B 和 Y 之间的财产混用达到了法人形骸化和否认法人人格的严重程度。此外，与 A 相关，原审列出的情节作为 B 形骸化的证据，不够适当和充分。因此，即使参酌原审列举的全部情节，所欠债务发生当时，也不过是 Y 借用了 B 的法人形态经营个人业务，还不能将 B 看成完全是其法人人格背后 Y 的个人企业。

另外，原审列出的（全部是 A 和 B）同一性，只不过可以成为问题，其他②、③与⑤是关于 Y 实际控制 A 和 B 的情节。

可是，与前述法理相同，以法人人格滥用为由否认 B 的法人人格，上述情节不够充分，Y 以利用 B 的法人形式为手段，回避对自己的法律适用，不当摆脱法律效果归属的行为，应当认定为法人人格滥用。参照股份公司物的、有限责任之特性，在不属于有害于债权人的情况下，不能将关闭业务不景气的股份公司，清算债权债务后，投入新进资本设立新的公司并运营的行为视为违法。如上述⑥被告将 A 和 B 停业，只支付给客户 20%~30% 的应付款，剩余部分得到免除，设立运营（其他公司）的行为，很难判断其是可以否定法人人格的滥用行为。即使参酌上述 Y 对 B 的控制程度，B 和 Y 之间的财产混用程度，认定 Y 为回避其法律责任而滥用公司制度的理由仍不足。

与此相反，认为 X 对 B 的背后人 Y 也可以追究因 B 的交易行为发生的衣料款债务责任的原审判决结果，误会了法人人格形骸化和法人人格滥用的法理，违反了法律，这种违法明显影响了判决。

因此，对于剩余的上诉理由，没有再进一步审查的必要，经参与大法官一致意见作出如下判决，撤销原审判决，为了再次审理、判断本案，发回原审法院重审。

QUESTIONS & NOTES

Q1 （1）原审认定法人人格形骸化时，出示的根据是什么？

（2）与原审不同，大法院不认定形骸化的理由是什么？

Q2 （1）大法院就认定滥用法人制度，提出了什么要件？

（2）认定这种滥用，回避法律适用的主观意图不必要吗？

（3）大法院在判断滥用时，对于形骸化要素的判断，作出了参酌财产混用程度等内容的判决。这是否妥当？如果没有财产混用，公司正常运营，是否不能认定滥用？

四、法人人格否认法理的反向适用

QUESTIONS & NOTES

NOTE 股东的债权人对公司主张权利，即关于法人人格否认法理的反向适用，需要适用更严格的要件。首尔高等法院在 2004 年 12 月 16 日宣告 2004Ta12617 判决中阐释了如下法理。“如果适用法人人格否认理论的话，应限于该特定个案，将公司和其背后的个人看作同一体。①公司的债权人可以直接追究股东的责任（公司→个人），与此相反，②股东的债权人对于公司（个人→公司），也可以直接追究责任。可是上述②时，鉴于商法对公司严格规定了资本充实原则，从单纯的‘法人人格滥用’的主观目的出发，达到客观上也违背了资本充实原则，显著达到‘法人人格形骸化’时，即类似虚假出资等实际上没有注入资金，仅由股东个人的财产构成公司资本，没有追加缴纳资本，除该股东个人外，其他股东完全不存在等情况下，只有严格适用上述情况才是适当的。”但是该案中，新旧法人的业务目标和总部所在地虽然相同，但是不仅高管完全不一致，在股东结构上，不仅是实际设立者的亲戚，还包括了第三人等，根据上述事实，不能断定新法人是违背了资本充实原则的形骸化法人。因此，不能适用法人人格否认法理。

第三节　公司的营利性[1]

一、营利性的意义

公司以“营利为目的”（《韩国商法》第 169 条）。因此，不以营利为目的的非营利

〔1〕 以下的叙述主要参考［韩］金建植：《公司法》，博英社 2015 年版，第 48～53 页。

团体原则上不能成为商法上的公司。这里提到的营利不是单纯只取得利益，还包括将取得的利益分配给公司成员。股东的抽象性利益分配请求权就是基于公司的营利性产生的。

这里提到的利益是公司通过对外经营活动取得的利益。因此，基于仅以公司成员为对象的内部性经营活动，以给予成员经济性利益为目的的协同合伙［译者注：协同合伙（直译为协同组合）是指共同（协同）进行财货或劳务的购买、生产、销售、提供，谋求提高合伙成员的权益，贡献区域社会的经营组织。《韩国协同组合基本法》第 2 条第 1 款］、相互公司（译者注：相互公司是指以经营保险业为目的，根据《韩国保险业法》的规定设立的，以保险合同人为股东的公司。《韩国保险业法》第 2 条第 7 款）等，不是商法上的公司。

二、股东利益和公司利益

这里对于营利乃至利益在法律层面的意义讨论的并不多。营利性之概念，如果将其结果视为以将利益分配给股东为前提的话，应该是股东利益最大化。实际上在新自由主义视角下，对比股东利益，使用更多的是公司利益这一概念。在公司财政状态健全的情况下，股东利益和公司利益没有特别的差异。需要注意的是，在使用公司利益这一概念时，其不一定与财务会计上的利益相同。例如有一个自有资本 500 亿韩元，每年取得 50 亿韩元利益并全部分配给股东的股份公司，如果这个公司有一个追加 500 亿韩元投资可以增加 30 亿韩元利益的新项目，500 亿韩元的资金可以以年 8% 利息从银行借贷，也可以向股东发行新股筹资。这时，公司从银行贷款进行项目的可能性不高，因为 30 亿韩元的收益达不到公司支付的 40 亿韩元利息。可是，公司通过发行新股筹措资金进行项目的可能性更大。这时，虽然项目进行的结果是公司利益在会计上从 50 亿韩元增加到 80 亿韩元，但是无法把这种投资正当化。从股东的立场看，收益性从 10% 下落到 8%，与其投资项目，不如放到银行存款更好。〔1〕

如前所述，投资一定会增加公司的资产规模。但公司规模增大未必就一定符合公司的利益。这样看的话，可以得出不向股东分红在任何时候都符合公司利益的结论。这种从断绝和股东关系的角度讨论公司利益的方法很容易带来不合理的结果。

三、股东利益最大化

考虑公司的营利性时，利益的概念不是指公司会计上的利益，而是指股东的利益。

〔1〕 严格来讲，伴随股东新投资的机会成本不应适用银行利息，而应适用自有资本费用。这里为了将例子简单化而以银行利息为准。可是从现实上看，不是没有进行新投资的可能性。作为经营者可能偏好扩大企业规模，作为职工也没有拒绝借扩大经营规模得到升职机会的理由。政府也因为可以借扩大经营的机会创造就业，明里暗里提供支持。有可能反对的主体反而是股东。从长期看，这样的扩大经营没有利益支撑而导致不景气的话，最终进行重组是不可避免的。这时，不仅是股东，全部利害关系人都避免不了受到损害。

它主要表现为股东利益乃至股东价值最大化。股东利益最大化在经济学界几乎已成定论，在经济界也被广泛认知。从股东是公司所有人的传统观点上看，这是当然的。从法经济学观点上看，股东利益最大化原则是在股东的残余请求权地位中得以实现的。根据这种观点，股东不是公司的所有人，其处于与债权人一样的先顺位权利人位置，是对剩余财产的后顺位残余请求权人。债权人的请求权是固定的，如果要将股东利益最大化，理论上公司利害关系人全体的价值都将自动地最大化了。

利害关系人不仅包括股东和债权人，实际上还包括职工、客户、地区居民等各种主体。这些利害关系人预见将来可能发生的全部事态，如果在事前可以通过合同对将来发生的事态作出确定处置，只考虑股东利益即可的理论也是有说服力的。可是现实中，利害关系人为了保护自己利益，通过上述合同采取措施是不可能的。因此，在理论上对公司的目的是股东利益最大化的说法，是有批评的。对于股东利益最大化的现实性支持度，根据政治状况会有相当大的变化。特别是规模大的企业，人们对其无视职工、客户、消费者等其他利害关系人的利益，只追求股东利益的做法是非常厌恶的。对于企业社会责任的主张就是在这样的背景下产生的。

和股东利益最大化最难调和的是债权人利益和职工利益。如上所述，股东和债权人之间存在利害相冲的一面。股东作为债权人之后占有剩余财产的唯一残余请求权人，因其责任受到限制(股东有限责任原则)，就比债权人更偏好风险，特别是公司限于困境时，作为股东反正没有更多能失去的，因此选择投机性交易的动机大。从股东利益最大化可以将这种投机倾向正当化的观点上看，有替代股东利益，而强调包括股东和债权人利益的公司利益之有用性的见解。根据这种观点，特定措施在促进增加股东利益时，如其增加的份额超过债权人利益减少的份额，就不能将其正当化了。

与股东利益冲突最大的是职工利益。事实上，企业在外观上呈现的不是投资的资金，而是称为经营者和职工的人，实际上公司破产的时候，职工受到的打击不能断定就比股东少。[1]另外，在资本主义发达的社会中，经营者和职工这两大要素的力量是非常强大的。因此在现实中，以股东利益最大化为理由对经营者或职工采取不利措施是不那么容易的。

因此，被称为股东利益最大化的目标在理论和现实中是有限度的，特别是最近，世界范围贫富两极化日益加深，致使现实中愈加反感强调股东利益。尽管如此，以股东利益最大化为公司目标的传统观点在如下方面是有说服力的：第一，除股东之外，以各种利害关系人的利益作为共同目标时，不仅很难对经营团队进行评价，对经营者的个人行为也很难进行牵制。股东已经在经营上负担了风险，再负担经营者滥用裁量权风险的话，将很可能导致股票投资萎缩。第二，其他利害关系人的利益，根据劳动法、公正

〔1〕 股东可以通过分散投资将风险最小化，但对职工来说是不可能的。

交易法、环境法等法规，在某种程度上能够得到保护。债权人的利益在相当部分上根据合同可以得到保护。第三，选择股东利益最大化，不会导致忽略其他利害关系人利益的结果，特别是从长期来看，股东利益与其他利害关系人的利益在相当部分上是一致的。

四、股东利益最大化的法律效果

如前所述，股东利益最大化原则在各方面都有其界限。但是，如果从追求股东长期利益的角度分析，与公司的整体目标是相符的。股东利益最大化可以适用到全部公司机关行为的评价标准上。即在公司的资金筹措、投资、合并、返还资金等全部意思决定中，在判断是否遵守善管注意义务和忠实义务时，股东利益最大化可以作为其基准。

可是，考虑股东利益这一概念的界限时，不能赋予这一原则强硬的拘束力。实际上在韩国，公司无法不考虑股东以外的利益，因此很难找到赋予这一原则强硬拘束力的理由。另外，经营者以长期的股东利益为依据考虑其他利害关系人的利益而作出的决定，可以依据经营判断原则受到广泛的保护。

五、追求公益

上述原则不能允许作为营利法人的公司成为只追求非营利目标的公司。因此，章程如果规定公司从经营活动中取得的利益不分配给股东，全部用于公益目的的，该内容是无效的。但这并不是说公司的营利性就完全地排除非营利性目标。公司多少都可能在运营中添加公益目标。像这样，公司同时追求公益的代表性例子可以说是《韩国社会性企业育成法》规定的社会性企业。即使不是社会性企业，将一部分利益用于公益目的的章程规定不管多少都是有效的。〔1〕

很难正常评价像这样的同时追求公益和营利公司的成果。如果股东明知这种情况而投资的，就不是问题。现实中，很难确定这种公益性公司调和其公益和营利性的基准。即使在经营目标中列举营利活动，实际上专注于纯粹非营利活动的公司在理论上也是可以存在的。在全部股东协商一致的情况下，没有必要把非营利活动作为公司解散的事由。

六、社会贡献活动

追求营利的企业，有时会进行捐赠等社会性活动，与公司的营利性相对照，这种非营利性活动在法律上能否正当化呢？这个问题在概念上虽然比较麻烦，但没有多大讨论的现实意义。即使采纳否定企业的社会性责任的观点，也不能不允许公司为了长期利益

---

〔1〕 例如，为了健全的舆论和文化的畅达，没有必要禁止报纸或广播等带有公益性的新闻报道性的企业在其章程中选择该种活动作为经营目标。

提高自己的形象而进行慈善等行为，特别是最近对公司社会贡献活动的社会要求越来越高，对于与公司业务没有直接关联领域的捐赠，也不能说与公司利益一定无关。当然，参照公司的规模或经营业绩，对于过度的非营利活动，在理论上可以追究经营者的责任。但是，因为最终要尊重经营者的经营判断，如果不是与经营者的个人利害相关，现实中很难追究这种责任。

七、公司的政治活动〔1〕

公司对特定政党或政治人的政治献金也可以视为一种非营利活动。即使考虑从一般人处募集政治捐款，现实上也是困难的，其弊端更大，因此应当否定。第一，如果认可公司的政治捐款，令人担忧的是企业会过度影响政治性意思决定。第二，公司给特定政党捐款，与不支持这个政党的股东利益相悖。对此，有管理层选择向最符合公司利益的政党提供政治捐款，反对股东可以转让股票的主张。但是，股东进行投资还要考虑投资对象的政治倾向，是没有效率的。第三，允许政治捐款，在特定事案中，以给公司有利条件作为代价的负面惯例蔓延的可能性很大。

如果否定公司政治捐款，最终，股东应当拿着从公司处得到的分红，自己决定是否提供捐款和提供的对象。现实中，以往在一定程度上允许了公司的政治捐款，但是，现行《韩国政治献金法》采纳了否定说，禁止包括公司在内的法人的全部政治捐款（《韩国政治献金法》第 31 条）。

进而，公司以自己的费用表明特定的政治性意思等的政治活动，也引起了与政治捐款类似的问题。但是，全面禁止公司的政治性活动是不可取的，例如在为了修改有害公司利益的特定法律等情形下，不仅兼有营利性和政治性的活动很多，而且政治性活动比政治捐款的弊端要少。

【参考判例】

大法院 2010.5.13. 宣告 2010Do568 判决（捐赠行为与背任罪）

被告是在职的 K 银行行长，决定于 2008 年 5 月上旬卸任，其明知自己被 C 大学录用为聘任教授，K 银行的捐赠款将用于向自己支付工资，仍让 K 银行向 C 大学捐赠了 2 亿韩元。因此，被告人被以背任罪提起公诉。原审认为（光州地方法院 2009.12.31. 宣告 2009No2446 判决）“K 银行为了与 C 大学等设立支行的大学维持交易关系，一直向这些大学捐赠之事实；2 亿韩元的捐赠额是 K 银行通常的捐赠规模，考虑 K 银行在 C 大学取得的收益，这没有脱离适当的基准之事实；参照被告人的学历和经历，他是符合 C 大学录用聘任教授所要求的人才，其工资也没有超过过多的水准，捐赠用于被告人的工资，给

〔1〕 详细内容，参见［韩］金建植：《公司的政治捐款》，载《法曹》1986 年第 35 卷第 2 号，第 81 页（［韩］金建植：《公司法研究Ⅱ》，小花出版社 2010 年版，第 325 页再次引用）。

C 大学提供了实质性利益之事实；即使从 C 大学的立场上看，其通过利用录取前任银行行长作为聘任教授而形成的人际关系，可以预期维持交易关系等，得到有形、无形的反向给付之事实；等等，参照以上事实，让 K 银行捐赠 2 亿韩元的行为，很难认定为达到侵害 K 银行股东的股东权益的程度”。大法院认为“股份公司毫无代价地向其他人捐赠、赠与自己财产的，减少了股东的分红，结果上给股东造成某种程度的损失，但是要成立背任罪的话，还要判断是否合乎公司设立的目标、捐赠款的性质、该捐赠款给社会造成的影响、股东因此受到的损害等，要求认定该捐赠行为实质上达到侵害股东权益的程度（参考大法院 1985.7.23. 宣告 85Do480 判决、大法院 2005.6.10. 宣告 2005Do946 判决）”，因此维持了原审判决。

第四节　一人公司

【判例 6】- 一人股东和公司的独立性（大法院）

大法院 1983.12.13. 宣告 83Do2330 全员合议体判决

法院的判断

1. 根据原审（译者注：韩国是三审制）判决理由的记载，关于本案公诉事实中业务背任罪部分，原审认为作为一人股份公司，其财产权在实质意义上，最终由股东所有，股份公司的损害直接就是股东的损害，即使其消费了公司的金钱，若其没有欲对公司加以损害的意思，也没有犯意。公诉外之 1 股份公司，与被告人和公诉外之 2 实际持有该股票，被告人与公诉外之 2 协商，使用上述公司所有的金钱偿还个人债务，上述事实已经各种证据认定，本案一审在同样主旨下对被告作出的无罪宣告是正当的。

2. 背任罪是处理他人事务的人违背任务，自己或让第三人取得财产上的利益，给本人造成损害而成立之罪。其行为主体是为他人处理事务的人，其违反任务的行为，给他人即本人造成财产上的损害。股份公司的股票事实上是归属于一个人的所谓一人公司，行为的主体和其本人明显是不同的人格，其本人，即股份公司在财产上发生损害时，背任罪就构成既遂，即使最终损害是股东的损害（另外，股份公司的损害与股东的损害也不经常是一致的），对已经成立之罪没有任何妨碍。另外，《韩国刑法》规定了背任罪，图谋自己或第三人的利益，给本人造成损害不是其规定的构成要件。背任罪的犯意可以解释为认识到自己的行为违背任务即充足了犯罪要件，给本人造成损害的意识不是必要的。该法院的 1974.4.23. 宣告 73Do2611 判决、1976.5.11. 宣告 75Do823 判决等判例有与此不同的见解，曾经废除过这种意见。

3. 因此，原审的在一人公司的损害直接归属于其一人股东的前提下，即使违反业务的行为给公司造成损害，因没有施加损害的意思，即没有犯意，宣告无罪的判决，不仅混同了行为的主体和本人，而且将具备法律上权利、义务主体的法人人格的股份公司与利润归属主体的股东同样看待，错误地把握了业务背任罪的既遂时期和构成要件，犯了误会业务上背任罪法理的错误，上告（译者注：是上诉的一种，用于对二审不服提出的上诉，上告的管辖权归大法院）有理。

因此，经参与法官一致意见，撤销原审判决中的无罪部分，就本部分发回水原地方法院合议部重新审理。

QUESTIONS & NOTES

Q1 大法院在本判决中以公司的损害为前提。本案中是否可以提出公司没有受到损害的反对意见？

Q2 即使认可公司资产减少，公司资产的减少一定就是公司的损害吗？向股东分红的话，公司的资产虽然减少了，但不视为公司受到损害。本案和利益分配在哪些方面有差异？

Q3 在资产 100 亿韩元，负债 10 亿韩元，现金流没有问题的一人公司中，一人既是股东又是法定代表人，其用公司的财产 10 亿韩元偿还自己的个人债务时，公司的债权人、职工、客户、本地社会等是否受到损害？即使公司的利害关系人没有受到任何损害，认定公司损害的实际意义是什么？

Q4 【判例 6】案件中，公司没有债务偿还能力的话，公司的债权人可否引用法人人格否认法理，向股东要求履行债务？

第五节　公司的权利能力

公司作为法人，拥有法律上的权利和义务主体的能力，即权利能力。与自然人不同，公司的权利能力在以下方面受到各种限制。(1)根据人的性质的限制；(2)依据法令的限制；(3)依据章程上目标的限制。这里主要考察第 3 个问题。

民法上的法人，只在章程规定的目的范围内拥有权利能力(《韩国民法》第 34 条)。对于民法上非营利法人的相关规定是否类推适用于营利法人是有争论的。根据民法规定的允许类推适用的限制肯定说，超出章程目的范围的行为没有效力，与公司交易的对方有必要注意这一点。在韩国一般见解是，以交易安全等为理由，否定依据章程的目的限制公司的权利能力。

【判例 7】- 公司的业务范围与提供连带保证（大法院）

大法院 1975.12.23. 宣告 75Da1479 判决（CheolUHoe 判决）

事实关系

原告社团法人 CheolUHoe 委托 A 经营剧场，要求提供身份保证作为合同上的连带保证，被告公司的法定代表人提供了连带保证。被告公司章程上的业务目标有以下几个：①土木、建筑、下水道、电气、通信和机器承包；②矿山开发、剂量业务；③盐田建造工程承包；④劳动及物资供给；⑤国内外贸易委托销售；⑥自来水材料销售；⑦经营与上述相关的附带业务。

法院的判断

判断原告诉讼代理人的上告理由。

原审判决根据证据认定被告公司的法定代表人代表被告公司，为 A 从原告处受托经营剧场引起的损害赔偿提供连带担保的事实，不属于被告公司的经营范围，不能视为为了被告公司而进行的有效合法的保证，对照记录，不能认为是不正当、违背采证法则的判断。原审对于这一点，没有给原告提供相反举证的机会是不适当的（原告没有提出任何反证），原审对被告不予争辩的事实的认定也是不正确的。被告公司的股东和董事对本案保证进行了决议，视为被告公司作出了保证。即使如此，与前述相同，也不具备合法保证的效力。原审法院不对被告公司因不法行为引起的损害赔偿责任，作为经理人的赔偿责任作出认定，对提出的新的主张，也没有给举证机会。原审的上述做法是不当的，但认为原审判决审理不完全，甚至违反采证法则的论点不能成立。因此，经参与法官一致意见，驳回上告，上告费用由败诉者承担。

QUESTIONS & NOTES

Q1 根据判决，不仅被告公司的董事，股东也同意提供保证。这种情况下，有必要将保证视为超过权利能力之外的行为吗？

Q2 法院以连带保证在章程中的经营目标中没有被记载为由宣布其无效。这个判决被维持的话，公司一般是否要将连带保证加到经营目标中？

【判例 8】- 为股东提供连带保证有效之判决（大法院）

大法院 2005.5.27. 宣告 2005Da480 判决

事实关系

因继承而成为原告公司大股东的 A，将所继承的大部分财产用于为原告公司提供担保，因而无力缴纳遗产税。A 为了分期缴纳遗产税，与被告保证保险公司缔结了纳税保证保险合同。为了担保被告公司的追偿权，原告公司对被告提供连带保证责任。之后，

C 从 A 处受让原告公司的经营权，就任法定代表人。代替 A 缴纳遗产税的被告申请保全原告的财产，原告履行连带保证责任后，以被告为对象，以连带保证合同超过了原告公司的权利能力范围应当无效为由，请求返还不当得利。

法院的判断

公司的权利能力受公司设立的准据法和公司章程上目标的限制。其目标范围内的行为不仅受章程上明示的目标自身的限制，还包括完成目标所需的全部直接或间接行为。判断是否完成目标所需要的行为，不是根据行为者的主观、具体的意思，而应该根据行为自身的客观性质判断（参考大法院 1988.1.19. 宣告 86DaKa1384 判决、1991.11.22. 宣告 91Da882 判决等）。根据这一判断，作为以交易行为为业的营利法人，应当以公司的属性、迅速性、定型性为要点，充分考虑交易的安全。虽然公司为具有交易关系或资本关系的主债务人提供保证等行为，属于商法上的滥用代表权行为，可以认定为无效，但这种情况应另当别论。参照该行为的客观性质，将其视为没有特别情况下的公司目标范围内的行为是恰当的。

根据原审判决理由，A 是原告公司的控股股东和法定代表人，因公司前法定代表人 B 死亡，为了让 A 取得对其继承的公司股票等遗产所课赋的遗产税缴纳义务的年赋延纳许可（译者注：postponement of tax payment，是一种遗产税或赠与税长期分批缴纳的制度），原告公司与被告缔结了纳税保证保险合同。原告公司主张，公司是为了 A 才向被告提供连带保证的（以下简称本案连带保证行为），这一行为是超出原告公司章程上的目标范围和权利能力的行为，应当视为无效，根据无效的连带保证合同，向被告支付的合计 1，311，875，806 韩元及迟延付款赔偿金属于不当得利，应当返还。对于原告公司的上述主张，判决认定的本案连带保证行为当时，原告公司经营困难，上述继承财产中除公司股票外的财产大部分是不动产，这些不动产为原告公司从金融机关贷款提供了担保，作为原告公司即使想一次性缴纳遗产税，也无法马上解除不动产上的担保，等等。参照以上事实，本案连带保证行为，在其实质和客观性质上有为了原告公司的一面，同时与公司有交易关系或资本关系的主债务人提供保证的情况类似。作为实现公司目标的间接、必要的行为，看作在原告公司目标范围之内是适当的，以此为由排除上述主张。参照前面叙述的法律和记录，上述原审对事实的认定和判断正当可取。没有上告理由中主张的因违反采证法则或审理不完全引起的事实误认，或误解权利能力法理等违法事项。

QUESTIONS & NOTES

Q1 大法院认为，即使是章程的经营目标中没有记载的行为，根据行为自身的客观性质，被认定为完成目标必要的行为时，视为目标范围内的行为。与一般的允许连带保证相比，“为了给与公司有交易关系或资本关系的主债务人提供担保等行为”，原则上视为目标范围内的行为。

(1)这里提到的资本关系指的是什么?

(2)如果A是有资本关系的主债务人,法院不直接视为是目标范围内的行为,其行为实质上是为了公司利益的行为,这种阐释的理由是什么?

【参考判例】

光州高等法院 1997.12.12. 宣告 96Na7860 判决(大法院 1999.10.8. 宣告 98Da2488 判决 驳回上告)

考虑现在我国社会的企业实际情况,企业相互之间,特别是系列公司相互之间频繁提供保证以及连带保证的事实,DeokSan水泥制造股份公司(以下简称DeokSan)与高丽水泥制造股份公司(以下简称高丽)的实际经营人,参考这期间高丽数次对DeokSan等属于DeokSan集团的公司债务提供保证的事实等情况,B对DeokSan拖欠原告的本案票据交易约定上的债务承担连带保证责任,B为了提供担保在期票上背书的行为,即使不是高丽章程上明示的目标,参考其行为的客观性质,是完成目标所必要的行为,属于公司目标范围内的行为。对于被告(重组公司,高丽的管理人)的本案连带保证是公司权利能力之外的行为,连带保证无效的主张,不予支持。

Q2 连带保证和提供担保在对公司财产的经济性效果上没有多大差异,因此,判断董事的民刑事责任时,不考虑其差异。本案中,如果不是连带保证,而是提供公司财产作担保,法院会作出怎样的判断?

【参考判例】

大法院 2005.10.28. 宣告 2005Do4915 判决

公诉外的公司是一人股东,实际法定代表人被告人Y1、被告人Y2,为了准备缴纳遗产税的资金,于1998年5月6日缔结了将上述公诉外公司的全部股票以150亿韩元转让给Y3等人的股票买卖合同,此后,进行了公募,为了担保Y1、Y2在上述股票买卖合同解除时负担的买卖款返还债务,就公诉外公司的唯一财产——本案不动产,于1998年1月28日以Y3等人的名义完成了所有权转移临时登记,取得了与不动产市价81亿韩元相当的财产上的利益,造成被害人公诉外公司相同金额的损害。依据上述理由,根据《特定经济犯罪加重处罚等法律》规定的背任罪提起公诉。

原审(釜山高等法院 2005.6.22. 宣告 2004No889 判决)认为,“尽管Y1和Y2是公诉外公司的一人股东,伴随个人的股票买卖合同,将独立法人所有的本案不动产提供担保的行为,其性质上是违反了作为实质性法定代表人对公司财产管理、处分义务的行为,给公司带来发生损害的危险。在此过程中,即使经过了股东大会决议在本质上也没有不同。进一步从经济观点上看,与上述被告人的个人股票买卖合同相关,以公司唯一的财产——本案不动产为合同买卖款返还债务提供了担保,以受让人名义完成了临时登记。

与上述不动产担保价值相当的金额没有用来偿还公司债权人的债务，而是用于筹备缴纳被告人等的遗产税资金。上述取得经济性利益的反面，给公司造成相当金额的损失”，背任罪成立。大法院支持原审判决。

Q3 公司权利能力法理的实际利益是什么?

Q4 原告公司的法定代表人在履行保证债务后，应当采取什么措施?

NOTE 本案诉讼是受让原告公司控制权股票的股东，在事后发现公司提供连带保证的事实，为了否认其效力而提起的。企业在进行并购（M&A）时，收购人为了把握收购对象公司的现状，要充分地进行尽职调查（Due diligence），在股票买卖合同中有必要加入追究与公司现状相关的担保责任的条款。

NOTE 2009年《韩国商法》进行了修改，明文禁止了上市公司与【判例8】一样为大股东提供债务担保。(《韩国商法》第542条之9第1款)(译者注：其内容为“与主要股东等利害关系人的交易”，利害关系人包括主要股东的特定关系人、董事和执行高管、监事)。

第二章
CHAPTER 2

公司设立

第一节　公司设立概要[1]

一、公司设立的意义

公司设立是指将公司设立为法人所需的一系列行为。以往公司设立需要政府的批准，但是现在大多数国家采用准则主义，即只要具备法律规定的要件即认可公司设立。除设立外，出现新设合并、分立、股份的一揽子转移等情形的，也可以新设公司。

设立公司所需的行为，根据公司的种类，其复杂性、严格性具有相当的差异，但本质上，公司设立可分为形成公司实体的行为与取得法人格所需的设立登记行为。任何公司，仅靠实体形成行为不会被认可为法律上的公司，要取得法人格，需完成设立登记。进行设立登记时，需要审查公司是否具备法律规定的要件（如《韩国商业登记法》第 80 条）。设立登记不会因公司种类不同而有区别，但是公司的实体形成行为会因公司种类不同而有所不同。公司形成实体的过程包括如下要素：①确定公司的股东；②公司基本运营规则，即章程的制定；③通过股东出资形成公司财产；④组织负责公司活动的机构。

合名公司与合资公司等人合公司，在公司设立阶段无须完成③和④。[2]但是，股份有限公司或有限责任公司等资合公司（译者注：《韩国商法》上还规定了有限公司），须具备上述所有要素。特别是规模大、组织机构复杂的股份有限公司的设立程序最为复杂，其原因在于从设立之时起就防止出现财政基础薄弱的公司，维持出资人间的公平，保护公司债权人及股东的利益。但是，复杂的设立程序必将延长设立时间且提高费用，而该复杂的程序是否能有效保护债权人或出资人的利益，难免会产生疑问。因此，日后有必要从费用及便利性角度探讨公司设立程序。

---

〔1〕 下述内容很大程度上参考了［韩］金建植：《公司法》，博英社 2015 年版，第 89～100 页。

〔2〕 即合名公司，经两人以上协商制定章程，即可完成公司实体。股东承担无限责任，因此不需要③，且股东理所当然拥有执行权，因此也不需要④。合资公司，除股东中的一人承担有限责任外，其他与合名公司相同。

二、设立的种类

商法将股份有限公司的设立方式规定为发起设立与募集设立。发起设立，是指以仅由发起人认购“公司设立之时发行的公司全部股份”的方式设立公司之情形。募集设立，是指发起人外的其他人也认购股份之情形。[1]因此，从理论上来说除发起人外只要存在一人，即可属于募集设立。在此情形下，发起设立与募集设立几乎一致。但是，商法上的发起设立程序与募集设立程序具有很大的差异，特别是1995年修改商法前，该等差异比较明显。过去，为追求资本充实，发起设立需接受法院任命的调查人的调查，而募集设立除非存在非货币出资之情形，否则无须接受调查人的调查。因此，过去在实际出资人为少数之情形下，也往往让名义上的认购人认购股份，从而采用募集设立方式。[2]但是，现在通过修改商法，采用发起设立方式时，除非存在非货币出资之情形，否则无须接受调查人的调查，因此大大降低了采用募集设立方式的必要性。[3]当然，不排除存在一开始从多数投资者募集资金设立公司的必要性，但是，在此情形下也可由少数发起人成立公司后立即接受一般投资者的投资。[4]因此明显减少了采取募集设立方式的必要性。

三、设立过程概观

无论是发起设立，还是募集设立，均要完成上述的各个设立阶段。但是，募集设立时，发起人外的其他人在认购股份方面的程序有些复杂。以下以发起设立为重点，简单观察公司设立的主要过程。就募集设立，仅阐述区别。

（一）章程的制定

无论是发起设立，还是募集设立，章程均由发起人制定（《韩国商法》第288条）。

（二）股东的确定

未在章程中约定公司设立时发行之股份的相关事项的，经全体发起人同意方可作出决定（《韩国商法》第291条）。发起设立之情形下，应由各发起人书面认购全部股份，各发起人的认购数量应为1股以上（《韩国商法》第293条）。募集设立之情形下，应募集认购除发起人认购股份外的剩余股份的人（《韩国商法》第301条），通过认购股份的要约（《韩国商法》第302条）和发起人对该要约作出承诺（《韩国商法》第303条）签订股份认购合同并确定股东。

---

〔1〕 因此《韩国商法》上的募集设立概念不同于需要50人以上投资人的《韩国资本市场法》上的募集概念。

〔2〕 与【判例10】相同的案例中，发起人认购大部分的股份，就剩余股份，冒用他人名义认购的，视为发起设立（大法院1992.2.14.宣告91Da31494判决）。

〔3〕 但是，从实务上来看，募集设立不乏便利之处。首先，就非货币出资报告，发起设立应向法院提交（《韩国商法》第299条第1款），而募集设立则需要向创立大会提交，向创立大会提交要比向法院提交可能会轻松一些。其次，可在创立大会上自由修改原始章程（《韩国商法》第316条），也是募集设立的优点。

〔4〕 过去韩国的HanGyeore报社及部分银行也采用该等方式设立了公司。

(三)公司资产的形成

股份公司被要求在公司成立前形成公司资产。以现金出资的,认购人应及时缴纳其认购的全部金额;以实物出资的,应在出资日完成包括转移标的财产在内的所有相关手续。这一点,发起设立与募集设立不存在差异(《韩国商法》第 295 条、第 305 条第 1 款第 3 项)。

(四)组织机构的组成

发起设立之情形下,完成缴纳及实物出资时,发起人经所持表决权的过半数决议任命董事及监事(《韩国商法》第 296 条第 1 款)。募集设立之情形下,在发起人召集的创立大会上任命(《韩国商法》第 312 条)董事及监事。创立大会为股东大会的前身,召开程序及议事流程几乎与股东大会一致。〔1〕

(五)设立程序的调查

以往若为发起设立的,即便不存在非货币出资之情形,也应接受法院任命的调查人的调查(《韩国商法》第 298 条、第 299 条),1995 年修改《韩国商法》时废除了调查人的调查制度。

但是存在实物出资等非货币出资情形的,仍应接受调查人的调查(《韩国商法》第 298 条第 4 款、第 310 条)。根据修改后的商法,由公证机构或公认的鉴定人代替法院任命的调查人(《韩国商法》第 299 条之 2)。报告上述公证机构或公认的鉴定人调查结果或鉴定结果的机构,属于发起设立的为法院;属于募集设立的则为创立大会(《韩国商法》第 299 条、第 310 条第 2 款),法院或创立大会可变更调查结果或鉴定结果(《韩国商法》第 300 条)。〔2〕

缴纳出资额及履行实物出资等事项,由董事和监事进行调查后,若为发起设立的,则报告给发起人;属于募集设立的,则报告给创立大会(《韩国商法》第 298 条 1 款、第 313 条第 1 款)。

(六)设立登记

无论是发起设立还是募集设立,在规定期限内完成登记后设立程序即告终止,公司作为法人被宣告成立(《韩国商法》第 172 条)。由法定代表人在规定期限内在所在地登记机关进行设立登记(《韩国商法》第 317 条第 1 款)。

四、设立的实际情形

股份有限公司并不一定是在利用多数投资者共同投资的资金,开始新的经营之情形下方可设立。在实践中公司设立更多出现在转换原有经营法定形式之情形下,包括

---

〔1〕 但是,决议要件更为严格,须经出席会议的股东所持表决权的 2/3 以上通过,且经被认购之股份的过半数通过(《韩国商法》第 309 条)。

〔2〕 通过法院方可变更,可能会成为逃避发起设立的因素。

个体经营者将原有经营转换成股份有限公司(法人化)或同时经营多个业务的股份有限公司将部分经营项目剥离出来,作为独立的法人运营(子公司化)。〔1〕上述情形下,实际的出资人为一人,出资人为一人的单独设立程序如上,稍微复杂,但实践中被简化处理。

出资人为一人以上的共同设立,出资人间往往协商确定出资比例、公司的经营方向等。特别是,具有同等实力的经营者间进行合资的,该等协商结果通常具体体现在被称为"股东协议"的正式合同中。根据不同情形,协商一致的内容也反映到章程里,其原因在于商法对股东的保护往往无法满足出资人的期待,因此股东另行采取其他手段。

第二节　设立程序中行为之效力

一、发起人与发起人合伙

公司设立需要规划设立及执行必要事务的人。通常情形下,实施上述业务的人被称为发起人。依据现行商法,发起人既可为一人,也可为一人以上。发起人为一人以上的,发起人间将会缔结以设立公司为目的的一种合伙合同(《韩国民法》第 703 条)。发起人间存在的该等合伙合同关系为发起人合伙。发起人通过履行合伙合同作出设立公司所需的行为,包括制定章程及招股说明书、认购股份等。因此该等行为的效力理应归属于发起人合伙。

二、设立中公司

韩国的公司法理论与判例认可设立中公司的概念(大法院 1994.1.28. 宣告 93Da50215 判决等)。设立中公司是为了公司发起人在设立过程中作出未经权利转让程序而直接归属于新设公司的行为而设计出的概念。

发起人作出之行为的效力暂归属于设立中公司,但公司设立后其效力无须特殊的转让程序,直接归属于新设公司。其依据在于设立中公司为新设公司的前身,两者实质上是相同的(同一性说)。

理论界对设立中公司的成立日有不同观点。通说与判例认为制定章程且发起人认购 1 股以上股份时,设立中公司成立(大法院 1985.7.23. 宣告 84nu678 判决、大法院 1994.1.28. 宣告 93Da50215 判决等)。

---

〔1〕 后者以分立来代替设立公司,特别是可通过派生分立代替设立公司。

三、发起人的行为及效力

（一）序论

将发起人作出之行为的效力归属于设立中公司，需满足以下两个要件：①不得以发起人名义作出，而应以设立中公司名义作出；②相关行为应在发起人权限范围内。主要问题为②。

（二）设立过程中行为的类型

公司设立过程中发起人的行为，可分为以下类型：①设立所需的法律上必要的行为；②设立所需的经济上必要的交易行为；③开业准备行为；④经营行为。

其中，①设立所需法律上必要的行为包括制定章程、认购股份、出资相关行为、董事及监事的任命、召开创立大会、签订出资金保管合同等。②设立所需经济上必要的交易行为虽不是为设立本身作出的行为，但是为由于设立事实上必要的交易行为，包括承租设立办公室、雇用员工、委托印制招股说明书等。③开业准备行为虽不是设立公司本身所需的，但是公司设立后为立即开展经营所需的准备行为，如购买或承租建设厂房所需的土地或建筑物、定制设备、采购商品、借贷经营资金等。后述的资产受让也为开业准备行为之一。除开业准备行为外，发起人实施④经营行为的，该行为不仅对设立后公司无约束力，且为罚款的对象（《韩国商法》第 636 条第 1 款）。

（三）发起人的权限范围

发起人作出无权限之行为的，该行为的效力归属于发起人个人。发起人的权限涉及两种关系，即①发起人为一人以上的，涉及与发起人合伙的关系；②与设立中公司的关系。发起人合伙是以公司设立为目的的，因此发起人为设立公司所作出的行为理所当然地归属于发起人合伙。发起人权限相关主要问题是发起人行为效力是否归属于设立中公司。

发起人作为设立中公司的机构，就发起人权限范围理论界有不同观点。首先，发起人拥有①可作出设立所需的法律必要行为之权限无争议，因此该行为直接归属于新设公司。但是就②设立所需的经济上必要的交易行为，理论界有不同意见。多数说将发起人权限解释得比较宽泛，认为②也属于发起人权限。依该解释，②的效力也直接归属于新设公司，可能会破坏公司的财产基础。虽然存在设立费用限制，但在发起人资力有限的情况下，公司不能就超出设立费用的金额向发起人追偿。因此应将②视为发起人权限外的行为，将该效力归属到发起人或发起人合伙，而非设立中公司。事后若符合法定要件可将相关费用归属到公司的，承担费用的发起人，仅可在设立费用额度内要求新设公司予以补偿。大法院的立场则与多数说一致，大法院的立场为“公司设立费用是发起人作为设立中公司的机构为公司设立支出的费用，应由设立后的公司承担”（大法院 1994.3.28.Za 931Ma 916 决定）。

同时，大法院将③开业准备行为也视为发起人的权限（大法院 1970.8.31. 宣告 70Da1357 判决）。[1]根据该判例，财产受让也属于开业准备行为，但是财产受让存在较大的权力滥用风险，因此《韩国商法》将财产受让视为非货币出资事项。但是，没有理由认为财产受让比其他开业准备行为存在更大的权利滥用之风险。至少，在强调公司财产基础的现行法律下，开业准备行为不应视为发起人权限。依据现行法律，作为开业准备行为之一的财产受让行为存在较大的必要性，因此在具备严格的法定要件之情形下，方可予以允许。

（四）对权限外行为的追认

对发起人权限范围作限制性解释的，原则上公司设立所需的经济上必要的交易行为或开业准备行为超出发起人权限，该效力不归属于新设公司，而归属于发起人合伙。

发起人以未来成立之公司名义作出行为的，可视为无权代理，可向发起人追究无权代理的相关责任（《韩国民法》第 135 条第 1 款）。发起人以未来成立之公司名义作出的行为可否与无权代理一样，由新设公司追认？该问题主要涉及开业准备行为。[2]否定说认为若认可追认将会造成对财产受让限制的逃避而反对追认。但是公司期待相关交易的，则没有理由禁止追认。只是相关交易属于事后设立或董事与公司间交易的，须经公司法规定的相关程序。

【判例 9】- 设立中公司法律责任的归属（大法院）

大法院 1994.1.28. 宣告 93Da50215 判决

法院的判断

设立中公司是一种学术上的概念，它说明了在股份有限公司设立过程中，发起人为设立公司作出的必要行为而取得的权利义务，该权利义务于公司设立时归属于公司。设立中公司于章程被制定且发起人至少认购 1 股时方可成立。设立中公司形成实体前，发起人取得的权利义务根据不同情形归属于发起人个人或发起人合伙。为了将归属于发起人或发起人合伙的权利义务归属到设立后公司，需要作出如受让或收购债务等特殊的转移行为（参照本院 1990.12.26. 宣告 90Nu2536 判决）。

但是依据原审判决，原审法院判定原告公司认可公司设立准备委员的案外人 A，于 1982 年 11 月 30 日以其亲哥哥案外人 B 的名义从天安机械工业中心购买涉案土地并支付土地款的事实，并以此认定原告公司从案外社团法人购买了涉案土地。

但是依法人登记簿藤本（参照案宗第 22 页），原告公司的设立登记日为 1983 年 4 月

---

〔1〕 在将来以经营运输为目的的设立中公司的发起人，其作为发起人代表签订汽车组装合同的案件中，法院认为该合同是为了执行公司设立业务签订的，要求新设公司承担汽车组装费用。

〔2〕 此与公司是否可以追认章程未约定的财产受让问题相似。

16日，1982年11月30日购买土地之日原告公司尚未设立，且不存在购买土地时原告公司相当于设立中公司的任何证据。因此上述买卖合同签订之时，原告公司并非设立中公司，除非通过特殊转让行为取得基于买卖合同的权利，否则不得认定为上述买卖合同的效力直接归属于原告。原审若将原告公司认定为上述买卖合同的买方，应说明原告公司设立后受让了上述买卖合同项下买方地位等为取得买卖合同项下的权利，作出的特殊的转让行为。但是，原审法院却判定原告以B的名义签订了买卖合同。此为误解了权利能力相关法理或存在理由不充分的违法。

原告在一审第22次辩论日，依据1992年9月17日提交的材料（案宗第454页），主张与案外社团法人天安机械工业中心签订买卖合同时买受人的名义为案外人B，但是原告完成设立登记后经案外社团法人同意将合同当事人变更为原告并重新签订了合同。原告的上述主张，为原告受让了买方地位的意思，且案外社团法人向案外天安机械工业中心转让园区管理业务时编制的乙第6号证（移交文件，案宗第115页）未收土地款栏记有“SeokWon产业6,825,000”及综合甲第4号证（确认书）及甲第12号证的1（回复）上的内容，如同原告主张，可以认定将买方名义变更为原告的事实。因此可以认定原告受让了与案外社团法人的买卖合同项下的买方地位。

那么，如上所述，原审判决虽然存在违法之处，但其结论是正确的，因此该违法未对判决造成影响。论旨也无依据。

QUESTIONS & NOTES

Q1 签订买卖合同时，原告若可被认定为设立中公司，那么在公司设立前原告作出的土地买卖行为是否无须其他程序而直接归属于原告公司？

第三节　非货币出资事项：实物出资和财产受让

《韩国商法》为了设立公司时资本充实，规定了非货币出资事项（同法第290条）。非货币出资事项包括发起人的报酬与特殊利益、实物出资、财产受让及设立费用。该等事项一方面给发起人或财产受让人带来利益，另一方面可能会危及公司的财产基础，可能会损害一般股东和公司债权人的利益。为了防止滥用非货币出资，商法规定了以下三种安全装置。

1. 章程未规定的，视为无效：披露（《韩国商法》第290条）。

2. 由调查人（公证机构或鉴定人）进行调查：通过专家进行监督（《韩国商法》第

310条)。

3. 法院或创立大会的变更:修改不合理的条款(《韩国商法》第300条第1款、第314条第1款)。

【判例10】- 财产收购无效(大法院)

大法院1994.5.13. 宣告94Da323判决

事实关系

原告与A、B经协商决定共同成立从事采矿等业务的被告公司,并约定由原告与A以矿业权出资;B以现金1亿韩元出资。为了规避实物出资相关复杂的流程,约定等公司设立后以买卖合同的方式完成实物出资。被告公司完成设立登记后,进行了以买卖矿业权为基础的矿业权转移登记。但是,章程未将矿业权受让作为非货币出资事项作出规定。A以被告公司设立程序存在瑕疵为由提起了公司设立无效诉讼,且法院作出了设立无效判决。原告则以矿业权买卖是章程未约定的财产受让,属于无效为由提起了取消矿业权转让登记诉讼。

法院的判断

《韩国商法》第290条第3款规定,在章程上记载公司成立后约定受让的财产种类、数量、价格及转让人姓名方可生效。所谓"公司成立后约定受让",是指作为非货币出资的一种财产受让,由发起人为了将来设立的公司,以公司成立为条件约定以买卖方式从其他发起人或股份认购人或第三人受让财产的合同。各方当事人决定设立公司时,约定一方以实物出资,另一方以现金出资,但为了规避实物出资相关复杂程序,待公司成立后由公司与实物出资人以买卖合同的方式完成实物出资,且该等实物出资是通过公司设立相关程序完成的,则实物出资相关约定应为上述法律规定的财产受让,若章程未记载的,应为无效(请参照大法院1992.9.14. 宣告91Da33087判决)。

经查阅原审判决理由与卷宗,原审法院综合相关证据,首先认定了以下事实:原告及A于1984年12月19日与B决定共同成立从事采矿等业务的被告公司,约定原告及A以评估价为96,040,000韩元的本案共有矿业权出资,B则以1亿韩元现金出资,但为了规避实物出资相关复杂程序,约定等被告公司成立后通过被告公司、原告及A间的买卖合同进行矿业权转移登记并以该方式完成实物出资。根据上述约定,被告公司于1985年2月7日完成设立登记后,于当月的21日通过原告、A与被告公司间买卖合同完成了矿业权转移登记,但未将被告公司设立后受让本案矿业权作为非货币出资事项记载在章程中。此后,被告公司作为矿业权人从事矿产开发等经营活动中,A向被告公司提起了设立无效之诉,而法院以被告公司设立程序存在违反商法强制性规定之瑕疵为由作出了设立无效的最终判决。依据上述事实认定本案实物出资相关约定属于法律规定的财产受让，因未在章程中记载，属于无效。因此原审法院支持原告取消被告公司名义的各矿业权转移登记诉讼的请求是正当的，不存在违法。论旨无依据。

经合议庭一致意见驳回上诉，上诉费由败诉方承担。

QUESTIONS & NOTES

Q1 本案为了规避实物出资相关复杂程序，采用了财产受让方式。所谓“复杂程序”是指什么？

Q2 就实物出资，请思考以下例子：

利用 1 亿韩元（面值 5000 韩元 ×20，000 股）注册资本设立公司，S1、S2、S3 各出资了 2500 万韩元，S4 以不动产出资。

S4 出资的不动产的公允价为 500 万韩元，却以高估的 2500 万韩元出资。

（1）在此情形下，公司的资产为多少韩元？仅以公司资产为基准的，各股东的股份价值为多少韩元？

（2）上述例子中，各股东通过艰难地协商就股东出资的实物价值达成一致意见之情形下也需要规制实物出资吗？

（3）设立的上述公司，在公司开始经营前向公司提供贷款的债权人 C1 会不会因实物出资之财产被高估而遭受损失？

Q3 章程未记载的财产受让为无效的原因是什么？

NOTE 大法院认为除公司外，转让人也可主张财产受让的无效。但是考虑到限制财产受让的目的在于保护公司利益，而非转让人，因此是否有必要允许签订合同的转让人以章程未记载之程序上的瑕疵为由主张无效？最近，在公司设立近 15 年后转让人以属于章程未记载之财产受让为由提起无效的案例中，大法院作出了转让人的该主张与保护股东或公司债权人等利害关系人利益的《韩国商法》第 290 条之目的不符或违背该目的，从而违反诚信原则为由不予支持的判决（大法院 2015.3.20. 宣告 2013Da88829 判决）。

Q4 如何通过财产受让方式达到实物出资的效果？

Q5 财产受让为无效的，成立后的公司可否与卖方重新签订合同？

Q6 可否追认公司设立前签订的买卖合同来代替重新签订合同？

【参考判例】

大法院 1992.9.14. 宣告 91Da33087 判决

本案中甲方与乙方决定分别以现金与土地出资设立 A 股份有限公司。为了设立便利，以由甲方以现金全额出资设立公司后由 A 公司购买土地的方式完成了出资。大法院判定此为财产受让，章程未记载的，应为无效。但，同时又属于《韩国商法》第 375 条规定之事后设立，经股东大会特别决议进行事后追认的，可认定 A 公司是以合法手段取得不动产所有权的。

NOTE 通常情形下若由发起人拥有大部分股份的，较易通过股东大会特别决议。公司追认的，卖方无法主张无效。非货币出资设立规定的目的在于保护公司，因此很难认定通过公司事后追认取得实物为不合理的结局。

未经调查的非货币出资事项的效力可参考以下判例。

【参考判例】

大法院 1980.2.12. 宣告 79Da509 判决

就股份有限公司实物出资，虽然规定董事应要求法院任命负责调查的人并要求该调查人调查相关事项后，法院审查调查人出具的报告。但是，未经上述程序的新股发行及变更登记无法认定为当然无效（即便该瑕疵为新股发行的无效事由，诉讼时效已过），因此原审判决是正确的，不存在对变更登记申请相关商法及非讼事件程序法的曲解或其他任何违法。

NOTE 事后设立：实物出资或财产受让等，在设立过程中的行为属于非货币出资事项，受到严格限制，因此在实务中往往采取先设立公司后将财产出售给公司的方式。为了限制这种变通方法，《韩国商法》规定事后设立为“公司成立后 2 年内为了公司经营需要继续使用的财产，以相当于注册资本 5% 以上的代价取得公司成立前存在之财产的合同”，并规定须经股东大会特别决议通过（《韩国商法》第 375 条）。但是通常是一人公司或极少数股东参与的合作投资公司采用这种变通方法，因此容易满足股东大会的特别决议要件。

第四节　虚假出资

2009 年 5 月《韩国商法》修改前，设立股份有限公司至少需要 5000 万韩元的资本（《韩国商法》修改前第 329 条第 1 款）。实践中为了规避动用资金，普遍采用所谓虚假出资的变通方法。最为常见的虚假出资为发起人从放贷人等处借款缴纳资本金并完成设立登记后，从资本金保管银行取回资本金返还给放贷人（过桥借款出资）。理论界普遍认为以虚假出资方式设立的公司是无效的，但是判例则视为有效（大法院 1983.5.24. 宣告 82Nu522 判决）。下面一则案例虽为有偿增资程序下虚假出资相关刑事责任案例，但可同时适用于公司设立。

【判例 11】- 通过借款缴纳出资按照虚假出资处罚（大法院）

大法院 2004.6.17. 宣告 2003Do7645 全员合议体判决

事实关系

由被告人实际控制的 G&G 机构重组专业股份有限公司，对处于破产状态的 Lady 拥有 90 亿韩元的债权。为了 Lady 的正常经营，被告人于 2001 年 3 月与 Lady 协商决定，如果 G&G 收购 Lady 发行的金融票据等并参与有偿增资，Lady 将提取有偿增资金来偿还对G&G的债务。根据该约定G&G于2001年5月至6月低价买入了相当于258亿韩元的拒付商业汇票及拒付支票。另外，为保证20亿韩元的工会成员退休金，向工会提交了20亿韩元的支票。Lady为了偿还G&G的债务等，向G&G等被告人控制的consortium进行了300亿韩元的有偿增资。被告人从放贷人A处借款缴纳了增资款，被告人与Lady法定代表人B于2001年6月28日提取了全部增资款并偿还了从A处借贷的250亿韩元。

原审认定被告人与B未将提取的资金用于公司，因此构成虚假出资罪、公证证书原件虚假记载罪及使用虚假公证证书原件罪、贪污罪。大法院的意见分为多数意见与少数意见。

法院的判断

1. 多数意见

（1）就原审认定的虚假出资罪、公证证书原件虚假记载罪及使用虚假公证证书原件罪因以下理由无法认同：

《韩国商法》第628条第1款虚假出资罪的目的在于取缔践踏维护公司资本充实之法律宗旨的行为，因此一开始就不是通过真实缴付股款来获取资金，而是股东形式上暂时缴付股款，以将该股款存入银行的方式形成缴付的外观，并取得股款缴付证明完成设立登记或增资登记后，立即提取缴付之股款。除非存在用于公司的特殊情形外，公司资本金实质上未增加，因此构成虚假出资罪、公证证书原件虚假记载罪及使用虚假公证证书原件罪。只是，就算径直提取了缴付的股款，但若该提取的股款用于公司的，则无法认定损害资本充实原则，故无法视为无股款缴付意图的缴付（参照大法院1997.2.14.宣告96Do2904判决等）。

据本案记录，可认定以下事实：本案有偿增资决定是依Lady董事会决议作出的，董事会决议时有偿增资的目的及事后向金融监督委员会申报的增资金的使用目的包括提单回收资金1,096,703,000韩元、国税滞纳金806,796,101韩元、保费96,500,899韩元、发行费53,787,600韩元及员工退休金1,954,719,881韩元、回收拒付汇票费用26,061,492,519韩元。G&G为保证Lady工会成员的退休金，向工会提交了20亿韩元支票。另外根据原审法院的认定，有偿增资时G&G买入的Lady发行的商业汇票及支票的面值合计达到25,852,616,573韩元，除该商业汇票及支票中被认定为虚假债权外的部分，从Lady的立场来看是通过有偿增资消灭了相同金额的债务，因此可认定在该范围内为公司使用了提取的资本金。同时，提交给工会的支票若被正常支付，则相当于该面值的金额也是为公司使用的，被告人不存在虚假出资意图。

基于以上事实，原审法院本应通过进一步审理有偿增资时G&G对Lady的债权额等，明确判断被告人或B是否存在虚假出资意图及虚假出资范围。但是，原审法院认定提取的资本金总额存在虚假出资意图，支持了公诉事实，判决有罪。因此原审法院未进行完必要的审理，违反采证法则错误认定了事实或曲解了虚假出资意图相关法理，存在影响判决结果的违法。因此，上诉人的相关主张是有依据的。

（2）就原审判决中构成特定经济犯罪加重处罚等相关法律（贪污）之罪部分，也因以下理由无法认同：

负责股份有限公司设立及增资业务的人与股份认购人事先共谋，从股款缴付银行外的第三方借贷相当于缴付款的金额并缴付股款后，从股款缴付银行取得缴付款保管证明完成公司设立登记或增资登记程序后，径直提取缴付款用于偿还债务的，其目的并不是增加公司资本，而是为了登记采用的虚假缴付的变通方法。因此股款的缴付及提取全过程，公司资本金实质上未发生任何变化，因此很难认定他们存在任意挪用公司资金的非法处分之意图。在此观点上若认定构成商法上的虚假出资罪，则不构成以公司资本实际增加为前提的贪污罪。

迄今为止，大法院就虚假出资后根据该虚假出资进行登记的行为，分别构成公证证书原件虚假记载罪及使用虚假公证证书原件罪的理由，也在于资本金实质上未增加，却隐瞒该事实，伪装成完成实际缴付向登记公务员进行了虚假申报。

按照上述方式进行虚假出资之情形下，也认可商法上的股款缴付之效力（参照大法院 1997.5.23. 宣告 95Da5790 判决、1998.12.23. 宣告 97Da20649 判决等）的原因在于，为稳定团体法的秩序，无法将股款的虚假出资作为否定公司设立或增资效力的事由，避免影响根据虚假出资发行的股份的效力或持有该股票的股东地位。因此，即便认可虚假出资情形下商法上股款缴付之效力，也不得将此作为追究包括贪污罪等在内的个人刑事责任的依据。

就向他人借贷资金虚假出资股款后提取股款偿还借款的，为对公司财产的非法处分行为构成贪污罪的大法院判决 1982.4.13. 宣告 80Do537 判决、2003.8.22. 宣告 2003Do2807 判决等，大法院决定在与本判决意见背驰的范围内进行变更。

从相反的见解来看，除商法上的虚假出资罪外，判定构成《韩国特定经济犯罪加重处罚等相关法律》（贪污）之罪的原审判决曲解了对非法处分意图相关法理，存在影响判决结果的违法。因此上诉人的诉讼请求也是有依据的。

2. 反对意见

就公证证书原件虚假记载罪及使用虚假公证证书原件罪、特定经济犯罪加重处罚等相关法律（贪污）之罪相关大法官 Lee Yongu、Park Jaeyun 有如下反对意见。

（1）多数意见就通过过桥借款出资方式虚假缴付股款，完成登记后径直提取其缴付的股款并消费的，构成虚假出资罪外的公证证书原件虚假记载罪及使用虚假公证证书原件罪。而就提取、消费行为，则无法认定构成贪污罪并提出应变更与该主张不符的原先大法院判决。但是，该主张曲解了通过过桥借款出资方式的虚假出资的效力、非法处分意图相关法理，因此无法认同。

（2）过桥借款出资方式的虚假出资是指未与股款缴付银行共谋，从股款缴付银行外的第三方借贷拟缴付的股款，待公司设立或增资后径直提取该缴付款来偿还其借款的虚假出资。在该等虚假出资情形下，发起人或董事的“借贷 / 缴付行为”与“提取 / 偿还行为”并不是无关联的，而是一开始策划的一系列行为。可能有人会主张因违背股份有限公司等资合公司的基本原则，即资本充实原则，故无法接受。但是，大法院一直坚定不移地坚持以下立场：就算是从股款缴付银行外的第三方借贷金钱缴付股款的，也是存在基于金钱转移的缴付；就算实质上是用于虚假出资的，也仅为采用该等缴付方式的发起人或董事的主观意图相关问题，与公司无关。依据该等发起人或董事的内心作为判断公司设立或增资等集体程序之一的股款缴付效力的依据是不妥当的（参照大法院1983.5.24. 宣告 82Nu522 判决、1997.5.23. 宣告 95Da790 判决等）。只要遵从认可缴付效力的主张，完成缴付是真实的，就算是向登记公务员申请设立登记或增资登记，在商业登记簿原本记录了发行的股份总数、资本总额，也无法认定其属于因“虚假申报”导致的“记录不实的事实”。因此不构成公证证书原件虚假记载罪及使用虚假公证证书原件罪。另外，缴付的股款于缴付之时成为公司的资本金，因此公司机构提取资本金偿还个人债务，不仅损害公司的利益，也是非法处分意图的表现，构成贪污罪。即有效说将通过借贷的缴付行为与返还行为区别开来，认定缴付行为的合法性，而将返还行为视为违法行为，以解决董事的损害赔偿责任、刑法上的贪污罪等相关问题。借贷 / 缴付行为与提取 / 返还行为确实为隔时间实施的个别行为，缴付行为后返还行为前，公司的债权人可对缴付股款相关公司存款采取扣押措施。因此，先将两者区别开来，认可缴付的法律效力，但就提取缴付款偿还第三方债务的行为视为贪污罪，可正确理解虚假出资前后阶段的当事人间的法律关系。虚假出资最终会导致损害公司资本充实的后果，原因在于虚假出资后存在对缴付款的贪污行为。因此就过桥借款出资方式的虚假出资，可构成商法上的虚假出资罪与贪污罪，而不构成公证证书原件虚假记载罪及使用虚假公证证书原件罪。

（3）基于上述理由，无法赞同多数意见。就多数意见指出的需要变更的大法院判决是与所谓过桥借款出资方式的虚假出资相关大法院的以往判例同出一辙，是正确的，应维持。相反，上述认定构成公证证书原件虚假记载罪及使用虚假公证证书原件罪的大法院 1997.2.14. 宣告 96Do2904 等判决应在上述意见设置的范围内进行变更。

QUESTIONS & NOTES

Q1 假设提取的增资款全部用于偿还 G&G 对 Lady 拥有的债权，是否构成虚假出资罪？

NOTE 依据大法院判决被再审的二审判决作出了如下判决（首尔高等法院 2005.8.23. 宣告 2004No.1613

判决)：

"……G&G 买入了 Lady 名义的商业汇票及支票 60 张(面值合计 25,852,616,573 韩元)并偿还了为保证 Lady 员工的退休金债务而发行的 20 亿韩元支票债务等，共偿还了 27,852,616,573 韩元的债务。因此可认定相当于上述金额的增资款是为 Lady 使用的。因此被告人的上述行为在 2,217,383,427 韩元(增资款 30,070,000,000 韩元 - 偿还债务总额 27,852,616,573 韩元)范围内属于无股款缴付意思的虚假出资行为，可充分认定存在犯罪意图。但是，就超出上述金额之部分，则无法认定存在虚假缴付股款的犯罪意图……"

Q2 虚假出资情形下，大法院认为公司对股东拥有债权。那么，认定公司拥有相当于增加之资本金的财产，为何要追究刑事责任?

Q3 以虚假出资设立公司后股东立即将自己的企业出售给公司，并将价款请求权与对公司的债务相抵销的，是否构成虚假出资罪?

Q4 就虚假出资，民事上认可缴付效力，但刑事上却认为公司资本金无变化的多数说的逻辑是否有一惯性?

【参考判例】

大法院 2008.5.29. 宣告 2007Do5206 判决

认购可转换债券过程中，虚假缴付的案例，就是否构成《韩国商法》第 628 条第 1 款的虚假出资罪，大法院作出了不构成虚假出资罪的判决：

"《韩国商法》第 628 条第 1 款规定的虚假出资罪是为了处罚损害公司资本充实的商法原则的行为，可转换债券在发行时具有债券的性质，债券持有人行使转换权的，方可转换为股票并成为公司资本。转换权为债券持有人的权利而非义务，债券持有人可能不会行使转换权，因此在认购可转换债券过程中，就算虚假缴付的，也不构成《韩国商法》第 628 条第 1 款的虚假出资罪。"[1]

[1] 若为以虚假缴付发行可转换债券后以转换的方法虚假缴付新股的，存在作出不同判断的可能性。

第三章
CHAPTER 3

公司的运营结构

股份公司并非自然人,因此会存在以下问题:公司组织中具有何种地位的人按照怎样的程序和方式对公司的经营进行决策、执行及监督?其行为的对外效力如何?

在股份公司里,一般由股东大会任命的董事组成的董事会对公司经营进行决策(《韩国商法》第 393 条第 1 款),对一定事项由股东大会直接决定。虽然法律没有明确规定决策的执行人,但通常认为董事会是业务执行机关,考虑到董事会的形态是一种会议体制,本身无法自行执行业务,因此在公司实务中是由所谓高管[1]实际执行。法定代表人制度确保了根据业务执行决议实施的执行行为对外产生的效力能够归属于公司(《韩国商法》第 389 条第 1 款)。就公司业务执行的监督而言,除了董事会(《韩国商法》第 393 条第 2 款),再设监事作为第三方与董事会一同进行监督,或另设监事委员会来代替以上监督机关。通过这种机关分化来维持决策和监督的平衡,以此来追求公司利益最大化,这亦是股份公司运营结构的特征之一。

第三章我们要学习这种公司治理结构(corporate governance)的相关问题。在第一节,我们将考察股份公司的决策机构——股东大会。在第二节,我们将考察作为董事会成员的董事的地位,探讨有关董事会构成及权限,法定代表人对外行为效力的法理。在第三节,以对董事、董事会及法定代表人制度的理解为基础,考察业务执行机关的构造和执行高管制度。

---

〔1〕 公司法中并无对高管的规定,高管虽不是公司法上的用语,但一般认为是由社长、副社长、专务、常务等担任业务执行的经营组织。2011 年修订《韩国商法》时,将执行高管作为一种任意制度引入公司法进行规制。上述内容请参考本章第二节。

第一节　股东大会

一、股东大会的权限

股东大会可对商法或章程约定的事项进行决议(《韩国商法》第 361 条)。股东大会决议通过了超出其权限范围事项的,其股东大会的决议对公司不具有法律约束力(下列参考案例大法院 2013.2.28. 宣告 2010Da58223 判决、大法院 2007.9.6. 宣告 2007Da40000 判决中,股东大会决定追究董事和监事的责任,但该事项原则上不属于股东大会职权范围,因此该决议不发生效力,解释上称仅仅起到了防止解除董事责任的作用)。在国外,股东大会决议有时能产生建议性效力,但在韩国商法,可以说股东无法通过提案对明文规定之外的事项作出建议性决议。但章程明确规定了建议性决议的依据或章程无规定时,也不必禁止董事会推进此类决议。

《韩国商法》第 361 条规定章程可以扩大股东大会的决定事项,但问题是可以扩大至什么范围。《韩国商法》除了规定自我交易、竞业许可等具体问题交由董事会认可外,还规定将处分或转让公司重要财产、大额借款、经理的聘请及解聘、分公司的设立和转移及注销等公司经营交由董事会决定(同法第 393 条)。同时,商法明确规定董事的选任和解聘、企业产权的转让和受让、股票的交换和转让等与公司组织改编相关的交易,需股东大会决议通过方能实施,且股东大会只能对本法或章程规定的事项作出决议(同法第 361 条,参考大法院 2013.2.28. 宣告 2010Da58223 判决)。由此可见,决定公司经营管理的机关一般是董事会,但由于通过章程可以扩大股东大会的决议事项,因此在决定权的分配上允许多大范围的私权自治就成了问题。

【参考判例】

大法院 2013.2.28. 宣告 2010Da58223 判决(股东大会对商法和章程中无明文规定的事项作出的决议)

被告经营的会员制高尔夫球场,募集了相对于一般会员缴纳更高费用的股东会员,部分股东会员组成了股东会员组织。被告与股东会员组织签订如下协议:“公司变更股东会员享有的球场优惠政策,需与股东会员组织协商确定,重要事项提交股东大会决定。”随后,公司在股东大会上通过了缩小股东会员享有的优惠政策的决议,股东会员诉至法院请求确认该决议无效或取消该决议。原审法院支持了原告的请求,但大法院对原告的上诉判决如下:“被告和个别股东会员之间就高尔夫球场优惠政策存在合同关系,涉案决议仅仅是根据被告与代表股东会员利益的股东会员组织的约定，设置了变更优惠政策的程序性要件。该决议对于公司或其组织机构和股东之间的团体法律关系，没有统一性的规制上的意义。因此，主张无论是在商法还是其他法律，还是被告的章程中，该决议均无依据可循。本案的决议，不属于《韩国商法》第380条规定的确认无效之诉或《韩国商法》第376条规定的取消之诉。”原审法院在以本案已形成商法意义上的股东会决议的前提下，只是因其不能成为决议事项为由，认定该决议存在无效事由。相反，大法院则认为本案根本不存在股东会决议，因此无法形成商法规定的判断股东会决议瑕疵的诉讼。从大法院的判决可以看出，原告只需确认其与被告之间的合同地位或内容即可，无须提起作为另一种一般民事诉讼形式的确认之诉来确认该决议是否存在效力。

【判例 12】- 股东大会权限之扩大（大法院）

大法院 2007.5.10. 宣告 2005Da4284 判决（大韩人寿自我交易判决理由）

事实关系

1976年至1999年，案外人A为X公司（大韩人寿）的最大股东（占29%股权），并任该公司的法定代表人。1984年，A以个人名义签订了一份债务受让合同，受让了Y法人（永生学院，后更名为新东亚学院）对商业银行的410亿韩元债务。据此收购Y法人后，A一直任Y法人的董事长至1999年。1992年至1999年，X公司按照其法定代表人A的指示，向由A担任董事长的Y法人分63次捐款231亿韩元。在随后的刑事案件中，A因指示X公司向Y法人等捐款167亿韩元（1998~1999年），被判为背任罪（译者注：《韩国刑法》第355条第2款规定，为他人处理事务的人，违背其职务，获取经济利益，或使第三人获取利益，导致本人受到财产损失的行为构成背任罪），根据1999年5月的股东大会决议A被解聘。X公司认为，上述捐赠行为因未经董事会同意而无效，请求返还不当取得的捐款。

法院的判断

“2. 有关股东大会事后追认的问题

（1）对董事与公司之间存在利益冲突的交易，除全体股东一致同意或章程中规定属于股东大会决定权限等特别规定之外，认可与否应由董事会决定。因此，没有得到董事会认可的利益冲突交易，不能因没有任何决定权限的股东大会事后追认而变为有效。

（2）在本案中，无法找到相关材料证明本案的捐赠行为需要原告股东全体同意，或在公司章程中规定对董事和公司之间存在利益冲突的交易需股东大会同意。因此根据上述法理和相关记录，即便本案的捐赠行为被原告公司的股东大会事后追认，也无法使该捐赠行为变为有效。”

QUESTIONS & NOTES

Q1 根据法院的逻辑，如果公司章程规定自我交易需股东大会允许，且股东在股东大会的允许下进行了自我交易的话，交易是有效的。如全体股东一致同意，无须董事会许可即可认定自我交易的有效性。

(1)将自我交易交由股东大会决定的，不公平的交易通过股东大会或股东全体同意发生效力时，会损害谁的利益？

(2)根据《韩国商法》第398条自我交易需得到董事会允许的立法目的来看，将自我交易交由股东大会允许、或股东全体同意即可发生效力的理解是否妥当？

【参考判例】

大法院1992.3.31.宣告91Da16310判决

“公司对董事负债务的行为，即便属于《韩国商法》第398条规定的董事与公司之间的交易而需要董事会认可，因上述规定的立法本意在于防止对公司及股东造成无法预测的损失，故只要经过全体股东的一致同意，公司则不能以未得到董事会认可为由拒绝履行该债务。”

大法院2002.7.12.宣告2002Da20544判决

“公司对董事负债务的行为，即便属于《韩国商法》第398条规定的董事与公司之间的交易而需要董事会认可，因上述规定的立法本意在于防止对公司及股东造成无法预测的损失，故只要经过全体股东的一致同意，公司则不能以未得到董事会认可为由拒绝履行该债务(参考大法院1992.3.31.宣告91Da16310判决)。

在原审中，被告公司的法定代表人A让被告公司收购其个人债务的行为属于董事与公司之间的自我交易，因此被告主张该行为未获得董事会的认可而无效。根据案件中的证据，法院认为被告公司的法定代表人，即股东A作为公司设立人全权掌握了公司经营，可以认定被告公司的股权事实上全部归属于A，因此A一人表示同意可视为全体股东同意，故不能因未经董事会认可而逃避债务，法院认为被告主张不能成立。

根据以上法理与记录，原审的上述认定及判断应被认可，不存在上诉理由中主张的误解事实或误解一人公司相关法理的情况。”

Q2 以上质疑是对具体规定为董事会认可的事项，能否设定为股东大会的决议事项的问题。如果并未具体规定为需董事会认可的事项，可否在章程里设定为股东大会的权限？例如能否将某一特定财产的转让作为股东大会决议事项？特定股东放弃分红请求权与否能不能作为股东大会决议事项？

Q3 【判例6】判定了一人公司的背任罪,【判例12】则认定在全体股东一致同意下，即便没有董事会认可，自我交易仍然发生效力，这两个判断是否具有一惯性？

二、股东大会的召集

股东大会由股东组成，是对法律和公司章程中规定的事项作出决定的股份公司的组织机构。股东大会一般流程是，董事会根据召集决定由董事长提前以通知或公告的形式告知各股东召开时间和地点及决议事项，股东在股东大会表决形成决议。这一系列的程序存在瑕疵时，可能会影响其效力。公司法将瑕疵作为股东大会决议的取消、无效、不存在事由，根据上述类型规定了不同种类的诉以及效力。

以下论述，按照股东大会程序进行，即依次探讨召集、股东大会的召开、股东的表决权、股东大会决议等内容。针对瑕疵决议的程序问题，在股东大会决议的瑕疵中讨论。最后，将探讨作为股东行使股东大会相关权利的前提即股东名册查阅权、会计账簿查阅权和各种会议记录查阅权。

◈ 股东大会相关的基本问题：为了达到对股东大会制度的基本理解，请回答以下问题，并找出相应条款。

Q1. 除《韩国商法》另行规定之外，股东大会召集决定应由________作出（条）。

Q2. 由________执行召集决定（由________召集股东大会）。

Q3. 在无董事会决议的前提下，可以根据________（条）、________（条）、________（条）召集股东大会（股东大会的召集权限）。

Q4. 小股东在满足________（条）条件时，可要求召集股东大会，上市公司需满足________（条）要件。

Q5. 小股东要求董事会召开临时股东大会，董事会不履行召集股东大会职责的，在得到________的许可后，可直接召集大会（条）。

Q6. 股东大会分为定期股东大会和____________。

Q7. 定期股东大会应________在一定的时间召集（条）。

Q8. 临时股东大会和定期股东大会仅区别于召集时间，在其权限和决议效力上并无差别（○×）。

Q9. 召集股东大会应提前________天以________或________方式通知各股东会议时间（条）。

Q10. 注册资本不到________的公司，设有________的，可以省略召集程序召开股东大会（条）。

Q11. 向登记在________上的股东地址发送通知持续________日无法送达的，公司可以不通知该股东股东大会召集事宜（条）。

Q12. 上市公司召集股东大会时，对持有表决权股权总额________以下的股东，公司可以通过________________替代召集通知（条）。

Q13. 电子公告是指公示在金融监督院或韩国交易所运营的________上（条）。

Q14. 股东大会召集通知书上应记载会议的________（如变更章程）（条），决定股权变更、减资、合并等特别决议事项时，还应记载________（条）。

Q15. 公司不向无表决权的股东发送股东大会召集通知或公告(○×)(条)。

Q16. 除章程另有规定外,股东大会应在________或与其相邻的地方召开(条)。

Q17. 股东大会的延期,是指股东大会成立后未完成决议而日后再召集的情况;股东大会的继续,是指虽已开始讨论,但未形成决议,需日后再召集会议继续讨论同一议案的情况。延期和继续都应重新通知或公告股东(○×)。

Q18. 每________股份有1个表决权(条)。

Q19. 股东持有2个以上表决权的,可以实施不统一投票(译者注:就某一事项同时投同意和反对票),此时股东应在会议日________日前书面通知公司其理由。

Q20. 除股东__________或其他___________之外,公司可以拒绝股东实施不统一投票(条)。

Q21. 股东可以委托代理人行使表决权,代理人应向股东大会提交__________(条)。

Q22. 表决权代理行使的劝诱是指(1)____________;(2)____________;(3)____________《韩国资本市场和金融投资业相关法律》第______条)。

※注:《韩国资本市场和金融投资业相关法律》简称《韩国资本市场法》。

Q23. 拟对上市股票进行表决权代理行使的劝诱的,其劝诱者应向被劝诱者交付________及________(《韩国资本市场法》第______条)。

Q24. 委托书中应有被劝诱者能对股东大会各议案做标注________的位置(《韩国资本市场法》第______条)。

Q25. 与股东大会决议有特殊利害关系的股东不得行使表决权(条)。一般认为特殊利害关系与股东自身的地位无关,是指股东个人与该事项具有利害关系(个人法说)。根据以上理论,在董事的选任、解聘决议中,其对象为股东时,该股东依然(可以/不可以)行使表决权。

Q26. 根据________规定,股东可以通过________方式行使表决权而不出席股东大会(条)。

Q27. 公司可以通过________决议规定股东可以按照电子投票的方式行使表决权而不出席股东大会(条)。

Q28. 股东大会由议长主持,________中未规定股东大会议长的,由股东大会选任(条)。实务中几乎所有章程都将法定代表人规定为议长。

Q29. 股东大会的普通决议应当由________股东的表决权的________和________的1/4以上表决权表决通过(条)。

Q30. 股东大会的特别决议应当由________股东的表决权的________和________的________分之________以上表决权表决通过(条)。

Q31. 经________的同意,可以免除董事、监事、清算人对公司的损害赔偿责任(请着重查找董事损害赔偿责任的免除条款)(条)。

Q32. 公司发行了 10,000 股，其中 2000 股无表决权。其中，代表 3000 股的股东出席股东大会，表示赞成的股东持有 2300 股，这种情况下普通决议是通过了还是被否决了？（请参考《韩国商法》第 368 条第 1 款、第 371 条。）

Q33. 如果注册资本不到 10 亿韩元的公司股东一致同意的，可以以________决议代替股东大会决议（条）。

Q34. 股东大会应制作会议记录（条）。会议记录应记载事项的________和结果，并由议长和出席董事盖章或签字（条）。

Q35. 未通知部分股东或违反通知期限的，属于________违反法律规定，可能成为股东大会决议（取消 / 无效）事由。

Q36. 遗漏对绝大部分股东的通知的，可能成为股东大会决议（取消 / 无效 / 不存在）的事由。

Q37. 股东大会对召集目的之外的事项作出决议的，可能成为股东大会决议（取消 / 无效 / 不存在）的事由。

Q38. 非股东行使表决权的，因决议方式违反法律或章程、或显失公平，可能成为股东大会决议（取消 / 无效）的事由。

Q39. 计算决议要件违反法律的，因________违反法律规定，可能成为股东大会决议（取消 / 无效）的事由。

Q40. 决议无视股东的质疑权和说明请求的，因议事方式________，可能成为股东大会决议取消的事由。

Q41. 有特殊利害关系的股东行使表决权的，因________违反法律规定，可能成为股东大会决议（取消 / 无效）的事由。

Q42. 对表决权的代理行使，章程规定代理人只能为股东的，如非股东作为代理人行使表决权，则因决议方式违反________，可能会成为股东大会决议（取消 / 无效）的事由。

Q43. 违反股东平等原则的决议，如按持股比例差别分红等，因________违反法律规定，可能成为股东大会决议（取消 / 无效）的事由。

Q44. 选任不符合章程规定的资格的人作为董事的决议，因________违反________，可能成为股东大会决议（取消 / 无效）的事由。

（一）召集决定和通知及召集程序瑕疵的救济

1. 召集决定和通知

除商法另有规定外，由董事会决定召集股东大会（《韩国商法》第 362 条）。召集股东大会时，应于会议日 2 周前以书面或电子文件的方式向记名股东发送通知（同法第

363 条第 1 款);于会议日 3 周前向不记名股东发布公告(同法第 363 条第 3 款)。[1]召集通知书中应记载会议的目的事项(同法第 353 条第 3 款)、会议日期及会议地点(同法第 364 条)和场所。以上召集程序存在瑕疵的,如董事会的召集决定存在缺陷或瑕疵、遗漏对股东的通知或不遵守通知期限等,会影响股东大会决议的效力。

【判例 13】- 未经股东大会决议的重大资产处分行为的效力(大法院)

大法院 1987.4.28. 宣告 86DaKa553 判决

事实关系

大法院认为,导致公司全部产权或重要部分转让或废止等结果的重要财产的买卖担保行为[译者注:买卖担保行为是指以买卖为形式的物的担保。接受融资的人(筹资人)将标的物转让给提供融资的人(出资人),出资人将转让款支付给筹资人,筹资人在一定期限内向出资人支付本金加利息赎回标的物的担保形式。如筹资人不赎回标的物,其所有权归出资人,融资关系终止],需股东大会特别决议通过才能有效。在本案中,董事会没有对召集股东大会进行决议。案外人 A 作为法定代表人有权召集股东大会,他在 8 名股东中仅通知 7 名参加股东大会,该 7 名股东占全部 5000 股中的 4500 股,且该 7 名股东在股东大会中一致通过了上述设定买卖担保的决议。但上述召集通知并未遵守 2 周的法定期限,且没有采取书面形式,仅仅是口头召集通知。原告要求收回标的物,原审法院以未得到股东大会认可为由驳回原告的请求,但大法院将其发回重审。

法院的判断

"在由无权召集股东大会的人召集的股东大会中通过的决议当然无效,但如果召集人有权召集股东大会,即便股东大会的召开并非由董事会决议通过、且未采用书面而仅仅是口头通知、没有遵守法定召集期限、同时遗漏了对极少数股东的通知等存在上述有关召集程序上的瑕疵的,只能成为取消股东大会决议的事由,而未在法定期限内通过诉讼取消该决议,则有效……不能认定上述股东大会特别决议不存在或当然无效。"

QUESTIONS & NOTES

NOTE 产权转让需要得到股东大会的许可(《韩国商法》第 374 条第 1 款)。本案中,主营水泥管的制作和销售的公司将水泥管模具买卖担保给了原告。已有判决(大法院 1971.4.30. 宣告 71Da392 判决)认定最高额抵押不需要股东大会的许可,那么导致公司全部产权或重要部分转让或废止等结果的重要

---

〔1〕 注册资本不到 10 亿韩元的公司可缩短通知、公告期限,对记名股东于股东大会会议日 10 天前通知,对无记名股东于股东大会会议日前 2 周发布公告(《韩国商法》第 363 条第 4 款),如全体股东一致同意,可省略召集程序而召开股东大会,且以书面决议代替股东大会决议(同法第 363 条第 5 款)。对决议的目的事项,如全体股东一致书面同意的,视为形成了书面决议(同法第 363 条第 5 款)。

财产的买卖担保行为，是否应取得股东大会的许可仍存在争议。在此，我们将讨论的前提设为买卖担保行为需要股东大会许可，在【判例 81】中会探讨处分重要财产是否需要股东大会许可的问题。

Q1 本案，在 5000 股中仅对持有的 4500 股的股东通知了召开股东大会，法院判决这是决议被取消的事由。那么，如果未收到股东大会召集通知的股东持股比例更高的话，股东大会决议的效力会如何？请参考以下判例。

【参考判例】

大法院 1981.7.28. 宣告 80Da2745、2746 判决

“持有作为议事法定人数（译者注：议事法定人数，是指在由一定成员通过合意决定意思表示的组织中，为召开会议而需要出席的法定最低成员人数）的公司全部 88，000 股中过半数表决权的 Y1（持有 42，240 股）、被申请人 Y2、被申请人 Y3（各持有 5280 股）出席股东大会并一致通过解任该公司董事即申请人 X、非申请人 A、非申请人 B、非申请人 C、非申请人 D、监事即非申请人 E，选举被申请人 Y1、被申请人 Y2、被申请人 Y3 为董事，选举被申请人 Y4 为监事，并将上述决议内容记录在临时股东大会会议记录中。当天，由新董事组成的董事会通过决议将被申请人 Y1 选举为法定代表人，并将此决议内容记录在董事会会议记录中。在由法院认可的有权召集临时股东大会的人召集的股东大会上，持有过半数股权的股东参加，并一致通过了上述决议。此时，即便未向申请人 X 发出大会召集通知，也没有向被申请人 Y2 和申请人 Y3 发出符合法定期限的书面通知，上述召集程序上的瑕疵，并不能成为决议当然无效的理由，只能成为决议的取消事由……”

大法院 1993.1.26. 宣告 92Da11008 判决

法院认为，占全部股权的 59% 的股东出席股东大会，并一致通过某项决议的，哪怕存在共同法定代表人，且并未共同召集股东大会，和未通知部分股东召开大会等问题，也不属于导致股东大会决议不存在或无效的重大瑕疵。

大法院 1980.12.9. 宣告 80Da128 判决

法院认为，如股东对其持有的 20，000 股中的 12，000 股享有表决权，但未通知该股东参加股东大会的，其决议有不存在事由。

Q2 未通知部分股东参加股东大会，但该股东如对上述省略行为事先或事后同意的，股东大会决议是否存在瑕疵？单凭全体股东的同意，是否能省略召集程序？

Q3 除《韩国商法》另有规定外，股东大会应由董事会决定是否召集，且由法定代表人召集。如作为适格的召集人即法定代表人在无董事会决议的情况下召开股东大会的，其股东大会决议是否有效？

【参考判例】

大法院 1993.9.10. 宣告 93Do698 判决

董事 A 并非法定代表人，其根据召开股东大会的董事会决议召集了股东大会，上述召集程序上的瑕疵仅仅是股东大会决议的取消事由（没有足够的证据证明上述股东大会决议根据取消之诉而被取消），无法被认定为该股东大会决议无效或不存在。原审法院在 1991.8.10. 的股东大会决议无效甚至不存在的前提下认定了被告有犯罪事实，这属于未充分审理或误解骗取证照罪的法理而导致的违法判决。

Q4 无权召集股东大会的人，在没有召集股东大会的董事会决议的情况下，如全体股东一致同意，是否能认定消除了上述瑕疵？

【参考判例】

大法院 1993.2.26. 宣告 92Da48727 判决

"临时股东大会在没有法律及章程要求的董事会决议且省略召集程序的情况下召集的，只要由适格的受托人（表决权的委任符合法律规定）及其他全体股东参加会议并一致同意召开股东大会，并且没有任何异议地一致通过决议的，无其他特殊情况时该决议属有效决议。"

大法院 2004.12.10. 宣告 2004Da25123 判决（与【判例 25】属于同一判例）

"股份公司在成立后，其所有股权都归于一人所有成为一人公司的，该唯一股东参加股东大会即为全体股东参加，决议必然会按照该股东的意愿通过。在此情况下，无须履行股东大会的召集程序，即便没有实际召开股东大会，只要有股东大会记录记载其股东的决议事实，在无特殊情况时可以认定该内容已形成决议（参考大法院 1976.4.13. 宣告 74Da1755 判决、1993.6.11. 宣告 93Da8702 判决等）。在实际上为一人公司的股份公司股东大会中，也适用以上逻辑（参考大法院 1992.6.23. 宣告 91Da19500 判决等），在没有制作股东大会会议记录时，根据证据能够证明已经形成股东大会决议。

如事实与原审法院认定一致的话，根据被告公司惯例，对从常任高管变更为非常任高管的人员，应按照上述退休金规定支付退休金，那么可以认定原告与被告公司均默认了根据上述退休金规定支付高管退休金的约定。被告公司实际上是 A 的一人公司，因此实际一人股东 A 同意并许可了根据以上退休金规定支付退休金，默认了上述退休金规定，因此可以视为存在相关的股东会决议，故原告对被告享有按照上述退休金规定支付高管退休金的请求权。"

大法院 2007.2.22. 宣告 2005Da73020 判决

"股份公司在成立后，其所有股权都归于一人所有成为一人公司的，该唯一股东参加股东大会即为全体股东参加，决议必然会按照该股东的意愿通过。在此情况下，无须履行股东大会的召集程序，即便没有实际召开股东大会，只要有股东大会记录记载其股东的决议事实，在无特殊情况时可以认定该内容已形成决议（参考大法院 1976.4.13. 宣告 74Da1755 判决等）。因此，隐名股东以他人名义登记为股东，该隐名股东持有全部股权时，也适用上述逻辑（参考大法院 1992.6.23. 宣告 91Da19500 判决等）。但事实上股权分散在多人手中时，则适用商法原则，即股东大会未经实际召集、且未进行决议程序，虚假制作股东大会会议记录来虚构进行决议的假象，即便一人持有绝大部分股权，会议记录上记载决议由该控股股东作出，该决议因具有影响其存在的严重瑕疵，则认为决议不存在。

根据以上法理与记录，即便案外人 2 股份公司（以下简称诉外 2 公司）持有诉外 1 公司 98% 股权，诉外 1 公司也不是一人公司。同时，本案中变更公司章程的决议并未通过实际股东大会召集和决议程序，只是通过虚假制作股东大会决议记录虚构了进行决议的假象，属于决议具有影响其存在的严重瑕疵的情形，因此认定股东大会决议无效甚至不存在的原审判决是正确的。”

2. 会议的议题

股东大会的召集通知或公告中应记载会议议题（《韩国商法》第 363 条第 2 款、第 3 款），审议和决议的对象仅限于该议题。

QUESTIONS & NOTES

Q1 议题为变更公司章程的，参会的股东能否提议增加新的章程内容并进行决议？

Q2 议题为分红的，参会的股东能否提议提高分配比例并进行决议？

【参考判例】

大法院 1979.3.27. 宣告 79Da19 判决（对议题之外的事项作出的决议）

Y 公司在 1978 年 8 月 24 日召开的定期股东大会上，通过了解任 X 的董事职务、选任 A 和 B 为董事的决议。该股东大会的议题仅为承认第 8 期经营报告书、资产负债表、财产目录及损益表，选任监事，承认高管薪酬。当时 Y 公司有 15 名股东，其中 12 名（总 70，000 股中的 44，970 股）出席会议。部分股东提出议题要求追究 X 的责任，于是董事 X 提出辞职。针对董事任命议案，股东大会通过无记名投票的方式，10 名出席股东（3 名股东自始未出席，X 和 A 退场）一致通过解任原告和 X 的董事职务。随后，X 和 A 入场，选任 A 和 B 为董事。对此，X 诉至法院要求取消选任董事的股东大会决议。

法院判决如下：“根据《韩国商法》第 363 条第 1 款、第 2 款规定，股东大会的书面召集通知上应记载会议的议题，原则上会议只能对上述议题进行决议，对其他议题进行决议的，除有特殊情况之外，属于违反《韩国商法》第376条规定的召集和决议程序。在本案1978年2月25日股东大会上，选任A和B为董事、解聘X和上述A董事职务的决议不属于议题范围内，因此可以认定违反股东大会召集、决议程序。被告答辩称被告公司章程第17条第2款中规定，股东大会不能对提前通知的议题之外的内容进行决议，除非全体股东一致同意。上述规定中的全体股东是指出席会议的全体股东，本案中的决议事项是由出席股东大会的全体股东一致通过的，因此决议并无缺陷。原审法院认为，章程中规定的全体股东指的应该是全体在册股东，并非是出席会议的全体股东，因此不支持被告的上述主张……支持原告取消决议的请求，认为原审判决是正确的。"

3.撤回或延期召集

【参考判例】

大法院2009.3.26.宣告2007Do8195判决(撤回或延期召集股东大会的方法)

经营乡村俱乐部的A公司董事会决定延期召开股东大会，董事长将延期通知用手机短信(SMS)的方式发送给各股东，并将延期公告张贴在召开股东大会的场所——大餐厅，同时在日报上公布了延期公告。但在延期后的召集日当天，A公司雇佣劳务公司的人员封锁了俱乐部的正门。

大法院认为，"董事会应通过决议决定撤回或延期召集股东大会，如已经通知或公告的，董事长应采用与召集通知相同的方式通知、公告股东……如召集通知是通过书面信件的方式发送的，董事会不能于召集日前3天才决定延期召开股东大会，且并没有采用与召开通知相同的发送书面信件的方式，而是通过发送手机短信的方式通知各股东，并在日报及股东大会召开场所张贴延期公告，上述股东大会的延期不符合法律程序，故无法认定该股东大会的延期符合法律规定"，因此撤销原审法院不支持董事长妨碍业务罪的判决，发回重审。

大法院2011.6.24.宣告2009Da35033判决(高尔夫球场)

"原审法院判决理由如下:原告的董事长案外人1于2005年7月14日召开董事会，董事会通过了于2005年7月29日11时召开临时股东大会的决议，同日给股东发送临时股东大会召开通知。随后，案外人1决定撤回2005年7月29日临时股东大会的召开，于2005年7月28日16时召开董事会通过了撤回召集2005年7月29日临时股东大会的决议。撤回决议作出后，随即在原定的召集场所张贴公告告知撤回临时股东大会的召集，向未参加董事会的股东(案外人2、3、4)发送快递告知根据董事会决议撤回了2005年7月29日11时临时股东大会的召开，同时用电报和手机(直接通话或留言)再次通知上述内容。因此，法院认定撤回召开2005年7月29日临时股东大会的行为合法有效。

根据原审法院查明的事实，本案中的2005年7月29日临时股东大会的召集是通过董事会决议撤回的，采用与召集通知相同的方式告知撤回，因此原审判决该撤回行为合法有效是正确的。”

大法院 2007.4.12. 宣告 2006Da77593 判决

“在法人或非法人社团中，有权召集会议的人撤回、取消会议时，无须采用与召集时相同的方式通知各成员会议的撤回、取消，只要用适当的方式告知撤回、取消的消息就可以认定其撤回、取消行为合法有效。

原审法院综合采证证据认定了判决的事实关系后，另查明：教区选举管委会决定取消本案的山中总会（译者注：佛教内部决策会议），由主管教区选举管委会事务的梵鱼寺住持通知梵鱼寺总务所，同时向其监督机构中央选举管委会报告此事，且当时釜山电视台的新闻中也报道了本次山中总会已取消。然而案外人，即与原告有亲密关系的梵鱼寺总务所的总务局长，无视取消决定强行主导山中总会。综上所述，虽然教区选举管委会的取消通知未能采取与召集通知相同的方式（在佛教报纸上发布公告，并向管辖寺院发送公文等）进行，但仍认为上述取消决定合法有效。

根据上述法理和记录，原审的判断应得到认可，上告理由中称错误理解了总会取消行为的成立要件及生效要件的主张是不能成立的。”

NOTE 大法院在2007Do8195判决中使用了股东大会的“延期”这一词语，但这并非是《韩国商法》第372条第1款中所指的“股东大会的延期”，严格意义上应该是撤回召集股东大会的案件。大法院在上述2007Do8195判决和2009Da35033判决中表示撤回召集股东大会的方式是，先通过董事会决议后，采用与召集通知相同的书面方式进行撤回通知。但在2006Da77593判决中则表示，在法人或非法人社团中，有权召集会议的人撤回、取消召集会议时，无须采用与召集时相同的方式通知各成员会议的撤回、取消，只要使用适当的方式告知撤回、取消的消息即可。

在撤回股东大会召集的方式上，区别对待股份公司和法人或非法人组织，其实是没有合理依据的。撤回会议召集的行为是否有效，重点应放在撤回召集的决议是否合法有效，而不是撤回决定以何种形式通知给各成员。如大法院的判决，因未能书面通知撤回会议召集而视为无效，假设收到撤回短信的股东没有参加股东大会，而原定撤回的股东大会如期召开并作出了决议，那么该决议是否有效仍存争议。

相反，撤回原定的股东大会改日再召开的，即延期召开的，为了保证股东能够参加新召开的股东大会，新股东大会应满足召集程序的全部要件。

（二）股东召集股东大会或提交议题、议案

股东大会根据董事会决议确定其议题，且不能对议题之外的其他内容进行决议，董事会负责提交议案。控股股东通过行使对董事会的影响力，主导股东大会的召集及议案提交，但小股东无法用相同的方式参与其中。公司法赋予了小股东股东提案权（《韩国

商法》第363条之2、第542条之6第2款）和临时股东大会召集请求权（《韩国商法》第366条、第542条之6第2款），以此认可了股东的主动性（initiative）。同时赋予监事、监事委员会股东大会召集请求权（《韩国商法》第412条第3款、第415条之2第7款、第412条第3款）。股东的临时股东大会召集权和提案权赋予了小股东影响股东大会的机会，同时提高了经营的透明性，并被积极运用到经营权的争夺中。在此我们以对上述两种制度的宗旨和要件的理解为基础，考察股东提案权和临时股东大会召集请求权的关系。（见表1、表2、表3）

参考资料 ［韩］座谈会：《有关股东大会运营的法律和实务》，载首尔大学金融法研究中心 *BFL* 2008年1月第27号。

表1 股东提案权的要件（《韩国商法》第363条之2、第542条之6第2款）

	规模	持股比例	持股时间	请求期限	拒绝股东提案的事由
非上市公司		占发行股票总额中去掉无表决权股后的股票总数的3%以上		股东大会召开日的6周前	违反法律和章程或韩国总统令规定的（《韩国商法施行令》第12条） 第12条第1款在股东大会上，决议因不到10%的通过率被否决后，3年内再次提议相同内容的 第12条第2款与股东私人问题有关的事项 第12条第3款股东为了行使某种权利需持有超过一定比例股权的涉及小股东股权的事项 第12条第5款公司无法实现的事项，或提案的理由明显具有欺骗性，或诋毁特定人名誉的事项
上市公司	注册资本不到1000亿韩元的	10‰（1%）以上	6个月	同上	事由同上，并增加第12条第4款 第12条第4款解聘任期内高管的事项
	注册资本超过1000亿韩元的	5‰（0.5%）以上			

注：《韩国商法》第542条之6第7款明确放宽了上市公司小股东提案权要件，即“连续6个月以上持有上市公司发行股票总数1‱以上的，可以行使股东提案权”。

表 2　临时股东大会召集请求权的要件(《韩国商法》第 366 条、第 542 条之 6 第 1 款)

	持股比例	持股时间
非上市公司	发行股票总额的 3%	
上市公司	发行股票总额的 5‰	6 个月

表 3　小股东的解任董事请求权(《韩国商法》第 385 条第 2 款、第 542 条之 6 第 3 款)

<table>
<tr><th></th><th>规模</th><th>事由</th><th>持股比例</th><th>持股时间</th></tr>
<tr><td>非上市公司</td><td></td><td rowspan="3">董事在行使其职务的过程中,存在不当行为或严重违反法律或章程,但股东大会仍否决解任该董事的议案时,可在股东大会决议日期起 1 个月内提起请求</td><td>发行股票总额的 3% 以上</td><td></td></tr>
<tr><td rowspan="2">上市公司</td><td>注册资本不到 1 千亿韩元的</td><td>50‰(0.5%)</td><td rowspan="2">6 个月</td></tr>
<tr><td>注册资本超过 1 千亿韩元的</td><td>25‰(0.25%)</td></tr>
</table>

【判例 14】- 少数股东提起的临时股东大会召集请求(首尔中央地方法院)

首尔中央地方法院 2004.12.15.Ja2004BiHap347 决定(译者注:BiHap 为非诉和解案件)(临时股东大会召集请求)

事实关系

上市公司 Y 公司是 S 集团的控股公司。集团总裁兼 Y 公司法定代表人 A 和集团高管因集团控制权的关联交易、旗下公司粉饰报表等问题被处以拘禁(译者注:刑罚的一种,短期剥夺罪犯的人身自由,受刑人被关押在拘留所中,但不用强制劳动)。以上刑罚,正处于抗诉阶段。申请人 X 是 Y 公司的股东,持有超过 Y 公司有表决权股票总额的 1.5% 股票已有 6 个月以上,其具备了股东提案权及临时股东大会召集权的程序要件。X 反对 Y 公司对其旗下公司的支援政策,因此对 A 等人任公司董事职务一直表示不满。2004 年定期股东大会前夕,X 于 2004 年 1 月 29 日行使了股东提案权,追加有关免去确认处以拘禁以上刑罚的高管职务的章程修正案(第一提案)。在 2004 年的股东大会中,投赞成票的占参加会议表决权的 50.99%,上述提案未能通过[属于股东大会特别决议事项(译者注:《韩国商法》第 434 条规定,章程的变更属于特别决议。股东会决议分为普通决议和特别决议,普通决议需由出席股东表决权的过半数、发行股票总额的 1/4 通过,但章程另有规定的除外;特别决议需由出席股东表决权的 2/3、发行股票总额的 1/3 通过)]。在 2004 年 10 月 25 日董事会上,X 要求董事会召开临时股东大会,议题为第一提案和增设直至刑事案件宣判为止暂停董事职务条款的章程修正案(第二提案)。董事会在 2004 年 11 月 5 日召开的临时董事会上,决定拒绝 X 的召集请求。因此,X 于 2004 年 11 月 19 日诉至法院请求召集临时股东大会。

法院的判断

一审法院认定，虽然X的请求不属于滥用小股东权利，但认为无须召开临时股东大会，因此不允许召集临时股东大会。

“2. 是否滥用小股东权利

……具备法律规定的全部要件的股东行使其小股东权利要求召集临时股东大会时，如其行为客观上属于滥用小股东权利的，董事会可以拒绝其召集请求，法院也不应允许其召开大会。

首先，根据记录查明，X的母公司P资产运用公司以X等子公司的名义，分散持有本案公司有表决权股票总额的约14.99%。基于以上事实，如本案公司的单一大股东P试图掌握本案公司的经营权，或者与此相反以经营权受到威胁为由，将股价拉升到不合理的价位后，将其转让或者使公司高价回购股权想以此谋取高额收益，仅就上述情况，很难认定召集申请属于权利滥用。……

①《韩国证券交易法》第191条之14第3款、《韩国证券交易法实施令》第84条之21第3款第2项规定，自被股东大会否决议案之日起3年内，不能就同一内容提出议案。临时股东大会召集权和股东提案权有不少区别：本案公司召集临时股东大会的持股比例要件（发行的股票中有表决权股票总数的1.5%）[1]和行使股东提案权的持股比例要件（发行的股票中有表决权股票总数的0.5%）差距相当大；符合一定持股比例要件的小股东要求召集临时股东大会，被董事会拒绝后，也不能自行召开合法有效的股东大会，只能通过法院的允许方能召集，此时法院会对是否存在滥用小股东权利等情况进行判断后，决定是否允许召集；临时股东大会和定期股东大会在讨论的议题、股东和债权人等对会议的认识、对公司起到的影响等方面具有不容忽视的差异。考虑到以上几点，看似有些过于严格的股东提案权的限制事由，在作为行使小股东权利的环节即请求法院允许召开临时股东大会时，很难被直接类推适用或证明小股东滥用权利。②假设按本案公司主张，即便召开了临时股东大会，附件目录中记载的议题通过的可能性很低，只要不具有明显被否决的可能性（故现任管理层持有本案公司过半数股权，或者提交的议案曾在“临时”股东大会被否决过），现阶段决议通过的可能性低的主张，很难认定为权利滥用的事由。③即便本案隐蔽的目的是剥夺管理层的职权，尤其是法定代表人A的董事资格，进而在2005年的定期股东大会中占据有利地位，但申请人提出异议的行为对提高本案公司对外信任度，例如保持透明经营方针等会起到一定的作用，因此无法轻易地认定本案的申请无关于股东地位，仅仅是为了追求私利而滥用小股东权利。④股份公司章程内容只要不违反社会秩序，就应认定为是有效的。同时，鉴于对上市公司或其高管的社会期待、角色

〔1〕 虽然《韩国证券交易法》的但书中规定以有表决权股票为基准，但《韩国商法》第13节对上市公司的特例第542条之6第1款删除了这一但书规定，改为以发行股票总数为基准。——作者注

等，完全不考虑包括本案附件目录中记载的议案中的犯罪的轻重或内容、缓期执行、期限结束与否等任何因素而限制董事资格，虽有过分之嫌，但也不能认定其内容违法。在实际召开的股东大会上通过决议来确定之前，也无法断定议案违背了股东的普遍利益，因此议案的现实不当性很难成为直接拒绝召开股东大会的事由。另外，通过本案公司的其他主张或记录上的证明材料，无法认可本案公司所述的要求召开临时股东大会的申请人对本案的申请行为属滥用权利的主张。

3.召集临时股东大会的必要性

……很难认定本案的申请行为属于申请人滥用其小股东权利。法院在诉讼案件中可以依职权判断权利的行使是否因符合权利滥用而不能实施。在像本案的非诉案件中，法院不仅依职权审查申请人的主张或申请是否属于权利滥用，乃至申请权的滥用，同时根据大会召集议案的内容和紧迫性来判断召集临时股东大会的必要性和允许与否时，应考虑各种情况（如对申请人和本案公司的影响，从向董事会申请到向法院申请的过程中各当事人的态度，争议的交涉过程，案件通过的可能性，申请人和本案公司的属性及业务内容，申请人和现任管理层的持股比例，友好持股人的构成，对国家经济的影响等）后，站在监督人的立场上慎重作出允许与否的决定。

尤其在上市公司，管理层和现控股股东的持股比例常常只有发行股票总额的20%~30%，因此在养老金（pention）或者基金、金融控股企业（Finanzkonzern）、信托等，仅凭5%左右的持股比例，也能严重阻碍目标公司的股东大会、董事会、监事机关之间的权限分配关系。同时，为了实现买入一定的股票后高于市场价格处分的目标，可以以放弃敌意收购等为借口威胁公司的经营权。此类股东很难被认定为符合法律赋予小股东权限的宗旨和要件的真正意义上的小股东，法院在决定是否允许召开临时股东大会时，上述情况也应被考虑进去。

针对本案议题是否具有需允许召集临时股东大会的紧迫性，应考虑以下几点：根据记录，本案公司的法定代表人A等管理层因粉饰报表等嫌疑一审被判其罪行成立，但该一审判决早在2004年度定期股东大会召开之前已作出，上述案件的二审仍在进行中，除了A被保释之外没有发生新的变化；早在2004年度定期股东大会中，已公开了上述非法行为或不当经营行为，并追究了责任；在2004年度定期股东大会中，对包括附件目录中记载的议案的赞成率及随后股东的股权变动及态度变化，无法显著地证明给议案通过可能性带来了变化；目前本案公司的10名董事中，7名为独立董事，董事会内部设置了多个委员会对公司进行管理；本案公司在最近实现了自成立以来最大的利润；相当多的外国投资者看好本案公司的管理层；本案公司曾于2004年10月6日向申请人说明了最新的业绩、公司战略、企业股权结构的改善方案，并欲听取申请人的意见，但申请人一直没有给予任何答复，径直申请了本案；如申请人的目的是想让现任的管理层退出，无须召集临时股东大会引起重大影响、产生经济损失，其可以通过提起解任之诉及停止履行职务的保全申请；P 公司长期保持着 14.99% 的持股比例；根据本案公司的特殊属性，需维持长期的投资和经营计划，管理层的持续不稳定会导致投资者的撤离和投资价值的降低，因此本案公司想尽可能地保持管理层不变，至少维持到下一年的定期股东大会；反收购（antitakeover provisions）为目的的短期股价暴涨，有可能导致新一轮的股价变动，因此不能断定肯定对股东有利；2005 年度股东大会计划于 2005 年 3 月召开，不能完全排除本案公司在 2005 年度定期股东大会上自行提交附件目录记载的议案。综上所述，离召开定期股东大会时日很短，因此很难认定仅仅为了讨论附件目录议案而专门召开临时股东大会的紧迫性。”

QUESTIONS & NOTES

NOTE 本案申请人的母公司为外国资本，其分散持有本案公司 14.99% 股权，本案是在此基础上积极行使了小股东权利的案件。如上所述，申请人请求召集临时股东大会，但法院在 2004 年 12 月 15 日作出决定驳回其申请【判例 14】。申请人不服法院的决定提出抗告（译者注：对一审判决和裁定的上诉），但在 2005 年 3 月 11 日召开的定期股东大会上，出席股东的 60.6% 表决通过再次选任 A 为董事，因此 2005 年 5 月 13 日出二审决定（首尔高等法院 2005.5.13.Ja2004Ra885 决定）时，本案中的争端已告一段落。二审法院维持了一审的不允许召集股东大会的决定，但其理由与一审不同，二审不允许召集股东大会的理由是认为存在滥用小股东权利的行为。二审理由如下：① X 申请召集临时股东大会的目的与改善公司治理结构没有太大关系，其真正的目的是剥夺 A 的董事资格，这不符合小股东召集临时股东大会权利的宗旨（这一点与一审意见不同）；②如申请人认为，涉及刑事判决执行的董事有可能怠于公司管理或作出违背公司利益的行为，应该采取比申请解任董事更直接的方法，由此可见，申请人的第二提案同样不符合立法宗旨；③违背了禁止重复提案的证券交易法的宗旨；④针对第二提案，本案申请在一审中被驳回后，不久即召开了 2005 年度定期股东大会，因此可以在上述定期股东大会中通过提案达到相同目的的情况下，请求另行召开临时股东大会，该行为背离了赋予小股东申请临时股东大会权利的宗旨；⑤即便申请召集临时股东大会的真正目的是改善公司治理结构，但在 2005 年度的定期股东大会上，A 以压倒性的票数重新被选为董事，因此本案议题被通过的可能性非常渺茫，综合以上情况后，维持了一审的不允许决定。

Q1 （1）2004 年 1 月 29 日的股东议案申请人将变更章程提为议案内容，但章程变更背后的目的看上去是将 A 从董事职务排挤掉，那么申请人 X 为什么不提出解任董事的议案，而是提议变更章程呢？

（2）拒绝股东提案的理由（《韩国商法》第 363 条之 2 第 3 款，《施行令》第 5 条）是否合理？在国外，股东提案的内容不仅涉及公司治理结构问题，还可以就环境和社会问题向公司提出建议性股东议案，那么在韩国此类提案是否可行？

Q2 （1）对比临时股东大会召集请求权和股东提案权，哪个对行使股东权利更有利？在上市公司哪个更有利？

（2）2004 年 10 月 25 日提出临时股东大会召集请求权的第一提案，那么为什么没有提出股东提案，而是要求召集临时股东大会呢？第一提案内容与 2004 年度定期股东大会中被否决的议案内容是相同的，股东提案被否决后的 3 年内，能否就同一案件申请召集临时股东大会？

（3）2004 年 10 月 25 日申请召集临时股东大会的第二提案，曾有机会提而未提，那么召集会议的申请是否应被驳回？

NOTE 原本仅在旧《韩国证券交易法》中适用于上市公司的有关股东提案拒绝事由的规定，通过2009年的《韩国商法》修订，同样适用于商法中的股东提案权。具体内容上稍有修订：旧《韩国证券交易法》(《韩国证券交易法》第191条之14第3款，同法《施行令》第84条之2第3款）规定，禁止在议案否决之日起3年内就相同内容再次提交议案；但在《韩国商法》中规定，不得重复提交的议案仅限于在股东大会上因不足10%的赞成而被否决的议案(《韩国商法》第363条之2第3款，同法《施行令》第5条）。

Q3 (1）小股东向法院申请解任董事的，需要哪些程序？

(2）解任A的董事职务的最直接的办法是行使小股东的董事解任请求权。申请人X向法院提出的申请并非董事的解任，而是请求召开临时股东大会变更公司章程，其理由是什么？

Q4 即便认为X企图掌握公司经营权或者以经营权受到威胁为由获取高额利益、或其隐蔽的目的是剥夺董事资格，一审法院仍然判定不属于临时股东大会召集请求权的滥用。但在二审高等法院的决定中，不允许召开第一提案的临时股东大会的理由之一，是临时股东大会的召集目的并非是改善公司治理机构，而是剥夺A的董事职务，因此认定此举背离了临时股东大会召集请求权的宗旨。哪个立场更合理？此时临时股东大会召集申请应被驳回吗？

Q5 (1）股东提出了符合法律规定的议案，却遭到董事会不予作为议案的决定，此时股东还有哪些救济方式？

(2）无视符合法律规定的股东提案而作出的股东大会决议，其效力如何？例如在提案为章程变更的股东大会上，未进行股东提交的董事选任议案的，能否对章程变更的决议提出异议？在选任董事为议案的股东大会上，股东提交了增加董事人选的提案而未被接受的，能否取消选任董事的股东大会决议？

【参考判例】

首尔北部地方法院2007.2.28.Ja2007KaHap215决定（译者注：民事保全和解案件)（对提案的保全）

被申请人Y公司是上市公司，申请人X在持股比例和持股时间上符合提案要件，在2007年度定期股东大会召开6个星期前提出推荐前任董事长A作为董事候选人的议案。Y公司董事会以A经营不善给公司造成损失为由，拒绝将X的提案提交为股东大会议题，股东大会召开后，X等申请对提案进行保全。

法院认为："商法规定的小股东临时股东大会召集请求权和证券交易法规定的股东提案权其行使要件和内容不尽相同，临时股东大会召集请求权作为实现小股东权利的一环，是并行于股东提案权的另一个程序（小股东可以在两个权利中择一行使)，并无要求股东提案遭到拒绝后必须请求召集临时股东大会。提案被拒绝后，股东跳过请求召集临时股东大会的环节，而为了实现股东提案权，申请保全措施要求将其提案作为议题的做法，不能视为忽略了请求召集临时股东大会的合法救济手段……

上述否决提案的事由是为了防止明显的滥用行为而规定的，为鼓励小股东行使股东提案权，除非明显滥用行为，上述否决事由应作严格解释。尤其是'作为议案不会带来实际利益或属于不合适事项'的抽象性一般规定，对其解释应更加严格，以免被董事会滥用其裁量权。所谓‘作为议案不会带来实际利益或属于不合适事项’，是指利益已经实现或与公司利益无关的事项、与业务无关的事项或者不适合股份公司属性的事项等通过形式审查就可以判断不适格的议案。由此可见，如选任董事或监事的本案议案不能认定为其属于无实际利益或不合适的股东大会议案(《韩国商法》第382条第1款、第409条)。

同时，如被申请人主张，本议案中的(常任)董事候选人即前法定代表人A曾因经营不善给被申请人公司造成损失，证券交易法中规定的股东提案拒绝事由中不包含上述情况，应先提交至被申请人股东大会后通过股东表决决定是否允许A参与公司经营，这样才符合股份公司本质。”

NOTE 旧《韩国证券交易法》第191条之14第3款及同法《施行令》第84条之21第3款第7项将“作为议案不会带来实际利益或属于不合适事项”规定为股东提案的拒绝事由，但2009年商法修订时，从股东提案拒绝事由中删除了该内容(《韩国证券交易法》第363条之2第3款、同法《施行令》第5条)。

在首尔高等法院2015.8.28. 宣告2015Na2019092判决(无视股东提案权，取消股东大会决议)一案中，原告X1等人在Y公司的定期股东大会上行使股东提案权，议题为“除了目前任职的董事之外，增加选任2名董事，X2和X4为候选人”，并要求对该2名董事进行集中投票(译者注：小股东可以选任代表其利益的董事，在选举2名以上董事时，在发行股票总额中占有表决权的股票的3%的股东可以向董事会要求集中投票，此时各股东持有的每1股可享有与选任的董事人数相当的表决权，并可以集中投票给1名或几名董事候选人)。公司在股东大会的召集通知上将该议案表述为，“选任董事的议案(包含根据股东提案‘增加选任除现任董事之外的2名董事’的嘱托)”。对提案进行上述变更是否侵害了股东提案权的问题，首尔高等法院认为，表述为“增加选任除现任董事之外2名董事的提案的嘱托”，只能作为股东大会的普通决议表决通过方能实现原告要求的对2名董事进行集中投票的结果，因此上述变更违背了股东提案权和集中投票的立法宗旨，应认定为侵害了原告的股东提案权。

在本次股东大会中，作为另外单独议案将A选为董事来替代任期届满的其他董事，原告X1认为其提出的股东大会议案被不当拒绝，因此请求取消将A选为董事的决议。首尔高等法院认为：“当董事会不当拒绝股东提出的议案的，即股东通过行使提案权要求修订或反对公司议案，董事会未将股东提案的要点记载到通知和公告上的，该召集程序和决议方式属于违反法律规定，对应该议案的决议违反了商法第363条之2的规定，进而根据《韩国商法》第376条的规定可以取消忽略股东提案权的该决议。相反，如董事会不当拒绝股东议案，直接未提交的，因该决议根本未能在股东大会进行商讨，故不存在与该股东提案相应的决议。因此即便股东的提案权被不当侵害，其拒绝行为对股东大会的其他决议不产生任何影响。”在本案中，原告提出的议案是要求增加X2和X4为董事，而在定期股东大会中讨论的议案是是否在原有基础上再增加2名董事的内容，以上两个议案是不同的议案，因此法院认为原告提出的议案未能成为定期股东大会的议案。与此同时，将A选为董事与原告提出来的议案没有关联，因此原告不能因其股东提案权被侵害为由要求取消将A选为董事的决议。

NOTE 上市公司的股东虽然不符合召集上市公司临时股东大会的要件，但满足召集非上市公司临时股东大会的条件的，能否要求召集临时股东大会？这不仅仅涉及临时股东大会召集请求权，其他小股东在行使权利时同样会发生此类问题。根据旧《韩国证券交易法》，大法院支持了选择性行使临时股东大会召集请求权(参考案例大法院2004.12.10. 宣告2003Da41715判决)。但2011年商法修订时，将上市公司的特别规定编入到商法第13节，新设了“本节规定相比于本章其他节优先适用”(《韩国商法》第 542 条第 2 款)的规定,这就出现了法院依据旧证券交易法作出的判决在现行商法体系中是否有效的问题。首尔高等法院在 2011.4.1.Ja2011Le23 决定中,支持了选择性适用临时股东大会召集请求权。但首尔中央地方法院在 2015.7.1.Ja2015KaHap80852 决定(将商法中的维持请求权作为被保全权利,申请禁止三星物产和第一毛织的合并决议的保全措施)中,认定只能适用上市公司的特殊规定,这与上一级法院的判决是相矛盾的。

在大法院 2004.12.10. 宣告 2003Da41715 判决(选择性行使临时股东大会召集请求权)中,大法院认为,"从设置小股东股东大会召集请求权的法律条款的历史沿革和立法目的角度考虑,1997 年 1 月 13 日修订的《韩国证券交易法》,将原来的第 191 条之 13 第 5 款的内容新设为第 191 条之 13 第 2 款(2001 年 3 月 28 日修订中为第 5 款),把《韩国商法》规定的小股东行使股东大会召集请求权的持股比例 5%,在上市公司中……调整为 3%……以上,对小股东股东大会召集请求权作了缓和规定。其立法目的是在上市公司持股比例达不到 5% 的小股东虽不符合商法规定的持股比例,但也可以根据证券交易法的内容行使股东大会召集请求权,以此提高企业经营的透明性、保障小股东权利。虽然在证券交易法的上述规定中对持股时间的要件,加强了股东大会召集请求权的行使条件,但这是为了辅助性地防止部分小股东仅就为了行使小股东权利而取得股权并滥用其权利。通过证券交易法的上述规定可以看出降低了行使小股东权利的条件,但在 1998 年 12 月 28 日的商法修订中,同法第 366 条的股东大会召集请求权的持股比例要件从 5% 以上降低为 3% 以上,据此商法与证券交易法上行使股东大会召集请求权的持股比例统一为 3% 以上。但《韩国证券交易法》中则仍保留了持有时间的要求,导致在一般情况下根据证券交易法行使小股东权利要严于商法,除了《韩国证券交易法施行令》中另有规定的部分法人和持股方式之外。综合考虑上述商法和证券交易法中相关条款的修订历史、立法目的、各项内容及适用范围等,不能将《韩国证券交易法》第 191 条之 13 第 5 款解释为排除《韩国商法》第 366 条的特殊规定。因此,上市公司甚至协会登记法人的股东即便未能持股《韩国证券交易法》第 191 条之 13 第 5 款规定的 6 个月的时间,只要符合《韩国商法》第 366 条规定,即可认定其享有股东大会召集请求权"。临时股东大会召集请求权的要件沿革见表 4。

表 4　临时股东大会召集请求权要件沿革

韩国商法	韩国证券交易法→上市公司特殊规定
5%	3%(1.5%)/ 持股 6 个月
3%	同上
3%	1.5% / 持股 6 个月

三、股东大会的召开

(一)股东的出席

【判例 15】- 股东大会召集场所的变更方法(大法院)

大法院 2003.7.11. 宣告 2001Da45584 判决(国民银行 赋予股票认购选择权决议之效力)

事实关系

Y 银行通知于 2000 年 3 月 18 日 10 时在本部 14 楼召开定期股东大会,议案如下:

①批准资产负债表、损益表及结余利润处分计算书；②章程变更；③董事选举；④批准董事报酬的限度(15亿韩元→30亿韩元)；⑤赋予高管股票认购选择权。反对A担任董事的Y银行工会控制了会议室周围，只允许股东入场，禁止包括议长在内的高管进入会议室，导致股东大会超过通知的2000年3月18日10时仍未召开，双方僵持不下。提前向Y银行委托表决权的股权数量为全部股权的10.72%、向Y银行总务部长B委托表决权的股权数量为全部股权的51.49%，提前提交股东大会参会证的股东共25名，表决权占1.126%，会议当日提交股东大会参会证的股东共85名，表决权占0.015%，职工股东持股0.0005%。在现场僵持的过程中，已经进入14楼会议室等待召开会议的部分股东已回家，股东大会议长于22时左右将会议场所从14楼会议室变更为6楼行长职务代行室，但未通知部分在14楼等着开会的股东。同日22时15分，持有共153，810，788股被授权的表决权(51.49%)的B参加了在行长职务代行室召开的第37届定期股东大会。最终，议长受Y银行的委托行使了10.72%表决权，B被授权行使了51.49%表决权，其股权总额为185，847，012股(62.21%)，经上述人员的一致同意，各议案原案通过，22时20分结束会议。原告X提起诉讼主张股东大会决议存在瑕疵。

法院的判断

关于开会时间的延迟和场所的变更所生效力的认定。因不得已的原因导致股东大会的开会时间比原来通知的时间延迟的，通常情况下，准时出席的股东等到变更后的开会时间不是很困难的，则不应认定为存在程序上的瑕疵；但如果迟延太久，基本导致开会时间不准确使出席的股东无法等待，侵害其参与权的，不能否认股东大会的召集程序显著不公平。通过合法有效的召集通知及公告后，无法在通知的地点召开会议变更会议地点的，有召集权限的召集人向开会当天出席的股东发出有效通知并采取必要措施使上述人员均能转移到变更后的场所的，应认定召集地点的变更合法有效。根据之前认定的事实，虽然因被告银行工会的阻碍行为而无法在通知的地点召开股东大会，但在不确定状态维持12小时之后的同日22时15分召开股东大会，准时到达的股东按常理已无法期待能够参加会议，这已经侵害了股东大会的参会权，与此同时也未向等到同日22时15分的股东有效地通知变更会议地点，故应认定上述召集程序侵害了部分股东的参会机会而显失公平。

QUESTIONS & NOTES

NOTE 该判决认定了股东大会决议瑕疵之诉的争议焦点，我们将在后面的【判例20】详述该问题。

Q1 在本案中，开会时间发生迟延、地点变更，但未能对地点的变更进行有效通知。股东大会召开当日，因不得已的理由导致变更开会时间或地点的，判断股东大会召集程序合法性标准是什么？

【判例 16】- 拖延股东代理人进入会议场所的股东大会决议效力（大法院）

大法院 2009.4.23. 宣告 2005Da22701、22718 判决（国民银行、住宅银行合并无效案）

国民银行于 2001 年 9 月 29 日 10 时召开临时股东大会，商讨与韩国住宅银行的合并事宜。占有表决权的发行股权总额的 83.19% 的股东参加了本次会议，其中持有 99.16% 股权的股东赞成并通过了合并决议。原告反对该合并，其身份为国民银行的股东及工会成员。

1. 妨碍股东行使权利

为了反对两家银行的合并，国民银行工会针对其持有的 13，214 股股权，发行了 9000 张参会券（每股一张参会券）并发放给了工会成员，拟通过这些工会成员行使表决权来阻碍合并案的通过。为此，国民银行获得了对股东大会召集等的禁止妨碍保全决定，为了拦截除工会主席之外的持有代表一股的参会券的工会成员，国民银行申请动用警力封锁了股东大会入口，导致除了工会成员之外，部分比工会成员更晚到的普通小股东也未能入场。就此，大法院认为，虽然为了保障股东自由行使其表决权，应确保股东可以授权代理人行使其表决权，但也不能无限制地允许表决权的授权代理，如该授权代理存在一些特殊情况，而导致阻碍股东大会的召开或不当侵害公司利益等，公司有权拒绝代理权的行使（参考大法院 2001.9.7. 宣告 2001Do2917 等判决）。根据以上法理，大法院维持原审法院判决如下："阻止除工会代表之外的其他工会成员入场，是为了保障股东大会顺利进行而采取的合法措施。当时股东无法正常入场的情况下，部分股东、代理人及股东大会相关人员由合并前的国民银行方引导通过其他通道进入会议现场，是为了正常召开股东大会而采取的不得已的措施，因此仅就上述情况无法认定本次合并存在导致其无效的瑕疵。"

2. 股东大会的表决方式

针对合并决议，只有占参会股权 0.84% 的股东表示反对，其中外国人实际股东委托预托院（译者注：韩国预托决济院，Korea Securities Depository，有价证券中央预托结算机关，韩国预托决济院是韩国唯一的有价证券中央预托决济机关，其职能是管理机关投资者和个人投资者持有的股权、债券等有价证券）行使投票权，预托院提前通知了支持或反对的投票情况，受国内实际股东委托的纽约银行 DR 和预托院也提前告知了国民银行欲进行影子投票（shadow voting）[译者注：为了防止股东大会不会因参会股东达不到法定人数导致无法通过决议，允许由韩国预托决济院作为代理人（影子）行使不参会股东之表决权的制度。该制度从 1991 年开始使用，随后因有被大股东恶意利用之嫌，于 2018 年被废止]。在上述情况下，股东大会议长向股东大会提交合并议案，对合并合同的主要内容进行说明后，要求股东进行表决，参会股东没有提出任何异议，以鼓掌的方式全员表决通过了合并议案。大法院维持原判称："除了提前知道的反对票之外，参会股东没有提出任何异议，因此合并前的国民银行无须再进行投票和开票的流程，可以根据支持票和反对票的比例通过议案。本案中，在股东大会当日，议长提交了合并议案，对合并合同的主要内容进行说明后征求股东的意见，参会股东没有提出任何异议，且以鼓掌的方式通过了合并议案，并无违法之处。”

3. 章程将代理人限定为股东的效力

韩国国民银行的章程规定，能够行使表决权的代理人只能是股东，大韩民国持有的国民银行的股权由财政经济部隶属的相当于第 5 级别的公务员行使其代理权，上述代理权的行使方法是否违反章程规定就成了问题。法院就此判决如下：“根据《韩国商法》第 368 条第 3 款可以作出以下解释：如有合理理由认为应对股东代理人的资格进行限制的，只要不超过章程规定的合理范围，就不应禁止章程中的限制性规定。股份公司的章程中将代理人的身份限定为股东是为了防止股东大会受股东以外第三人的扰乱，从而保护公司利益，其符合合理范围，因此不能认定该章程规定无效。但即便有上述章程规定，身份为国家、地方公共团体或者股份公司的股东委托所属公务员、职员或被雇工行使表决权的，在无特殊情况的前提下，上述人员行使的表决权代表了股东内部的代表人的意见，同时也不会扰乱股东大会的进行、侵犯公司利益。相反，如拒绝以上人员行使代理权，会导致剥夺国家、地方公共团体或股份公司行使表决权机会的不当后果。故应允许国家、地方公共团体或股份公司股东委托其所属公务员、职员或者被雇工作为代理人行使表决权，不能认定该代理行为违反公司章程。”

4. 表决权之不统一行使

在本案中，部分国外实际股东不统一行使了其表决权（译者注：股东拥有的多个股权能代表 2 个以上表决权的，针对某一议案，允许其把部分表决权投赞成票、剩余表决权投反对票的制度），但其书面通知超过了 3 天的法定期限，股东大会召开日为 2001 年 9 月 29 日，该通知的送达日为当月 26 日，而国民银行并没有拒绝其表决权的不统一行使。对此，大法院认为：“《韩国商法》第 368 条之 2 第 1 款规定：股东拥有 2 个以上表决权的，可以不统一行使其表决权，此时应于会议 3 天前，书面向公司通知不统一行使表决权之意图及其理由。这里的 3 天法定期限，是为了给公司充分的时间考虑是否要拒绝股东表决权的不统一行使，且保障公司股东大会的正常召开，因此不统一行使的通知应于股东大会召开日 3 天前送达。鉴于对 3 天法定期限的立法目的，即便不统一行使的通知晚于股东大会召开日前 3 天送达，公司认为不影响股东大会的正常进行而接受不统一行使的，只要不存在违反股东平等原则或故意伪造表决权行使结果等特殊情形的，不应认定以上不统一行使行为违法。”

5. 证明股东本人及其代理权的书面文件

国民银行在通知召开合并议案相关股东大会时，要求代理人持委托书和参会证。在股东大会上，代理人未能出具参会证，但其代理行为得到了允许。据此，身为股东及工会成员的原告提出了股东大会决议存在瑕疵。对此，法院判决如下：

“《韩国商法》第368条第3款规定：‘股东有权委托代理人行使其表决权，代理人应向股东大会出具证明其身份的书面文件’，这里所说的‘证明代理人身份的书面文件’指的是委托书，公司要求除了委托书之外另提交印鉴证明书、参会证等文件的，仅是为了能够更加准确地确认代理人的身份，即便未持上述文件，只要股东或代理人用其他方式能够证明委托书的真实性或委托事实的，公司不应拒绝其代理权的行使行为。同时，公司要求股东本人持股东大会参会证，也仅仅是为了更加准确地确认股东身份而已，如果可以通过其他方式证明其股东身份的，同样也不能拒绝股东行使表决权。

根据上述法理和记录，原审法院认为：即便股东本人未持参会证的，通过身份证及是否持有与合并前提交至国民银行的印鉴相同的印鉴等方式确认股东身份即可；股东代理人的身份，通过提交委托书、确认委托书上记载的股东信息、委托书中的股东印鉴是否与合并前提交至国民银行的印鉴一致、对照委托书持有人的身份证和委托书中记载的代理人信息等方式确认参会人与代理人是同一个人即可。因此，仅通过部分股东未持参会证，或者部分代理人除了委托书之外未能提交股东身份证副本、印鉴证明书等情况，不能认定其表决权行使行为无效的原审法院的判断是正当的。……”

QUESTIONS & NOTES

Q1 在大法院1996.12.20.宣告96Da39998判决中，认定拖延股东代理人进入会议场所的，属于表决方显失公平。相反在【判例16】中，阻止职工持股会（译者注：employee stock ownership association，公司职工为了取得、管理本公司股权而设立的组织）的授权委托人入场的行为，并没有被认定为是瑕疵。以上不同的判决，是否妥当？

【参考判例】

大法院1996.12.20.宣告96Da39998判决

被告公司的股东有实际持有发行股份57%的A和持有43%的X，平时的股东大会均由B代理X参加，因此公司应知B为X的代理人。在股东大会召开日，B按时到达了股东大会召开地点，但被告公司总务科长并没有及时将B安排进场，而是要求在外部人员访问日志上填写姓名、访问日期、访问部门等，并要求出示委托书，导致B比开会时间晚10分钟进场。但在B未进场的10分钟里，4个议案中的3个议案已完成表决。

法院认为：“原告持有被告公司发行股份的43%，其表决权的行使不影响第1、3、4号议案，但对2号议案产生影响，如2号议案被通过，那么仅通过持有被告公司发行股份57%的A的表决，就可以进行被告公司的资本增资，因此在是否通过2号议案的问题上，原告和A会出现严重的意见对立。实际上，在被告公司的1992年定期股东大会上，曾提出过与本案2号议案相同内容的议案，但因原告的反对导致该议案未能成功提交至股东大会。除了原告，A事实上是被告公司的唯一股东，A作为本案股东大会的议长，在主持股东大会时，如发现原告未能在股东大会召集时间10时进入会场，那应先对不受原告表决权影响的议案 1、3、4 进行审议和表决，然后再对受原告表决权影响及原告与其他股东意见对立的议案 2 进行表决；或先对第 1 号至第 4 号议案进行审议，然后对第 1、3、4 号议案进行表决，最后表决第 2 号议案。通过上述方法，尽可能地保障原告对 2 号议案行使表决权的权利，这才是符合诚实信用原则的公正的议事进行方式……本案股东大会的表决方式违反诚实信用原则，显失公平。”

（二）议长

章程没有规定股东大会议长的，由股东大会选任（《韩国商法》第 366 条之 2 第 1 款）。章程中一般指定由法定代表人担任议长，法定代表人因故无法担任时，由其他股东按照一定顺序担任议长。那么在少数股东请求召集的临时股东大会中，是否仍然按照章程规定由法定代表人担任议长就成了问题。根据 2011 年修订的商法规定，法院可以依据利害关系人的请求或依职权选任议长，使股东大会能够公正地召开（《韩国商法》第 366 条第 2 款后段）。议长负责维持股东大会的秩序、整理议事内容（《韩国商法》第 366 条之 2 第 2 款），可以通过主持议事过程来影响股东大会，因此非章程规定之人作为议长主持股东大会的，会出现效力问题。

【参考判例】

大法院 1977.9.28. 宣告 76Da2386 判决

“原告一直担任被告公司股东大会的议长，但在本案的股东大会中，持有 1/3 有表决权股份的 A 在未经选举程序直接自称为议长后，根据议案解雇包括当时任法定代表人的原告在内的全部高管，宣布将自己选任为法定代表人、将上述人员选聘为高管。持有 1/3 有表决权股份的 B 赞成了他的高管解雇及任命的议案，随后 A 宣布股东大会闭会……在本案中，假设按章程规定不能成为议长的 A，在无正当理由的前提下成为议长并参与了议事过程，仅这一事实是无法成为股东大会决议不存在的事由，这个瑕疵只能属于因决议方法违反章程规定而取消决议的事由，因此依据原审法院认定的事实，不能断定股东会决议不存在。”

大法院 2001.5.15. 宣告 2001Da12973 判决（同后面的【判例 17】的参考判例属同一判例）

“1）在已经召开的股东大会中，未对全部议案完成审议之前，在法律和事实上都能继续审议的情况下，议长不顾其他股东的反对自行退场的，不应认定股东大会已闭会或结束。议长放弃履行主持议事、完成议事日程等职责，未行使其作为议长的权限及权利，故在场股东选举临时议长完成议事程序，据此产生的临时股东会决议也应认定其合法性（参考大法院 1983.8.23. 宣告 83Do748 判决）。……

根据原审引用的一审判决事由，原审认定：部分股东在股东大会上要求原告解释公司的经营不善和不明确支出的去向，股东和原告之间出现的上述争论导致股东大会议事过程出现推迟。原告提出撤回第3号议案（董事及监事的选任议案），但部分股东不同意撤回。随后原告提议在下次股东大会上再选举董事和监事，但仍有部分参会人员不同意，最后决定通过表决决定是否撤回第3号议案，但表决结果被否定，因此原告单方离场。原告欲单方主张推迟股东大会后离场，SigMa创投方的A等阻止了原告的行为。在决定通过表决的方式确定是否撤回第3号议案后，B等人要求被告公司的员工C制作投票用纸，C在空白纸上记载股东姓名和所持股权来制作投票用纸，股东在投票用纸上进行投票。原告不公布开票结果，后由A公布结果。根据被告公司的章程，应由法定代表人、副社长、专务董事、常务董事的顺序担任股东大会议长，而在本案股东大会当日，符合上述要求的高管中，只有原告和案外人D参加了股东大会，原告离场后，股东邀请D担任临时议长，而D也离开了会场。根据上述事实可以判断，在股东大会进行过程中，原告意识到无法应对股东提出的经营不善问题后，为了进行经营权防御，企图延期选举董事及监事而未得到支持，随后无视其他股东的意见，单方拒绝继续主持股东大会欲离开会场却遭到制止；在表决上败北的原告不发表投票结果，所以才会由A发表表决结果。通过本案股东大会的进行过程、股东的发言等情况综合判断，在本案股东大会中，股东追究原告的经营不善问题、制止原告的单方离场、替拒绝发布表决结果的原告发布结果等行为，对于参会股东行使股东权利而言，是符合社会公认的一般原则且没有超过合理范围的正当行为。当时参会的股东允许在空白纸上进行投票，因此该行为也不应认定为违法，且原告在其他股东制止的前提下，仍宣称直到解决敌意收购问题之前将推迟会议，并选择离场。议长在没有股东大会决议的情况下，不能单方决定延期或连续举行股东大会，议长因自己处于不利的情况而离场，属于原告放弃行使作为议长的权利，因此在原告或D自行放弃行使权利而离场后，股东选举临时议长主持会议是符合法律规定的。”

（三）股东的质问权和议长的秩序维持

虽然《韩国商法》无明文规定，但股东可以请求大会作出说明并要求发言是当然之事。同时，针对作出故意妨碍议事进程的发言和行为的人员，议长有权命令其停止发言或离场（《韩国商法》第366条之2第3款）。在股东大会上股东的发言被制止的情况下通过议案的，有时会因表决方法显失公平而成为取消决议的事由。

四、股东的表决权

（一）表决权及其限制

1. 一股一表决权的原则

股东通过在股东大会上行使表决权来参与公司的经营议事。表决权原则上是一股一个（《韩国商法》第369条第1款）。

【参考判例】

大法院 2009.11.26. 宣告 2009Da51820 判决

"《韩国商法》第 396 条第 1 款规定了股份公司的股东一股持有一个表决权的原则，该规定属于强制性规定，除法律允许的例外情形外，即便通过公司章程或股东大会决议违反上述原则以限制表决权的，也没有法律效力。

但《韩国商法》第 409 条第 2 款、第 3 款规定，'股东'持有超过一定比例股票的表决权，在选举监事时受到限制；旧《韩国证券交易法》(2007.8.3. 法律第 8635 号，由《资本市场法》第 2 条废止，以下同上)第 191 条之 11 规定，'最大股东及其特殊关联关系人等'持有超过一定比例的上市公司股票的表决权，在选举和罢免监事时受到限制，因此'非最大股东及其特殊关联关系人'持有超过一定比例股票的表决权，在选举和罢免监事时也受限制的章程规定或股东大会决议应认定为无效。根据原审法院依法认定的事实关系和记录可明确以下内容：①被告公司章程第 21 条第 4 款(以下简称本案的章程条款)规定，'股东及其特殊关联关系人等'持有的全部有表决权股票超过发行的有表决权股票的 3% 的，其超过部分对应的表决权无法对监事的选举进行投票，上述规定与旧《韩国证券交易法》(1997.1.13. 法律第 5254 号修订)第 191 条之 11 规定相同；②但上述证券交易法被 2000.1.21. 法律第 6176 号修订，将表决权的限制对象从超过一定比例的'股东及其特殊关联关系人'修订为'最大股东及其特殊关联关系人'；③被告公司在 2008 年 3 月 27 日的股东大会中，表决通过将案外人选举为监事的决议(以下简称本案的股东大会决议)时，根据本案的章程条款，限制了非最大股东的原告及其特殊关系人持有的超过 3% 部分的表决权。

根据原审法院的判决理由，原审法院依据股东平等及一股一表决权原则的立法目的、股份公司法为强制性规定的原因、《韩国商法》及旧《韩国证券交易法》对监事制度和监事选举限制表决权的目的等，认定本案的章程条款违反了强制性规定、不当限制了股东的表决权，其属于无效条款。因此被告公司根据本案的章程条款限制原告及其特殊关联关系人等行使表决权不符合法律规定，本案决议因决议方法违反法律规定导致瑕疵，故法院支持原告要求取消本案的股东大会决议的请求。根据上述法律及记录，原审法院的以上认定是正当的。"

NOTE 本案中对选举监事限制行使表决权的章程规定，要严于《韩国证券交易法》中限制表决权的规定，事实上仅仅是没有及时反映《韩国证券交易法》的修订内容，章程规定并非是当事人商议而定的。假设上述章程规定是全体股东的真实意思，那么以违反强制性规定为由认定其无效是有待商榷的。

2. 表决权的限制

在某些情况下，股东是没有表决权的。首先，公司可以发行排除表决权或限制表决权的股票(《韩国商法》第 344 条之 3)。商法规定，对公司持有的本公司股票(《韩国商法》第 369 条第 2 款)、相互持有的股票所对应的表决权具有一定限制(《韩国商法》第 369 条第 3 款)。除此之外,可以临时限制对特定事项的表决权,即与股东大会决议有特殊关联关系的人不能行使表决权(《韩国商法》第 368 条第 4 款);[1]对选任监事的决议,持有超过在发行股票总额中排除无表决权股票后的 3% 股票的股东,对其超过部分,不能行使表决权(《韩国商法》第 409 条第 2 款)。[2]为了排除集中投票而修改公司章程时,表决权也会受到限制(《韩国商法》第 542 条之 7 第 3 款)。在其他特殊法中,也有表决权受限的规定。如果违反上述各类表决权限制规定,股东大会决议会出现效力问题。

(1)相互持有的股票表决权限制

【判例 17】- 相互持有的股票表决权受限的基准节点(大法院)

大法院 2009.1.30. 宣告 2006Da31269 判决(相互持有的股票表决权受限的基准节点)

事实关系

Y 公司于 2005 年 3 月 18 日召开了定期股东大会,Y 公司章程中规定:“公司规定每年 12 月 31 日最终登记在股东名册上的股东可以在其决算期的定期股东大会中行使表决权。”在本案股东大会基准日 2004 年 12 月 31 日,A 公司持有 Y 公司发行股票的 43.4%。同时,Y 公司持有 B 公司发行股票的 92%,为商法意义上的 B 公司的母公司。B 公司于 2005 年 1 月 26 日收购了 A 公司 27% 的股票,但在收购时,尚未发行股票。B 公司虽然没有在 A 公司的股东名册里变更其名义,但 A 公司于 2005 年 3 月 11 日通知了允许该收购行为。在 2005 年 3 月 18 日召开的股东大会中,A 公司对其持有的 Y 公司 43.4% 的股权行使了表决权。对此,身为 Y 公司股东的原告,要求取消该股东大会决议。

法院的判断

“《韩国商法》第 369 条第 3 款规定:‘公司、母公司及子公司或者子公司持有超过其他公司发行股票总数的 1/10 的股票时,该其他公司持有的公司或者母公司的股票不享有表决权。’如上述规定,限制非母子关系的公司之间相互持有股票的主要目的,是防止未出资的人通过相互持有股票来行使表决权,导致股东大会决议和公司股权架构被歪曲。同时,《韩国商法》第 354 条规定基准日制度,仅是为了确定在某一日登记在册的股东作为行使股东权利的主体而已,不能作为认定其他公司股东的标准。因此,即便在基

---

[1] 股东因与股东大会决议有特殊关联关系未能行使表决权,但该决议明显不当,且如果该股东行使表决权即可阻止通过该决议的,该股东自决议之日起 2 个月内有权提起取消或变更之诉。

[2] 在上市公司,最大股东、最大股东的特殊关联关系人、由总统令规定的特定人持有的上市公司有表决权的股票超过除该公司无表决权股票后的 3% 的,该超出部分在选举或罢免监事或非独立董事的监事委员会委员时不得行使表决权(《韩国商法》第 542 条之 12 第 3 款)。在最近经济年度期末资产总额为 2 兆韩元以上的上市公司,选任独立董事身份的监事委员会委员时,持有超过排除该公司无表决权股票后的 3% 的股东,其超过部分不得行使表决权(《韩国商法》第 542 条之 12 第 4 款)。

准日不符合《韩国商法》第 369 条第 3 款规定的要件，只要在实际行使表决权的股东大会召开日符合上述标准，就因《韩国商法》第 369 条第 3 款规定的相互持有股票而不能行使表决权。此时，考虑到上述‘限制相互持有股票的目的’，判断公司、母公司及子公司或者子公司是否持有超过其他公司发行股票总数的 10% 的股票，应将其实际持有的股票作为认定标准，与是否在股东名册上进行变更无关。……发行股票前转让股票的，只要当事人意思表示真实即发生效力（参考大法院 2006.9.14. 宣告 2005Da45537 判决），因此 B 公司于 2005 年 1 月 26 日受让了 A 股份公司 27% 的股票，即取得了该股票。据此，被告 Y 公司的子公司 B 股份公司持有了 A 股份公司的超过股票总数的 10% 的股票，根据《韩国商法》第 369 条第 3 款的规定，A 股份公司原本计划在本案股东大会上行使的其持有的 Y 公司 3,563,080 股股票应被认定为无表决权。”

QUESTIONS & NOTES

NOTE 本案例是关于对敌意收购的防御行为的案例，事实关系与【判例 77】相同。本案的争议是股东大会决议的效力问题，而【判例 77】则是背任罪是否成立的刑事判决。甲系持有 A 公司 64% 股票的控股股东，同时也是 A 公司的董事、Y 公司的法定代表人。原告企图掌握 A 公司及 Y 公司的经营权，甲为了进行防御，安排由 Y 公司（甲为法定代表人）向 B 公司提供 40 亿韩元的无担保贷款，使 B 公司从 A 公司的职工股中受让了 A 公司的股票。

Q1 在上述案例中，Y 公司没有取得 A 的股票，即便如此也属于 Y 和 A 相互持有股票吗？

Q2 在上述案例中，股东大会的基准日当天双方没有互持关系，但在股东大会召开日，双方互相持有了对方股票。将基准日或召开日设为判断是否是互持关系的时间点，两种情况下有何利弊？

Q3 B 公司取得 A 公司的股票后，未变更名义。名义变更是对公司行使股东权的对抗要件（《韩国商法》第 337 条第 1 款）。那么，B 公司无法对 A 公司行使股东权吗？无法认定 Y 公司和 A 公司相互持有股票吗？

NOTE 在本案后，Y 公司将其持有的 B 公司股票转让给了 A 的大股东甲，Y 和 B 之间解除了控股关系。

Q4 两家公司互持对方超过 10% 的股票的，所持对方公司股票均不能行使表决权。在上述案例中，B 能否在 A 公司的股东大会上行使表决权？Y 能否在 B 公司的股东大会上行使表决权？在以上情况下，是否仍然会发生资本的共同化和意思决定的歪曲问题？

公司取得其他公司的超过其发行股票总数的 10% 的股票时，应立即通知该其他公司（《韩国商法》第 342 条之 3），违反通知义务会引起什么后果，法律并没有明确规定。

（1）违反通知义务的后果是什么？解释为表决权受限是否妥当？

（2）通过委托持有超过 10% 的，是否也具有通知义务？通过白纸委任（译者注：白纸委任，是指不填写委托书中的记载事项，由特定人填写来补全的委托书，分为两种：不填写委托事项、不填写受托人）受托行使表决权的会如何？

【参考判例】

大法院 2001.5.15. 宣告 2001Da12973 判决（持有超过 10% 的通知义务）

被告公司于 1999 年 3 月 27 日召开了第 39 次定期股东大会（以下简称本案股东大

会),原告在本案股东大会召开时为被告公司的法定代表人和股东,被告公司发行了记名普通股134万股,原告持有42%。创投公司向普通股东进行委托权代理行使的劝诱,让股东们在可以对本案股东大会的个别案件进行投票的委托书中记载股东意见,接受劝诱的股东为111人,持有约30%的股票。部分股东向原告提出对公司的经营不善和不明支出进行解释的要求等,使股东和原告之间产生了言论争执,导致议事发生延迟。原告要求撤回第3号议案(董事及监事的选任),但原告的撤回案被否决。随即,部分股东要求选举董事5名和监事1名,原告则称"该要求等同于敌对收购(M&A)",一直推迟议案的表决,最后宣布"在敌意收购问题得到解决前,推迟会议"并离场。此后,持有594,015股股票的股东决定继续开会,并选举创投公司的法定代表人A(被告公司现任法定代表人)为临时议长,持有549,015股股票(发行股票总数的40.9%)的参会股东全票通过将A及案外人B、C、D、E选任为董事、案外人F选任为监事,处理或废除了第5、6号议案后闭会。原告起诉要求确认股东大会决议不存在,请求理由中包括违反了《韩国商法》第342条之3的通知义务。

法院认为,《韩国商法》第342条之3规定,"公司持有其他公司超过发行股票总数的1/10的股票时,应立即通知该其他公司",目的是公司取得其他公司超过10%股票后行使表决权来威胁经营权时,该其他公司通过逆向收购该公司超过10%的股票的方式启动互持股票表决权受限的制度(《韩国商法》第369条第3款),相互使对方无法行使表决权来进行防御,排除其他公司的控制,稳定自身控制权。因此在特定的股东大会上,通过各股东对个别议案发表意见并取得委托的,即便该受托人据此取得了超过其他公司10%的股票,也不能类推适用上述规定。

根据原审判决及其引用的部分一审判决事由,原审法院认定:在本案股东大会中,创投公司通过委托权代理行使的劝诱获得的委托书中,包含了询问对个别议案意见的内容,用加粗Gothic字体写明"代理人根据委托书中记载的赞成或反对的意思表示进行代理投票,如果对委托书中记载的全部或部分议案未进行投票,造成委任状返还至代理人的,受托人应对受托的议案遵照委托的意思表示、对未受托的案件按照尽可能反映股东利益的原则,进行合理的判断后代理投票";与此同时,委托书中要求对股东大会个别议案中的第3号议案,即"董事及监事的选任"议案,对公司的方案投反对票,对劝诱股东的方案投赞成票,并对公司的"反对"二字和对劝诱股东的"赞成"二字加粗明示;但委托创投公司代理行使表决权的111名被告公司股东中,包括甲在内的41名股东(持257,420股)承认,在询问对个别议案的意见一栏中没有填写任何内容的情况下将委托书交付给了创投公司;包括甲在内的41名委托股东虽然没有对股东大会的个别议案发表意见,但根据委托书的内容和形式等可以认定,上述委托股东依委托书中的加粗明示,针对个别议案,想当然地已经向创投公司委托了遵循委托股东的意见来进行代理投票;代理人通过股东对个别议案的赞成或反对的意见表示来获得表决权的,相比于通过取得股票行使表决权,对公司进行控制的可能性不大；公司召开股东大会在即的情况下，使受托进行代理的一方持有超过发行股票总额的10%的股票而丧失对本公司的表决权，并非是一件不容易的事情，且缺乏时效性；同时，对已经就个别议案明示意见后进行委托的股东，仅因违反通知义务而剥夺其表决权，缺乏合理理由。考虑以上几点，在特定股东大会上，通过对股东就个别议案的意思表示受托代理行使表决权的，不能类推适用上述规定。

（2）特殊关联关系人的表决权限制

与股东大会决议的议案有特殊关联关系的人，可能会不顾公司的利益行使表决权，因此商法规定此时不得行使表决权（《韩国商法》第368条第3款），但如何判断具有特殊关联关系不是件易事。

【判例18】-企业转让决议的特殊关联关系人表决权限制（釜山高等法院）

釜山高等法院2004.1.16.宣告2003Na12328判决（Rotem企业转让决议的特殊关联关系人）

事实关系

1.原告公司韩进重工业、大宇重工业株式会社（以下简称大宇重工业）、现代精工株式会社（2000年10月21日变更为“现代Mobis株式会社”，以下简称现代Mobis）各自经营铁路车辆业务，1999年5月3日签订合作协议约定合并各公司的铁道车辆业务，成立一家独立法人。根据协议，1999年8月13日原告公司、大宇重工业、现代Mobis按20：40：40的比例实物出资设立了以制作、销售铁路车辆为目的的被告公司（Rotem）（设立时的名称为“韩国铁路车辆株式会社”，2002年1月1日更名）。

2.现代汽车株式会社（以下简称现代汽车）于1999年8月1日从现代Mobis受让了被告公司40%的股权，2000年8月12日通过有偿增资，原告公司、大宇重工业、现代汽车持股比例转变为21.64404：39.17798：39.17798，2001年9月29日，大宇综合机械株式会社将其从大宇重工业继承取得的全部股权转让给了现代汽车，受让股权后的现代汽车持股被告公司全部股权的78.35596%，现代汽车集团将被告公司和现代Mobis纳入旗下。

3.现代Mobis昌原工厂（重机、PLant部门，以下简称本案资产）原本以单一工厂的模式运营，但设立被告公司时，被人为分割出去，后决定将该工厂的本案资产合并到被告公司，并在2001年10月23日召开董事会，不顾原告公司的董事A、B的反对，决定于2001年12月7日召开临时股东大会来通过本案资产的受让议案。根据此决议召开了2001年12月7日的临时股东大会，但因现代汽车的要求，在未对议案进行审议的情况下，决定于2001年12月28日延期召开股东大会。

4.之后，被告公司于2001年12月17日在上述A、B缺席的情况下召开了董事会，决定于2001年12月28日召开临时股东大会，并在2001年12月28日的股东大会（以下简称本案股东大会）上，在原告公司缺席的情况下，通过了从现代Mobis受让本案资产的决议。

法院的判断

法院认为，“对于现代汽车属于《韩国商法》规定的限制表决权的特殊关联关系人的原告主张，《韩国商法》第368条第3款规定，‘与股东大会决议的议案有特殊关联关系的人，不得行使表决权’，上述特殊关联关系人应解释为股东不考虑其身为股东的立场，只与个人发生利害关系的情况。因此，公司和股东之间转让资产时，可以认定该股东属于特殊关联关系人，但在本案中，仅通过转让方现代Mobis属于反垄断法规定的被告公司股东现代汽车的旗下公司这一事实，无认定其属于上述规定中的特殊关联关系人，因此原告主张不成立”。

QUESTIONS & NOTES

Q1 案例认为，所谓特殊关联关系是指股东不考虑其身为股东的立场，只与个人发生利害关系的情况。

(1)通说认为，在允许资产转让的决议中，作为交易相对方的股东属于特殊关联关系人。相反，A公司持有B公司50%股权，两家公司合并时，A公司不存在个人利害关系，因此可以对B公司的合并议案行使表决权。那么，有必要对以上两种情况区别对待吗？

(2)通说认为，A公司持有B公司的50%股权，B公司向A公司转让其资产时，A公司因存在个人利害关系，无法行使表决权。持有A公司90%股权的股东或法定代表人甲持有B公司50%股权时，甲能否对向A公司转让资产的B公司决议行使表决权？

【参考判例】

大法院2007.9.6.宣告2007Da40000判决

“所谓特殊关联关系是指股东不考虑其股东身份，只与个人发生利害关系的情况。《韩国商法》第449条、第450条规定，财务报表需在定期股东大会中得到认可，在定期股东大会通过财务报表后的2年内，如无其他决议，应视为公司解除了对董事和监事的责任，但在公司通过财务报表后2年内，可以通过决议追究董事和监事的责任。在此情况下，身为董事和监事的股东，因其被公司追责，故属于与个人发生利害关系……根据原审记录，本案议案的名称为‘第13届决算书追责决议’，通过名称仅可以推测对自2003年4月1日至2004年3月31日的财务报表相关的经营人员进行追责，但具体是否要对当时在任的董事或监事全员追责，还是仅对部分董事或监事追责，要追究什么责任等内容无法判断，也没有详细记录。因此根据原审了解的事实，无法认定案外人1等具有特殊关联关系。

进而，原审法院应先审查本案议案要追究哪些董事或监事的责任，根据审查结果去判断哪些股东与本案决议有特殊关联关系。但原审法院仅根据上一段所述的理由，草草认定了案外人1等被告公司的董事、监事全员与本案决议有特殊关联关系，原审法院存在未经充分审理或错误解释《韩国商法》第368条第3款规定的特殊关联关系人的法理之嫌，属于违法判决……”

首尔中央地方法院2008.9.4. 宣告2008GaHap47805判决（承认高管退休金支付规定的决议，法定代表人股东是否存在特殊关联关系）

X系Y公司股东，持股8.5%。Y公司于2008年3月28日召开定期股东大会，11名股东全部出席，对高管退休金支付规定进行决议，股东兼法定代表人A除了自己持有的47.46%之外，加上其受委托等的表决权，全部投赞成票，最后以53.6%赞成通过了该议案。Y公司自成立至通过本案决议，对高管退休金没有任何规定，但通过本决议设立高管退休金支付规定后，现任法定代表人A将来也能根据本规定领取退休金。X认为，股东A与本案决议有特殊关联关系，却没有限制其行使表决权，向法院提起取消决议之诉。法院认为A与本案决议有特殊关联关系，判决取消了该决议。

NOTE 1981年修订的《日本商法》，废止了有关特殊利害关系人限制行使表决权的规定，如特殊利害关系人行使表决权导致产生不当决议的，作为取消股东大会决议的事由。

NOTE 下面介绍的禁止行使表决权保全的参考判例中，法院作出了强制调解决定，要求不能在被告公司的股东大会中行使表决权，但当事人违反上述决定在股东大会上行使了表决权，原告据此请求法院认定股东大会决议不存在。如大法院的判决，在忽略保全决定的情况下，认定股东大会有效是否妥当？

【参考判例】

大法院2010.1.28. 宣告2009Da3920判决

“违反保全决定或在保全案件中与保全决定具有同等效力的强制调解决定的行为之所以无效并非是因为其形式上违反了保全规定，而是因为该行为侵犯了被保全的权利。在本案禁止行使表决权的保全诉讼中，确定不存在被保全的权利，该保全措施实际上被认定为无效，因此并没有侵害禁止行使表决权的保全措施中的被保全权利，故该行为是有效的，从而也不存在未达到本案股东大会决议法定表决人数的瑕疵。”

（二）表决权的行使方式

1. 表决权的不统一行使

股东持有2股以上表决权的，可以不统一行使其表决权（《韩国商法》第368条之2）。

QUESTIONS & NOTES

以下问题与【判例16】的事实关系和法院判断有关。

Q1 认可表决权不统一行使制度的理由是什么?

Q2 公司能否拒绝表决权的不统一行使?不允许表决权不统一行使的理由是什么?

Q3 为了不统一行使表决权,需在股东大会3日前以书面或电子文书的方式向公司通知其意向和理由(《韩国商法》第368条之2第1款后一段)。该规定的目的是什么?根据该规定的目的,如通知超过提前3天的时限送达的,公司能否允许不统一行使?

Q4 股东在未通知不统一行使表决权的情况下不统一行使了表决权的,公司能否在决议通过后承认其行为?

2. 表决权的代理行使和委托书之争

股东的表决权可以委托他人代理行使。表决权的代理行使,可以使无法亲自行使表决权的股东行使其表决权,同时也可以解决在股权分散的公司中,因小股东缺席导致达不到法定表决人数的问题,并且在发生经营权之争时,为了在表决中胜出,双方会进行表决权代理行使的劝诱。在此情况下,股东身处被动地位,因得不到充分信息容易导致无法作出准确的决定,即便股东作出赞成或反对的意思表示,代理人也有可能作出与之相反的投票。为了协助股东明确其意思表示,并能够准确反映股东之意,资本市场法中规定了一定的公示义务及特定的委托书样式。〔1〕

非股东在股东大会中行使表决权属于决议取消或不存在的事由,因此代理人是否能证明取得了合法有效的委托关系是涉及股东大会决议效力的重要问题。尤其是在委托书之争中,代理权的合法性尤为重要。

参考资料 [韩]座谈会:《有关股东大会运营的法律和实务》,载首尔大学金融法研究中心*BFL* 2008年1月第27号。[韩]李昌源、李东健、殷伊镇(音译):《经营权争夺相关的委托书之争中的实务性问题》,载首尔大学金融法研究中心*BFL* 2008年1月第27号,第41~45页。

QUESTIONS & NOTES

Q1 (1)根据【判例16】的事实关系和法院的判断,在章程中指定特定人方能作为股东代理人的条款是否有效?

(2)小规模封闭式公司和大规模上市公司的章程中,都规定了代理人只能是股东,请对比一下公司作出此类限制的必要性与给股东行使表决权带来的不便。在章程中规定代理人必须为股东的条款是否有效?

(3)章程规定限制代理人必须为股东的,隶属于国家、地方公共团体或株式会社的公务员、员工或雇员等是否能作为代理人行使表决权?进一步考虑,章程规定代理人必须为股东的,自然人股东能否委托家人代理行使表决权?

〔1〕《韩国资本市场法》中有关委任书劝诱的规定,参见[韩]金建植、郑顺燮:《资本市场法》,斗圣社2010年版,第255~263页。

Q2 代理权应一届一委托，还是可以一次性委托数届股东大会？不应一次性委托数届股东大会的，认为此举事实上导致了将表决权从股东身份剥离出来后单独转让的结果。从股东身份剥离表决权有何不妥之处？

【参考判例】

大法院 1969.7.8. 宣告 69Da698 判决（表决权的一揽子委托）

大法院认为，在股份公司委托行使股东权利时，并无确切的依据规定必须是针对具体或个别事项，一揽子委托也是允许的。但这是在同一届股东大会中针对不同议案进行委托的案例，能否一次性委托数届股东大会或在一定期限内召开的所有股东大会仍是有争议的。

大法院 2002.12.24. 宣告 2002Da54691 判决（股东一次性委托他人行使 7 年表决权的，股东能否行使表决权）

被告 Y 公司实际上是 A 的一人公司，Y 公司的经营面临破产，A 和 Y 公司的法定代表人 X 等经营方和 Y 公司工会于 1998 年 8 月 3 日签订协议，约定 A 在未来 7 年间放弃股东权利和经营权、不出售或转让股权、委托 X 代理行使表决权。A 于 1999 年 11 月 2 日召开临时股东大会，将自己与原告 X、X1、X2 选任为董事，将原告 X3 选任为监事。同日，召开董事会选任 X 为法定代表人，随后又追加了 X1 为共同法定代表人。但在 2000 年 6 月 21 日的临时股东大会上，A 起草了“罢免 X 等人，选 A1、A2 为董事，选 A3 为监事”的会议记录，并据此完成了法人变更登记。X 等诉至法院请求确认临时股东大会决议不存在。

原审法院认为，股东大会会议记录中记载一人股东 A 通过了决议的事实，因此原则上不能诉决议不存在，但表决权已经委托给了 X，协议中约定了由 X 代理行使表决权并实际经营 Y 公司，因此 A 不能再作为股东行使表决权，也不能支持被告所称协议已解除的主张，故判决临时股东大会决议不存在，但大法院发回重审了该判决。

大法院认为：“股东权利只能通过股权的转让或注销等法律规定的事由而丧失，当事人之间的约定或放弃股东权利的意思表示不会使股东丧失其权利，在无其他特殊事由的情况下，行为也不会受到限制（参考大法院 1999.7.23. 宣告 99Da14808 判决）。……在本案中，A 于 1998 年 8 月 3 日约定了未来 7 年间放弃股东权利和经营权、不出售或转让股权、委托 X 代理行使股东表决权。据此，原告 X 可以代理行使 A 的表决权，但仅仅依据上述约定不能认定 A 无权亲自行使身为股东的表决权。”

NOTE 代理行使表决权一般有以下几种情况：一是本人仍与股权具有利害关系，仅仅是为了行使上的便利才委托他人行使；二是股东行使表决权已没有实际意义（如股权已经转让，但还没有变更股东名义，由受让人作为代理人行使表决权）；三是如本案约定放弃行使表决权。在第一种情况下，大家对股东随时可以在股东大会上亲自行使表决权应该没有任何异议，但后两种情况下就有可能存在争议。在上面的参考案例中，代理人对行使表决权存在利害关系的前提下，依然认可了本人的表决权的行使行为是有效的，出现这种结果的理由如下：i）股东和代理人之间签订的长期一揽子表决权委托协议无效，ii）本人可以自由地撤回委托的代理权，iii）当事人之间的合同有效，但对公司没有约束力。在iii）的情形中，代理人虽无法主张股东大会决议的瑕疵，但可以采取追究违反债权合同的损害赔偿责任等措施。但是在i）和ii）的情形中，是无从保护代理人的利益的。在上述案例中，大法院的立场不明确。我们需要进一步探讨：代理人对行使表决权存在独立利害关系时，能否解释为为了保护代理人的利益而不能撤回其授权，也不能允许股东本人行使权利？

大法院 2014.1.23. 宣告 2013Da56839 判决（表决权的一揽子委托和代理人行使表决权的内在局限）

A和B在Y公司的持股比例为60∶40，Y公司准备在中国北京购买一栋楼房后对外转让。为了解决资金问题，A和B将自己持有的Y公司的股权等质押给X银行，约定在日后的所有Y公司的定期或临时股东大会上，委托质权人对其享有质权相当的股权行使表决权。为明确上述内容，向X交付了记载委托参加股东大会和行使表决权的授权人一栏为空白的数张委托书。同时还约定了质权人可以通过行使表决权变更高管等，替代Y公司召开股东大会。在贷款本金无法偿还后，X银行通知即将采取偿还贷款相关的必要措施。A（此时A已经受让了B持有的Y公司股权，A持有Y公司100%股权）根据X银行的要求，于2011年8月10日对其持有的Y公司的全部股权，向X银行重新出具了新的委托书，委托书内容为："召开及参加Y公司的股东大会，对其持有的股份在股东大会议案上行使表决权。"X银行根据上述委托书，于2011年8月召开了Y公司的股东大会，X银行员工代理A出席了该股东大会。在该股东大会中，起草了罢免A的法定代表人职务、罢免另一个公司董事、选任新董事的股东大会会议记录，并根据该文件完成了高管变更登记。A起诉要求确认股东大会决议不存在。

A的主张如下：①本案的委托系股东表决权的一揽子委托，系无效委托；②X银行违背授权人A的意思，表决罢免A的法定代表人职务、选任新董事，以上表决权行使行为超出了委托范围，不当侵害了股东A的权利。

但大法院认为，"股份公司的股东可以根据《韩国商法》第368条第2款的规定，委托他人行使表决权或代理行使其表决权，无任何依据能解释上述委托必须是具体或个别事项，此类委托可以是一揽子委托"，"为了担保因商行为而设立的债权，将股权质押给他人的，质权人享有的权利范围及行使方法，原则上是可以由质权设定合同约定（参考《韩国商法》第59条）。类似本案质权等的担保权，除非出现被担保人的权利被形骸化的情况之外，担保权人可以根据与被担保人约定的有关实现担保权的内容，在保存其财产价值和权利的目的下，受被担保人即股东的委托行使合同约定的授权范围内的表决权。根据上述事实与法理，X银行通过本案委托书及股东大会行使作为担保权人的权利，是在贷款期限届满后，在本案上述事实情况下，为了确保将被告的实质性责任财产本案楼房作担保，缔结了的本案股权最高额质押合同，合同中约定了担保权的实现方式，根据该方式表决权在原告授权范围内行使，没有不当侵害担保提供者股东即原告的权利”。

【判例 19】- 表决权代理行使中委托书的要件（大法院）

大法院 2004.4.27. 宣告 2003Da29616 判决（大宇电子 减资无效判决）

事实关系

被告公司于 2001 年 9 月 10 日召开董事会，通过了将普通股以 7∶1 的比例合并来进行无偿减资的董事会决议，并在 2001 年 10 月 12 日发出公告召开临时股东大会讨论上述减资议案。为此，被告公司的“小股东活动组织”决定获得持有发行股票总额的 48% 的小股东委托来反对该决议，利用向金融监督委员会申报的委托书，向小股东进行表决权委托的劝诱。最后，原告得到了持有发行股票总额约 26.5% 的小股东的共同委托，并提交给了股东大会。但被告称，原告提交的代表 4370 万股股票的委托书中，有 450 万股股票相当的委托书未附身份证副本，被告以此为由拒绝接受原告提交的委托书。但是，在本次股东大会的前一次股东大会上，被告接受未附身份证的委托书时，没有提出过任何异议。同时，对大股东的表决权委托劝诱，股东大会接受了没有附身份证等的委托书。原告认为，公司拒绝接受原告提交的相当量的委托书，导致被剥夺了投票权利，该决议存在程序上的瑕疵，要求取消 2001 年 11 月 24 日的股东大会决议。但因被告于 2001 年 12 月 1 日已完成减资登记，将诉讼请求变更为确认减资行为无效。

法院的判断

大法院认为：“《韩国商法》第 368 条第 3 款的立法目的应该是明确代理权成立的法律关系，使股东大会决议能够合法有效。因此，证明代理权的书面文件应该是容易识别伪造或变造与否的原件，无特定事由的，副本不属于法律规定的书面文件（参考大法院 1995.2.28. 宣告 94Da34579 判决），通过传真打印出来的传真版委托书性质上也不属于原件”，故大法院认为拒绝接受未附身份证副本的传真版委托书是正当的，支持了原审法院判决。

针对委托书原件，法院认为，“被告公司违反《韩国商法》第 368 条第 3 款的强制性规定，在股东大会召开之前，对受其他小股东委托的原告等要求提交附有身份证副本等的代理权证明文件，并拒绝接受委托书，上述行为属于不当限制原告等的代理权，因此在上述情况下形成的减资决议在方法上存在瑕疵，可以成为减资无效之诉的理由”，但法院同时考虑案件的各种情况后，裁量驳回了减资之诉。

QUESTIONS & NOTES

Q1 下面的大法院 1995.2.28. 宣告 94Da34579 判决认定，在无特殊情况时，委托书应为原件。为什么证明代理权的书面委托书必须是原件？在下面案例中，认定了委托书副本合法有效的特殊情形是什么？

【参考判例】

大法院 1995.2.28. 宣告 94Da34579 判决（委托书原件）

Y公司的股东为A和两位法定代表人B、C三人，其中A持有40%股权，A将其持有的部分股权形式上转让给了D和E，使D和E成为名义上的股东。B和C在了解D和E是单纯名义上的受托人的情况下，长期与A共同经营公司。A在收到股东大会召开通知后，随即通报了公司将委托律师行使表决权，律师在股东大会上提交了A的委托书原件、D和E的委托书及印鉴证明书副本，但股东大会拒绝了律师代理行使D和E的表决权。

法院认为："《韩国商法》第368条第3款规定，代理行使股东表决权的代理人应向股东大会提供证明其代理权的书面文件，其目的应该是明确代理权成立的法律关系，使股东大会决议能够合法有效。因此，证明代理权的书面文件应该是容易识别伪造或变造与否的原件，无特定事由的，副本不属于法律规定的书面文件。"但在本案中，"律师出席股东大会提交了A的委托书原件，所以即便其提交的D和E的委托书及印鉴证明书均为副本，也能充分证明A将其持有的全部股权的表决权委托给了律师，公司的法定代表人们不能限制律师行使代理权"。

Q2 在实务中，公司为了辨别委托书的真伪，会要求提交股东大会参会证、股东本人的身份证副本、印鉴证明书、代理人的身份证副本等上述全部或部分文件，或确认委托书中加盖的印鉴和向公司提交的是否一致，如果无法满足上述要求，委托书往往就会被拒收。

（1）在上述参考案例中，如果在传真版委托书的基础上，再提交各类附加文件或确认印鉴一致的话，能否认定该传真版委托书为合法有效的书面文件？

（2）根据【判例19】，如已经提交了委托书原件，进一步要求提交证明委托书真实性的附加文件的，在任何情况下是否都属于不当要求？例如，对高管的委托书原件也要求提供相同的附加文件的，可否以未提交附加文件为由拒绝接受委托书？

Q3 公司在股东大会召开通知书中明确规定了代理权证明方法的，是否就不允许使用其他方法证明代理权？（参考前面介绍的【判例16】大法院2009.4.23. 宣告2005Da22701、22718判决）

Q4 请比较一下通过委托书劝诱行使的表决权和书面投票的利弊。

（三）对股东行使权利的利益提供

《韩国商法》第467条之2第1款规定，公司不能向任何人提供股东行使权利相关的财产利益。上述规定本意是为了防止傀儡股东（译者注：傀儡股东是指，专门妨碍股东大会的小股东），但进一步可以防止高管利用公司财产左右股东权利的行使，致使颠覆整个公司制度的行为。

【参考判例】

大法院 2014.7.11.Ja 2013Ma2397 决定(禁止提供行使股东权利相关的利益及违反上述规定的股东大会决议之效力)

实行股东制的Y高尔夫球场发生经营权纠纷,于是董事会作出了如下董事会决议:①早于章程规定的事先投票期限进行投票,延长事先投票期限;②给参与事先投票的股东高尔夫球场预约券;③给参与事先投票或在股东大会直接行使表决权的股东价值20万韩元的商品券。经过股东大会投票,原来的法定代表人及董事再次被选,于是持反对意见的股东X认为,该股东大会决议违反了《韩国商法》第467条之2的禁止提供利益的规定,主张决议不存在或存在取消事由,并申请禁止以上人员执行职务。

原审认为,上述利益提供仅仅使股东产生了行使表决权的动机,股东的意愿并没有因此而被歪曲,故驳回了保全申请,但大法院撤销了原审决定。

大法院认为,对①项:在章程规定的事先投票开始前就已经进行了事先投票,其表决方法违反了章程规定;对②和③项:"公司向参与事先投票或在股东大会上直接行使表决权股东无偿提供本案预约券和商品券的行为,能够推定是因为股东行使了股东权。同时还存在以下几点情况:①原来的高管即债务人与反对方股东即债权人通过本案股东大会决议争夺经营权,在此背景下,法定代表人即债务人1主导了延长事先投票期限,并以在事先投票期限行使表决权为条件向股东提供本案预约券和商品券;②本案预约券和商品券的金额远超常人普遍理解的合理标准;③共有960名股东(参与事先投票的942名股东和股东大会当日行使投票权的18名股东)接受了上述利益,占全部股东的68%;④在事先投票期间接受上述利益的股东中,约占75%的711名股东投了向其提供利益的当事人即债务人1的票,而在事先投票期限内的票数左右了法定代表人候选人们的投票结果,因此该利益不是单纯为了提高投票率或确保法定参会人数而提供,更多的是为了影响表决权即股东权利而提供的。与此同时,本案预约券和商品券的交付不仅与股东权的行使有关,且金额超出常人普遍理解的合理标准,属于商法禁止的股东权行使相关的利益提供,故根据提供的利益行使表决权的股东大会在表决方式上违反了法律规定。"

NOTE 《韩国商法》第467条之2规定,"公司向特定股东无偿提供利益的,推定该利益与股东权的行使有关"。大法院在本案中适用了该推定。但如果所有股东均有机会享受该利益时,是否还能适用该推定仍存在疑问。本案中,反对派股东X也在进行委托书劝诱,因此鼓励参加事先投票实际上起到了阻止向反对派股东授予委托书的作用,故可以视为该利益提供与股东权行使有关。

对违反《韩国商法》第467条之2第1款的行为,学术界普遍认为,在股东大会决议通过后,可以追究董事责任、返还利益或承担刑事责任,但不影响股东权行使行为的效力本身,但大法院判决认定该行为属于决议取消事由。但我们有必要讨论,大法院是否认为股东大会决议只要存在违法利益提供行为就属于取消事由。利益提供行为是违反了法律规定,但不能就此断定表决权的行使违反了法令，因此只有在表决权受到不当影响时，才能认定为属于取消事由。

大法院 2017.1.12. 宣告 2015Da68355、68362 判决（合同约定对公司行使某种特殊权利的，是否属于《韩国商法》第 467 条之 2 规定的“股东权利”）

X 公司的员工拥有公司绝大部分股权并实际运营该公司，后遇到资金困难，X 公司与被告 Y 签订股权买卖合同，约定：将员工拥有的 4 万股股票以 4 亿韩元的价格转让给 Y，Y 可以推荐 1 名高管。签订该合同后，双方又签订另一份支付合同，约定：Y 放弃行使高管推荐权，X 公司向 Y 按月支付 200 万韩元。引起纠纷的就是这份合同中约定的支付条款是否属于违反《韩国商法》第 467 条之 2 规定的利益提供内容，从而属于无效合同？

大法院认为，“这里的‘股东权利’，是指根据法律和章程规定，作为股东可以行使的全部权利，不仅包括股东大会中的表决权、提起代表诉讼的权利、有关股东大会决议的各种诉权等公益权，还包括利益分配请求权、剩余财产分配请求权、新股优先认购权等自益权，但不包括合同约定的特殊权利。同时，这里的‘有关股东权利的行使’是指，影响股东行使权利为目的的行为”，高管推荐权系合同约定的特殊权利，不属于股东因其资格而享有的公益权或自益权，因此本案的支付条款不违反《韩国商法》第 467 条之 2 第 1 款规定。

五、股东大会决议

（一）投票

股东可以亲自出席股东大会行使表决权。如有章程规定，可以不出席大会，通过书面方式行使表决权（《韩国商法》第 368 条之 3）。同时，也可以根据董事会决议，不出席大会，通过电子方式行使表决权（《韩国商法》第 368 条之 4 第 1 款）。

QUESTIONS & NOTES

Q1 在【判例 16】中，出席股东大会的股东均不持有反对意见，对委托行使的表决权已经知道了赞成和反对票的数量，因此认为无须进行开票程序。如有反对意见，是否应进行开票程序？

【参考判例】

大法院 2001.12.28. 宣告 2001Da49111 判决

议长在组织章程变更议案投票前，宣布除了表示反对意见的股东之外，均作为赞成票处理。投票时，要求持反对意见的股东举手示意，议长确认反对股东的股票数量后，宣布通过该议案。这种投票方式歪曲了股东的意思表示，表决方法上存在瑕疵，这种不公平的表决方式原则上属于决议取消事由。

(二)决议的种类和法定人数

除商法或章程另有规定之外,股东大会决议应由出席股东持有的表决权的过半数和发行股票总额的 1/4 以上通过(普通决议:《韩国商法》第 368 条第 1 款)。章程变更或公司重组等特定事项需出席股东持有的表决权的 2/3 和发行股票总额的 1/3 以上通过(特别决议:《韩国商法》第 434 条)。某些事项需股东全体同意方可通过(特殊决议:《韩国商法》第 400 条、第 604 条第 1 款)。

QUESTIONS & NOTES

Q1 请判断下列情况下决议是通过还是否决。

(1)发行股票总额为 1000 股的公司,发行了 200 股无表决权股票。持有 300 股普通股的股东出席该公司的股东大会,其中持有 230 股股票的股东投赞成票。

(2)发行股票总数为 1000 股的公司,特殊关联关系人 A 持有 200 股股票。包括 A 在内的持有 500 股股票的股东出席了该公司股东大会,其中去除 A 持有的股票后,剩余 300 股股票中持有 230 股的股东投赞成票。

(3)发行股票总额为 100 股的公司,A 持有 30 股、B 持有 20 股、C、D、E、F、G 各持有 10 股,该公司在股东大会中能否选任监事?

【参考判例】

大法院 2016.8.17. 判决 2016Da222996 判决(选任监事时,超过 3% 的股票能否计入发行股票总额)

"股东大会上选任监事时,首先应符合'出席股东表决权的过半数'的法定人数,同时该法定人数应符合'发行股票总额的 1/4'。《韩国商法》第 371 条第 1 款规定了'不计入发行股票总数的股票'(译者注:是指种类股、库藏股、相互持股),其中不包括《韩国商法》第 409 条第 2 款规定的无表决权的股票(以下简称超过 3% 的股票),而第 2 款规定的'不计入出席股东表决权数的股票'中则包括了超过 3% 的股票。

但是如果超过 3% 的股票能计入《韩国商法》第 368 条第 1 款规定的'发行股票总额'的话,假设某一股东持有超过发行股票总额的 78% 的,其持有的超过 3% 的股票则超过了发行股票总额的 75%,原则上无法满足《韩国商法》第 368 条第 1 款规定的'超过发行股票总额 1/4'的条件,这个结果与把监事作为股份公司常设机构的商法基本原则相矛盾。因此,在选任监事时,即便有上述第 371 条的规定,超过 3% 的股票不应计入《韩国商法》第 368 条第 1 款规定的'发行股票总额'。资本金总额不到 10 亿韩元的股份公司可以不设监事,但即使是此类公司也没有不同。"

大法院 1998.4.10. 宣告 97Da50619 判决(后面出现的【判例 59】)

"股票虽然是有效发行的,但因股权转移等原因,当事人对股权归属产生分歧,主张其为实际股东的人对名义股东向法院递交了禁止行使表决权的保全申请,法院支持该申请，那么虽然该名义股东不能在股东大会上行使表决权，但其持有的股票仍然应计入到规定股东大会决议要件的旧商法（1995.12.29. 被法律第 5053 号修订之前的法律）第 368 条第 1 款中的‘发行股权总额’中。”

六、股东大会决议的瑕疵

（一）决议瑕疵的分类及诉讼种类

股东大会的召集程序和决议方法存在瑕疵，或者股东大会的决议内容有瑕疵的，影响股东大会决议的效力。公司法在规定股东大会决议效力时，根据瑕疵的种类和程度，区分了决议取消之诉、确认决议无效之诉和确认决议不存在之诉，并作了不同的效力规定。我们有必要分门别类地了解：股东大会的程序、决议方法或决议内容中哪一项存在瑕疵、瑕疵程度的轻重决定不同的诉，不同的诉又导致不同的效力。（见表 5）

表 5　主张股东大会决议瑕疵之诉的种类和各个诉之比较

	取消之诉（第 376 条）	确认无效之诉（第 380 条）	确认不存在之诉（第 380 条）	取消、变更不当决议之诉（第 381 条）
诉的原因	召开程序或决议方法违反法律或章程，或存在明显不公平情形的 决议内容违反章程规定的	决议内容违反法律的	召开程序或决议方法上具有可视为股东大会决议不存在的重大瑕疵的	在特殊利害关系人无法行使表决权的情况下，通过了存在明显不当的决议，而该利害关系人如果参加表决，则能够阻止该决议通过的情形
诉的性质	形成之诉	确认之诉说（形成之诉说）	确认之诉说（形成之诉说）	形成之诉
起诉权人	股东、董事、监事	有诉讼利益的人	有诉讼利益的人	有特殊利害关系的股东
起诉期限	决议之日起 2 个月	×	×	决议之日起 2 个月
诉讼程序	本部所在地地方法院专属管辖（第 186 条） 起诉公告（第 187 条） 诉的合并审理（第 188 条） 证明起诉的股东存在恶意的，需提供担保（第 377 条、第 176 条第 4 款） 取消决议的登记（第 378 条）			
裁量驳回	可能（第 379 条）	×	×	×
判决的对外效力	对第三者发生效力（第 190 条主文）			
判决的可溯及力	有溯及力 （不适用限制判决溯及力的第 190 条）			
原告败诉的责任	原告存在恶意或重大过失的，与公司承担损害赔偿的连带责任（第 191 条）			

注：表中引用法条均出自《韩国商法》。

QUESTIONS & NOTES

Q1 在【判例 13】中，从股东大会决议之日起超过 2 个月的，存在股东大会决议无效或不存在事由和取消事由时，对买卖担保行为的效力存在何种不同差异？

【判例 20】- 取消决议诉讼和确认决议不存在诉讼（大法院）

大法院 2003.7.11. 宣告 2001Da45584 判决（赋予国民银行股权收购选择权的决议之效力）

事实关系

在前述【判例 15】中，原告 X 作为持有 Y 公司普通股 7 股的小股东，没有参加上述股东大会。X 对 4 号（承认董事薪酬限度）、5 号（承认赋予股权收购选择权）决议提起确认决议不存在之诉，被一审法院驳回后，直至在原审中，预备性地就同一个瑕疵追加提出了取消之诉（4 号决议的部分诉讼在原审中撤诉）。

法院的判断

1. 诉的变更或者追加

根据《韩国商法》第 376 条，股东大会决议的取消之诉应于决议之日起 2 个月内提出，但对同一决议提出的确认不存在之诉在第 376 条规定的诉讼时效期限内提起的，就同一个瑕疵，从决议之日起超过 2 个月后变更或追加为取消之诉时，也应认定与不存在之诉是同一时间提出的，因此应视为遵守了诉讼时效。原审根据上述原则认为，要求取消决议的预备请求（译者注：预备请求是指在主要的请求事项不能达成目的时，要求对与主要请求事项不能并行的主张进行判决的请求。在这里主要请求是指确认股东大会决议不存在、无效之诉，预备请求是指股东大会决议取消之诉）与确认决议不存在的主请求是同一时间提起的，是符合法律规定的，该判断是准确的，因此不能认为原审法院错误理解了取消之诉的诉讼时效。

2. 原告的起诉资格

当事人在上告时认为：当初出席原定的会议场所 14 楼会议室的股东或留下的股东，其参会权受到了侵害，所以只有这些股东才有权以上述程序瑕疵为由提起取消之诉。但股东可以根据对其他股东的召集程序上的瑕疵，提起取消股东大会决议之诉，因此不能支持以原告的起诉资格为争议焦点的上告理由。

QUESTIONS & NOTES

NOTE 该判决与前述的【判例 15】和后面介绍的【判例 21】是同一个判决，是针对诉讼问题的。

Q1 （1）取消之诉和确认决议不存在之诉的诉讼理由有何差别？在【判例 20】中，应提起哪种诉讼？

（2）大法院 1992.9.22. 宣告 91Da5365 判决是针对股东大会决议的效力成为非该公司的第三方之间诉讼中的先决问题的内容。在该案中，A 公司在并未实际召集或召开股东大会和董事会的前提下，虚构了将 B 任命为法定代表人的股东大会会议记录和董事会会议记录。随后，B 作为公司法定代表人与 Y 签订了转让 A 公司不动产的买卖合同，且为了保全所有权转移请求权，配合进行了预登记。但A公司的债权人X接到成交许可决定后，支付了成交对价。随后，X提起股东大会决议无效或不存在之诉，要求认定B不是合法的法定代表人，因此B为Y做的预登记无效，请求注销预登记。对此法院认为，“如股东大会决议的效力成为非该公司的第三方之间诉讼中的先决问题时，当事人随时可以主张该股东大会决议自始无效或不存在，无须先对该公司提起诉讼。此类第三方之间的法律关系，不适用《韩国商法》第380条、第190条”。在本案中，假设存在股东大会决议取消事由，那么X是否能以股东大会决议存在瑕疵为由请求注销预登记？

(3)如将确认不存在之诉(或确认无效之诉)和取消之诉视为两个不同的诉讼标的，确认不存在之诉在取消之诉的诉讼时效期限内提出的，过了该期限之后，能否变更为决议取消之诉、或在原来的确认决议不存在之诉的基础上追加决议取消之诉？

【参考判例】

大法院2010.3.11.宣告2007Da51505判决

根据《韩国商法》第376条第1款，股东大会决议的取消之诉应于决议之日起2个月内提出，超过该期限提出是不符合法律规定的。在股东大会上对多个议案进行决议的，这些决议的诉讼时效应分别计算。

NOTE 根据大法院判例即旧诉讼标的理论，决议取消之诉、确认无效之诉、确认不存在之诉的诉讼标的都各不相同。如视为诉讼标的均不相同的独立诉讼，在原告选错诉讼种类时应如何处理就成了问题。对具有不存在事由的大会决议提出取消决议之诉的案件，大法院以不适格之诉为由驳回起诉(大法院1978.9.26.宣告78Da1219判决)，对只有取消事由而提起确认无效或不存在之诉的，维持了原审法院驳回诉讼请求的判决(大法院1989.5.23.宣告88DaKa16690判决)。但对确认不存在或无效的请求，认为“确认公司的大会决议不存在或无效的请求，在法律上与要求确认原来有效的决议现在不存在是相同的，如有限公司的股东大会不但是由无权召集的人召开，同时出席的也并非适格的股东，对这种在法律上只能视为不存在的决议，即便请求为确认决议无效，也应认为是因不存在而请求确认无效的，是符合法律规定的”(大法院1983.3.22.宣告82DaKa1810全员合议体判决)。

Q1 有权提起决议取消之诉的主体为股东、董事和监事。

(1)原告未向股东大会提交参会证，也未到会。该原告股东的出席权并未受到侵害，在此情况下也可以提起取消之诉吗？

(2)没有表决权的股东是否有权提起决议取消之诉？

(3)赞成决议的股东是否有权起诉？(大法院1979.3.27.宣告79Da19判决)

(4)决定时尚未成为股东，但起诉时具有股东身份的，能否提起诉讼？

(二)股东大会决议取消之诉和裁量驳回

【判例21】-决议取消请求的裁量驳回(大法院)

大法院2003.7.11.宣告2001Da45584判决(赋予国民银行股份收购选择权的决议效力问题)

事实关系

该判决与前述的【判例15】和【判例20】是同一个判决，即被告Y银行要求法院裁量驳回股东大会决议取消之诉中的法院判决内容。

法院的判断

《韩国商法》第379条规定了在股东大会决议的取消之诉中，法院可以依职权自由裁量驳回诉讼请求。决议在程序上存在瑕疵时，取消决议对公司或股东不产生任何利益，或决议已经执行完取消与否没有实际意义的，法院为了不损害公司利益或影响正常交易安全，同时为了防止滥用取消之诉（参考大法院1987.9.8.宣告86DaKa2971判决），可以在当事人没有主张的情况下，依职权驳回取消请求。但在该案中，原告要求取消的对象是股东大会决议中是否赋予董事股份收购选择权的内容，可以说该决议内容是董事报酬问题的一部分，因此很难判断是否影响公司利益，且与正常交易安全无关。同时，原告也不存在为个人利益而滥用股东公益权的诉权，且该股东大会召集程序上的瑕疵超出了轻微的程度，并综合其他记录上的情况，法院认为应当支持原告的取消请求，不能依职权裁量驳回诉讼请求。被告主张，在本案股东大会决议后，《韩国证券交易法》第189条之4第3款、该法《施行令》第84条之6第6款的内容被修订为：在拥有被告银行资本金规模的公司中，本案股东大会决议中赋予的数量相当的股份收购请求权（应为“股权收购选择权”的笔误），无须经过股东大会，直接通过董事会决议即可赋予董事该权利。尽管上述事实认定无误，但不会影响本案的判决结果。

QUESTIONS & NOTES

Q1 【判例21】中，法院驳回了被告的裁量驳回的请求。那么，裁量驳回的条件是什么？在上述案例中，瑕疵超过了轻微程度也成了否定裁量驳回的理由。那么，裁量驳回只有在轻微瑕疵时才能适用吗？

【参考判例】

大法院1987.9.8.宣告86DaKa2971判决（认定裁量驳回AnHeung相互信用金库决议取消之诉）

公司召开股东大会拟变更章程中的结算期限，但遭到了原告和其他股东的反对，导致无法满足变更章程所需法定人数。公司在随后陆续召集共29次股东大会的过程中，拒绝了原告代理人的委托书，导致在代理人缺席的情况下通过了该章程变更决议。

大法院认定该章程变更决议显失公平，故具备取消事由，但依然维持了原审裁量驳回的判决。原审法院在判决过程中，特别关注了以下事实：全国相互信用金库联合会决定变更各相互信用金库的结算期限（译者注：根据1972年《韩国相互信用金库法》，相互信用金库是为给一般大众和小规模企业提供便利的金融服务，增进储蓄而设立的金融机关。2001年制定《韩国相互储蓄银行法》，将“相互信用金库”修改为“相互储蓄银行”），并通过了财务部的认可；原告与被告之间发生经营权纠纷，提出了与本案章程变更无关的其他要求，因该要求遭到被告拒绝而反对本案的章程变更；如果仅被告的结算期限不同于其他公司，会导致业务无法正常运行，且变更会计年度不会影响股东之间的利益关系。大法院认为，“《韩国商法》第 379 条规定了在股东大会决议的取消之诉中，法院可以依职权自由裁量驳回诉讼请求。该条文的立法目的在于，决议在程序上存在瑕疵时，取消决议对公司或股东不产生任何利益，或决议已经执行完取消与否没有实际意义的，法院通过裁量驳回取消之诉来阻止损害公司利益或影响正常交易安全、防止当事人滥用取消之诉扰乱社会秩序”。

大法院 2004.4.27. 宣告 2003Da29616 判决（大宇电子减资无效）【判例 19】

《韩国商法》第 189 条（瑕疵的弥补等与请求的驳回——设立无效之诉和设立取消之诉的审理过程中，成为案由的瑕疵得到了弥补的，根据公司现状和其他情况，认为判定无效或取消不合适宜时，法院可以驳回该请求）适用于减资无效之诉（《韩国商法》第 446 条）。在本案中，大法院认为：“成为案由的瑕疵原则上只有在诉前或审理过程中得到弥补的，才能适用裁量驳回。但本案的瑕疵在日后也无法得到弥补，且对减资决议的效力不产生任何影响。在此情况下，即便瑕疵未得到弥补，根据公司的现状等情况，法院认为判定减资无效是不适宜的，可以驳回其请求。根据各项记录，原审法院判断被告公司拒收未附身份证副本的委托书（除了传真出具的委托书之外）的行为，作为瑕疵对决议结果不产生任何影响，该认定正当有效。同时，被告公司以本案的减资为基础，以债转股的方式向债权银行等发行了新股，并数次向第三人转让了公司资产。如果将减资认定为无效，会影响正常的交易安全，如侵害认购债转股股权的债权银行的利益等，因此认定减资无效是不适宜的。那么，原审法院的审判理由多少存在不足之处，但对于驳回原告的本案请求的问题上，判决正当合法，不存在解释错误法律等的违法行为。”

七、查阅、复制股东名册、会计账簿、董事会会议记录等

进行表决权代理行使的劝诱，需要提前了解被劝诱人股东们的姓名、地址和其持有的股票数，为了能够取得上述信息，公司法规定了股东名册查阅复制请求权（《韩国商法》第 396 条）。但为争夺公司经营权而发生的委托书劝诱中，公司经常会拒绝查阅股东名册，而攻击者一方则会申请股东名册查阅的保全措施。

除了股东名册查阅请求权外，股东还拥有会计账簿查阅复制请求权（《韩国商法》第 466 条）、董事会会议记录查阅复制请求权（《韩国商法》第 391 条之 3 第 3 款、第 4 款）等权利。这些制度的立法目的虽有别于股东名册查阅请求权，但考虑到都是文件查阅，故放在这里一同考察，这些权利作为小股东权利，与加强公司治理透明性的内容有一定关联。（见表 6、表 7）

参考资料 ［韩］座谈会：《有关股东大会运营的法律和实务》，载首尔大学金融法研究中心 *BFL* 2008 年 1 月第 27 号；［韩］李昌源、李东健、殷伊镇（音译）：《经营权争夺相关

的委托书之争中的实务性问题》，载首尔大学金融法研究中心 *BFL* 2008 年 1 月第 27 号，第 33～37 页。

表 6　股东的各种文件查阅、复制请求权

	请求权人	股东的请求要件		公司的拒绝权	
		商法	案例	商法	案例
章程 股东大会会议记录 股东名册 私债名册	股东和公司债权人（第 369 条第 2 款）	在营业时间内任何时候均可要求查阅、复制（第 396 条第 2 款）		无规定	公司证明“请求没有正当理由”时，可以拒绝
董事会会议记录	股东（第 391 条之 3 第 3 款）	在营业时间内要求查阅、复制（第 391 条之 3 第 3 款）		公司可以“有理由地”拒绝（第 391 条之 3 第 4 款）	不当的例子：（1）损害公司业务的运营或股东共同利益的；（2）股东作为公司的竞争者，获取情报进行竞业竞争的；（3）选择在对公司过于不利的时期行使权利的
会计账簿和文件	小股东权利（第 466 条第 1 款、第 542 条之 6 第 4 款）	提交“书面理由”要求查阅、复制（第 466 条第 1 款）	应“记载具体理由”	公司能证明“请求不当”的，可拒绝（第 466 条第 2 款）	

表 7　会计账簿查阅、复制请求（第 466 条、第 542 条之 6 第 4 款）的持股要件

		持股比例	持有时间
非上市公司（第 466 条第 1 款）		发行股票总额的 3%	
上市公司（第 542 条之 6 第 4 款）	注册资本不到 1000 亿韩元	发行股票总额的万分之十（0.1%）	持有 6 个月
	注册资本超过 1000 亿韩元	发行股票总额的万分之五（0.05%）	

注：表 6、表 7 引用法条均出自《韩国商法》。

【判例 22】- 请求查阅会计账簿的正当理由（大法院）

大法院 2004.12.24.Ja2003Ma1575 决定（请求查阅会计账簿的正当理由）

事实关系

X 是 Y 公司的股东，其在同一个地区拥有竞争关系。X 在试图收购 Y 公司经营权的过程中，要求查阅并复制Y公司的会计账簿、董事会会议记录及股东名册，Y公司拒绝了A的请求，A向法院提出了查阅复制保全申请。

法院的判断

一审法院（釜山地方法院 2002.10.1.Ja2002KaHap1243 决定）认为，股东名册如同会计账簿，如公司能证明请求不当的，可以拒绝查阅请求。但在本案中，因缺少正当目的而驳回了申请。

大法院仅对董事会会议记录和会计账簿及文件的查阅、复制请求作了进一步判断，并对这些文件的认定维持了原审的判决。

“1.《韩国商法》第391条之3第3款、第466条第1款规定的股东申请查阅、复制董事会会议记录或会计账簿等文件的情况发生时，公司可以证明其不当性来拒绝该请求。判断股东行使查阅、复制权是否存在不当性，应该对其要求行使的经过、目的、是否存在恶意等进行综合考虑。尤其是股东行使上述查阅、复制权会损害公司业务的运营或股东共同的利益，或股东作为公司的竞争者利用获取的情报进行竞业竞争，或选择在对公司过于不利的时期行使的，应认定缺乏正当理由而存在不当性。

2. 根据原审法院的判决事由，除了原审判决记录中查明的事实以外，还关注了以下几点：即再抗告人（译者注：《民事诉讼法》第442条规定，‘认为抗告法院、高等法院或抗诉法院的决定及命令违反了足以影响裁判的宪法、法律、命令或规则的，可申请再抗告’）和对方都以釜山和庆南为主营业地维持长期的竞争关系；再抗告人在对方将其139亿韩元的资本金大幅减资为33亿韩元之后，才开始收购对方股权；对方因持续的资本蚕食导致大部分普通股停盘的情况下，再抗告人仍以票面金额5倍的价格收购股票成为股东，由此可以确认再抗告人取得股权的本意并非是为了分得公司的经营成果；再抗告人在取得对方股权的同时，启动了经营权收购程序，开始公开收购超过50%股份；再抗告人利用其取得股权之前发生的对方前任法定代表人A的不当行为、未收资金债权关系、停盘等问题，通过本案即提出查阅会计账簿、要求解聘高管、请求损害赔偿等方式向对方的经营团队施加压力；劝说对方股东及债权人，企图收购对方经营权等两家公司的关系、再抗告人取得股权的时间和过程、再抗告人取得股权之后采取的行为、对方目前的现状。综合考虑上述内容可以看出，再抗告人提起对本案文件的查阅、复制请求，并非是为了行使作为股东的经营监督权利，即确认对存在不当经营行为的现任经营团队提起解聘乃至损害赔偿的代表诉讼中的事实关系等。再抗告人是想通过强有力的股东地位向对方施加压力，为了实现收购经营权（敌意收购）而要求行使本案的查阅、复制权利的。加之，因双方存在竞争关系，无法排除再抗告人有恶意利用通过查阅、复制获取的对方商业秘密之嫌。故法院认定，再抗告人在本案中的查阅、复制请求缺乏正当目的。

通过以上法理和记录可以认定，原审的事实认定与判断是正当的。”

QUESTIONS & NOTES

Q1 法律明确规定要求查阅、复制会计账簿(《韩国商法》第466条)需有正当目的,但法律并无明文规定能否拒绝查阅、复制股东名册的请求(《韩国商法》第396条第2款)。要求查阅、复制股东名册缺乏正当目的的,公司能否拒绝?

【参考判例】

大法院1997.3.19.Ja97Geu7决定[金福珠(音译)对OB啤酒的账簿查阅请求]

"股东或公司债权人要求行使《韩国商法》第396条第2款规定的股东名册等查阅、复制权的,如公司主张、证明该请求不具有正当目的的,公司可以拒绝该请求。"

Q2 (1)【判例22】中,法院认定提起对本案文件的查阅、复制请求,并非是为了行使经营监督权利,即确认对现任经营团队提起解聘乃至损害赔偿的代表诉讼中的事实关系等,而是通过强有力的股东地位向对方施加压力,实现收购经营权(敌意收购)的目的,上述认定成了驳回请求的理由之一。那么,如果双方不存在竞争关系,为收购经营权而要求查阅会计账簿,是否一概认定为缺少正当理由呢?

(2)董事会会议记录的查阅、复制请求对象中,是否包括向董事会出具的全部文件?是否包括子公司的会计账簿?

【参考判例】

大法院2014.7.21.Ja2013Ma657决定(对现代电梯董事会会议记录的查阅、复制请求的正当目的及查阅、复制范围)

现代电梯股份公司为了通过保持对现代商船的经营权来确保对整个现代集团的经营权,签订了以现代商船股权为基础资产的衍生商品合同,并为维持履行该合同承受着巨大的衍生商品交易损失。而包括现代电梯股份公司的现代企业集团在收购现代建设的过程中,因没有充足资金支持而丧失了优先协商对象的地位。随后,为收购现代电梯股份公司的电梯业务而大量收购股权的外国法人,对现代电梯股份公司签订的衍生商品合同提出了质疑,并就此要求查阅、复制董事会会议记录。

原审法院认为,申请人并非是作为股东来行使对现代电梯股份公司经营的监督权,而是为了利用股东地位向现代电梯股份公司施压,以收购现代电梯股份公司的电梯业务,或在协商中占有利位置,所以才要求查阅、复制董事会会议录的,故法院驳回了申请人的请求。但大法院认为,"即便是企图进行敌对收购的股东提出查阅、复制的请求,只要其目的并非是单纯的施压,而是为了监督公司经营、保护公司和股东的利益的,请求就应被获准。如股东对公司董事提起代表诉讼要求追究责任、请求维持或解聘等为了行使作为股东的权利要求查阅、复制董事会会议记录的,在无特殊情况时,应认为其目的是保护公司和股东的利益,不能仅凭该股东企图敌对收购而认为缺乏正当目的。除非股东作为公司竞争者有可能利用其获取的情报进行竞业竞争,或选择对公司极其不利的时候行使的之外,都应承认查阅、复制的权利"。

同时，就查阅、复制范围是否包括董事会会议记录的附件、为得到董事会批准而向其提交的合同等相关文件的问题，法院认为，“为了进行董事会表决而向其提交的相关文件，如没有附加在会议记录中，则不应包括在董事会会议记录的查阅、复制请求范围内。但在董事会会议记录中标注为‘附件’‘附录’‘添加’等标题并引用其内容的附加文件是董事会会议记录的组成部分，故应为董事会会议记录查阅、复制对象”。

NOTE 根据上述判例的判断标准，未引用到董事会会议记录但对理解董事会决议具有重要关联性的文件，是否能成为查阅、复制的对象？

大法院 2001.10.26. 宣告 99Da58051 判决（查阅子公司会计账簿）

《韩国商法》第 466 条第 1 款规定的小股东查阅、复制的对象，即“会计账簿及文件”，指的是与小股东查阅、复制的理由有实质关联的会计账簿及能作为基础材料的会计文件。其中会计文件不仅限于负有被查阅、复制义务的公司所起草的文件，或者原件。负有被查阅、复制义务的公司出资或投资设立子公司的，如果该子公司的会计账簿由母公司保管，且掌握母公司的会计状况时需要将其作为基础材料的，子公司的会计账簿作为母公司的会计文件可能会成为母公司的小股东请求查阅、复制的对象。

(3) 为收购经营权而请求查阅、复制会计账簿和请求查阅、复制股东名册的，其正当目的的判断标准是否应有差异？

Q3 上市股票预托于韩国预托结算院，股东名册上变更为预托结算院，然后再另起草实际股东名册。被预托股权的表决权可由记载于实际股东名册上的实际股东亲自行使，也可由股东名册上的股东，即预托结算院按照实际股东的指示代理行使（《韩国资本市场法》第 308～323 条）。[1]《韩国资本市场法》中，并没有规定对实际股东名册的查阅、复制请求制度。在这种情况下，股东要求查阅的对象中，是否包含实际股东名册？

【参考判例】

大法院 2017.11.9. 宣告 2015Da235841 判决（对实际股东名册的查阅、复制请求）

根据资本市场法预托给预托结算院的上市股票，以此来制作的实际股东名册是否为查阅、复制对象的问题，下级法院作了不同判决。①证券交易法中，并没有规定对实际股东名册的查阅、复制权，实际股东名册中记载着股东名册中没有的个人信息，如公开恐违反金融实名交易及保密相关的法律，因此持否定立场（首尔中央地方法院 2006.11.2.Ja2006KaHap3203 决定）；②证券交易法对实际股东名册的记载赋予了与股东名册记载同等的效力，如不允许股东接近实际股东名册，那么小股东在实现股东权的共

〔1〕 关于预托制度和实质股东的表决权行使，请参见金建植、郑顺燮：《资本市场法》，斗圣社 2010 年版，第 416～427 页。

同行使或表决权代理行使的劝诱等权利时，会遇到明显的阻碍，因此支持查阅、复制实际股东名册的请求（首尔中央地方法院 2007.3.15.Ja2007KaHap654 决定）。

大法院在原告为劝诱大家参与股东代表诉讼，要求查阅、复制被告实际股东名册中的实际股东电子邮件地址一案中，支持了查阅、复制实际股东名册的请求［“根据资本市场法预托给预托结算院的上市股票，以此来制作的实际股东名册，与商法上的股东名册具有同等效力（《韩国资本市场法》第 316 条第 2 款），因此在是否认定具有查阅、复制请求权和是否存在必要性的问题上，没有理由与股东名册作出不同的处置。同时，实际股东要求查阅、复制实际股东名册的，类推适用《韩国商法》第 396 条第 2 款。”］，但范围并非是“实际股东名册上的全部记载事项”，而仅限于“股东名册记载事项”的内容（“查阅、复制请求权被允许的范围，也应根据上述类推适用原则限定为实际股东的姓名、地址、各实际股东持有的股票种类及数量等‘股东名册记载事项’”，并非是“实际股东名册的全部记载事项”），故撤销了支持查阅、复制电子邮件地址的原审判决，发回重审。

大法院 1999.12.21. 宣告 99Da137 判决

“股东提起了查阅、复制会计账簿的保全申请后，法院允许其对案涉账簿等进行查阅、复制的，实质上有可能会直接实现本案的诉讼目的。但即便如此，如在本案诉讼中败诉了还可以请求损害赔偿，法律上仍存在可补救性，因此可以作为临时措施认定对会计账簿的查阅、复制保全请求。法院允许上述保全措施的方法，不仅可以直接下令对申请人公司进行查阅、复制，如果该账簿有被毁损、废弃、隐匿、篡改风险时，还可以将该账簿转移给执行官保管。……股份公司的小股东根据《韩国商法》第 466 条第 1 款规定请求查阅、复制公司会计账簿的，应提交书面申请。查阅、复制会计账簿和文件在公司运营中属于重大事项，因此要在严格遵守程序的同时，为方便公司理解是否存在需配合查阅、复制的义务或哪些属于必须允许查阅、复制的会计账簿及文件范围等问题，应详尽记载申请理由。

根据原审法院的判决理由，申请人在申请本案保全时，在本案申请书及准备文件等书面文件上，提出申请理由如下：被申请人公司的法定代表人 A 垄断了被申请人公司的经营权后，组成了以自己的心腹为主的经营团队，且存在有 7～8 年没有召开正式的股东大会、自 1990 年以来未进行利益分配等的违反商法和章程的行为，擅自处分了被申请人公司的重要资产搅拌车，肆意经营了公司，申请人为了掌握经营现状并对此进行调查、监督，申请查阅、复制本案各账簿及文件，但被申请人公司拒绝了该要求。申请人想通过了解公司现状来掌握是否存在违反章程或法律的行为、寻找肆意经营的证据，以追究董事责任来行使其股东权利，所以才向法院提出了查阅、复制上述账簿和文件的要求。原审法院认为，以上申请理由记载明确，申请人对上述账簿及文件提出的保全申请符合《韩国商法》第466条第1款规定的要件。根据上述法理，认为原审法院的判决正当合理。同时会计账簿的查阅、复制申请被允许的情况下，该查阅、复制权应该在必要的范围内行使，不能按被申请人公司主张需事先限制查阅、复制的次数只能为一次等，因此原审法院判决在30日之内进行查阅、复制是正当合理的……"

大法院2013.3.28.宣告2012Da42604判决（查阅、复制董事会会议记录的请求在诉讼法上的性质）

大法院针对能否根据民事诉讼的方式提起对董事会会议记录的查阅、复制申请的问题，判决如下："《韩国商法》第391条之3第4款规定的查阅、复制董事会会议记录等许可案件属于《韩国非诉案件程序法》第72条第1款规定的非诉案件，因此不能根据民事诉讼的方法提起对董事会会议记录的查阅、复制申请。"

NOTE 对会计账簿或章程、财务报表等的查阅申请可以按民事诉讼来提出，相反董事会会议记录则规定为非诉案件，是否缺乏法律上的一贯性？

第二节　董事、董事会、法定代表人

在本节，针对作为业务执行机构的董事会和法定代表人，从两个方面分析法律争议点。在第一部分，对业务执行机构的组织原理进行分析。首先考察董事及法定代表人的选任、解聘以及董事会的构成。在第二部分，对董事会的运营进行梳理，考察交易法项下由法定代表人实施的对外代表行为的效力问题。法定代表人实施代表行为按照法律规定或公司章程及其他公司内部规定等须经过股东大会或董事会决议，然而针对未经合法程序的代表行为或其他滥用代表权的行为，如何定位公司利益和保护交易对方利益之间的平衡点之问题值得商榷。另外，针对通过共同法定代表人制度保护公司利益和通过表见法定代表人制度保护交易相对方的信任亦予以分析。

一、董事及法定代表人的选任及解聘和董事会的构成

在股份公司，董事会被授权经营公司，因此经营权基于有权选任董事为前提存在。在股份公司，商法赋予股东大会选任董事的权限，由股东大会选任董事（《韩国商法》第382条第1款）。在各类公司的利害关系人中，商法特别对股东赋予选任董事之权利的原因被解释如下：股东作为剩余利益权利人，其最有动机使公司实现总体利益最大化，且股东相比于其他利害关系人，更加不易通过合同保护其自身利益。股东大会除了拥有选任

董事的权限之外，有权通过特别决议解聘董事。下面对董事的选任及解聘相关的法律争议点进行分析。（见表 8）

表 8　董事成员及董事会的构成

<table>
<tr><th></th><th>规模</th><th>董事人数*</th><th>是否披露有关董事候选人 / 独立董事的活动信息</th><th>是否强制选任独立董事</th><th>独立董事候选人推荐委员会</th><th>小股东享有的推荐独立董事候选人的权利</th></tr>
<tr><td rowspan="2">非上市公司</td><td>资本金未满 10 亿韩元</td><td>1～2 名（第 383 条）</td><td rowspan="2">无</td><td>自愿</td><td></td><td></td></tr>
<tr><td>资本金 10 亿韩元以上</td><td>3 名以上董事</td><td>自愿</td><td></td><td></td></tr>
<tr><td rowspan="2">上市公司</td><td>资产总额未满 2 兆韩元</td><td rowspan="2">3 名以上董事</td><td rowspan="2">须在股东大会召集通知公告载明董事候选人的姓名等规定事项（第 542 条之 4 第 2 款）
上市公司拟在股东大会选任董事或监事的，须在已通知或公告的候选人中选任（第 542 条之 5）
召集股东大会的通知，应包含通知或提供阅览有关独立董事等的活动内容及报酬事项、业务概况等总统令规定的事项（第 542 条之 4 第 3 款）</td><td>董事人数的 1/4 以上（第 542 条之 8 第 1 款）**</td><td></td><td></td></tr>
<tr><td>资产总额 2 兆韩元以上</td><td>-3 名以上
- 董事人数的过半数（第 542 条之 8 第 1 款）***</td><td>- 独立董事应从独立董事候选人推荐委员会所推荐的候选人当中选任（第 542 条之 8 第 5 款）
- 独立董事候选人推荐委员会的 1/2 以上委员由独立董事构成（第 542 条之 8 第 4 款）</td><td>- 由独立董事候选人推荐委员会所推荐的候选人应包含具备股东提案权要件的股东在股东大会召开之日 6 周前所推荐的候选人（第 542 条之 8 第 5 款）</td></tr>
</table>

注：表 8 引用法条均出自《韩国商法》。
* 可在公司章程中对董事人数的上限作出规定。
、* 不适用选任独立董事义务规定的公司如下（《商法施行令》第 13 条第 1 款）：
（1）创业公司中资产总额未满 1000 亿韩元的科斯达克（KOSDAQ）上市公司；
（2）启动企业重整程序的上市公司或被宣告破产的上市公司；
（3）首次上市后召集第一次股东大会前；
（4）实施企业重组的房地产投资公司；
（5）已决议解散的上市公司。

参考资料［韩］宋沃烈：《通过监事委员会的构成进行的经营权防御》，载首尔大学金融法研究中心 *BFL* 2006 年 11 月第 20 号。

（一）董事的选任

1. 集中投票制

董事的选任由股东大会决定。然而，由于在股东大会以绝大多数投票决议的方式决定董事选任，小股东难以在董事选任上行使影响力，因此公司存在控股股东的情形下，实际上董事会的构成由控股股东的意思而确定。在此情形下，很有可能发生公司并非为全体股东利益最大化努力而是以控股股东利益为目标进行经营的情况。对此，公司法拟通过集中投票制提高小股东选任董事的可能性，且通过独立董事制度提高董事会在决策和监督上的独立性。特别是公司法强制性规定上市公司应选任一定比例以上的独立董事，资产总额 2 兆韩元以上的公司则应选任更高比例的独立董事且该独立董事人数应超过公司法要求的最少独立董事人数。以下内容将考察小股东拟选任代表其自身利益的董事时可能发生的问题。

【判例 23】- 选任独立董事小股东提案与董事会经营权防御（大田地方法院）KT&G

大田地方法院 2006.3.14.2006Ka 合 242 裁定（选任 KT&G 董事）

事实关系

X 等人系证券交易所上市公司 K 公司的股东。X 等人于本案股东大会召开之日 6 个月前，即 2005 年 9 月 16 日当天持有 K 公司 0.4% 股份，之后 X 等人持续增持 K 公司股份，截至 2006 年 2 月 3 日持有 6.59% 股份，截至 2006 年 3 月 8 日持有 6.7% 股份。X 等人于 2006 年 2 月 3 日提请召开定期股东大会并提议推荐甲、乙、丙 3 人选任为独立董事的股东议案，且请求通过集中投票制选任独立董事。当时 K 公司的董事人数按照公司章程规定本应为 15 名，却仅有 12 名董事被选任，其中，3 名董事为内部董事，9 名董事为独立董事。随着 6 名独立董事的任期届满，须由股东大会选任独立董事。据此，按照公司章程规定可选任的独立董事人数最多 9 名，且基于补充董事空位，实际上应选任 6 名独立董事。X 的目标为拟代表其自身利益的甲、乙、丙当中至少 1 人以上被选任为独立董事。为实现此目标 X 请求实施集中投票。由于 K 公司章程并不排除集中投票制，且 X 持有 K 公司股票总数的 1% 以上，依照旧《韩国证券交易法》第 191 条之 18 第 1 款，对于上述独立董事的选任应适用集中投票制。K 公司开始谋求保护其经营权不受 X 的干预。作为其中的一种方法，将独立董事的选任按照如下方式分离起来。即 K 公司在股东大会召集通知书中将第 2 号议案确定为选任 2 名独立董事的议案，使候选人为甲、乙、丙以及 K 公司推荐的 A、B 等共 5 人，另外作为第 3 号议案，将作为监事委员会委员的独立董事 4 名的选任议案上报至股东大会。对此，X 指出，如此将独立董事的选任拆分为二，是以阻止其选任独立董事为目的的。因此其股东表决权、根据集中投票制选任董事的请求权受到侵害，属违反法令。同时指出该行为也属董事会权利的滥用，请求公司将 K 公司推荐的 6 人以及申请人推荐的甲、乙、丙等 9 人作为候选人，通过集中投票制，选任6名独立董事，由此而被选任的6名董事作为对象，再通过额外投票，选任监事委员会委员。但是K公司仍按原方案向股东发送股东大会召集通知书，并将此对外披露。对此，X提出了禁止上述股东大会第2号议案与第3号议案决议的停止保全要求。

法院的判断

1.《韩国商法》上的股东提案权和证券交易法上的独立董事候选人推荐权的关系

"鉴于《韩国商法》及《韩国证券交易法》上的股东提案权、独立董事候选人推荐委员会制度等的立法经过及其目的等，商法上的股东提案权和证券交易法上的股东的独立董事候选人推荐权因其行使要件和内容不同，若小股东将股票上市法人的独立董事候选人推荐作为大会的议题或议案时，我们可以解释为，其可以选择性地行使商法上的股东提案权或证券交易法上的独立董事候选人推荐权。"

2. 董事的选任方法

凸显为本案争议点的是以上所述内容，即鉴于股东表决权或集中投票制的主旨，将选任独立董事的程序分离开是否违法这一问题。对此，韩国大田地方法院认为上述选任计划并不违法，进而因为没有被保全的权利，无须再探讨保全的必要性，而驳回了保全申请。法院的理由如下。

（1）因商法规定，对于董事会内委员会委员的选任及解聘，董事会具有权限（第393条之2第3款），商法上的股份公司的监事委员会委员的选任权由董事会行使。但是，证券交易法规定，股票上市法人选任作为监事委员会委员的独立董事时，适用商法上选任监事相关规定。该规定仅规定大股东的表决权限制在3%以内（旧《韩国证券交易法》第54条之6第6款），并没有明确规定选任监事委员会委员的权限是由董事会具有还是由股东大会具有。但是，与此相关，在实际操作中，一直以来，在股票上市法人的股东大会运营实务中，一般以两种方式运营，第一，将作为监事委员会委员的独立董事与其他独立董事分离开来，在股东大会上选出的"分离选任的方式"；第二，包括即将成为监事委员会委员的独立董事在内的所有董事候选人作为对象，作选任董事的决议后，适用大股东表决权限制规定，在被选任的董事中选出监事委员会委员的"一次性选出方式"。

（2）若以分离选出的方式进行，会发生小股东推荐的董事候选人被选任为董事所需股票数增加的效果。结果，因集中投票制度，造成董事选任权弱化，进而有可能遭受不符合《韩国商法》第382条之2第3款的"对于董事的选任决议，各股东的每股具有与拟选任董事数量相同的表决权"之规定的批判。相反，若以一次性选出方式进行，由于不存在对大股东表决权的限制，而在被选任董事中选任作为监事委员会委员的独立董事，因此存在无视证券交易法就监事委员会委员的选任援用商法中的限制大股东表决权的立法主旨之虞。

（3）最后，该问题在性质上本应通过立法解决，但该法院认为，在现行《韩国商法》

及《韩国证券交易法》的解释方面，上述两种方式均可作为股东大会决议方法，至于在此两种方式中采取哪种方式的决定权限，除非股东另有提议，拟采取该等权限属于董事会的立场。第一，若以分离选出的方式进行，即便通过小股东的集中投票，董事选任的请求权弱化，鉴于商法及证券交易法中，集中投票制性质上可通过章程被排除在外(《韩国商法》第382条之2第1款、旧《韩国证券交易法》第191条之18第1款)，小股东关于独立董事的选任方法，可以建议采取一次性选出方式等，很难认定分离选出方式显著侵害小股东的表决权或集中投票制的主旨。第二，若以一次性选出方式进行，第一阶段的独立董事选任决议中，虽然大股东支持的候选人大部分被选任为独立董事的可能性大是事实，在第二阶段的选任监事委员会委员的选任中，既然适用商法上的大股东表决权限制规定选任监事委员会委员，则很难视其违反法律。综合此类情况，很难视作公司通过采取分离选出的方式，侵害了小股东的表决权和根据集中投票制方式选任董事的请求权，因此小股东的上述主张没有理由。

QUESTIONS & NOTES

NOTE 独立董事中有作为监事委员会委员的独立董事和其他独立董事。总资产规模超过2兆韩元以上的公司在选任作为监事委员会委员的独立董事时，会限制大股东表决权，根据集中投票制选任独立董事时的议案将所有独立董事一次性地选任的议案还是将作为监事委员会的独立董事的议案和选任一般独立董事的议案分离开来成为问题。该案件判决认为该问题应为以立法解决的问题，在2009年修改《韩国商法》时明确规定，在股东大会选任董事之后，在被选任的董事中选任监事委员会委员(《韩国商法》第542条之12第2款)，因而以立法的方式解决了此问题。在这里，暂不讨论对于该问题的论点。

Q1 (1)由于股东大会是由董事会确定会议目的事项，进而决定召集，原则上，由董事会确定董事候选人，并将相关议案上报至股东大会。小股东推荐董事候选人，并作为议案上报至股东大会进行投票的方法有哪些？请将非上市公司和上市公司以及总资产规模超过2兆韩元的上市公司的情形区别开来进行了解。股东可在大会场上自由地推荐董事候选人吗？

(2)资产总额超过2兆韩元的上市公司的独立董事候选人推荐权或股东提案权的要件和一般股份公司的股东提案权要件存在差异。该案件中并非行使独立董事候选人推荐权，而是按照《韩国商法》第363条之2作出股东提案的理由是什么？

(3)可否选择性地行使独立董事候选人推荐权和《韩国商法》第363条之2的股东提案权？

Q2 根据《韩国商法》第382条之2，在召集选任2名以上董事作为目的的股东大会时，各股东持有的每股具有与拟选任董事数量相同数量的表决权，可请求以向一人或数人董事候选人集中投票的方式行使表决权的集中投票方法选任董事。(见表9)

(1)假设总发行股票为10股的公司中，小股东持2股、大股东持8股。选任各1名、2名、3名、4名、5名董事时，小股东推荐1名董事候选人，大股东推荐各1名、2名、3名、4名、5名的候选人。通过一般决议选任时和通过集中投票选任时，是否存在小股东推荐的董事被选任的可能性？

(2)上述【判例23】中，公司方面的选出方案和申请人方面的选出方案的差异点是什么？申请人推荐的董事候选人被选出的可能性高的选出方案是哪一个？其理由是什么？

(3)公司可否排除通过集中投票的方式选任董事?

表 9 集中投票的请求要件

	规模	持股比例	请求期限	其他
非上市公司(《韩国商法》第 382 条之 2)*		除没有表决权的股票以外的发行股票总数的 3% 以上	股东大会召开日 7 天前	
上市公司(《韩国商法》第 542 条之 7)	资产总额未满 2 兆韩元	发行股票总数的 3% 以上	股东大会召开日 6 周前	
	资产总额 2 兆韩元以上	发行股票总数的 1% 以上	同上	①排除集中投票或变更该等排除的章程时,限制超过持有发行股票总数 3% 以上股票股东的表决权 ②另行上报有关排除集中投票的章程变更议案

* 章程中可以排除集中投票制。

【参考判例】

大法院 2017.1.12. 宣告 2016Da217741 判决(公司以集中投票的方法选任董事的,其是否需要满足章程规定的议事最低人数)

本案是公司在章程中作出“董事的选任由持有发行股份总数过半数的股东出席,并且经该出席股东的过半数表决权通过”规定时,公司以集中投票的方式选任董事的,其是否需要满足章程所规定的议事最低人数的案件。法院认为,《韩国商法》第 368 条第 1 款允许公司在公司章程中另行规定普通决议条件,因此公司在章程中可以规定议事最低人数。另外,《韩国商法》第 382 条之 2 集中投票规定终究是股东行使表决权的相关条款,以此为由,法院判决如下:“股份公司在章程中规定董事的选任由持有发行股份总数过半数的股东出席,并且由出席的股东过半数表决通过的,不得视为是有关集中投票的上述商法条款排除了章程所规定的议事最低人数相关规定,因此,公司以集中投票的方式选任董事的,也需要满足章程中所规定的议事最低人数要求。”

NOTE 公司在章程中未规定董事人数的上限也并没有排除集中投票的相关规定,股东提起有关追加选任该公司在职董事之外的多人董事且推荐董事候选人的股东提案,公司在召集股东大会通知书中将股东提案内容变更为:“(i)‘托付追加选任董事’及(ii)(i)的议案被表决通过时,由被提案的候选人任选董事”,对于公司是否无视股东的股东提案权及集中投票请求权,下级法院判决作出了不同的解释。

① 首尔高等法院 2015.8.28. 宣告 2015Na2019092 判决(确定终止审理 - 与集中投票结合的追加选任董事的股东提案)中,法院重视被变更提案的“托付追加选任除现董事之外的 2 名董事”案被否决,据此各原告所推荐的对董事候选人的集中投票无法实现,被告董事会将被变更的提案作为股东

大会的目的事项，该等行为违反商法所规定的股东提案权及集中投票的规定主旨，各原告所提案的议题不能被认定为以股东大会的目的事项提交审议，因此法院判决认为各原告的股东提案权受到了侵害。

与此相反，对于类似判例，在②仁川地方法院 2014.3.24.2014KaHab10052 裁定（停止董事执行职务的行为保全）及首尔高等法院 2015.10.15.2015Ra651 裁定（批准召集临时股东大会）中，变更提交股东提案是将股东提案的内容按照逻辑阶段性地进行细分，因此法院判决认为并不属于侵害股东提案权。就是否侵害集中投票请求权，是否增加董事人数及增加几名董事有必要由各股东进行先行判断并加以表决，因否决该决议，原告所提案的选任董事候选人的议案未被列入议案也无妨。而且，若有结合董事的增员及选任的股东的一个提案时，股东大会认可需要对该案件本身的可否进行决议的约束力，即便少数股东提议增员及选任几十名、几百名的要求，多数股东完全无法拒绝此要求，这反而造成正面否认资本多数决议原则本身的结果，因此不能认可。商法的集中投票制并未被视为如上所述程度的小股东优先于多数股东为主旨的制度。

2. 董事的选任决议及法定代表人的任用合同要约

公司通过股东大会普通决议选任董事（《韩国商法》第 368 条第 1 款），一般实务操作中，通过股东大会选任决议之后，董事签署任职承诺书，并将股东大会日期作为任职承诺书的签署日期填写。由此，董事的任期从股东大会召开之日起算，董事的选任或变更登记便从该日期生效。但是，关于董事的选任，若存在纠纷，可能发生公司（法定代表人）不进行董事的登记，欲否认董事地位的情形。在此情形下，就存在“是否只要获取股东大会决议以及董事的任职承诺即可被视为取得了董事的地位”这一问题。以下判例虽为有关监事选任的内容，但也可适用于董事的选任当中。

【判例 24】- 与股东大会选任的高管签订任用合同的必要性（大法院全员合议体判决）

大法院 2017.3.22. 宣告 2016Da251215 全员合议体判决（监事聘用合同）

事实关系

2014 年 12 月 1 日，在股东 X 的临时股东大会召集请求下召开的 Y 公司临时股东大会上，决议通过了选任 A 作为内部董事、选任 X 作为监事的决议。A 与 X 于 2015 年 4 月 1 日，向 Y 公司要求，根据上述股东大会决议签署董事或监事任用协议。但是，Y 公司法定代表人对上述临时股东大会决议的效力提出异议，并拒绝进行对 A 与 X 的董事及监事选任登记。对此，X 提出确认董事及监事地位的请求之诉。

法院的判断

关于董事、监事的地位，除了股东大会选任决议之外，还需与法定代表人签署聘任协议方可被认可，这样的规定与将董事、监事的选任是股东大会的专属权限、股东的集体性决策事项的商法主旨相违背。而且，《韩国商法》规定，法定代表人代表公司有权限作出与经营相关的诉讼或诉讼以外的一切行为(《韩国商法》第389条第3款、第209条第1款),但是从法律条文来看,董事、监事的选任不属于该范围确切无疑。因此,董事、监事的选任只要有股东大会的选任决议以及被选个人的同意就应视为已取得该地位。

《韩国商法》规定,董事作为董事会成员,具有参与公司业务执行相关决策的权限(《韩国商法》第393条第1款)。在公司和董事的关系上商法准用民法授权的相关规定(《韩国商法》第382条第2款),在一方面对董事赋予根据法律法规及章程的规定为公司忠实履行其职务的义务(《韩国商法》第382条第3款),章程未规定董事薪酬之金额的通过股东大会决议决定(《韩国商法》第388条),即使按照上述各规定的内容及主旨来看,董事的地位具有集体法律的性质,并不基于被选任为董事的人与法定代表人之间所签署的合同。而且,在股东大会上选任新董事的决议很多情况下是有更换经营班子的意味,不顾存在的董事选任决议,退任的法定代表人不提出聘用合同要约,即视为未取得董事地位,这样的话作为股东就存在没有有效的救济之策的问题。

另一方面,监事是监督董事的职务执行的股份公司所必须的常设机构(《韩国商法》第421条第1款),对于董事和监事的关系,适用商法上与董事相关的规定(《韩国商法》第415条、第382条第2款、第388条)。不同于董事的选任,尤其对于监事的选任,《韩国商法》第409条第2款规定"除了没有表决权的股票,持有发行股票总数的3%以上的股东,对于其超过部分的股票,不得行使表决权"。进而,即便股东大会决议通过监事的选任,如果法定代表人未提出聘用合同要约,使候选人未能取得监事的地位,则上述条款中关于监事的选任,因限制大股东表决权的主旨被抹杀而不合理。将对董事的业务执行进行监督作为职责的监事的就职与否委任于作为被监督对象的法定代表人,就算从集体法的性质来看,理所当然地不合理。

因此,通过股东大会选任董事和监事时,只要有该选任决议与被选任人的承诺,不管被选任人是否与法定代表人签署聘任协议,即可被视为获得董事或监事的地位。

QUESTIONS & NOTES

Q1 根据上述【判例24(全员合议庭)】被撤销的大法院1995.2.28.宣告94Da31440判决认为,股东大会通过董事或监事选任决议,并非被选任人直接取得董事或监事的地位,而应根据股东大会选任决议,公司的代表机构发出聘用协议要约,被选任人对此进行承诺的,被选任人方可任职董事或监事,并可履行其职务。根据该立场,如果法定代表人不与新的被选任董事或监事签署聘用合同时,该董事、监事或股东可采取何种救济方法?

Q2 全员合议体判决中,大法院并未明确地判断公司与董事之间的授权关系基于何种法理成立。股东大会的选任决议可以被视为授权合同要约,是否就发生授权关系?还是基于《韩国商法》第382条第2款的法定效果,视为公司与被选任人之间发生了授权关系?

NOTE 董事、监事的选任为须注册事项,若公司就应当登记事项未进行登记,则无法对抗善意的第三人(《韩国商法》第37条第1款)。《韩国民事执行法》第306条规定,对于已登记的高管,进行停止职务执行或选任职务代理人等临时处置时，法院事务官等受托登记。根据先例，上述规定被视为不适用于董事等确认地位的临时处分(《韩国商业登记先例》第 2-88 号)。根据此类登记先例，即使通过股东大会的选任决议，以及被选任人的承诺，取得董事、监事的地位，公司的法定代表人不进行登记申请时，如何登记被选任的董事、监事仍然存在问题。

(二)董事的终任

1. 董事的解聘

对于董事，随时可通过股东大会的特殊决议进行解聘(《韩国商法》第 385 条第 1 款)。但是，已规定董事任期的，在无正当理由在任期届满之前解聘董事的，该董事可向公司索赔因解聘造成的损失(《韩国商法》第 385 条第 1 款)。进而，是否具备正当的事由成为解聘时的重要争议点。正当事由的举证责任由申请索赔的董事负担(大法院 2006.11.23. 宣告 2004Da49570 判决)。对于小股东，认可其董事解聘请求权(《韩国商法》第 385 条第 2 款、第 542 条之 6 第 3 款)。(见表 10)

表 10　小股东的解聘请求要件(《韩国商法》第 385 条第 2 款、第 542 条之 6 第 3 款)

<table>
<tr><th></th><th>规模</th><th>请求解聘的原因</th><th>解聘请求期限</th><th>持股比例</th><th>持股期限</th></tr>
<tr><td>非上市公司</td><td></td><td rowspan="3">即便存在舞弊行为或违反法律法规或章程的重大事实，股东大会上否决解聘</td><td rowspan="3">股东大会决议之日起 1 个月</td><td>发行股票总数的 3%</td><td>无限制</td></tr>
<tr><td rowspan="2">上市公司</td><td>资本金未满 1000 亿韩元</td><td>发行股票总数的 0.5%</td><td rowspan="2">6 个月</td></tr>
<tr><td>资本金超过 1000 亿韩元</td><td>发行股票总数的 0.25%</td></tr>
</table>

【判例 25】- 董事解聘的损害赔偿请求(大法院)

大法院 2004.12.10. 宣告 2004Da25123 判决

事实关系

被告 Y 公司持有由 A 的子女所经营的 B 公司总发行股份的约 98%。上述 A 系 Y 公司的控股股东和实际控制人，但未被登记为 Y 公司董事而是其子女及妻子被登记为董事。原告 X 作为职业经理人于 1993 年 9 月 6 日就职为 Y 公司的法定代表人，2001 年 3 月 28 日的股东大会决定 X 连任法定代表人职务。按照 Y 公司章程的规定，董事会成员为 3 名以上，董事的任期为 3 年，其中，法定代表人带薪任职，其他董事无薪任职且以非执行董事的身份仅参与董事会决议。Y 公司董事会于 2002 年 1 月 15 日作出了有关免除 X 的法定代表人职务，同时选任 X 为董事的决议。X 以其在任期内无正当理由被解聘为由，请求 Y 公司赔偿其所遭受到的损失。

法院的判断

一审法院认为，董事会解聘法定代表人的情形亦可类推适用《韩国商法》第 385 条第 1 款，就免除 X 的法定代表人职务的 2002 年 1 月 15 日董事会决议是否存在正当理由作出了判断，但大法院否认了在此处类推适用《韩国商法》第 385 条第 1 款的做法。

大法院判决如下：股份公司的董事由股东大会选任和解聘，董事作为公司经营决策机构之一的董事会成员，对董事任职期间可以规定为不超过 3 年，然而，原则上，法定代表人是由董事会从董事当中选任和解聘，法定代表人作为执行公司业务机构且代表公司的机构，一般对法定代表人的任职期间不另行规定，从这一点可以认定董事和法定代表人在其地位、性质及权限上存在差异，不仅如此，法定代表人根据董事会的经营判断等有可能随时被解聘，因此股东大会解聘董事和董事会解聘法定代表人不能认定为类似的事实。加之，《韩国商法》第 385 条第 1 款规定的主旨是一方面，即董事根据股东大会的特别决议有可能随时被解聘；另一方面，如果已规定任期的董事在其任期尚未届满之前无正当理由被解雇的，其董事有权向公司请求损害赔偿，由此协调股东和董事的利益以确保股东对公司的支配权和稳定经营者地位（参考大法院 2004.10.15. 宣告 2004Da25611 判决等），本条规定并非以保障董事的薪酬请求权为主要目的，因此本条规定不能类推适用于董事会解聘法定代表人的情形，即使原告被免除法定代表人职务而被聘为无薪酬且非执行董事，也不能差别对待。一审法院过度关注原告的薪酬请求权而导致董事会解聘法定代表人的情形，其类推适用《韩国商法》第 385 条第 1 款的判断系属错误解释法律和适用法律的情形。

QUESTIONS & NOTES

NOTE 本案中问题是，是否能够请求支付依照未经过股东大会批准的高管退职金支付规定的退职金，大法院支持该请求（参考前述【判例 13】Q4 的参考判例）。董事报酬相关问题将在第四章第二节之四进行分析。

Q1 （1）是否需要正当事由以解聘董事？

（2）有正当事由的解聘董事和无正当事由的解聘董事之间的差异？

（3）在未规定董事任期的情形下，无正当事由被解聘的董事是否可以提起损害赔偿请求？

【参考判例】

大法院 2001.6.15. 宣告 2001Da23928 判决（未规定董事任期的解聘董事）

"根据《韩国商法》第 385 条第 1 款的规定，'董事可随时通过股东大会的特别决议被解聘。然而有董事任期规定的，在无正当事由且董事任期届满前解聘董事时，该董事可以请求公司赔偿因其被解聘而遭受的损害'，此时规定董事任期的情形是指通过公司章程或股东大会决议规定董事任期的情形，在未规定董事任期的情形下，即便董事在最长董事任期之3年期限未经过的期间内被解聘，亦不得请求赔偿因此遭受的损害。……本法院认为，原审法院认定的事实和作出的判断即原告未规定董事任期而被选任为被告公司的董事，而后通过股东大会的特别决议被解聘，是正当且可接受的，与《韩国商法》第383条第2款规定相同，被告公司的章程规定‘董事的任期不得超过3年’，对此，不得解释为董事的任期为3年。”

(4)因控股股东发生变更，解聘原有董事的，是否可以认定为有正当事由而解聘董事？

【参考判例】

大法院2004.10.15. 宣告2004Da25611判决(解聘董事的正当事由)

“《韩国商法》第385条第1款规定，一方面，公司依据股东大会的特别决议可随时解聘董事，另一方面，已规定任期的董事在其任期届满前，无正当事由被解聘的，该董事可以请求公司赔偿损害，据此，通过该规定可确保股东对公司的支配权和稳定经营，保障董事的正当利益。鉴于该法律规定的主旨，‘正当事由’是指股东和董事之间有分歧等，不仅是简单地丧失主观上的信任关系，而是董事作出了违反法律规定或章程的行为，或者董事作为经营者，在精神上、身体上明显无法胜任其职务的，该董事在制定或实施公司重要的业务计划上失败，据此公司丧失了对该董事的经营能力的根本性信任等，该董事作为经营者在执行业务方面发生构成障碍的客观状况时，才被认为董事在任期届满前被解聘有正当理由。”原审认为“原告被推荐为法定代表人是符合被告公司创业目标的，具有寻找、支援、培育优秀的地区风投企业之投资战略和作为有能力提高经营收益的、有能力增资被告公司资本金的专业经营者，其提交了经营计划书，2001年3月6日原告接到公司的经营计划通知，接受后其被选任为法定代表人。按照2001年3月16日经过股东大会批准的经营计划，原告在就任后1个月内向董事会提交详细经营计划，原告基于详细经营计划最优先为增资尽所能进行筹资，但其根本没有筹到资金。不仅如此，为了达到以2001年年度目标设定的投资计划及经营收益，原告作为法定代表人应该进行调查或分析以寻找、支援、培育优秀的地方风投企业，或者进行彻底的准备和实践等以提高经营收益，其应尽到作为善良的管理人应尽到的注意义务，然而其并未能圆满地履行其职责。在2002年3月29日的股东大会上，2001年度财务报表未获得批准，其结果为，该法定代表人被认为其引资能力或经营能力及资质不足以达到其在1年期间届满时，实现2001年3月16日的股东大会批准的经营计划之任何一个项目。据此，作为法定代表人的原告难以执行被告公司向其委托的职务，且法定代表人和被告公司之间的人际信赖关系瓦解，法院可以在相当大的程度上认为，被告公司无法信任作为法定代表人的原告，让其经营被告公司”。大法院据此为由判令被告公司解聘原告具有正当的理由。

首尔地方法院 1997.2.14. 宣告 96GaHab36826 判决(解聘董事的正当事由)

被告公司Y是由包含A在内的数家公司出资成立的物流集货配送公司。为了突破Y公司经营困境,董事会作出如下决议:Y公司的股东之一A增加持股比例至35.28%,成为控股股东,A另行出资用于经营的资本,且全权负责经营物流部门,Y公司树立新的经营计划,重新组成高管和职员阵容。据此,为了确保Y公司的经营健全性,全体董事约定辞职,股东大会决议解聘全体董事和监事,并选任了新的董事和监事。然而,原告X未被再次选任为董事,其以无正当事由被解任为由请求Y公司赔偿损害。

"就股份公司而言,股东被视为股份公司的实质性所有人,其拥有对公司经营的最终权限,其得以行使人事权保护其自身利益。另外,伴随着股东的经济利益,董事作为公司经营负责人,其负有维持、保存公司存续的责任。因此,为了使董事尽责,必须保障稳定的经营权。为了调整该等股份公司的股东及董事的关系,《韩国商法》将公司和董事之间的关系规定为以高度的信赖关系为基础的委托关系(《韩国商法》第382条),一方面,商法授予股东随时通过股东大会解聘董事的权限以促使股东选择基本的经营战略保护经营项下自身利益;另一方面,商法规定,为了确保董事的经营权,公司解聘董事时,必须获得股东大会的特别决议,公司在无正当理由的前提下解聘董事的,须赔偿董事所遭受的损害(《韩国商法》第385条第1款)。鉴于上述法律规定及其主旨等,为了打破由于经营亏损所导致的紧迫的经营上困难,公司不得不转换经营战略以及据此变更经营主体,就此可以认为股东和董事之间的信赖关系之基础发生根本性变更的,认定公司解聘董事存在正当理由。

然而,根据上述被认定事实,被告公司的经营亏损与其说是由于原告经营上的过错或能力不足所导致,还不如说被告公司的经营性质所要求的大量资金的投入和制造商之间的协助存在问题……被告公司的数家股东公司为了打破由于经营亏损所导致的紧迫的经营上困难,其不得不对股东的构成进行本质上的改变,由此导致被告公司的经营战略发生本质上的变化,进而股东公司和原告之间的信赖关系也发生根本性变化,最后到了公司不得不解聘原告的地步。最终法院认为,公司解聘原告是基于正当理由的解聘。"

大法院 2013.11.28. 宣告 2011Da41741 判决(董事解聘事由的限制)

这一判例并非为有关股份公司的判例,是关于社团法人的董事。在公司章程中规定董事的解聘事由时,可否以章程未规定事由而解聘董事这一问题,大法院判决"法人与董事的关系可以视为基于信赖的类似于授权的关系,根据《韩国民法》第689条第1款规定,授权合同的各当事人可随时解除合同。因此,法人原则上可以在董事的任期届满之前解聘董事(参考大法院 2008.9.25. 宣告 2007Da17109 判决)。但是,这些民法规定仅为任意规定,法人也可以通过作为自治法规的章程,另行规定董事的解聘事由及程序等相关规定。而且法人在其章程中另行规定董事的解聘事由及程序等时，其规定不仅明确法人与董事之间的关系，同时也具有保障董事身份的意味，不能单纯地将其视为注意性规定。进而，法人的章程中有董事的解聘事由相关规定时，除非董事有重大义务违反或无法正常执行业务等特殊情况，法人不得以章程未规定之事由解聘董事较为妥当”。

有观点认为，损失赔偿额以报酬为基准而定。董事薪酬的构成要素从理论上来看，可以划分为负责业务执行的报酬和其他董事职位的报酬。是否将其全部作为损失赔偿额？更为根本性地以董事的报酬为基准，计算损失赔偿额是否妥当？更进一步地，认可损失赔偿请求权是否妥当？

【参考判例】

大法院 2012.9.27. 宣告 2010Da94342 判决

在本案中，公司一直是经过大股东 A 的批准后每年向董事支付报酬，但是就董事的报酬，公司在章程中并未规定其金额。后在未获得股东大会的批准决议的情况下，某董事以无正当事由被解聘。大法院认为，该董事不拥有请求支付报酬之权利，据此不应认为原告董事以本案的解聘为由遭受了相当于剩余任期之报酬的损害，最后大法院将支持董事的损害赔偿请求的一审判决发回重审（该判决与【判例 39】Q6 的参考判例相同，详细内容请参考该判例）。

大法院 2013.9.26. 宣告 2010Da42348 判决

在监事无正当事由被解聘后，在其他公司就职为常任监事并领取报酬的案件中，一审法院认为，就监事的损害赔偿请求，自监事被解聘后起至任期届满日止，其在其他公司领取的报酬不得在损害赔偿额中予以扣除。然而，大法院认为，“已确定任期的监事，以在其任期届满前无正当理由的情况下，通过股东大会的特别决议遭解聘，该监事以此为由根据《韩国商法》第 415 条、第 385 条第 1 款的规定向公司请求支付相当于因其被解聘而在剩余任期或截至任期届满前其得以领取之报酬的损害赔偿额的，该监事由于被解聘而在其剩余任期内本应为公司处理委托事物而付出的自身的时间和努力，用于从事其他工作岗位而获得的利益与解聘之间被认定为存在相当程度的因果关系的话，在计算因被解聘而请求支付的损害赔偿额时，应扣除该等利益”，以此为由，大法院裁定发回重审。

Q2 公司在法定代表人的任期届满前解聘法定代表人的，该法定代表人是否享有对公司的损害赔偿权？

（1）法定代表人被解聘时，其董事地位也丧失吗？

(2)在上述案件中，董事为无薪岗位，法定代表人为带薪岗位。按照大法院的判例，公司在第一阶段通过董事会决议解聘法定代表人职务，在第二阶段通过股东大会决议解聘董事职务的，公司需要承担损害赔偿责任吗？

(3)【判例 25】法院认为，“一般情况下，法定代表人的任期并未被另行指定，在该等方面法定代表人和董事之间存在差异”，据此，对于法定代表人的解聘，法院否认了类推适用《韩国商法》第 385 条第 1 款。如果指定法定代表人的任期，上述结论会发生变化吗？

(4)在上述(2)中，如果公司不承担损害赔偿责任，那么可以保护法定代表人利益的方案有哪些？对于法定代表人，是否有必要认定其作为经营者的稳定地位？

NOTE 董事为了防止在任期届满前有悖于其自身意思被解聘，其与公司提前签署有关由公司支付通常的退职金之外另行支付解聘补偿金的协议。该等解聘补偿金并不以执行职务的对价而予以支付，因此不属于报酬，但是仍需要适用及类推适用《韩国商法》第 388 条规定并据此获得股东大会的批准(大法院 2006.11.23. 宣告 2004Da49570 判决【判例 39】的参考判例)。

2. 临时董事及职务执行代理人

因董事的任期届满或董事辞职或被解聘，有可能发生董事人数不足法律或公司章程所规定的人数的情形。在该等情形下，截至新选任董事就任之前，任期届满或因辞职而退职的董事拥有董事的权利义务(《韩国商法》第 386 条第 1 款)，或者法院可以选任临时执行董事职务的人员(《韩国商法》第 386 条第 2 款)。临时董事与董事具有同等的权限。

董事就其职务实施不当行为或存在违反法律或章程的重大事实，然而股东大会否决解聘该董事的，满足一定条件的小股东可以向法院请求解聘该董事(《韩国商法》第 385 条第 2 款、第 542 条之 6 第 3 款)。选任董事决议之无效或取消之诉，或者解聘董事之诉被提起的，法院可通过行为保全中止董事执行职务，或者可以选任职务代理人(《韩国商法》第 407 条第 1 款)。职务代理人的权限局限在日常业务中(《韩国商法》第 408 条)。

【参考判例】

大法院 2000.11.17.2000Ma5632 裁定(退职董事作为董事享有权利义务存在不可能或不适当时，可以选任临时董事的情形)

《韩国商法》第 386 条规定，由于董事的退职，董事人数低于法律或公司章程所规定的董事人数的，任期届满或因辞职而退职的董事行使董事的权利义务直至新选任的董事就任为止。然而，法院认为有必要时，可以按照董事、监事、其他利害关系人的请求选任执行临时董事职务的人员。根据该法第 389 条的规定，前述规定适用于法定代表人。在此所述的“必要时”是指使退职董事作为董事享有权利义务存在不可能或不适当的情形，例如因董事的死亡导致董事人数不足或此前的董事被解聘的；董事因重病辞职或长期不在位的等。然而何种情形具体属于该等情形，就临时董事及职务代理人制度的主旨，应按照个别案件进行判断。

原审法院认为，本案公司高管的任期于1999年4月15日已届满，除非存在特殊情形，根据《韩国商法》第386条第1款规定，此前法定代表人兼董事Y1、董事Y2、Y3等仍然作为本案公司的法定代表人及董事享有权利义务，即便本案公司的共同经营者之间围绕着共同经营事务的纠纷仍在持续，仅此无法认定使上述Y1等作为本案公司的法定代表人及董事享有权利义务存在不可能或不适当情形，据此大法院维持了一审法院所作出的关于驳回再抗诉人请求选任本案董事职务代理人等裁定。鉴于上述临时董事及法定代表人职务代理人制度的主旨及记录，原审法院所作出的上述判断为正当，进而不存在原审法院误解有关选任临时董事及临时法定代表人职务代理人的法理上的任何过错。大法院不接受再上诉人主张的再上诉理由。

大法院1997.1.10.95Ma837裁定（申请停止执行董事职务时是否必须以提起本案诉讼为前提）

如果选任董事决议之无效或取消之诉，或者解聘董事之诉被提起的，当事人可以请求停止执行董事职务及请求选任职务代理人（《韩国商法》第407条第1款）。大法院认为，为保全权利申请停止执行董事职务，不仅在本案解聘董事之诉被提起的情况下可以申请，而且在紧急情况下，在当事人提起本案诉讼之前也可以申请，然而无特别紧急情况下，应该明确当事人经过的程序要件能够达到提起解聘董事之诉的程度，据此明确被保全权利的存在，进而认定进行该行为保全的必要性。

大法院2009.10.29.2009Ma1311裁定（针对退职董事的停止执行职务的行为保全）

由于董事人数低于法定人数，退职董事维持董事地位的，大法院认为"《韩国商法》第386条第1款规定，董事人数低于法律或公司章程所规定的董事人数的，任期届满或因辞职而退职的董事行使董事的权利义务直至新选任的董事就任为止。根据上述规定退职董事行使董事的权利义务，使该退职董事作为董事享有权利义务的，存在不可能或不适当的情形等必要情形的，根据《韩国商法》第386条第2款规定，可以请求法院选任执行临时董事职务的人员（参考大法院2000.11.17.2000Ma5632裁定等）。另外，针对根据《韩国商法》第386条第1款规定行使董事的权利义务的退职董事存在解聘事由或任期届满、辞职等理由申请停止执行职务的行为保全不被认可"。

虽然董事人数不低于法定人数，但是退职董事作为实际董事执行其权利义务的，大法院认为"根据《韩国商法》第386条第1款规定，退职董事行使董事的权利义务的，仅限定于董事人数低于法律或章程所规定的董事人数的情形，如果某一董事退职时，董事人数充足于法律或章程所规定的董事人数的，退职的董事在其任期届满或辞职的同时，理所当然地丧失其作为董事的权利义务。尽管如此，实际上该董事仍然执行作为董事的权利义务的，请求确认该权利义务为不存在之权利的，请求停止执行职务的行为保全申请应被得到允许"。

大法院 2007.6.28. 宣告 2006Da62362 判决(职务代理人的权限范围)

"职务代理人召集定期股东大会时,如果该议案中包含变更董事会结构本身的行为或属于《韩国商法》第 374 条特别决议事项的行为等,对公司的经营及支配能够施加影响的事项的,则在该案件的范围中召集定期股东大会不属于日常事务。虽然职务代理人召集定期股东大会的行为不属于日常事务,但其未经法院的许可召集定期股东大会并表决的,被认为上述行为属于因召集程序上的瑕疵导致取消决议的事由。"

大法院 1992.5.12. 宣告 92Da5638 判决(对选任职务代理人进行行为保全后,选任新法定代表人时职务代理人的权限)

"既然对停止执行法定代表人的职务及选任职务代理人完成了行为保全,之后即便法定代表人被解聘、新法定代表人被选任,除非行为保全裁定不被撤销,职务代理人的权限有效存续。与之相反,无论新选任法定代表人的决议是否合法,该新选任的法定代表人无法享有作为法定代表人的权限。另外,上述行为保全在其性质上不仅在当事人之间产生效力,而且其对第三方也产生效力。因此,新选任的法定代表人违反上述行为保全的,作为公司代表人资格的事实法律行为最终对第三方的关系也是无效(参考本法院 1991.12.24. 宣告 91Da4355 判决)。在该等情况下,违反上述行为保全,与无代表权的法定代表人的事实法律行为的交易对方不得主张其因善意导致上述法律行为有效。"

大法院 2014.3.27. 宣告 2013Da39551 判决(对选任职务代理人进行行为保全之前,该法定代表人被替换时职务代理人的权限)

"对停止执行股份公司董事的职务,选任职务代理人的行为保全在性质上不仅在当事人之间产生效力,而且对第三方的关系也产生效力。鉴于违反行为保全而实施的行为对第三方的关系也是无效,基于行为保全被选任的董事职务代理人的权限持续有效,直到法院作出撤回裁定为止(参考大法院 1991.12.24. 宣告 91Da4355 判决等)。作为登记事项,就停止执行职务及选任职务代理人的行为保全而言,除非根据《韩国商法》第 37 条第 1 款规定办理登记,上述行为保全无法对抗善意第三人,但可以对抗恶意第三人。就停止执行股份公司法定代表人及董事的职务以及选任该职务代理人的法院的行为保全裁决,即便在该裁决之前已被停止执行职务的股份公司法定代表人之卸任登记以及已被停止执行职务的董事就任为法定代表人的登记已经完成,该裁决针对已停止执行职务的董事仍发生效力。因此,根据该行为保全裁决被选任的法定代表人及董事职务代理人的权限仍有效存续。与之相反,即便在该行为保全裁决之前已被停止执行职务的董事被选任为法定代表人,无论该选任决议是否合法,其无法拥有作为法定代表人的权限。"

二、董事会及代表行为的效力

（一）董事会程序

董事会在其是一种会议体的方面与股东大会具有共同点。故，应按照一定程序召开会议、进行表决。然而，由多数股东提案的股东大会，在召集程序及表决方式层面上需严格要求其形式。与此相比，董事会更加注重是否能够通过保证各董事的出席并交换实质性的意见从而导出适当的结论，基于此判断董事会决议的效力，而并非在形式的层面上判断董事会决议的效力。

董事会由各董事召集。然而，以董事会决议规定召集会议董事的，并不如此（《韩国商法》第 390 条第 1 款）。不被指定为董事会召集权人的其他董事有权要求具有召集权的董事召集董事会。具有召集权的董事无正当理由拒绝召集董事会的，与股东大会不同，无须法院的介入，其他董事有权召集董事会（《韩国商法》第 390 条第 2 款）。拟召集董事会时，应指定会议召开日期，并在会议召开一周前通知全体董事和监事。但通过公司章程可以缩短该期限（《韩国商法》第 390 条第 3 款）。经全体董事及监事的一致同意，董事会未经召集程序可随时召集会议。

董事会决议应有过半数的董事出席并经出席董事过半数通过（《韩国商法》第 391 条第 1 款）。但是，可以通过公司章程调高该比率（《韩国商法》第 391 条第 1 款但书）。与董事会决议事项有利害关系的董事不得行使其表决权（《韩国商法》第 391 条第 3 款→第 368 条第 4 款）。除非公司章程另有规定，全部或部分董事不直接出席董事会，而是全体董事被允许通过同时发送、接收信号的远程通讯手段参与表决。在该等情形下，被视为董事直接出席董事会（《韩国商法》第 391 条第 3 款）。在 2011 年《韩国商法》修订前，仅允许使用同时发送、接收视频及音频的通信手段的方式，但根据 2011 年的《韩国商法》修订案，也允许使用电话会议的方式参与董事会表决。

【判例 26】- 董事会决议的无效（大法院）

大法院 1982.7.13. 宣告 80Da2441 判决

事实关系

本判决系为了否认诉前和解的准再审请求案件的上告审理判决。随着公司经营陷入困境，申请人 X 公司的董事 A、B、C 逃避公司事务，A 与 C 将收拾残局的事项委托给 X 公司的事务部长，即被申请人 Y。Y 按照受托事项仅拟制了以 A 被选认为法定代表人为内容的董事会会议纪要，并将 A 登记为法定代表人。之后，A 为了诉前和解选任诉讼代理人，并达成了将 X 公司的房地产向 Y、D、E 转让为内容的本诉前和解。之后，基于 A 并非合法的法定代表人以及以转让公司业务的重要一部分为内容的本和解达成时未经股东大会的特别决议，X 公司申请了再审。

法院的判断

一审法院认定A是经过X公司3人董事中过半数的2人董事选任的合法的法定代表人，但是大法院撤销了一审判决。大法院认为，“股份公司的董事会与股东大会不同，原则上由具有召集权的董事对其他全体董事发出董事会召集通知，应由董事本人出席董事会参加决议，由代理人出席董事会的行为不被认可，据此董事个人无法向他人委托其出席和表决董事会的权限。基于此，有悖于此的董事会决议为无效，且主张无效的方法并不存在任何限制，利害关系人可随时以任何方法主张无效。……上述董事会决议理所当然无效（可以说是不存在），且无法另行弥补该瑕疵”。

QUESTIONS & NOTES

Q1 大法院认为，就董事的表决权，由代理人出席董事会不被认可。其理由是什么？

Q2 根据上述【判例 26】，代理行使董事的表决权不被认可，董事根据自身意思表示作出书面决议的是否有效？

【参考判例】

大法院 2006.11.10. 宣告 2005Da46233 判决

本判决中，一方当事人主张以书面决议的方式进行的关于发行可转换债券的董事会决议系属董事会决议的不存在，基于该主张发行可转换债券的效力成为争议点。大法院认为“各董事会会议纪要中，出席董事会的各位董事及监事认可基于其自身意思表示签字的事实。如情况确实如此，即便各董事会未在特定场所召开，且如上拟制各董事会会议纪要，根据《韩国商法》第390条第4款的规定，只要获得全体董事的同意，未经董事会的召集程序可召开董事会。考虑到商法规定的主旨以及大部分商事公司的业务执行要求意思决定的灵活性等特点，不能认为1999年5月12日的各董事会决议不存在”。

NOTE 大法院 2005.6.29. 宣告 2005Da2554 判决中，对于信用协同合伙，大法院认为“关于需获得董事会决议的事项，向各董事分别说明决议事项的内容并获得各董事的同意后，在提前拟制的董事会会议纪要中获得董事签字的方式进行表决的基于所谓书面决议方式的董事会决议并不被禁止”。但是，由于该等判决的作出是基于信用协同合伙法，其并无董事会决议方法的相关规定，因此无法同样普及至股份公司。

董事会理想的运营方式是在会议中各董事利用专业知识进行讨论，并由此导出合理的结果，因此原则上不允许书面决议。但例外的是，如果全体董事同意议案时，是否也有必要否认董事会决议的效力仍存疑问。

【参考判例】

大法院 1995.4.11. 宣告 94Da33903 判决（董事会决议的法定最低人数）

“《韩国商法》第391条第1款规定‘董事会决议必须由过半数董事出席会议并且经

出席会议的董事的过半数通过'，不具备上述强制性规定的决议要件的董事会决议为无效。……如一审作出的合法判决，如果诉外重组公司的各董事会由当时在职的6名董事中的3名董事出席，并且本案各连带保证的议案决议由出席会议的董事全票通过，则上述各董事会决议因未达到过半数董事出席会议，且在未能满足商法项下董事会决议的法定最低人数的董事会中予以作出，因此被认定为决议无效。……"

大法院1991.5.28.宣告90Da20084判决（就董事会决议，具有特别利害关系的董事所持有的表决权之数的计算）

"根据《韩国商法》第391条的规定，股份公司的董事会决议必须由过半数董事出席会议并且经出席会议的董事的过半数通过（该条第1款）。在该情形下，准用《韩国商法》第368条第4款和第371条第2款的规定（该条第2款）。《韩国商法》第368条第4款和第371条第2款规定，就股东大会决议具有特殊的利害关系的主体无法行使表决权（《韩国商法》第368条第4款）。韩国商法仅规定了基于前述规定无法行使的表决权之数不算入到出席会议的股东的表决权之数（《韩国商法》第371条第2款），但韩国商法并未规定将无法行使的表决权之数不算入到表决的最低法定人数。据此，虽然具有利害关系的董事无法在董事会上行使表决权，但是作为计算表决最低法定人数的基础，无法行使的表决权之数应包含在董事之数中。但是，在大部分情况下，被认定为未算入到通过表决所须的出席会议的董事之人数。"

大法院2011.6.24.宣告2009Da35033判决［该判决与本章I.2.（1）3）的参考判例相同］

（董事会召集通知书中是否要求通知会议的目的事项）

董事会为了撤销召集2005年7月29日的临时股东大会，于2005年7月20日向董事发送了于2005年7月28日召开董事会为内容的召集通知书，但作为该董事会的目的事项，就"撤销召集2005年7月29日的临时股东大会"未予以通知，直到2005年7月26日才发送了以预计撤销召集股东大会为内容的通知书。大法院认为，"除非在公司章程中规定发送董事会召集通知时应与会议的目的事项一同通知各董事，或者不与会议的目的事项一同通知的，则显著妨碍在董事会中的审议、表决等的特别情形的，与股东大会的召集通知情形不同，发送董事会召集通知时无须一同通知会议的目的事项"。据此，法院并未认定董事会召集程序有瑕疵。

（二）代表行为的效力

公司法将董事会和法定代表人定义为业务执行机构。虽然对董事会与法定代表人之间关系的理论分析上仍存在意见分歧，但从结论来看，就基于法律规定、公司章程或董事会规则或通过董事会决议保留董事会决议事项的事宜，法定代表人不具有决策权，就日常的业务执行事宜，法定代表人具有决策权（大法院1997.6.13.宣告96Da48282判决)。此时,法定代表人实施需要获得股东大会或董事会批准的对外代表行为时,尚未满足该等要件的,如何认定该效力成为重要的问题。需要获得股东大会或董事会批准的情形包括:(1)法律规定要求获得股东大会批准的情形;(2)法律规定要求董事会批准的情形;(3)虽然法律规定尚未要求,但根据公司章程或董事会规则、董事会决议等公司内部规则要求获得股东大会或董事会批准的情形。对于代表行为的效力问题,首先,应判断以需要获得股东大会或董事会批准的事项为前提;其次,如果属于该事项时,在判断其是否有效力时,需要判断对于交易对方的保护应考虑到何种程度。

1. 对于重要的业务执行行为,董事会批准决议和法定代表人行为之效力

《韩国商法》规定处置及转让重要资产、借入大规模资产等属于董事会决议事项(《韩国商法》第 393 条第 1 款)。但是,由于"重要性"为抽象概念,因此何种交易作为重要交易应获得董事会批准尚未明确。据此,公司为了明确业务执行范围,以董事会规定等设定一定的标准从而确定董事会批准事项的情形较多。在该等情形下,判断是否需要董事会批准决议时,以何种程度尊重公司内部规定将成为问题。

【判例 27】- 董事会权限委任之限界(大法院)

大法院 2005.7.28. 宣告 2005Da3649 判决

事实关系

Y 公司的法定代表人未经董事会决议,签订了 Y 公司于 2002 年 12 月 23 日向 X 公司以 160 余亿韩元的价格出售不动产的合同。之后,Y 公司以董事会决议的缺陷为由否认买卖合同的效力,而买方 X 公司以买卖合同有效为前提,请求所有权转移登记。具体而言,Y 公司的董事会规定(2002 年 12 月 24 日修订之前的董事会规定)将"取得、租赁或处置相当于资本金的 30% 以上的主要资产"规定为需要向董事会提交审议的事项(第 11 条第 3 款第 10 项),之后将上述条款修订(2002 年 12 月 24 日修订)为"取得、租赁或处置相当于上一年会计年度末资产总额的 10% 以上的主要资产"。被告 Y 公司截至 2002 年 10 月 10 日其资本金仅达到 16 余亿韩元,但签订本买卖合同之前的约 2 个月前进行了增资,使其资本金猛增至 1199 亿韩元。以本案不动产的出售价格为准,其价格相当于 2001 年年底资产总额的 5%,2002 年年底资产总额的 5.8%。X 公司在签订本案买卖合同之前或当时并未询问过 Y 公司本案买卖合同是否属于需要获得被告董事会决议的事项,或者是否已经被告董事会的决议等。但是,在签订本案买卖合同之后的 2002 年 12 月 26 日,X 公司对签订本案买卖合同的事实是否作为韩国证券交易所的电子交易披露事项予以披露进行确认,其确认结果为未披露。就此,X 公司向被告询问了关于签订本案买卖合同之事实未被披露的理由。另外,Y 公司主张法定代表人滥用其代表权签订本案买卖合同。

法院的判断

一审认为根据董事会规定签订本案买卖合同不要求经过董事会决议，据此一审法院支持了X公司的请求。与此相反，大法院认为，即便根据董事会规定签订本案买卖合同不属于董事会决议事项，但是考虑到各种情形，被认定为属于处置重要财产的，应经过董事会决议。由于上述出售不动产的行为属于处置重要资产的情形，因此应获得董事会决议。故，大法院驳回了一审判决。但是，大法院以交易对方X公司无法知悉或者无法应该知悉未经过董事会决议的情形为由，最终认定了买卖合同的效力。

1. 是否要求董事会决议

"《韩国商法》第393条第1款规定，处置及转让股份公司的重要资产时，需经过董事会决议。此时，判断是否属于处置重要资产的情形时应考虑该资产的价款、该资产在总资产中所占据的比例、公司规模、公司经营或财产状况、经营状态、资产的持有目的、与公司日常业务之间的关联性、在该公司之前的处理情况等事宜，并由此判断依赖法定代表人的决策是否适当。如果属于处置重要资产的情形的，就此董事会应直接进行决议而不得全权委托法定代表人处理处置该重要资产的相关事项。因此，即便董事会规则规定处置重要资产事宜并不属于须提交董事会审议的事项，但必须经过董事会决议。

如上所述，本案不动产的买卖价格相当于2001年年底资产总额的5%，2002年年底资产总额的5.8%。根据记录可确认以下事实：被告是以生产、销售服装产品为主要业务的公司，虽然在经营目的中也包含不动产买卖业，但是不动产买卖仅限于特殊情形下进行的；被告截至2002年10月10日的资本金只不过16.3217亿韩元，但是由于被告在签订本案买卖合同的约2个月之前的当月11日和12日进行了增资，致使其资本金猛增至1199.0804亿韩元；本案不动产的买卖价款分别相当于2001年年底及2002年年底的不动产总额的19.7%；本案不动产……未包含在公司重整程序终结之前制定的被告的自救计划项下出售标的不动产范围内；本案不动产是被告所有的不动产中……第三大规模的不动产。根据上述法理，考虑本案不动产的价款、本案不动产在总资产中所占据的比例，被告的规模、经营或财产状况、经营状态、与日常业务之间的关联性等事宜，未经过董事会决议而按照被告法定代表人的决策处置本案不动产事宜并不妥当。鉴于处置本案不动产属于处置被告的重要资产的情形，签订本案买卖合同须经过董事会决议，即便被告的董事会规则未将签订本案买卖合同的情形规定为提交至董事会的审议事项，也同样需要经过董事会决议。"

2. 交易对方的恶意

"但是，即便股份公司的法定代表人就须经过董事会决议的对外交易行为未经董事会决议，该等董事会决议事项只不过属于公司内部决策事项。如果交易对方无法知悉或者不可能知悉未经董事会决议的事实，则该交易行为有效。在该等情形下，交易对方无法知悉或者不可能知悉未经董事会决议的事实应由作出该主张的公司主张、举证（参考大法院 1999.10.8. 宣告 98Da2488 判决、2003.1.24. 宣告 2000Da20670 判决等）。

根据一审判决理由，对于被告主张的 X 公司已知悉或应该知悉就本案买卖合同未经董事会决议的事实，综合考虑下列因素：本案买卖合同的协议过程和签订原委；X 公司以为签订本案买卖合同之后该等签订事实被披露于韩国证券交易所的电子交易披露事项，但未被披露，就此 X 公司询问了被告专务 A 其理由，A 出示被告的董事会规定并说明根据被告的董事会规定处置相当于资产总额的 10% 以下的资产时无须经过董事会决议，因此未披露签订本案买卖合同的事实；一般情况下公司进行交易时，法定代表人经过内部所需的决策程序有效率地代表公司实施法律行为；关于法定代表人的代表权是否有限制，难以被认定为是交易对方负有的积极的确认义务。即便综合考虑被告所提交的证据，法院认为不足以认定 X 公司在签订本案买卖合同当时已知悉或应该知悉被告未经董事会决议的事实，因此未支持上述主张。考虑本案法理和上述记录，一审的上述判决为正当的且对此表示同意。”

3. 滥用代表权

“对于被告的法定代表人 B 滥用代表权签订本案买卖合同的被告主张，按照一审判决理由一审法院认为，在签订本案买卖合同当时，被告的法定代表人 B 是否与公司的营利目的无关，而以促进本人或第三方的利益为目的滥用其权限签订本案买卖合同，即便如此并不存在 X 公司在本案买卖合同的协商及签署过程中，被认定为已知悉或应该知悉签订本案买卖合同的行为属于 B 滥用上述代表权行为的证据，据此排除了上述主张。

股份公司的法定代表人在其代表权范围内实施的行为，即便法定代表人被认定为其行为与公司的营利目的无关，以促进本人或第三方的利益为目的滥用其权限而实施的，该行为作为公司的行为有效，但是该行为被对方知悉或有可能知悉时，对公司无效（参考大法院 1997.8.29. 宣告 97Da18059 判决、2004.3.26. 宣告 2003Da34045 判决等）。基于上述法理和记录，原审的上述判决是正当的，可接受的……”

QUESTIONS & NOTES

Q1 根据 Y 公司董事会规定，签订买卖合同当时，本交易属于董事会决议事项吗？根据该判决，关于是否需要获得董事会批准事宜，是否可根据董事会规定作出判断？

Q2 如大法院判决，判断是否属于处置重要资产的情形时，与是否为董事会规则项下须提交董事会审议的事项无关，在判断是否需要经过董事会决议，如果应考虑该资产的价款、该资产在总资产中所占据的比例、公司规模、公司经营或财产状况、经营状态、资产的持有目的、与公司日常业务之间的关联性、在该公司之前的处理情况等事宜，并由此判断是否相当地依赖于法定代表人的决策，那么实务操作中，将发生哪些问题？

NOTE 根据《韩国资本市场法》的规定，公司发生主要事项时，应向金融委员会提交主要事项报告书。公司转让资产时，拟转让的资产价值为上一个会计年度末当时资产总额的 10% 以上的；拟转让的资产部分的销售额为上一个会计年度末当时销售额的 10% 以上的，法律规定要求其提交主要事项报告书(《韩国资本市场法》第 161 条第 1 款第 7 项、《韩国资本市场法施行令》第 171 条第 1 款)。基于该等规定,无法认为 Y 公司的董事会规定明显不当。在该等情形下,对于法院的介入是否妥当,我们还有再加思考的余地。

Q3 在本案,交易对方在交易当时并未过问是否已经过董事会决议。如转让企业资产,法律要求应经过股东大会决议的交易,未获得股东大会的合法批准的,法院认定交易对方应负有积极的确认义务,即便交易对方为善意,原则上企业资产转让合同被视为无效。[1]根据【判例 27】的大法院逻辑,对于重要交易应获得董事会批准的,与公司内部规定无关,是按照法律规定需要董事会批准的。那么,未获得董事会批准的交易应视为无效吗?大法院如何看待?判断交易是否属于在该公司应获得董事会批准的重要交易,对交易对方是件易事吗?

【参考判例】

大法院 2009.3.26. 宣告 2006Da47677 判决(现代重工业 v. 海力士,法院认为现代证券:知悉或应该知悉未获得董事会批准的案件)

就现代电子对现代重工业作出的协议,大法院认为,即便未获得现代电子的董事会批准,但这不是现代重工业作为相对方知悉或应该知悉未获得董事会批准决议的事宜,因此协议有效。与此相反,在本案中就现代证券对现代重工业作出的协议,法院认为现代重工业应知悉现代证券未获得董事会批准的事宜,据此协议无效。其中,法院对恶意的认定判决如下。

“在当时,原告为现代集团内部其他关联公司获得金融机构的贷款而提供支付保证时,均是按照金融机构的要求,以附加原告的董事会会议纪要并提交至金融机构的方式处理业务的。但是,从被告现代证券领取本案备忘录的当时,原告未向被告现代证券提出该等要求等。参考上述诸多情况,如果原告当时对被告现代证券要求提供董事会会议纪要或者确认是否经过董事会决议,则原告应知悉被告现代证券的董事会未决议本案协议的事实。因此,法院判定未经过被告现代证券的董事会决议的本案协议对被告现代证券无效。

基于上述情况,加之被告现代证券并不是本案股份转让合同或本案股份认购权授予合同的当事人,而仅仅起推荐或经纪签署各合同的作用。被告现代证券与原告不同,并不负有赔偿因该交易所造成的费用及其他损失等法律义务。反而,如下所述,根据在当时实施的证券交易法等相关法律等,如被告现代证券的证券公司除了一定情形之外,被禁止对特殊管理人提供贷款或信贷。综合考虑以上情形,原告与被告现代证券签订本案协议的当时,协议存在特别情形,难以完全信任被告现代证券已经过董事会决议等必要的内部程序。因此,原告应就本案协议被要求确认被告现代证券是否已经过董事会决议等采取措施,除非原告采取该等措施,否则可认定为原告具有过失。”

另外,鉴于上述保证及其他与此类似的协议(以下简称保证)为无效,不得向公司追

[1] 但是,在【判例 83】,法院在一定情形下承认了未合法地获得股东大会批准的转让企业合同的效力。

究合同项下的责任。但是,"该法定代表人未经过商法项下董事会决议程序而导致与债权人之间的保证合同无效的行为,可认定为该法定代表人作为业务执行人未尽注意义务的过失行为。该法定代表人未经过上述董事会决议程序而导致该保证合同无效,然而误信该保证为有效的债权人持续进行该交易导致其遭受损害的,可认定为股份公司的法定代表人因执行该业务造成他人损害的情形。因此,该股份公司根据《韩国商法》第389条第3款被准用的《韩国商法》第210条规定,与该法定代表人承担连带赔偿损害责任。如上述情形,以不存在董事会决议为由,否定对股份公司的保证合同效力,而承认公司的损害赔偿责任,并不能视为抹灭《韩国商法》第393条第1款规定的主旨。另外,侵权行为的受害人对第三方持有债权而获得偿还的,即便不发生损害,受害人也可以对侵权行为人实施损害赔偿请求权。因此,在上述情形,即便债权人获得债务人的偿还而弥补损害,仅以该事由为由,仍可请求签订保证合同的股份公司及其法定代表人赔偿因保证无效的损害"。法院认为对公司可以追究不法行为责任。

2. 限制代表权和滥用代表权

如上所述,对于重要资产的处置及转让等《韩国商法》第393条第1款规定的不属于董事会权限的事项,也可通过公司章程或董事会规定等要求其获得股东大会或董事会批准。但是,法定代表人就公司经营有权实施裁判内或裁判外的所有行为(第389条第3款→第209条第1款),对该等权限的限制使公司无法对抗善意的第三人(第389条第3款→第209条第2款),以此保护交易相对方。就该等限制代表权的问题,根据法律规定或公司章程或其他董事会规定等需要对代表行为经过股东大会或董事会决议的情况下,破坏该等程序或者决议有瑕疵的,如何认定代表行为的效力将成为问题。与此相反,滥用代表权是指法定代表人的主观意图并非以公司利益为目的的情形。就该等行为与保护交易安全之间的关系上,如何认定其效力亦将成为问题。

QUESTIONS & NOTES

Q1 在上述【判例27】中,法定代表人的行为属于滥用代表权的行为时,如何判断该效力?

Q2 例如,1亿韩元以上的贷款行为虽然不属于法律规定的董事会决议事项,但是在公司章程中规定为股东大会批准事项或董事会批准事项的,法定代表人未获得批准而贷款1亿韩元的,其交易有效吗?(见表11)

【参考判例】

大法院1993.6.25.宣告93Da13391判决

就股份公司的法定代表人本应经过董事会决议的对外交易行为,即便未经过董事会决议而进行交易,该等董事会决议事项只属于公司内部的意思决策。除非交易相对方知悉或应该知悉未经该等董事会决议的情形,该交易行为被解释为有效,主张相对方恶意的公司方应该提出主张并举证。

根据一审判决理由，一审法院认定如下：在公司章程等规定股份公司的法定代表人实施某对外交易行为时应经过董事会决议，同时未经过董事会决议的，该等董事会决议只属于公司内部的意思决策相关事项。因此，法定代表人对内承担因违背任务的责任应另当别论。其交易相对方善意时，即交易相对方不存在知悉公司章程规定法定代表人执行特定事项相关业务时应经过董事会决议的限制法定代表人的代表权的事实且未经过与此相关的董事会决议的事实，或者除非因重大过失未知悉该等事实等情形的，该交易行为应被解释为有效。对于一审的上述判断，关于知悉未经董事会决议的事实情形的判断部分，可以接受，但是除非因重大过失未知悉该事实，该交易行为被解释为有效的部分，根据上述法理应属于有过错。

大法院 1997.8.26. 宣告 96Da36753 判决

经理的某种行为从其客观性质来看被认定为企业所有人的经营相关行为的，针对经理违反企业所有人已定的有关限制代理权规定而实施的行为，第三方知悉上述限制代理权的事实甚至第三方因重大过失不知上述事实的，企业所有人以此为由对抗相对方，针对第三方的恶意或重大过失的主张、证明责任由企业所有人承担。

表 11　未获得股东大会或董事会批准的法定代表人行为之效力

<table>
<tr><th></th><th colspan="2">内部行为的效力</th><th colspan="2">法定代表人独断代表行为的效力</th></tr>
<tr><td></td><td>行为</td><td>效力</td><td>行为</td><td>效力</td></tr>
<tr><td>未获得法律要求的股东大会批准</td><td>变更公司章程</td><td>无效</td><td>企业转让（第 374 条）
事后设立（第 375 条）</td><td>无效
Cf. 控股股东显现股东大会决议外观时有效【判例 83】</td></tr>
<tr><td rowspan="4">未获得法律要求的董事会批准</td><td rowspan="4">准备金的资本转入（无偿增资）
选任经理
选任法定代表人</td><td rowspan="4">无效</td><td>处分主要资产</td><td>有效
—对方知悉或应当知悉的，无效【判例 27】
—承担举证责任：公司</td></tr>
<tr><td>董事的自我交易</td><td>相对无效
—对该董事、主要股东无效；第三方恶意、有重大过失时，对第三方无效（大法院 2004.3.25. 宣告 2003Da64688 判决）
—承担举证责任：公司</td></tr>
<tr><td>通过有瑕疵的董事会决议召集的股东大会中通过的决议</td><td>取消或不存在股东大会决议之争</td></tr>
<tr><td>新股发行 / 债券发行</td><td>有效【判例 72】/ 有效</td></tr>
</table>

续表

	内部行为的效力		法定代表人独断代表行为的效力	
违反代表权的内部限制			公司章程等要求的股东大会认可有缺陷	①无效说：股东大会决议是公司的基本决策事项 ②有效说：重要性、可预见性 / 代表权的内部限制
			未获得公司章程、董事会规定等要求的董事会批准（例如，对于1亿韩元以上的借款要求获得董事会批准） 仅限于部分事业部门适用代表权	无法对抗善意的第三方（第389条第3款→第209条第2款） —对方知悉或应当知悉的，无效（大法院1993.6.25.宣告93 Da13391判决） —承担举证责任：公司 —Cf. 对于经理：适用善意、无重大过失标准（大法院1997.8.26.宣告96Da36753判决）
滥用代表权				有效 —对方知悉或应当知悉的，无效（大法院2004.3.26.宣告2003Da34045判决） —承担举证责任：公司

注：表中引用法条均出自《韩国商法》。

3. 共同法定代表人

法定代表人可以设1人也可以设数人。法定代表人设数名的，原则上各法定代表人均拥有完整的代表权。但是，为了从滥用代表权等危险中保护公司利益，设2人以上的法定代表人的，在不共同实施代表行为时，可将该行为视为无效，这就是共同法定代表人制度。在该情形下，交易的安全会成问题。但是，与交易相对方之间的利益调整基本上是按照共同法定代表人的登记制度予以进行。即以登记共同法定代表人的方式促进公示制度。能够确认是否登记但未确认的，可以视为交易相对方的归责事由。因此，交易被认定为无效时，理论上也无法受到保护。

共同法定代表人制度是以该等公司利益为目的的制度，但需要共同的意思表示，因此在运营上有不便的一面。此时，共同法定代表人委托其他法定代表人其权限，进而发生得以实现代表行为的情形，在保护公司利益的共同法定代表人制度的主旨以及保护交易对方利益的观点上，在怎样的范围内允许上述代表行为存在疑问。

【判例 28】- 共同法定代表人之单独代表行为的效力——共同代表制度法理（大法院）

大法院 1989.5.23. 宣告 89DaKa3677 判决

事实关系

B和C从A处收购取暖器制造企业后设立了X公司，但未付清收购款项，因此将转让人A和B设为共同法定代表人并进行了登记。A委托B行使其权限并保管人名章及铭牌。设立X公司之前，C因其他业务关系对Y公司承担债务。因X公司拟对上述债务提供保证，共同法定代表人之一B使用了从A接收的个人名章及铭牌等并拟制了期票公证文件。但是，之后X公司针对Y公司提出了确认债权不存在之请求。

法院的判断

“股份公司设置共同代表制度是为了促使数名法定代表人在对外关系中只能共同地行使代表权，从而确保执行业务的统一性，慎重地行使代表权。同时依照法定代表人相互之间的牵制，防止法定代表人滥用以及误用代表权，进而谋求公司利益。共同法定代表人之一就特定事项个别地委托其他共同法定代表人行使其代表权事宜可另当别论，但一般性、整体性地委托行使其代表权的行为不被允许。在本案，根据一审确定的事实可明确知悉共同法定代表人之一的B从其他共同法定代表人A整体地受托行使了上述代表权，但是原审认为……发行上述期票的行为针对原告有效，归根结底是一审法院误解了在股份公司行使共同代表权之方法相关法理，犯下了影响判决结果的错误。”

QUESTIONS & NOTES

NOTE 在设定共同法定代表人的公司，共同法定代表人之一实施单独代表行为的情形可分为①无权限的一人单独实施代表行为的情形以及②共同法定代表人之一委托其他共同法定代表人单独地实施代表行为的情形。其中，①情形下的单独代表行为原则上无效，基于共同法定代表人制度的主旨，这种结论是理所当然的。但是，以保护交易相对方为目的的表见法定代表人制度（《韩国商法》第395条）例外地被适用，从而交易的效力被认定。②情形下的行为虽然属于单独代表行为，但是其为基于委托关系的单独代表行为，因此是否可以如①情形认为无效仍有疑问。

Q1 根据上述判例，共同法定代表人之一整体地委托其他法定代表人行使其权限的行为不被允许，一人的单独代表行为被认定为无效。

（1）禁止整体地委托共同法定代表人之权限的主旨为何？

（2）在上述案件中，鉴于由X公司承担设立公司之前C所承担的个人债务，有可能被认为保护公司利益的必要性较大。但是，假设共同法定代表人之一整体地委托其他法定代表人行使其权限从而在运营公司的过程中，就取暖器制造业务公司承担债务，在该情形下，整体地委托为无效，因而可以认定为公司无须承担责任吗？

（3）在A和B为共同法定代表人的公司中，就1亿韩元以下的交易，A向B以全权委托的方式确定代表权的范围，委托B得以单独地实施代表行为，B签订合同时，该合同的效力为何？进而是否可以按照案件就特定交易个别地向其他共同法定代表人委托代表权？

(4)如上不允许整体委托，在与采取共同法定代表人制度的公司之间的交易中，与共同法定代表人之一交易的交易相对方应采取何种措施？

【参考判例】

大法院 1996.10.25. 宣告 95Nu14190 判决

为了获得在建筑物的顶部标识楼顶标牌的户外广告物标识许可，申请人应提交建筑物各个所有人的同意文件，所有人之一的诉外公司以同意部分无效等为由取消了户外广告物设置许可。虽然法院认为“如一审合法地予以确定，诉外公司的2名共同法定代表人之一的A单独同意的，则除非有特别情形，无法视为诉外公司表示同意。然而，其他1名法定代表人容忍以及放任使上述A就本案建筑物的管理单独地实施代表行为，同时原告属于相信A为有权单独代表公司的善意的第三方的，可以视为诉外公司表示同意（参考大法院 1992.10.27. 宣告 92Da19033 判决）”，但是在认定事实关系时法院判定，难以视为其他1名法定代表人容忍以及放任使上述A就本案建筑物的管理单独地实施代表行为，从而否认了同意的效力。本判决以对方信任单独代表可能性为条件，因此共同法定代表人之间对交易的内容有一致的意思时，也并不能视为法院可以判定共同法定代表人可单独做出对外的意思表示。

Q2 鉴于大法院判定不允许上述整体委托，此时共同法定代表人之一所实施的单独代表行为可被认为无权实施的单独代表行为。在该情形下，不存在交易行为被认定为有效的情形吗？

【参考判例】

大法院 1991.11.12. 宣告 91Da19111 判决

“公司让无董事资格的人员使用表见法定代表人名称的，或者公司知悉无董事资格的人员使用该名称且处在容忍状态的，公司无法豁免《韩国商法》第395条项下的表见责任（参考该法院 1988.10.25. 宣告 86DaKa1228 判决），该等法理同样适用于公司容忍以及放任共同法定代表人使用法定代表人的名称的情形。……实际上，A被登记为共同代表的期间，即1998年12月19日以及1989年4月3日，A单独代表被告公司与韩国电力公司义城分店签订电气工程承包合同等，确认了关于公司放任A实施单独使用法定代表人名称的行为的事实。基于此被告公司已规定了共同代表，而默认了诉外A单独行使代表权限实施的对上述借款的连带保证行为。原告可以被认定为相信A为有权单独代表被告公司的善意的第三方。鉴于此，法院认为被告公司针对原告负有履行本案连带保证责任的义务。查看记录，一审法院的判决为正当的，且对表见法定代表人的法理无误解，不存在违法事宜。”

Q3 如果基于单独代表的交易行为为无效，则保护交易相对方的其他方案有哪些？可以对公司主张的救济方案以及对共同法定代表人主张可救济方案有哪些？

4. 表见法定代表人

公司的代表行为原则上应由合法的法定代表人实施方有效力。如上所述，脱离代表权的法律规定项下的限制或内部限制，以及滥用代表权行为的效力问题是以合法的法定代表人所实施的行为为前提的。表见法定代表人制度与上述情形不同，并非合法的法定代表人的主体实施交易行为的，基于外观主义以及禁止反言原则，使公司承担交易责任的制度。因此，在此处有必要了解在满足什么要件时，即便并非法定代表人的主体实施行为，公司也例外地承担交易责任。根据《韩国商法》第 395 条规定，为了确认公司的责任，需要满足下列要件：①使用被认定为有权代表公司的名称，即存在外观；②公司的归责事由；③第三方的信任。

根据《韩国商法》第 395 条，被认定责任的案件可分为下列两类：①在选任程序上有瑕疵，导致并非合法的法定代表人的主体被登载于登记簿项下的法定代表人，以此作为可乘之机的交易；②未被登载于登记簿项下的法定代表人的主体以自己的名义或法定代表人的名义实施行为的情形。在①情形下，除了是否适用表见法定代表人规定之外，是否适用《韩国商法》第 39 条虚假登记的效力规定也成问题（大法院 2004.2.27. 宣告 2002Da19797 判决）。此外，在①②情形下，也存在根据民法项下表见代理规定被认定交易行为的效力的可能性。基于另行存在上述的救济方法，有可能对立法论项下的表见法定代表人制度的存在意义提出异议。

【判例 29】- 表见法定代表人行为效力（大法院）

大法院 2003.7.22. 宣告 2002Da40432 判决（Dacom 专务是否属于表见法定代表人）

事实关系

本案是关于 A 作为原告 X 股份公司的专务董事的同时，前后就任企划调整室长、事业总管部门长、互联网事业部门长等职，A 以法定代表人的名义签订了以公司存款为其个人贷款设定最高额质权担保合同，X 股份公司向 Y 银行等主张存款债权的存在，Y 银行则根据表见法定代表人之规定，主张提供存款担保的行为有效的案件。

法院的判断

就 A 的设定质押行为，认为被告相信代理行使原告公司法定代表人的代表权限为重大过失，因此一审判决不认可原告公司的责任。但是，大法院将此发回重审。

1. 专务董事以法定代表人之名进行的行为

对于专务董事 A 盖上法定代表人名义的法人印鉴，代表法定代表人签名，交付 X 公司的印鉴证明书等提供担保文件，并签署了设定质押合同的事宜，大法院判决："《韩国商法》第 395 条规定，不仅适用于表见法定代表人使用其自身的名称，为法律行为的情形，而且类推适用于其不使用自身的名称，使用其他法定代表人的名称为行为的情形（参考大法院 1979.2.13. 宣告 77Da2436 判决、1988.10.25. 宣告 86DaKa1228 判决、1998.3.27. 宣告 97Da34709 判决等）。"

2.Y 银行的信任

大法院认为，"为了使因《韩国商法》第 395 条规定的表见法定代表人行为的股份公司的责任成立，虽然并不要求成为法律行为相对方的第三人的善意以外的无过失……就算第三者相信，并非为公司法定代表人的董事进行交易行为时有权限代表公司，对于该等信赖存在重大过失时，公司对于该第三者不承担责任（参考大法院 1999.11.12. 宣告 99Da19797 判决）"后，以"被告银行的支行长或代理在原告公司的总部大楼内专务董事办公室得到 A 在质押权设定合同上盖的公司法定代表人名义的法人印鉴，还获得法人印鉴证明书等提供担保所必要的文件，且公司的财经本部长 B 与资金组部长、代理等参与该场合，介入上述合同的制作等，该案件的质押权设定行为以公开的形式进行，并未超出通常的银行交易方法，未凸显特别值得怀疑的事由，因此被告方负责人不能接受 A 的职务权限书仅为原告公司内部文件，或不得向作为财经部门的上级经营企划部门长或法定代表人进行询问"等理由，大法院否定了对被告 Y 银行重大过失的认定。

【判例 30】- 与表见法定代表人交易的相对方的重大过失（大法院）

大法院 1999.11.12. 宣告 99Da19797 判决（专务董事在他人的租赁合同上担保债务行为的效力）

事实关系

A 产业与 X 租赁公司签署了租赁合同。Y 产业为了担保 A 产业租赁合同上债务的履行，将 Y 产业所拥有的票据背书，并交付予 X 租赁公司。这里票据的背书是由 Y 产业的专务董事 / 住宅事业本部长甲（A 产业法定代表人丁的丈人）以"Y 产业股份公司法定代表人乙"名义的背书，并将此交付予原告。本案签订租赁合同时，X 租赁公司的业务负责人丙未直接与 Y 产业专务董事甲接触，而是通过 A 产业的法定代表人接收了名片和票据，且知悉 A 产业与被告 Y 产业之间无任何交易关系。X 租赁公司的业务负责人对 Y 产业专务董事甲是否有权限以 Y 公司法定代表人名义背书票据，未向 Y 公司的会计部门等进行任何确认，而是仅通过与甲通话进行确认，就连本案票据具体由何人背书也未确认。在本案，A 产业未支付租赁费，X 租赁公司终止租赁合同，请求 Y 产业承担其作为《韩国商法》第 395 条项下表见法定代表人法理的连带保证人的责任。被告 Y 产业是资本金为 300 亿韩元，在韩国国内按承包额排列为第 60 位的中坚建筑企业，其与 A 产业无交易关系，A 产业租赁的物品为制造汽车空调专用电动离合器所需的计算机测试机，Y 产业的行业也与本案租赁合同的标的物无任何关系，本案租赁合同的款项是达到25亿韩元的巨额款项。

法院的判断

法院认定原告X公司对于其已知悉或未知无代表权限存在重大过失，据此否认了Y公司的责任。

法院认定，《韩国商法》第395条将表见法定代表人的名称举例为社长、副社长、专务、常务等名称，社长、副社长、专务、常务等名称作为可以成为表见法定代表人名称的职衔，该等名称是否属于表见法定代表人的名称应按照社会一般交易观念予以决定。商法并不对所有董事认定公司代表权，而是仅对董事会或股东大会选任的法定代表人认定公司代表权。该等制度在《韩国商法》开始施行之后相当期间内仍然持续施行，在该期间国民一般的教育水平也得到提高，一般人能够接触公司制度和法定代表人制度的机会显著增加，使一般人也能够更加了解该等商法项下的法定代表人制度。至少在职责制度上设置社长、副社长、专务、常务等职责的股份公司，不得令并非商法项下的法定代表人的董事使用法定代表人名称。另外，在大规模的股份公司，职责制度项下具有社长职务的董事被选任为法定代表人的情形较多。与之相反，职责制度项下具有专务或常务职务的董事并非如此，具有专务或常务职责的同时被选任为法定代表人的董事使用“法定代表人专务、法定代表人常务”等名称，这也是目前韩国国内财经界的实际情况。据此，即便《韩国商法》第395条将社长、副社长、专务、常务等名称作为表见法定代表人的名称举例，在社会观念上第三方对该各自名称的信任程度无法被认定为始终如一。因此，就上述各个名称，第三方是否信任使用该名称的董事具有代表公司的权限，该等信任是否存在重大过失等问题，应在社会观念上个别地、具体地予以确定。尤其在大规模的股份公司，不使用“法定代表人专务”或“法定代表人常务”等名称，只是使用“专务董事”或“常务董事”等名称的董事，在排斥诸如第三方有恶意或重大过失的公司方作出的抗辩时，有必要对该交易的当事人和交易内容等进行谨慎地审查，不得随意排斥公司方的抗辩。

因此，原告公司中这些持续、反复地执行租赁各种物品等业务的金融机构的高管和员工，相较于一般人应更容易察觉或对下列事项产生疑问：甲方使用被告Y公司的专务董事、住宅事业部本部长的职衔本身无法被视为其具有包括为公司实施票据行为之权限在内的一般的代表权限，反而该名称足够被认定为甲方仅就公司住宅业务部分从公司授予分配执行业务权限的董事或职员，进而甲方不具有代表被告公司的权限。然而，负责签订本案租赁合同的丙接收上述甲方的名片后，仍然相信甲方与被告公司之间无任何交易关系，甲的女婿丁只是法定代表人，为了法人登记簿项下甲自己被登载于董事的A产业，以对巨额合同金额的本案租赁合同项下A产业履行债务提供保证为目的，甲方有权限代表被告公司背书本案票据。对上述行为，在交易观念上无法让人接受。

即便丙相信上述事宜，基于上述分析，应视为已发生难以相信甲方有权限代表被告公司背书本案票据的情形。丙可以通过阅览被告公司的登记薄副本或咨询被告公司会计部门等简单的方法确认甲是否有权代表被告公司背书本案票据，但是却完全没有采取该等措施，而是仅通过听取被告公司提供的保证，从原告公司获得本案租赁合同项下资金的利益的丁以及其丈人甲的一番话，相信甲有权限代表被告公司背书本案票据，因此丙的该等相信被视为有重大过失。

QUESTIONS & NOTES

Q1 大法院 2003.2.11. 宣告 2002Da62029 判决认为，"是否属于表见法定代表人的名称应按照社会一般的交易观念予以确定……'会计负责董事'不属于被认定为有权限代表公司的名称"。专务董事是否属于可被认定为有权限代表公司的名称呢？

Q2 表见法定代表人制度典型地保护下述交易相对方，即相信专务董事以其名义实施交易行为时使用专务董事名称的主体具有代表权。专务董事以法定代表人的名义进行交易时，交易相对方信任什么？在该等情形下也认可第 395 条的类推适用时是否妥当？

【参考判例】

大法院 2011.3.10. 宣告 2010Da100339 判决（表见法定代表人以真正的法定代表人名义交易的，交易相对方恶意、重大过失的对象）

本判决是持有 Y 公司股份 45% 的第一大股东，同时是独立董事的 A，为了经营 Y 公司的超市业务受让店铺，支付中途金而从 X 借款的案件。Y 公司的 4 名高管中，3 名在 A 任法定代表人的其他公司任职高管，A 对外自称 Y 公司的社长，同时使用其职衔载明为 Y 公司会长的名片。X 公司要求 Y 公司也承担责任，A 以法定代表人名义拟制借款证并加盖了 Y 公司的公章。在拟制借款证的当时，原告 X 通过领取由签发机关签发的 Y 公司法人登记簿副本确认了 A 并非为法定代表人，但并未向 Y 公司确定 A 是否有权限以 Y 公司名义拟制本案借款证。

一审法院认为，X 有重大过失，但大法院将此发回重审。大法院认为"上述商法规定适用于表见法定代表人以其自己的名字实施的行为，也适用于以法定代表人的名字实施的行为（参考大法院 1979.2.13. 宣告 77Da2436 判决等）。并且，在该情形下，对方的恶意或重大过失是关于是否有权限代理法定代表人实施行为而并非关于表见法定代表人的代表权（参考大法院 2003.7.22. 宣告 2002Da40432 判决）。……在判断对方原告是否有恶意还是重大过失时，应判断其是否有权代理被告公司的法定代表人拟制本案借款证，并据此承担债务，而并非判断 A 是否具有被告公司的代表权。那么即便原告知悉 A 并非被告公司的法定代表人，该等情形也并不属于判断原告的恶意或重大过失时可颠覆结果的重大事项"。

Q3 【判例 29】和【判例 30】均属于关于专务董事行为的案件。但是前者认定了其责任，而后者否认了其责任。在结论上发生该等差异的理由是什么？

Q4 【判例 29】是专务董事并非从银行借用 X 公司资金，而是针对其他公司的债务提供担保的案件，其数额达到 300 亿韩元。将该等规模的交易有可能视为董事会决议事项，但是在上述判例中尚未讨论该部分。假设上述交易属于董事会决议事项而未经董事会决议的，提供担保行为的效力如何认定？在该等情形，表见法定代表人的责任能否被认定？是否有可能提起公司的权利能力范围之外的抗辩？

【参考判例】

大法院 1998.3.27. 宣告 97Da34709 判决

“即便被认定为表见法定代表人的行为，如果该行为需要董事会决议，作为交易相对方的第三方知悉或应该知悉未经过董事会决议，则可以豁免对该行为的公司责任。”

大法院 2013.7.11. 宣告 2013Da5091 判决

即便法定代表人在其代表权的范围内实施的行为，如果与公司的营利目的无关，而是以谋求自己或第三方的利益为目的滥用其权限的行为，且该行为的相对方知悉或应该知悉法定代表人的真实意思时，该行为对公司无效（参考大法院 2005.7.28. 宣告 2005Da3649 判决、大法院 2008.5.15. 宣告 2007Da23807 判决等）。同时，在无特别情形下，该等法理同样适用于下列情形，即在《韩国商法》第 395 条规定的表见法定代表人与公司的营利目的无关，而是以谋求自己或第三方的利益为目的滥用其权限的情形。

NOTE 《韩国商法》第 395 条的法律条文要求行为人为董事，但行为人并非董事的情形也需要同样保护，这是基于对于看似具有代表权之外观的信任。

大法院 1985.6.11. 宣告 84DaKa963 判决

“就董事使用有可能误导外部认为其具有公司代表权的名称的行为，《韩国商法》第 395 条规定了公司的责任，且在形式上要求表见法定代表人具有董事资格。但是，上述规定出自于保护交易安全与禁止反言原则的法律共同原则，无董事资格的人员使用公司表见法定代表人名称的情形，或者公司知悉无董事资格的人员使用表见法定代表人名称的行为而放任或不采取任何措施处于容忍状态的情形下，也属于类推适用上述规定的情形……”

NOTE 对于表见名称的使用，表见法定代表人的责任仅限于公司有归责事由时被予认定。

大法院 1992.9.22. 宣告 91Da5365 判决

“为了使公司允许表见代表，由真正的法定代表人允许，或者即便未能获得全体董事的允许，至少需要获得成立董事会决议所需的在公司章程中规定的董事人数，如果不存在该等章程规定，至少需要获得董事总人数的过半数董事积极地或默示地允许表见代表的情形。”

大法院 1992.8.18. 宣告 91Da14369 判决

在未召集、召开股东大会，而仅拟制会议纪要的股东大会决议中，被选任为代表人的人员转让公司财产的案件中，法院认为“拟制会议纪要等透露股东大会决议之外观的人员如持有公司的过半数股份的股东，或者即便不持有过半数的股份但实际控制公司运营的股东，在股东大会决议的外观透露上，被视为与公司有关联时，有可能以前者为准认定公司责任”。但是，在本案件中，法院以并非控股股东为由否认了公司的归责事由。

大法院 2009.3.12. 宣告 2007Da60455 判决（与【判例 83】相同的判决）

在未召集、召开股东大会，而仅拟制会议纪要的股东大会决议中被选任为代表的，其所实施的行为，针对拟制会议纪要透露代表资格外观的行为被认定为公司有归责事由的，可根据《韩国商法》第 395 条的规定追究公司的责任（参考大法院 1992.8.18. 宣告 91Da14369 判决等）。在该等情形下，制作会议纪要等显露股东大会决议的人与实际上控制公司运营的人相同，股东大会决议的外观显露被视为与公司有关联时，可以认定公司具有归责事由。

被告公司于 2004 年 2 月当时，诉外 1 的大儿子诉外 2 任职法定代表人，其妻子诉外 3 以及其二儿子诉外 4 分别任职董事，诉外 1 任职监事，以诉外 1 的家庭成员组成家庭公司……作为被告公司法定代表人的上述诉外 2 与其他董事等完成了以诉外 1 自己为被告公司法定代表人为内容的法人变更登记，可充分地认为，对于显露看似诉外 1 为被告公司法定代表人的外观上，公司有归责事由；或者被告公司至少知悉诉外 1 实施作为被告公司法定代表人的行为而未采取任何措施搁置不管进而消极地予以默认。

大法院 1975.5.27. 宣告 74Da1366 判决（不良登记搁置与表见法定代表人）

该案件为公司监事趁公司处于实际停业状态时，公司的股东、法定代表人及董事长在达 6 年多的时间内搁置公司，监事将其自身变更登记为法定代表人之后，出售公司不动产的案件。

“对于依照《韩国商法》第 395 条的表见代表人之行为，公司承担其责任是限于公司明示或默示认可表见代理人使用名称，对于未获得公司的使用名称的同意，任意使用名称之人的行为，即使公司在未能知悉、未能制止其使用名称方面存在过错，立法主旨并非为将责任转移至该公司，使善意的第三人负起责任……”

NOTE 在已选任法定代表人的董事会决议无效的情形，或因在此之前选任该董事的股东大会决议的无效、取消、不存在，法定代表人所做交易的效力被溯及无效的情形下，《韩国商法》第 395 条的表见法定代表人责任可被认可，也可适用关于虚假登记的《韩国商法》第 39 条之法理。

大法院 2004.2.27. 宣告 2002Da19797 判决

“对于选任董事的股东大会决议的取消判决生效之后，由根据其决议被选任为董事构成的董事会上被选出的法定代表人被溯及失去其资格，该法定代表人在对于选任董事的股东大会决议的取消判决生效之前所为行为，是无代表权人所为的行为而无效。……

但是，即便对于选任董事的股东大会决议的取消判决生效，其决议被溯及无效，与该选任决议被取消的法定代表人交易的相对方可通过《韩国商法》第 39 条的适用，或类推适用而受到保护，在关于股份公司的法人登记的情形下，虽然公司通过代表人申请登记，由于登记申请权人为公司本身，根据被取消的股东大会决议而被选任为董事的法定代表人所完成的董事选任登记属于《韩国商法》第 39 条的虚假登记。”

大法院 2012.1.26. 宣告 2009Da85052 判决

“是股份公司的，如上述，应以对于虚假登记的故意、过失的有无，以法定代表人为基准判定（参考大法院 1971.2.23. 宣告 70Da1361、1362 判决，大法院 1981.1.27. 宣告 79Da1618、1619 判决，上述法院的 2010Da70018 判决等），即并非为法定代表人的人员制定股东大会决议及董事会决议等外观，以此打下基础，完成了新法定代表人的选任登记，但股东大会的召集程序或决议方法上存在不得视股东大会决议存在的那种程度的重大瑕疵，其决议被认定为不存在时，虽然股东大会的召开与决议存在，不同于有无效或取消事由的情形，因不存在有关其新法定代表人选任的股份公司内部的决策，作为登记申请权人的公司无法介入其登记的完成，除非公司合法的法定代表人以协助、默认等方式参与虚假登记的完成，或知悉该虚假登记的存在，却未作改正、弃置一旁等，存在与公司的故意或过失造成的虚假登记一视同仁的特殊情形，无法根据《韩国商法》第 39 条向公司追究登记责任（参考上述大法院 2006Da24100 判决、上述大法院 2010Da70018 判决）。”

第三节　业务执行机构的结构及执行高管

正如在第一节中所提及的，在股份公司中董事会一般为业务执行机构，同时也被理解为监督机构。在对外层面，作为使交易行为等的效果归属于公司的制度，法定代表人（执行高管代表）制度被实施。

即便董事会为业务执行机构，公司在作为会议体的董事会上决策业务执行相关事宜，而实际业务仍由以社长、副社长、专务等组成的执行公司的对内外业务的经营组织，一般统称为高管的人来执行。最近也使用首席执行官（Chief Executive Officer，CEO）、首席财务官（Chief Financial Officer，CFO）、首席运营官（Chief Operating Officer，COO）等名称。现实中，作为惯例，大部分公司将代表权及业务执行权合并，因此经营组织在法定代表人的指挥、监督下运营，即所谓董事会的监督为监督法定代表人旗下经营组织的业务执行之事宜。

金融危机之前的惯常做法是，设置多数的董事会成员，公司上层经营组织几乎大部分是专务董事、常务董事等，兼具董事资格。在此情形之下，虽然董事直接执行业务，但严格来讲，其并非以董事身份执行业务，而是以员工的身份执行业务。但是，此情形下，实际上董事会很难实现对业务执行的监督。因为本应行使监督职能的董事在法定代表人的指挥、监督下亲自执行业务。

此类治理结构具有不透明性，1997 年金融危机后，被提出批判意见，为了确保董事会监督的实效性，作为方案之一，韩国引进了独立董事制度。独立董事是指不从事相关公司日常业务，无董事缺格事由的人员（《韩国商法》第 382 条第 3 款）。《韩国商法》在缺格事由中列举了与控股股东或管理层有一定关系的情形，从结果来看，独立董事首先为可被视为具有独立性的董事，法律甚至要求上市公司选任一定比例乃至一定数量以上的独立董事（参考《韩国商法》第 542 条之 8）。据此，虽然非上市公司持续了所有董事几乎由公司高管担任并执行业务的形态，但上市公司的董事会成员由包含法定代表人的业务执行高管与不担任业务执行且具备独立性的独立董事以及不执行日常业务也不具备独立性要件的（参考《韩国商法》第 317 条第 2 款第 8 项）董事构成。

此种独立董事制度的引进造成董事会结构的变化。随着法律强制要求上市公司设置一定比例以上的独立董事，对选任独立董事数量感到负担的各上市公司则以减少独立董事数量的便捷手段，对应减少了董事成员数量。其结果为，金融危机之前所谓高管与公司法上的董事几乎一致。在董事会构成变化之后，高管中的几乎大部分人无法兼具董事身份，他们被统称为非登记高管。实际上多数上市公司的高管中，商法上的董事仅为法定代表人和 CFO 而已，多数情形是董事会的相当一部分由独立董事构成。其结果是不担任业务执行的董事的登场，奠定了提升董事会监督实效性的基础。〔1〕

〔1〕 此类独立董事，被要求独立承担对公司业务执行的监督角色。尤其在韩国这样有控股股东的一般性的公司治理结构环境下，除了承担对管理层的监督以外，还承担减少因控股股东与小股东之间的利益冲突造成的代理人费用的作用。

与此同时，董事会的构成变化也引起了其他问题。根据《韩国商法》规定，董事对公司承担“注意义务乃至忠实义务”，对于董事的义务违反行为，股东可通过代表诉讼追究其责任。如金融危机之前，在几乎所有高管具备董事身份的情况下，对于高管关于业务执行的决策及监督，可按照董事的义务和责任规定进行约束。但是，对于因董事会构成变化而登场的非登记高管，并未正面就其法律地位进行约束。

据此，公司内非登记高管中，尤其是最高级高管的薪酬或业务内容等与业务负责高管相比并无大的差异，即便重要业务执行的决策实际由他们所做，但却不受公司法的约束，这是否妥当的问题被提及，进而为了提升业务执行监督的实效性，在有必要完全分离监督功能与业务执行功能的思路下，在 2011 年商法修订案中新设了公司可以设置执行高管的规定。〔1〕

设置执行高管的公司，执行高管执行业务，根据章程或董事会决议的委任对相关业务享有决策权限（《韩国商法》第 408 条之 4），这种公司不得设置法定代表人，仅可设置代表执行董事（《韩国商法》第 408 条之 5 第 1 款），从概念上完全分离了经营组织与董事会，对于执行董事，基本上明示了与董事相同的义务及责任（《韩国商法》第 408 条）。

但是，因为公司可以选择是否引进执行高管制度，业务执行及监管机构的结构存在执行高管设置公司与执行高管非设置公司（当前的业务执行及监管结构）两种。由于可设置执行高管的范围也未作限制，小规模非上市公司也可设置执行高管。但现实中，需要设置执行高管的公司一般为大规模上市公司。也可采取设置了执行高管的公司的董事会仅由不负责业务执行的董事构成，经营交给执行高管的结构。但是由于法律并不禁止高管兼具有董事身份，在此情形下，董事会由独立董事、非执行董事、负责业务执行的董事构成，这与修订之前的上市公司董事会的构成实态并无实质性的差异。而且，设置执行高管的公司在金融危机以后，应该不会采取之前在企业实务中被使用的将实质上的执行高管或非登记高管全员选任并登记为执行高管的做法。因此，预计他们将继续保留原有的非登记高管。（董事会及高管的构成见表 12）

另外，在类似 2011 年修订的韩国公司法的执行董事制度相关条文不存在时，并非没有对他们进行监督或责任追究。他们除了受到法定代表人的监督以外，可依照雇佣或委任等法理，承担合同上的责任，也可作为表见董事（《韩国商法》第 401 条之 2）被追究责任。

〔1〕 公司法中，对于非登记高管即使不另行作出约束，仍可以雇佣或委任等的合同使其承担责任，且可按照对董事的监视义务对其进行约束，因此这里有是否有追加另外规制规定的必要的疑问。

表 12　董事会及高管的构成

<table>
<tr><td colspan="5">（广义的）高管*</td></tr>
<tr><td rowspan="4">（董事）（登记董事）：
director
→董事会的构成</td><td colspan="3">独立董事</td><td rowspan="4">监事或监事委员会</td></tr>
<tr><td colspan="3">不从事日常业务的董事</td></tr>
<tr><td rowspan="2">内部董事</td><td colspan="2">业务执行董事</td></tr>
<tr><td colspan="2">法定代表人</td></tr>
<tr><td rowspan="3">非登记董事/
未登记董事/
（实质的）
执行高管/
（协议的）高管
officer</td><td rowspan="3">CEO、CFO、COO、社长、副社长、专务、常务等</td><td rowspan="2">设置执行高管的公司</td><td>作为执行高管的非登记董事</td><td rowspan="3">①公司可设置执行高管（第 408 条之 2）：虽然一般在非登记高管中选任，但董事也可兼任执行高管。**
②设置执行高管的公司不得设置法定代表人（第 408 条之 2）***</td></tr>
<tr><td>并非执行高管的非登记董事</td></tr>
<tr><td colspan="2">未设置执行高管的公司</td></tr>
</table>

注：1. 表中的粗体字为公司法中的词汇，其余为实务惯行上的名称。

2. 表中引用法条均出自《韩国商法》。

* 实务惯行或公司法（《韩国商法》第 296 条、第 312 条、第 323 条）中，“高管”这一词在多种场合下使用，但其意思并不相同。作为商法词汇，“高管”仅意味着董事和监事。但在实务中有与此完全不同的观点，从公司管理层的职责上使用 CEO、CFO、COO、社长、副社长、专务、常务等词汇指称高级职位的人员。在更加广义的角度，“高管”也被理解为包含他们和董事、监事等的所有的概念总和，因此要留意其被作为何种意思使用。

**（狭义的）高管与董事是不同层面的概念。在韩国，CEO 均具备法定代表人身份，COO 或 CFO 等具有董事地位的情形也较多。

*** 实务中，执行高管也被理解为与非登记高管相同的意思，这与 2011 年修订的商法中被引进的执行高管，并非为同一概念。

【参考判例】

大法院 2003.9.26. 宣告 2002Da64681 判决

该案件为原先作为股份公司的非登记高管，在工作后退职，这些高管在公司进入清算程序后，将其管理人 Y 作为被告，请求支付退职金的事宜（下称请求）。根据旧公司清算法，劳动者的工资、退职金、灾害补偿金并非依据清算程序，而可随时获得偿付（旧《韩国公司清算法》第 208 条第 10 款、第 209 条第 1 款），以此可得到优先受偿。由此，当时作为非登记高管的原告们在劳动基准法上是否视为劳动者成为问题。

大法院判决“虽然请求中登记高管与非登记高管之间就其退职金和薪酬提供同等待遇，根据《韩国商法》，仅向登记高管赋予出席董事会参与公司业务相关重要事项的决议权限等，在登记高管与非登记高管之间就业务执行权限作了明确的区别”，以此区分了董事与非登记高管的地位，但还判决“是否属于适用《韩国劳动基准法》的劳动者无关合同形式如何，其实质应以是否以工资为目的，是否以从属性关系向雇主提供劳动作为判断依据。因此即使为公司的董事或监事等高管，如其地位或名称为形式上、名目上的，实际上其为每天上班，在具有业务执行权的法定代表人或雇主的指挥、监督下提供一定的劳动，并以此为代价，获取报酬或除了处理公司委任的事务以外，在法定代表人等的指挥、监督下，负责一定的劳动，并以此为代价，获取一定报酬的，此类高管应视为符合《韩国劳动基准法》中的劳动者”。依据此类判决，登记高管也有可能属于劳动者。

大法院 2009.8.20. 宣告 2009Du1440 判决

大法院判决，法定代表人也属于劳动者。“……即便为被登记为股份公司法定代表人的人员，若作为法定代表人的地位仅为形式上的、名目上的，不仅不具有公司的对内外的业务执行权，在对内外业务执行方面也缘于登记名义，即仅以其名义执行而已，另有作为其决策权人的实际经营者，其本身仅受实际经营者的具体的、个别的指挥、监督而提供劳动，并非基于经营业绩或业务成果，而是以劳动本身获取报酬时作为例外，属于《韩国产业灾害赔偿保险法》上的劳动者。”

第四章
CHAPTER 4

董事义务与责任

规范公司利害关系人之间的利益冲突行为是公司法的重要功能之一。利害关系人之间的利益冲突主要是董事等高级管理人员与全体股东(公司)之间的冲突。股东不参与公司经营,而是由董事作为专业人员负责经营,并由股东享受经营成果,由此将作出经营决策的主体与享受该决策成果的主体予以分离。但是,如果具有经营决策权的董事并非出于公司利益从事经营行为,则将产生代理成本(agency cost)问题。关于代理成本问题,可通过多种方法对此予以规制。其中就包含由股东大会任命董事;通过监事或者监事委员会对董事会的工作予以监查;企业支配权市场等法律设置或者手段。除此之外,可以将董事善管注意义务、忠实义务及其具体化的规定作为董事行为准则予以适用,而且董事违反其义务时适用的损害赔偿责任亦可作为事后惩罚手段予以适用。本书第四章将会以董事义务与责任为主题,讨论有关董事义务与责任的内容。

在第一节中,将主要考察董事向公司承担的善管注意义务以及经营判断原则的含义,董事监事义务及其具体内容,即构筑内部管理架构之义务的含义。在第二节中,则主要考察作为利益冲突行为类型的董事等与公司交易(译者注:《韩国商法》第 398 条对这里的“董事等”的人员范围作了具体规定)的竞业交易问题;基于修订前《韩国商法》对利益冲突规范上的限制,2011 年修订《韩国商法》中新设的篡夺公司机会(《韩国商法》第 397 条之 2)的规定;以及作为利益冲突特殊类型的董事报酬规制问题。在第三节中,主要讨论针对违反义务的损害赔偿责任。理论上,相对于董事与公司之间的关系,董事并不会与债权人等第三人形成直接的法律关系或者对其承担义务。尽管如此,《韩国商法》规定了董事对于第三人的损害赔偿责任。对此本章中将考察实际判例中如何运用该规定。此外,还将探讨虽不是董事,但承担与董事相同责任的业务执行指示人的责任。最后,在第四节中,探讨股东向董事追究损害赔偿责任的代表诉讼制度。

第一节 善管注意义务

鉴于对公司与董事之间的关系可准用民法中有关委任的规定，因此董事应当承担其作为受托人的善良管理人注意义务(《韩国商法》第382条第2款)。董事作为董事会成员以及法定代表人，应当在业务履行过程当中承担善管注意义务。韩国商法并未对董事善管注意义务的含义或者内容作出具体规定。

在英美法系，通过判例确立了具有一定地位的“Fiduciary”应当承担“Fiduciary Duty”(诚信义务)〔1〕的观点。也就是说，公司董事从股东和公司处取得一定的权限，董事的权限行使行为之效果对股东和公司产生影响，因此董事处在应当为了权限授予人(受益人)的利益而从事相关行为的地位。因此，如同信托(trust)关系中的受托人(trustee)，董事亦应当从受益人的利益出发从事相关行为。在美国公司法项下董事的“Fiduciary duty”划分为“Duty of care”(注意义务)和“Duty of loyalty”(忠实义务)。〔2〕但是，韩国商法项下的善管注意义务相当于英美法项下“Fiduciary duty”中的“Duty of care”。相比之下，美国法项下的“Duty of loyalty”包含非常广泛的内容，属于外延较大的概念，因此对于其与韩国商法项下的忠实义务(《韩国商法》第383条之3)是否属于同一概念，存有疑虑。虽然注意义务与忠实义务之间的关系并不明确，但近些年来韩国判例中对于董事的特定行为，使用“该行为违背注意义务乃至忠实义务”的表述方式。〔3〕根据上述情况可知，注意义务与忠实义务两者之间的概念并非可以明确划分。

通常来说，注意义务的标准应当以义务人的地位及其所属情况而形成的期待程度作为依据。特别是，对专业能力有特殊要求的董事，对其注意义务的标准会更严格。但是对于董事为履行注意义务，应当从事何种行为，尚不明确。注意义务的标准以及内容只能通过具体事例具体分析，实际上很难对此作出明文规定，而且这种做法也是不可取的。因为，即使对注意义务的内容作出详细规定，也很难在实际案例中机械地适用该等规定，判断董事是否违反其义务。

此外，通常董事都需要在各种条件以及经营决策之成败尚未确定的情况下，迅速作

---

〔1〕 也有将其翻译成忠实义务的情形，但是因为“Fiduciary duty”中的“Duty of loyalty”翻译成忠实义务，因此通常将其翻译成“诚信义务”。

〔2〕 2011年7月24日修订的信托法中也将受托人的义务划分为善管注意义务(《美国信托法》第32条)与忠实义务(《美国信托法》第33条)予以规定。

〔3〕 参见大法院2002.6.14.宣告2001Da52407判决等。

出决策。如果对经营决策进行事后评价，并追究其违反注意义务之责任，则有可能会产生限制经营的效果。因此，应当在一定程度上尊重经营决策，并且即使因此导致公司损失，也应当慎重判断董事是否违反注意义务。

对此，美国从 19 世纪开始就通过判例形成了“经营判断原则”(business judgement rule)。该原则系指，如果董事的经营判断具备一定要件，即使给公司造成损失，也不能认定其违反董事义务，也不会追究董事责任。鉴于经营判断原则是通过判例形成，因此，个别判例、学者对其概念及其具体内容的理解都会有所不同。按照美国法律协会(American Law Institute，ALI)所采纳的原则，[1]如果满足下列要件，则将“诚实”(in good faith)作出经营判断的董事视为其已履行注意义务。①经营判断的对象与董事没有利害关系。②在具体情形中对经营判断对象形成了适当合理的了解。该要件作为程序性要件，系指对经营判断所需的必要信息采取了合理的搜集、审查。③合理信赖经营判断符合公司的最大利益。该要件系指经营者确信自己的决策符合公司的利益，而且该确信应当是合理的。

虽然商法并未对经营判断原则作出明文规定，但是可以通过解释对该原则予以确认。在判例中，可以找到在逻辑上与美国法项下的经营判断原则类似的规定。例如，董事“如果合理地搜集并审查必要信息，并作出符合公司利益的判断”，则认定其已经履行了善管注意义务；[2]董事“如果在具体情形中依据合理的信息，通过适当的程序，根据诚实信用原则并出于公司利益最大化之目的作出决策，则该经营判断属于可接受的裁量范围”，因此认定，董事已经履行了针对公司的善管注意义务乃至忠实义务。[3]

但是，对于经营判断原则与注意义务之间的关系，各执其词。在 ALI 原则中，只需满足经营判断原则之要件，即可认定董事遵守了注意义务。因此，诚实的经营判断只要不存在利益冲突，或者判断程序不合理，或者判断内容不合理，就不存在违反注意义务的情形。根据上述内容，可以理解为，依据上述要件对抽象的注意义务内容予以具体化的结果就是经营判断原则。

在本节中，首先探讨韩国判例在何种情形下，依据何种标准判断是否违反注意义务；通过考虑何种要素来认定董事的经营判断，从而对注意义务之违反予以否定。虽然很难对注意义务的标准及其内容予以确认，但是对董事应当遵守法律不存在异见。作为注意义务的环节，董事应当遵守法律，而且因为很难将违反法律视为合理的经营判断或者决策，因此将不得适用经营判断原则。本节中将了解违反法律将如何构成注意义务的违反，董事应当遵守的法律之含义及其范围。

---

〔1〕 ALI, *Principles of Corporate Governance: Analysis and Recommendations*, 1994, § 4.01.

〔2〕 参见大法院 2005.10.28. 宣告 2003Da69638 判决(三星电子代表诉讼判决)。

〔3〕 参见大法院 2002.6.14. 宣告 2001Da52407 判决(新农村金库判决)。

一、经营判断原则

【判例 31】- 董事的违反法令行为与经营判断原则（大法院）三星电子股东代表诉讼

大法院 2005.10.28. 宣告 2003Da69638 判决（三星电子代表诉讼判决）[1]

本案是三星电子少数股东以三星电子高级管理人员为被告提起的代表诉讼。虽然本案中有多个诉讼请求，但是有关董事注意义务以及经营判断原则的请求为“贿赂行为（请求 1）”“收购利川电器（请求 2）”“三星综合化学股权的买卖（请求 3）”。

1. 请求 1（贿赂行为）

事实关系

Y1 作为三星集团会长以及三星电子（A）的董事，在 1988 年 3 月至 1992 年 8 月数次利用三星集团关联公司筹集总金额为 250 亿韩元的政治资金，并将其提供给当时的 R 总统。其目的是在政府实施与企业经营相关的经济政策、金融以及税制等决策时，能够使三星集团获得比其他企业更优惠的待遇或者至少不遭受损失。对于在上述贿赂行为中，诉讼时效尚未届满的 100 亿韩元，法院认定罪名成立。A 的少数股东（X）主张其受到相当于 1998 年 10 月 20 日由 A 筹集的 75 亿韩元的贿赂款项的损失，并请求 Y1 赔偿 75 亿韩元的损失。

法院的判断

【原审：首尔高等法院 2003.11.20. 宣告 2002Na6595 判决】法院认定，除诉讼时效届满的 1988 年 3 月的 5 亿韩元贿赂金额之外，Y1 应当对剩余 70 亿韩元承担支付义务。

【大法院】根据《韩国商法》第 399 条的规定，如果董事从事违反法律规定的行为，应当对公司承担损害赔偿责任。违反法律规定的行为应当包括违反具体规定，董事履行职责时应当遵守之义务的商法等诸项规定，以及违反从事企业活动所应当遵守的诸项规定的情形。如果董事在履行职责的过程当中从事违反法律规定的行为，该行为本身就属于对公司的债务不履行，因此如果因上述行为发生损失，除非有特殊情形，则无法免除损害赔偿责任。

对于董事履行职责的过程当中违反法律规定，违反善管注意义务，怠于履行职责而导致的损害赔偿责任，不得适用经营判断原则。公司在从事企业活动的过程当中不得从事刑法项下的犯罪行为，因此，公司应当在从事企业活动的过程当中遵守禁止贿赂行为的刑法规定。因此如果董事以公司资金进行贿赂，该行为属于《韩国商法》第 399 条规

〔1〕 本判例中关于损害赔偿范围、损害赔偿责任的免除的内容，请参考本章【判例 42】。

定的违反法律规定的行为，因此对于公司由此所遭受的相当于贿赂金额的损失，应当予以赔偿。

2. 请求2（收购利川电器）

事实关系

1996年4月开始，三星电子（A）计划进军重电机市场，并且要求实务人员对具体方案进行审核。实务人员认为设立公司的方案在募集专业人力资源、专利以及技术、构建销售网络、取得政府许可、以及新设工厂、资金要求等方面没有实际可操作性，从而提出收购利川电机（B）的方案。因此，A要求实务人员对B的财务结构改善方案以及损益预期进行审查，并基于实务人员的汇报情况，最终决定收购B。

①收购大股东的股权以及新股认购：A的董事会于1997年3月14日审查"重电业务参与方案""利川电机财务结构改善方案"等材料之后，认为虽然B在当时处于资本减损状态，但考虑到B持有经营权、专利权、技术等无形资产，及其作为最大股东的经营权溢价，决定以90亿韩元的价格收购其最大股东B1持有的42.5%的股权（59名董事中32名出席会议，并且全体同意。被告Y1以及Y2并未出席）。而且，于1997年4月2日以及4月3日分别通过董事会决议（59名董事中有31名出席会议，并且全体同意。被告Y1以及Y2并未出席）决定参与B的有偿增资，并且通过收购作废股（译者注：企业有偿增资时，股东放弃行使新股认购权的股权）的方式以200亿韩元的价格认购了400万新股，从而A持有B的85.3%股权，成为其最大股东。

②对于B债务的支付保证以及之后的新股认购：在A收购B当时，B就已经处于资不抵债的状态，而且其财务状况非常恶劣。此外，因1997年金融危机（IMF危机），B的财务状况每况愈下，在政府的不良企业结构调整项目以及退出企业指定项目中，B的金融机构要求A就B的信用贷款提供支付保证。A的董事会于1998年3月决议通过对B的1570亿韩元的债务提供担保。此后，Hanvit银行作为B的主要交易银行，将B判定为无法重整的企业，并将B选定为退出企业，决定回收对B的全部投资资金。鉴于B不具备偿债能力，A为了保证支付保证债务的履行，决定自1998年7月28日起至9月5日止收购1709亿韩元的B的新股，并予以出资。至此，A对于B的投资总额达到1999亿韩元。在B被Hanvit银行判定为退出对象企业之后，A于1998年12月28日向诉外日进集团出售95亿韩元的B股权。

根据当时由全国银行联合会制定的《韩国金融机构信用信息交换以及管理规定》，对于享有破产处理企业最大股权或者最多出资的当事人，将其分类为红色交易方，将会受到金融机构的取消贷款，对原先贷款的债权采取保全措施以及强制债权回收等措施。

X作为A的股东认为，当初被告Y1、Y3~Y10赞成作出收购无法重整的B新股相关决议、各项出资决议以及同意支付保证决议，该行为或造成A共1904亿韩元

（1999 亿 － 95 亿）的损失，或上述被告属于就上述事宜作出指示的业务执行人，或上述被告对避免其他被告作出不利于公司的决议承担注意义务，却存在不出席董事会等怠于履行董事监视义务的情形。鉴于上述情形，原告请求损害赔偿。

法院的判断

【第一审：水原地方法院 2001.12.27. 宣告 98Ga 合 22553 判决】法院认为，鉴于认购股权当时的利川电机的财务结构以及收益性期望值，收购利川电机的风险程度已经远超正常的范围，而且对此可以预见等情况，认定了被告的责任。

作出投资决定时，应当考虑目标公司的财务结构、新型投资的风险程度、目标公司经营正常化所需费用等。但是在董事会只是印发名称为“电机业务参与方案”的资料，并未印发有关上述考虑事项的资料，对于董事就投资利川电机事宜不得不考虑的诸多事项，董事并未进行事先考量，而且在董事会决议中尚未就上述事宜提供资料的情况下，仅依据 1 个多小时的讨论即决定收购财务状况异常的利川电机。鉴于上述情况，法院无法认定出席董事会会议的董事系出于 A 的利益，并依据充分的信息作出适当的决策。因此，上述收购决议不能以经营判断为由而得到保护。通过 1997 年 3 月 14 日的收购决议及 1997 年 4 月 3 日的收购决议的内容，可证明董事怠于履行义务，并且由此给 A 造成 276 亿韩元的损失。

【原审：首尔高等法院 2003.11.20. 宣告 2002Na6595 判决】公司董事在法律或者章程规定的目的范围之内，对公司经营判断享有裁量权。而且公司的经营多多少少会伴随一定的风险。因此，只要董事履行职务的过程当中，在其作为企业经营人员的合理选择范畴之内作出判断且诚实履行职责，即使最终给公司造成损失，也不得追究董事责任（如果对失败的经营判断追究法律责任，会限制经营行为，最终限制经营者的经营意愿）。因此，对于董事在履行公司业务过程中是否违反善管注意义务，应当根据基础事实认定、作出决策的过程中作为企业经营人员是否存在不可饶恕的过失，且该等过失是否超出其被赋予的裁量权的范围等因素作出判断。判断是否超出其裁量权，应当综合考虑其业务执行的目的、作出判断的情况、是否介入个人利害关系、是否取得作为判断依据的资料或者信息、业务执行结果等因素，并决定要求董事个人承担损害赔偿责任是否具有合理性。……鉴于①三星电子的经营管理层在收购利川电机 1 年之前就已经安排实务人员就参与重电业务的必要性、商业性进行审查，并安排实务人员就利川电机的财务结构改善方案、日后损益期望、经营方针等作出报告；②为了确定收购价格多次进行协商；③出席董事会的董事一方面审查实务人员制定的“三星电子参与重电业务的方案”“利川电机财务结构改善方案”等资料，另一方面听取主管董事认为三星电子有必要参与重电业务的汇报，以及与新设法人相比，收购已设立的利川电机更为有利，并可通过有偿增资以及短期贷款转换成长期低利资金等方式改善财务结构，可在短期之内创造利润等陈述说明之后作出最终决定等情况，无法认定董事在作出决定的过程中作出不可饶恕的错误，或者该等决定超出当时的经营判断裁量权的范围。而且，除非认定该等决定涉及董事个人利害关系或者董事明知该等决定会给公司造成损失，否则不得要求董事承担损害赔偿责任。

对于三星电子对利川电机的担保债务提供担保，为偿还该担保债务而认购相当于1709亿韩元的新股的决议，法院作出以下判断。根据当时《韩国金融机构信用信息交换以及管理规定》，享有非上市法人半数以上股权的股东中对破产企业享有股权数最大的股东或者出资额最大的股东应当与该破产企业一同作为关联人归类为红色交易人，将会受到金融机构的取消贷款，对原先贷款的债权采取保全措施以及强制债权回收等措施。因此，鉴于利川电机的破产，作为三星电子避免被交易银行认定为红色交易人，董事会的各项支付保证决议及其各项出资决议是不可避免的。除此之外，鉴于因无法预测的1997年金融危机导致利川电机被认定为退出企业的情形，可以认定董事在当时情形下，是在经营判断裁量范围之内作出决策的。

【大法院】大法院认为，如果董事在收购公司资产过程中，就收购与否及交易价格作出决定之前合理收集了必要信息，并进行充分审查之后作出了符合公司利益的判断，则视为该董事履行了善良管理人的注意义务。原审法院的事实认定及其对于收购利川电机股权之决定的判断具有正当性，并不存在对经营判断原则的法理上的误解。

3. 请求3（三星综合化学股权的买卖）

事实关系

1994年4月25日三星电子（A）参与其关联公司三星综合化学（C）（非上市公司）的有偿增资，并以面值10,000韩元的价格收购了1000万股。之后，在满8个月之前的1999年12月17日将其在上述新股认购之前就持有的股权以及新认购的股权共2000万股（相当于C的总发行股权数的47.29%）以每股2600韩元的价格转让给其关联公司——三星建设（D）以及三星航空（E）（被告董事中Y1、Y3、Y6并未出席董事会决议）。A的少数股东X认为，每股取得金额与转让金额之间的7400韩元的差额系因起初就以过高的价额收购股权或者以过低的价额转让股权所造成。X认为，D与E通过上述过程取得利益，而由此给A造成了1480亿韩元（7400韩元 ×2000万股）的损失，而且上述损失系由A的董事怠于履行职责所造成。鉴于此，X向法院主张损害赔偿。被告作为A的董事主张，之所以以面值收购C的股权系因A作为C的最大股东，为改善C的财务结构，而迫不得已以面值予以收购。而且，之所以在8个月之后转让股权系因即便通过财务结构改善还是无法保证之后的创收；之所以将转让价格定为2600韩元系根据当时实施的《韩国继承税法》项下的非上市股权的评价方法予以认定的。

法院的判断

【第一审：水原地方法院 2001.12.27. 宣告 98Ga 合 22553 判决】法院认定，就股权转让事宜，出席董事会决议的被告应当赔偿 626.6 亿韩元。对于其他被告，法院认为不能仅以其未出席上述董事会决议为由，认定其他被告应就上述损失承担责任。关于损失金额，法院以净资产价值评估 C 公司的股票价额为 5733 韩元，并据此认定因股权转让而造成的损失为［(5733 韩元 −2600 韩元) ×2000 万股］626.6 亿韩元。

【原审：首尔高等法院 2003.11.20. 宣告 2002Na6595 判决】法院认为，虽然存在 A 公司迫不得已在未考虑 C 公司股权实际价格的前提下，以面值收购其股权的特殊情形，但是以《韩国继承税法》项下的评价方法计算转让价格系错误的做法。据此，认定损失金额为 626.6 亿韩元，并维持了一审判决。关于承担责任的被告范围，原审法院也维持了一审法院的判决。

【大法院】如果①负责公司所持非上市股权出售业务的董事根据计算该等交易价格所需的合理信息（例如，依据符合该交易目的、交易当时该非上市法人的情况、其行业特点且被普遍认可的评价方法计算股价）；②并出于公司利益最大化之目的确定交易价格；③而且即便考虑到该交易的特殊性，该等交易价格亦具有一定的正当性，则视为董事已经履行了善良管理人的注意义务。但是，如果缺乏合理性与相当性，以低于适当价格的金额出售公司所持非上市股权而给公司造成损失的，则应当对公司承担赔偿责任。A 将其持有的 C 股权以每股 2600 韩元的价格予以转让，其交易标的物系超过 C 总发行股权总数 40% 的 2000 万股股权，而且其账簿金额为 2000 亿韩元（A 全部资产的 2.2%）。尽管如此，被告 Y2 等人未就适当的转让方法或者交易价格向专业人士进行询问，而是依据当时实施的《韩国继承税法实施令》进行评估，评估价格不足 A 在 6 年间收购 C 公司 21,755,567 股的 1/4 价格，而且，其价格相当于依据同法计算的每股金额的 1/2。当时 A 作为 C 的控股股东，持有 C47.29% 的股权。但是因该交易处分 2000 万股，导致其丧失控股股东地位。但是对于上述情形，却并没有就其得失进行评估，也未审查适当的交易价格。即便根据资产负债表，C 的销售额、净损失规模等经营状况趋于改善，但 A 却未对此予以考虑。除此之外，A 也未考虑 1993 年 6 月 Hansol 造纸与三星电管之间交易当时的每股价额为 6600 韩元的例子，[1] 因此，很难认定被告就出售 C 公司股权作出决议时依据合理的信息确定适当的交易价格。而且，相比于 A 长期了解到的 C 公司股权的价格、Hansol 造纸与三星电管之间的交易事例、C 公司资产负债表项下的每股净资产价值等情况，该交易中每股 2600 韩元的价格明显不合理，因此不能认定被告已经履行了善良管理人的注意义务。

---

〔1〕 1993 年 6 月左右 Hansol 造纸从三星集团分离出来之后，将其持有的 C 公司股权以每股 6600 韩元的价格转让给三星集团关联公司——三星电管。——作者注

QUESTIONS & NOTES

Q1 关于经营判断原则的适用标准，请确认【判例 31】请求 2、请求 3 中所述的观点，并与美国法项下的经营判断原则标准进行比较。

Q2 （1）请求 2 所述的利川电机出资案例中能否适用经营判断原则？对最初的股权收购决议、之后的新股认购决议、债务担保以及担保债务清偿相关的新股认购协议分别作出回答。

（2）三星电子收购利川电机之后，因 1997 年金融危机导致利川电机的财务结构趋于恶化。政府在开展有关破产企业结构调整项目以及退出企业选定项目的过程当中，利川电机的金融机构要求三星电子就利川电机的信用贷款提供担保。对此，三星电子董事会于 1998 年 3 月决议对金额为 1570 亿韩元的 B 的金融机构债务提供担保。在利川电机财务结构不健全的情况下，对其提供担保的决议，是否属于董事怠于履行职责的情形？

Q3 请求 2 所述的利川电机出资案例中，对于最初的利川电机收购决定是否属于董事怠于履行职责的情形，一审和二审（以及大法院）的结论是相反的。请陈述各法院作出判决的依据。

Q4 请求 3 所述三星综合化学股权转让案例中，法院认定董事怠于履行职责的依据是什么？

Q5 在考虑经营判断原则的程序性要件时，为了使请求 3 项下的三星综合化学股权转让行为不构成董事怠于履行职责的情形，董事应当采取什么样的措施？

NOTE 虽然经营判断原则要求具备程序性要件，但是为了使上述程序性要件发挥作用，应当保证作出经营判断的机关（董事会）的专业性以及独立性。根据商法规定，如果董事对判断对象存在利害关系，则不得出席董事会，但是对上述“利害关系”一般都做狭义解释。例如，对于控股股东存在利害关系的交易，在控股股东影响力范围下的独立董事视为对该交易不存在利害关系，从而可以出席董事会。

Q6 （1）在请求 2 所述的利川电机出资案例中，大法院否定了董事怠于履行职责的主张，但是在请求所述三星综合化学股权转让案例中却认定董事怠于履行职责。上述两项请求中，法院作出不同判决的理由是什么？

（2）在三星综合化学股权转让案例中，如果三星综合化学不是三星电子的关联公司，法院会对三星综合化学股权的转让行为作出怎样的判断？

（3）上述（2）中，如果三星综合化学属于三星电子的关联公司，但是三星电子的收购目标不属于三星电子的关联公司的情形下，结果会有怎样的变化？

Q7 请求 3 中，对于未出席董事会的董事能否认定其怠于履行职责？如果一次都没有出席董事会的情形下，又如何？

【参考判例】

大法院 2008.12.11. 宣告 2005Da51471 判决（朝鲜人寿）〔1〕

该判例对于未出席董事会仅以书面形式作出决议的非常任董事，认定其违反监视义务并应承担损害赔偿责任。“股份公司的董事作为董事会成员不仅就议案表达赞成或者反对的意思表示，而且还应当对其负责的业务领域的董事以及其他业务相关董事承担监视义务。上述义务不会因其为非常任董事而予以免除。因此，股份公司的董事不出席董

〔1〕 关于该判例争论焦点中的董事责任独立性，请参考本章【判例 41】。

事会，且未在事后通过追认董事会决议等方式履行职责，则应当认定其怠于履行职责。”

【判例 32】- 对关联公司的支援和经营判断（大法院）大宇董事对关联公司提供支援

大法院 2007.10.11. 宣告 2006Da33333 判决（大宇对于关联公司的支援等）

事实关系

大宇作为原告公司，其经营范围为从事进出口、进出口代理以及中介业务。被告 Y1、Y2、Y3、Y4 就职于大宇并担任董事以及高级管理人员。大宇主张因对海外当地法人的资金支援、关联公司的不当支援以及关联公司的外汇交易而受到损失，并依据《韩国商法》第 399 条、第 402 条之 2 请求被告赔偿损失。

1. 对于海外法人的支援

鉴于大宇美国法人 Daewoo Int' l（America）Corp.（以下简称 DWA）因过多的未收回债权导致债务偿还能力存在不确定性，大宇法定代表人 Y2、董事 Y1 为填补 DWA 的损失，在未采取任何债权确保措施的情况下，自 1994 年 11 月 3 日至 12 月 28 日通过 BFC（British Fiance Center，大宇集团为管理金融在伦敦设置的秘密金融组织）经 22 次操作向 DWA 汇款 1.92 亿余美元。

2. 对于关联公司的不当支援

鉴于大宇集团关联公司——大宇通信股份公司（以下简称大宇通信）的美国当地法人——Leading Edge Product Inc.（以下简称 LEP）因过多的赤字累计导致接近破产，大宇法定代表人 Y1 及大宇集团会长 Y2 决定清算该公司。Y1、Y2 于 1995 年 10 月 4 日签订了以大宇集团在瑞士设立的壳公司（Paper Company）（Manuhold Investment AG，Manuhold）收购 LEP 股权为内容的股权转让协议，并在 1995 年 10 月至 11 月通过 BFC 向 Manuhold 汇款 2700 万美元（根据当时的汇率，相当于 207 亿韩元）作为股权收购资金。大宇集团于 1995 年 10 月 4 日在韩国银行完成 LEP 的清算申报，大宇未回收上述全部款项。

3. 对于关联公司的低价出售外汇

被告通过促使大宇在 1997 年 5 月 2 日至 1999 年 4 月 12 日向外国银行的首尔支行出售了 4.3 亿余美元，并由大宇重工业向上述银行买入上述美元的方式完成了现汇交易。相比于交易当时的市场汇率，实际交易是以 1 美元低于 0.3 韩元至 64.6 韩元的价格完成的。结果，向大宇重工业提供了相当于 62 亿韩元的支援，同时也给大宇造成了相同金额的损失。因为上述交易违反当时实施的《韩国垄断规制以及公平交易相关法律》第 23 条（禁止不公正交易行为）第 7 款第 2 项的规定，大宇于 1999 年 10 月 28 日受到公平交易委员会的整改措施处罚，并缴纳了 13.75 亿韩元的罚款（通过大法院 2004.10.14. 宣告 2001Du6012 判决予以确定）。

法院的判断

1. 未违反法律的前提下，公司董事在向关联公司提供借款或者参与关联公司的有偿增资并认购新股的过程中，通过合理搜集的信息就关联公司对公司的贡献程度、关联公司重整所需要的必要资金金额、对关联公司的支援有可能给公司造成的财政负担程度、向关联公司提供支援与不提供支援对关联公司有可能造成的重整可能性乃至破产可能性，以及由此可能给公司造成的利益或者不利益等内容，进行充分的调查、审查之后，以此为据认定其符合公司利益最大化，并基于诚实信用原则作出经营判断且该判断不存在明显不合理性的，即便因此给公司造成损失，也可以认定董事的行为属于经营判断原则所允许的裁量范围之内的合理行为，因此，不承担损害赔偿责任（参考大法院 2002.6.14. 宣告 2001Da52407 判决、大法院 2005.10.28 宣告 2003Da69638 判决等）。但是，如果公司董事并不是通过上述过程及董事会决议提供资金支援，而是在由公司承担经营负担的前提下，仅以防止关联公司破产有利于维持公司信任度及公司利益的一般性、抽象性的期待，对关联公司提供资金支援，从而对公司造成损失的，则不得将其视为通过充分的材料搜集及调查分析认定符合公司利益最大化，并基于诚实信用原则作出的经营判断。因此，对于上述董事行为，不得将其视为属于经营判断原则所允许的裁量范围之内的合理行为。

通过查看原审判决的理由及记录可以发现，大宇自 1982 年开始在英国伦敦设立 BFC，并通过将从海外金融机构借入的巨额资金或者将国内的公司资金汇至 BFC 形成秘密资金等方式非正常性地管理公司资金；从 1993 年开始在未考虑自身资金能力的前提下，设立多个境外法人或者通过企业收购兼并扩张国内业务，并向经营状况不良的关联公司提供过多的资金支援；上述投资扩张所需资金大部分都是通过金融借款进行融资，从而导致金融费用负担的增加，相反销售业绩陷入低谷从而造成巨额财政赤字，1996 年开始大宇以及大宇集团所有关联公司都处于资本减损的状态；此后大宇以及大宇集团所有关联公司都遭遇破产，DWA 也于 2000 年 3 月在美国进入破产程序。与此相反，被告 Y1、Y2 主张，在上述大宇经营状况以及财务结构下，其是考虑到若 DWA 破产将会导致大宇丧失其核心海外业务网，同时导致无法回收海外当地法人的投资金额等情况，才决定提供资金支援。但是，却无法找到被告合理搜集的信息，就 DWA 对公司的贡献程度、DWA 重整所需要的必要资金金额及该等支援对公司有可能造成的财政负担程度、向 DWA 提供支援与不提供支援对 DWA 有可能造成的重整可能性乃至破产可能性，以及由此可能给公司造成的利益或者不利益等内容进行充分的调查、审查，并以此为据认定其决定符合公司利益最大化，并基于诚实信用原则及董事会决议作出该等经营判断的相关资料。因此，被告在未采取任何债权确保或者债权回收措施的前提下，向已经缺乏债务偿还能力且最终进入破产程序的 DWA 提供巨额资金，并给公司造成损失的行为不属于经营判断裁量范围之内的合理行为。因上述被告怠于履行职责，应当承担损害赔偿责任。

2. 原审认为，鉴于LEP因过多的赤字累计导致其存在破产风险且已确定进入清算程序，即便促使Manuhold收购LEP股权向其提供资金，也存在可能无法回收资金的风险。但是，在这种情况下，董事未采取任何债权确保措施从而给大宇造成损失的行为属于怠于履行职责的情形。因此维持原审判决。

3. 原审认为，本次外汇交易与出口大战并没有直接联系，被告通过本次交易给大宇造成了62亿韩元的损失，且因为低价出售外汇的行为使大宇受到公平交易委员会13.75亿韩元的罚款。因此，认定存在董事怠于履行其职责的情形。因违反当时实施的《韩国垄断规制以及公平交易相关法律》从事不公正行为，给大宇造成外汇交易损失以及罚款损失的行为，不属于经营判断裁量范围之内的行为，因此认定对此部分的上诉不成立。

QUESTIONS & NOTES

Q1 公司未采取担保设定等债权回收措施的前提下，向其他公司提供资金有可能属于违反董事义务或者刑法项下的背任行为。对于关联公司的资金支援行为，也应当相同看待吗？根据【判例32】，对于关联公司之间的交易，如何适用经营判断原则？

NOTE 董事的义务并不是防止公司发生任何损失的“结果导向义务”，而是为公司利益采取必要措施的“手段导向义务”。参考大法院2002.6.14. 宣告2001Da52407判决（新村金库），大法院2006.11.9. 宣告2004Da41651、41668判决（岭南综合金融）等。

【参考判例】

大法院2002.6.14. 宣告2001Da52407判决（新村金库）

法院一方面认为，像新村金库这样的金融机构的董事所作的贷款决定属于经营判断从而不存在违反义务的情形，但另一方面，在本案又以董事存在故意或者重大过失为由，认定董事违反义务。

“即便金融机构的高级管理人员所决定的贷款造成无法回收或者回收不能等结果，不能仅以此认定该高级管理人员对未回收的贷款承担责任，并认定该高级管理人员违反了其作为善良管理人的注意义务及忠实义务。只要董事在作出贷款决定的过程中，通过适当的信息、适当的程序，并以公司利益最大化基于诚实信用原则进行贷款审查，且在此过程中不存在明显的不合理性，则可以认定该高级管理人员的经营判断属于裁量范围之内的行为，且该高级管理人员已经履行了其作为善良管理人的注意义务以及忠实义务。对于金融机构的高级管理人员是否怠于履行职责，应当综合考虑该人员作为贷款业务负责人员是否存在不可忽视的过失，贷款的条件和内容、规模、偿还计划，是否存在担保及担保内容，债务人的财产及其经营情况，增长可能性等诸项条件（大法院2002.3.15. 宣告2000Da9086判决）。金融机构的高级管理人员对于明知是违反法律或者章程的贷款或者接受不正当的受托或者存在利害关系且为了自己或者第三人的不当利益而提供贷款的，或者稍加注意即可履行注意义务的情况下也显著未予注意的，则属于故意或者重大过失从而应承担责任。……在本案中，原告主张，被告对于与其存在私人关系的人享有债权，且债务人无法偿还债务的情况下，被告在其退休之前滥用职权超额向特定人集中发放贷款，并以此促使债务人偿还自己的债务，从而将债权无法回收的风险转嫁给金库。对于此案中被告的故意或者重大过失，不能仅依据诉外人是否具备形式上的贷款资格作出判断，而是应当考虑被告是否属于明知是违反法律或者章程的贷款或者接受不正当的受托或者存在利害关系且为了自己或者第三人的不当利益而提供贷款的情形。如果通过上述审查认定事实存在，应当认定由被告承担责任。”

Q2 除了应当遵守适用于金融机构的各项法律之外，金融机构的董事是否还应当遵守基于其公共性的善管注意义务？董事应当为谁承担善管注意义务？

【参考判例】

大法院 2002.3.15. 宣告 2000Da9086 判决（第一银行）[1]

“银行作为金融机构以股份公司的形式运营，但是与只追求利益的营利法人相比，银行还应当承担保护存款人财产，维持信用秩序，有效维持资金中介功能，并对金融市场的稳定以及国民经济的发展做出贡献的功能。因此，除了一般性股份公司董事的善管注意义务之外，在银行任职的董事还应当承担符合其公共性的善管注意义务。”

大法院 2007.12.13. 宣告 2007Da60080 判决（东亚建设虚假结算）

东亚建设在海外从事建设工程过程当中发生损失，且董事对账簿进行造假并予以公示，最终导致公司支付了所得税、红利等费用。对此，破产管理人明知造假结算属于违法行为却对此予以放任，或者发现可疑之处却未对此采取相关措施属于怠于履行职责，并因此导致东亚建设受到相当于已支付所得税以及红利的损失。鉴于上述内容，请求董事以及监事承担损害赔偿责任。被告主张，如果对公司亏损予以公示，则有可能对公司开展海外工程产生影响，且公司承包利比亚 3 期工程对公司带来利益。鉴于上述经营判断，被告进行了结算造假。但是法院认为，结算造假属于违反《股份公司外部监查法》的行为，因此不能适用经营判断原则。

大法院 2011.4.14. 宣告 2008Da14633 判决（高和）

“公司对于是否收购不良金融机构在增资过程中发生的失权股作出决策时，应当充分搜集相关资料并进行充分审查，并作出符合公司利益且合理的判断，而不能仅依据批

〔1〕 关于本判例焦点问题中的代表诉讼请参考本章【判例 47】。

准该增资的监督机构的判断而作出决定。如果因董事怠于履行职责导致以较高的面值收购新股，则应当认定在收购当时产生了相当于差额的损失。”

二、违反法律的行为

QUESTIONS & NOTES

NOTE 董事有义务遵守法律规定，而且可以从两个方面考虑董事应当遵守的法律规定之范围。一方面，从纵向考虑是否属于法律规定的角度，分析法律、命令、规则，其他金融委员会等行政机关的规定等是否属于法律规定。另一方面，考虑到相关公司的业务种类以及董事业务，确定与业务种类或者业务具有密切关联关系的法律规定之范围。上述个别且具体的规定毫无疑问属于董事应当遵守的法律规定之范畴，而且包括注意义务或者忠实义务等抽象性规定在内的商法项下的所有规定都属于董事应当遵守的法律规定之范畴。

【参考判例】

大法院 2006.11.9. 宣告 2004Da41651、41668 判决（岭南综合金融）

“关于违反法律规定的行为……‘法律’具有通常的含义，即法律及作为其他法规命令的总统令、总理令、部门命令等……本案中原告主张的综合金融公司业务运营手册、外汇资金交易手册、外汇业务、外汇银行设立以及外汇交易合同签订批准公文、外汇管理规定、岭南综合金融内部审察管理规定……不属于‘法律’。”

Q1 依据【判例 31】，违反法律的行为与注意义务之间是什么关系？对于违反法律的行为，是否适用经营判断原则？其理由是什么？

Q2 依据【判例 31】，大法院判例中认为违反法律的行为属于董事违反义务的情形。但是下列判例中，对于违反法律的董事，法院否定该董事的损害赔偿责任的理由是什么？

【参考判例】

大法院 2006.7.6. 宣告 2004Da8272 判决（高丽人寿）

高丽人寿管理现代建设巨额的员工退休保险。现代建设因 1997 年金融危机导致资金不足，因此要求高丽人寿向其提供贷款，否则将终止高丽人寿管理的员工退休保险（准备金 10.7 亿韩元）。高丽人寿的法定代表人 Y 考虑到保险终止有可能造成资金流动性问题，决定向现代建设提供贷款。为了提供所需要的资金，请求诉外商业银行以及 HANA 银行提供贷款。作为提供贷款的条件，商业银行以及 HANA 银行要求高丽人寿以高于市价的面值购买自己管理的金融商品。因此，Y 向商业银行以及 HANA 银行购买了金融商品并对外销售，造成高丽人寿共 28 亿韩元的损失，之后高丽人寿破产。大法院认为，Y 的行为实质上相当于向保险合同人提供保险费折扣，因此属于违反法律的行为，从而不得适用经营判断原则。但是，如果不能消除高丽人寿资金流动性不足的问题，则无法解决1997年金融危机之后基于保险合同解除的保险费退还请求，从而存在立即破产的风险，而Y行为消除了该等风险。因此，Y的行为虽然属于债务不履行，但是有充分理由认为Y的行为给高丽人寿带来了超过金融商品销售损失金额的无形利益。因此，不能认定因Y的行为给高丽人寿带来了实质性损失。

在大法院2006.7.6. 宣告2004Da8272判决中，原审法院对Y的法律违反行为适用经营判断原则，从而对董事违反善管注意义务的主张予以否定。与此相反，大法院虽然认定对违反法律的行为不得适用经营判断原则，"但是损害赔偿责任仅限于对该等违反行为与损失存在相当因果关系的范围之内。因此，如果与发生的损失不存在相当的因果关系，董事的损害赔偿责任是不成立的"。因此，法院认为，因Y的行为高丽人寿取得了无形的利益，也未受到实质性损失，因此否定了董事的损害赔偿责任。请分别审察原审法院以及大法院的逻辑。

NOTE 公司应当遵守的法律非常多，那是否意味着董事应当熟知并遵守所有的法律规定？对于与董事业务相关的法律，董事应当有义务予以遵守，对于违反除此之外的其他法律规定，也将其视为义务违反，尚需探讨。

Q3 关于违反法律的行为与公司利益或者公司损失之间的关联性，请考虑以下问题。

(1)【判例31】请求1中，被告Y主张"为了三星集团整体利益及其存续，贿赂行为是必不可少的。当时总统向大部分的企业索取财物，且企业提供财物系普遍现象，因此三星也无法逃避"。对于上述"其他公司也进行贿赂，若不进行贿赂则无法开展经营活动，通过贿赂使公司取得有利的业务机会，促使立法或者政策也更加有利于公司，因此上述贿赂行为给公司带来利益"的主张，是否妥当？

(2)以因证券公司的损失保全行为（或者保险公司的提供利益行为）维持或者扩大了与客户的交易关系，也产生了相当于损失保全支出金额的利益，因此以董事违反法律的行为给公司带来了利益为由，而否定董事损害赔偿责任的主张是否妥当？

(3)对于原告认为违反《韩国股份公司外部监察法》中禁止的结算造假给公司造成损失的主张，被告董事主张"因结算造假使东亚建设获得工程承包，借款融资，降低利率等利益，而且上述利益的规模大于损失的规模，因此对东亚建设未造成损失"[大法院2007.12.13. 宣告2006Da60080判决（东亚建设案件）]；相似案例有大法院2007.11.30. 宣告2006Da19603判决（Haitai制果报表造假案件）。因结算造假，给公司造成怎样的损失？被告的上述主张是否妥当？

(4)从事违反法律的行为（贿赂）促使公司承包建设工程的情形中，存在否认公司最终取得利益，或者虽然承认公司取得利益但该利益与损失原因行为（贿赂行为）之间不存在相当的因果关系的主张。上述主张是否妥当？

Q4 如果董事根据股东会决议或者董事会决议从事相关行为，是否可以认定其履行了注意义务？股东会决议或者董事会决议违反法律的情形下，又如何？

【参考判例】

大法院1989.10.13. 宣告89Do1012判决

即使董事会或者股东大会已经作出决议，如果决议内容存在损害公司债权人利益的违法目的，则法定代表人有义务为了公司利益诚实履行职责。因此，如果法定代表人存在背任行为，给股东或者公司债权人造成损失，即便公司董事会或者股东大会作出决议，也不得认定该等背任行为具有正当性。

首尔地方法院 2000.11.21. 宣告 2000Ga 合 57165 判决（金井商号信用金库）（生效）

金井信用金库（以下简称金井）（译者注："金库"的性质为合伙性小型商业银行）报酬规则规定向常任高级管理人员以及职员支付报酬。但是，法定代表人 1 及法定代表人 2 向股东大会提出含有向非常任董事 A 支付报酬等内容的股东大会提案，并通过了股东大会决议，在此后 3 年内向非常任董事 A 支付了报酬。虽然被告非常任董事 B 在其任职期间通过出席股东大会等方式明知法定代表人违反公司报酬规则向 A 支付报酬的情形，但是其未采取向董事会或者股东会报告上述违反报酬规则的事宜等措施，从而怠于履行其作为善良管理人的注意义务及对法定代表人的监视义务，给公司造成了相当于向 A 支付的报酬（213，075，000 韩元）的损失。因此，法院认定根据《韩国商法》第 399 条，董事应当承担赔偿责任。

三、监视义务以及内部管理

《韩国商法》并未就董事的监视义务作出明文规定。但是通说及判例认为，作为董事善管注意义务的一环，个别董事应当对其他董事承担监视义务。也就是说，善管注意义务包含就其他董事的职务履行是否存在违反法律、章程的情形进行监视，必要时可以为了防止不当行为，采取适当措施等监视义务。

监视义务在实体法项下的依据为董事会的监督权（《韩国商法》第 393 条第 2 款）以及董事对于法定代表人的报告请求权（《韩国商法》第 393 条第 3 款）。与此相比，可以在公司内部业务执行相关的业务分工关系方面找到更为实质的依据。虽然董事会具有业务执行权限，但是董事会决议事项实质上无法由董事会负责，而只能委托其他机构处理。通常，是由称为会长、社长，且兼任商法项下法定代表人的人或者执行高管〔1〕作为最高责任人，并由多数业务执行董事所形成的执行组织负责执行。依据公司的规模、组织、业务范围、法律规制、董事地位、业务状况以及财务状况，监视义务的内容或者范围也会有所不同。但是，对于具体在何时发生监视义务，具体的监视内容等情况尚不明确。大法院以下列两项法理作为依据，认定是否违反监视义务。第一，"尽管有理由怀疑（其他）业务负责董事的业务执行存在违法情形"，董事违反监视义务对此予以放任的情形。〔2〕第二，"因董事持续性、组织性的监视疏忽，未知悉其他董事的违法行为或者不当

〔1〕 可以执行高管代替法定代表人，因此在未设法定代表人的公司中，执行高管担任最高责任人（《韩国商法》第 408 条之 2）。

〔2〕 参见大法院 1985.6.25. 宣告 84DaKa1954 判决。

的业务执行行为的情形”下，不得仅依据未知晓为由，主张免责。[1]

但是，在具体案例中，很难判断董事在何种情况下履行了监视义务。对此，全球范围内，内部管理（Internal Control）概念受到瞩目。内部管理系统是指，为了公司的资产保护、确保会计材料的准确性以及可信性、增进组织运营的效率性、经营方针以及法律规定的遵守，由公司所有成员持续实施的一系列管理过程。如果上述内部管理系统正常运转，即可视为董事履行了监视义务。特别是对于独立董事，因其不可能直接监视法定代表人等高级管理人员的业务执行情况，因此相比于就个别业务执行情况进行监视，只能将重点放在内部管理系统的建立上。韩国商法中并未就内部管理系统建立义务作出明文规定，但是通过判例对内部管理系统建立义务以及运营义务予以认定。商法要求资产总额5000亿韩元以上的上市公司准备守法管理标准，并设执行该管理标准的守法支援人（《韩国商法》第542条之13、《韩国商法施行令》第39条至第42条）。

本节将探讨董事监视义务内容，何时产生监视义务，以及内部管理及其系统建立义务的含义等内容。

【判例33】- 董事违反监视义务的损害赔偿责任（大法院）东方Peregrine证券

大法院2004.12.10. 宣告2002Da60467、60474判决（东方Peregrine证券）

本案是作为收到破产宣告决定的东方Peregrine证券（D）的破产管理人，储蓄保险公司（原告）以D的法定代表人及董事Y1、Y2违反监视义务为由提起损害赔偿请求的诉讼案件。大法院认定了Y1、Y2的监视义务。此案作为自1985年首次认定监视义务的案件[2]之后，第一次确认董事的监视义务的案件，受到广泛关注。在本案中，法定代表人、董事及职员均存在违法情形，且内部管理系统也未发挥作用。大法院首次作出认定限制董事损害赔偿的判决，但是并未在本案中予以适用。

1. 请求1［Nasan综合建设股份公司购买商业票据（Commercial Paper，CP）案件］

事实关系

破产企业——东方Peregrine证券（D）作为从事证券买卖、委托买卖、买卖中介或者代理等业务的证券公司，于1999年12月13日收到首尔地方法院的破产宣告决定。被告Y1作为D的法定代表人自1996年4月1日至1998年1月15日就职于D，被告Y2作为D的常务董事（负责总务部、资金部等部门）自1993年11月1日至1998年1月21日就职于D。D的外方股东——Peregrine Investment Holdings Ltd.（以下简称P）的子公司——Peregrine Fixed Income Ltd.（以下简称PS）在1997年4月为了改善Nasan集团

〔1〕 参见大法院2008.9.11. 宣告2006Da68636判决（大宇的粉饰报表）【判例34】。
〔2〕 参见大法院1985.6.25. 宣告84DaKa1954判决。

的财务结构，签订了以Nasan集团名义在海外发行并销售外汇债券（FRN）从而吸收外汇资金，并接受100万美元作为对价的外汇资金融资服务合同。但是，因Nasan集团的信用度较低导致外汇债券发行计划推迟，W作为D副社长于1997年5月21日及6月20日以向Nasan集团提供短期资金为目的，收购了Nasan综合建设股份公司（以下简称Nasan综建）发行的相当于180亿韩元的无担保商业票据。因Nasan综建于1998年1月13日破产，D回收了180亿韩元中的60亿韩元，尚未回收剩余120亿韩元。

外籍人W原先作为最高级干部就职于PS，并自1997年3月3日开始实际上在D担任副社长一职，主要负责债券相关业务。在买入上述CP当时，W并未将此作为议案上报董事会或者通知其他高管，而是擅自决定购买上述CP，并指示债券部部长处理实际业务，在1997年7月才向风险管理委员会以及高级管理人员委员会报告上述事项。

D的公司内部规则——商品债券运营手册并未将CP包含在管理对象有价证券之内，而且W在购买上述CP当时不存在必须要持有上述不属于证券法项下有价证券的CP之事由。而且也无法认定该持有行为要满足相关要件或者程序。Nasan综建在当时的信用等级仅为B等级，而且当时处于需要尽快开展财务结构调整工作的紧急状态。

法院的判断

【原审：首尔高等法院2002.10.4.宣告2001Na39642、47025判决】如果对Nasan综建的财务结构或者信用度稍加注意，就可以轻易知晓事后回收CP的难度比较大，因此对于W主导购买上述CP的行为，应当认定W怠于履行其作为董事的善管注意义务及忠实义务。而且，虽然没有证据表明被告Y1参与上述CP购买过程或者知晓上述购买事实，但是其作为D的法定代表人享有对外代表公司，对内服务公司整体业务的职务权限，因此有义务对公司整体业务中其他董事的业务执行进行监督、监视。况且，W具有在D外方股东P的子公司PS工作的背景，且在任命为正式董事之前，实际上已经作为副社长处理业务，并独自处理业务相关的全部工作，因此对W更需要进行缜密的监视、监督。但是，直至W买入高达180亿韩元的CP，也未对其进行监督、监视，可以认定法定代表人怠于履行善管注意义务乃至监视义务，因此被告Y1应当赔偿破产企业所遭受的损失。

【大法院】维持原审判决。“股份公司的董事作为董事会的成员，其工作不局限于对提交至董事会的议案进行投票，而且还应当对本职业务以及其他业务负责董事的业务执行进行监视。因此如果股份公司的董事有理由怀疑其他业务负责董事的业务执行存在违法情形，却对此予以放任的，该董事应当对由此给公司造成的损失承担赔偿责任……”

2. 请求 2(美都波股权购买案件)

事实关系

D于1997年2月为了向美都波股份公司(以下简称美都波)发起敌意收购(M&A),与宏盛 Finance(以下简称宏盛)以及日进 Finance(以下简称日进)签订了以"宏盛及日进以D指定的价格在100亿韩元的范围内场内收购美都波股权,之后自买入之日起D以买入价格加上相关费用的价额予以买入"为内容的股权买卖合同。D于1997年4月在场外以206亿韩元的价格买入了由宏盛及日进购买的536,960股股权,之后于1997年5月及6月在场内以43亿韩元的价格出售了534,960股,并持有剩余2000股。至此,因美都波股权买卖交易发生了153.84亿韩元的损失。上述美都波股权买卖交易是在D会长S的指示下,由诉外人高管A等4人主导开展的。A等人就上述股权买卖合同向被告董事Y2作出指示并要求法定代表人盖章。对此,Y2并未认真审查合同的内容,向法定代表人被告Y1进行内容说明,并取得了法定代表人的盖章。

法院的判断

【原审:首尔高等法院2002.10.4.宣告2001Na39642、47025判决】虽然上述股权买卖是在S的指示下由其他高管主导的,但是Y1作为D的法定代表人享有对公司整体业务进行全方位管理的权限,对于高达200亿韩元的合同签署,并未直接审查合同内容或者要求Y2对此进行确认。在对其他董事的业务执行情况仅需稍加注意,诚实履行监视、监督义务即可防止上述违反法律之行为的发生的情况下,作为法定代表人怠于履行善管注意义务乃至监视义务……此外,Y2作为管理总务部业务的同时还管理法定代表人印章,如果对诉外人A要求提供法定代表人盖章的合同内容稍加审查,即可了解其违反法律。但是其仅以已经取得法定代表人同意为由提供法定代表人盖章的行为,已经构成怠于履行董事善管注意义务乃至监视义务,因此被告应当对D的损失承担赔偿责任。

【大法院】维持原判。

QUESTIONS & NOTES

Q1 (1)依据【判例33】,董事监视义务在"有理由怀疑其他董事的业务执行存在违法情形"的时候产生。关于该部分,在请求1的Nasan综建购买CP案件中,是以什么内容作为Y1监视义务产生的依据,且该依据是否妥当?

(2)如果在"有理由怀疑其他法定代表人或者董事的业务执行存在违法情形"时产生董事监视义务,是否可以解释为在没有发现可以怀疑业务执行违法性的通常情况下,可以不承担监视义务?

Q2 在【判例33】中,被告董事为履行监视义务,应当采取怎样的措施?

Q3 【判例33】请求1中,可以判断未建立内部管理系统或者内部管理系统没有正常启动的事实是什么?

Q4 监视义务的违反通常体现为对其他董事的行为作出消极的不作为。但是在【判例33】请求2中,涉案股权买卖合同系由诉外人高管 A 等人主导，Y2 是取得 Y1 同意之后盖上法定代表人印章的。Y1 的同意以及 Y2 的盖章行为属于积极的作为，且是直接从事该行为的主体。在此前提下，追究被告的监视义务违反责任是否妥当？

Q5 【判例 33】请求 2 中，对于未出席有关股权转让事宜的董事会的董事，其是否因违反监视义务而承担责任？

【判例 34】- 公司内部管理体系与董事监视义务（大法院）大宇虚假财务报表

大法院 2008.9.11. 宣告 2006Da68636 判决（大宇虚假报表）[1]

在本案中，法院以违反有关报表造假的监视义务为由，认定董事对于第三人（新韩银行）存在损害赔偿责任，并强调董事、董事会、法定代表人有义务建立内部管理系统。

事实关系

大宇的贸易部门以及建设部门在组织形式上是明确区分的，而且其会计处理也是如此。根据当时公司内部的工作说明，公司整体的会计资料整合以及结算财务报表制作业务是由贸易管理部门副社长被告 10 管理，并在贸易管理部门会计本部长被告 7 的指挥监督下，由贸易管理部门的会计组织负责。1998 年 1 月，大宇因自身资产完全亏损，导致发生无法计算负债比率，产生严重赤字，无法分配利润等财务结构及经营情况不良等情形。收到上述报告书的被告 1 指示贸易管理部门社长被告 4 以及副社长被告 10 将大宇的负债比率改成 400% 以下，分配率调至 2%，并将短期借款减至 1996 年实际金额。被告 4 及被告 10 将上述指示事项直接转达给被告 7，之后被告 7 指示建设部门财务管理室长诉外人 1 及贸易会计部长诉外人 2 分别在建设部门及贸易管理部门对财务报表进行造假，从而完成报表造假。负责建设部门业务的被告 8 或者兼任共同法定代表人及董事会议长的被告 5 并未就上述报表造假作出公开指示或者接受报告。此外，大宇并没有建立合理的信息及报告系统或者内部管理系统，以防止内部高管的报表造假行为，而且实际上依据被告 1 的指示，在短短一两个月之内就按照其指示的目标数值完成了公司内部的报表造假。被告 5 以及被告 8 除了按照工作说明上的要求履行职责以外，并未对报表造假的可能性予以注意，因此直接参与报表造假的董事并未受到来自其他高管的制裁或者限制。而且，在此期间，大宇实际上并未召开董事会，董事会由负责董事会业务的部门制作董事会会议记录，并盖上由董事会事务局保管的各董事的印章成为惯例。因此，大宇并未就此案中的财务报表召开过董事会。

法院的判断

依据公司规模或者组织、业务范围、法律规制、经营情况以及财务状况，监视义务的

〔1〕 该判例焦点问题中，有关监视义务以及责任的部分，请参考第五章【判例 53】。

具体内容也会有所不同。即便像大宇这样因其高度的业务分工以及专业化，导致不可避免的由共同法定代表人以及业务负责董事依据工作说明专门负责各自领域，也不能仅以此为由免除对其他董事的监视义务，而且在这种公司形式下，董事会成员更有义务建立合理的信息以及报告系统或者内部管理系统。鉴于上述情形，如果未做上述努力，或者即便建立上述系统却未合理利用上述系统对公司运营进行监督、监视，从而导致未发现其他董事违法或者不当的业务执行等需要董事予以注意的风险或者问题的，不能仅以未知晓其他董事的违法或者不当的业务执行为由，而免除其责任。对于因上述持续性、组织性的监视疏忽，其他董事违反业务执行所导致的损失，应当予以赔偿。鉴于不能以公司内部的业务分工或者未知晓本案报表造假的具体内容为由，否认因被告5以及被告8的重大过失所导致的怠于履行职责的行为以及因果关系，因此原审判决是正确的。

QUESTIONS & NOTES

Q1 韩国商法并未对内部管理系统的建立作出明文规定。【判例34】中认定董事承担内部管理系统建立义务的依据是什么？

Q2 (1)依据【判例34】，法院认为董事会的所有成员均有义务建立内部管理系统，是否意味着对于内部管理系统建立事项，所有董事都承担相同内容的义务？

(2)通常，关于建立内部管理系统的义务，独立董事为避免被认定违反监视义务，应当采取什么行为或者措施？

Q3 【判例34】中，法院认定大宇未建立内部管理系统，而且并未发挥作用。对于认定被告5以及被告8违反内部管理系统建立义务的依据是什么？认定内部管理系统的哪些部分存在缺陷？

Q4 被告5与被告8的业务与会计业务毫无关联，而且被告5与被告8并未参与、指示报表造假或者就报表造假接收报告，而且根据公司内部业务分工，被告5、被告8很难接触会计业务。在此情况下，认定被告5、被告8违反监视义务，是否过于严厉？鉴于无法接触会计业务等事实，可以认定被告5、被告8违反监视义务的其他依据是什么？

NOTE 关于内部管理的国内外法律：国外公司法中，存在明文规定内部管理的例子。美国已经将内部管理系统作为对财务报告的规制手段，而且因为安然公司等美国大型企业的大规模会计欺诈事件的发生，美国于2002年通过Sarbanes-Oxley Act强化了关于内部管理系统确立及运行相关的规定。而且，修订模范公司法（RMBCA）也规定公开性公司的董事会对于建立可确保财务报表的制作、内部管理系统的时效性，以及可向董事适当且及时转达信息的系统承担责任［RMBCA § 8.01(c)］。日本公司法也规定了董事的内部管理系统建立义务（《日本公司法》第348条第3款第4项、第4款，第362条第4款、第5款）。日本公司法实施规则中将内部管理系统定义为，可保证董事业务执行相关信息的保存及管理、损失风险的管理、确保董事业务执行的效率性、确保使用人对于法律及章程的业务执行适当性、确保企业集团中业务适当性的体系（《日本公司法》第100条）。而且，依据《日本金融商品交易法》的规定，上市公司应当就有关确保财务报告相关事项以及其他财务计算相关文件、信息的适当性所需要的体系制作评价报告书（内部管理报告书），而且内部管理报告书应当接受外部监察人员的监察（《日本金融商品交易法》第24条之4、第193条之2第2款）。

虽然《韩国商法》并未对内部管理系统作出明文规定，大法院在追究董事、监事的损害赔偿责任的代表诉讼中，在计算董事等人的损害赔偿金额时，认为“可以参考公司组织体系是否存在瑕疵或者是否建立风险管理体系”(大法院 2005.10.28 宣告 2003Da69638 判决)。而且，法院也认定各董事有义务建立合理信息以及报告系统，并且保证内部管理系统的运转(大法院 2008.9.11. 宣告 2006Da59687 判决)。虽然商法并无明文规定，可以认为内部管理系统的建立属于董事义务的一种，或者在一定情形下，可以认定若建立内部管理系统，即可视为已履行监视义务。

另外，《韩国股份公司外部监察的法律》(以下简称《外部监察法》)、《韩国金融公司组织结构相关法律》(以下简称《金融公司组织结构法》)、《韩国银行法》、《韩国保险业法》等金融相关法律规定，为了内部管理标准的设定及其执行，应当设立合规监察人。根据《外部监察法》第 2 条之 2、第 2 条之 3 规定，上市法人及资产为 1000 万韩元以上的非上市法人应当建立含会计信息验证方法以及会计相关高级管理人员业务分工等内容的内部会计管理制度，公司的合规检察人审察内部会计管理制度的运营状况并在监察报告书中表明综合意见。根据《金融公司组织结构法》第 24 条规定，金融公司应当遵守法律，保证良好经营，并为保护股东以及利害关系人等人的利益，应当制定金融公司高级管理人员在业务执行过程当中应当遵守的标准以及程序(内部管理标准)。

NOTE 合规管理标准以及合规监督人：根据资产规模等特定标准，一定规模的上市公司为了遵守法律，合理开展公司经营，应当设定公司高级管理人员在业务履行过程中须遵守的合规管理相关标准及程序(合规管理标准)(《韩国商法》第 542 条之 13 第 1 款)，并设 1 名以上负责合规管理标准遵守相关业务的负责人(合规监督人)(《韩国商法》第 542 条之 2 第 2 款)。

第二节　忠实义务以及利益冲突交易

在美国法项下，将信任义务(Fiduciary duty)中有关董事不得以自己或者第三人利益从事与公司利益相冲突的行为之义务称为忠实义务(Duty of loyalty)。从很早之前开始，美国就通过判例形成禁止利益冲突的法理。与此相比，韩国将利益冲突类型划分为竞业禁止、兼职禁止规定(《韩国商法》第 397 条)及董事等与公司交易禁止规定(《韩国商法》第 398 条)。但是，因为仅仅通过上述规定无法规制各种各样的利益冲突类型，之前有很多学者主张有必要引入美国法项下的忠实义务制度。通过上述讨论，《韩国商法》在第 382 条之 3 新设了“董事应当依据法律以及章程规定，为公司利益忠实履行职责”的规定。但是，对于是否按照美国法项下的忠实义务制度引入该等规定，尚存疑问。今后需要关注法院是否适用该规定。

在第二节，将探讨利益冲突行为的类型中董事等与公司交易禁止、竞业禁止以及兼职禁止等内容，以及有关篡夺公司机会的案例。2011 年商法修订以前，规定董事等与公司交易中的行为主体为“董事”。但是，目前对于董事等与公司交易规制的适用范围存在很多问题，而且对于控股股东与公司之间的交易无法适用上述规定。作为规制控股股东的利益冲突行为的手段，引进了忠实义务（《韩国商法》第 382 条之 3）及业务执行指示人之责任（《韩国商法》第 401 条之 2）制度，但是还是无法限制控股股东的权限行使及追求个人利益的行为。例如，控股股东篡夺公司机会的行为，即对于将公司的商业机会让给母公司或者公司控股股东新设公司的行为，商法上尚无明文规定。因此，对于能否对此予以规制，尚有疑问。通过 2011 年商法修订，新设了“对于可能对公司产生利益的商业机会，未经董事会同意，不得对此予以利用”的禁止篡夺公司机会（usurpation of corporate opportunity）的规定（《韩国商法》第 397 条之 2）。

另外，作为利益冲突的特殊类型，向担任董事的经营人员支付过多的报酬的问题并未受到广泛关注，但是 2015 年之后大法院就董事报酬相关问题作出了多项判决。董事报酬问题有可能成为产生利益冲突的典型问题，因此本书中将探讨董事报酬相关的现行商法以及实务运用的问题点及其局限性。

一、董事等与公司交易

（一）《韩国商法》第 398 条的适用范围

【判例 35】- 法定代表人为担任法定代表人的其他公司提供保证（大法院）

大法院 1984.12.11. 宣告 84DaKa1591 判决

事实关系

原告 X 公司（第一银行）向一审共同被告大韩非金属销售股份公司（Z 公司）借款 2.15 亿韩元。此时，被告 Y 公司（大原厚织工业股份公司）法定代表人诉外人 A 兼任 Z 公司法定代表人。A 代表 Y 公司，对 Z 公司借款返还债务提供了连带保证。X 公司请求 Y 公司承担连带保证义务，但是 Y 公司主张上述连带保证行为未经董事会决议，因此无效。

法院的判断

原审（首尔高等法院 1984.6.26. 宣告 83Na3582 判决）认定此案中的连带保证行为不属于《韩国商法》第 398 条项下的董事等与公司交易的行为，因此不支持 Y 公司主张，并认定了 Y 公司的责任。但是，大法院以下列理由认为案涉行为属于《韩国商法》第 398 条项下的董事等与公司交易的行为，同时认为原审为保护第三人 X 公司的利益，而在未就 Y 公司是否进行董事会决议，以及如果没有董事会决议，X 公司是否知晓该情况等内容进行审理的前提下，认定 A 的行为合法，这一判决不符合法律规定，因此予以发回重审。

《韩国商法》第 398 条所述的交易中不仅包含董事与公司之间直接成立的利益相关行为，而且还包含董事代表公司，为自己的利益或为自己与第三人之间的债务，向该第三人提供连带保证等给自己产生利益，且给公司造成损失的行为。兼任 Y 以及 Z 公司法定代表人的诉外人 A 为了 Z 公司债务，代表被告 Y 公司提供连带保证的行为应当适用

《韩国商法》第 398 条规定。

但是，对于法定代表人 A 为其担任法定代表人的 Z 公司而代表被告 Y 公司与第三人原告 X 公司进行的交易，出于保护交易安全及善意第三人之目的，除了未取得 Y 公司董事会同意之外，还应当证明原告知道未经董事会决议的事实，否则不得向原告主张本次交易无效。

QUESTIONS & NOTES

Q1 本案中，Y 公司法定代表人为了 Z 公司利益，而由 X 公司与 Y 公司签订连带保证合同。交易系由 X 公司与 Y 公司签订，且 A 公司不是 Y 公司的交易相对方，因此有人可能提出，A 与 Y 公司之间针对本次交易不存在利益冲突的主张。即便如此，本案中法院适用第 398 条的依据是什么？

Q2 本案中 Y 公司为了主张连带保证合同的无效，是否存在其他可以适用的法理？

Q3 如果 A 和 B 分别为 Y 公司法定代表人和董事，在下列假设情形中能否适用商法第 398 条？

(1) A（或者 B）与 Y 公司进行交易的情形。

(2) Y 公司与 A（或者 B）担任法定代表人的 P 公司进行交易的情形。

(3) Y 公司与 A（或者 B）担任董事而不是法定代表人的 Q 公司进行交易的情形。

(4) Q 公司与 Y 公司进行交易时，作为 Q 公司董事的 A（或者 B）接受 Q 法定代表人的授权进行协商或者签订合同的情形。

(5) A（或者 B）作为 C 的受托人或者以其他地位，以 C 的费用与 Y 公司进行交易的情形。

(6) D 作为 A（或者 B）的受托人或者以其他地位，并以 A（或者 B）的费用与 Y 公司进行交易的情形。

(7) A（或者 B）的父母、子女或其配偶与 Y 公司进行交易的情形。

(8) A（或者 B）100% 控股的（或者控股股东）R 公司与 Y 公司进行交易的情形。

(9) 虽然 A（或者 B）不是控股股东，但其作为第二大股东，第三大股东或者持有相当一部分股权的 S 公司与 Y 公司进行交易的情形。

(10) A（或者 B）的父母、子女及其配偶持有 100% 股权（或者控股股东）的 T 公司或者虽然不是控股股东，但其作为第二大股东，第三大股东或者持有相当一部分股权的 U 公司与 Y 公司进行交易的情形。

Q4 如果下列情形发生在现行《韩国商法》实施以后，是否可以适用同法第 398 条规定？

(1)【判例 31】请求 3（三星综合化学股权购买案件）中，将三星电子持有的三星综合化学股权低价转让给三星电子关联公司——三星建设及三星航空。

(2-1)【判例 38】中新世界百货店（以下简称新世界）的全资子公司光州新世界百货商店有偿增资时，新世界失权之后，新世界董事 Y 收购全部失权股。

(2-2)【判例 71】以及第一毛织代表诉讼案件[1]中，爱宝乐园董事会决议低价发行债转股，包括其股东第一毛织（14.14% 股权）在内的 97.4% 股东放弃认购。三星集团会长、爱宝乐园主要股东（13.16% 股权）以及兼任第一毛织董事甲的子女分配了全部失权股。

(3) 现代汽车代表诉讼案件[2]中，现代汽车法定代表人 Y 在讨论现代汽车集团综合物流公司设立相

〔1〕 参见大邱高等法院 2012.8.22. 宣告 2011Na2372 判决（第一毛织代表诉讼）（生效判决）。

〔2〕 参见首尔中央地方法院 2011.2.25. 宣告 2008Ga 合 47881 判决（现代汽车代表诉讼）（确定）。

关事项时，Y 出资 40%，Y 儿子 Y1 出资 60% 设立了物流公司 Glovis。Y 指示由 Glovis 处理现代汽车所有的运输业务，从而 Glovis 急速成长。

(4)【判例 43】中，LG 化学的董事将 LG 化学持有的 LG 石油化学股权转让给法定代表人 Y1，董事 Y2、Y3 及其亲属。

(5)【判例 55】中，SK 集团控股股东，并兼任 SK C&C 大股东的甲将 SK C&C 持有的上市公司 SK 股权与其持有的 Walkerhill 40.7% 股权进行交换。

【参考判例】

大法院 2013.9.12. 宣告 2011Da57869 判决（新世界代表诉讼）

旧《韩国商法》(2011.4.14. 法律第 10600 号，以下简称旧商法）第 398 条之所以规定对董事与公司之间的交易应当取得董事会同意，是为了防止董事利用其地位与公司进行直接交易，或者董事为了自身利益，通过公司与第三人进行交易的方式给公司或者股东造成损失（参考大法院 2010.3.11. 宣告 2007Da71271 判决）。因此，为适用上述规定，董事或者第三人的交易相对方应当为，由董事承担善良管理人注意义务或者忠实义务的公司。另外，如果子公司与母公司的董事进行交易，即便母公司持有子公司全部股权，也应认定母公司与子公司系相互独立的法人，且即便因该等交易造成损失，该损失仅针对子公司，母公司只是受到间接损失，不得将子公司的交易直接视为母公司的交易。因此，关于母公司的董事与子公司之间的交易与母公司之间的关系，不属于旧商法第 398 条的规范对象，从而母公司的董事无须就该交易取得董事会的同意。

大法院 2017.9.12. 宣告 2015Da70044 判决（韩华代表诉讼）

事实关系

2005 年 6 月，韩华将其持有的子公司韩华 S&C 40 万股（66.7%）转让给韩华集团会长被告 Y 的长子。经济改革组织等原告股东认为低价出售韩华 S&C 股权的行为属于违反董事义务、董事等与公司交易、篡夺公司机会、竞业禁止等法律规定的行为，而且因低价出售行为造成韩华 894 亿韩元的损失。鉴于上述理由，以包括 Y 在内的董事为被告提起代表诉讼。关于违反禁止董事等与公司交易的规定，原告主张，鉴于本案交易适用 2011 年修订前的《韩国商法》第 398 条的规定，因此未经董事会同意的交易属于董事的义务违反情形。

法院的判断

大法院认为，“之所以对公司与董事之间的交易要求取得董事会同意，是为了防止董事与公司之间的利益相反交易的发生，并保证交易的公正性，同时保障董事会适当的职务监督权的行使。因此与交易相关的董事在取得董事会同意之前，应当向董事会报告该交易与董事自身的利害关系以及与交易相关的重要事项”。此外，法院认为“鉴于本案股权转让的受让方为董事Y之子，对其为特殊关联人的事实以及转让价格等事实已经予以公示的情形；除了Y之外的剩余被告收到韩华诉外人1常务对于韩华S&C有偿增资之必要性，因此韩华出资总额限制等情形导致无法处分本案股权；本案转让价格已经委托会计法人确定等事项的报告之后通过董事会决议等情形”，“对于本案股权转让，已经通过对其利害关系以及与交易相关的重要事实的公示，可以视为已经取得董事会同意”。

NOTE 2011年韩国商法修订之前，旧商法第398条规定自我交易的主体为董事。因此，对于公司与董事特殊关系人的交易，或者公司和其董事与作为控股股东的其他公司之间的交易，或者两个公司的控股股东相同的情形下，即便两个公司之间的交易形成利益冲突的可能性更高，也无法适用上述规定。现行《韩国商法》扩大了与公司自我交易的主体范围，不仅有董事，还包括具备一定要件的“主要股东”（《韩国商法》第542条之8第2款、第6款）[1]以及执行高级管理人员（《韩国商法》第408条之9、第398条、第398条第1款）（设定为甲），甲的配偶以及具备一定要件的亲属，上述人员单独或者共同持有50%以上股权的公司（《韩国商法》第398条第2款、第3款、第4款）（设定为乙），董事、主要股东及其配偶，具备一定要件的亲属与乙共同持有50%以上股权的公司之间的交易也列入规制对象范围之内（《韩国商法》第398条第5款）。

大法院2017.9.12.宣告2015Da70044判决（韩华代表诉讼）中，法院对需要取得董事会同意的董事等与公司交易相对方的范围认为，“应当取得董事会同意的董事与公司之间的交易，不仅包括董事作为交易相对方的情形，而且除了具有特殊情形之外，在其作为相对方代理人或者代表人与公司进行交易等情形中，公司与董事之间有可能形成利益冲突或者有可能给公司造成损失的交易，也应当属于应当取得董事会同意的董事与公司之间的交易范围之内”。

上市公司中除了提供信用之外，对于最大股东等人与公司之间的交易，只有在交易规模达到一定标准以上才需要取得董事会同意。与此相反，《韩国商法》第398条规定的董事等与公司的交易并没有规模上的限制。而且也不存在对于一定形式的交易排斥董事会同意或者认可董事会一揽子性同意的规定。通过第398条董事等与公司交易的主体范围扩大化，与第542条之9的规定相比，有可能引起对该规定过于严厉的批评。

NOTE 对于上市公司，可以适用公司与主要股东等利害关系人（主要股东[2]及其特殊关联人[3]）、董事、业务执行指示人等（《韩国商法》第401条之2第1款各项）、监事、执行高管（以下简称主要股东等）交易相关的特别规定（《韩国商法》第542条之9）。

①提供信用的禁止：即使取得董事会同意，也不得向主要股东等人提供信用。提供信用是指金钱等财产之提供、债务履行之担保[4]、资金支援性质的证券之购买等伴随信用风险的交易（《韩国商法施行令》第35条第1款第4项）。②最大股东等人的自我交易禁止：除了①所述提供信用之外，对于

〔1〕 主要股东是指持有公司发行股份总数10%以上的股东或者对公司董事、监事的任免等上市公司主要经营事项发挥实际上的影响力的股东（《韩国商法》第542条之8第2款、第6款）。

〔2〕 请参考上一条脚注（《韩国商法》第542条之8第2款、第6款）。

〔3〕 具备一定要件的亲属以及主要股东持有30%以上或者发挥实际影响力的法人或者团体（《韩国商法》第542条之8第2款第5项，《韩国商法施行令》第34条第4款）。

〔4〕 【判例8】大法院2005.5.27.宣告2005Da480判决中，如果原告为上市公司，则依据《韩国商法》第542条的规定，不得提供连带保证。

与资产总额为2兆韩元以上的上市公司的最大股东[1]，及其特殊关联人，以及上市公司特殊关联人中的特定人员进行交易，或者为上述人员所进行的交易，应当取得董事会同意(《韩国商法》第542条之9第3款)。此时，如果交易规模达到资产总额或者销售总额的一定比例，应当取得董事会同意(《韩国商法》第542条之9第3款，《韩国商法施行令》第35条第6款)。③对于根据公司业务范围所进行的一般性交易或者在董事会同意的交易总额范围之内所进行的交易，无须取得董事会同意(《韩国商法》第542条之9第5款)。

(二)自我交易的确认

【判例36】-对董事与公司交易的认可(大法院)大韩人寿

大法院2007.5.10.宣告2005Da4284判决(大韩人寿)[2]

本判决是在2011年修订《韩国商法》中对董事等与公司交易相关需要取得董事会同意的明文规定制定之前作出的。

事实关系

诉外人A自1976年7月2日至1999年5月4日，作为原告X公司(大韩人寿)的最大股东(持股比例为28.83%)及法定代表人就职于经营保险业务的X公司，同时自收购被告Y(神童学院)至1999年12月14日止，兼任Y的董事长一职。自1992年11月30日至1999年1月29日止，X公司共向Y捐款231亿韩元。对于上述金额中X公司向Y提供的167亿韩元(1998年4月22日至1999年1月29日)，原告以背任罪起诉A，且法院对此作出了有罪判决，同时A根据1999年5月X公司的股东会决议被解职。

X公司并未另行召开董事会会议就针对Y的捐款行为取得董事会同意或者制作董事会会议记录。而且X公司在进行捐款行为的过程当中，一直都是A随时就捐款事宜作出口头指示，由接受指示的X公司经理部资金科长制作捐款计划书以及支出说明书，并取得经理部长、负责高管、社长以及A的同意之后向Y支付金额。X公司的董事会虽然在召开讨论财务报表相关事宜的股东大会召开之前、事后就包括捐款支出内容的明细表等结算相关文件进行审查、表决，但未将本案捐款行为本身作为具体的议案进行董事会审议或者取得董事会同意。因此，X公司以其对Y的本案捐款行为无效为由，请求不当得利返还。

法院的判断

1.对于董事会的事后追认

如果对《韩国商法》第398条的后半部分进行相反解释，可以认为，如果未取得董事会同意的前提下，与公司进行交易，则该董事的行为可以被视为一种无权代理行为。鉴

[1] 提供信用中为主要股东，但在其他交易中为最大股东。
[2] 本案例中关于股东大会与董事会权限划分问题，请参考第三章【判例12】。

于可以对无权代理行为进行追认，可以认为《韩国商法》第398条并不只认可针对董事与公司之间的交易的事先承认，而排斥事后追认。但是，无论在何种情况下，与该交易相关的董事在取得董事会同意之前，应当向董事会报告其与该等交易的利害关系及与该交易相关的重要信息。如果在未向董事会报告上述事项的前提下，并未就该交易作为利益相反交易公正与否进行审议，而是仅仅作为一般性交易进行董事会决议的，则不得认定其符合《韩国商法》第398条规定。原告公司的董事会即便在召开有关财务报表以及业务报告相关股东大会之前，对包括捐款支出内容的捐款明细表等结算相关文件进行审查、表决，但因为无法找到诉外人A就原告公司对于被告法人的捐款行为向董事会报告其与该捐款行为的利害关系，以及与该捐款行为相关的重要信息的证据，且无法证明原告公司董事会确实将其作为具体议案，对其作为利益相反交易公正与否进行审议。因此，无法认定公司董事会对本案捐款行为进行了事后追认。

2. 对于股东大会的事后追认

对于董事与公司之间的利益相反效益的追认，除非股东对此一致同意或者章程规定追认系股东大会的权限，应当由董事会予以追认。因此对于未取得董事会同意的利益相反交易，即便由毫无权限的股东大会予以追认，也不能使该交易有效。

3. 对于原告公司的默示追认

为了能够认定公司对利益相反交易予以默示追认，应当存在对该交易享有同意权限的董事会在已知晓董事与本案的关联关系及与该等交易相关的重要事项的前提下，董事在承受因追认所导致的损失并且对此承担连带责任的情况下予以追认的合理事由。仅依据在董事会或者股东大会对财务报表以及业务报告进行审议之后，原告公司依据该业务报告进行税务申报，并在计算企业所得税时进行减免税款处理，或者原告公司董事、股东或者监事等人长期未对该捐款行为提出异议等事由，无法认定原告公司对本案捐款行为进行了默示追认。

QUESTIONS & NOTES

Q1 (1)【判例36】是现行《韩国商法》实施以前的判决。关于自我交易的确认期间，【判例36】认定可以由董事会予以事后追认或者由全体股东事后追认。如果本案发生在商法修订实施之后，其结论会有何不同？

(2)本判决宣告之后，2011年修订的《韩国商法》第398条明确规定必须在事先确认。根据现行商法，是否意味着事后追认是不被允许的？其依据是什么？

Q2 未经董事会同意的情况下进行交易时，自我交易的效果如何？

NOTE 董事会的确认要件：应当经2/3以上董事同意（《韩国商法》第398条）。关于上述人数要件是全体董事的2/3以上，还是出席董事会会议的董事的2/3以上，尚不明确。但是，我们应当将其视为全体董事的2/3以上。因为，依据《韩国商法》第391条规定，一般的董事会会议要求全体董事过半数出席、出席董事过半数赞成，而且依据第391条第3款的准用规定，对董事会决议存在利害关系的董事不得行使表决权，且该董事的表决权并不计入出席股权数（《韩国商法》第368条第4款、第371

条第2款)。此时，与上述情形一样，应当认定存在特殊利害关系的董事不能行使表决权。因此，除存在特殊利害关系的董事以外的董事中的2/3以上董事同意，才能够认定具备董事会确认要件。

NOTE 关于利益冲突交易，如果在董事会确认之前，公开利益冲突事实及其他重要事项，而且除了存在特殊利害关系的董事以外的董事中2/3以上董事同意的，则应当视为已经具备商法上的程序正当性。但是，在现实中，接受具有特殊利害关系的董事A的指挥或者监督的其他独立董事很有可能会按照A的意图对此予以确认。因此，如果解释法上没有可能性，则应当通过立法，将有权对利益冲突交易进行确认的董事范围限定为没有利害关系的董事(Disinterested directors)，将与A存在特殊关系的独立董事予以排除。如果无法实现上述内容，则2011年修订的《韩国商法》中添加的公正性要件就具有尤为重要的地位。

Q3 (1)如果虽取得董事会确认，但是交易条件不公平的，其交易效果如何？

(2)在要求实质公正性的情况下，由谁承担公正性的举证责任？

(3)交易条件的公正是指什么？例如，公司出售产品时，是否只有在其价格为最高价时，才具备实质公正性？

Q4 如果交易条件公正，公司是否可以仅与特定人或者特定公司进行交易？

Q5 《韩国商法》第398条只是考虑了一次性交易，因此通说认为应当就每个交易取得董事会的确认。那么，是否可以进行一揽子性确认？

Q6 (1)本案中，X公司能否举证证明Y知道或者可能知道未取得董事会确认？

(2)对于Y对董事会确认的认知，以谁为基准？

【参考判例】

大法院 2012.12.27. 宣告 2011Da7651 判决

《韩国商法》第398条之所以要求就董事与公司之间的交易应当取得董事会同意，系为了防止董事利用其地位与公司进行直接交易，或者防止董事为了自身利益，通过公司与第三人进行交易，为自己的利益给公司或者股东造成损失(参考大法院1973.10.31.宣告73Da954判决、大法院2010.3.11.宣告2007Da71271判决等)。鉴于该规定的宗旨，除非有特殊情形，只有公司可以主张董事与公司之间的交易因违反《韩国商法》第398条而导致无效，而交易相对方或者第三人无权主张合同无效。因此，董事作为交易相对方无权以违反上述规定为由，主张交易的无效。

大法院 2017.8.18. 宣告 2015Da5569 判决(债务不存在确认等)(Golden Tube)

兼任原告以及被告法定代表人的诉外人1在原告与被告之间签订了由被告向原告提供购物网站开发服务的E-shop系统供应合同(“本案供应合同”)。在签订本案供应合同当时，诉外人1从原告的投资方处取得原告100%股权，并仅享有股权所有权。因为诉外人1并未支付股权转让价款，因此原告投资方对诉外人1的股权设定抵押，并要求对重要事项行使表决权时，应当事先取得抵押权人的书面同意。

原告鉴于本案供应合同无效，主张与本合同相关的债务不存在。本案焦点为本案供应合同是否属于《韩国商法》第398条项下的自我交易，从而因没有董事会同意导致无效。

原审依据没有董事会同意而认定无效。对于被告认为只要存在一人股东诉外人1的同意，则不能仅依据不存在董事会同意而回避本案供应合同相关的责任的主张，法院以原告股权实际上归属于原告投资人为由，不予考虑。

但是，大法院认为"本案供应合同签订当时诉外人1受让原告100%股权，除非另有特殊情形，其可以对原告股权行使股东权利……即便诉外人1未支付股权转让价款，也不得将股权转让价款支付义务与其股东地位混为一谈。而且，即便对股权设定抵押，除非依据股权抵押合同，由抵押权人接受股东委托直接行使表决权的情形，股东依然有权作为股东行使表决权"。而且，法院认为"诉外人1作为原告的一人股东签订本案供应合同，可以视为原告的全体股东同意本案供应合同，因此原告不得以没有董事会决议为由，回避责任"。但是，大法院在结论上认定本案供应合同因被告的债务不履行而合法解除，支持了原告主张。

NOTE 上市公司不得对主要股东等特定的利害关系人提供信用(《韩国商法》第542条之9第1款)，资产2兆韩元以上的上市公司拟与最大股东或者特殊关联人进行一定规模以上的交易时，应当取得董事会同意(《韩国商法》第542条之9第3款)。虽然对于违反《韩国商法》第398条，未经董事会同意的自我交易之司法效力并未作出明文规定，但是判例(大法院2004.3.25. 宣告2003Da64688判决等)认为，"未经董事会同意的自我交易在公司与董事之间视为无效，但是如果公司拟以上述交易未取得董事会同意为由向第三人主张交易无效，除了举证证明为保护交易安全及善意第三人利益而需要取得董事会同意的事实，还需要证明第三人知道该交易未经董事会同意的事实。而且，即便第三人善意，如果第三人对此改动不知情存在重大过失，则将其视为存在恶意"。此外，虽然对于违反《韩国商法》第542条之9规定的交易效力也未作出明文规定，但是对于违反《韩国商法》第542条之9第1款的前身规定——旧《韩国证券交易法》第191条之19第1款的交易之效力，首尔中央地方法院认为，旧《韩国证券交易法》规定是规范性规定而不是效力性规定，因此认为对合同的司法效力不产生影响(首尔中央地方法院2009.6.2. 宣告2009Ga合414判决)。但是旧《韩国证券交易法》规定目前已经纳入商法规定，因此应当将《韩国商法》第542条之9规定视为效力性规定。因此，关于违反《韩国商法》第398条的司法效力问题，也同样适用于《韩国商法》第542条之9之规定。

二、竞业交易禁止以及兼职禁止

【判例37】-董事的竞业禁止与兼职禁止(大法院)

大法院1993.4.9. 宣告92Da53583判决

事实关系

Y(被告)作为A公司(Woorim水泥，原审被告)的法定代表人，未经股东大会同意，[1]设立了从事与A公司相同业务的诉外人B公司(韩国Hicon股份公司)并担任B

[1] 本案发生当时，董事的竞业交易属于股东大会决议事项。经1995年商法修订，为了与董事的自我交易的批准机构协调一致，将其变更为董事会决议事项。

公司法定代表人。为了开展公司业务，进行了购买工厂用地等准备工作，但是，遭到了原告X（持有A公司5%股权的股东）的抗议之后辞任了B公司法定代表人。Y向没有任何水泥产品生产及销售相关业务经验的妹夫的弟弟Z转让了B公司的全部股权。此后，B公司将工厂用地土方工程承包给由Y担任法定代表人的诉外人C公司（Woorim综合建设股份公司），并向C公司供应B公司生产的产品。原告X提出解除Y董事一职的议案并召开了A公司临时股东大会，但是因为出席人数未符合法定出席人数，导致临时股东大会未成功召开。此后，X以Y的行为属于违反《韩国商法》第397条第1款规定的重大违法行为为由，请求解除Y的董事职位。

法院的判断

《韩国商法》第397条第1款的立法宗旨是通过防止董事利用其地位，以侵害公司利益为代价追求自身利益的竞业行为的发生，促使董事承担善良管理人的注意义务，并有效运营公司，诚实履行其职务。因此即便作为竞业对象的公司尚未开始经营，只处于购买工厂用地等准备阶段，也属于《韩国商法》第397条第1款规定的以同种业务为目的的其他公司。即便公司的董事设立了从事与公司相同业务的其他公司，并担任该公司法定代表人从事经营准备工作之后，在开始经营之前辞去该公司的法定代表人一职，该行为也属于违反《韩国商法》第397条第1款规定的竞业禁止义务的行为。因此，除非另有特殊情形，该情形属于《韩国商法》第385条第2款规定的关于董事解聘的“存在违反法律规定的重大事实”的情形。

QUESTIONS & NOTES

Q1 本案中，Y能否成为B公司的法定代表人？

Q2 本案中，如果A公司董事Y被派遣至从事与A公司相同业务的A公司的子公司A1，是否需要取得董事会同意？

Q3 如果Y未像本案事实这样设立从事与A公司相同业务的B公司并担任法定代表人，而是享有从事与A公司相同业务的C公司的100%股权，是否可以适用第395条第1款规定？本案中，Y主张自己并未与A公司存在竞业关系，而是由享有独立法人资格的B公司与A公司存在竞业关系，上述主张是否合理？

Q4 董事未经董事会同意从事竞业的，公司可以采取什么措施？

Q5 《韩国商法》第397条项下的“属于业务类别的交易”或者“相同业务”的判断标准是什么？是否为公司章程规定的业务范围？

Q6 《韩国商法》第385条第2款规定，股东大会否决董事解聘议案时，股东可以提起解聘董事的诉讼，而且在本案中是因为未满足股东大会法定出席人数导致股东大会未召开。在此情形中，也认定其具备《韩国商法》第385条第2款要件的依据是什么？

【参考判例】

大法院 2013.9.12. 宣告 2011Da57869 判决(新世界代表诉讼)

除了董事担任竞业相对方公司的董事、法定代表人的情形外,在成为该公司控股股东并对该公司的决策及业务执行产生影响的情形下,也应当取得自己所属公司董事会的同意。此外,如果任何公司从事与董事所属公司业务相同的业务,虽然不能仅以在当时互相从事不同的业务领域而判断两个公司并不存在竞业关系,但是如果根据考察两个公司股权所属情况以及股权结构、业务形态、是否使用相同或者类似商号或者商标,是否在市场将两个企业看作竞争者等要素,有可能存在竞业关系的公司事实上作为董事所属公司的分支机构乃至业务部门开展运营,并追求共同利益的,则不得视为两个公司存在利害冲突,而且董事收购上述公司的股权并成为控股股东也无须按照《韩国商法》第 397 条规定取得董事会同意。

三、关于公司机会及资产之挪用

原先,韩国通过《韩国商法》第 397、398 条规制公司与董事之间的利益冲突行为。韩国企业集团内开始新型业务或者调整原有业务部门的过程当中,对于公司通过将增值业务分配给控股股东或其特殊关联人的股权比例相对较高的公司,其他关联公司以优惠条件与该公司进行交易的不当方式是否损害公司利益之问题,一直存在疑惑。上述行为有可能违反忠实义务,但是其与第 397 条规定的竞业不同,并不是董事与公司进行竞争;而且其与《韩国商法》第 398 条规定的自我交易也存在差异,即并不是董事积极与公司开展交易。因此,通过《韩国商法》第 397 条以及第 398 条规定对上述行为予以规制是有限制的。对此,2011 年修订的《韩国商法》新设了如果董事等人拟挪用公司业务机会,则应当取得董事会同意的条款,即所谓"挪用公司机会"规定(《韩国商法》第 397 条之 2)。虽然将其称为"挪用公司机会",但是法条题目为"禁止挪用公司机会以及资产"。

关于挪用公司机会的法理系通过美国判例所形成,因此无法用一句话简单予以概括。对于属于公司机会的情形,美国判例提供了多种判断标准。[1]《韩国商法》将"在职务履行过程中知悉的或者通过公司信息知悉的业务机会"或者"与公司正在开展或者拟将开展的业务有密切关联的业务机会",并且现在或者将来会给公司带来利益的机会规定为业务机会(同法第 397 条之 2)。

对于按照上述方法将公司机会予以具体规定的做法,有人会予以批判。但是上述方法可通过确立明确的标准,提升法律的可预测性。但是,即便明文规定了公司机会,但是

---

〔1〕 ALI, *Principles of Corporate Governance*, 1994, § 5.05(b)以及 § 5.12(b)ALI 将挪用公司机会的主体分为①董事以及上级执行高管;②控股股东;对①是重视业务机会是否是在业务执行过程当中获取,是否使用公司信息或者公司财产[§ 5.05(b)]。关于②,是以获取业务机会的路径为基准[§ 5.12(b)(1)]。

解释何为公司机会仍然是一项很困难的问题。而且，修订《韩国商法》的法条规定挪用公司机会的主体为“董事(以及执行高管)”(《韩国商法》第408条之9)，因此是否可以规制在韩国经常发生的涉及企业集团内部控股股东的挪用公司机会案例，尚有疑问。在运用该规定时，法院应当发挥积极的作用。

【判例38】-竞业禁止、自我交易、挪用公司机会的认定(大法院)新世界股东代表诉讼

大法院2013.9.12.宣告2011Da57869判决(新世界代表诉讼)

事实关系

以首都地区作为经营区域的新世界于1995年4月10日全资设立了以光州地区作为经营区域的光州新世界百货店(以下简称光州新世界)。光州新世界在1997年金融危机过后在融资方面遇到了困难，为解决融资困难，在与新世界协商之后，于1998年3月30日有偿增资50万普通股(以下简称本案有偿增资)。其主要内容为以每股5000韩元的价格及定向配股的方式，在1998年4月8日向目前的股东发行50万普通股。1998年4月20日，光州新世界的100%股东——新世界召开董事会，以“虽然为了改善光州新世界的财务结构，本次有偿增资的规模以及时机都是适当的，但是鉴于新世界的1997年末负债比率为257%，处于相对较高的状态，因此不适合在1997年金融危机期间通过外部融资的方式向其他法人进行出资”为由，对新股认购予以否决。光州新世界在1998年4月22日通过董事会决议以第三方定向配股的方式及当初的发行价格向新世界董事被告Y发行失权股，而且Y在次日全额支付了新股认购对价。在本案有偿增资之后，光州新世界的资本金从5亿韩元变成30亿韩元，发行股权总数从10万股变为60万股，而且Y持有光州新世界83.3%的股权，新世界持有16.7%股权，至此光州新世界的最大股东从新世界变更为Y。

新世界少数股东针对Y等董事以下列事实为由提起了代表诉讼。与新世界董事会决议放弃认购新股，由Y收购全部失权股的事实相关，Y违反了下列规定：①《韩国商法》第397条规定的竞业禁止规定；②《韩国商法》第398条规定的自我交易禁止的规定；③禁止挪用公司机会的规定；④在为了新世界利益应当认购新股的情况下，Y为了其财产而从事了放弃新股认购等怠于履行董事职责的行为。而且少数股东还主张其他董事参与上述行为或者提供帮助，导致给公司造成损失等事实。

法院的判断

1.竞业禁止业务的违反与否

【原审：首尔高等法院2011.6.16.宣告2010Na70751判决】因为新世界是以首尔地区作为经营区域，而光州新世界是以光州地区作为经营区域，因此除非新世界通过设立分店的方式在光州开展业务，否则无法认定两者之间存在竞业关系。因此认定，Y新股认购之行为不属于应当经董事会同意的竞业情形。

【大法院】如果公司董事作为控股股东的公司从事公司业务范围内的业务，不能仅以经营区域不同而否定竞业关系。但是如果通过考量两个公司的股权持有情况以及股权结构，业务形态，是否使用相同或者类似的商号或者商标，在市场是否将两个企业认定为竞争者等诸项要件，认为控股股东的公司实际上以董事所属公司的分店乃至业务部门运营且存在共同利益关系，则应认定两个企业之间不存在利益冲突，因此无须按照《韩国商法》第397条规定取得公司董事会同意。光州新世界在Y的本案新股认购之后，也与之前一样，实际上是作为新世界的分店运营。通过审查记录也无法找到被告Y通过光州新世界从事有可能与新世界产生利益冲突的交易。因此即便Y通过本案新股认购成为光州新世界的控股股东，对此也无须按照《韩国商法》第397条规定取得董事会同意。

2. 是否违反禁止自我交易义务

可适用旧《韩国商法》(2011.4.14. 法律第10600号法律，是修订前的法律，以下简称旧商法)第398条第1款的条件是，董事或者第三人的交易相对方为董事，在职务履行过程当中承担善良管理人的注意义务或者忠实义务的公司。此外，在子公司与母公司的董事进行交易的情形中，即便母公司持有子公司100%股权，母公司与子公司是相互独立的法人，而且即便通过该交易造成损失，该损失也由子公司承担，母公司仅仅受到间接影响，因此不能将子公司的交易视为其母公司的交易。因此在与母公司之间的关系方面，母公司的董事与子公司的交易不属于旧商法第398条所规制的交易，母公司的董事无须就该交易取得董事会同意。

3. 是否违反禁止挪用公司机会义务

【原审：首尔高等法院2011.6.16. 宣告2010Na70751判决】为了认定董事挪用业务机会，应当证明存在有价值的商业机会且该机会被董事所利用。但是鉴于①有偿增资当时因1997年金融危机造成经济情况恶化，导致了大部分流通企业面临经营困难；②光州新世界已经处于资不抵债的状态，而且利息费用已经接近当期净利润；③有偿增资的大部分资金用于偿还之前就存在的债务；④新世界也根据政府以及金融当局关于减少负债比例的要求，开展了出售优良资产等确保流动性以及改善财务结构的结构重组；⑤光州新世界在收到失权通知时，试图物色认购新股的企业，但是因为1997年金融危机所导致的国内经济不景气，没有找到认购新股的公司，从而最终决定向Y发行新股认购等情形，无法认定在新股认购当时，光州新世界属于有价值的商业机会。而且在当时1997年金融危机下，新世界按照紧缩经营的目的放弃收购新股，光州新世界也在未找到认购人的情况下，才由Y予以收购。因此，不能认定Y挪用了新世界的商业机会。

【大法院】如果董事发现有价值的商业机会，应当将其提供给公司予以利用，未经公司同意，不得以自己或者第三人利益而予以使用。但是，如果公司董事会充分收集并分析相关信息之后，通过正当程序为公司利益而放弃该商业机会或者同意特定董事予以使用的，除非决议程序存在不合理性，作出上述决议的董事的经营判断应当得到尊重。因此，在上述情形下，即便特定董事利用了上述商业机会，也不能认定出席上述董事会决议的董事违反了善良管理人的注意义务或者忠实义务。

如果根据上述法理查看原审判决，虽然不能说法院以其理由作为依据认定Y没有利用公司商业机会的判决完全正确，但是结论上具有其正当性。不存在如上诉理由所述的，对董事取得公司机会的要件或者程序存在法律上的误解或者认定事实错误等情形。

4. 低价发行新股的放弃认购以及违反董事义务与否

原审认为本案事实不足以认定本案新股是以显著低价发行的。即便本案新股以相对低价发行，但不能仅以该情形认定作出不收购新股之决议的被告决定明显不合理，构成怠于履行职责。通过审理记录推断原审判决的理由，上述原审判断具有正当性。

QUESTIONS & NOTES

Q1 【判例38】如果发生在《韩国商法》第397条之2实施以后，大法院将会作出怎样的结论？

Q2 关于公司商业机会的概念，【判例38】之原审认为，为了认定董事行为属于需要取得董事会同意的挪用公司商业机会的行为，该商业机会应当“具有价值”，但是法院却认为应当是“有可能带来利益的机会”。

(1) 将商业机会的标准定为“有价值的机会”或者“有可能带来利益的机会”，有可能造成什么问题？

(2) 公司商业机会属于相对抽象的概念，如何定义具有收益可能性的公司机会，比较合理？

(3) 大法院的标准与《韩国商法》第397条之2的标准之间的区别是什么？

【参考判例】

大法院2017.9.12. 宣告2015Da70044判决（韩华代表诉讼）

事实关系[1]

本案的焦点问题为韩华将其持有的子公司韩华S&C 40万股(66.7%)股票转让给韩华集团会长兼董事的被告Y的长子的行为是否属于利用韩华商业机会的行为。

法院的判断

原审认为，鉴于除被告Y以外的其他被告在本案董事会中，就本案股权转让事宜听取了韩华诉外1常务关于韩华S&C提出的增资要求，但是因韩华出资总额限制无法增资，因此韩华S&C有必要尽快开展有偿增资。而且本案股权价值是委托PwC进行了评估等说明之后，才确定本案股权转让具有合理性，并通过董事会决议决定交易。因此，不足以认定本案股权买卖属于利用韩华商业机会，也不足以认定被告违反了其作为韩华董事的善

〔1〕 事实关系参考前面关于董事自我交易的【判例35】。

良管理人的注意义务或者忠实义务。大法院认为，“即便因为本案股权买卖导致韩华放弃商业机会，并促使Y的长子利用该机会，但是只要韩华董事会充分搜集并分析了有关上述股权买卖的相关信息，并通过正当的程序对此进行决议，而且决议过程不存在明显不合理之处，不能认定被告违反了其作为董事的善良管理人的注意义务或者忠实义务”。

首尔中央地方法院 2011.2.25. 宣告 2008Ga 合 47881 判决（现代汽车代表诉讼）（生效判决）

事实关系

被告Y自2000年6月开始担任现代汽车集团（以下简称A集团）的会长，并且作为现代汽车以及起亚汽车、现代Mobiis、Glovis等关联公司的控股股东，自1993年3月10日至今担任现代汽车的法定代表人。A集团为了通过关联公司参股的方式设立综合物流公司，而拟设立Glovis，但是最终以Y出资40%（10亿韩元）、Y长子诉外Y1出资60%（15亿韩元）的方式设立了Glovis。现代汽车少数股东X认为Y认购Glovis的出资股份的交易①违反竞业禁止业务；②违反董事自我交易相关法律；③挪用现代汽车的商业机会。特别是对于第三项，鉴于Glovis的运输乃至物流业务在客观上作为A集团关联公司的制造活动所必须的辅助活动，是与各关联公司的制造活动存在密切关联性的业务，而且A集团关联公司之前已经为设立综合物流公司开展了相关事前准备工作等情形，因此Glovis的物流业务属于现代汽车的商业机会。如果Y设立综合物流公司，A在收购该公司股权之后将会得到巨额利益，而且当时现代汽车具备了充分的财政能力，因此Y有义务向董事会提出由现代汽车收购Glovis大部分股权的议案，而且应当采取相关措施促使董事会作出收购Glovis股权的决议。但是Y并未向董事会提出该议案，而且由自己及其儿子收购Glovis股权，因此应当认定该等行为属于挪用公司商业机会的情形。

法院的判断

“……‘商业机会’其含义具有抽象性以及不明确性……不能认为董事承担将其知道的所有的商业机会提供给公司的义务。为了认定董事应当承担促使公司推进该商业机会的忠实义务，并因董事违反该义务而给公司造成损失，该商业机会应当属于‘公司现有的现实化、具体化的商业机会’。……如果公司内部就推进商业机会进行了具体的讨论或者公司以有利的条件得到商业机会等情形，即该商业机会是公司现有的现实化、具体化的商业机会，而且通过综合考虑公司商业战略、业务形态以及财务状况，该商业机会的特点、投资规模、风险程度、预期利益等要素，认为公司有必要通过该机会开展相关业务的情形下，董事应当承担要求公司利用该商业机会的善良管理人的注意义务以及忠实义务。”

NOTE 【判例38】及上述【参考判例】中，原告主张，被告Y的新股认购行为、被告Y的长子收购关联公司股权的行为及设立Glovis的行为不仅属于挪用公司机会，还属于竞业及自我交易。从中可以看出，挪用公司商业机会与董事与公司之间的利益冲突行为相似，而且三个类型很难区分。但是竞业强调与公司的竞争关系；与此相反，挪用公司商业机会不要求一定要与公司竞争。自我交易是董事与公司进行直接或者间接的交易，但是在挪用公司商业机会中，董事不是与公司进行交易。

Q3 【判例 38】中，法院认为，如果公司董事会充分收集并分析相关信息之后，通过正当程序为公司利益而放弃该商业机会，或者同意特定董事予以使用的，则挪用公司商业机会的行为不构成董事义务的违反，而且法院认为公司可以在上述两个选项中选择一项。

(1)本案中能否同等对待不予收购新股的董事会决议和同意 Y 收购失权股的董事会决议？

(2)本案中 Y 收购全部失权股，持有 83.3% 股权，从而光州新世界最大股东从新世界变更为新世界的控股股东 Y。如上述情形，公司摆脱光州新世界控股股东的地位，而由公司控股股东成为控股股东的情形下，大法院的法理是否也具有合理性？

(3)【判例 38】如果发生在《韩国商法》第 397 条之 2 实施之后，被告为了免于承担责任，应当经过怎样的程序？

Q4 违反《韩国商法》第 397 条之 2 的规定，未经董事会同意挪用公司机会的后果是什么？

Q5 如何计算因挪用公司商业机会，从而给公司造成的损失？损害赔偿方法是什么？

Q6 董事未经董事会同意为了自己或者第三人利益挪用公司商业机会，从而给公司造成损失的，造成损失的董事以及对此予以同意的董事应当承担损害赔偿责任(《韩国商法》第 397 条之 2)。虽然将通过挪用商业机会获取利益的主体规定为董事以及第三人，但是将行为主体和损害赔偿责任主体规定为董事(同条第 2 款)。实际上，在企业集团中通过挪用公司商业机会获取利益的人为公司控股股东而非董事的情形下，获取利益的主体与承担损害赔偿责任的主体是不同的。为了使该规定实际发生效力，应当如何予以规定？

参考资料 [韩]千景勋:《对于修订商法项下禁止挪用公司商业机会之规定的解释论研究》，载《商事法研究》2011 年 8 月第 30 卷第 2 号。

四、董事报酬

【判例 39】- 董事的报酬与法定退休金(大法院)

大法院 2014.5.29. 宣告 2012Da98720 判决(Fidelity 资产运营)

事实关系

原告在 2007 年 5 月 8 日召开的被告 Fidelity 资产运营临时股东大会上被任命为董事。同日，通过董事会决议被任命为法定代表人。原告在被任命为法定代表人之前，接受时任被告法定代表人的诉外人 3 的委托，与代理被告的诉外人 1 以及诉外人 2 签订了以将原告任命为被告法定代表人为内容的合同(以下简称本案合同)。本案合同包括向原告支付基本工资、住房津贴、其他奖金等的条款，如果可以适用，被告将按照劳动基准法规定的最低标准支付退休金的条款。本案合同中准用的被告就业准则规定，持续工作满 1 年的，应支付相当于 30 天的平均工资作为退休金。被告章程规定，“对于董事及监事的报酬、奖金、其他津贴，由股东大会决议。关于董事及监事的退休金，依据由股东大会决议通过的公司规定予以支付”。

虽然被告每年通过定期股东大会就董事及监事报酬金额进行决议，但是对于将就业准则退休金条款采纳为董事退休金支付规定，或者另行制定董事退休金支付规定等事宜并未召开董事会进行决议。原告在以经济业绩糟糕为由，被公司解除法定代表人及董事职务之后，以自己系劳动者为由，向法院提出了确认解除无效的诉讼。除此之外，原告还主张，即便其不是劳动者，被告也应当因委托合同的不当解除而承担损害赔偿责任。此外，请求被告支付基于《韩国商法》第385条第1款规定的损害赔偿，以及依据本案合同计算的报酬、法定退休金等。

法院的判断

《韩国商法》第388条规定“如果公司章程未规定董事报酬金额，则应当通过股东大会决议予以规定”。上述规定中的董事报酬，无论是否使用报酬、奖金等名称，包括对于董事履行职务的报酬，退休金乃至退休慰藉金都属于报酬的一种（参考大法院1977.11.22. 宣告77Da1742判决等）。鉴于上述规定系强制性规定，公司章程规定董事报酬或者退休金事宜应当经股东大会决议的情况下，如果无法举证证明股东大会就其金额、支付期限、支付方法等内容作出决议，则董事不得请求报酬或者退休金（参考大法院2004.12.10. 宣告2004Da25123判决等）。

本案合同作为将原告任命为法定代表人的聘用合同，通过原告在被告的股东大会以及董事会任命为被告董事以及法定代表人，而发生效力。但是，关于本案合同中退休金等原告报酬相关事项，只有在具备《韩国商法》第388条规定的要件时，在其限度内产生效力。被告章程并未规定董事的报酬金额，而且也未通过股东大会决议形式规定退休金，或者采纳相关规定，因此原告无权依据本案合同项下的上述条款，请求被告支付退休金。

QUESTIONS & NOTES

Q1 （1）通常，董事报酬系董事会决议事项。《韩国商法》第388条规定通过章程或者股东大会决议予以规定的目的是什么？

（2）未经章程规定或者股东大会决议，支付董事报酬的，该支付的法律效果是什么？

（3）由谁举证证明已经就董事报酬金额通过了股东大会决议？

Q2 （1）关于董事报酬金额，未通过章程规定或者未经股东大会决议，但是根据一人股东的意思表示确认报酬金额的，该确认行为是否具有效力？虽然未经一人股东确认，但是如果由持有可满足股东大会关于报酬事项决议要件之股权的股东确认的，其效力又如何？

（2）董事报酬金额通过章程或者股东大会决议予以确定。实务上，只需要对董事的“报酬总额上限”经过股东大会决议。上述实务上的做法，是否符合《韩国商法》第388条的宗旨？是否可以通过章程或者股东大会决议，将报酬决定权限授予董事会？

Q3 【判例39】、以及下列【参考判例】77Da1788判决及79Da1599判决中，董事报酬章程未予规定或者未经股东大会决议。在77Da1788判决中，法院认为，即便没有股东大会决议，只要持有80%股权的大股东确认予以支付的，则视为在之后的股东大会决议同意支付报酬，因此可以认定已经经过股东大会决议。与此相反,【判例 39】及 79Da1599 判决中,因为法定代表人签订的报酬约定未经股东大会决议,因此不对公司产生效力。上述判决结论存在差异的理由是什么?

Q4 如果就报酬事项未经章程规定或者股东大会决议的情况下,控股股东的报酬支付约定(或者与法定代表人的约定)对公司具有约束力,这会造成什么问题?

Q5 根据【判例 39】判决,与法定代表人签订的报酬协议中准用了就业规则项下的退休金条款,只要未通过公司章程或者股东大会决议确定退休金规定,则该上述报酬协议不会对该公司具有约束力。在该判例中,董事为了保障报酬请求权,在签订报酬协议当时应当采取什么措施?

Q6 在与法定代表人签订报酬协议的情况下,如果以未经章程规定或者股东大会决议为由拒绝支付报酬,董事应当提出什么主张?

【参考判例】

大法院 2004.12.10. 宣告 2004Da25123 判决(董事解聘)(Asian Star)

"对于从被告公司常任高管变更为被告公司非常任高管的高级管理人员,以上述退休金规定为依据支付退休金的惯例等情形,可以视为原告与被告公司之间就根据上述退休金规定支付退休金之事宜达成了一致。而且被告公司实际上是由作为一人股东的 A 确认上述退休金的支付,因此可以认定已经同意适用上述退休金规定,而且可以视为已经经过股东大会决议。因此原告可以依据上述退休金规定,请求被告支付退休金。"

大法院 2012.3.29. 宣告 2012Da1993 判决

"股东大会可以仅对高管报酬总额乃至限额予以规定,对于个别董事的支付金额事宜,可以委托董事会决定。"

大法院 2012.9.27. 宣告 2010Da94342 判决

本案焦点为,在任期届满之前被解除董事职务的原告以无正当理由解除其职务为由,请求公司依据《韩国商法》第 385 条第 1 款规定支付相当于剩余任期内报酬的金额作为损害赔偿。原审(首尔高等法院 2010.10.27. 宣告 2010Na52296 判决)认为,仅以股东大会未就原告等高级管理人员的报酬作出决定为由,无法将原告在职期间的报酬作为损失的主张是不成立的。但是,大法院却作出了以下判决:"如果章程规定,股东大会就董事报酬或者退休金等事宜作出决定,除非有证据证明股东大会就其金额、支付方式、支付期限等事项作出决议,董事不得请求支付报酬或者退休金(大法院 1992.12.22. 宣告 92Da28228 判决等)。原告在连任被告公司董事并收取报酬期间,并未召开过股东大会,而且每年的董事报酬及职员报酬均按照被告公司大股东 A 的指示制定。本案中不存在可将被告公司视为一人公司的证据的情况下,不能仅以 A 每年决定原告的报酬并由被告公司按照 A 的指示支付报酬为由,视为股东大会就董事报酬事宜作出了决议,因此原告不得请求被告公司支付报酬。因此不能认定造成原告相当于其剩余任职期间报酬金额的损失。”

大法院 1978.1.10. 宣告 77Da1788 判决

原告 X 自被告 Y 公司设立之初开始担任公司董事一职，并对 Y 公司成长为拥有大规模纺织工厂的企业功不可没。担任 Y 公司法定代表人并持有 Y 公司 80% 股权的诉外人 A 出具了以 Y 公司法定代表人 A 名义支付功劳奖金的保证书，但是并未就此通过股东大会决议。X 请求 Y 公司支付功劳奖金。原审（大邱高等法院 1977.8.23. 宣告 77Na182 判决）鉴于功劳奖金作为董事特殊报酬，应当经过股东大会决议，但本案中支付约定是在法定代表人与原告之间达成，因此认定原告败诉。但是大法院认为“在公司设立初开始持有公司 80% 股权的法定代表人 A 未经股东大会决议，而约定向董事支付功劳奖金的，该约定可以视为通过了股东大会决议”。

大法院 1979.11.27. 宣告 79Da1599 判决

如果公司章程规定董事报酬及退休金事宜应当经股东大会决议，即便该公司法定代表人持有该公司 3000 股中的 2000 股，该董事就董事报酬及退休金所作的约定，未经股东大会决议也不会对公司具有效力。

首尔中央地方法院 2008.7.24. 宣告 2006Ga 合 98304 判决（最终判决）

该判例中，对于章程中规定董事退休金事宜都应当无条件经董事会决议的内容，法院认定该等内容没有法律效力（驳回原告上诉以及再审申请）。

“《韩国商法》第 388 条之所以规定通过章程或者股东大会决议确定董事报酬，系因如果董事自己决定自己的报酬，将会导致其为了私人利益而设定高额报酬，损害公司利益。因此，通过公司章程或者股东大会决议，无条件委托董事会决定退休金及退休慰藉金金额的赞成规定，是违背《韩国商法》第 388 条的立法宗旨的做法。但是，可以事先确定每有 1 名董事退休时可通过股东大会决议予以支付的最高限额之后，委托董事会在上述范围之内确定具体金额；或者基于连续工作时间、负责业务、责任的轻重、在职过程中的功劳等事项，由章程、股东大会决议确定一定的标准之后，委托董事会按照上述标准确定退休金及退休慰藉金具体金额。关于被告公司章程第 40 条第 2 款规定董事退休金的支付，应当按照经董事会决议的‘高级管理人员支付规定’的内容，其并未将董事会对于董事退休金裁量权局限在合理范围之内，而是无条件委托董事会决定董事退休金金额，最终导致董事会可以不受股东大会任何干预而支付董事退休金及退休慰藉金。因此，上述规定违反作为强行性规定的《韩国商法》第 388 条规定，从而导致其无效。”

大法院 2006.11.23. 宣告 2004Da49570 判决(解职补偿金)(Bridge 证券)

"如果公司与董事之间的雇佣合同约定,若董事非自愿解职的,除了退休慰藉金之外,另行向其支付一定金额的解职补偿金,即便该解职补偿金在形式上不属于董事报酬,但其不仅与报酬一同规定在雇佣合同中,并依据雇佣合同予以支付,而且对于非自愿解职董事,无论是否存在正当的解职事由都予以支付,从而给公司增加了额外的负担。如果仅因其不属于报酬,而不要求经过股东大会决议,有可能导致董事在签订雇佣合同的过程中,为了自身利益而确定高额的解职补偿金。上述做法违背《韩国商法》第 388 条保护公司以及股东利益的立法宗旨,而且如果解职补偿金金额巨大,有可能限制公司自由行使董事解职权,从而实质上限制股东大会的权限,最终造成曲解股东大会作用的不当后果。因此,对于解职补偿金也应当准用乃至类推适用《韩国商法》第 388 条关于董事报酬的规定,只有经股东大会决议才能请求公司予以支付。"

NOTE 在实务中,股东大会决定董事报酬总额上限,并由董事会在该等范围之内确定具体金额。但是,首尔中央地方法院 2006Ga 合 98304 判决中,对于章程规定董事退休金事宜都应当无条件经董事会决议的内容,法院认定其不具有法律效力。法院认为,公司章程中规定董事会就董事退休金支付事宜进行决议的内容并未将董事会对于董事退休金的裁量权局限在合理的范围之内,属于无条件委托董事会决定董事退休金金额的情形,从而违反《韩国商法》第 388 条的规定。如果本案中的"高级管理人员退休金支付规定"经过股东大会决议,是否本案结论会有所不同?

【判例 40】- 过高退职金的效力(大法院)

大法院 2016.1.28. 宣告 2014Da11888 判决(退休金等)(行淡岛)

事实关系

被告自为了开展行淡岛高速公路服务区开发项目(以下简称本案项目)于 1999 年 8 月 20 日设立以来,一直处于经营状况、财务状况不良的状态,至 2008 年 3 月 31 日累计损失约为 73 亿韩元。造成上述状况的主要原因,是相比于销售规模,支付给高管特别是法定代表人的报酬比重相对较高。原告 1 自 2003 年 2 月 17 日至 2010 年 11 月 17 日在被告公司担任董事或者法定代表人,原告 2 自 2008 年 1 月 5 日至 2010 年 11 月 17 日担任被告公司董事一职。控股股东 A 公司持有被告公司 90% 股权,剩余 10% 由韩国道路公司持有。诉外人 1 作为被告公司法定代表人及 A 公司董事,控制被告公司的经营权,并在 2007 年 11 月 23 日因本案项目涉嫌诈骗罪,于 2008 年 4 月 24 日被认定有罪,之后卸任了被告公司的法定代表人一职,由之前担任董事一职的诉外人 3 自 2008 年 4 月 2 日起担任被告公司的法定代表人一职。诉外人 1 因诈骗罪被逮捕之后,就通过诉外人 2(A 公司董事)对 A 公司的决策行使影响力。

因为被告除了高速公路服务区租赁业务以外,没有其他的业务,需要原告作出经营性判断的项目并不是很多,由持有 A 公司发行之公司债的 CITI 集团对 A 公司持有的被告公司 90% 股权设定了质权。因为 A 公司几乎不可能偿还公司债本金以及利息，原告可以充分地预测到被告公司控股股东会发生变动，而且董事也会发生变动。

诉外人 3 在 2008 年 6 月 10 日召开的被告公司董事会中取得原告等董事的同意，决定制定高级管理人员退休金支付规定（以下简称本案退休金规定），并于 2008 年 6 月 26 日召开的定期股东大会中，不顾韩国道路公司的反对，依据 A 公司赞成票，决议通过了本案退休金规定。代理 A 公司行使表决权的诉外人 2 依据原告 1 的指示，投了赞成票。

本案退休金规定的主要内容是向法定代表人及董事分别支付相当于原先金额的 5 倍及 3 倍的退休金。而且，根据原告与被告公司签订的报酬合同，原告 2 的上升幅度为 66.7%，原告 1 为 29.7%。以本案退休金规定及提升的报酬为基准，原告 1 的退休金增额超过 5 亿韩元，原告 2 则约为 3500 万韩元。

CITI 集团于 2010 年 10 月 12 日行使关于本案公司债的质权，取得被告公司 90% 股权之后，于 2010 年 11 月 17 日召开股东大会任命新任董事，并辞退本案原告。之后，原告请求被告公司按照退休金规定支付退休金。

法院的判断

韩国商法之所以规定通过章程或者股东大会决议决定董事报酬，是为了防止董事谋取私人利益，从而保护公司股东以及公司债权人利益。因此，即便韩国商法并未明确规定报酬与职位的关联关系，董事所提供的劳务与其获取的报酬之间应当具有一定的比例关系，而且根据公司的债务情况或者经营情况，不得超过合理的范围。

因此，如果即将失去公司经营权的董事为了从公司最大限度的获取报酬，与其他董事共谋制定超过合理范围的报酬支付标准，通过滥用权力对股东大会行使影响力，并最终通过股东大会决议的，应当认定其行为违反《韩国商法》第 382 条之 3 的规定，给公司造成损失，侵害公司以及股东的利益，属于背任行为。因此即便经过股东大会决议，该行为也不会发生效力。

原审基于被告公司的财务情况以及经营情况，董事职务内容，远超之前的支付标准的本案退休金规定的内容及其制定经过等情况，认为原告等被告的董事通过董事会决议制定本案退休金规定，并在股东大会决议通过的行为导致公司利益的损失，且侵犯作为股东的韩国道路公司的利益，因此属于违反董事忠实义务的行为，不能仅以其经过董事会以及股东大会决议为由，认定其有效。原审法院的判断是基于上述法理而作出的，并没有误解法理或者存在对判决产生影响的违法行为。

QUESTIONS & NOTES

Q1 【判例 40】中，即便已就本案退休金规定经过股东大会决议，法院仍否定其支付请求权的理由是什么？

Q2 对于【判例40】中同意退休金规定的股东大会决议，能否提起股东大会决议无效或者决议不存在确认之诉？其理由是什么？

Q3 在决定董事报酬的董事会决议以及股东大会决议中，获取报酬的董事以及作为股东的董事能否行使表决权？可以行使的情形及不可以行使的情形是什么，分别存在什么问题？

【参考判例】

大法院 2015.9.10. 宣告 2015Da213308 判决（不当得利）

即便通过股东大会任命的董事、监事通过与公司之间的明示、默示约定，将其业务委托给其他董事等人，而其并未履行作为董事、监事的职责，该董事、监事也承担《韩国商法》第399条、第401条、第404条规定的责任。因此，除非任命该董事、监事或者制定报酬的股东大会决议无效，或者上述消极的职务履行与当初股东大会中预计的职务内容不符，导致该董事、监事的行为属于背任行为，否则不能仅以消极的职务履行为由，否定股东大会中决定的报酬请求权之效力。

大法院 2015.7.23. 宣告 2014Da236311 判决

对于法律上享有公司董事、监事地位，但根据其与公司之间的明示或者默示约定并未实质上履行其职责的，所谓名义董事、监事等人，除非具有特殊情形，对于依据《韩国商法》第388条、第415条规定由公司股东大会或者章程规定的报酬，该董事、监事享有支付请求权。

首尔中央地方法院 2008.9.4. 宣告 2008Ga 合 47805 判决

因为股东大会对高管退休金支付规定进行决议时，作为股东的法定代表人有可能日后获取高管退休金，因此认定存在私人的利害关系。鉴于上述情形，根据《韩国商法》第368条第4款[1]规定，法定代表人在股东大会不得行使表决权。

NOTE 在【判例40】之前宣告的大法院 2015.9.10. 宣告 2015Da213308 判决（不当得利）中认定，“董事、监事向公司提供的服务与其获取的报酬之间应当存在合理的比例关系，因此如果该报酬明显超过合理的范围，或者仅以通过报酬支付的方式向个人提供公司资金为目的而任命董事、监事的，应当限制全部或者部分报酬请求权的行使，对于已支付的报酬中超过合理范围的部分，公司可以请求予以返还。而且判断上述报酬请求权的限制与否及其限制范围时，应当综合考虑向消极履行职责的董事、监事提供的给付内容或者职务履行程度、所支付的报酬金额以及公司财务状况、与实际履行职责的董事等人的报酬差距、任命消极履行职责之董事、监事的目的以及维持其职务的必要性等要件”。通过上述判决列出了判断合理比例关系时，应当考虑的事项。

〔1〕 2014年5月20日《韩国商法》修订后，变更为第368条第3款。

NOTE 原先，韩国股东大会仅对董事报酬总额进行决议，上市公司的业务报告书中也仅公示报酬总额。因此，即便公司法定代表人或者作为控股股东的董事获取高额报酬，外界也不可能知道。董事有可能制定高额的董事报酬，而且只要该金额符合其业务范围，就不会产生任何问题。因此，为了促进董事报酬规模的适当性，不少人主张应当公示个别（或者报酬金额排名前几位的董事）董事的报酬。2013 年 5 月修订的《韩国资本市场法》引进了“高级管理人员的个人报酬公示制度”。个人报酬公示制度适用于“高管个人报酬金额在 5 亿韩元以上”的情形(《韩国资本市场法》第 159 条第 2 款第 3 项，同法《施行令》第 168 条第 2 款)〔1〕。

接下来，我们了解一下，根据《韩国资本市场法》每个公司公示的董事报酬以及向其他董事提供的经济利益的内容。

NOTE 股票期权（stock option）

1. 作为奖励手段的股票期权

对于负责业务执行的董事（特别是 CEO）的奖励由①与工作成果无关的固定薪酬；②反映每年工作成果的短期奖励；③反映长期工作成果的长期奖励构成。其中，股票期权属于长期奖励。股票期权属于在将来一定时期可以规定的行使价格认购公司股权的一种 call option。如果将来的股价高于行使价格，则可通过行使期权，获得相当于行使价格与股价之间的差价的利益。行使期权时，公司可以向期权人发行新股，转让自有股份或者直接支付相当于实际股价与行使价格之间的差价的现金（第 340 条之 2 第 1 款）。为了使股票期权能够发挥其长期奖励的功能，只有自决定授予股票期权的股东大会之日起在公司在任或在职 2 年以上的人员才能行使股票期权(《韩国商法》第 340 条之 4 第 1 款)，且不得转让。但是，如果被授予股票期权的员工死亡的，继承人可以行使期权(《韩国商法》第 340 条之 4 第 2 款)。

2. 授予对象、程度以及限制

股票期权是向对公司设立、运营、经营以及技术革新等事项做出贡献或者有能力做出贡献的董事、监事或者职员赋予的权利。为了授予股票期权，应当在章程中作出明文规定，并且应经股东大会特别决议（如为上市公司，在 10% 范围之内由董事会作出决议，事后可取得股东大会追认）。虽然股票期权为一种奖励形式，但是是否赋予股票期权需按照商法规定的程序，因此关于股票期权的授予事宜无须按照《韩国商法》第 388 条的规定经股东大会决议。

股票期权的授予有可能导致原股东持股比例的稀释，因此需对可授予的股权总量予以限制。拟通过股票期权的行使而发行的新股或者转让的自有股份不得超过发行股份总数的 10%（上市公司是在 20% 限度内由《韩国商法施行令》予以规定，目前为 15%）(《韩国商法》第 340 条之 2 第 3 款、第 542 条之 3 第 2 款，《韩国商法施行令》第 30 条第 3 款)。而且，为了防止大股东滥用股票期权制度，针对就持有公司 10% 以上的股东、董事、监事的任免等公司主要经营事项行使实质上影响力的人，最大股东及其特殊关联人不得授予股票期权(《韩国商法》第 340 条之 2 第 2 款、第 542 条之 3 第 1 款但书、第 542 条之 8 第 2 款第 5 项，《韩国商法施行令》第 30 条第 2 款)。

3. 股票期权的行使条件

为了行使股票期权，应当自决定授予股票期权的股东大会之日起在公司在任或在职 2 年以上(《韩国商法》第 340 条之 4 第 1 款)。但是，就上市公司而言，因死亡等不可归责于自身的事由未满 2 年，而非自发性退任或退职的，可以行使股票期权（工龄期满的退任 / 退职不属于不可归责于自身的

---

〔1〕 关于高管报酬适当性问题以及个人报酬公示问题，请参考［韩］崔文僖:《高管个人报酬公示制度概况及其改善》，载首尔大学金融法研究中心 *BFL* 2014 年 7 月第 60 号，第 81～103 页。

事由)(《韩国商法》第542条之3第4款,《韩国商法施行令》第30条第5款)。

4. 与其他call option制度的比较

商法项下可以取得股权的独立的call option包括新股认购权证书(《韩国商法》第420条之2)及新股认购权证券(《韩国商法》第516条之5)。虽然具有相同的call option性质,但是在转让限制性、授予程序及条件、行使条件等方面,股票期权与新股认购权证书及新股认购权证券具有很大的差异。

【参考判例】

大法院2011.3.24. 宣告2010Da85027判决

本案的焦点问题为,在非上市公司因非自愿的事由而未满足"2年以上在职或者在任"要件的人能否行使股票期权。《韩国商法》第542条之3第4款对上市公司作出了特别规定,但是商法并未在第340条之4第1款就非上市公司做出类似规定,因此,大法院认为,如果因非自愿事由而工作期间未满2年的,不得行使股票期权。"鉴于《韩国商法》第34条之4第1款与旧《韩国证券交易法》以及继承上述法规内容的《韩国商法》第542条之3第4款对股票期权行使条件作出差别化规定;上述各项法律项下的'在职或者在任2年以上'要件在字面存在明显的差异;非上市公司、上市公司、风险企业在股票期权授予公司以及授予对象、授予限度等方面存在差异;股票期权制度是以通过高管以及员工的忠实而创造的公司价值作为诱因,促使高管以及员工忠于职责的制度;商法规定具有对公司股东、公司债权人等多数利害关系人产生影响的团体法性质等情况,在判断《韩国商法》第340条之3第1款规定的股票期权行使要件时,不得适用旧《韩国证券交易法》以及《韩国商法》第542条之3第4款规定,而且即便通过章程或者股东大会决议也不得减轻《韩国商法》第340条之4第1款规定的要件……因此即便因不可归责于自己的事由导致退职或者退任,如果无法满足《韩国商法》第340条之4第1款规定的'在任或者在职2年以上'要件,则不得根据上述条款规定行使股票期权。"

参考资料 [韩]金建植:《经营人员报酬与公司组织结构》,载《公司组织结构与法》,小花出版社2010年版,第217~240页;[韩]尹荣信:《公平法项下的董事报酬问题》,载首尔大学金融法研究中心*BFL* 2014年5月第65号,第41～59页。

第三节 董事的损害赔偿责任

公司董事就业务执行承担损害赔偿责任的情形有多种。例如,一般民法中的违法行为责任,《资本市场及金融投资业相关的法律》规定中因虚假公示产生的损害赔偿责任,以及公司相关特别法律规定中其他各种损害赔偿责任。商法规定了董事对公司的损害赔偿责任(《韩国商法》第399条)及对第三人的损害赔偿责任(《韩国商法》第401条)。与损害赔偿责任相关的规定起到如下两种作用。首先,公司的业务执行是一揽子由董事会负责的,若因董事懈怠业务使公司或第三人遭受损害时,损害赔偿责任起到事后损害补偿(compensation)的作用。其次,损害赔偿责任还具有抑制(deterrence)董事作出违法行为或业务懈怠行为的效果。

即使董事与公司之外的第三人(此处包含股东)不存在直接法律关系,韩国商法仍承认董事对第三人的损害赔偿责任,但对其法理根据不无疑问。笔者认为,韩国的判例考虑到公司的活动依赖于董事的职务执行行为,为了保护第三人,而认定董事对第三人的损害赔偿责任。

而且《韩国商法》第399条和第401条的责任主体为"董事",因此对于法律规定的董事之外的人,即使能够按照《韩国民法》等其他法令让其承担损害赔偿责任,但难以对其适用董事的损害赔偿责任规定。但韩国很多财阀公司都有控股股东,这些控股股东即使不是董事,也可能会主导公司的运营或做出追求私利的行为,从而给公司或第三人造成损害。考虑到这一点,就有一些明文规定让控股股东在内的一定类型的业务执行指示人等承担与董事相同的责任(《韩国商法》第401条之2)。甚至2011年修订的《韩国商法》新设了执行高管制度作为代替法定代表人的业务执行机构(《韩国商法》第408条之2至第408条之9),执行高管在业务执行上给公司或第三人造成损害时将承担与董事相同的损害赔偿责任(《韩国商法》第408条之8、第399条、第401条、第401条之2)。

在这一节我们首先从对公司的损害赔偿责任与对第三人的损害赔偿责任的角度,研究在请求董事损害赔偿责任的案例中,韩国的判例是在什么要件与情形下认定董事的损害赔偿责任的;其次,考察业务执行指示人等相关的损害赔偿责任规定的意义与责任要件。

一、对公司的损害赔偿责任

(一)损害赔偿责任的原因行为

QUESTIONS & NOTES

NOTE 《韩国商法》将下列两种行为并列规定为责任原因行为,因故意或过失[1]违反法令或章程的行为(法令、章程违反行为),以及懈怠业务行为(业务懈怠行为)(《韩国商法》第399条第1款)。法令、

〔1〕 对于本条规定中,因法令或章程违反行为产生的损害赔偿责任的性质,存在本来无过失责任说、过失责任说等学说上的纷争。多数学说通过列举《韩国商法》第399条的法律性质为债务不履行责任这一点及无过失责任只在例外情况下被认定这一点,主张该责任为过失责任。即使董事在判断的过程中听取了专家的意见,也有可能出现违反法令的结果;或按照行政指导作出的行为也有可能构成违反法令的行为。此时,可能存在难以追究董事责任的情况。2011年修订的《韩国商法》明文规定了过失责任,用立法解决了学术上的纷争。

章程违反行为与业务懈怠这两者重叠的情况非常普遍。对于两者的关系，有些观点认为前者包含后者，有些观点认为后者包含前者。请判断哪一种观点更为妥当。

（二）董事损害赔偿责任的独立性

【判例 41】- 大股东指示下的关联公司支援（大法院）朝鲜人寿

大法院 2008.12.11. 宣告 2005Da51471 判决（朝鲜人寿）

事实关系

新韩绢织的销售额相比去年大幅度减少，经营利润已不足以承担金融费用，1995 年末出现了借款规模大大超过了销售额等财务结构及经营状态极度不良的情况，韩国信用评价信息的信用评价评分为 42 分，根据朝鲜人寿的信用调查业务实施细则，新韩绢织属于被禁止信用贷款及融资的 E 级不良企业。自 1995 年起，岭南日报的销售额开始减少，经营利润已不足以承担金融费用，1996 年 12 月出现了借款逼近其销售额等财务结构及经营状态极度不良的情况，韩国信用评价信息的信用评价评分为 42 分，根据朝鲜人寿的信用调查业务实施细则，岭南日报属于被禁止信用贷款及融资的 E 级不良企业。即便如此，朝鲜人寿在没有明确的债权保证对策的情况下，收购了新韩绢织的私募公司债、给岭南日报贷款，导致无法回收认购价款的损害发生。吸收合并朝鲜人寿的现代人寿破产，原告存款保险公司继任了诉讼。原告请求各被告公司赔偿公司遭受的损害。

法院的判断

原审法院认定在私募收购及贷款的过程中法定代表人没有事前批准，且原审法院判断即使存在法定代表人的事前批准，由于违反相关规定导致公司债认购等事实发生，因此无法免除因各被告业务懈怠产生的责任。公司及公司的大股东具有各自的法人格，且公司的任职人员不具有违反与公司的委托关系而遵从大股东指示的法律义务，因此，不存在原审法院可以认定朝鲜人寿在认购新韩娟织发行的私募公司债且给岭南日报信用贷款时已得到大股东 A 的指示的证据；且原审法院判断“即使存在该种指示，各被告也不得免除因业务懈怠引起的责任”，该判断遵守了上述法理，原审法院并不存在就董事等的责任误解法理的违法行为。

QUESTIONS & NOTES

Q1 多数情况下，个别董事是按照股东大会或董事会的决议履行业务的，个别董事负有遵守股东大会或董事会决议的义务。下列情形中，董事需要对公司承担损害赔偿责任吗？

（1）股东大会的决议内容本身违反了法律、章程的规定或给公司或公司债权人等第三人造成损害，按照其决议履行职务的；

（2）董事会的决议内容本身违反了法律、章程的规定或给公司或公司债权人等第三人造成损害，按照其决议履行职务。

Q2 (1)董事按照大股东或法定代表人的指示做出违法行为从而给公司造成损害时，要对公司承担损害赔偿责任吗？按照一人股东的指示做出违法行为时呢？《韩国商法》第400条第1款规定，全体股东同意时免除损害赔偿责任。像这样，如果以认可事后免责规定为依据，认定在事前按照一人股东的指示做出的违法行为也不承担损害赔偿责任，会出现什么副作用？

(2)董事或大股东按照法定代表人的指示做出违法行为而给公司造成损害时，公司对其董事提出损害赔偿请求是否违反诚实信用原则？

【参考判例】

大法院2007.11.30.宣告2006Da19603判决(海太制果做假账)[1]

本判决认为，在任职员按照公司的大股东兼法定代表人的指示做出假账的，构成业务懈怠。

(三)损害赔偿的范围，损害赔偿责任的免除与限制

根据2011年修订之前的《韩国商法》，董事对公司的损害赔偿责任(《韩国商法》第399条)只能以全体股东的同意免除(《韩国商法》第400条)，因全体股东的同意要件很难满足，《韩国商法》第400条被大多数人批评为缺乏现实性的规定。韩国陆续出现了代表诉讼，也出现了董事承担巨额损害赔偿责任的判例。而且有些观点还认为，虽然上市公司有义务设一定数量的独立董事，但因巨额的损害赔偿责任的威胁，难以引进独立董事。上市公司为了引进独立董事，还加入了高管赔偿责任保险(D&O Insurance Liability)并支付了巨额保险费。2011年修订的《韩国商法》引进了未取得全体股东同意也能减轻损害赔偿责任额的“责任限制”制度(《韩国商法》第400条第2款)。按照第2款规定只能免除部分责任额，并不能免除全部责任额。为了免除责任需要在章程中作出规定(《韩国商法》第400条第2款正文)。按照责任限制的宗旨，只有因轻度过失产生的注意义务违反才能被认定为责任限制，对于故意或重大过失行为、一定类型的利益冲突行为、竞业禁止行为(《韩国商法》第397条)、挪用公司机会及资产行为(《韩国商法》第397条之2)及董事等与公司之间的交易行为(《韩国商法》第398条)，不适用责任限制(《韩国商法》第400条第2款但书规定)。

【判例42】-董事损害赔偿责任限制(大法院)三星电子代表诉讼

大法院2005.10.28.宣告2003Da69638判决(三星电子代表诉讼)[2]

法院的判断

【原审：首尔高等法院2003.11.20.宣告2002Na6595判决】三星综合化学股权出售

〔1〕该判例争议点中的违法分红请参考第六章的【判例57】。

〔2〕该案件的事实关系请参考本章的【判例31】。

案（第三项诉讼请求）中，一审法院判决被告董事们赔偿 626.6 亿韩元（水源地方法院 2001.12.27. 宣告 98Ga 合 22552 判决）。但是原审法院作出宗旨为限制被告责任的判决。原审法院认为"若董事作为公司的受托人履行业务造成直接损害时，公司应考虑事业的性质与规模、事业的实施过程、董事的业务内容、公司的关怀程度、董事违反业务的态量、董事对公司的贡献程度及其他相关情况，从公平分担损害的立场上，在诚实信用原则下的适当限度内，向董事提出损害赔偿请求"，并判决赞成股权处分董事会决议的各被告承担的损害赔偿责任限定在总损害额的 20%，赔偿 120 亿韩元。

【大法院】董事因做出违反法令或章程的行为或懈怠业务而需要承担公司的损害赔偿责任时，对于其损害赔偿的范围，应综合考虑该年度事业的内容与性质、该年度董事的业务违反的过程及业务违反行为的态量、影响公司的损害发生及扩大的客观情况及其程度、平时董事对公司的贡献程度、董事是否因业务违反行为获取利益、公司组织体系是否存在缺陷或是否构建危险管理体系等所有情况，按照公平分担损害的损害赔偿制度的理念，可以限制其损害赔偿额。

QUESTIONS & NOTES

Q1 （1）【判例 42】中认定限制董事的损害赔偿额的法理根据是什么，确定损害赔偿范围时考虑的因素是什么？

（2）判例中所列的考虑因素妥当吗？

Q2 大法院认可了各董事对内部控制系统的构建义务，董事违反这类义务时就视为违反了监督义务（大法院 2008.9.11. 宣告 2006Da68636 判决）。请参照这些判例判断，【判例 42】中将"公司组织体系是否存在缺陷及是否构建危险管理体系"作为责任限制的考虑因素妥当吗？

Q3 确定损害赔偿的范围时，一般适用损益抵消法理。被告董事们主张，即使其因处分三星综合化学股权，需要对三星电子承担责任，但因上述股权处分使三星电子应缴纳的企业所得税减少，因此三星电子获取了利益，该利益金额应从董事们的赔偿额中扣除。但法院没有接受该主张。

（1）上述主张为什么不妥当？

（2）大法院 2007.11.30. 宣告 2006Da19603 判决（【判例 57】）认为，因董事的虚假结算产生了本不需缴纳的企业所得税缴纳额相当的损害，从而认可了董事的损害赔偿责任。【判例 42】中未从损害额中扣除因股权的低价处分而减少的企业所得税，而【判例 57】中将缴纳了本不需缴纳的企业所得税认定为损害，两者具有一惯性吗？

【判例 43】- 董事的业务懈怠与损害赔偿责任限制（首尔南部地方法院）LG 化学

首尔南部地方法院 2006.8.17. 宣告 2003Ga 合 1176 判决（生效）(LG 化学代表诉讼)

事实关系

LG 化学（以下简称 L）的董事——被告 Y1、Y5、Y6（以上均为 L 的法定代表人），被告 Y2、Y3、Y4（以上均为 L 的董事），被告 Y7、Y8（为 L 的独立董事），在 1999 年 6 月 28 日的董事会中，全员赞成通过将 L 100% 持有的案外人 LG 石油化学株式会社（以下简称 LC)的发行股份的 70%(27,440,000 股)以每股 5500 韩元出售给 Y1、Y2、Y3 及其一家人(以下简称 Y1 等)的董事会决议(因此,L 在出售前持有 100% 股权,出售后持有 30% 股权)。各被告作出该决议时,确定其出售单价的过程为,首先按照当时《继承税及赠与税法》(1999.12.28. 法律第 6048 号修订之前的法律,以下简称旧继赠税法)第 63 条第 1 款第 1 项第 3 目及《继承税及赠与税法实施令》(1999.12.31. 总统令第 16660 号修订之前的法律,以下简称旧继赠税法实施令)第 54 条规定的评价方法,以 1998 年 12 月 31 日的账簿价额为准计算的,但其结果为每股 3983 韩元,达不到 5000 韩元的股票票面价额,因此决定以票面价额加 10% 的价格,即 5500 韩元出售。于 1999 年 6 月 29 日收购 LC 股份的 Y1 等,于 2002 年上半年将 LC 股份场内出售。

L 在 2002 年 4 月 24 日的董事会中作出通过证券交易所场内交易于同年 4 月以市场价收购的 LC 股份 6,320,000 股(发行股份的 13.98%)(收购后将持有 LC 发行股份总数的 40%)的决议,并按照该决议于 2002 年 4 月 29 日以 15,000 韩元取得了 LC 的股份。

对此公平交易委员会根据 L 出售 LC 股份时的各种情况,以 L 在股份的每股价格大大超过 5500 韩元的情况下以每股 5500 韩元向特殊关系人出售本案股份的行为属于不公平交易行为(不当支援行为)为由,作出 2001.1.15. 决议第 2001-07 号纠正命令、公布命令及罚款缴纳命令,2002.3.21. 决议第 2002-065 号变更了部分公布命令。首尔高等法院按照 L(及 L 的会长等)的请求,以不存在认定具有妨碍公平交易可能性的行为的证据为由,作出了撤销上述处分的判决(首尔高等法院 2005.1.13. 宣告 2002Nu9686 判决)。[1]

原告作为 L 的少数股东,以被告在出售本案股份时以大大低于合理交易价额的价格出售股份的行为构成业务违反行为为由,请求被告 Y1、Y2、Y3 连带承担 820 亿余韩元,Y4、Y5、Y6 与 Y1、Y2、Y3 连带承担上述金额中的 80 亿韩元,被告 Y7、Y8 与剩余被告连带承担上述金额中的 40 亿韩元的损害赔偿。

法院的判断

1. 业务懈怠与损害额

法院对于通过出资结构重组实现业务专业化及从中长期事业战略角度出售该案股份具有必要性等出售目的是认可的,但法院以下列理由认定被告仅依靠继赠税评价确定价格构成业务懈怠:①出售该案股份时 LC 的经营前景很好,当时股价具有之后上涨的可能性;②作为以营利为目的的出售股份的企业,应调查资产价值,将实际价值反映到出售价格中,并制定出售价格;③与同行公司相比,市场可接受的该案股份价值是可以大致预测到的。出售本案股份时每股的合理交易价额至少应为以净资产价值方式计算的每股

[1] 公平交易委员会虽上诉(2005Du1862 号),但 2007 年 10 月 26 日被驳回(原审生效)。

7810韩元。因此，判决被告的业务懈怠给LG化学造成的损害为63,386,400,000韩元[每股损害额为2310韩元，即(7810韩元−5500韩元)×27,440,000股]。

2. 损害赔偿的限制

法院继承了有关损害赔偿额限制法理的前一个判例的观点，综合考虑被告Y4、Y5、Y6、Y7、Y8就股份出售不存在私人利害关系(特别是被告Y7、Y8作为独立董事，认定没有任何直接利害关系)，各被告作为当时LG化学的管理层曾为LG化学的营利创收做出了较大的贡献等，从损害的公平承担的原则出发，对于各被告的损害赔偿责任，判决被告Y1、Y2、Y3承担上述损害额(约630亿余韩元)的70%，即441亿韩元，被告Y4、Y5、Y6承担10%，即63亿韩元，被告Y7、Y8承担5%，即31.5亿韩元。

QUESTIONS & NOTES

Q1 【判例43】"……公司应考虑事业的性质与规模、事业的实施过程、董事的业务内容、公司的关怀程度、董事违反业务的样态、董事对公司的贡献程度及其他相关情况，从公平分担损害的立场上，在诚实信用原则下适当的限度内，向董事提出损害赔偿请求……"【判例43】与【判例42】确定损害赔偿范围时考虑的因素存在哪些差异，理由是什么？

Q2 【判例42】区分了被告董事，并判决其承担不同的损害赔偿额，其标准是什么？

Q3 按照《韩国商法》第399条，应由多数股东承担损害赔偿额的，该多数股东将承担连带责任，责任的性质为不真正连带债务。对于被告董事们的责任额，法院区分了被告董事，并判决不同的赔偿额，是否与不真正连带债务的属性相协调？原告对被告董事请求不同的金额的情形与相反的情形，董事的责任额应不同吗？

Q4 《韩国商法》第400条第2款规定，对于损害赔偿责任的限度，董事近一年薪酬的6倍(独立董事为3倍)金额相当的部分，不适用免除；且对于故意或重大过失行为、一定的利益冲突行为，也不适用责任限制。请回答下列问题。

(1)假设【判例42】及【判例43】是在修订《韩国商法》实施之后发生的，那下列情形能适用责任限制吗？

(1–1)【判例42】的三星综合化学股份出售案件(第三项诉讼请求)中，原审法院作出判决的宗旨为认定被告董事们的重大过失，大法院虽没有使用"重大过失"这个表述，但表明了与原审法院相同的宗旨。

(1–2)【判例42】的三星综合化学股份出售案件(第三项诉讼请求)中，将三星电子持有的三星综合化学股份低价出售给三星电子的子公司三星建设与三星航空。

(1–3)【判例43】中，LG化学(L)将LG石油化学的股份以低于合理价额的价格出售给控股股东一家人YI、Y2、Y3。

(2)X公司有董事YI、Y2、Y3，董事Y1未经董事会同意将自己的不动产以高于市价的价格出售给公司，使公司遭受损害时，可以对董事们适用责任限制吗？

(3)法院按照损害公平分担的原则限制损害赔偿额时，也能适用《韩国商法》第400条第2款的责任限制的限额与例外事由吗？

(4)法院作出限制损害赔偿额的判决后，公司可以按照章程的规定追加限制损害赔偿额吗？

(5)公司在追究董事损害赔偿责任的诉讼中达成和解的，也能适用责任限制的限额吗？

【参考判例】

首尔中央地方法院 2009.1.9. 宣告 2006Ga 合 78171 判决(HYNIX)[1]

以设置秘密资金行为、子公司支援行为为由，向法定代表人等提起损害赔偿请求的案件中，根据董事的职位、行为样态，作出了不同责任限制比例的决定(70%、50%、30%、10%)。

首尔中央地方法院 2010.2.8. 宣告 2008Ga 合 47867 判决(现代汽车代表诉讼)(生效)

法院判决“被告 Y1 应承担现代汽车因现代宇宙航空的各有偿增资相关的背任行为、现代钢管的有偿增资相关的背任行为、基金投资收益相关的贪污行为遭受的损害；被告 Y2 应与 Y1 连带承担上述损害中现代汽车因现代宇宙航空的第二次有偿增资相关的背任行为遭受的损害”。但法院考虑到 Y1 在金融危机时按照政府与金融机关的要求继承了现代宇宙航空的保证债务的事实；考虑到对于现代钢管，Y1 为了履行财务结构改善约定不得不做出背任行为的事实，为国家的经济发展做出较大贡献的事实等；特别考虑到被告 Y1 作为现代汽车集团的统帅，亲自经营现代汽车，且在短时间内克服 1997 年金融危机，并将现代汽车急速发展成国际性的汽车企业，对汽车集团乃至国家经济做出重大贡献的事实；特别考虑到被告 Y1 在有关本案各犯罪行为的刑事审判过程中，在反省自身行为的层面上，承诺将个人的一部分财产回馈社会，并按照承诺已向社会回馈了共 1500 亿韩元的事实等，将被告 Y1 应赔偿的金额限制为总损害额 1439 亿韩元中的 700 亿韩元。

大法院 2010.1.14. 宣告 2009Da87768 判决(现代证券代表诉讼)

现代证券的股东基于下述两个事由向 A 提起了代表诉讼:(1)现代证券的 A 会长以现代证券的名义向现代重工业提供保证书的行为，[2](2)A 操纵现代电子市价的行为给现代证券造成了损失的事实。

对于现代证券基于事由(1)向现代重工业支付的金额，法院认为“将现代证券名义的保证书提供给现代重工业的行为虽然属于违反民事、刑事法律的违法行为，但因其为现代集团内部问题，没有产生除现代子公司之外的受害者，所以被告是在违法意识相对消减的情况下作出上述违法行为的”，因此法院将其责任限制为损害额的 20%。对于事由(2)现代证券操纵现代电子市价的行为，按照旧《韩国证券交易法》第 215 条的双罚规定，判处 70 亿韩元的罚金(首尔地方法院 1999.11.3. 宣告 99GoDan9559 判决)，并于

〔1〕 首尔高等法院 2010.12.15. 宣告 2009Na22114 二审判决中，将责任限制的比例变更为 70%、40%、20%、10%，对于原审法院有关损害赔偿额限制的判断部分，大法院作出 2011.6.10. 宣告 2011Da6120 判决维持了该判断。该判例的争议点中有关业务执行指示人等(《韩国商法》第 401 条之 2)的责任，请参考本章的【判例 46】。

〔2〕 对于该案件请参考第三章大法院 2009.3.26. 宣告 2006Da47677 判决(现代重工业 v.HYNIX、现代证券)。现代证券向现代重工业支付了该判决一审判决(2002 年 4 月 17 日宣判)的引用判决金额中的一部分(970 亿余韩元)。

2004年4月28日缴纳了罚金。法院认为，“考虑到操纵市价行为属于违反《韩国证券交易法》的明显违反刑法的犯罪行为，被告从一开始就是在充分认识犯罪行为的情况下做出了该行为，从而给诸多股票交易者造成损害的事实；考虑到现代证券在韩国证券行业所占比重及因本案犯罪行为使现代证券作为金融机关严重丧失信任这一点……被告虽没有获取私人利益，但法院不承认其他责任限制”。

大邱高等法院2012.8.22.宣告2011Na2372判决（第一毛织代表诉讼）（生效）

爱宝乐园案件——【判例71】中爱宝乐园发行可转换公司债时，失权的法人股东——第一毛织（当时爱宝乐园的第二大股东）的少数股东向董事们提起代表诉讼。少数股东主张，被告股东未收购爱宝乐园的可转换公司债导致失权的行为属于违反法令或业务懈怠行为，由此使爱宝乐园的股东——第一毛织遭受了可转换公司债发行之前持有的爱宝乐园的股份价值下跌的损害，因此少数股东向被告董事请求损害赔偿。法院认为，“被告Y1作为第一毛织的董事，以通过三星集团的秘书办公室等避开赠与税向Y1的子女转移爱宝乐园控制权为目的，使爱宝乐园低价发行可转换公司债；另一方面，使第一毛织未收购其可转换公司债，第一毛织的董事——被告Y2、Y3按照被告Y1及接受Y1指示的三星集团秘书办公室的明示或默示的请求放弃了收购可转换公司债，从而第一毛织于Y1子女行使转换权时遭受了已持有的爱宝乐园的股份价值下跌的损害；被告们的这种行为属于对第一毛织的业务上的背任行为，属于违反法令的行为，被告们负有连带赔偿第一毛织损害的责任”。而且法院还认为“Y1为了实现逃避赠与税而转移三星集团经营权的目的，使爱宝乐园发行了本案可转换公司债，使第一毛织未收购本案可转换公司债，因此不存在减少其损害金额的事由……考虑到Y2与Y3并非因私人利益放弃了收购可转换公司债，考虑到被告Y2、Y3作为集团子公司之一，第一毛织的高管与被告Y1的关系等，限制被告Y2、Y3因业务违反行为造成的损害赔偿责任更为妥当……应将被告们的损害赔偿责任限制为总损害额的10%”。

Q5 根据《韩国商法》第400条第1款规定，为了免除董事对公司的损害赔偿责任，需要取得全体股东的同意。按照《韩国商法》第400条第2款的规定，若公司章程未对责任免除的认可作出规定时，即使没有按照第1款取得全体股东的同意，但如果大多数股东同意，则可以适用免除吗？

【参考判例】

大法院2004.12.10.宣告2002Da60467、60474判决（东方Peregrine证券）[1]

“董事对公司的损害赔偿责任只有在按照《韩国商法》第400条取得全体股东同意

〔1〕 对于该案的争议点请参考本章的【判例33】。

的情况下才能免除，其责任不能因取得全体股东数的96%的股东或没有免除权限的法定代表人等的同意而被免除。”

大法院2008.12.11. 宣告2005Da51471判决（朝鲜人寿）

“对于董事等的责任，可以按照《韩国商法》第400条、第415条的规定，在取得全体股东的同意的情况下予以免除，此时全体股东的同意不一定非要以明示、积极的方式作出，在公司转让全部股权的过程中可以以默示的方式作出，但这种默示成立的前提是，存在某种情形可以认定受让全部股权的受让人作出了就董事等责任产生的不良债权，不再向董事等追究其发生与不可回收的相关责任的意思表示。但仅以现代人寿股份公司通过100%收购朝鲜人寿股份而吸收合并朝鲜人寿时，将不良债权折算评价后确定认购价款这个情形，不能认定董事等的责任因获得全体股东默示的意思表示而被免除。”

Q6 董事的业务懈怠同时满足《韩国商法》第399条及违法行为责任要件时，两种责任将竞合。按照判例，《韩国商法》第400条第1款的损害赔偿责任的免除规定只适用于前者吗？还是同样适用于违法行为责任？判例的态度妥当吗？

【参考判例】

大法院1989.1.31. 宣告87Nu760判决（撤销征收企业所得税等处分）

“对于因法定代表人的行为产生损害的金额，因取得了全体股东的同意而作出处理为特别损失的决议时，这虽属于《韩国商法》第400条中的免除，能够成为消灭少数董事责任的根据，但由此消灭的损害赔偿请求权只局限于《韩国商法》第399条规定的权利，并不能认定此时对于违法行为的损害赔偿请求权也被消灭。”

Q7 减轻董事的损害赔偿责任只适用于对公司承担的损害赔偿责任吗？是否也能适用于对第三人承担的损害赔偿责任？

【参考判例】

首尔高等法院2006.10.25. 宣告2005Na68396判决（高合）

（由于该部分没有被上诉，所以没有经大法院判断，原审的结论生效。大法院2008.2.14. 宣告2006Da82601判决。）

高合的董事们担心若外部人员知道亏损经营情况与财政状态，有价证券发行将受到限制、难以从金融机关借款以及回收贷款时也会不利，为隐藏亏损现状之目的制作了假账。原告友利银行信任高合基于虚假财务报表判断的财务结构及经营状态，从而对高合的公司债作了保证。高合因金融危机及借款过多导致的流动性恶化，于 1998 年 7 月 14 日被指定为企业改善工作（work-out）目标企业，对此原告就高合发行的多数公司债的公司债权人代为偿还了各公司债的本金及利息。1998 年 11 月 21 日，按照包括原告在内的高合的债权人与高合签订的企业改善约定，原告基于上述各公司债支付保证约定产生的、对高合的追偿金债权被转换为一般贷款债权，其期间延迟到了 2004 年 12 月 31 日，且本案诉讼提起时几乎不存在回收的可能性。原告起诉了被告董事们，并追究了《韩国商法》第 401 条规定的损害赔偿责任，法院认可了被告的损害赔偿责任。但法院认为，原告在多次处理巨额贷款及支付保证的过程中没有对高合是否存在假账及正确的信用状态进行彻底评价作出最大的努力，认定原告作为金融机关及高合的主交易银行存在过失，并综合考虑原告的这种过失及被告担任高管的在职期间、职位及业务执行的具体样态、参与上述假账行为及参与公司债发行的程度等，限制了被告们对原告的损害赔偿责任。

参考资料　［韩］崔文僖：《修订商法中责任限制条款的解释论及合理的实务运用方案》，载《商事法研究》2012 年 8 月第 31 卷第 2 号。

（四）财务报表被获认可时的责任解除

QUESTIONS & NOTES

Q1 《韩国商法》第 450 条规定，“财务报表被获认可后两年内没有其他决议时，即视为公司解除了董事的责任，但对于不正当行为除外”。责任解除的范围与适用要件是什么？使责任解除的财务报表应记载的事项需要具体到什么程度？

Q2 对于不正当行为不适用责任解除。【判例 42】【判例 31】的第 3 项诉讼请求中，被告董事们主张，对于三星综合化学股份的出售行为，因自定期股东大会承认三星电子 1994 年度财务报表之日起已经过两年的除斥期间，该董事们的责任已被解除。这种主张妥当吗？

NOTE 对于《韩国商法》第 450 条规定的不正当行为的含义，通说认为不正当行为不仅是指损害赔偿责任的原因行为（如犯罪行为），还包括董事为使财务报表取得认可所做的不正当行为（如买通外部监事获取无保留意见的情形）。判例中的不正当行为类型为犯罪行为、恶意或重大过失行为（【判例 42】三星综合化学股份出售案）、故意违法行为（釜山地方法院 2004.4.14. 宣告 2002Ga 合 16791 判决）等。

【参考判例】

大法院 2002.2.26. 宣告 2001Da76854 判决

对于相互信用金库（译者注：“金库”的性质为小型银行）的法定代表人在未设定充分担保的情况下，对同一人给予超出限度的贷款，从而给公司造成损害的案件，法院作出如下判决：“假设财务报表中记载了贷款金额，但若担保不充分，则即使股东大会作出认可财务报表的决议，责任也不被解除。”

大法院 2007.12.13. 宣告 2007Da60080 判决

责任解除的适用“仅限于财务报表等已记载其责任事由并取得定期股东大会认可的情形”。

二、对第三人的损害赔偿责任

董事与公司之间存在委托关系，因此董事作为受托人当懈怠业务时承担损害赔偿责任是应该的。相反，董事对于第三人则以不承担损害赔偿责任为原则，除非存在违法行为。若公司破产，公司的债权人则无法实现债权，但公司与股东的人格是相互独立的，债权人无法向股东请求履行债务。此时，若能满足法人格否认的适用要件，就可以否定股东的有限责任，向股东主张履行债务。但法人格的滥用或形骸化作为法人格否定的前提，只有在极端的情形和严格的要件下才被认定，因此通过法人格否定实现债权存在一定的困难。与董事对第三人责任相关的规定(《韩国商法》第 401 条)起着代替或补充法人格否认的功能。

如上所述，对第三人的损害赔偿责任只有在例外情形下才会被认定，因此适用该规定时其适用要件是非常重要的。《韩国商法》第 401 条将“因故意或重大过失懈怠业务”规定为责任发生要件。虽以“懈怠业务”为要件，但董事与第三人的关系中不存在任务，因此对于何种情形被认定为懈怠业务存在疑问。而且，虽没有明文规定，但相关判例认为，只有董事违法的情况下才能认定其责任，但在何种情形下才会认定存在违法性也不明确。损害赔偿责任的认定对公司债权人越有用，对董事产生损害赔偿责任的威胁则越大。因此，如何协调两者的利益成为问题。在第二节我们分析一下，韩国判例上的第三人损害赔偿责任的发生要件——故意、重大过失及懈怠业务，以及如何具体适用违法性问题。

此外，确定第三人的范围是决定对第三人承担损害赔偿责任规定之适用范围的重要因素。通常来讲，第三人是指公司之外的所有人。但对于第三人之中的股东的损害，判例是限制其适用范围的。在第二节我们分析一下，判例是利用何种法理或根据，作出上述结论的。

(一)对第三人的损害赔偿责任的要件

【判例 44】- 董事对第三人的损害赔偿责任(大法院)

大法院 2002.3.29 宣告 2000Da47316 判决

该案为大法院根据《韩国商法》第 401 条认定董事对第三人责任的第一个案件。

事实关系

原告 X 们将自己拥有的不动产与设备等以 49 亿韩元的价格出售给第一审共同被告株式会社 A，但约定的尾款支付期限结束原告们也没有收到尾款 29 亿韩元。原告们督促 A 公司的法定代表人被告 Y 支付余款，Y 向原告们提议，自己给原告提供买卖标的物不动产作为担保，原告给Y担任法定代表人的第一审共同被告株式会社B提供贷款，则Y将以该贷款支付尾款。原告们接受了该建议，就上述不动产以中小企业银行为债权人、以B公司为债务人设定了如下抵押权，1997年10月31日设定了最高债权额为24亿韩元的最高额抵押权，1997年11月4日设定了最高债权额为8亿韩元的最高额抵押权。B公司的法定代表人被告Y自1997年10月29日至11月19日期间分三次从中小企业银行取得了共计29亿韩元的贷款。但Y仅向原告们支付了其中17亿韩元，剩余12亿韩元仍没有支付，且上述贷款的本息也没有偿还。因A公司及B公司资不抵债，各抵押权人需要行使各最高额抵押权，但上述不动产由他人竞买，拍卖价款全部由中小企业银行取得。原告们要求被告Y承担损害赔偿，以相同之诉要求A公司支付买卖尾款、要求B公司作为实物担保人支付追偿金。

法院的判断

【一审：首尔地方法院1999.12.7.宣告99Ga合48646判决】认为被告具有诚实信用原则下的注意义务，从而认定被告负有损害赔偿责任。但损害赔偿责任的性质属于债务不履行责任、违法行为责任还是其他合作性质的责任并不明确。

【原审：首尔高等法院2000.7.18.宣告2000Na6379判决】撤销了一审判决。结合本案买卖合同的签订与其履行过程、最高额抵押权的设定经过与其贷款的使用关系、尤其是被告个人未就成为或作为上述各合同项下债务人的连带保证人等作出任何约定等事实，原审认为被告只是基于一审被告公司法定代表人的身份，以购买本案不动产或以本案不动产为担保获取贷款。因此，不能认定被告个人存在何种违反约定的欺瞒行为，或存在除一审被告公司的债务之外的支付上述买卖尾款或偿还贷款本息的诚实信用原则下的注意义务。

【大法院】原告就本案的主张包括，因上述公司A等为法定代表人，按照《韩国商法》第401条第1款规定，被告应承担董事的责任；《韩国商法》第401条第1款规定的株式会社董事对第三人的损害赔偿责任以董事恶意或重大过失引起的懈怠业务行为为要件，因此不能单纯以不履行基于普通的交易行为产生的公司债务而认定为恶意或重大过失引起的业务懈怠，但董事做出违反职务忠实及合理义务的行为，应视为恶意或重大过失引起的业务懈怠行为。

正如原审认定，兼任A公司及B公司法定代表人的被告建议原告们，若原告们将A公司拟购买的原告们拥有的不动产作为贷款的担保提供给被告，则被告将用该贷款偿还A公司的买卖尾款；因此被告以B公司的名义分三次从中小企业银行取得了共计29亿韩元的贷款，但仅向原告们支付了其中17亿韩元作为买卖尾款的一部分，剩余的贷款用于其他用途，上述贷款也没有偿还。至少对于上述贷款中没有支付给原告的12亿韩元，兼任A公司及B公司法定代表人的被告在没有用贷款偿还被告们的买卖尾款的意向的情况下，假装有其意向而欺骗原告们，并以原告的拥有的不动产为担保获取贷款后也没有偿还全部买卖尾款，从而可以充分认定上述情形属于上述各公司的法定代表人即被告因上述恶意或重大过失引起业务懈怠的情形。

对于被告违反作为A公司等的法定代表人与原告之间的约定未将上述贷款中的12亿韩元支付给原告的理由是什么，该12亿韩元以什么目的用于何处及其理由，以及未偿还上述贷款的理由是什么等问题，原审应在进行更为仔细的审理后作出被告有无损害赔偿责任的判决，但原审并没有对上述内容进行审理，而基于原审中的理由驳回原告们对本案的诉讼请求的行为，属于误解有关株式会社董事对第三人的损害赔偿责任的法理或因未充分审理影响判决结果的违法行为。

QUESTIONS & NOTES

Q1 (1)请根据【判例44】判断何种情形视为董事因故意或重大过失懈怠了业务?

(2)请根据【判例44】判断业务懈怠中的“业务”是指什么?

(3)【判例44】认为因普通交易产生的不履行债务的行为不属于业务懈怠行为，但对于本案则认定因故意或重大过失造成了懈怠业务，支撑其结论的依据是什么?

(4)《韩国商法》第401条中的业务是指董事对公司的业务，但以董事对第三人的损害赔偿责任为前提，将董事对公司的业务懈怠作为要件，妥当吗?【判例44】中将Y未向原告支付买卖价款尾款视为对公司的业务懈怠，将不履行公司债务的行为视为对公司的业务懈怠行为的观点妥当吗?

Q2 请说明在下述两个判例中大法院是基于何种根据认定了董事对公司的业务懈怠，并比较下述判例与【判例44】。

【参考判例】

大法院2003.4.11.宣告2002Da70044判决

法定代表人Y将公司一切业务委托给了自己的丈夫监事Z，Z在知道公司即将破产的情况下向原告(韩国出口保险公司)发行了出口外汇票据，因此原告遭受了损失。大法院认为“法定代表人将所有业务委托给其他董事，不关心自己的业务执行情况，不执行法定代表人的职务，对不正当行为及业务懈怠行为视而不见，该行为应被视为法定代表人因恶意或重大过失引起的业务懈怠，且该放任行为具有违法性”。

大法院1985.11.12.宣告84DaKa2490判决(废矿判决)

X公司拥有废矿矿区的林地与矿业权，但X公司考虑到矿害，以低价向A公司转让了林地及矿业权。双方约定，合同签订后与矿区相关的所有风险均由A公司承担，并向A公司交付了转移林地及矿业权所需的资料。A的法定代表人Y只对林地作了变更登记，对于矿业权Y担心矿害的危险性，因此在X多次督促要求的情况下也没有对矿业权作变更登记。就在这期间发生了矿害，但因A不履行其损害赔偿及恢复责任，X基于行政机关的命令代为履行损害赔偿及恢复责任，从而X遭受了损害。对此，X向Y主张《韩国商法》第401条中的损害赔偿责任。“……因故意或重大过失引起的业务懈怠行为应具有(如从公司的经营状态可以预估合同债务履行期内无法履行债务的事实，但隐瞒该事实与对方签订合同，收到预付款后无法履行的情形)等违法情形。”“在被督促履行损害赔偿、矿害恢复及防止设施等行为时，即使没有履行，这种情况仅仅属于原告与上述公司基于该案标的物的买卖合同，延迟受领上述公司的债权或延迟履行特约项下债务的行为。”

NOTE 大法院判例一方面认定《韩国商法》第401条的适用要件为“懈怠对公司的业务(业务懈怠)”，另一方面认定业务懈怠的违法性关系到第三人时也可能发生第401条的责任(大法院1985.11.12. 宣告84DaKa2490判决)。大法院对于可能产生第401条规定的责任的情形举了下述例子，“从公司的经营状态可以预估合同债务履行期内无法履行债务的事实，但隐瞒该事实与对方签订合同，收到预付款后无法履行的情形”，是欺骗甚至是误导对方签订无法履行的合同的情形，可以认定在与公司的关系中也违反了合理注意义务。

Q3 【判例44】是承认被告Y将一部分贷款用于其他用途时，存在其损害赔偿责任不被认定的可能性吗？请区分下列各种情形思考一下。

(1)未将贷款用于支付尾款，而用于董事的私人用途。

(2)虽未将贷款用于支付尾款，但用于偿还A公司借入的高利息的其他贷款。

(3)兼任A公司与B公司董事的Y未将贷款用于偿还对原告的债务(A公司的买卖价款)，而用于偿还对B公司的贷款(B公司为债权人)。

Q4 本案中，原告可以根据《韩国商法》第401条之外的任何规定或法理，对被告主张损害赔偿吗？

NOTE 《韩国商法》第401条虽未要求违法性的要件，但通过【判例44】及签署参考判例大法院1985.11.12. 宣告84DaKa2490判决可以看出，违法性的要件是必要的。

(二)对第三人的损害赔偿责任的要件

【判例45】- 股东的直接损害和间接损害(大法院)

大法院2012.12.13. 宣告2010Da77743判决(Optional Capital)

该判例不仅对于认定由贪污公司财产产生的损害属于股东的间接损害的判例(大法院1993.1.26. 宣告91Da36093判决)的法理予以确认，而且是首次认定基于虚假公示之后高于正常的价格形成的股价购买股份的股东可以按照《韩国商法》第401条要求损害赔偿的案例。

事实关系

案外公司株式会社Optional Capital(以下简称案外公司)以投资及融资于创业者为目的，1994年登记于协会中介市场(现在的“科斯达克市场”)。原告1自2001年2月28日至2002年2月27日，原告2自2001年11月7日至2002年2月26日，各自取得了案外公司的股权。被告从2001年4月27日开始担任案外公司的法定代表人，负责案外公司的实质经营直至2002年3月中旬。

2001年5月8日之后，同年，被告以分四次作出虚假公示，假装案外公司得到了大规模投资的公示，在发行新股时吸收了投资者，2001年的季度报告中也作出虚假公示，伪装向其他公司投资。另外，被告自2001年7月3日至10月26日分21次贪污了相当于案外公司资本金160%的金额，即320亿韩元。之后该事情被暴露，案外公司发生了审计范围限制保留意见等取消上市交易资格的事由，并因资本蚕食于2002年7月末被取消了上市交易资格。原告主张是被告的贪污行为、虚假公示导致了股价跌落的损害发生，要求被告按照《韩国商法》第401条承担损害赔偿。

法院的判断

【原审：首尔高等法院2010.8.20. 宣告2009Na27973判决】被告的行为属于《韩国商法》第401条第1款因恶意或重大过失产生的业务懈怠行为，原告们遭受的损害属于该条款规定的损害。

【大法院】撤销原判、发回重审。[1]股东因董事的恶意或重大过失引起的业务懈怠行为直接遭受损失时，可按照第401条向董事要求损害赔偿；但因董事贪污公司财产致使公司财产减少，导致公司遭受损害，最终发生例如股东的经济利益受到损害等间接的损害不属于《韩国商法》第401条第1款项下的有关损害，因此对于该损害不得按照上述条款请求损害赔偿。

但是贪污公司财产的董事通过恶意或重大过失的虚假公示，使财务结构恶化的事实不被证券市场得知，致使公司发行股份的股价高于正常股价，购买股份的人在不知道该事实的情况下获得了股份，之后该事实被证券市场公布，导致股价下跌时，由于股东是因董事的虚假公示购买了高于正常股价的股份，后因股价下跌遭受了损害，因此可以按照《韩国商法》第401条第1款请求损害赔偿。

被告贪污公司财产且以恶意或重大过失进行虚假公示，以至于原告在不了解其财务结构恶化的事实的情况下以高于正常股价的价格取得了股份，之后真相被公开，因资本蚕食等决定性原因，案外公司登录科斯达克市场的资格被取消，若股价是在其过程中下跌的，由于原告是因被告的虚假公示遭受的损害，因此可以按照《韩国商法》第401条第1款向被告主张损害赔偿。

对于被告可能对股价产生的情形，原审法院应通过就何时进行了何种内容的虚假公示、原告因何种虚假公示破坏了股份评价、以高于正常股价多少的价格购买了多少股份等进行审理，判断原告们主张的损害是否属于《韩国商法》第401条第1款规定中的损

[1] 发回重审后首尔高等法院在2013.10.30. 宣告2013Na1022判决中确定原告败诉。

害及是否可认定相当因果关系后，才可计算损害额，但原审法院没有对上述内容进行彻底审理，而支持了原告等的请求，故原审判决存在误解《韩国商法》第 401 条第 1 款解释及相当因果关系法理的违法行为。

QUESTIONS & NOTES

Q1【判例 45】将股东的损害分为直接损害与间接损害，其概念是什么？

请判断投资者或新股取得者的下列各种损失属于直接损害还是间接损害。

(1) 投资者基于对公司虚假结算的财务报价中的财务状况的信任认购新股。

(2-1) 公司制作了正常的财务报表。财务报表基准日 / 制作日之后公司发生大规模损失 / 大规模损失发生的可能性变高（如工厂核心设备毁损、发现专利侵害事实、软件公司的核心技术人才大规模离职），该等事实没有告知投资者，投资者仅基于对财务报表的信赖认购了新股。

(2-2) 公司制作了正常的财务报表。发行新股之后公司发生大规模损失 / 大规模损失发生的可能性变高（如工厂核心设备毁损、发现专利侵害事实、软件公司的核心技术人才大规模离职）。

(3-1) 公司制作了正常的财务报表。财务报表上没有提及或有债务，但存在潜在债务 / 损失发生的可能性。财务报表基准日 / 制作日之后实际上发生了潜在债务 / 损失，但没有向投资者通知该事实，投资者基于对该财务报表的信赖认购了新股。

(3-2) 公司制作了正常的财务报表。财务报表上没有提及或有债务，但存在潜在债务 / 损失发生的可能性。没有向投资者通知该事实，投资者基于对该财务报表的信赖认购了新股，之后实际上发生了潜在债务 / 损失。

(3-3) 公司制作了正常的财务报表。财务报表上没有提及或有债务，但存在潜在债务 / 损失发生的可能性。向投资者通知了存在潜在债务 / 损失发生的可能性，发行新股后实际上发生了潜在债务 / 损失。

(4-1) 公司制作了正常的财务报表。财务报表上提及了或有债务。财务报表基准日 / 制作日之后发生了或有债务，但没有向投资者通知该事实，投资者基于财务报表原文的数据审查新股发行价格的适当性并认购了新股。

(4-2) 公司制作了正常的财务报表。财务报表上提及了或有债务。新股发行之前都没有发生或有债务。投资者基于财务报表原文的数据认购新股后，发生了或有债务。

(4-2-1) 在 (4-2) 的情形下，因董事的业务懈怠发生或有债务时。

(4-2-2) 在 (4-2) 的情形下，不存在董事的业务懈怠但发生或有债务时。

Q2【判例 45】中将股东的间接损害从第 401 条项下损害范围中排除的依据是什么？

Q3【判例 45】对于因董事贪污公司财产导致公司财产减少且公司遭受损失，最终导致股东的经济利益遭受侵害的间接损害，认为股东不得按照第 401 条请求损害赔偿。但公司破产时即使董事将贪污的财产返还给公司，破产的公司也无法重整。此时可以将公司继续经营价值的丧失视为股东的损害吗？

Q4【判例 45】认为股东购买股份后发生董事贪污及虚假公示的事实时，股价下跌造成的损害（以下简称第①种情形）属于间接损失；但股东在不知道贪污及虚假公示事实的情形下以高于正常估价的价格购买股份，之后其真相公开、资本蚕食、估价下跌时的损害（以下简称第②种情形）属于直接损害。

(1)【判例 45】中认为股东购买股份后发生董事贪污及虚假公示的事实时，股价下跌造成的损害属于间接损失的依据是什么？

(2)第①种情形与第②种情形下，股东信赖的对象各为什么？在不知道因贪污与虚假公示形成了比正常股价高的股价的情形下购买股价，及虽以正常价格购买股价但贪污与虚假公示期间不知该事实而没有处分股份，股东的损害是什么？

【参考判例】

大法院 1993.1.26. 宣告 91Da36093 判决

风险投资公司 X(Hanra 创业株式会社)认购了 Y 公司(Daeil precision 株式会社)的新股 1.5 亿股(发行股份总数的 30%)与 1.5 亿韩元的可转换公司债。兼任 Y 公司的股东(持有 41.2% 股权)与法定代表人的 Y1 及股东 Y2(持有 19.2% 股权)对公司的公司债相关债务提供了连带保证。

因 Y1 贪污了公司资金 8.6 亿韩元，导致 Y 公司支票被拒绝承兑。X 要求 Y 公司、Y1、Y2 支付可转换公司债，且对于 X 的股份认购额 1.5 亿韩元的损害，请求 Y 公司按照《韩国商法》第 389 条第 3 款、Y1 按照《韩国商法》第 401 条承担连带赔偿责任。

对于可转换公司债的请求，已在一审判决(大邱地方法院 1990.8.2. 宣告 90Ga 合 2219 判决)中因 X 胜诉得到了确认。一审判决认为，对于股份认购额损害，若因 Y1 贪污了公司财产使公司财产减少，则有义务向公司赔偿，但上述损害是 Y 公司遭受的损害，不得仅因原告 X 作为股东认为其损害将归属于自己而直接要求被告 Y 公司与 Y1 赔偿自己的股份认购额损害。原审(大邱高等法院 1991.8.29. 宣告 90Na4847 判决)直接引用了一审判决的理由，驳回了原告的上诉请求。

X 在上诉审判中增加了《韩国民法》第 750 条的违法行为、合作投资协商上的债务不履行等条款作为 Y1 承担损害赔偿责任的根据，但大法院基于下述理由驳回了原告的上诉请求。对于股东因其公司法定代表人的恶意或重大过失引起的业务懈怠行为遭受直接损害时，可以按照《韩国商法》第 401 条、第 389 条第 3 款、第 210 条要求董事和公司承担损害赔偿，但因法定代表人贪污公司财产使公司财产减少、公司遭受损害，最终使股东的经济利益遭受侵害的间接损失不属于《韩国商法》第 401 条第 1 款项下的损害，对此不得按照上述条款请求损害赔偿。即被告 Y1 的贪污行为，不必然对被告 Y 公司的股东——原告形成一般违法行为，或成为 Y 公司的违法行为。

大法院 2013.6.27. 宣告 2011Da50165 判决

股份公司的法定代表人在履行业务的过程中因故意或过失发生的违法行为给他人造成损害的，股份公司将按照《韩国商法》第 389 条第 3 款、第 210 条向第三人承担损害赔偿责任，法定代表人也将按照《韩国民法》第 750 条或《韩国商法》第 389 条第 3 款、第 210 条与股份公司承担连带违法行为责任。

NOTE 公司就自己的损害不向董事行使损害赔偿请求权时，股东行使损害赔偿请求权的方式有哪些？各方式的优缺点是什么？韩国商法允许的方式是哪些？

NOTE 在韩国，为了弥补公司的损害，股东只能提起代表诉讼，股东不能就公司的损害提起直接诉讼。一个封闭公司，控股股东兼任董事的职位，除原告之外没有其他少数股东，如同意遭受损害的少数股东提起直接诉讼会怎样？对于这类案例，有人会主张应允许直接赔偿股东的损失，但也有人会以股东的出资返还禁止或债权人保护等提出异议。

NOTE 将股东的间接损害排除的说法，是以公司获得损害赔偿时股东的损害也完全得到补偿为依据的。但在有些情况下公司与股东两者的损害是不完全一致的，此时股东的损害并不是全额得到补偿的。甚至，在上市公司股东的损害还有可能超过公司的损害。即因董事的贪污行为公司遭受的损害就是贪污金额，但股价会因贪污行为狂跌，股价狂跌给股东带来的损害就有可能超过公司的损害。因此，有人会主张对于超过公司损害的股东损害，应允许股东直接请求。但即使允许股东直接请求，也难以确定超过损害的事实与范围，原告股东难以对此论证。另外，也会有人主张，由于该超过损害并非“间接损害”而是“直接损害”，因此股东可以以“直接损害”为由请求赔偿，与股东可否请求间接损害无关。

NOTE 爱宝乐园可转换公司债判决（大法院 2009.5.29. 宣告 2007Do4949 全员合议庭判决）[1]中大法院的多数意见如下：“在第三人分配方式上，低价发行时应适当反映市价，从而以适当价格发行，若非如此，因没有增加其差价相当的公司资产，因此遭受了其差价相当的损害。”“因原有股东的股权价值实际上被稀释，因此公司的这种损害的性质与归属主体与原有股东遭受的损害不同，两者应区别对待。”

参考资料 ［韩］崔文僖:《股东可否因董事的贪污行为、虚假公示行为发生的损失请求赔偿——以商法第 401 条损害的概念为中心》，载《证券法研究》2013 年第 14 卷第 2 号，第 115~164 页。

（三）业务指示人等的责任

【判例 46】- 使用表象上具有业务执行权限的职称执行公司业务人的责任（大法院）海力士

大法院 2011.6.10. 宣告 2011Da6120 判决（hynix）

事实关系

原告公司（海力士半导体）因对朝鲜业务的秘密资金案、子公司（Korea 音乐广播）不当支援案及 Hanra 建设支援案等遭受损害为由，向 8 名前任高管及职员（法定代表人、董事、实际董事）要求了共计 820 亿韩元的损害赔偿。

原告公司除利川市的总部之外还设立了首尔事务所，旗下设有财务室、业务部、宣传部、营业部等，原告公司的主要财政业务依次由财务室职员、管理人员、首尔事务所长、经营支援本部长、法定代表人社长及法定代表人会长处理。财务室职员有案外人 2 科长、案外人 3 部长等。

〔1〕 有关该判例的具体争议点请参考第七章【判例 71】。

虽然本案的被告为多数人，但与《韩国商法》第401条第2款之业务执行指示人等相关的被告为被告1、被告6及被告7，这些人没有登记为董事。被告1、被告6及被告7曾负责首尔事务所的财政业务，并担任了原告公司的常务、常务及专务、董事及常务。本案的诉讼请求中针对被告6、被告7提起的子公司不当支援案及Hanra建设支援案相关的请求被认定为《韩国商法》第401条之2实施之前(1998年12月28日之前)的支援行为，因此其董事责任被否定。设置秘密资金案的事实关系如下。

已故案外人1等在没有购买外币的情况下，假装支出了外币购买价款而制作了虚假报表，并以购买外币的名义将其购买资金转到支票账户，月底结算时将外币购买价款处理为外币换算损失，从而将上述支票账户全部洗为现金；或没有从国外进口原、副材料而制作了虚假报表，并以该名义从法人的会计处获取支票，从而将该支票全部洗为现金。通过上述两种方式将共计290亿余韩元制作、管理成与原告会计不相关的“账外资金”(以下将上述290亿余韩元简称为本案秘密资金)，将其全部支付给案外人1或取得其认可的人等，使其肆意使用于原告公费之外的用途，并做了虚假会计核算，导致该资金无法回收。

法院的判断

【一审：首尔中央地方法院2009.1.9.宣告2006Ga合78171判决】

(1)已故案外人1等作为原告公司的董事或实际董事(《韩国商法》第401条之2第1款第3项)，应将原告从业务上取得的法人资金存入法人账户，并为法人的经营目的与利益管理使用该资金；且即使发生以不符合规则的方式将部分法人资金制作、管理成“账外资金”的情形，也应合理管理、使用资金，确保法人或股东不因此遭受损失，负有通过提前采取之后任何时候都能回收其全额的措施等方式适当管理法人资金的业务上的责任，但其违反业务责任，设置、管理了本案秘密资金，并将其全额支付给案外人1等，使其肆意使用于原告公费之外的用途，并做了虚假会计核算，导致该资金不可回收，使原告遭受了相当于本案秘密资金的损害，因此，除非存在特殊情形，被告负有按照《韩国商法》第399条连带支付原告本案秘密资金中各自相关金额的义务。

(2)被告1、被告6及被告7主张①自己虽然在不是原告董事的情况下使用了“专务”、“常务”或“董事”的名称，但当时原告公司有100多名常务，且这些人属于不具有对内外的决策权的实务负责人，实际上属于“选任部长”，因此不属于《韩国商法》第401条之2第1款第3项规定的人，②即使自己属于《韩国商法》第401条之2第1款第3项规定的人，但自己并没有实际参与制作及使用本案秘密资金的过程，因此并不就本案秘密资金的制作与使用按照《韩国商法》第399条向原告承担损害赔偿债务。

对于①，《韩国商法》第401条之2第1款第3项的宗旨为，对于实际使用的职务名称，虽然并非董事，但使用表面上具有业务执行权限的职务名称执行公司业务时，该非董事将被视为董事并应承担与董事相同的责任。上述被告作为常务或专务执行原告公司的业务，无论上述被告是否存在与董事同等程度的决策权，都应视为《韩国商法》第401条之2第1款第3项的适用对象。

对于②，被告6自认了自己支出本案秘密资金中以伪装购买外币的方式设置的秘密资金，并将其明细及余额报告上级的事实，及在以伪装进口原、副材料的方式设置秘密资金的过程中曾经转达已故案外人1有关上述内容的指示的事实，可以认定被告1、被告7在部分本案秘密资金支出账簿中签了名，并从案外人3部长处获取每月秘密资金支出明细及秘密资金余额明细的报告，或将报告材料再次向上级报告的事实。考虑到被告1、被告6及被告7在原告公司的首尔事务所财务室就任于负责财政业务的高级职位，应认定其直接、间接参与了本案秘密资金的设置及使用，或就自己的业务至少以消极默认的方式参与了本案秘密资金的设置及使用。甚至对于《韩国商法》第401条之2第1款第3项规定下的人，考虑到其文义或其职位等，很难认定其具有与董事同等程度的监督其他高管与职员业务执行的义务，但至少在自己的业务(财务)领域内，对于因自己下级职员的参与发生的违法执行业务行为，在知道或应当知道的情况下放任其行为，导致公司遭受了损害，应对该损害承担损害赔偿责任。从这一方面来看，即使被告1、被告6及被告7没有直接参与本案秘密资金的设置及使用的全部或部分过程或以消除原告公司资金短缺问题之目的负责从外部调配资金的业务等，但本案秘密资金的设置及使用是上述被告负责的财务业务的一个环节，被告的下级职员案外人2科长、案外人3部长等已在上述被告工作的事务所实施了本案秘密资金设置及使用行为，因此上述情形只能被考虑为责任限制事由，不得因此免除制作及使用本案秘密资金的责任。

(3)原告当时并没有具备防止高管与职员们执行例如设置及使用本案秘密资金等违法业务的经营体制，因原告所具备的经营体制的缺陷，导致被告作出上述行为；综合考虑上述情形与被告担任高管的在职期间、职位及业务执行的具体态量、决策上的影响程度、尤其是参与本案秘密资金设置及使用的参与程度、以及其他本案辩论中出现的所有情形，我们认为结合损害分担之公平的损害赔偿制度理念，对被告们的责任额作出如下限制，对于被告8限制为70%，对于被告2限制为50%，对于被告3、被告4及被告5分别限制为30%，对于被告1、被告6及被告7限制为10%。

【原审：首尔高等法院 2010.12.15. 宣告 2009Na22114 判决】虽然只有原告1上诉，但就秘密资金设置及使用的诉讼请求维持了一审判决。

【大法院】维持原判[1]“……《韩国商法》第401条之2第1款……第1项及第2项

[1] 大法院对秘密资金设置案维持了原判，对原审判决认定子公司不当支援明细中的一部分被告们的损害赔偿责任，撤销原判、发回重审。发回重审后的判决中，就子公司不当支援，驳回了发回之前原审原告们的损害赔偿请求。参见首尔高等法院 2011.10.20. 宣告 2011Na56219 判决。

的前提是对公司具有影响力的人，但第 3 项中职务名称本身就带有业务执行权，因此不能将对公司具有影响力作为要件（参考大法院 2009.11.26. 宣告 2009Da39240 判决）。被告 1 虽不是登记董事，但作为常务在执行首尔事务所的财政业务时参与了本案秘密资金的设置，因此根据上述法理，原审判决将被告 1 视为《韩国商法》第 401 条之 2 第 1 款第 3 项规定中的表见董事是正确的。”

QUESTIONS & NOTES

Q1 （1）【判例 46】中的一审判决中为证明被告 1、被告 6、被告 7 属于《韩国商法》第 401 条之 2 第 3 款规定中的人而提出的事实是什么？

（2）在这个案件中被告 1、被告 6 及被告 7 主张虽然自己在不是原告公司的董事的情况下使用了“专务”、“常务”或“董事”的名称，但自己是不具有对内外的决策权的实务负责人，实际上属于“选任部长”，因此不属于《韩国商法》第 401 条之 2 第 1 款第 3 项中规定的人。真的像被告主张的那样，为了认定第 401 条之 2 第 1 款各项下的人的责任，这些人必须具有董事应有的实际决策权限吗？

（3）在第 3 项责任的认定上，必须要求第 3 项中列举的人像第 1 项的业务执行指示人那样具有实际影响力吗？

Q2 《韩国商法》第 401 条之 2 并没有明示可以适用《韩国商法》第 400 条。《韩国商法》第 401 条之 2 第 1 款各项下的人的损害赔偿责任不能免除吗？

Q3 《韩国商法》第 401 条之 2 规定的局限及立法论。

（1）第 1 项中以“指示”为要件，但指示的存在很难证明，因此难以认定第 1 项下的责任，因此为了确保实效性，应以什么内容立法？

（2）《韩国商法》第 401 条之 2 第 1 款第 3 项以职务名称规定实际董事合理吗？

（3）对于第 401 条之 2 项下的业务执行指示人等在实施第 401 条之 2 规定之前行使的行为，是否存在追究其责任的方法？

Q4 控股股东的忠实义务作为就控股股东的牵制及责任追究措施，与《韩国商法》第 401 条之 2 相比，在功能上有什么区别？

Q5 按照公司董事不包含法人董事的观点，由于《韩国商法》第 401 条之 2 第 1 款第 1 项下的业务执行指示人虽不是董事但被推定为董事，因此第 1 项规定仅适用于自然人？

【参考判例】

首尔中央地方法院 2010.2.8. 宣告 2008Ga 合 47867 判决（生效）（现代汽车代表诉讼）

兼任现代汽车集团的会长与现代汽车法定代表人的被告 A 与现代汽车前任副会长被告 B，使现代汽车参与了 1999 年至 2000 年作为现代汽车的虚假子公司存续情况不透明的现代宇宙航空的两次有偿增资及现代钢管的有偿增资，最终给现代汽车造成了损害，现代汽车的少数股东以此为由向 A 与 B 提起请求损害赔偿的代表诉讼。对于 A，法院对三个有偿增资案件都认定了损害赔偿责任。对于 B，就现代宇宙航空的部分有偿增资，法院认为，B 虽然不是登记董事但使用现代汽车商用车社长的名称执行了有关参与现代宇宙航空有偿增资的业务，因此应作为《韩国商法》第 401 条之 2 第 1 款第 3 项中的业务执行指示人等承担损害赔偿责任。

大法院 2006.8.25. 宣告 2004Da26119 判决(KT 海外法人)[1]

"《韩国商法》第 401 条之 2 第 1 款第 1 项所规定的'利用自己对公司的影响力向董事指示执行业务的人'除自然人之外还包括法人——控股公司。……无法找到任何可以认定被告已经预测了由于金融危机导致的 PT & T 的延迟付款宣言等情况之根据,在这个案件中原审认定被告指示被告的子公司禁止取出 chase loan 的行为不得视为违法的业务执行指示从而排除原告的主张是正确的。"

大法院 2009.11.26. 宣告 2009Da39240 判决

"《韩国商法》第 401 条之 2 第 1 款第 1 项规定'利用自己对公司的影响力向董事指示执行业务的人',第 2 项规定'以董事的名义直接执行业务的人',第 3 项规定'非董事使用名义会长、会长、社长、副社长、专务、常务、董事及其他可能被认定负有业务执行权限的名称执行公司业务的人',第 1 项及第 2 项的前提是对公司有影响力的人,但第 3 项中职务名称本身就带有业务执行权,因此不能将对公司具有影响力作为要件"。

大法院 2006.6.2. 宣告 2005Do3431 判决

兼任公诉案外人 1 株式会社法定代表人与子公司公诉案外人 2、3、4 株式会社(将该 3 个子公司简称为三个公司)大股东的被告,在以会长的职称实际直接经营三个公司的过程中,计划以取出案外人 1 株式会社的公司资金 7 亿韩元依次用于三个公司的资本增资后再将该资金返还给国际综合土建的方式,非实际增加资本而仅从形式上增加三个公司的资本金。因此,被告取出了案外人 1 株式会社的公司资金 7 亿韩元依次用于三个公司的资本增资,完成了各资本增资登记后立即取出了股本,最终返还了案外人 1 株式会社公司资金 7 亿韩元。原审法院以被告对三个公司虚假缴纳资本金为由,认定了被告的虚假出资罪。但是大法院认为,"《韩国商法》第 628 条的虚假出资罪仅对《韩国商法》第 622 条第 1 款中规定的人成立,是一种身份犯,《韩国商法》第 622 条第 1 款将虚假出资罪的主体限定为公司的发起人、业务执行人员、董事、审计委员会委员、监事,或《韩国商法》第 386 条第 2 款、第 407 条第 1 款、第 415 条或第 567 条项下的职务代理人、控制人及其他就公司经营的某一种类或特定事项接受委托的使用人……被告作为三个公司的大股东对三个公司的经营具有相当大的影响力,并指示、参与了三个公司的增资过程,因此可以将被告视为《韩国商法》第 401 条之 2 规定的业务执行指示人,但并不能视为《韩国商法》第 622 条第 1 款规定的主体"。

---

〔1〕 该判例的争议点中法人格否定论相关的内容请参考第一章【判例 2】。

首尔中央地方法院 2012.10.5. 宣告 2012Ga 合 1011 判决(韩国电力代表诉讼)

原告们作为韩国电力公社的股东,是韩国电力公社电费的许可权人及监督权人,由于韩国电力公社的大股东即被告大韩民国(持股率 21.17%)指示韩国电力公社以未达到法令规定的总体成本的标准决定电费,因此韩国电力公社遭受了损害。原告以被告作为《韩国商法》第 401 条之 2 项下的业务执行指示人,负有承担韩国电力公社损害赔偿责任为由,提起了代表诉讼。一审法院作出了如下判决并驳回了原告们的诉讼请求(二审〔1〕引用了一审判决内容并驳回了原告们的上诉〔2〕)。“如控股股东在股东大会行使股东权利的情形或兼任董事的控股股东参与董事会并参与公司决策的情形等,控股股东通过合法程序行使自己的权限时,由于其处于控股股东的地位,因此在行使其权限的过程中,虽然对公司的经营实际上产生更大的影响(与其不在控股股东地位的情况相比),但是应将控股股东视为不属于业务执行指示人……如前所述,被告为韩国电力公社的大股东,但行政机关为了在其所管实务的范围内实现一定的行政目的,可以向特定的人进行指导、劝告、建议等行政指导使其作出或不作出特定的行为(《韩国行政程序法》第 2 条第 3 款),韩国电力公社拟变更电费时,应取得知识经济部长官的许可,因此可以认定知识经济部长官以电费许可权为根据对电费进行行政指导的权限……所以难以断定被告利用许可权人、监督权人及大股东等地位在背后对韩国电力公社的经营行使了影响力……难以认定被告属于《韩国商法》第 402 条之 2 第 1 款第 1 项下的业务执行指示人。”

参考资料 [韩]金建植:《企业控制结构与法》,小花出版社 2010 年版,第 196~216 页。

第四节 代表诉讼

代表诉讼,是指公司因董事违反义务遭受了损失却不积极请求损害赔偿时,股东享有代替公司提起诉讼的权利。代表诉讼中股东为了公司以自己的名义而不是以公司的名义提起诉讼,但请求金额为公司遭受的全部损害,而不局限于公司损害中股东的股权相对应的金额。公司虽不是当事人,但判决的效力及于公司,股东胜诉时,赔偿额归属于公司而非股东。

---

〔1〕 参见首尔高等法院 2013.7.18. 宣告 2012Na83935 判决。

〔2〕 参见大法院 2015.3.26. 宣告 2013Da210497 判决。

1996年末之后上市公司的代表诉讼提起要件变得更加宽松，经济危机之后多数企业经历破产或经济危机，出现了更多的代表诉讼。本节中的第一银行案件是第一个提起代表诉讼后得到判决，并且第一次由大法院作出判决的案例。争议点不仅包括董事违反义务的判断标准、经营判断的原则、代表诉讼中公司代表权与常任董事会的责任等实体法上的争议点，还包括股东代表诉讼的起诉资格、公司可否参与诉讼等多个程序法上的争议点。

本节中我们首先围绕第一银行代表诉讼案，观察代表诉讼起诉资格与起诉之后股份要件变更时诉的效力、公司可否参与及其性质、其他诉讼程序等。其次审查防止滥诉及代表诉讼是怎么体现在韩国的商法中的。

公司能够通过代表诉讼积极取得利益时股东即可获得起诉奖励，增大起诉奖励的关键在于胜诉股东的费用请求权与股东的律师费用。对此，我们来看一下胜诉股东的费用请求权得到法院支持的判例中涉及公司费用偿还义务的对象——律师费用的含义及其范围相关的案例。

最后，我们研究一下子公司的董事给母公司造成损害时，若子公司不存在除母公司之外的股东或即使存在其他股东但其他股东也不向董事请求损害赔偿的情况下，与二重代表诉讼是否被允许的相关判例。

参考资料　[韩]Lee Taejong:《对第一银行管理层提起的股东代表诉讼》，载首尔大学金融法研究中心*BFL* 2003年11月第2号，第89～104页。

【判例47】- 原告资格、参加之诉法理等(大法院)第一银行

大法院2002.3.15.宣告2000Da9086判决(第一银行)

事实关系

自1993年11月4日至1997年1月20日，第一银行向韩宝钢铁提供总计1兆853亿韩元的贷款，但因1997年1月23日韩宝钢铁资不抵债及1997年1月28日开启公司重整程序，导致第一银行无法回收上述贷款。第一银行向韩宝钢铁提供上述贷款时被告担任第一银行的法定代表人(银行长)或董事。韩宝钢铁在促进唐津钢铁厂建设事业时可能会因高负债依赖度、恶劣的财务结构、虚假事业计划等发生资不抵债的情形，被告可充分预测上述情形可能将导致贷款无法回收，但被告无视该情形，在韩宝钢铁不提供任何担保的情况下指示下级职员持续提供巨额贷款或没有制止这种草率且独断提供贷款的决定。被告的法定代表人Y1、Y2从韩宝集团的会长案外人J处收取了巨额贿赂。第一银行的少数股东以第一银行的被告提供不良贷款给韩宝钢铁从而使公司遭受损害为由，向第一银行的被告提起了代表诉讼。

被告们以原告们及共同诉讼参与人没有具备为提起代表诉讼应具备的旧证券交易

法项下要件(持有0.01%的股权6个月以上),及在书面提出起诉请求的第二天提起代表诉讼(应当在向公司书面提出起诉请求之日起30天后公司也没有起诉时提起)为由,主张本案代表诉讼为缺乏商法及旧证券交易法项下要件的不合法的诉讼。原告于本案起诉之日2个月前就以口头形式提出了起诉请求,并于1997年6月2日提出了书面形式的起诉请求。

原告提起诉讼的1997年6月3日,第一银行的资本金为8200亿韩元、发行股份总数为1.64亿股,进行一审诉讼时的1998年1月31日,以8.2∶1的比例减资后,其资本金减少为1000亿韩元、发行股份总数为2000万股,同日,预金保险公社及政府分别向第一银行出资7500亿韩元后,其资本金变更为1.6兆韩元、发行股份总数变更为3.2亿股。原告们及共同诉讼参加人截至一审辩论终结时(1998年6月19日)共持10.3189万股,其持股数高于证券交易法项下为提起代表诉讼所要求的股份要件0.01%(3.2万股),原告资格不存在问题(一审宣判日为1998年7月24日)。金融监督委员会对第一银行作出了资本金减少命令(当时《金融产业结构改善法》第10条、第12条),进行上诉审理的1999年6月26日,董事会作出如下决议:“总发行股份的票面总额1.6兆韩元中,对于政府与预金保险公社持有的票面价额1.5兆韩元,将5.5127股合并为1股,其他一般股东持有的票面价额1000亿韩元,全部以公司资金无偿回购。”1999年7月9日,根据上述董事会决议,一般股东们即原告们(及一审共同诉讼参加人)(以下简称原告等)持有的股份都被无偿回购。因此一审的原告等不再具有公司的发行股份,从而丧失了维持代表诉讼所需的股东要件,丧失了当事人资格。第一银行于无偿回购上述股份之前的1990年7月1日,就原告们的代表诉讼提出了共同诉讼参加申请。

本案中原告们的损害赔偿请求金额为400亿韩元(一审全部支持),此时根据《韩国民事诉讼等印花规则》[第15条第1款,译者注:(公司等关系诉讼)股东代表诉讼、董事的违法行为留置请求之诉、公司新股发行留置请求之诉,视为无法计算诉价的诉讼]该金额视为无法计算诉价的诉讼,因此按照旧《韩国民事诉讼等印花法》(修订为2002.1.26.法律6628号之前)第2条第4款,诉讼标的额被视为1100万韩元,只需要贴5万韩元的印花。〔1〕第一银行提出共同诉讼参加申请时,也以此为前提,对印花没有采取任何措施。但上诉审中原告等的原告资格丧失,上诉审审判长于1999年11月24日向共同诉讼参加人(第一银行)命令补充以诉讼标的额400亿韩元为标准的上诉审印花额2.107825亿韩元。1999年12月2日,第一银行将共同诉讼参加金额400亿韩元减少为10亿韩元,1999年12月16日按照上述减少的参加宗旨,补充缴纳了603万2500韩元的印花额。

〔1〕 现在《韩国民事诉讼等印花法》第2条第1款第3项、第4项,《韩国大法院民事诉讼等印花规则》第18条之2但书、第15条第1款规定,代表诉讼的诉讼标的额被视为1亿韩元,需要贴45.5万韩元印花。

法院的判断

【原审：首尔高等法院 2000.1.4. 宣告 98Na45982 判决】对于原告资格认为，由于原告等持有的股份于 1999 年 7 月 9 日被无偿回收，原告等不再持有第一银行的股份，因此丧失了当事人资格。

上诉审对第一银行参加共同诉讼的合法性认定如下：通常来讲，第三人承担诉讼的情形中，受判决效力影响的第三人以当事人的身份参加其诉讼的情形属于重复起诉，因此是不合法的。但代表诉讼作为第三人诉讼，少数股东与成为对方当事人的董事妥协或勾结时，为了防止这种行为发生，公司作为权利归属主体有必要以具有强大诉讼权限的当事人身份参与诉讼。且本案中，因股东在进行代表诉讼的过程中丧失股东地位导致诉讼不合法时，公司作为权利归属主体，有必要以当事人的身份参与其代表诉讼。考虑到上述情况不仅都需要诉讼经费，也不存在引起判决上矛盾、抵触的可能性，因此《韩国商法》第 404 条第 1 款中的参加应解释为不排除共同诉讼参加。

对于被告们的损害赔偿责任，援用了一审判决，但由于第一银行将共同诉讼参加范围从 400 亿韩元减少为 10 亿韩元，因此判决赔偿 10 亿韩元。

【大法院】认定被告董事们违反了作为银行董事的忠实义务及合理注意义务，且认定了被告董事们的损害赔偿责任。代表诉讼的诉讼法上争议点中的主要判决理由如下。

（1）对于参加之性质相关的法理误解主张

股东的代表诉讼中，原告股东没有尽到作为原告进行诉讼的责任或与成为对方当事人的董事勾结而没有尽到保护公司权利的责任，致使公司利益可能遭受侵害时，受该判决效力的权利归属主体——公司为了防止该情况发生或保护自己的权利，有必要以具有进行诉讼权限的正当当事人的身份参与其诉讼；考虑到公司作为代表诉讼当事人参加时，不仅都需要诉讼经费，也不存在引起判决上矛盾、抵触的可能性，以及《韩国商法》第 404 条第 1 款专门就参加相关的问题作出了规定，其立法宗旨为通过突出代表诉讼的特点保护公司权利，因此《韩国商法》第 404 条第 1 款规定的公司的参加应解释为共同诉讼参加，而且这种解释并不违反《韩国民事诉讼法》第 234 条[1]禁止重复起诉的规定。

因此，被告们主张其参加属于共同诉讼性辅助参加的前提下，被参加人——原告们及一审共同诉讼参加人（都是股东，原审中被驳回起诉）的本案之诉因丧失当事人资格而不合法，因此被告在上诉审理中主张原审原告共同诉讼参加人（被上诉人，以下简称原告共同诉讼参加人）参加本案也不合法，原审排除被告的该主张是遵循上述法理的正确判决。

〔1〕 当时是《韩国民事诉讼法》第 234 条，现在是《韩国民事诉讼法》第 259 条（禁止重复起诉）。

(2)对于代表人相关的法理误解主张

《韩国商法》第394条第1款规定，在董事与公司之间的诉讼中，因两者间很容易发生利害冲突，为了防止其冲突及确保诉讼公正地进行，应由身处较客观地位的监事就其诉讼代表公司。即使成为诉讼目的的权利关系是由于董事在职过程中发生的事由引起的，公司不以该人作为董事提起诉讼或董事已经离开董事的职位时公司向该人提起诉讼时，若不存在特殊情形则不适用上述《韩国商法》第394条第1款(参考大法院1977.6.28. 宣告77Da295判决)。董事会就原告们及一审诉讼参加人的持有股份作出无偿回购的决议，导致其当事人存在丧失代表诉讼当事人资格的可能性。因此公司作为原告共同诉讼参加人，于原审诉讼中的1999年7月1日以法定代表人A为代表，参加向公司的前任法定代表人或前任董事为被告，以其就任期间业务懈怠等原因提起的本案损害赔偿请求诉讼的共同诉讼。可以发现被告们在参加公司的共同诉讼日之前全部辞退了参加人公司的法定代表人或董事职位，因此共同诉讼参加日当时没有担任任何职位，而且没有发现参加公司的法定代表人与被告们之间存在可以怀疑诉讼是否公正的特殊情况，原告共同诉讼参加人在参加本案诉讼中，按照一般原则代表参加公司的人应为法定代表人，不能适用《韩国商法》第394条第1款认定代表公司的人为监事。

(3)对于原告参加要件相关的法理误解主张

原告们及一审诉讼参加人的持有股份全部被无偿回购，导致其丧失代表诉讼中的当事人资格，该事件发生于原告共同诉讼参加人的参加申请之后的1999年7月9日，虽然因原告们截至原审辩论终结时没有维持代表诉讼所需的原告主要要件，导致诉讼被驳回，但是从共同诉讼参加人的参加时间来看，原告们具备了合法的原告资格，因此原告共同诉讼参加人的本案参加是合法的。

另外，上诉审中也可以存在共同诉讼参加(参考大法院1962.6.7. 宣告62Da144判决)，若上诉审程序中发生共同诉讼参加，即使被参加之诉因缺乏诉讼要件被驳回，只有在当事人一方与第三人的诉讼目的相同时，才被认定为共同诉讼参加，因此不会发生剥夺审级利益的问题。原审认为原告共同诉讼参加人在上诉审程序中参加本案共同诉讼是合法的，该判断是正确的。

一、代表诉讼的当事人与起诉要件

(一)代表诉讼的当事人

QUESTIONS & NOTES

Q1 《韩国商法》第403条规定持有发行股份总数1%的股东可以提起代表诉讼，对于上市公司则由《韩国商法》第542条之6第6款作出规定，持有上市公司发行股份总数0.01%以上且持续6个月以上的股东可以提起代表诉讼。

(1)按照【判例47】，原告股东虽在起诉时没有满足股份要件，但辩论终结时满足其要件，此时该诉讼因不合法而要被驳回吗？

(2)股东虽不具有《韩国商法》中上市公司特例规定下的起诉要件，但具备了一般规定的起诉要件，此时该股东可以按照一般规定提起诉讼吗？

Q2 原告股东的股份要件减少或股东地位丧失时，可能会影响代表诉讼的效力。

(1)起诉后不持有发行股份时将失去起诉的效力(《韩国商法》第403条第5款)。【判例47】的原审中，股份被无偿强制回购，致使原告股东们不持有任何股份，从而丧失当事人资格。但是原告股东们认为自己并非自愿处分股份，因此即使存在《韩国商法》第403条第5款的规定，应视原告股东在代表诉讼辩论终结前持有股份，但法院以《韩国商法》第403条第5款不存在例外规定为由对原告股东的主张不予接受。让不持有任何股份的人维持代表诉讼会存在什么问题？

(2)【判例47】中，起诉后原告股东因减资而不持有股份，但法院认为原告资格丧失之前公司可以行使共同诉讼参加。对于其结论，判例提出了那些论据？其他股东参加会被允许吗？

(3)起诉当时具备了股份要件，但起诉后因持股减少不能满足起诉所需的股份要件的，诉讼效力如何？

(4)原告股东起诉后，在诉讼过程中将股份全部转让时，受让人作为继承人可以取得原告股东的地位吗？可以参加诉讼(《韩国民事诉讼法》第81条)，或继承诉讼(《韩国民事诉讼法》第81条)吗？

【参考判例】

大法院2013.9.12. 宣告2011Da57869判决(新世界代表诉讼)

“多个股东一起提起代表诉讼时，应合算他们向公司提出追究董事责任之诉的请求时，及为公司提起其诉讼时持有的股份，该股份数只要满足《韩国商法》或旧《韩国证券交易法》项下股份持有要件即可，起诉后持股数未达到其要件也无妨。但提起代表诉讼的股东中部分股东以处分股份等事由不再持有股份而丧失股东地位时，若无特殊情形，该股东即丧失原告资格，该股东提起的诉讼则归于不合法，该事实不因一起提起代表诉讼的其他原告们维持股东地位而被另外对待。”

大法院2003.2.26. 宣告2000Da42786判决(韩宝钢铁)

旧《韩国民事诉讼法》(全文修订为2002.1.26. 法律第6626号之前的法律)第74条规定的诉讼标的物，即权利关系的继承不仅是指诉讼标的物即权利关系的转让，还包括成为当事人资格转移之原因的实体法上的权利转移。因此，进行新股发行无效之诉时，成为原告适格之根据的股份被转让时，若受让人满足起诉期间等要件，则受让人不仅可在新股东地位提起新的诉讼，还可合法继承转让人已提起的既存原有诉讼。

(5)A公司的原告即股东X向A公司的董事Y提起代表诉讼之后，在诉讼过程中，B公司吸收合并A公司时，会怎样？

(6)A公司的原告即股东X向A公司的董事Y提起代表诉讼之后，在诉讼过程中，A公司以交换股份的方式成为控股公司B的100%子公司，X成为B的股东时，会怎样？若按照以不允许二重代表诉讼为宗旨的【判例49】的观点，会出现什么结果？

NOTE 《日本公司法》明文规定,代表诉讼的原告股东成为 100% 母公司股东(或 100% 母公司的 100% 母公司)时,不丧失原告资格(《日本公司法》第 851 条第 1 款第 1 项),即使因合并导致原告股东的公司消灭,原告股东成为存续公司(或其 100% 母公司)、新设公司的股东时,也不丧失原告资格(《日本公司法》第 851 条第 1 款第 1 项)。

Q3 上市公司为了提起代表诉讼,需要持有股份 6 个月以上。此时以继承等一揽子承受的方式获取股份的股东之股份持有期间应怎样计算?

Q4 《韩国商法》第 403 条规定了"追究董事责任之诉"。我们思考一下股东可通过代表诉讼追究责任的董事的意义及追究责任的范围。

(1)因担任董事之前作出的行为发生的债务,可以向该在职的董事提起代表诉讼吗?与董事的资格无关的行为,对该行为可以提起代表诉讼吗?

(2)对于担任董事期间作出的行为,可以在该董事退休后提起代表诉讼吗?若董事在诉讼期间退休会怎样?

(3)董事在提起代表诉讼之前死亡的,可以将其继承人作为被告吗?

(4)董事因与董事的业务执行不相关的事由(如交易)对公司负有债务时,股东也可以提起代表诉讼吗?

NOTE 日本最高裁判所有一个有关通过代表诉讼追究责任范围的判决。[1]该案件是一个因公司取得的不动产登记为董事的名义,股东为了恢复为公司的名义而提起代表诉讼的案件。原告将基于公司所有权的登记名义恢复为目的的所有权转移登记程序作为主诉讼请求,并主张公司与董事曾签订名义借用合同,但该借用合同已终止,因此将登记名义恢复为目的的所有权转移登记程序作为预备诉讼请求。原审认为两个请求都是与董事的地位无关的诉讼请求,从而驳回了原告的诉讼请求。但上诉审认为代表诉讼的对象也包含公司与董事交易上责任的追究,从而发回重审,要求原审法院对预备诉讼请求重新认定;对于主诉讼请求,因其既不是关于董事地位的请求,也不是关于交易上责任的请求,因此驳回了主诉讼请求。

【参考判例】

大法院 2017.3.23. 宣告 2015Da248342 全员合议体判决

以前的大法院判例中认为,使用他人名义缴纳股款的,不是在股东名册上的股东而是名义借用人也可以提起代表诉讼(大法院 2011.5.26. 宣告 2019Da2252 判决)。但是全员合议体判决认为,只有股东名册上的股东才是合格的原告。

"在股东名册上合法记载为股东的人,在对公司的关系中,可以行使与股票有关的表决权等权利。公司不管知道或不知道存在股东名册上的股东之外的股票收购或转让人,不能否认股东名册上的股东行使股东权,没有完成股东名册记载的,不能认可其行使股东权。没有完成股东名册记载,在对公司关系中仍能行使股东权的情况限于,认定股东名册上的记载或更名被不当延期或遭拒绝等极其例外的情况。……与此不同……借用他人的名义收购公司的股票缴纳股款的,即使使用他人名义完成了股东登记,只有实

〔1〕 最高裁 2009.3.10.《金融法务事情》2009 年 7 月 No.1873,第 63 页。

质的股东，即名义借用人才是在对公司的关系中可以行使股东权的股东……包括大法院2011.5.26. 宣告2010Da22552判决等与上述判决相关，具有相同意义的判决，在排斥本判决见解的范围内全部作出变更。”

（二）代表诉讼起诉要件

QUESTIONS & NOTES

Q1 《韩国商法》第403条规定，少数股东提起代表诉讼之前，应通过记载理由的书面申请向公司提出提起追究董事责任之诉的请求，公司在接收该请求之日起30日内不提起诉讼时，少数股东可立即为了公司提起诉讼（《韩国商法》第403条第1款至第3款）。【判例47】中少数股东自本案起诉之日1997年6月3日的2个月前已多次口头请求公司向被告们提起诉讼，于1997年6月2日书面提出起诉请求，对此一审法院认为因起诉后经过30日后都没有表明起诉意思表示，不遵守期间的瑕疵已消失。此时认定原告们的起诉程序未具备要件而不合法，会发生什么问题？

Q2 （1）股东起诉请求中代表公司的人是谁？

（2）监事在收到起诉请求后也不起诉时，属于对公司的业务懈怠吗？

Q3 有关防止代表诉讼滥诉的要件，请思考下列问题。

（1）韩国将代表诉讼起诉权规定为少数股东的权利。对于起诉股东作出限制是为了防止滥诉的情况发生。可以认为少数股东权的滥诉可能性比单独股东权低吗？

（2）对于上市公司规定6个月的持有要件是为了防止滥诉的情况发生，也是为了抑制以起诉为目的持有股份的情况。这种解释及立法态度妥当吗？

Q4 公司接收股东的起诉请求后提起追究董事损害赔偿责任的诉讼[1]或股东提起代表诉讼时，公司或股东不得在未取得法院许可的情况下和解（《韩国商法》第403条第6款）。公司未接收股东起诉请求向董事提起损害赔偿请求之诉时，不需要法院的许可吗？此时，即使存在法院的许可，但未按照第400条第1款取得全体股东的同意时，减免董事责任的和解是不可能的吗？

【参考判例】

大法院2010.4.15. 宣告2009Da98058判决（损害赔偿）

“按照《韩国商法》第403条第1款、第2款、第4款……因公司自收到请求提起追究董事损害赔偿责任之诉之日起30日内不起诉或上述期间已过从而可能对公司产生不可恢复的损害时……股东可立即为公司提起诉讼，该规定是考虑到股东的代表诉讼是基于公司享有的权利行使的，是为了防止股东滥诉而作出的有关起诉要件的规定。因此，即使不存在对公司产生不可恢复的损害的可能性，也没有向公司请求提起追究董事责任之诉……若股东立即为公司起诉，该诉讼是不合法的，应予以驳回。此处所指的产生不

〔1〕 2011年修订之前的《韩国商法》规定，在股东提起代表诉讼时，股东不得在未取得法院许可的情况下进行和解，但公司直接向董事提起请求损害赔偿的诉讼时，考虑到监事与董事之间存在串通的可能性，修订为只有在取得法院许可的情况下才可以进行和解（同法第403条第6款）。

可恢复的损害的可能性是指，存在对董事的损害赔偿请求权的时效已过或董事逃避或处分财产等不可能追究董事责任或追究董事责任无益的可能性的情形等。”

二、代表诉讼的程序

（一）公司的参加

QUESTIONS & NOTES

Q1 《韩国商法》第404条第1款认可了公司的参加，那么公司是加入到当事人中的哪一方面的当事人呢？

Q2 （1）【判例47】中因原告股东在上诉审中丧失当事人资格，第一银行参加了诉讼，但被告主张起初原告股东们提起的诉讼由于丧失当事人资格而不合法，因此第一银行参加诉讼是不合法的。但是上诉审中被告的主张都没有得到支持。法院的法理论据是什么？

（2）代表诉讼将公司参加的性质视为“共同诉讼性辅助参加”与“共同诉讼参加”，有何区别？

（3）代表诉讼为什么认可公司的参加？

（4）股东提起代表诉讼时，公司可以不参加该诉讼而另行提起诉讼吗？

Q3 向董事提起的诉讼中，应由监事代表公司（《韩国商法》第394条第1款）。但是【判例47】向前任董事提起的代表诉讼中，公司参加了诉讼且法定代表人代表公司。该诉讼中能够由法定代表人而非监事代表公司的原因是什么？

Q4 公司可以在代表诉讼中给被告董事支援诉讼费用或补偿损害赔偿责任额吗？

【参考判例】

大法院2008.6.26.宣告2007Do9679判决（违反商法、业务上贪污）（法人是否承担律师费用）

“法人的代表人个人成为当事人的民、刑事案件，律师费用原则上不得用法人的费用支出；但也有一些例外情况，纠纷的实质利害关系归属于法人但因法定事由身处代表人地位的个人成为诉讼及其他法律程序的当事人，或作为代表人为法人合法履行的职务行为或身处代表人地位义务性作出的行为等，就上述行为发生纠纷时，对于该法律纠纷与法人有很大业务上的关联性，且根据当时的情况有特殊必要为法人的利益进行诉讼或应对起诉的情形，可以用法人的费用支出律师费用（参考大法院2006.10.26.宣告2004Do6280判决等）；相反，若法人本身成为诉讼当事人时其诉讼的进行应视为法人的业务执行，因此其律师费用应以法人的费用支出；但若存在特殊情形，可视诉讼中法人只是形式上的诉讼当事人，另存在实际当事人，法人就其诉讼结果不存在利害关系时，其诉讼的进行不得视为法人的业务执行，因此不得用法人费用支出该律师费用。”

（二）股东的担保提供

QUESTIONS & NOTES

NOTE 防止代表诉讼滥诉的措施：通常来说，代表诉讼被认可是为了保护公司（及全体股东）的利益，代表诉讼是保护公司利益之必要不可缺的手段。由于存在代表诉讼违反公司利益的情形，因此商法对防止滥诉作出了多种规定。董事通过阐明起诉股东的“恶意”向法院提出请求时，法院命令股东提供相应担保的规定(《韩国商法》第403条第7款，第176条第3款、第4款)也属于上述规定之一。要求提供担保会降低股东的起诉动机，因此将何种情况视为“恶意”是很重要的问题。

Q1 要求起诉股东提供担保时，是为了担保什么？提供担保的金额是以什么标准决定的？

Q2 被告董事应阐明的起诉股东的恶意是指什么？

Q3 向董事提起的代表诉讼会因股东的权利滥用而被驳回起诉吗？

NOTE 下列各个例子中代表诉讼的提起与公司的利益相冲突吗？

(1)董事的行为合法却起诉或无正当理由起诉时。

(2)董事作出提供政治资金或违反反垄断法等违法行为，但从经济观点上看对公司没有实质性损害时。

(3)董事的行为违法且对公司也造成了损害，但提起代表诉讼反而不利于公司的客观利益时(因提起代表诉讼从而董事的违法行为被揭露最终导致公司形象毁损的情形)。

(三)撤销诉讼、放弃诉讼请求、和解、减少请求宗旨及代表诉讼中的股东权限

QUESTIONS & NOTES

Q1 【判例47】中第一银行作为上诉审共同诉讼参加人将共同诉讼参加额从400亿韩元减少为10亿韩元，且按照减少的参加宗旨追加缴纳了603万2500韩元的印花额。

(1)上述请求金额的减少妥当吗？即使第一审作出赔偿400亿韩元的判决，但上诉审中将请求宗旨减少为10亿韩元的行为，属于法定代表人违反忠实义务及合理注意义务的行为吗？

(2)即使上诉审中减少请求宗旨，但仍追加缴纳印花额的理由是什么？

Q2 (1)按照《韩国商法》第403条第6款规定，代表诉讼的当事人[1]未取得法院许可不得撤销代表诉讼、放弃诉讼请求、承认、和解，其理由是什么？

(2)股东基于同一事实关系就追究多个董事们的损害赔偿责任提起代表诉讼时，可以分别设定不同的请求金额吗？

NOTE 法院因原告股东的不当诉讼行为作出损害公司权利的判决时，公司或股东可以就生效的终局判决提出再审请求(《韩国商法》第406条)。

【参考判例】

大法院2009.6.25.Za2008Ma1930决定(新世界)[2]

被告就诉讼费用申请提供担保时，为计算担保额需先计算诉讼标的物的价格，此时诉讼标的物的价格不是被告在代表诉讼中全部败诉时产生实际支付义务的损害赔偿额，

〔1〕 按照2011年修订的《韩国商法》，公司接受股东的起诉请求后提起追究损害赔偿责任之诉时，公司也适用本条规定(《韩国商法》第403条第6款)。

〔2〕 该案件的本案诉讼——代表诉讼案件请参考【判例38】大法院2013.9.12.宣告2011Da57869判决(新世界代表诉讼)。

而是印花规则项下代表诉讼的诉价(5100 万韩元)。[1]计算诉讼费用担保金额时,其本案诉讼上诉审诉讼标的的价格不是再抗告人(代表诉讼的被告)们在本案诉讼中全部败诉时产生实际支付义务的金额(189.5 亿韩元),而是印花规则项下代表诉讼的诉价(5100 万韩元),原审以上述判例为前提,以相同的方法计算后,就该案诉讼费用提供担保的申请在判决金额的范围内支持的原审决定是正确的。

三、股东的费用请求权与败诉时的损害赔偿责任

(一)费用请求权

【判例 48】- 律师报酬的计算标准(首尔中央法院)三星电子诉讼费用返还

首尔中央地方法院 2008.6.20. 宣告 2007Ga 合 43745 判决

该案是在三星电子股东代表诉讼(2003Da69638 判决)[2]中胜诉的少数股东(12 名)向三星电子提起的诉讼费用返还请求之诉,上诉审为首尔高等法院 2008Na66469 号,但 2009 年 12 月 16 日被强制调解(译者注:根据《韩国民事调解法》第 30、34 条之规定,强制调解是指法庭依职权决定原被告之间的和解条件,原被告双方在 14 日内未提出异议的该调解产生与判决相同的效力。对调解条件提出异议的,恢复审判程序)。

事实关系

参与连带经济民主化委员会(以下简称参与连带)为了向股权上市法人——被告公司的董事们提起代表诉讼,向当时不特定多数的被告公司股东们告知诉讼的宗旨等,招募了希望成为原告的股东,最终由包括本案 12 名原告们在内的共 22 名股东参与,从而具备了商法对少数股东提起股东代表之诉所需的要件。22 名股东们选任案外人 1 律师所在的"法务法人市民(译者注:律所名称)"作为诉讼代理人,1998 年 10 月 20 日以水原地方法院 98Ga 合 22553 号向被告公司的董事们提起了股东代表诉讼(以下简称本案代表诉讼)。

法务法人市民在没有收到预付代理费的情况下受托了本案代表诉讼,且自己承担了诉讼实际费用。但在本案代表诉讼进行的过程中,案外人 1 律师向当时辅佐诉讼实务的参与连带的职员们要求代理自己所在的"法务法人市民"与代表诉讼的原告股东们签订成功报酬合同,对此,上述职员们与股东签订了"本案代表诉讼的原告股东们应向案外人 1 律师所在的'法务法人市民'支付律师费用,其金额为将来胜诉金额的 5%,支付方式为以代表诉讼胜诉后原告股东们就被告公司的诉讼费用偿还请求受领的金额支付"为

〔1〕《韩国大法院规则》第 2541 号,按照 2014 年 7 月 1 日的修订案,代表诉讼的诉价变更为 1 亿韩元,印花额也增加到 45 万 5 千韩元,参见《韩国民事诉讼等印花法》第 2 条第 4 款、《韩国大法院民事诉讼等印花规则》第 15 条第 1 款、第 2 款、第 18 条之 2 但书规定。

〔2〕即大法院 2005.10.28. 宣告 2003Da69638 判决。参考本章【判例 31】。

宗旨的有关律师费用的口头协议(以下简称本案律师费用合同)。按照本案代表诉讼的生效判决,本案被告公司从本案代表诉讼的被告董事们受领了约240亿余韩元的损害赔偿额。

另外,案外人1律师自本案代表诉讼一审起至大法院判决案件终结为止,作为所属法务法人的组成人员,为原告股东们实际进行了辩论,最终经营私人律师事务所后,向代表诉讼的原告股东们请求律师费用的请求权也最终归属于案外人1律师。

案外人1律师于2005年11月份本案代表诉讼生效后,对本案原告们及案外人2(上述代表诉讼的原告)要求,向被告公司提出诉讼费用偿还请求后若收到上述约定的律师费用,则以转达给自己的方式支付,2006年8月18日原告们及案外人2签订了将本案代表诉讼的生效判决本息的5%作为律师费用支付的合同。

约定本案律师费用的当事人即原告们,于2006年12月11日向被告公司请求待本案代表诉讼胜诉判决生效后就上述律师费用(12亿余韩元:相当于胜诉金额的5%)偿还诉讼费用。

法院的判断

1. 有关是否支持本案律师费用请求权的判断

股东代表诉讼不是追求股东个人利益的诉讼,而是以公司利益为目的的诉讼,通过胜诉取得的利益也是一次性地归属于公司,因此让股东承担除按照民事诉讼法可以得到偿还的部分之外的诉讼相关费用是违反公平原则的行为。甚至按照《韩国民事诉讼法》第89条让败诉方董事们承担的诉讼费用并非股东们为进行诉讼支出的全部费用,而是按照印花额等民事诉讼费用法认可的限定范围内的金额及按照律师费用中诉讼费用计算的相关规则认可的一定金额。考虑到上述问题,《韩国商法》第405条第1款作出规定,“提起股东代表诉讼的股东胜诉时,其股东可以向公司请求诉讼费用及其他因诉讼支出的相应费用”,《韩国证券交易法》第191条之13第6款在促进股东代表诉讼的层面上作出规定,“提起股东代表诉讼后胜诉时,可向公司请求诉讼费用及其他因诉讼支出的所有费用”,上述规定为股东在股东代表诉讼中胜诉时使公司承担包括律师费用在内的股东的诉讼相关费用提供了法律依据。

提起股东代表诉讼的股东可向公司请求的诉讼相关费用包含各种必要经费,但其中最重要的是律师费用。律师费用在股东代表诉讼中股东承担的费用中占最大的部分,因此若作出律师费用不包含于诉讼相关费用的解释,将会抹杀使公司承担诉讼相关费用的宗旨。因此在解释《韩国证券交易法》第191条之13第6款“诉讼费及其他诉讼相关的所有费用”这一表述时,就原告股东应得到的金额应尽量支持更多的金额以确保原告股东不遭受经济损失,因此,股东提起代表诉讼时,原则上应认定股东可以向公司请求与律师约定的律师费用及其他所有必要费用。

这与下述问题也有很大的关联性，按照韩国商法与证券交易法的解释，与代表诉讼的律师约定费用的股东在胜诉判决生效后，即使不直接向律师支付费用是否也可以向公司提前提出诉讼费用偿还请求从而获得该费用；结合上述问题及，①在律师费用中除受托当时收到的委托费用之外，若约定了成功报酬，即使股东取得胜诉判决，一般都不具有立即支付成功报酬的资金能力，通常的律师费用合同规定，股东通过行使费用偿还请求权使公司支付后再向律师支付，否定该约定的效力将导致抹杀以促进股东代表诉讼为目的的《韩国商法》第403条第1款及《韩国证券交易法》第191条之13第6款规定的宗旨的结果；②被称为股东代表诉讼制度的先进国的美国与日本也会按照判例或成文法律规定，认定胜诉的股东代表诉讼中的股东可以在支付律师费用之前提前向公司请求相当于律师费用金额的诉讼费用；③若将股东对公司享有的诉讼费用请求权的法律性质视为基于实务管理的有益费用偿还请求权，则股东承担公司必要或有益债务时，有权请求公司代替自己支付该费用(《韩国民法》第739条第2款)；④《韩国商法》第403条第1款规定，“除此之外因诉讼支出的费用”，《韩国证券交易法》第191条之13第6款规定“其他因诉讼支出的所有费用”，律师费用之诉讼费用计算相关的规则中计入诉讼费用的律师费用不仅包含当事人按照费用合同支付的费用，还包括“将要支付”的费用范围内的一定金额；⑤对于股东与律师之间约定过多的费用后请求公司偿还的危险性，《韩国证券交易法》第191条之13第6款也像《韩国商法》第403条第1款将律师费用的偿还数额按照诚实信用原则或衡平原则限定为“一定的金额”，从而可充分防止危险性，结合上述多个因素，股东代表诉讼的诉讼费用中，至少就律师费用，胜诉股东实际支付该费用之前可向公司请求以诉讼费用偿还该费用。

2. 有关应以诉讼费用偿还的律师费用的判断

股东代表诉讼中可向公司请求的律师费用的一定金额是指以约定的费用为标准，在个别、具体的诉讼中就其请求额、当事人数量、案件难易度、程序的复杂性程度(辩论的次数、提交的诉讼资料内容、证据调查的内容、导致案件终止的经过与期间等)、起诉之前采取的措施、因诉讼结果公司获取的利益等所有情形进行综合考虑后，应从该费用是否与律师履行诉讼的代价相符的观点出发作出客观的判断。

本案代表诉讼是一个因其请求金额达到了约3495亿韩元从而受到世间瞩目的大型诉讼案件，判决生效前，经过约7年的时间在一审法院进行了18次辩论、在二审法院进行了9次准备辩论或辩论，该诉讼是韩国引进股东代表诉讼之后提起的第二次诉讼，虽然认定该案件是一个因被告公司董事们的不当内部交易行为、出资行为等给公司造成损害，由股东提起的复杂的诉讼，但考虑到案外人1律师向本案代表诉讼提交的证据大部分并非原告们及案外人1律师新制作的材料，而是原先在被告公司的业务处理过程中制作的对被告公司的财务报表的审计报告、事业报告及审计报告、董事会会议录、被告公司董事们的刑事判决记录、各种新闻报道、研究被告公司的论文等，本案代表诉讼最终胜诉判决得到支持的金额约为 240 亿韩元，都达不到请求金额的 1/10；以及按照选任本案代表诉讼时有效的首尔地方律师协会律师费用相关的规则，将成功报酬标准规定为按照每一审级其案件获得的经济利益价额超过 5 亿韩元时，是其价额的 1%。因此本案律师费用合同中约定的成功报酬约 12 余亿韩元中相当于全部胜诉金额的约 3% 的金额，即 7.2 亿韩元方为成功报酬金额，超过该金额的部分在与公司的关系中因违反诚实信用原则或衡平原将被视为无效。

QUESTIONS & NOTES

Q1 (1)本案中律师成功报酬合同的当事人是谁？

(2)【判例 48】中公司并非律师费用合同的当事人，但认可了其费用偿还义务。判例中其根据是什么？

(3)按照【判例 48】，本案律师费用合同对未签订合同的代表诉讼中的其他原告股东也具有效力吗？

Q2 按照【判例 48】胜诉股东按照旧《韩国证券交易法》第 191 条之 13 第 6 款可从公司获得偿还的“诉讼费用及其他因诉讼支出的所有费用”与按照《韩国商法》第 405 条第 1 款可获得偿还的“因诉讼支出的费用中一定的金额”的范围，有实质性差异吗？

Q3 与规定可获得对“诉讼费用及其他因诉讼支出的所有费用”偿还的旧《韩国证券交易法》不同，《韩国商法》第 405 条第 1 款规定可对“因诉讼支出的费用中一定的金额”获得偿还，按照《韩国商法》第 405 条第 1 款规定，认定代表诉讼中胜诉的股东在支付律师费用之前可向公司请求偿还合理吗？

Q4 考虑韩国提起代表诉讼的案件不多的情况，【判例 48】中将约定的律师费用限定为一定金额有何意义？

Q5 股东在代表诉讼中胜诉时，律师可以直接向公司请求自己的律师费用吗？

（二）败诉股东的损害赔偿责任

QUESTIONS & NOTES

Q1 败诉股东存在恶意时，应对公司承担损害赔偿责任(《韩国商法》第 405 条第 2 款)。股东的恶意是指什么？

Q2 败诉股东的不当起诉会形成对董事的违法行为吗？

【参考判例】

大法院 2014.2.19.2013Ma2316 决定

像股东代表诉讼的股东等为他人成为原告的人，其受到的生效判决的执行力对生效判决当事人——成为原告的人与其他人都具有效力，因此股东代表诉讼中的股东可以成为执行债权人。

四、原告适格的特殊问题：二重代表诉讼

某一公司持有另一公司的全部或大部分股份，在两者之间具有母子公司的控股从属关系时，若从属公司因董事等的不当行为遭受损害，控股公司的股东为从属公司的利益向从属公司的董事等直接提起代表诉讼时，该代表诉讼被称为二重代表诉讼。《韩国商法》第405条将可提起代表诉讼的人限定为“持有相当于发行股份总数的1/100以上的股东”，对其“股东”的含义是否包含控股公司股东的问题存在争议，因此对于二重代表诉讼是否被允许的问题也存在争议。

【判例49】- 二重代表诉讼中原告股东的定义（大法院）

大法院 2004.9.23. 宣告 2003Da49221 判决

事实关系

原告X为持有29.24%H公司发行股份的股东。H公司是以盐田开发为目的设立的法人，原告起诉时H公司是持有80.55%经营不动产租赁业的案外公司S公司的母公司。被告Y曾担任S公司的法定代表人，被告担任S公司法定代表人期间曾以制作虚假买卖合同或租赁合同的方式贪污了租赁保证金及租赁费5亿7千余万韩元而未汇款给S公司。被告Y担任S公司法定代表人期间还同时兼任H公司董事或法定代表人的职务。起初X就包含Y在内的H公司董事们的违反义务行为提起了一般的代表诉讼。但一审（首尔地方法院 2002.1.31. 宣告 98Ga合112403 判决）判决中X败诉。对此X提起了上诉，并作为控股公司H公司的股东，增加了向从属公司S公司法定代表人Y提起因贪污行为给S公司造成的损害请求赔偿的二重代表诉讼。

法院的判断

【原审：首尔高等法院 2003.8.22. 宣告 2002Na13746 判决】以下述理由认定原告股东的含义包含控股公司的股东，从而支持了X对Y的请求。

“仅根据向控股公司董事会提起的起诉请求或向控股公司董事提起的代表诉讼①难以评价因从属公司董事的不当行为给控股公司造成的间接损害金额；②多个公司分别持有从属公司的股权时，有可能导致各控股公司都提起代表诉讼的结果；③若不允许二重代表诉讼则难以克服发生掌握控股公司及从属公司经营权的管理层，通过从属公司行使不当行为从而用于回避责任的方法等副作用。相反，从属公司的管理层或股东们有可能因各种理由无法纠正董事们对从属公司做出的不当行为，此时可通过二重代表诉讼抑制从属公司董事们的不当行为，由于从属公司的损害最终归属于控股公司股东的损害，因此可以通过二重代表诉讼恢复从属公司的损害，从而间接减轻控股公司及控股公司股东的损害。”

【大法院】发回重审。“……控股公司与从属公司在商法上属于具有独立法人格的公司，代表诉讼的起诉资格限定于被追究责任的董事所属的公司的股东，控股公司的股东并不是从属公司的股东，因此控股公司的股东不得按照《韩国商法》第403条、第415条向从属公司的董事等提起追究其责任的所谓的二重代表诉讼，因此原告作为H公司股东向案外公司S公司的法定代表人Y追究责任的该诉是缺乏原告资格的诉讼”。

QUESTIONS & NOTES

Q1 【判例49】否定提起二重代表诉讼的依据是什么？

Q2 本案中H公司可以基于《韩国商法》第401条及第403条向Y提出损害赔偿请求吗？

Q3 (1)本案中H公司的股东X可以采取的措施有哪些？

(2)H公司的其他董事为向Y提起代表诉讼的行为，属于对H公司的义务违反行为吗？

(3)以H公司的董事对子公司S公司的法定代表人Y未尽到监督义务为由，向H公司的董事请求损害赔偿可以吗？

Q4 结合韩国越来越多的公司结构转换为控股公司结构的现状，请评价【判例49】的结论。

参考资料　[韩]宋沃烈:《现行商法是否允许二重代表诉讼》，载《民事判例研究》2006年2月第28卷，第528页。

NOTE 代表诉讼与证券相关集体诉讼(class action)：与代表诉讼相区别的诉讼有证券相关集体诉讼。证券相关集体诉讼是指因买卖证券等给多数投资者造成损害时，多数投资者之一或多人作为当事人代表进行的损害赔偿请求诉讼(《韩国证券相关集体诉讼法》第2条第1款)。遭受损失的投资者集体中一部分人获得法院的许可成为代表当事人，并为全部集体成员的利益进行诉讼时，除非作出除外申报，其判决(或和解)效力及于未直接参加诉讼的其他集体成员。证券相关集体诉讼是一个多数小额投资者在不进行个别诉讼程序的情况下其权利也可以得到救济的纠纷解决机制。

NOTE 代表诉讼是一个公司因董事的业务懈怠行为遭受损害之后方可采取的责任追究手段，属于事后救济措施。为防止公司不因董事的行为遭受损害可采取的事前预防措施为违法行为留止请求权(《韩国商法》第402条、第542条之6第5款)。违法行为留止请求权是指公司可能因董事违反法令或章程的行为遭受不可恢复的损害时，监事(或监视委员会)或持有1%以上股权的少数股东(上市公司的要求为持有0.05%或0.025%以上的少数股东)为了公司的利益向董事请求留止其行为的权利。

第五章
CHAPTER 5

监事机构：监事、监事委员会

在公司法体系中，“监督”被理解为监事机构的权限，但在公司类型中仅有股份有限公司将监事规定为独立机构。各股东直接承担无限责任之情形下，由股东自行经营，对外承担公司债务，因此可由股东自行控制公司。但是，由于资本的集中与技术革新必将产生所有与经营相分离的大型股份有限公司，事实上无法期待各股东的经营控制权，需要将该功能委托给其他机构，以保证经营控制权能起到作用。从该观点上可以理解小规模股份有限公司与有限责任公司，将监事作为章程上的任意机构，而大型股份有限公司将监事作为法定机构的理由。

第五章将讨论对大型股份有限公司行使监督职能的监事、监事委员会的相关公司法问题。但是，在讨论监事机构的义务与责任相关主要问题前，在第一节概论部分概括讨论公司法上监事制度的意义，为确保监督职能的实效性通过修改商法尝试的监事制度的变化趋势、监事与外部审计的关系及各国的监事体系之后，再从公司法角度探讨监事、监事委员会的相关问题。

第一节　概　论

一、监事制度的意义：董事会监督、股东的监督、监事及监事委员会的监督

公司作为营利社团法人其本身就是法律主体，但因其性质只能通过自然人作出行为。但是所有与经营必然会产生分离的股份有限公司，因所谓的代理人问题可能会损害出资人利益。因此，需要设置从经营者滥用行为保护出资人利益的安全装置。如果将监督分为事前监督与事后监督，从保护出资人利益角度则需要事前监督职能。另外，出资人作为经营者控制公司的，反而需要保护债权人利益。在此情形下，需保证对公司财产

状态的正确公示。从该观点上尤其需要外部审计。

就股份有限公司的事前监督，由谁“监督”最为合适，可考虑以下几种方案：①向董事会赋予经营监督职能；②由股东直接监督；③公司实际所有人股东通过股东大会选任的监事机构进行监督。[1]作为董事会成员的董事或股东，虽均有对董事执行职务的监督权，但是董事与法定代表人关系密切，特别是股份分散的股份有限公司，从能力与费用方面由股东进行监督并不妥当，且效果也不甚理想，因此监事机构为最佳选择。

二、监事制度的变化

为了加强监事职能，韩国多次修改了商法，1997 年金融危机后，为了改善监事的独立性、实效性等问题，自 1999 年 1 月引进监事委员会制度以来，根据公司规模与上市与否，分别规定了是否需要设立监事机构及监事机构的内容。如 2009 年通过修改商法，免除了资本金不足 10 亿韩元的小规模股份有限公司设立监事的义务，[2]而其他公司原则上须设立监事机构。其中资本金超出 1000 亿韩元的上市公司可从常勤监事或监事委员会中选择，资本金超出 2 兆韩元的大型上市公司则须设立监事委员会(《韩国商法》第 542 条之 11 第 1 款、《韩国商法施行令》第 37 条第 1 款)。

作为监事机构的监督，是由公司最高决策机构的股东大会向监事单独赋予对董事执行职务的监督权及对公司财务的检查权；而监事委员会是由经股东大会选举的董事组成，若为上市公司，则由股东大会选举；若为非上市公司，则由董事会选举。监事委员会与监事的最大的区别在于监督权属于监事委员会，而非个别监事。

三、内部检查与外部审计的关系

符合股份有限公司外部审计相关法律要件的公司，须任命外部审计人。从会计学角度将其称为“外部审计”，以区别于监事、监事委员会的内部检查。但是从地位上看，外部审计作为监事机构，独立于董事会、法定代表人。[3]外部审计人的法定权限为财务检查，与监事、监事委员会的权限竞合。在公司法上监事、监事委员会独立于外部审计，拥有财务检查权和固有的责任，但是以与会计专家的外部审计人合作为前提。[4]

---

〔1〕 监督机构的种类与韩国监事制度的特殊性请参考[韩]金建植：《从法律角度考察的监事委员会》，载首尔大学金融法研究中心 *BFL* 2005 年 9 月第 13 号，第 35 页。

〔2〕 资本金不足 10 亿韩元的公司可设一名或两名董事(《韩国商法》第 383 条第 1 款但书)，可不设监事(《韩国商法》第 409 条第 4 款)。

〔3〕 就此，学术界存在应将外部审计视为公司机构的观点与外部审计为监事之辅助机构的观点。

〔4〕《韩国股份公司外部审计法》规定公司选举审计人时，由监事或监事选举委员会书面制定审计人的报酬和审计时间、审计所需的人力等事项。不设置监事委员会的上市法人、大型非上市公司和金融公司的审计人，需取得监事选举委员会的批准(《韩国股份公司外部审计法》第 10 条第 5 款)。该法于 2017 年 10 月 31 日全面修改。

四、各国的监事制度

从比较法的观点来看，经营监督机构与财务检查机构为不同机构，通常情形下后者需要委托具有一定资质的财务专家。就是否向监事机构同时赋予经营监督权与财务检查权，是需要从监督的实效性层面作出决定的政策性事项。从该观点上英美的监事委员会制度不同于韩国的监事、监事委员会。大型股份有限公司，为了发挥对企业复杂多样化活动的监督职能，须充实监事人力。充实监事人力的方案包括：①设立一名以上监事；②设立监事会合议体机构；③常勤监事制度等。各国的监事制度［英美：监事委员会 v. 日本：（监事、监事会、〔1〕监事委员会）v. 德国（监事会）v. 韩国（根据公司规模分为监事、常勤监事、监事委员会）］为是否向一个机构同时赋予经营监督权与财务检查权及充实监事人力相关立法政策的产物。

QUESTIONS & NOTES

NOTE 免除小规模股份有限公司设立监事义务的理由与背景：2009 年通过修改《韩国商法》，免除了小规模公司（资本金不足 10 亿韩元的公司，同法第 383 条第 1 款但书）的设立监事义务（同法第 409 条第 4 款）。一方面是为减轻企业的负担，另一方面主要是考虑小规模公司大多数是由出资人直接经营，可由股东控制公司。该观点也反映到了商法的其他规定中，如无须设立监事的公司，对董事职务执行的监督与要求董事报告业绩及对公司业务与财产进行调查为股东大会的权限（同法第 409 条第 6 款、第 412 条、第 412 条之 2、第 412 条之 5 第 1 款及第 2 款）。但是，在此情形下为保护公司债权人需要设置能够保证正确公示的装置。

Q1 现行商法上可否设立监事、监事委员会外的监事会？

第二节　监　事

一、选举及罢免

以下将重点探讨监事选举、罢免相关常见问题，包括：①就监事选举、罢免，为确保监事的独立性，排除控股股东的影响力限制控股股东的表决权；②监事选举的生效要件；③监事资格。

（一）选举监事时的表决权限制

《韩国商法》规定通过股东大会普通决议选举监事（《韩国商法》第 409 条第 1 款、第

〔1〕 德国监事会与日本监事会均为合议庭体构、监事并非为公司机构，监事仅为监事会的成员。但是德国的监事会拥有选举、罢免董事的权限，而日本监事会则无相关权限。

2 款)。但是为有效监督董事的职务执行行为，需要保障监事的地位及业务独立性，特别是需要设置排除控股股东影响力的装置。为此，商法规定股东持有表决权 3% 以上股份的，就超出 3% 的股份不得行使表决权(《韩国商法》第 409 条第 2 款)。选举监事(监事委员会)时，将大股东的表决权限制在 3% 的目的在于防止大股东的专横。〔1〕因此，选举监事为小股东可行使的最为重要的权限，在实践中具有非常重要的意义。〔2〕

【判例 50】- 选任监事的表决权限制(首尔中央地方法院)

首尔中央地方法院 2008.4.28.Za 2008Ka 合 1306 决定

争议焦点

作为选举监事时的表决权限制规定，旧《韩国证券交易法施行令》第 84 条之 18〔3〕之"委托表决权人"的含义及委托表决权是否包括劝诱代理行使表决权，从而导致代理行使该股东作出的意思表示之情形?

事实关系

本案是在经营权纠纷之情形下，申请人以贪污罪控告了被申请人公司的法定代表人，同时为罢免法定代表人职务提议召开临时股东大会，并向法院申请停止执行董事职务之保全后，在被申请人召集的股东大会上作出监事任命决议时，就将表决权委托给被申请人的股东所持有的股份，要求禁止表决权的案件。被申请人为最大股东的特殊关系人。

法院的判断

《韩国证券交易法》第 191 条之 11 及《韩国证券交易法施行令》第 84 条之 18 规定，监事选举时，就将表决权委托给最大股东或其特殊关系人之股东持有的股份与最大股东和其特殊关系人持有的股份一并计算，若他们持有的股份超出总股份的 3% 的，就超出部分禁止行使表决权。其目的在于使上市公司选举监事时最大限度降低最大股东的影响力，最大限度反映小股东的意见，提高上市公司的经营透明度。相关规定项下"委托表决权的人"应为受最大股东影响力下的股东，为使最大股东按照其意思行使表决权而将自己的表决权全权委托给最大股东之情形。依据《韩国证券交易法》第 199 条及《韩

---

〔1〕 对此，也有这种规定是韩国独有特色的批评。代表性论述见[韩]上市公司监事会:《企业环境改善规则修改意见书》，载《上市公司监事会报》，2008 年 3 月第 99 号。

〔2〕 此外，担任监事委员会委员的董事与其他董事分开选出，选任时大股东和其特殊关系人等的表决权限制为 3%，即"监事委员分离选举"方案。商法改正案在 2013 年 7 月 17 日做立法预告时，对此作出了明示(韩国法务部:《商法部分改正法律案立法预告》，2013 年 7 月)。这在监事委员会委员选任阶段就确保了他的独立性。现在在被选任的监事委员会委员的董事中，虽然限制大股东表决权为 3%，但是这一规定带来了与表决权限制无关，监事委员会的委员从已经被选任为的董事的人中选出的结果，在大股东的影响力下限制表决权的效果不大。

〔3〕 《韩国证券交易法》于 2009 年 2 月被废止。此后根据修改后的《韩国商法》制定的《韩国商法施行令》第 38 条第 1 款第 2 项作出了相同规定(监事等的任免表决权限制)。《韩国商法施行令》第 38 条第 1 款第 2 项:向最大股东或特殊关系人委托表决权(包括指示行使表决权的权限)的人(仅限于委托之股份)。

国证券交易法施行令》第 85 条规定之程序，因股东劝诱代理行使表决权，使被申请人代理行使该股东作出的意思表示之情形不属于“委托表决权的人”。

QUESTIONS & NOTES

Q1 根据是否为上市公司及公司规模，分别规定选举监事或监事委员相关表决权基准是否合理？

Q2 判断是否超出 3% 时，是否仅计算一人持有的股份？即股东受其他股东委托行使表决权的股份是否也是该股东的股份？

Q3 公司章程规定“选举监事时，行使表决权的股东本人、股东的特殊关系人、持有由股东本人或其特殊关系人认购之股份的人、委托本人等行使表决权的人持有的有表决权的股份之和超出总股份 3% 时，就超出部分不得行使表决权”是否具有公司法上的效力？

【参考判例】

大法院 2009.11.26. 宣告 2009Da51820 判决

《韩国商法》第 369 条第 1 款规定了股份有限公司股东对所持每一股份拥有一个表决权的一股一表决权的原则。该规定为强制性规定，除法律认可的对上述原则的例外情形之外，通过章程或股东大会决议违反上述原则限制表决权的，应为无效。

但是，《韩国商法》第 409 条第 2 款、第 3 款，在选举监事时就“股东”拥有的超出一定比例的股份限制表决权；旧《韩国证券交易法》(被 2007.8.3. 法律第 8635 号《资本市场法》附则第 2 条废止，下同）第 191 条之 11 仅就“最大股东与其特殊关系人等”持有的超出一定比例的上市公司股份限制选举及罢免监事相关表决权，因此就“非最大股东的股东及其特殊关系人等”超出一定比例的股份限制选举及罢免监事相关表决权的章程规定或股东决议等应为无效。

（二）监事选举的效力：选举监事时是否需要签订聘用合同？

QUESTIONS & NOTES

NOTE 监事选举的效力请参考第三章【判例 24】大法院 1995.2.28. 宣告 94Da31440 判决（监事聘用合同）的事实关系与法院的判决及 Questions &Notes。

（三）禁止监事兼职

【判例 51】- 监事的兼职限制（大法院）

大法院 2007.12.13. 宣告 2007Da60080 判决

争议的焦点

监事被聘为公司或子公司的董事、总经理或其他受雇人或为相反之情形的，是否以被聘者辞去现有职务为生效条件(积极)。

事实关系

本案为就东亚建设的1997年会计年度粉饰结算,追究被告作为监事的责任的案件。对此,被告主张因违反《韩国商法》第411条之规定,故其并非为监事,而为非常任监事,因此无须承担责任。《韩国商法》第411条规定监事不得兼任母公司或子公司的受雇人,但是被告于1993年5月3日起至1998年8月19日止任职于东亚建设子公司大韩通运股份有限公司(以下简称大韩通运),职位是相当于副会长级的顾问,因此将被告任命为监事的行为违反《韩国商法》第411条,为无效行为。即便有效,母公司的监事被聘为公司的受雇人或子公司的董事,或公司受雇人被选为母公司的监事或子公司的董事被选为母公司监事的,以辞去现有各职务为停止条件认可选举的效力,母公司的监事同意受雇于公司或同意担任子公司董事,或公司的受雇人或子公司的董事同意担任母公司监事的,应视为辞去了原职务。被告于1993年5月3日被聘为东亚建设及大韩通运的常任顾问,负责海外建设业务咨询及关联公司间的业务协调,并每月获取了120万韩元的报酬及100万韩元的交通费。1997年3月14日被告被选为东亚建设的无报酬非常任监事,但未参与监事业务。1997年4月18日被告被聘为东亚建设及大韩通运的咨询职,负责海外订单相关咨询及业务协调相关业务,未行使东亚建设的监事职务,因此可认为被告仅行使了东亚建设或大韩通运受雇人职务,辞去了监事一职,无须作为监事就1997年会计年度的粉饰结算承担责任。

法院的判断

【原审:首尔高等法院2007.7.19.宣告2005Na103343判决】原审驳回了被告的请求。原审法院判定被告被选为监事后,虽然通过公司或子公司董事会决议等被聘为咨询职,但是无明确表示辞去监事一职的证据,因此仅凭其此后未行使监事职务,无法认定其辞去了监事一职。相反,如被告主张若因其他业务无法诚实履行监事职务的,则不应同意担任监事或应辞去监事。但是被告却违反受雇人不得兼任监事的相关规定,在维持监事职务之情形下却未行使监事职责。因此法院判定无法认同被告以上述理由主张免责,驳回了被告的请求。

【大法院】但是,大法院撤销了原审判决。大法院认为监事被聘为公司或子公司的董事、总经理或其他受雇人或公司、子公司的董事、总经理或其他受雇人被选为公司监事的,该选任行为以辞去现有职务为生效条件,被选者同意担任新职务的,应解释为具有辞去原先职务的意思表示。被告是在担任东亚建设监事的1997年4月18日,被聘为东亚建设及其子公司大韩通运的咨询职(享受副会长待遇),负责两家公司的海外订单相关咨询与业务协调并每月获取了629万韩元的报酬(东亚建设319万韩元,大韩通运310万韩元)。被告是在担任东亚建设监事时，于 1997 年 4 月 18 日被聘为东亚建设及大韩通运的咨询职的，因此根据本法理可认定被告辞去了原先的东亚建设的监事一职。

QUESTIONS & NOTES

Q1 就非上市公司，商法就监事资格，除限制兼职外未规定其他限制(《韩国商法》第 411 条)。那么，①未成年人是否也可担任监事？②是否可依据章程将监事资格限定为股东或规定监事可拥有的股份？③法定代表人是否也可担任监事？

Q2 (1)依据【判例 51】被选任者同意担任新职务的，视为表示辞去原先职务的意思。该背景与实际意义为何？

(2)子公司的董事成为母公司监事的，从大法院的立场来看应视为辞去了原先的董事一职，此时作为母公司的监事进行检查时，检查内容包括其作为子公司董事执行的职务及财务，这是否存在问题？

(3)母公司的监事是否可担任子公司的监事？母公司的监事是否可兼任母子公司外其他公司的监事？

二、监事的权限与义务

监事与公司间的关系是《韩国民法》上的委任关系(《韩国民法》第 382 条第 2 款)，监事作为公司的受托人承担善良管理人的注意义务。由于监事监督董事的职务执行，因此为保证监事有效履行其职责，商法向监事赋予了各种权限且该权限不断在加强。

NOTE 基于上述理由，2011 年修改的《韩国商法》新设了支持监事权限的规定。第一，明文规定了监事可以用公司费用寻求专家的帮助(《韩国商法》第 412 条第 3 款)。监事履行监事职责时，需要得到法律、财务、税务、制造、生产技术等专家的帮助，对此明文规定了由公司承担相关费用。即使无明文规定，也为应由公司承担的费用。监事委员会的专家协助在修改商法前已规定在《韩国商法》第 415 条之 2 第 5 款，因此商法的修改为确认规定。第二，监事有义务出席董事会、阐述意见及向董事会报告(《韩国商法》第 391 条第 2 款)。为阐述意见及向董事会报告需召集董事会，因此“必要时”监事可提议召开董事会，以便在董事会阐述意见或向董事会报告(《韩国商法》第 412 条之 4 第 1 款)。同时董事未及时召开董事会的，可由监事召开董事会(《韩国商法》第 412 条之 4 第 2 款)。第三，监事对公司承担善良管理人的注意义务，发现董事等违反或可能违反法令或章程的，应向董事会报告等(《韩国商法》第 391 条之 2 第 2 款)。

NOTE 依据《韩国商法》规定的监事的权限与义务，有判例认为监事发现董事违反法令或章程的行为却未采取向董事会报告等必要措施的，属于监事未尽注意义务之情形(大法院 2012.7.12. 宣告 2012Da20475 判决)。该判例是原告公司的法定代表人未经董事会决议擅自作出免除特定债务人对原告公司债务之违法行为时，原告公司的监事也在场，而该监事未采取要求法定代表人停止该等违法行为或向董事会报告等必要措施，直至原告公司的法定代表人死亡，未要求债务人偿还债务。同时在债务被免除后的两年间也未在预收款清单记录债务人的预收款。法院认为监事负有防止法定代表人违法行为的义务，由于该监事未采取必要措施导致法定代表人的违法行为成为可能或更为容易，因此属于基于故意的协助行为或至少相当于未尽监事注意义务的过失协助行为。

QUESTIONS & NOTES

Q1 (1)商法没有规定监事的忠实义务(《韩国商法》第382条第3款)、竞业禁止义务(《韩国商法》第397条)、与公司的关联交易(《韩国商法》第398条)。那么,监事是否可无任何限制自行从事与公司业务相同的业务或成为同行业其他公司的合伙人或董事?

(2)监事与公司进行交易的,是否存在与董事与公司间关联交易相同的利益冲突问题?

(3)监事与董事不同,不负责公司经营,因此监事对公司不承担忠实义务的观点是否合理?

Q2 监事为一人以上的,监事间可否分担业务?监事A与监事B分担业务的,对监事A的任务懈怠行为,监事B是否承担责任?

NOTE 监事为一人以上,公司向董事提起诉讼(或董事向公司提起诉讼)或少数股东提起追究董事责任之诉的,存在由谁代表公司的问题。答案是公司设有一人以上监事的,每位监事独立行使权限。虽是一人以上,但不需要合议体,无须共同代表,仅需一人代表,由哪位监事代表公司由监事们协商决定即可。但是,行使提起诉讼等重要权限时,认可单独权限的结果为若设有2名监事的公司,向董事提起诉讼后,在诉讼过程中其中一名监事撤诉的,该撤诉行为有效。因此导致的问题应通过监事的损害赔偿责任(釜山高等法院2002.12.18.宣告2002Na8957判决)解决。

三、监事的责任

基于监事地位的法律责任是私法上的责任,即民事责任,分为对公司的损害赔偿责任(《韩国商法》第414条第1款)及对第三人的损害赔偿责任(《韩国商法》第414条第2款)两种。

首先,监事对公司的损害赔偿责任须满足三个要件:①因故意或过失(包括轻微过失)违反了善良管理者注意义务("任务懈怠");②公司发生了损失;③任务懈怠与发生的损失间应有相当的因果关系。因此监事对公司承担损害赔偿责任需因监事的任务懈怠使公司遭受了损失,且任务懈怠与损失间应具有相当的因果关系。

但是,在实践中追究监事责任时,存在以下两个问题:第一,何为"任务懈怠";第二,如何认定"任务懈怠"。《韩国商法》上公司与监事的关系为委任关系,监事在履行其职责时应尽善良管理人注意义务,因此监事在履行其职责时违反善良管理人注意义务的,属于"任务懈怠"。即受托人尽善良管理人注意义务处理受托之事务的,视为履行了委托合同项下的义务。但是"善良管理人注意"之概念比较抽象,为条款性的,因此只能根据受托业务的内容、受托人的地位、具体情形等来作出判断。

对公司承担赔偿责任的监事的任务懈怠分为业务监督懈怠与财务检查懈怠。

与公司不同,监事与第三人不发生直接的法律关系。但是,商法规定监事在履行职责时存在重大过失的,应对第三人承担连带赔偿责任(《韩国商法》第414条第2款)。原则上只要侵权行为不成立,则无须对第三人承担责任,但是法律对该原则作了例外规定,履行职责时存在故意或重大过失的,应对第三人承担责任。该等责任是为了保护第三人的利益,法律特别认可的责任,有助于保护债权人。多数说认为监事承担责任的

“第三人”包括股东。就赔偿范围，理论界普遍认为监事不但要赔偿第三人遭受的直接损失，还要赔偿与任务懈怠有相当因果关系的间接损失。但是，法院却不认可间接损失（请参考大法院 1993.1.26. 宣告 91Da36093 判决）。《韩国商法》第 414 条第 2 款规定监事向第三人承担责任，需要满足以下条件：①存在任务懈怠。②存在恶意或重大过失（恶意或重大过失，只要存在任务懈怠即可，不要求加害于第三人作为要件。实际追究责任时，不得不考虑公司所从事的行业、行业的现状、监事的知识水平、章程或公司内部规定等各种情形，因此不易认定重大过失与轻微过失的临界点）。③第三人遭受了损失。④任务懈怠与损失存在相当的因果关系等。

在追究监事责任时，监事承担赔偿责任的要件成为争议之焦点。监事对公司的责任[1]请参考前一章董事相关责任，以下将重点讨论监事对第三人的责任。

【判例 52】- 监事对第三人责任（大法院）首次认定

大法院 1988.10.25. 宣告 87DaKa1370 判决[2]

意义

本判例是首次认定监事对第三人责任的大法院判例。

事实关系

被告郑某甲于 1979 年 7 月 21 日收购了 DongYu 产业股份有限公司，就任公司法定代表人后于 1980 年 2 月 5 日将公司名称变更为 ShinAn 造纸工业股份有限公司，该公司实际上为一人公司。1981 年 1 月 21 日其将公司转让给其妹夫赵某甲，自转让之日起由赵某甲就任公司的法定代表人并全权负责公司的经营，而被告郑某甲于 1981 年 2 月 5 日就任了公司的监事。ShinAn 造纸工业股份有限公司自设立以来一直在中小企业银行马山支行办理存款业务，被告郑某甲就任法定代表人后办理本票业务时在银行预留了“DongYu 产业股份有限公司法定代表人郑某甲”的名称牌及“DongYu 产业股份有限公司法定代表人”章，并一直使用。此后，因公司名称变更将名称牌变更为“ShinAn 造纸工业股份有限公司法定代表人郑某甲”，随后根据法定代表人的变更又将名称牌变更为“ShinAn 造纸工业股份有限公司法定代表人赵某甲”，但未变更法定代表人章，一直使用原法定代表人章。

被告郑某甲从收购公司前的 1978 年 4 月 20 日起担任公司的经理，负责公司的融资相关业务。郑某乙从 1980 年起使用变更后的名称牌及未备案的法定代表人章（ShinAn

〔1〕就监事对公司的责任可参考的判例有大邱高等法院 1984.8.23. 宣告 84Na264 判决，信用协调合伙的监事责任的判例有大法院 2008.7.10. 宣告 2006Da39935 判决等。

〔2〕认可董事对第三人的责任；对该判例的批评请参照［韩］金建植：《监事对第三人的责任（大判 1988.10.25. 宣告 87DaKa1370 判决批评）》，载民事判例研究会《民事判例研究》1990 年 4 月第 12 卷。

造纸工业股份有限公司法定代表人章）以公司名义发行了本票。法定代表人变更后，郑某乙仍未销毁被告名义的名称牌，在本票上使用原名称牌或盗用现名称牌并盖上未备案的法定代表人章。同时，为了提高本票的信用度，以盗用郑某甲与赵某甲委托其保管的注册印章变造个人名义背书等违规的办法发行了公司名义的本票。

法定代表人赵某甲，将该等发行本票等融资业务及资金管理业务等公司的实际运营全权交给了郑某乙，但却未对其进行监督或通过银行确认等。特别是赵某甲也以经营资金或设施资金等名目从银行借了 2 亿韩元，并以偿还个人债务、暂收款名目支取了其中的 1 亿韩元，导致公司破产。赵某甲于 1981 年 7 月初起开始对郑某乙起了疑心，聘用了经理科长并作出了让经理科长负责经理业务的指示。但是，郑某乙仍负责经理业务未办理交接手续，对此赵某甲予以放任，未采取任何措施。1981 年 8 月中旬，赵某甲从公司常务得知市中流通违规本票的消息后对郑某乙进行了调查，郑某乙也承认了违规发行伪造本票的事实，但赵某甲仍未采取任何措施。原告们从 1981 年 6 月下旬至 10 月 5 日间取得了郑某乙发行的部分违规本票，如期要求兑付，却均被拒绝，公司也于 1981 年 10 月 5 日破产。原告们提起了诉讼，作为主要诉讼请求要求郑某甲与赵某甲承担因侵权行为导致的损害赔偿责任，作为预备请求要求监事及董事承担对第三人的责任，而对中小企业银行则以员工的侵权行为为由要求其承担雇用人无过失侵权责任。

法院的判断

【原审】驳回了对中小企业银行提起的雇用人无过失侵权责任请求及对郑某甲与赵某甲提起的主要诉讼请求，支持了对郑某甲与赵某甲提起的预备请求，但以原告们存在未对违规本票进行调查而予以贴现的过失为由减轻了损害赔偿金额。即原审法院判定“被告郑某甲作为公司的原法定代表人，向赵某甲转让法定代表人职位并担任公司监事时公司的财政状态不佳；就任法定代表人后被告赵某甲通过发行公司或个人名义的本票筹措了公司的运营资金，且赵某甲居住釜山，委托经理郑某乙全权负责公司的融资及管理，未能弄清实际情况；郑某乙可能会作出不正当行为，但因该公司为一人公司，其他董事不参与公司经营，除监事外无其他监督机构了解公司状况；郑某乙的不正当行为，金额巨大且时间长；被告郑某甲自 1981 年 2 月 5 日就任公司监事以来至公司破产的长达 8 个月间未进行一次审计，对公司袖手旁观，仅关注本人的债权回收。被告郑某甲根据公司的状况，可充分认识到审计的必要性，且经理的不正当行为手法并不巧妙，可通过调查本票用纸的数量及本票发行数量，或确认银行的本票结算数量轻易发现经理的不正当行为，但却未进行任何调查。此为监事的重大过失，属于任务怠慢。应依据《韩国商法》第 414 条第 2 款及第 3 款，向因取得经理通过不正当行为发行本票而遭受损失的持票人承担赔偿责任”。

【大法院】引用了原审法院的判决：“公司的监事根据公司状况可充分认识到审计的

必要性，且经理的不正当行为手法并不巧妙，可通过调查本票用纸的数量及本票发行数量或确认银行的本票结算数量轻易发现经理的不正当行为，但却未进行任何调查。此为监事的重大过失，属于任务懈怠。因此应依据《韩国商法》第 414 条第 2 款及第 3 款，向因取得经理通过不正当行为发行本票而遭受损失的持票人承担赔偿责任。”

QUESTIONS & NOTES

Q1 作为认定损害赔偿责任的要件之一，应存在“任务懈怠”，监事的任务是什么？

Q2 认定任务懈怠时，是否考虑常勤及收取报酬？

Q3 《韩国商法》第 412 条第 1 款规定“监事监督董事的职务执行”，监事是否有义务监督董事外其他员工的职务执行？如果对其他员工的职务执行进行监督属于监事义务的，监事以何种办法履行其义务？

Q4 上述案件为一人公司相关案件，一人股东作为法定代表人全权负责公司经营。在此情形下也认定监事责任是否妥当？请分别考虑对公司的责任及对第三人的责任。

Q5 【判例 52】未说明任务懈怠与第三人损失间的相当因果关系。上述案件中被告监事的任务懈怠与原告的损失间是否存在相当的因果关系？为何要求任务懈怠与损失间应具有相当的因果关系？

【判例 53】- 监事注意义务的程度（大法院）

大法院 2008.9.11. 宣告 2006Da68636 判决

争议的焦点

大型上市公司部分员工的专横处于放任状态，或监事对公司重要财务信息的接近长期被有组织切断之情形下，监事的注意义务程度。

事实关系

监事责任相关主要事实关系如下：

1. 原告为股份有限公司大禹的债权人——新韩银行，被告包括大宇会长、大宇及大宇子公司的董事、监事及其他非登记高管。大宇的高管们从 1998 年 1 月起至 2 月止编制了虚假财务报表。公司 1997 年度的实际财务状态为资产 24.3416 兆韩元，负债为 34.4152 兆韩元，资本金为负债 10.0736 兆韩元。但是，大宇的高管们编制了虚假的资产负债表及损益表等财务报表。即，通过减少资产及负债、增加资本总额，将公司资产及负债分别编造为 14.2223 兆韩元（减少了 10.1193 兆韩元）及 11.4708 兆韩元（减少了 22.9444 兆韩元），将资本金编造为 2.7515 兆韩元（增加了 12.8251 兆韩元），从而将负债率降到 416%。

2. 被告之一，大宇两名监事应于定期股东大会召开日前 6 周要求公司提交当年度财务报表并进行财务检查，但却未进行财务检查。

3. 大宇于 1998 年 9 月 28 日公开发行了金额为 5000 亿韩元，利息为 11%，贴现率为

2.35%，利息支付方式为3个月，到期日为1999年9月28日的无担保公司债券。原告以48.825亿韩元认购了账面价值为50亿韩元的公司债券。原告认购公司债券前，两家信用评价机构根据上述1997年虚假财务报表，分别将大宇的信用等级评为A及A^-。原告是依据自身评价及上述信用评价机构的评价认购了大宇的公司债券。

4.1997年金融危机后，大宇在融资方面遇到了困难。尽管大宇及大宇关联企业的主债权团协议会的银行（大宇集团债权团）进行了努力，大宇集团仍出现了严重的流动性问题。金融监督委员会与金融监督院于2000年9月15日发布了从1999年起至2000年对包括大宇在内的12家大宇关联企业1997年度及1998年度审计报告存在粉饰会计嫌疑且诉外会计师事务所等存在不当审计嫌疑的调查、监理结果，经调查大宇的粉饰会计金额高达14.6兆韩元。

5. 就大宇的债券，原告仅收回了5.315亿韩元，最终未能收回剩余的44.685亿韩元。

6. 原告指出大宇或其子公司的法定代表人、董事、监事、执行高管等被告本应按照法律和章程诚实履行其职责。但却违反会计准则虚假编造了1997年度财务报表或在知悉粉饰会计事实或因重大过失未能察觉粉饰事实之情形下，通过董事会决议批准并公示了虚假的财务报表。而原告相信被告编造的财务报表，认购了本案公司债券，但于到期日未能回收44.685亿韩元。为此，原告就其遭受的相当于44.685亿韩元的损失，要求被告监事们各赔偿3亿韩元。

7. 对原告的请求，被告主张：被告们担任监事的期限截止到1998年3月21日，因此对本案公司债券的发行无责任。根据当时的监事相关法律规定及惯例，被告无法行使监事的权利，而大宇的粉饰会计手法巧妙，即便履行了监事的职责，也很难发现。被告之一称根据公司内部分工，其负责内部检查（指导检查）业务，无法进行财务检查，因此无责任。另外，被告们主张原告认购本案公司债券时，已经充分认识到大宇的财务状况极其不良，但考虑其他原因仍然认购了本案公司债券。而且，信用评价机构并不仅依靠财务报表来决定信用等级，因此原告认购本案公司债券与被告的粉饰会计无因果关系。

法院的判断

【原审】依据《韩国商法》第447条之3，监事负有对董事的财务工作进行监督的义务，即每个财政年度，监事应对董事编制的财务报表编制监事报告等，被告监事们却未履行监事义务，此为重大过失。放任财务报表的编制及公示报表的行为属于重大过失，是对任务的懈怠。该等被粉饰的财务报表及外部审计人基于该财务报表作出的审计报告，很大程度上影响了信用评价机构针对大宇发行公司债券作出的信用评价。原告是依据上述评价认购了大宇的公司债券，从而遭受了损失。同时就被告的主张，法院认为，监事作为负责监督公司经营的股份有限公司必要常设机构，可随时要求董事报告经营状况或可随时调查公司的财产状况，而被告监事们未对1997年财政年度的财务报表进行财务检查。在大宇的内外管理体系不健全的情形下，被告们未履行监事职责，其本身就是基于重大过失的任务懈怠，且不能因内部分工未能进行财务检查或虽然进行了财务检查却未发现违法事实为由免除被告们的责任。特别是，其中的一名被告在担任监事前，截至1997年2月20日担任了大宇的会计本部长，应非常清楚几年来大宇粉饰会计的事实，因此被告的主张无理由。同时，法院未认可公司债券的认购与被告的粉饰会计间无因果关系的被告主张。就原告提出的两名被告分别赔偿3亿韩元的请求，法院认为，除非存在特殊情形，否则应承担赔偿责任的数名被告间的债务并非为可分之债，存在连带关系或不真正连带关系，因此应以可分之债方式履行债务。依据《韩国商法》第414条第2款、第3款，原告的该主张仅在与其他相关被告的连带赔偿责任范围内有效，因此认定了原告请求的一部分，即应与其他被告连带赔偿2亿韩元。

【大法院】驳回上诉。就被告们的“作为监事进行了财务检查，但由于粉饰会计手法巧妙，且由于以往比较容忍部分董事的专横，因此监事不易接近公司的重要信息。同时，本次粉饰会计是其他高管们的组织性、隐蔽性的行为，因此未能发现且仅靠审查财务报表及附属资料，不可能发现粉饰会计”的主张，法院判决如下：“监事应以善良管理人的注意义务履行商法、其他法令或章程规定的权限与义务。监事因故意或重大过失违反善良管理人的注意义务，懈怠其任务导致第三人遭受损失的，监事应承担赔偿责任。虽然监事注意义务的具体内容与范围，因公司类型、规模、行业、公司结构、内部管理体系、财政状况、法令上的管控程度、监事的能力与经历、工作环境等有所不同，但是监事作为股份有限公司的必要常设机构，具有财务检查权、对董事的监督权等商法、其他法令或章程规定的权限与义务。大型上市公司存在放任部分高管的专横或有组织、持续切断监事对重要财务信息的接近的，监事的注意义务应被加重，而不应被减轻。……具体来看，当时大宇未建立可牵制粉饰会计的信息及报告体系，而董事会也是有名无实，未能发挥监督职能。其结果是，如同被告们主张，以惯例为由长期放任了部分高管的专横；如原审判决，凭被告们的经历可充分知悉大宇当时的公司治理结构、财务状况及潜在的粉饰要素；另外，根据当时的大宇规模、财政状况、经营状况、会计处理惯例等，无法认定于1997年财政年度当时担任大宇常勤监事的被告9、被告11的注意义务限定在对最终结算财务报表及相关附属资料的审查。相反，在上述情形下，监事就财务报表的编制过程是否存在故意、有组织的粉饰意图等应尽注意义务。但是本案的被告们，以根据公司业务分工仅对各自的事业部进行监督或无法接近重要信息等为由持续怠慢了监事的注意义务，未进行财务检查。可凭此认定存在故意或重大过失，不得以不知悉粉饰会计的具体内容为由免除责任。另外，如原审判决，被告9在担任监事前，截至1997年2月20日担任了大宇的会计本部长；被告11则担任了4年的监事。若被告们尽了注意义务，可发现并防止本案粉饰会计的相当部分，因此无法否认因果关系。”

QUESTIONS & NOTES

Q1 大型上市公司，因高管的专横，监事对重要财务信息的接近有组织、持续性被切断的，监事的职责为哪些？

Q2 高度分工的大型企业，未建立信息、报告体系及内部控制体系的，信息、报告体系及内部控制体系的未建立与监事职责的关系是什么？

四、监事责任的追究、限制及免除

【判例 54】- 职务规定上的事前监查义务（大法院）

大法院 2007.11.16. 宣告 2005Da58830 判决

争议的焦点

可否以经营判断裁量权为由免除监事义务。

事实关系

与监事责任相关的主要事实关系如下：

1. 破产人 orange 信用金库于 1997 年 6 月 2 日被国民银行下属的国民相互信用金库吸收合并。1999 年 1 月 29 日东亚相互信用金库取得了国民相互信用金库的经营权后更名为 orange 信用金库。2000 年 1 月 27 日，金融监督委员会对 orange 信用金库作出了停止任何债务支付及停止高管职务为内容的营业许可取消决定，orange 信用金库于 2001 年 7 月 31 日因资不抵债，被宣告破产。

2. 依据旧《韩国相互信用金库法》第 18 条之 2 第 1 款（译者注：《韩国信用金库法》2001 年改为《韩国储蓄银行法》），相互信用金库不得超出资本金取得有价证券，同时依据监督规定对同一公司股票的收购额度不得超出该公司发行之股票总量的 10% 及相互信用金库资本金的 10%。破产人不顾上述规定，于 2000 年 4 月 30 日将 414.23 亿万韩元投资到有价证券，而被告董事及监事继续投资有价证券，如认购 KOSDAQ 上市公司的股票等。被告董事及被告监事是以破产人名义开立的证券公司账户进行投资的，其结果导致破产人有价证券投资额及对同一公司股份持有额均超标。此后遭受了股票转让损失及未收款损失共计 5,700,454,115 韩元。截至 2001 年 8 月 31 日，损失达到了 6,962,826,455 韩元。另外，相互信用金库只能以防止股票投资风险之目的在资本金的 5% 内进行期货交易。但破产者某某某通过公司名义开立的证券公司账户进行了具有投机性质的有价证券期货交易及期权交易。

3. 被告之一破产人监事虽负有遵守有价证券投资额度的义务，却懈怠任务，未尽监督职责。

4. 对此被告主张如下：基于上述行为遭受的损失是经营判断的结果。原告所主张的超出投资额的股份认购行为中，除三星电子外的其他公司的股份均为原告主张之有价证券持有额度超过日的 2002 年 7 月 14 日前通过参加 KOSDAQ 预定企业实施的需求预测取得的，因此不属于超出额度的收购行为。同时，作为大股东的破产人某某某的上述行为是不顾被告们的反对作出的，未与被告及其他高管事先协商，被告们是事后审批的，因此不应承担损害赔偿责任。而且因破产人某某某的绝对影响力，被告们无法拒绝其要求且是为了防止破产人的信用下降。在审批时明示了超出额度的事实并提出了应减到额度内的监事意见，因此无须承担责任。

法院的判断

【原审】被告监事于2000年7月4日起至8月10日检查上市公司股票收购相关事项时，在部分审批意见栏明示了“减至额度内、不得再收购、需要减到额度内”等内容。法院认可被告监事作出的“就消除违法事实，若紧急处分超额持有的股份将会降低破产人的信用，因此通过说服破产人某某某、向其提出抗议解决违法事实更有利于破产人利益”的判断。但是，监事通过定期、随时、日常及特别检查发现重大违法事项且该违法事项为需要紧急处理之事项的，应及时向金融监督院长报告。且作为监事的日常监督之一，就破产人收购或处分有价证券时在最终审批权人审批前，监事应进行事前监督等。因此，无法认同被告们是依据适当的信息及合理的程序为公司利益最大化作出上述行为，且对破产人尽了善良管理人的注意义务。

【大法院】直接引用原审判决，判决如下：董事在执行职务时违反法令的，该行为本身就是对公司的债务不履行，因此监事不得以经营判断裁量权为由免除监事义务。公司的监事职务规则规定最终审批权人审批前，通过监事审查相关内容并附上意见的方式进行事先监督的事项，监事负有进行充分的事前监督的义务，因此无法凭未进行审批流程或因董事擅自处理业务，未能知悉为由免除监事的责任。

QUESTIONS & NOTES

NOTE 对监事损害赔偿责任的追究、免除、限制，请参照第四章对董事责任的追究、免除、限制相关判例及Questions &Notes。

Q1 免除监事责任的要件与为免除责任所需的“对归责事由财务报表填写的具体性”程度是指什么？

Q2 监事可否以董事的行为属于经营判断事项为由免除责任？

Q3 是否有必要限制监事的损害赔偿责任？若需要限制的，损害赔偿责任的法理依据都包括哪些？

Q4 经全体股东同意可免除监事对公司的责任，此时全体股东的同意是否经股东大会决议？可否默示同意？可否免除未来可能会发生的损失？是否也可免除侵权行为责任？

NOTE 就监事设立，现行商法规定一定规模以上（资产总额1000亿韩元以上）的上市公司须设立常勤监事（《韩国商法》第542条之10），但不得同时设立监事与监事委员会（《韩国商法》第415条之2第1款）；资产总额超过2兆韩元以上的上市公司，须设立监事委员会。对此，《韩国商法》第542条之10第1款但书规定：“依据本法或其他法律设立监事委员会的（包括无须设立监事委员会的上市公司设立符合本条要件的监事委员会的情形）除外。”该条款被解释为非上市公司任意设立监事委员会的或依据特别规定上市公司须设立监事的，不适用常勤监事相关规定。但是，就本条款有人提出在实践中会出现资产规模超过1000亿以上不足2兆韩元的上市公司依据一般规定设立监事委员会来规避设立常勤监事的问题。[1]为解决该等问题，2011年修改的《韩国商法》第541条之10第1款但书被修改为“依据本节及其他法律”。

第三节　监事委员会

一、监事委员会的运营及实务

监事委员会委员作为董事会成员，从参与董事会意思决定的监事委员监督该意思决定层面上来看，存在能否进行有效监督的问题。但是，实务中以设立监事委员会的上市公司为中心，监事的监督职能逐渐在改善。不过就监事委员会的运营，虽然因会议体性质明文规定了监事委员会的代表（《韩国商法》第415条之2第4款）、监事委员会的召开与决议（《韩国商法》第393条之2第3款、第415条之2第6款）、专家的协助（《韩国商法》第415条之2第5款）等内容，但是存在未明确规定监事委员会行使法定权限的执行办法，且与模范案例有所差异等问题。[2]另外，监事委员会的选举及组成对公司控制权防御具有重要意义，[3]对此本节不予阐述。

二、监事委员会的选举及罢免

为保证监事委员会的中立性、客观性，监事委员会由3名以上董事组成，其中独立董事应占2/3以上（《韩国商法》第415条之2第2款）。资产超过2兆韩元以上的大型上市公司，监事委员会的2/3以上应为独立董事，且一人以上为会计或财务专家（《韩国商法》第542条之11第2款）。大型上市公司的监事委员会的选举及罢免办法不同于非上市公司、一般上市公司。非上市公司与一般上市公司董事会拥有任免权，而大型上市公司，股东大会拥有任免权（《韩国商法》第542条之12第1款），具体见表13。

---

〔1〕 就修改背景的说明，请参照［韩］李哲松：《2011年 修改商法——逐条解释》，博英社2011年版，第254页（修改前资产规模超过1000亿韩元以上不足2兆韩元的上市公司，存在依据一般规定设立监事委员会来规避设立常勤监事的倾向。政策目标是通过修改诱导资产规模超过1000亿韩元以上不足2兆韩元的上市公司设立常勤监事）。

〔2〕 监事委员会的监事业务运营相关各种法律问题，请参照［韩］金建植：《从法律角度观察的监事委员会》，载首尔大学金融法研究中心 *BFL* 2005年9月第13号，第35页。

〔3〕 请参照［韩］宋沃烈：《通过监事委员会组成防御经营权》，载首尔大学金融法研究中心 *BFL* 2006年11月第20号，第93页；大田地方法院2006.3.14.Za 2006KaHap242决定（参照【判例23】）。

表 13　监事、监事委员会制度采纳义务及监事、监事委员会的选举及罢免

监事制度		非上市公司		上市公司		
		资本金不足 10 亿韩元	资本金超过 10 亿韩元	资产不足 1000 亿韩元	资产超过 1 亿韩元，不足 2 兆韩元	资产超过 2 兆韩元
设立监事机构	监事	可选择	义务 *	义务 *	义务 *	不可
	常勤监事	可选择		可选择	义务 *	不可
	监事委员会	可选择 –《韩国商法》第 415 条之 2 的监事委员会 **		可选择 –《韩国商法》第 542 条之 11 的监事委员会 ****		义务
监事的选举及罢免	监事选举	就超过 3% 的股份限制行使表决权（一人持有的，超过除无表决权外发行之股份总数的 3% 的股份）		就超过 3% 的股份限制行使表决权 + 最大股东的追加限制（加上其特殊关系人的股份）		无关
	监事罢免	无表决权限制		就最大股东持有的超过 3% 的股份限制行使表决权（加上其特殊关系人）		无关
监事委员会的选举	内部监事委员的选举	董事会决议 ***		选择《韩国商法》第 415 条规定之监事委员会的，则左侧相同；选择《韩国商法》第 542 条之 11 的监事委员会，则与右侧相同		就最大股东持有的超过 3% 的股份限制行使表决权（加上其特殊关系人）
	内部监事委员的罢免	董事总数的 2/3 董事会决议 ***		选择《韩国商法》第 542 条之 11 的监事委员会，则与右侧相同		就最大股东持有的超过 3% 的股份限制行使表决权（加上其特殊关系人）
	外部监事委员的选举	董事会决议 ***		选择《韩国商法》第 542 条之 11 的监事委员会，则与右侧相同		就超出 3% 的股份限制行使表决权
	外部监事委员的罢免	董事总数的 2/3 董事会决议 ***		选择《韩国商法》第 542 条之 11 的监事委员会，则与右侧相同		表决权无限制

* 章程规定设立监事委员会的，则无须设立监事。
** 非上市公司是否可依据《韩国商法》第 542 条之 11 设立监事委员会，有争议。
*** 非上市公司可依据章程设立《韩国商法》第 542 条之 11 的监事委员会，若章程规定设立监事委员会的，则监事委员会的选举及罢免应适用《韩国商法》第 542 条之 11，与资产超过 2 兆韩元的上市公司相同。
**** 通过 2011 年修改商法予以明确。
注：以上应用法条均出自《韩国商法》。

QUESTIONS & NOTES

Q1 依据现行《韩国商法》，资产规模超过 2 兆韩元的上市公司，监事委员会的设立是义务，而非选择事项。仅依据资产规模要求设立监事委员会是否合理？

Q2 作为非独立董事的监事委员，选举及罢免均适用 3% 表决权的限制规定（《韩国商法》第 542 条之 12 第 3 款），但是作为独立董事的监事委员，则仅在选举时适用 3% 表决权的限制规定（同条第 4 款）。这种区别是否合理？

三、禁止兼职

以下人员不得担任作为独立董事的上市公司（资产总额超过 2 兆韩元）监事委员会的委员（《韩国商法》第 542 条之 10 第 2 款）。

第一，属于《韩国商法》第 542 条之 8 第 2 款第 1～4 项、第 6 项所列的人员。

第二，负责公司日常经营业务的董事、执行高管及雇员或最近两年内曾负责公司日常经营业务的董事、执行高管及雇员。但是，依据《韩国商法》第 13 节现担任或曾经担任过监事委员会委员的董事除外。

第三，除前述两种情形之外，可能会对公司经营产生影响的人，通过总统令决定（负责公司日常经营的董事及执行高管的配偶及直系亲属、负责关联企业日常经营业务的董事、执行高管及雇员或最近两年负责关联企业日常经营业务的董事、执行高管及雇员）。

四、监事委员会的权限

商法未另行规定监事委员会的权限，将监事的权限与义务适用于监事委员会的方式向监事委员会赋予了与监事同等的权限（《韩国商法》第 415 条之 2 第 7 款）。

QUESTIONS & NOTES

Q1 作为监事委员会委员的董事与公司间发生诉讼的，由谁代表公司？

Q2 公司法认可的监事起诉权，同样适用于监事委员会。但是，商法规定股东、董事、监事、监事委员会委员等有权提起换股无效之诉（《韩国商法》第 360 条之 14 第 1 款）、股份转移无效之诉（《韩国商法》第 360 条之 23 第 1 款）。此时，监事委员会是否拥有起诉权？

五、监事委员会的责任

监事委员会对公司、第三人承担与监事相同的责任（《韩国商法》第 415 条之 2、第 414 条），对监事委员会的责任免除也与监事相同。

QUESTIONS & NOTES

Q1 监事委员会委员既是监事委员会委员又是董事，因此适用《韩国商法》第 399 条及第 401 条，就监事委员会的责任则适用《韩国商法》第 414 条，这些规定的关系是否妥当？

第六章
CHAPTER 6

企业会计

第一节 企业会计的基础概念

先简单观察下列资产负债等表中的科目名称和制作方式。(见表 14 ~ 表 17)

表 14 资产负债

第 41 期:2017.12.31 当时
第 40 期:2016.12.31 当时
第 39 期:2015.12.31 当时

单位:百万韩元

科目	第 41 期	第 40 期	第 39 期
I. 流动资产	62,069,194	48,968,556	41,901,014
1. 速动资产/可兑现资产	52,088,130	39,475,949	33,932,211
(1)货币资金	10,835,893	8,814,638	5,831,989
(2)短期金融商品	8,629,742	3,591,337	5,061,898
(3)短期可供出售证券	2,104,420	982,067	922,833
(4)应收账款	17,061,397	12,043,979	11,125,132
(5)应收款	2,079,161	1,558,279	989,143
(6)预付款	1,591,667	1,357,964	1,043,130
(7)预付费用	1,533,633	1,931,499	1,292,315
(8)短期递延法人税资产	1,638,887	2,135,068	1,537,946
(9)其他速动资产	721,762	794,606	552,819
(10)短期贷款债权	5,891,568	6,266,512	5,575,006
2. 存货资产	9,981,064	9,492,607	7,968,803

续表

科目	第41期	第40期	第39期
Ⅱ.非流动资产	56,212,294	56,332,094	51,474,122
1.投资性资产	11,761,976	11,377,727	11,796,347
(1)长期可供出售证券	2,910,513	2,618,262	3,712,322
(2)持有至到期投资	314,933	334,460	147,287
(3)适用权益法的投资股权	5,523,913	4,356,862	3,782,413
(4)其他投资资产	258,074	363,351	354,370
(5)长期贷款债权	2,754,543	3,704,792	3,799,955
2.固定资产	39,815,987	42,496,311	37,380,644
3.无形资产	891,268	787,249	704,627
4.其他非流动资产	3,743,063	1,670,807	1,592,504
(1)保证金	864,013	895,245	793,737
(2)长期预付费用	2,440,595	368,875	489,775
(3)长期递延法人税资产	345,475	379,087	266,280
(4)其他非流动资产	92,980	27,600	42,712
资产总计	118,281,488	105,300,650	93,375,136
负债			
Ⅰ.流动负债	37,719,141	32,207,070	29,795,976
1.应付账款	8,234,318	5,587,137	6,037,864
2.短期借款	7,613,518	9,026,630	8,453,099
3.应付款	5,920,420	5,114,567	3,861,661
4.先收款	1,415,804	761,625	818,636
5.预收款	921,929	576,883	389,029
6.应付费用	9,056,596	7,907,197	6,777,936
7.应交法人税	1,124,171	675,553	1,343,941
8.流动性长期负债	3,127,998	2,263,380	1,987,148
9.其他流动负债	304,387	294,098	126,662
Ⅱ.非流动负债	7,508,055	10,169,626	7,607,252
1.公司债券	2,422,808	4,327,720	2,951,678
2.长期借款	1,246,387	1,836,930	1,120,708
3.长期应付账款	1,120,982	673,760	638,734

续表

科目	第 41 期	第 40 期	第 39 期
4. 长期应付费用	383,273	177,774	43,005
5. 退休准备金负债	827,805	850,233	739,936
6. 长期递延法人税负债	875,725	1,486,287	1,465,555
7. 其他非流动负债	631,075	816,922	647,636
负债总计	45,227,196	42,376,696	37,403,228
股东权益			
控股公司股权	66,827,702	58,117,009	51,665,687
Ⅰ. 资本金	897,514	897,514	897,514
1. 普通股资本金	778,047	778,047	778,047
2. 优先股资本金	119,467	119,467	119,467
Ⅱ. 合并资本盈余	6,652,110	6,588,861	6,574,995
Ⅲ. 合并资本调整	(8,255,659)	(8,597,013)	(8,747,381)
1. 自己股份	(8,404,791)	(8,910,135)	(9,157,492)
2. 认股权	213,083	385,957	475,197
3. 其他资本调整	(63,951)	(72,835)	(65,086)
Ⅳ. 合并其他“一揽子”损益累计	3,272,533	3,808,076	1,875,385
1. 可供出售证券评估利益	991,157	852,504	1,430,806
2. 可供出售证券评估损失	(501)	(1722)	(1350)
3. 权益法资本变动	361,916	257,328	251,591
4. 负的权益法资本变动	(9289)	(13,441)	(8017)
5. 海外事业换算利益	1,935,959	2,730,288	202,697
6. 衍生商品评估损失	(6709)	(16,881)	(342)
Ⅴ. 合并利润盈余	64,261,204	55,419,571	51,065,174
1. 法定公积金	450,789	450,789	450,789
2. 任意公积金	54,229,792	49,413,760	43,263,294
3. 未处分合并利润盈余	9,580,623	5,555,022	7,351,091
少数股东股权	6,226,590	4,806,945	4,306,221
股东权益合计	73,054,292	62,923,954	55,971,908
负债和股东权益总计	118,281,488	105,300,650	93,375,136

表 15 利润

第 41 期（2017.1.1～2017.12.31）
第 40 期（2016.1.1～2016.12.31）
第 39 期（2015.1.1～2015.12.31）

单位：百万韩元

科目	第 41 期	第 40 期	第 39 期
Ⅰ. 营业收入	138,993,671	121,294,319	98,507,817
Ⅱ. 营业成本	98,945,032	89,762,355	70,880,912
Ⅲ. 营业利润	40,048,639	31,531,964	27,626,905
Ⅳ. 销售费用和管理费用	28,470,988	25,500,101	18,653,619
Ⅴ. 利润总额	11,577,651	6,031,863	8,973,286
Ⅵ. 营业外收入	12,183,358	10,824,270	4,144,939
1. 利息收入	399,863	614,206	465,202
2. 股息收入	28,120	25,233	18,402
3. 手续费收入	80,927	93,473	54,201
4. 租金	96,166	52,561	42,753
5. 可供出售证券处分利益	29,816	94,930	62,991
6. 外汇差益	7,694,732	7,238,637	1,831,629
7. 外汇兑换利益	1,322,276	444,663	127,891
8. 权益法利益	1,522,171	1,047,224	652,500
9. 固定资产处分利益	66,636	110,962	107,542
10. 其他营业外收入	942,651	1,102,381	781,828
Ⅶ. 营业外费用	11,195,959	10,278,358	3,485,352
1. 利息费用	546,524	670,271	590,515
2. 外汇差损	8,154,660	7,597,640	1,849,002
3. 外汇兑换损失	1,054,106	933,940	116,231
4. 权益法损失	121,702	209,357	274,874
5. 捐款	118,225	150,790	192,441
6. 固定资产处分损失	120,676	62,292	71,964
7. 其他营业外费用	1,080,066	654,068	390,325
Ⅷ. 法人税费用扣减前净利润	12,565,050	6,577,775	9,632,873
Ⅸ. 法人税费用	2,335,129	687,561	1,709,892
Ⅹ. 当期净利润	10,229,921	5,890,214	7,922,981
1. 控股公司股权净利润	9,649,487	5,525,904	7,420,579
2. 少数股东股权净利润	580,434	364,310	502,402
Ⅺ. 控股公司股权净利润的每股收益			
1. 基本每股收益	65,499	37,684	49,502
2. 稀释每股收益	65,194	37,340	48,924

表 16　所有者权益变动

第 41 期：2017.1.1～2017.12.31
第 40 期：2016.1.1～2016.12.31
第 39 期：2015.1.1～2015.12.31

单位：百万韩元

科目	资本金	合并资本盈余	合并资本调整	合并其他"一揽子"损益累计	合并利润盈余	少数股东股权	总计
2015.1.1（前前期年初余额）	897，514	6，364，604	（6，994，210）	532，820	44，463，683	2，675，456	47，939，867
利润分配					（746，075）	（5888）	（751，963）
处分后的利润盈余					43，717，608	2，669，568	47，187，904
中间分配					（73，036）	（21，793）	（94，829）
有偿增资等		185，395				879，367	1，064，762
从属公司股权的处分		90，365				55，465	145，830
合并实体的变动		17，970					17，970
合并当期净利润					7，420，579	502，402	7，922，981
自己股份的取得			（1，825，395）				（1，825，395）
自己股份的处分		（5978）	187，925				181，947
认股权		2403	（63，955）				（61，552）
可供出售证券评估				698，339		190，711	889，050
权益法评估				145，503			145，503

续表

科目	资本金	合并资本盈余	合并资本调整	合并其他“一揽子”损益累计	合并利润盈余	少数股东股权	总计
海外事业换算损益				496, 509		29, 029	525, 538
其他		（79, 764）	（51, 746）	2214	23	1472	（127, 801）
2015.12.31（前前期年末余额）	897, 514	6, 574, 995	（8, 747, 381）	1, 875, 385	51, 065, 174	4, 306, 221	55, 971, 908
2016.1.1（前期年初余额）	897, 514	6, 574, 995	（8, 747, 381）	1, 875, 385	51, 065, 174	4, 306, 221	55, 971, 908
利润分配					（1, 098, 098）	（102, 138）	（1, 200, 236）
处分后的利润盈余					49, 967, 076	4, 204, 083	54, 771, 672
中间分配					（73, 411）	（41, 839）	（115, 250）
有偿增资等		37, 370				221, 516	258, 886
合并实体的变动						（318）	（318）
合并当期净利润					5, 525, 904	364, 310	5, 890, 214
自己股份的处分		4039	247, 357				251, 396
认股权		2306	（89, 239）				（86, 933）
可供出售证券评估				（578, 674）		（121, 288）	（699, 962）
权益法评估				313			313
海外事业换算损益				2, 527, 591		207, 537	2, 735, 128
其他		（29, 849）	（7750）	（16, 539）	2	（27, 056）	（81, 192）

续表

科目	资本金	合并资本盈余	合并资本调整	合并其他“一揽子”损益累计	合并利润盈余	少数股东股权	总计
2016.12.31（前期年末余额）	897，514	6，588，861	（8，597，013）	3，808，076	55，419，571	4，806，945	62，923，954
2017.1.1（本期年初余额）	897，514	6，588，861	（8，597，013）	3，808，076	55，419，571	4，806，945	62，923，954
利润分配					（735，441）	（60，183）	（795，624）
处分后的利润盈余					54，684，130	4，746，762	62，128，330
中间分配					（73，507）	（2042）	（75，549）
有偿增资等		53，737				163，152	216，889
合并实体的变动						721，953	721，953
合并当期净利润					9，649，487	580，434	10，229，921
自己股份的处分		（1313）	505，344				504，031
认股权			（172，874）				（172，874）
可供出售证券评估				139，874		64，991	204，865
权益法评估				108，740			108，740
海外事业换算损益				（794，330）		（77，348）	（871，678）
其他		10，825	8884	10，173	1094	28，688	59，664
2017.12.31（本期年末余额）	897，514	6，652，110	（8，255，659）	3，272，533	64，261，204	6，226，590	73，054，292

表 17　现金流量

第 41 期:2017.1.1～2017.12.31
第 40 期:2016.1.1～2016.12.31
第 39 期:2015.1.1～2015.12.31

单位:百万韩元

科目	第 41 期	第 40 期	第 39 期
Ⅰ.经营活动现金流量	19,655,790	13,360,075	14,790,812
1. 当期净利润	10,229,921	5,890,214	7,922,981
2. 不涉及现金流出的费用等的加算	15,022,786	14,206,113	11,034,114
(1)固定资产折旧费	10,911,343	9,855,529	8,301,068
(2)无形资产摊销	248,103	239,662	196,460
(3)退休金准备	645,440	543,980	615,586
(4)坏账损失	337,075	532,429	172,827
(5)外汇换算损失	1,059,493	1,070,358	122,597
(6)权益法损失	121,702	209,357	274,874
(7)固定资产处分损失	120,676	62,292	71,964
(8)衍生商品评估损失等	11,006	59,971	154,391
(9)存货报废损失等	458,826	925,829	423,747
(10)其他不涉及现金流出的费用等的加算	1,109,122	706,706	700,600
3. 不涉及现金流入的收入等的扣减	(2,564,896)	(2,210,454)	(1,188,669)
(1)外汇换算利益	1,347,894	447,885	128,580
(2)权益法利益等	943,339	748,398	372,239
(3)固定资产处分利益	66,636	110,962	107,542
(4)可供出售证券处分利益	106,591	139,010	95,117
(5)递延法人税资产(负债)增减产生的法人税费用的减少	13,633	500,435	99,601
(6)其他不涉及现金流入的收益等的扣减	86,803	263,764	385,590
4. 经营活动产生的资产负债的变动	(3,032,021)	(4,525,798)	(2,977,614)
(1)应收账款的增加	(6,227,873)	(86,180)	(1,355,615)
(2)应收款的增加	(599,321)	(563,107)	91,400
(3)预付款的增加	(210,412)	(262,241)	(356,798)

续表

科目	第 41 期	第 40 期	第 39 期
(4)预付费用的减少(增加)	2,773,907	(151,803)	(23,733)
(5)存货的增加	(1,092,243)	(693,712)	(1,301,580)
(6)长期预付费用的增加	(4,350,928)	(80,199)	(185,134)
(7)长期贷款债权的减少(增加)	915,952	(1,313,573)	(1,288,638)
(8)应付账款的增加(减少)	3,474,003	(1,514,400)	464,720
(9)应付款项的增加(减少)	(855,929)	662,329	(159,583)
(10)先收款的增加(减少)	481,026	(283,425)	114,027
(11)预收款的增加(减少)	267,045	(193,238)	83,496
(12)应付费用的增加(减少)	1,051,084	(207,881)	1,146,178
(13)应交法人税的增加(减少)	499,800	(751,619)	43,576
(14)长期应付账款的增加(减少)	1,984,506	(84,434)	81,746
(15)长期应付费用的增加	519,200	408,324	198,601
(16)支付退休金	(520,020)	(301,887)	(338,137)
(17)退休保险预存款的减少	1,014,609	(152,766)	(255,057)
(18)养老金运营资产的增加	(1,192,925)	(11,059)	(17,314)
(19)其他经营活动产生的资产负债变动	(963,502)	1,055,073	80,231
Ⅱ.投资活动现金流量	(14,424,101)	(13,128,424)	(12,002,059)
1.投资活动产生的现金流入	4,769,952	6,009,363	4,532,605
(1)短期金融商品的净减少		1,445,781	—
(2)可供出售证券的处分	2,788,270	3,764,768	3,110,675
(3)短期借款的净减少	355,317		389,034
(4)长期到期持有证券的处分	28,901	31,234	49,124
(5)保证金的减少	756,316	331,686	220,898
(6)固定资产处分	112,379	295,287	491,701
(7)其他投资活动产生的现金流入额	728,769	140,607	660,207
2.投资活动产生的现金流出	(19,194,053)	(19,137,787)	(16,534,664)
(1)短期金融商品的净增加	5,057,503	—	1,646,130
(2)可供出售证券的取得	3,844,797	3,592,602	1,863,118

续表

科目	第41期	第40期	第39期
(3)短期借款的净增加	—	433,991	—
(4)适用权益法投资股份的取得	261,539	—	127,080
(5)长期借款的增加	425,722	147,100	225,323
(6)保证金的增加	734,221	357,048	213,572
(7)固定资产的取得	8,182,197	14,088,184	12,251,537
(8)无形资产的取得	343,238	214,254	196,339
(9)其他投资活动产生的现金流出额	344,836	304,608	11,565
Ⅲ.筹资活动现金流量	(3,948,339)	1,934,221	(1,599,812)
1.筹资活动产生的现金流入额	1,825,431	5,577,501	4,357,536
(1)短期借款净借入		668,383	798,134
(2)公司债发行	559,460	3,259,925	1,642,086
(3)长期借款借入	381,500	1,086,479	885,610
(4)因行使认股权引起的自己股份的处分	330,737	165,994	117,347
(5)合并资本交易	199,040	—	150,101
(6)其他筹资活动产生的现金流入额	354,694	396,720	764,258
2.筹资活动产生的现金流出额	(5,773,770)	(3,643,280)	(5,957,348)
(1)短期借款净偿还	976,336	—	—
(2)流动性长期负债偿还	2,367,129	1,826,860	2,767,259
(3)长期借款偿还	675,677	415,275	191,644
(4)现金分红支付	871,173	1,315,486	819,110
(5)其他筹资活动产生的现金流出额	883,455	85,659	2,179,335
Ⅳ.外汇换算产生的现金变动	440,958	813,514	419,006
Ⅴ.合并对象范围变动产生的现金增加	296,947	3263	2016
Ⅵ.现金增加	2,021,255	2,982,649	1,609,963
Ⅶ.期初余额	8,814,638	5,831,989	4,222,027
Ⅷ.期末余额	10,835,893	8,814,638	5,831,990

《韩国商法》第 447 条的财务报表都包括资产负债表、利润表、所有者权益变动表或者利润盈余处分计算表（亏损处理计算表）等（《韩国商法施行令》第 16 条第 1 款）；而企业会计上的财务报表都包括资产负债表、利润表、所有者权益变动表和现金流量表。

1. 资产负债表（译者注：在韩国，“资产负债表”现被改称为“财务状态表”，鉴于统一用语，在本书中将统称为“资产负债表”）是指反映企业在某一特定日期财务状况的报表，可以简单理解为在某一特定时点拍摄的照片。资产负债表是按照“资产 = 负债 + 所有者权益”的复式记账基本原则制作，资产按照流动性从大到小的顺序，负债按照偿还期限的顺序记入。资产负债表的制作目的是反映企业当前的状态，然而也有很多不符实际的情形。如资产的账面金额未反映公平市场价值；固定资产折旧与实际价值减少不一致；坏账准备金存在很多介入经营者主管判断的因素等，其对于准确反映企业价值还是存在不少局限。然而通过资产负债表，可以计算公司的收益率，如 ROA（return on asset），ROE（return on equity）等，也可以计算出负债比例和利息补偿比例等，反映出公司所承担负债等情况。另外，由于其是按照资产和负债项目的流动性排列制作，因此还可以通过周转资本比率等检查公司的变现能力等。

2. 利润表是反映企业在一定期间经营成果的动态性报表（dynamic statement）。利润表是根据“利润 = 收入 − 费用”的方式制作。这里的收入与现金流量是不同的概念。如折旧费就是没有现金流出的费用，因此利润表的当期净利润再加上该金额才能计算出现金流量。看一下上面现金流量表上的科目会有助于理解。通过利润表可得到公司营利能力相关的多种信息。如净利润除以加权平均股份数的每股盈余（earnings per share，EPS）从股东立场评价利润规模就是很好的指标；EBITDA（earning before income tax，depreciation，and amortization）则可成为比较分析企业之间或事业之间营利能力的标准，亦可成为判断负债本金偿还能力的标准。通过经营收入或利润的增加比例也可得到经营成长能力相关的信息。

3. 所有者权益变动表反映在一定期间发生的所有者权益的增减，按照各组成部分分别列示。通过所有者权益变动表，除股东之间交易之外，还可以了解到从所有来源导致的所有者权益变动相关信息。以前只要求制作商法规定的利润盈余处分计算表（亏损处理计算表），但由于该表仅针对所有者权益项目之一的利润盈余的增减，因此，最近开始制作所有者权益变动表，对构成所有者权益的所有组成部分进行报告。

4. 现金流量表一目了然地反映公司的现金流量，可利用资产负债表和利润表制作。由于资产负债表采取权责发生主义的会计原则，也有很多与企业的实际重要现金流不一致的地方。因此区分经营活动、投资活动和筹资活动三个部分分别制作现金流量表，以了解现金流入流出的使用和变动内容。通过现金流量表，可以了解公司现金流的推移，可预测负债偿还能力或利润分配能力等，也可判断是否需要立即从外部筹资等。

第二节 企业价值评估

一、企业价值评估的理论基础

(一)货币的时间价值

会计上的资产概念通常都基于预计其资产在将来能够创造的经济效用。因此,资产的价值也应根据其资产在未来可创造的现金流量为基础计算。只是由于现在的1韩元与未来的1韩元具有不同价值,基于对货币时间价值的考虑,不会直接加上这种现金流量本身,而是会加上以适当折现率折现的价值,这就是理论上的资产评估原则。公司发行的股份与债券的评估也大致基于该方法,企业整体价值的评估原则上也是遵循该理论。下面就简单观察一下这一方法。为此,首先需要理解所谓特定未来现金流量之现值(present value)的概念。

现值是指未来的现金流量按照现在的金额是具有多少价值。如假定甲随时在银行存100韩元并在1年后可以得到加上10%利息的本息110韩元。换个方式说,甲随时可以通过银行存款的投资途径创造出10%的收益。在这种情况下,假设有一个具有跟银行相同信用的乙向甲保证在1年后偿还110韩元并请求借款时,甲会以什么样的条件借款给乙呢?甲有两个方案可选:或者在银行存款,或者借款给乙。这时在借款给乙的方案有利于银行存款的限度内才会借款给乙。为此,应首先判断通过银行存款可获得多少收益。在此有必要留意,借款给乙的意思决定并不会单纯基于乙提示的利息。甲必然会先考虑要在银行存款1年后获得110韩元本息的话需要存多少本金。答案当然非常简单,将110韩元/(1+0.1)即可。我们将这种情况称为“资本的机会费用是年10%”。换句话说,甲借款给乙则会丧失在银行存款获得10%收益的机会,因此,甲会将这种费用与借款给乙时的收益相比较再作出意思决定。

那么,为了考虑可在多少范围内借款给乙,我们用“现值”的概念作一下分析。现值是将未来的现金流量折现成资本的机会费用的概念。因此,1年后可从乙得到的110韩元的现值是110韩元/(1+0.1)=100韩元。在这里我们不能认为分母中的0.1就是意味着乙应支付的10%的利息,两者不能混淆。0.1仅仅意味着原先可以从银行获得10%的收益。[1]不能正确理解该差异,在下面讨论当中会发生很多混乱,这点需要留意。对于甲,1

〔1〕 想想前面假设乙跟银行具有相同的信用。但乙的信用危险通常会高于银行。因此,在给乙借款时即使收取与银行相同的存款利息10%,但其现值当然还是更低。然而这种信用危险的差异并不是反映在折现率上,而是会反映在未来现金流量的预计上。

年后的 110 韩元与现在的 100 韩元具有相同的价值(因随时可以在银行存款 100 韩元之后得到 110 韩元),因此甲愿意借款给乙的最大金额也就是 100 韩元。通常,假设资本的机会费用每年为 R,在 N 年后 1 元的现值就是 $1/(1+R)^N$ 韩元。在这里 N 不是日历上的年数,而是应理解为利息计算的期间单位。因此,经过 N 期间之后的 1 韩元折算成现在的货币就等于 $1/(1+R)^N$ 韩元,只是由于 N 是“期间”,因此 R 也就是以其“期间”为准的利率。

在这里可以得知,折现率(上面事例当中的 10%)是决定现值非常重要的因素。在可以适当预计未来的现金流量时,其既有现金流量的现值完全取决于折现率是多少。通常,折现率使用的是资本的机会费用,即在其他地方投资其资金时可以获得的最大收益率。在上例当中甲借款给乙时,在其他地方投资其资金可获得的最大收益率我们只是假设了在银行存款时为 10%,因此,对于可以向乙收取的现金流量就决定了 10% 的折现率。因此再次强调,折现率终究都是意味着可从其他投资机会获得的最大收益率,跟向乙借款时的利率是多少全然无关。从乙得到的利息是包含在未来的现金流量里,而不是包含在折现率上的。

(二)公司债的价值评估

将未来的现金流量按照适当的折现率折现并取得现值,公司债的价值评估就是使用该方法的典型例子。因公司债是“固定现金流量证券”(fixed income securities),即未来的现金流量在其发行条件之下提前被予确定的典型事例。公司债的情形下,发行公司向投资人收取现在公司债发行的资金,作为其代价,投资人将拥有对未来的利息及公司债本金之现金流量的权利,因此原则上本息现金流量的现值就会成为公司债的发行价格。本息现金流量的现值超过公司债的发行价格时发行公司会有损失,因此不会按照该价格发行公司债;而本息的现值低于公司债发行价格时债权人会有损失,因此债权人就不会购买公司债,因此到最后公司与债权人都能接受的公司债发行价格就是将本息按照适当的折现率折现的现值。

公司债的情形下,会以利息和本金的形式非常正确地预计未来的现金流量(暂不考虑不能支付的情形),因此,决定公司债现值最重要的因素是折现率。通常,投资人即使不购入公司债也总会存在可得到银行存款等市场利率程度收益率的投资方案,因此在这种假定下一般都是使用市场利率作为折现率。假设公司债的账面金额(本金)为 F、支付利息为 I、市场利率为 R、到期为 N 年、利息在“每年年末”支付时,“年初”发行的公司债的发行价格就会如下:

$$B_0=\underbrace{\frac{I}{(1+R)}+\frac{I}{(1+R)^2}+\frac{I}{(1+R)^3}+\cdots+\frac{I}{(1+R)^N}}_{①}+\underbrace{\frac{F}{(1+R)^N}}_{②}$$

上面公式由①和②构成。用计算机一一算出该公式是不可能的。因此,通常都是对于一定 R 与 N 的组合提前求值并做好图表,然后再利用其图表简单计算。如关于①,假设 A 是 1 年以后开始每年支付的年金金额，直到 N 年后年金的现值是加上所有每年支付的年金现值的数额，图示如下：

$$S_0=\frac{A}{(1+R)}+\frac{A}{(1+R)^2}+\cdots+\frac{A}{(1+R)^N}=A\left[\frac{(1+R)^N-1}{R(1+R)^N}\right]=A.\ PVIFA$$

上面公式中的 PVIFA 被称为年金现值系数（Present Value Interest Factor for Annuity），是为计算便利，提前算出并按照利率和期间的组合制作成表，这就被称为年金现值表。在大部分财务管理教材后面都会有该表作为附录出现，可供参考。

②的部分也大致相同。如上所示，假设资本的机会费用每年为 R，N 年后 1 韩元的现值就是 $1/(1+R)^N$ 韩元。其中 $1/(1+R)^N$ 就被称为现值系数，为计算便利也是提前制作成表，该表被称为现值表，同样也被收录在财务管理教材的附录部分。

QUESTIONS & NOTES

Q1 A 人寿公司拟在 2018 年 1 月 1 日发行公司债，其发行条件如下：公司债的账面金额为 10，000 韩元，每年年末支付账面金额的 10% 作为利息，发行日起 3 年到期。对于 A 公司发行公司债的本息偿还义务，由 B 银行作保证。2018 年 1 月 1 日当时，无任何破产及其他不能支付危险的市中银行的利率（无危险利率）为年 10%。

（1）该公司债的发行价格应定多少？

（2）假设其他条件相同，每年年末支付账面金额的 12% 作为利息时发行价格应定多少？相反，若其他条件相同，每年年末支付账面金额的 8% 作为利息时发行价格应定多少？如何根据账面利息和折现率决定公司债的发行价格，是否可以从这里得知？

（3）假设其他条件都相同，若没有 B 银行为本息偿还义务作保证，那么公司债的发行价格会受到什么样的影响？

（4）根据上述条件发行公司债之后就在第二天因突如袭来的经济危机无危险利率涨到年 20%，此时公司债的流通价格将会是多少？

（三）他人资本费用

A 公司在 2018.1.1. 按照市价发行了账面金额为 10，000 韩元、3 年到期、每年年末支付 10% 利息的公司债，结果其发行价格成为 8858 韩元。在这里 A 公司负担的有效利率为多少？前面的评估模型是在设定折现率的情形下求发行价格，那么该问题就是在设定发行价格的情形下求折现率，因此就会有如下公式：

$$8858\text{韩元}=\frac{1000}{(1+R)}+\frac{1000}{(1+R)^2}+\frac{1000}{(1+R)^3}+\frac{10000}{(1+R)^3}$$

这一公式是关于 R 的三次方程式，因此直接求解很难，只能是按照纠错法继续加入几个数字一点一点去修正并反复推测演算去求 R 值。这样算出来的结果就是 R=15%。

这样算出来的 R 通常被称为到期收益率（yield to maturity）或者简称为收益率（yield）。所谓公司债的收益率一般不是指账面利率，而是意味着到期收益率。即 8858

韩元购买该公司债与投资到以相同危险取得 15% 收益率的其他方案上是相同的。换个角度，从企业的立场来看，由于购买该公司债的投资人会期待 15% 的收益率，因此对于发行该公司债筹集 8858 韩元的企业来讲不得不用该资金用于经营并取得 15% 以上的收益率。若非如此，投资人就不会购买公司债，而是会选择以相同危险取得 15% 收益率的其他投资方案。据此，企业在筹集资金时应向投资人保障的期待收益率或要求收益率被称为 “资本费用”(cost of capital)。尤其在发行负债进行筹资时，其要求收益率被称为 “他人资本费用”(cost of debt)，以区别发行股份时的自己资本费用(cost of equity)。需要留意的是，在上例中到期收益率或他人资本费用并不是账面利率 10%，而是内部收益率 15%。到期收益率或他人资本费用与账面利率相同的情形只是在公司债的市场价格与账面金额相一致时才会发生。

(四)股权的价值评估

将未来的现金流量按照适当的折现率折现并得出其投资资产现值的方法也可用于股权评估，将投资人可从股权得到的现金流量(股息和股权处分金额)按照适当的折现率折现并得出现值。但股权评估比起公司债的评估难度很大。其理由首先是从股权发生的现金流量与公司债的情形相比非常不确定。关于公司债的利息，应根据合同在每个期间支付一定金额，但股息并非只要公司营利就会分配，即使分配，其分配金额也不确定。因此从股东的立场上预测未来的现金流量本身就很难。另外如何定折现率也不容易。在前面，公司债的折现率可以参考市场上的其他投资方案来决定，然而股权却由于很难比较危险度，不容易找到具有 “相同危险” 的股权，因此，找到直接得出折现率的方法也几乎不可能。结论是，股权评估时分子和分母都不能确定。那么理所当然，就很难说其计算结果就是对股权价值的正确评估了。以下说明的股息评估模型也是通过现金流量的折现得出股权价值，从这一点上来讲具有逻辑上的一贯性，但事实上要使用这一方法却有相当大的难度。

用股息的现金流量评估股权的方法首先从理论上来讲具有较强逻辑性。可从股权得到的现金流量都包括股息和股权处分金额。假设持有期间为 N 年、预计处分价额为 SN，每期应付股息为 DN，适当折现率为 R，股权的现值 S0 就可按照与公司债相同的逻辑得出如下结果：

$$S_0=\frac{D_1}{(1+R)}+\frac{D_2}{(1+R)^2}+\frac{D_3}{(1+R)^3}+\cdots+\frac{D_N}{(1+R)^N}+\frac{S_N}{(1+R)^N}$$

在这里表示 N 年后股权价值的 SN 也是根据类似逻辑将未来现金流量表现为当时现值的金额，因此也就是对 N 年以后一定期间内的股息和在该期间最后处分的价额各自折现之后再予加算。将这种想法扩大到无限期，对上面的公式就可作出如下变形：

$$S_0=\frac{D_1}{(1+R)}+\cdots+\frac{D_N}{(1+R)^N}+\frac{D_{N+1}}{(1+R)^{N+1}}+\cdots+\frac{D_\infty}{(1+R)^\infty}$$

此即股权的股息评估模型。在股息评估模型当中，即使投资人购买股权是为了取得短期买卖差益，但在其出售股权时的股权价格是会与该时间之后全部股息的现值相同。因此结论是，到最后股权的评估只是依赖于未来的股息。股息评估模型也如同前面所述，具有分母和分子的推算都包含很大不确定性的缺点。若股息为 D，保持一定程度的稳定性，上述公式可根据等比级数的计算公式简单缩小为 S0=D/R 的公式，这样就会具有无须拿出现值计算表即可轻易估算股权价值的优点。

QUESTIONS & NOTES

Q1 A 公司在 2018.1.1. 当时的发行股份数为 10 万股、股价为 40，000 韩元。2017 年年末为准的财务报表上报告的净利润是 5 亿韩元，现假设将其 100% 分发股息。

（1）对 2017.12.31. 现在的持股股东需支付的每股股息应是多少？

（2）假设净利润以及分配股息的方式将来也会与现在相同，那么每股的价值应如何计算？相反，若假设 2018.1.1. 现在的股价是被适当评估的，那么对未来现金流量的折现率可以说是多少？

（五）自己资本费用

上面的 R 我们称为自己资本费用，其基本逻辑与他人资本费用几乎相同。换句话就是购买这种股权的投资人的机会费用为 R。若投资人没有购买股权，而是向其他方案投资会得到至少 R 的收益率，因此可以说投资人购买该股权期待的是超过 R 的收益率。所以从企业的立场来看，用发行该股份筹集的资金经营事业，若不能取得至少 R 的收益率就会导致筹资失败。就如公司债一样，发行股份存在需向投资人保证的最低限度的期待收益率或要求收益率，这在财务理论上称为自己资本费用（cost of equity）。就像他人资本费用并非指每期支付的账面利率，自己资本费用也跟股息分配率或者分配方式等无任何关系。若现在的股价 50，000 韩元是被适当评估的价格，代入到上述公式就是 50，000 韩元 =2000 韩元 /R，因此，自己资本费用就是 R=4%。

与此相关，偶尔会看到如下说明："从公司的立场上，自己资本没有偿还本金的义务，也没有支付利息的义务，因此是比他人资本更为有力的筹资方法。"这种错误的说法就是源于没有正确理解自己资本费用的概念。如上所述，通过发行股份筹集到自己资本并非无任何代价。在通常情况下自己资本费用反而会高于他人资本费用（因现金流量的不确定性更大，折现率必然也会更高），且从对股价的影响来讲，新股发行也不利于筹集负债。通常情况下新股发行会导致股价下跌的现象就是这个道理。因此，单从表面上来看，公司也有可能会认为自己资本的筹集不利于他人资本的筹集。当然，实际上哪一种方法更好还是应考虑到各种因素综合判断，但按照"自己资本是无任何代价"的前提去理解自己资本的筹集显然是错误的。

QUESTIONS & NOTES

Q1 让我们设想一下如何根据本书中的现金流量折现法解决当事人之间的纠纷。如首尔中央地方法院2005年10月4日宣告2003Gohap1300判决(爱宝乐园案件一审)当中就有如下说明。法院对于现金流量折现法只能采取消极态度的理由是什么呢?

"对此,被告及其代理律师认为,因其委托Anjin会计法人适用未来现金流量折现法(Discounted Cash Flow)对爱宝乐园的适当股价进行评估的结果,以推定值为准是5446韩元、以业绩指数为准是10,412韩元。因此,在本案当中转换价格定为每股7700韩元是在适当范围内的。未来现金流量折现法是指对于利用该企业所持有的有形、无形等经营性资产预计创出的盈余现金流量,用适当反映其内在危险的折现率进行折现,再得出企业价值的评估方法。但该评估方法具有如下缺点:难以决定作为计算股价核心因素的现金流量预测或者折现率,在评估过程当中也容易介入评估人的裁量。这种情况在本案当中有如下体现:①将在经营目的、财务结构、资产组成、创收结构等方面与爱宝乐园完全不同的新罗酒店假定为类似企业;②任意适用表示个别证券的收益率对市场收益率的变化如何敏感反应的Beta值,按照爱宝乐园向税务署申报的法人税税务调整计算表等为基础计算出1996年12月12日当时爱宝乐园的借款平均利率是11.85%,而将12.88%作为他人资本费用计算折现率。据此,对于Anjin会计法人根据未来现金流量作出的评估额本法庭无法接受。"

二、现行法规定的非上市股权的评估

(一)现行法规定的评估方法

对于上市公司,因有市场价格存在,除特殊情况外价值评估也没有多大问题。问题就是非上市股。评估非上市股权的方法大致有两种:(1)将企业当前所持有的净资产(总资产减去总负债的金额)价值作为企业价值评估的资产价值法;(2)重视企业在将来可以实现多少收益或现金流量的收益价值法。前述的股息评估模型就是典型的收益价值法。仅从理论上来看,根据收益价值法进行企业价值评估是妥当的。但收益价值法具有伴随高度不确定性的重大缺点,因此在实际交易当中通常会将资产价值法和收益价值法作为互补使用。如在企业收购合同中资产价值法就作为价格协商标准的基础评价资料使用。通常,韩国企业之间的并购协议中大部分的价格协商都是以资产价值加上一定经营权溢价的方式形成,收益价值只是作为补充考虑。当然,即使是采用资产价值法,也很少会直接将根据企业会计准则制作的资产负债表上的净资产作为资产价值评估,而是通过尽职调查对账簿上的各种资产和负债按照市价重新评价之后,再以其重新评价的金额作为标准确定资产价值,在这种按照市价重新评估的过程当中也就有可能部分评估将来的收益能力。与此相反,收益价值法在理论上是正确的方法,然而在推定未来的现金流量和折现率的过程当中有可能会介入评估人的主观判断,为了理解也需要会计和财务相关的专门知识等。为弥补缺乏实用性的这种缺点,现行法通过制定一定的标准使其按照便于理解和计算的方式变通使用,采用的是根据过去的收益能力推定未来的方法,从而部分反映过去的业绩。在韩国各种法律制度当中,有很多这种修正的收益价值法。但也不得不承认,因一律的推定,收益价值法在理论上的优点也被毁损很多。

关于非上市股权的评估，现行法在几个法规当中特定了其评估方法，简单介绍如下。首先在《韩国遗产税和赠与税法》第63条第1款第1号Da目以及同法《施行令》第54条到第56条当中作为遗产或赠与财产的评估标准规定了收益价值法和资产价值法，原则上应按照收益价值为3、资产价值为2的比例加权平均的金额作出评估(《韩国遗产税和赠与税法施行令》第54条第1款)，这是为了防止任意减少征税标准。以前是要求按照两者择一大的金额进行非上市股权的评估，但在2005年以后就改为现行的加权平均方式。在这里仔细观察《韩国遗产税和赠与税法施行令》第54条第1款就会发现，即使是用收益价值法评估非上市股权，其股权价值的计算都只要求将每股最近三年净利润(亏损)额的加权平均值，除以3年到期保证债券流通收益率为基础得出的折现率简单算出。这就具有无须推定未来现金流量的特征，并且就像在前述理论模型已看到，将收益简单除以折现率，意味着其前提是过去3年净利润(亏损)额的加权平均永远持续。因此从这两点上来讲，该方法并非正确的收益价值法，而是基于利用便利，作出了修正。《韩国遗产税和赠与税法施行令》第54条第2款规定了资产价值法，将根据《韩国遗产税和赠与税法》各自评估的净资产金额(参考《韩国遗产税和赠与税法施行令》第55条第1款)除以发行股份总数的金额作为非上市股权的每股价额。

《韩国资本市场法》当中也有非上市股权评估相关规定。如关于合并时非上市股权的评估，根据《韩国资本市场法施行令》第176条之5第1款第2项、第2款、韩国金融委员会制定的《韩国关于证券的发行及公示的规定》第5条到第13条、《韩国关于证券的发行及公示的规定施行细则》第5条到第7条，非上市股权的评估应将资产价值和收益价值分别为1和1.5加权平均的金额和相对价值金额重新作出算术平均得出；若没有相对价值，仅按照对资产价值和收益价值加权平均的金额作出评估。求出收益价值的方法有如下具体特征(《韩国关于证券的发行及公示的规定施行细则》第6条)：(1)对今后2年间推定财务报表上的当期净利润作出加权平均使用，代之以现金流量；(2)对市中定期存款利率乘以一定倍数(目前为1.5倍)求出折现率；(3)与《韩国遗产税和赠与税法》相同，以推定净利润永远持续作为前提，将推定净利润除以折现率简单求出收益价值。

我们看到，可以客观评价股权价值的标准尚未被开发，实际上是否有可能存在那种尺度也无法确定。但由于股权投资无法离开价值评估，因此在现实当中有很多指标存在。一般被称为“市盈率”的PER(Price Earning Ratio)是其中最具代表性的指标。PER是将公司股价除以每股收益的值。如假设有两个企业每股收益都是1000韩元，A公司的股价是1万韩元，B公司的股价是2万韩元。那么A公司的PER是10倍，B公司的PER是20倍，可以得知B公司的股价被高估。通常PER越低就意味着股价被低估，也就意味着将来股价上涨的可能性也更高，但也不能就此断定。最近还有积极利用资本费用的EVA(Economic Value Added)概念广受支持，经营层绩效评价时也经常被使用。这一概念并不单单看企业是否营利，而是重视考虑到机会费用时企业是否从经济上创造附加价值。EVA 通常是指“税后净经营利润 -（投资资本 × 加权评估资本费用）”。其中后面的项目从股东和债权人的立场来看是企业必须获得的金额，其实就是从投资人立场上来看的机会费用；前面的项目则是企业实际获得的收益。因此，EVA 就是评价企业在拿到投资人投资之后是否取得了相比其他投资机会更好的成果。如企业若在得到投资之后在银行存款或者投资不动产，就不会比其他投资人创造更高的收入，因此 EVA 会很低或者是负数。即 EVA 是从投资人的立场看待企业的概念，因此不仅在企业评估层面，而且在对经营业绩进行评价时也广受支持。

QUESTIONS & NOTES

Q1 企业评估无非就是如何定价，让我们想一下法律上规定企业评估的计算方法具有什么样的意义。如《韩国资本市场法施行令》第 176 条之 5 第 1 款规定了上市法人之间或上市法人与非上市法人之间合并时合并价额的计算方法。该方法可以保证按照市场价值合并吗？如果当事人协商确定按照其他合并比例进行合并，此时可以不用遵循该规定吗？从这个角度，让我们考察一下该规定的正反两面。请参考第九章【判例 85】及 Q4 参考判例首尔高等法院 2015.7.16.Ja2015 La20485 决定（三星物产合并案件）。

（二）判例中体现的非上市股权的评估

【判例 55】- 换股中股权价值评估与背任罪（大法院）SKC&C

大法院 2008.5.29. 宣告 2005Do4640 判决

关于本案股权交换部分相关事实和法院认定部分如下。

（1）一审认定的事实及判断

公诉事实：大股东是甲的 SKC&C 股份公司（以下简称 SKC&C）对 SK 股份公司（以下简称 SK）拥有 10.83% 的股权。由于出资总额限制规定，自 2002.4.1 日起不能对其中大约 9.5% 的股权行使表决权。因此，为维持被告甲对 SK 集团附属企业的控股权，被告之间合谋，未经公正的股权价格评估及出售条件的决定过程，也未经董事会决议通过，对 2002.3.25. 由 SKC&C 持有的上市公司股权 SK 股份 6，463，911 股（股权占比为 5.09%）和由甲持有的非上市股份公司 Walkerhill（以下简称 Walkerhill）的股权 3，256，298 股（股权占比为 40.7%）进行交换（以下简称本案换股）。该换股行为最终导致两个公司的股权全部按照每股净资产价值评估时的差额是 721 亿韩元，最终使 SKC&C 发生损失，被告甲取得与其相应的利益。此行为违反了《韩国关于特定经济犯罪加重处罚等的法律》（背任罪）。

一审认为：对于有关违反《韩国关于特定经济犯罪加重处罚等的法律》（背任罪）的部分，由于其罪成立应以对所交换的 SK 股权的适当价值跟 Walkerhill 一样需按照每股净资产价值评估计算损失规模作为前提，因此不存在关于犯罪事实的证明，从而作出无罪判断。另外，对本案中的 Walkerhill 股权按照账面金额算出净资产价值为每股 31，150

韩元之后再根据《韩国遗产税和赠与税法》的例子加价30%,最终按照每股40,495韩元的评估价进行交换,鉴于上述理由认为其估值过高;而对本案中SK股份按照交换之前的证券交易所收盘价17,000韩元上加价20%,最终按照每股20,400韩元计算并交换,对此认为并非估值过高。被告将相当于两种股权适当交换评估金额之间差额的损失、以及因SK股份和Walkerhill股权之间现金流动性的差距而发生的损失推给SKC&C,同时作为交易对方的被告甲又取得相应利益,认为这一行为构成业务背任罪。

(2)关于被告4和被告5的上诉理由

①公司的董事与其他公司的董事、股东等具有关联关系的人之间通过交换的方法转让该公司所持有的其他公司发行股份,并从其具有关联关系的人取得第三方公司的发行股份时,考虑到其交易的目的、签订合同的经过及内容、交易款项的规模及公司的财务状况等情形,从公司的立场上来看,其行为超出可被接受为基于经营需要的正常交易的界限,主要是为了牟取进行交换交易的关联关系人的个人利益,这种交易应判断为背任行为。

原审认为,本案换股旨在让被告甲取得SK股份没有现金负担,是由被告甲的SK集团直属机构重组业务本部实际决定了交换交易的内容,且从认定事实来看,SKC&C都没有正式召开董事会就制作了董事会会议记录;SKC&C并没有需进行本案换股的经营需要或者也没有多少可因其取得的利益;在交换过程当中SKC&C也并没有经过考虑公司利益的程序等,鉴于此判定本案换股交易属于背任行为,也认定被告具有背任的犯意。从上述记录来看,可以认为原审的认定和判断是正当的,且并不存在如上诉理由所主张的违法情形。

②在Walkerhill的股份及SK股份的评估问题上,原审认为,尽管无法断定按照净资产价值评估Walkerhill股份是否估值过高,但在交换当时作为SK股份评估标准使用的交换前一天证券交易所收盘价都不到SK净资产价值的一半,所交换的SK股份在全部股份当中的占比为5.09%,这样的规模可以对SK集团企业的控股公司SK的控股结构产生相当大的影响,对于想要维持控制的被告甲来说其取得是切实所需,而对于除了被告甲以及与其具有关联关系的股东之外的SKC&C的其他股东来说则不具有任何理由或者经济利益去急于处分公司所持有的SK股份。对于SKC&C来说既与经营业务无关,也不容易处分,且因出资总额限制也无法对Walkerhill股份行使表决权的情形下要取得其40.7%的股份很难认为是基于经营所需。鉴于此,加算30%经营权溢价的情形可充分认定为估值过高,且,《韩国遗产税和赠与税法施行令》第54条规定的非上市公司的评估方法只是补充性评估方法,因此不能认为据其计算的评估额即为股权的价值(参照大法院2001.9.28.宣告2001Do3191判决、大法院2005.4.29.宣告2005Do856判决等),因此,即使说被告对Walkerhill股份加算30%溢价是基于《韩国遗产税和赠与税法》的示例,也还是可以认为SKC&C因本案换股发生了财产损失。

原审的理由说明尽管有些许欠妥,但原审认定被告成立背任罪是可以认可的,并不存在上诉理由所主张的违法情形。

QUESTIONS & NOTES

Q1 本案认为 Walkerhill 股权价值评估有问题从而认定背任，若股权交易价格是公正的，那么是否就没有任何问题？

Q2 本案一审（首尔地方法院 2003.6.13. 宣告 2003GoHap237.311 判决）就非上市股份的评估认为，“因查到非上市股份的适当交易价格很难，所以被告其实也可以向专门会计法人等可进行企业评估的第三方机构委托评估 Walkerhill 股权的价值或者适当交易价格作为参考再根据其评估结果进行价格协商等……但未实施任何措施”。假如只是股权交易的公正性方面有问题，那么企业采取什么样的措施才能免于背任罪的责任呢？（请参考首尔南部地方法院 2006.8.17. 宣告 2003GaHap1176 判决 –【判决 43】原文）假如，在本案当中被告委托上述评估机构作出评估，再基于其评估结果进行交易，那么法院会认为是采取了适当的措施吗？

【判例 56】- 非上市公司股权价值评价方法（大法院）

大法院 2006.11.24.Za2004Ma1022 决定[1]

事实关系

1. 韩国有线电视 Dream City 广播股份公司（以下简称 Dream City）于 2000 年 10 月 28 日收购恩平信息通讯股份公司（以下简称恩平信息通讯）的全部发行股份 20,000 股，从而持有该公司 100% 的股权，成为该公司的一人股东。

2. 在之后的 2001 年 1 月 31 日，Dream City 又从股份公司韩国有线电视恩平广播（以下简称恩平广播）的大股东以每股平均 28,633 韩元的价格收购恩平广播公司发行股份的 69.85%，即 349,250 股，成为恩平广播的最大股东。上述恩平信息通讯和恩平广播都是非上市公司。

3. 紧接着，Dream City 又推进上述两个公司的合并，其中恩平广播作为消灭公司，恩平信息通讯作为存续公司。恩平广播在 2001 年 3 月 26 日董事会上决议通过与恩平信息通讯之间的合并议案，并在 2001 年 4 月 27 日召开股东大会通过恩平信息通讯与恩平广播的合并比例为 1：0.0842 的合并案。由此，以 2001 年 5 月 31 日为准，恩平广播被恩平信息通讯吸收合并。

4. 申请人是持有消灭公司恩平广播股份 150，750 股（30.15%）的恩平广播的股东，他们根据商法的规定在 2001 年 4 月 23 日向恩平广播作出反对合并的通知，并在 2001 年 5 月 16 日向恩平广播申请回购其持有的全部股份。

法院的判断

1. 对公司合并或资产转让持反对意见的股东请求公司回购非上市股份的情形下，就其股份若存在适当反映客观交换价值的正常交易实例时，应将其交易价格作为市价决定

---

〔1〕 该案与【判例 91】相同，在这里整理其事实关系。

股权受让价格，但若没有交易实例，就应使用针对非上市股份的评估普遍认可的市场价值方式、净资产价值方式、收益价值方式等各种评估方法。只是各种法规规定非上市股份的评估方法会根据其制定目的适用不同的标准，因此不能断定应一律适用某一种（如《韩国证券交易法施行令》第 84 条之 7 第 1 款第 2 项的评估方法或者《韩国遗产税和赠与税法施行令》第 54 条的评估方法）评估方法，而是应综合考虑该公司的情况或行业特征等计算公平价格（请参考大法院 2005.4.29. 宣告 2005Do856 判决、2005.10.28. 宣告 2003Da69638 判决等）。

……

3. 对于有线广播事业，初期需要广播装备和广播网络安装等大规模的设施投资，而在之后除了人力成本等费用之外无须太多的追加费用，只要确保一定数量以上的会员就会有相当于月使用费的稳定收入。因此，以会员数、传输网络的容量、地区内独占与否等作为基础的未来收益率就成为评估企业价值或者股权价值的重要考虑因素（参照大法院 2005.4.29. 宣告 2005Do856 判决）。

根据记录，恩平广播的会员数在 1998 年为 15,843 名，1999 年为 29,254 名，2000 年为 42,080 名，呈渐增趋势，因此综合考虑当时恩平广播在首尔恩平区内是否能够独占经营综合有线广播事业、综合有线广播业的现状及展望、宏观经济展望、公司内部的经营情况、事业计划或经营计划等因素计算股权的收益价值是可以反映客观股权价值更加合适的方法。

然而，原审认为恩平广播在合并当时连续 3 年累计亏损的情况下其经营状况甚至濒临资不抵债，根据过去的经营业绩或者当前情况来看，也不存在可以认为未来的收益价值会超过现在的收益价值的情况，所以用现在的收益价值无法正确反映企业收益价值的其他情形，因此根据《韩国遗产税和赠与税法施行令》第 54 条第 1 款、第 56 条第 1 款的规定，仅根据过去 3 年的每股净损益为基础计算出恩平广播的每股收益价值为零的做法是原审对根据未来推定利益的收益价值计算法理有所误解，从而对决定产生了影响，因此是违法的。申请人在再上诉理由当中指出该部分是可以认可的。

4. 若要综合考虑市场价值、净资产价值、收益价值等各种评价因素计算非上市股份的受让价格时，应根据该公司的情况或者行业特征、上述评估因素是否能适当反映股权的客观价值、根据其方法计算价值是否存在其他错误等分别确定反映各种评价因素的比例。

如前所述，Dream City 在 2001 年 1 月 31 日收购恩平广播 69.85% 的股份即 349,250 股的交易价 28,633 韩元当中尽管说是包括了经营权的转让代价，但上述交易是在董事会对合并作出决议的 2 个月不到的时间内形成的，因此，在上述交易价格当中是否扣除相当于经营权转让代价的金额就成为判断对股权的各种评价因素是否适当的决定性标准。然而原审计算出恩平广播股权的净资产价值为 1386 韩元、收益价值为零的做法存在前述的错误，与在上述交易价格当中扣除相当于经营权代价的金额计算出的市场价值

22,025 韩元也存在很大差距,因此将上述净资产价值和收益价值作为计算本案股权转让价格的评价因素是不合适的。根据记录,2001 年 3 月 10 日左右韩国有限电视冠岳广播的股份 52,672 股(占发行股份总数的 4.39%)按照每股约 37,970 韩元总计 20 亿韩元被转让,瑞草综合有限广播的股份 97,443 股(占发行股份总数的 4.39%)按照每股约 55,417 韩元总计 54 亿韩元被转让。因此,应对上述公司是否从事与恩平广播相同的行业、其法人的资产规模、会员数等作出比较,对在上述交易价格当中扣除经营权转让代价计算的恩平广播的每股市值 22,025 韩元是否适当作出判断,若没有如上计算的市值不适当的其他特殊情形,也难以另行计算恩平广播的净资产价值和收益价值的适当评估金额时,其实也可以将如上适当评估的市值认定为恩平广播股份的公平价格决定受让价。

然而,原审以如上计算的市场价值、净资产价值、收益价值等三个因素当中不存在应特别加权某一特定因素算出平均值的依据为由,对上述三种价格简单作出平均,算出恩平广播股份的受让价格为 7803 韩元的做法对决定非上市股权受让价格时各种评价因素反映比例的法理有所误解,从而存在违法情形。申请人在再上诉理由当中指出该问题是可以认可的。

QUESTIONS & NOTES

Q1 请整理出判例所说的价值评估的一般原则。判例所说的收益价值是指本书中说明的现金流折现法(Discounted Cash Flow, DCF)吗?若不是,那么收益价值指的是什么?

Q2 想想非上市股权评估时是否也可考虑市场价值。非上市股权因存在场外交易价格,所以也可将其价格反映到加权平均值上,这时会存在什么样的问题?

如何作出企业价值评估具有实际决定诉讼成败的效果。但上述法理对于如此重大的判断问题是否给予法院过多的裁量权?试想一下法院是否具有可以正确使用这种裁量的能力和动机。若并非如此,那么会有其他方案吗?

Q3 (1)在实际交易当中经常使用 DCF 方法定价,若其不被法院认可为评估方法会存在什么样的问题?

(2)不存在关联关系的当事人之间对价格形成合意时,法院认为其评估是错误的,这种判断是否可取?

第三节 利润分配与本公司股票取得

一、资本金制度的宗旨和利润分配的限制

资本金制度相当于股份公司法的基本骨架。《韩国商法》上的资本金在发行额面股

时是公司发行股份的票面金额总额；在发行无额面股份时是董事会或股东大会决议在股份发行价格的1/2以上按照资本金计算的金额(《韩国商法》第451条)。资本金制度旨在保护公司债权人，指在确保责任财产的层面上必须将资本金保留在公司。尤其以债权发生无法与公司协商的侵权行为时的债权人或者消费者、劳动者等为主要保护对象。由于资本金被认为是公司为了这样的债权人需要维持的责任财产的资本净值(equity cushion)，因此，其不只是账面数字，应实际存在于公司。其结果就有了公司法教材上所谓资本金三原则的一系列规定。如折价发行规制(《韩国商法》第330条、第417条)、没有公司同意的股款缴纳抵消禁止(《韩国商法》第421条第2款)、董事等的认购或缴纳担保责任(《韩国商法》第321条、第428条)、利润分配来源的规制(《韩国商法》第462条)等。

(一)资本金制度的政策性意义

公司法关注债权人保护的根本理由在于股东的有限责任制度。因此，这种考虑只是股份公司所需，对于社员不能享有有限责任的其他公司形式就没有多大意义。有限责任制度让股份公司可以从多数一般投资人筹集资金，但在其反面也具有将原先应由作为剩余股权请求权人的股东所负担的经营危险转移给债权人的效果。但这也并非意味着债权人必须受到保护或者法律必须介入。重点是，除了债权人的财富会转移到股东这一问题本身，更重要的是其会提高股东作出从社会整体来看非效率的意思决定的可能性。资本金制度会矫正股东的这种动机，从而具有为社会效率的增进作出贡献的效果。

为具体理解上面的理论，我们试想一下如下情形。为简化讨论，假定所有投资人都是风险中立性的。在当前时点公司考虑如下两种投资方案。A.一年后的预计收益率为60%和−40%，各占50%的概率；B.一年后的预计收益率为80%和−60%，各占50%的概率。这两种投资方案的期待收益率都是10%，但风险不同。公司只有从股东筹集的100韩元和从债权人筹集的100韩元，现要用这200韩元进行投资，对于债权人还需支付10%的名目利息。此时，一年后的公司情况如下(见表18)：

表18　投资方案A、B比较

单位：韩元

	投资方案A(安全)			投资方案B(危险)		
	公司	债权人	股东	公司	债权人	股东
50%成功	320	110	210	360	110	250
50%失败	120	110	10	80	80	0
期待值	220	110	110	220	95	125

就投资方案B来讲，经营失败时公司只剩80韩元，因此债权人连本金都无法回收。从上表可知，对于股东来说投资方案B的期待值更高，这是因为经营失败时股东的财富不会成为负数。亦即，情况好的时候所增利益全部归属于股东，而情况不好时的损失

则会通过有限责任将其中一部分转嫁给债权人，因此，经营危险越大，股东的期待利益越会增加。对于股东来讲还存在即使期待值更少也会选择更加危险事业的动机。如设想一下期待收益率为 60% 和 −40%，各占 50% 概率的 A 投资方案和期待收益率为 70% 和 −70%，各占 50% 概率的 C 投资方案。按照如上方法计算，结果如下表（见表 19）：

表 19　投资方案 A、C 比较

单位：韩元

	投资方案 A（安全）			投资方案 C（危险）		
	公司	债权人	股东	公司	债权人	股东
50% 成功	320	110	210	340	110	230
50% 失败	120	110	10	60	60	0
期待值	220	110	110	200	85	115

投资方案 C 的期待收益率为 0，因此单从现在价值的侧面来看，选择 A 从社会整体来讲当然是最好的，但从股东的立场上选择 C 会更有利。股东的这种动机从社会整体来讲会成为问题吗？股东的这种动机从分配的侧面会将债权人的财富转移给股东，与此相反，从效率的侧面会让其选择将社会整体蛋糕大小减少的投资方案，从这一点来讲是非效率的。综上所述，可以说最终导致的结果是会让债权人负担因社会非效率导致的损失。问题在于股东享有有限责任，但如若取消有限责任则无法筹集资金，所以最终要求公司留存充分的责任财产去解决这一问题，这就是资本金制度。

但这种论据有说服力吗？在上述模型当中假设债权人的分析能力或信息方面与股东相同，债权人就会认知上述财富转移行为的可能性，并提前在决定利率时充分作出反应。其结果就是将社会非效率引起的损失全部由股东负担。如在期待收益率为 60% 和 −40% 的投资方案 A 和 70% 和 −70% 的投资方案 C 案例当中，债权人为得到 110 韩元的期待未来价值，则会要求高于 10% 的利率，即要求 60% 的利率就可以。若要由股东全部负担非效率引起的社会费用，那么对于股东来讲也存在充分的动机去保证不去实施上述的财富转移行为。亦即，即使法律不去特别干涉，当事人之间也可通过协商解决问题。因此，重要的是债权人是否处于在可实施这种协商的地位之上。

若不能实施这种协商，那么由法律保护这种债权人则会更有效。其代表性事例就是公司的侵权行为责任。在侵权行为责任的情形下股东也会根据类似于上述的理由将危险转嫁到侵权行为债权人身上。在上面设例当中选择危险的投资方案从侵权行为责任来看，就是意味着加重事故发生的危险。亦即，侵权人若知道可以无清偿能力为由不履行损害赔偿责任的话，则会持有减少注意义务或者承担过度危险的动机。如假设某一公司按照如下概率发生导致 1000 韩元损害的事故，为便于讨论，假设公司承担无过失责任。（见表 20）

表 20　公司的责任承担

注意水准	注意费用 / 韩元	事故概率 /%	期待事故费用 / 韩元	总事故费用 / 韩元
0	0	20	200	200
1	30	12	120	150
2	70	6	60	130
3	120	2	20	140
4	180	1	10	190

在这里很容易得知从社会整体来讲最佳的注意水准为 2。若公司承担无过失责任，公司就会尽到水准 2 的注意。但如果公司只有 200 韩元的财产，那么结果就会不同。因为此时即使发生损害，公司也只需赔偿 200 韩元就可以，因此，此时的期待事故费用是在各自的概率上乘以 200 韩元的金额，而非乘以 1000 韩元。因此，如下表所示，即使是在公司承担无过失责任的情形下公司也会尽到低于社会最佳水准的 0 水准的注意。（见表 21）

表 21　公司的责任承担 2

注意水准	注意费用 / 韩元	事故概率 /%	期待事故费用 / 韩元	总事故费用 / 韩元
0	0	20	40	40
1	30	12	24	54
2	70	6	12	82
3	120	2	4	124
4	180	1	2	182

算出公司财产为 500 韩元的情形就会容易得知注意水准在 1。就这样，随着公司财产的增加，公司的注意水准跟着往上走，接近于社会最佳水准，这就是资本金制度所意旨的效果。资本金制度的首要目的在于减少被害人事后得不到适当救济的可能性，其次也具有提前防止股东因减少注意或者实施危险的事情导致社会非效率的效果。尤其像侵权行为被害人等非自发性债权人刚开始就没有余地跟股东或者公司进行协商，因此要求公司留存适当水平的责任财产，从而减少上述动机就会成为解决上述问题的一种方法。

（二）资本金制度的实效性

作为责任财产留存的资本金起到保护债权人，尤其是没有协商能力或者非自发性拥有债权的债权人，从而矫正股东动机的功能。那么我们为什么要对这种资本金制度重新考察？该讨论源于资本金制度实际上能否履行其本来的功能。当前在实务界或者学界大部分人都认为资本金反而成为了公司自由经营的绊脚石，几乎丧失了原本对债权人的保护功能。其理由大致如下。

①对于资本金，重要的是实际上是否持有相当于资本金的资产，但在现实当中只要没有账面上的资本金侵蚀发生，就会视为账面上的的资本金继续维持。然而即使账面上

没有发生资本金侵蚀，但因不良债权或账簿外负债等的存在，实际上的净资产有可能少于账面净资产。由于会计的资产评估原则并不完整，因此，公司的财产状况与账面金额存在出入的可能性总是存在的。②实际上，债权人不会看到计入资本金的金额就会认为债权回收是可行的，而是会考虑当前公司的综合财务情况，预测公司事业的收益能力，再去评估债务不履行的风险。③若债权人在协商能力方面与公司相等，在上述模型当中股东会自觉保护债权人。因此，若以银行等金融机构作为前提，并非一定要用资本金制度去保护债权人。④资本金制度是一律适用的，因此有时可能会考虑不到公司的具体情况。因此，在实际上不需要多少责任财产的情形下也要求资本金，则会导致非效率。

考虑到资本金功能减弱的问题，2011 年修正的《韩国商法》就在维持确保一定责任财产之理念的同时作出了如下的制度改善：①引进了无额面股，责任财产的决定不再依赖于票面。无额面股只要满足资本金超过发行价格的 1/2 以上的条件，董事会或股东大会就可以在每次发行时作出不同决定(《韩国商法》第 451 条第 2 款)。②实物出资的规模小或者其财产没有市价时就视为不存在滥用危险，免除了检查人或鉴定人的调查程序(《韩国商法》第 299 条第 2 款、第 422 条第 2 款)。③留存的资本公积金和利润公积金的总额超过资本金的 1.5 倍时，可以将其超过金额视为利润向股东分配(《韩国商法》第 461 条之 2)。

(三)公积金

商法上的公积金包括利润公积金(《韩国商法》第 458 条)和资本公积金(《韩国商法》第 459 条)两种。利润公积金是指在每一会计决算期将现金利润分配金额的 1/10 以上作为公积金提取(《韩国商法》第 458 条)；资本公积金是指从资本交易产生的盈余金(《韩国商法》第 459 条)。企业会计上的利润盈余金是旨在将通过公司经营取得的金额在公司留存，包括利润公积金、其他法定公积金、任意公积金等；资本盈余金是从资本交易中发生的，包括股份发行溢价金、减资差益、其他资本盈余金等。

提取公积金不是指由公司保管一定的金钱，而仅仅意味着转移账簿上的科目。钱是既有的，只是对科目重新进行分类而已。因此不能将提取公积金理解为在公司金库里堆钱。公积金的资本金转入(《韩国商法》第 461 条)也不过是对科目的再次分类而已。但在形式上由于资本金增加，因此要发行新股，从而通常称之为“无偿增资”。股票分红也是在没有股东缴纳股款的情形下发行股票，在这一点上也与此相似，但两者差异在于，股票分红的来源为可分配利润，而无偿增资的来源是不包括在可分配利润当中的法定公积金。且，无偿增资导致资本金的增加，但在股票分割的情形下对资本金是无任何影响的，因此其与股票分割也不同。当然这种差异都是会计上分类的差异，并非本质上的。结论是公积金与公司有多少现金是完全无关的。因此计入公积金的金额并没有多大意义，但有一个重要功能是在计算可分配利润时要在净资产额当中扣除，即防止公司财产的流出。可以说这是公积金制度几乎唯一的功能。2011 年修正的《韩国商法》规定提取的资本公积金及利润公积金的总额超过资本金的 1.5 倍时可以根据股东大会决议减少其超过的金额(《韩国商法》第 461 条之 2),上述功能也就被弱化很多。

二、可分配利润

(一)可分配利润的计算

没有利润就不能分红,优先股也不例外。可分配利润是资产负债表的净资产减去(A)资本金、(B)既提取法定公积金、(C)拟提取利润公积金、(D)施行令规定的未实现利润之合计的金额(第 462 条第 1 款)。假设这里的未实现利润为零,可以按照如下公式求出可分配利润 P。

$$P=NA-(A+B+C)$$

根据《韩国商法》第 458 条,C 为 $1/10\times P$(将可分配利润全额分配作为前提)。

$$P=NA-(A+B+1/10\times P)$$

$$P=10/11\times(NA-A-B)$$

可分配利润是净资产减去资本金和法定公积金之后金额的 10/11。请注意这里的可分配利润是根据资产负债表计算的。可分配利润是“Stock”概念,与利润表上的利润即“flow”没有任何关系。究其原因是因为商法上可分配利润概念的基础是债权人保护。

问题是作为计算可分配利润之基础的资产负债表事实上是根据企业会计准则制作的。对于扣除项目,不管根据商法还是根据企业会计准则,在其金额上应无区别,但由于资产的评估方法不同,净资产额就会存在差异。那么对此应如何处理呢? 现实当中也不能重新制作资产负债表,因此只是单纯地用根据企业会计准则制作的资产负债表适用《韩国商法》第 462 条。这就是商法规定与企业会计准则存在冲突时发生的最重要的问题。结果最可行的解决方法是在商法中除了关于可分配利润的《韩国商法》第 462 条之外将具体的会计处理相关规定全部删掉。在 2011 年修正的《韩国商法》当中就是大量删除了第 452 条等会计相关规定,交给公平适妥的会计惯例去解决(《韩国商法》第 446 条之 2)。

QUESTIONS & NOTES

Q1 试想一下,在计算可分配利润时即使适用根据企业会计准则制作的资产负债表也没有发生过任何问题,其理由是什么?

Q2 首尔高等法院 1976.6.11. 宣告 75Na1555 判决当中曾有过如下说明:“并不是说公司有了利润就一定要作出分配决议,股东也不是就能够请求作出分配决议的。”这通常被说明为,“股东仅仅是享有利润分配请求权,而不是享有确定的分配请求权”。那么公司章程中作出“公司 5 年不分配利润”的规定是否有效? 若有效,违反一定期间不分配利润的章程规定而进行分配的董事是否应负第 399 条的责任?

Q3 利润分配只能用现金吗? 请参考第 462 条之 4。

Q4 股东之间允许不按照持股比例进行利润分配吗? 如,公司作出决议对持有公司 1% 以上股票的股东分配 30%,对低于 1% 持股率的股东分配 33% 的利润。根据上述决议受到损失的持股 1% 以上的股东全员出席股东大会并同意该决议时，可以得到允许吗？（参照大法院 1980.8.26. 宣告 80Da1263 判决）若决议要对持股 1% 以上的股东分配 33%，对持股低于 1% 的股东分配 30%，结论会不同吗？

（二）通过做假账违法分配利润的案例

【判例 57】- 做假帐分配利润与公司的损害（大法院）

大法院 2007.11.30. 宣告 2006Da19603 判决

事实关系

海太制果股份公司（以下简称海太制果）在 1997 年 11 月 1 日资不抵债，于 2011 年 5 月 3 日从首尔地方法院接到重整程序开始决定。被告 1 为海太集团的会长，自 1994 年 8 月 30 日至 1996 年 9 月 16 日曾任职海太制果的法定代表人。被告 4 曾为法定代表人、被告 3 曾为非登记董事，在资产负债表被承认的 1995 年 8 月 28 日的定期股东大会上被选举为董事。被告 1 向被告 3 作出发生当期净利润的虚假做账指示，被告 4 又向负责财务的非登记董事作出上述内容的指示。其结果是，当时在资本完全侵蚀，发生当期净损失的情形下通过虚假做账作出没有资本侵蚀状态、以及发生当期净利润的财务报告。上述假账经海太制果股东大会通过并予以公示，海太制果根据上述决算结果计算法人税税额并向税务局申报缴纳，在股东大会上对普通股按照 6%、对优先股按照 7% 的比例决议现金分红，向各股东进行了总计 271.29 亿韩元的利润分配。

法院的判断

根据企业会计准则，公司在某营业年度发生了当期净损失从而没有可分配利润，而制作虚假财务报表虚构利润并以此为基础向股东分配利润及缴纳法人税时，如无其他情形，应认为公司因其虚假做账支出了本不应向股东支付的股利以及所缴纳法人税相当的金额从而受到损害，且不能只是因为履行了通过财务报表为目的的董事会决议及股东大会决议等程序而认为做出虚假财务报表行为与公司所受如上损害之间的因果关系由此被阻断。

鉴于如上法理和记录，原审出于同一理由认为重组公司海坤科技股份公司（变更商号前为海太制果股份公司，以下简称海太制果）第 35 期营业年度（1994 年 7 月 1 日至 1995 年 6 月 30 日）和第 36 期营业年度（1995 年 7 月 1 日至 1996 年 6 月 30 日）的财务报表为虚假做账，并因此向股东支付股利或者缴纳法人税等受到损失的判断是正当的，这里并不存在上诉理由所主张的对损害的概念或因果关系等法理误解的违法。

公司以及公司的大股东兼法定代表人具有各自不同的法人格，而且公司的大股东兼法定代表人的指示违法时，公司高管也没有法律义务必须去遵照其指示，因此，公司高管根据大股东兼法定代表人的指示故意或过失参加违法做假账等行为让公司受到损害时，公司向该高管的损害赔偿请求不能说是违反信义原则，且即使存在通过上述违法做假账行为让公司的信用等级评价有所提高，从而让公司在经营活动或者金融交易过程当中得到有形无形利益的情况也并无不同。

QUESTIONS & NOTES

Q1 在本案当中公司股东是什么利益被受侵害？若公司股东的利益未被侵害，那么谁的利益被侵害？在上述判决当中“公司受到……支出相当于利润分红和法人税缴纳金额的损害”的说明是否合理？

Q2 在没有可分配利润的情形下分配利润时谁可以向谁提出何种请求？

Q3 在本案当中经过股东大会决议分配利润也改变不了事态的理由是什么？试想一下，实际上让认为分配利润越多越好的股东去决定分配金额的理由是什么？其理由是否妥当？

三、股票分红

股票分红是指用新发行股票代以现金分配利润的方式。那么具体应认为是分配了多少金额？作为股票分红发行的新股的发行价格是股票的票面价(《韩国商法》第 462 条之 2 第 2 款)，因此在计算可分配利润或发行限制金额的时候按照相当于票面价的金额视为分配利润计算即可。无额面股因没有票面价所以在解释上会有问题，在 2011 年引进无额面股时未能顾及这一点。因此，发行无额面股的公司也可以实施股票分红，只是增加的资本金由董事会或者股东大会决定即可。关于股票分红的重要限制：(1)股票分红不得超过利润分配总额的 1/2(《韩国商法》第 462 条之 2 第 1 款但书)，剩余部分应进行现金分配。(2)以市价超过票面价为前提，上市公司或登记法人可以将全部利润分配都用股票分红(《韩国资本市场法》第 165 条之 13 第 1 款)。

股票分红与股票分割以及公积金转增资本如前所述其经济实质都是一样的。只是与资本金相关存在差异。假设公司的资本金目前是 100 股 ×500 韩元 =5 万韩元。该公司没有资本盈余金。利润盈余金有利润公积金 10 万韩元和任意公积金 10 万韩元。公司在某一天无任何理由地向股东交付了每股一个股票。对于股东，所持有的公司股票变成了 2 倍，而事实上持股率没有变化，因此与之前相比是没有变化的。然而公司是如何可以向股东分配股票的呢？有三个可能性。①利润公积金减少 5 万韩元，代以增加资本金(200 股 ×500 韩元 =10 万韩元)，公积金转增资本，即无偿增资。②任意公积金减少 5 万韩元，代以增加资本金(200 股 ×500 韩元 =10 万韩元)，这是股票分红。③利润盈余金没有任何变化，资本金也无变动，只是减少了票面价(200 股 ×250 韩元 =5 万韩元)，这是股票分割。结论是，股票分红、股票分割、公积金转增资本或者无偿增资都只是会计处理方法的差异而已。硬要赋予意义的话，股票分红与无偿增资会产生资本金金额的变化。股票分红和无偿增资的差异只不过是其源自哪一科目，由于钱本身没有标签(money is fungible)，这种差异不过是纯粹会计上的差异。将股票分红的本质视为与利润分配相同可以说是对利润分配的“本质”是什么这一问题有所误解。公司法上的利润分配之所以重要是因为公司的财产向股东流出。公司的财产留在公司还是给予股东直接对于与债权人的关系有很重要的作用，但在代理费用的减少等间接方面却有很多不同。股票分红从其根本来讲，钱是留在公司的，这一不同点非常重要。因此，股票分红不能视为利润分配。

四、本公司股票（库藏股）

（一）取得本公司股票的本质

现金分红、有偿减资、取得本公司股票的经济实质都是相同的。如假设公司的资本金目前是 100 股 ×500 韩元 =5 万韩元。该公司没有资本盈余金。利润盈余金有利润公积金 3 万韩元和任意公积金 2 万韩元。仅考虑资产价值，假设目前股价为 1000 韩元。公司在某一天无任何理由地向股东交付了 1 万韩元现金。当然如果是按比例支付，股东的财务就没有变化。然而公司可以向股东支付 1 万韩元的可能性有如下三种。①减少 1 万韩元的任意公积金，并将其资金直接支付给股东，资本金就没有变化，只是股价会变成 900 韩元。这是单纯的利润分配。②股票数量减为 90 股，资本金变成 90 股 ×500 韩元 =45，000 韩元。即从资本金支付。剩余 5000 韩元记录为减资损失。因股票数量有减，股价仍然是 1000 韩元。这具有资本金因有偿减资而减少的特征。③资本金和利润盈余金科目无任何变化，可以单纯扣减本公司股票 1 万韩元。注销本公司股票的结果与②相同。但如果愿意，股票可随时印出，因此是否注销也无不同。因股票数未减，股东持有的股票却只有 90 股，所以股价会维持在 1000 韩元。

从公司资金向股东流出的观点来看，现金分红、有偿减资、取得本公司股票都是相同的交易，但之前的商法一直都严格限制本公司股票的取得。即使是在《韩国资本市场法》允许的情形下对现金分红与有偿减资的规制也不同。有偿减资时会发生资本金的减少，因此应经过债权人保护程序，这一点可以理解，但其他部分并没有经济合理性。2011 年修正的《韩国商法》开始允许用可分配利润取得本公司股票（《韩国商法》第 341 条第 1 款），同时统一了本公司股票取得和分配利润的意思决定权限（《韩国商法》第 341 条第 2 款），这反映了两者在本质上是相同的制度。

QUESTIONS & NOTES

Q1 股东在决定投资变现时，可以认为取得本公司股票的决定权在于股东，而利润分配的权限是在公司。这种不同是否会对本公司股票取得和分红的经济实质带来差异？

（二）本公司股票的违法取得

【判例 58】- 通过第三方违法取得本公司股票（大法院）

大法院 2003.5.16. 宣告 2001Da44109 判决

事实关系

1. 破产企业大韩综合金融股份公司（以下简称大韩综金）在 1997 年 12 月 10 日因流

动性不足受到金融监督委员会的停业处分，提交了拟通过有偿增资等方式提高自己资本比例(BIS)回归正常经营的计划，当时由于大韩综金处于停业状态，是否能回归正常也不明确，因此拟参与有偿增资的股东并不多。

2. 对此，大韩综金拟通过变通的方式利用自己资本实行增资。其向原告股份公司东元保证股款的回收，请求东元以中长期韩元贷款的名义自大韩综金取得贷款，再用该款项参与大韩综金拟实施的有偿增资。

3. 原告听从大韩综金的提议与其签订如下协议：原告用原告或原告指定人的名义参与大韩综金的有偿增资，从大韩综金取得100亿韩元的贷款并作为认购新股的股款向大韩综金缴纳该款项，认购的全部股票作为担保提供给大韩综金，大韩综金若发生停业等事由时，视为在停业等事由发生前一天原告享有可向大韩综金请求上述股权收购(回购)的权利，并以其回购价格作为发行价格视为与原告的上述贷款债务互为抵消，大韩综金对利息等所有债权丧失权利。

4. 之后，原告根据合同以所属公司东元矿业股份公司的名义认购大韩综金为实施有偿增资而发行的新股2000万股，作为股款缴纳了上述100亿韩元的贷款款项。然而大韩综金在1994年4月10日再次受到停业处分，之后的1999年10月18日被宣告破产，被告被选任为破产管理人。

5. 被告主张原告仍负有根据贷款协议的贷款债务，原告就以没有还款义务为由提出了债务不存在确认诉讼。原告主张，本案贷款约定仅仅是大韩综金为扩充自己资本比例而在没有资产变动的情况下为达到表面上看似增加资本的目的，签订本案贷款合同，并非实际要让原告承担贷款债务，属于虚假表示乃至不真实意思表示，因此无效，从而也没有偿还贷款的义务。对此，被告抗辩称，本案的股权回购及抵消约定是以大韩综金取得本公司股票作为前提各自约定其股权回购款项债权和贷款债权的相互抵消，其因违反《韩国商法》第341条规定的本公司股票取得禁止规定而无效，因此原告负有偿还贷款的义务。

原审判决

对于原告认为贷款约定为虚假表示乃至非真实意思表示而无效的主张尽管没有证据予以认定，但禁止股份公司有偿取得本公司股票的理由在于如若允许就会导致减少公司资产而阻碍资本充实并因此侵害股东及债权人的利益，因此在没有这种危险的情形下可以允许取得本公司股票。若没有本案中股权回购及其抵消约定，原告就不会参与大韩综金的有偿增资，因此，对原告未参与有偿增资的情形和根据本案股权回购及其抵消约定对原告的股权回购款项债权和贷款债务互抵的两种情形作比较时，应认为现有股东或债权人对大韩综金的权利没有任何变动。本案中的股权回购及其抵消约定属于允许取得本公司股份的例外情形而有效，因此认为原告的贷款债务与股权回购款项债权已被有效互抵。

法院的判断

1.股份公司以自有资金为公司取得本公司股票会导致公司资本基础处于危险状态，从而有可能损害公司和股东以及债权人的利益，会损害股东平等原则，并导致法定代表人等不公正控制公司等情形。因此，商法基于一般预防目的原则上一律禁止，并作为例外分类明示允许取得本公司股票的情形(《韩国商法》第341条)。

因此，除了根据《韩国商法》第341条、第341条之2、第342条之2或《韩国证券交易法》的规定明示允许取得本公司股票的情形之外，在可以明确公司无偿取得本公司股票，或以他人的自己资金为他人取得本公司股票的情形不能被认为让公司的资本基础处于危险状态或者侵害股东等的利益时，也作为例外允许取得本公司股份(参照大法院1996.6.25.宣告96Da12726判决)。除此之外，即使为了回避公司、股东或者债权人等有可能发生的重大损害而存在不得已的情形，取得本公司股票也不被允许。

且，公司违反上述禁止规定取得本公司股票是当然无效的(参照大法院1964.11.12.宣告64Ma719决定)。

另外，《韩国商法》第625条第2项规定将“无论是以谁的名义，以公司的自有资金不正当取得该股票的行为”作为处罚对象。

综合考察这些规定，即使以第三方的名义取得公司的股权，为取得该股权的资金出自公司，基于该股权取得的损益归属于公司时，只要不属于商法及其他法律规定的例外事由，这种股权的取得是以公司的计算形成，让公司的资本基础处于危险状态，从而属于《韩国商法》第341条所规定的禁止本公司股票取得的情形。

2.另外，根据股份公司资本充实原则，股权认购的款项应全额实际缴纳，且对于其缴纳不能用抵消的方式对抗公司(《韩国商法》第295条、第334条、第421条、第422条)，因此，公司向第三方给予相当于股权认购款项的贷款，第三方用该贷款缴纳股权认购款时，公司从一开始就约定不对第三方行使贷款债权，实际上也没有回收贷款的意思，第三方也以公司的这种意思作为前提认购股权时，不能说是相当于该第三方认购股票票面金额的公司资本有所增加，因此，上述股权认购款项的缴纳不过是假装缴纳，因此是无效的。

3.据原审合法认定的事实，原告根据大韩综金的提议与大韩综金签订如下协议：原告用原告或原告指定人的名义参与大韩综金的有偿增资，从大韩综金取得100亿韩元的贷款并作为认购新股的股款向大韩综金缴纳该款项，认购的全部股票作为担保提供给大韩综金，大韩综金若发生停业等事由时视为在停业等事由发生前一天原告享有可向大韩综金请求上述股权收购(回购)的权利，并以其回购价格作为发行价格视为与原告的上述贷款债务互为抵消，大韩综金对利息等所有债权丧失权利。这其实就是约定大韩综金以贷款的形式向原告提供新股认购款让其缴纳，但没有让原告负偿还贷款的责任，而是将根据股权认购的损益归属于大韩综金。因此，该协议的实质是大韩综金以自己的资金用原告或原告指定人的名义由大韩综金自己认购并以取得大韩综金发行的新股为目的，根据前述法理，属于禁止取得本公司股票的情形，因此，包括贷款约定的该协议全部无效，原告根据该协议用大韩综金的贷款缴纳新股认购款的行为也是无效的。

4.原告和大韩综金之间基于上述协议的100亿韩元的贷款约定为无效，因此原告根据上述贷款约定的债务也不存在，根据该协议以贷款形式转账给原告的款项以新股认购款的名义再转账给大韩综金，因此也不能说是原告取得了相当于贷款款项的不当得利。

5.原审判决的理由说明尽管并非妥当，但认为原告根据上述贷款约定的贷款本息及其他一切债务不存在的结论是正当的，不能说原审判决存在对判决产生影响的法理误解的违法情形。

QUESTIONS & NOTES

Q1 商法一直都严格禁止取得本公司股票。规制本公司股票的理由在教材上可看到如下几种：(1)公司处于自己不能成为自己成员的逻辑矛盾；(2)有偿取得会减少公司资产，从而侵害其他股东及债权人的利益，且导致实际上对特定股东退还出资的结果；(3)对股权的取得和处分有决定权的董事熟知公司的企业内容，因此有可能引起源于最有实力内部人士的内部交易；(4)若赋予本公司股票表决权，那么有可能导致没有出资而控制公司的情形。这种逻辑是否妥当？

NOTE 2011年修正的《韩国商法》对之前复杂的股票注销制度根据注销来源简单整理如下两种：用资本金注销的是资本金减少；用利润注销是本公司股票注销。之前允许以注销为目的取得本公司股票是因为资本金减少或者利润注销都是股东将股票交给公司，公司为注销而保管，由此产生取得本公司股票的外观，从而作为依据有了该规定。股票的注销也可以用资本金减少的方式(《韩国商法》第343条第1款)，因此有人也会认为修正商法同样需要上述规定，但应该是由于可以用资本金减少程序的解释充分得到解决，因此删除了该规定。只是因为删除了注销目的相关的条款，有些判例需要变更。之前的判例都将以注销为目的取得本公司股票作为股票注销程序的一部分之外，以在将来注销股票为前提取得本公司股票时也予以适用，认为取得本公司股票是合法的(大法院1992.4.14.宣告90Daka22698判决)。在这个判例当中，公司为了解决经营权纠纷，通过对部分股东退还股票的方法从这些股东取得本公司股票之后再予注销。该判例甚至指出："注销股票时所需的资本减少程序是应在取得被告的股票之后进行，不能说没有经过上述程序就认为上述约定本身为无效。"然而，以注销为目的取得本公司股票的规定不过是为了简单解决在法定的股票注销程序当中从形式上产生与取得本公司股票相同结果的问题。如按照判例的逻辑解释，只要注销所取得的本公司股票即可，实际上就是说所有的本公司股票取得都是被允许的。因此，上述判例对注销的目的作扩大解释，其本身就有失妥当。只是在本次商法修改当中删除了这一条款，其不能再维持就更加明确了。

NOTE 之前，公司若例外取得本公司股票，为注销该股票就要及时履行股票失效的程序，在合并等其他情形下则是要求在相应时期对第三人处分本公司股票(旧《韩国商法》第342条)。修正的《韩国商法》删除了这一规定，由于同时还删除了以注销股票为目的的情形，结果就是"在相应时期应予处分"的义务也没有了。之前，对于根据资本市场法用可分配利润取得的本公司股票，公司可以继续持有。但根据2011年修正的《韩国商法》，公司以特定目的取得的本公司股票与可分配利润无关，因此，认为跟用可分配利润取得的本公司股票一样允许继续持有是立法错误的观点也非常有力。

Q2 本案是贷款重又作为股款向公司缴纳的案例。因此，实际上跟没有金钱的移动是一样的。与该交易相关，试想一下如下几点。

(1)上诉审和大法院都认为上述交易是本公司股票的取得。只是上诉审认为是有效，而大法院认为是无效，其各自的论据是什么？这种论据符合《韩国商法》第341条的解释吗？

(2)上诉审认为贷款和股款缴纳以及股权交易都是有效的并互作抵消，相反，大法院认为这些都是无效的，结论没有区别。但假设贷款和股权认购(及据此缴纳股款)为独立的交易。例如，就像被告所主张那样，是否可以认为缴纳股款是取得本公司股票从而无效，所以只剩下贷款债务呢？

(3)本案当中大韩综金利用第三人取得了新股，所以像是有交易存在。因为是大韩综金出钱，所以从经济上与大韩综金直接取得没有区别。若大韩综金直接取得了新股，那么准确地说是发生了什么事情呢？此交易可以说是本公司股票的取得吗？

(4)从事实关系来看，大韩综金借给股份公司东元100亿韩元的贷款，又作为新股认购款缴回该款项。然而除了这种交易之外，协议上还有如下约定："原告将其认购的全部股份作为担保提供给大韩综金，大韩综金若发生停业等事由时视为在停业等事由发生前一天原告享有可向大韩综金请求上述股权收购(回购)的权利。"这种约定的意义何在呢？若没有这种约定，会发生什么问题？东元是通过这一约定从股价变动风险得到完全的自由了吗？(如假设股价上涨，会发生什么样的事情呢？)以这样的讨论为基础，试想一下应该认为是谁在持有大韩综金的股权呢？

(5)韩国商法与外国不同，对于第三人取得公司股权时的资金支持没有作出规定。如公司发行新股时即使是大股东从公司借资认购新股，这也只是资金支持，而非取得本公司股份，因此可以解释为现行法是允许的。大韩综金股份公司东元贷款是否也只是单纯的资金支持？应如何区分单纯的资金支持与使用第三人名义取得公司资金呢？

(6)2011年修正的《韩国商法》删除了"以自己的资金"的表述。那么根据现行法律条款，公司"以自己的资金使用他人的名义"取得本公司股票是被允许的吗？这样取得的股票有表决权吗？

【参考判例】

大法院2011.4.28.宣告2009Da23610判决

"公司并非直接取得本公司股票，而是用第三人的名义取得公司股票时，为了判定其属于上述条款所禁止的取得本公司股票的情形，就应具备为取得该股票的资金是出自公司，且取得股票的损益应归属于公司等条件。

被告向国际P&T支付预付款，国际P&T取得要作为本案认股款使用的资金时，通过对贷款本息作连带保证的方法让国际P&T得到本案认股款等，被告的董事等人通过将被告的重要经营部门和财产不正当转移给国际P&T的方法让国际P&T得到认购股票为目的的资金，并用其取得本案股票，即使结果是利用国际P&T控制了被告，但这种情形只能是认定国际P&T得到本案认股款是由被告所出资金，而不能认定被告等设立的国际P&T因取得本案股票而发生的损益归属于被告，且，考察记录也未能找到法律上独立的两个公司被告和国际P&T之间明示或者默示约定要将国际P&T因本案股权取得的损益归属于被告等，由此可以认为将国际P&T因本案股权取得的损益归属于被告的情形。据此,国际 P&T 的本案股权取得是基于被告资金和利益的股权取得,有可能导致被告的资本基础处于危险状态,不属于《韩国商法》第 341 条规定的禁止取得本公司股票。”

Q3 判例认为这一交易为虚假缴纳。即“公司向第三人提供相当于认股款的贷款,第三人再用其贷款缴纳股权认购款项时,公司刚开始就约定不会向第三人履行贷款债权,且没有实际回收贷款的意思,第三人也以公司的这种意思为前提认股时”为虚假缴纳,从而无效。这种观点符合大法院之前关于虚假缴纳判例的立场吗?

第七章
CHAPTER 7

公司财务

公司设立之后，除通过经营留存利益之外，还从公司之外筹措资金。公司筹措资金的方式大体上可分为通过发行新股筹措自有资本（equity）和通过承担负债筹措他人资本（debt）。筹措他人资本是指利用 1∶1 的商业交易，从银行等处借入资金，也可以利用发行公司债（corporate bonds）的方式筹措资金。公司法对这些资金筹措方式中的发行股票和债券筹措资金进行规制，对于商业交易没有另外设置规定，其规制依据民法法理进行。

本章从公司财务（corporate finance）立场出发，对资金筹措的手段是什么，利用这些手段筹措资金时的利害关系作出一般性说明。同时着眼于股票这一链接点，从股东这一方面观察与股票相关的法理。

第一节　股票、股权与股东名册

一、股票与股权

股份公司的股东是公司的出资者，将其在公司拥有的地位细分化即是股票。像这样将股东的地位按股票细分化，与有限公司的转让股份就是要转让股东的全部地位相比较，股份公司的股权转让更加便利，结果是促进了对股份公司的投资，也使其可以大规模筹资。

股票是表现股权的有价证券。股权这一抽象的权利与有形的证券相结合，利用与动产转让类似的法理，可以规制这一抽象权利的转让与行使，使股票的转让交易与权利行使能够简便、安全地进行。即股票的转让是交付股权（《韩国商法》第 336 条），推定股权的占有人是合法的持有人（《韩国商法》第 336 条）。与票据相同，法律承认股权的善意取得（《韩国商法》第 359 条）。丧失股权时，通过取得除权判决使发行的股票无效，防止第三人根据善意取得造成权利丧失，并可以请求公司再次发行股票。

票据是因开具票据而产生支付请求权的设权证券，相反，股票虽然是有价证券，但股票所表示的股东的权利不是制作股票才产生的（非设权证券）。因此，在股票上要记载一定事项，并由法定代表人签字盖章（《韩国商法》第365条）。需记载事项欠缺等情况下，与票据相比，要求其完善其固定程式化内容（参考大法院1996.1.26.宣告94Da24039判决）。

在将股票交付给非股东时，股票效力的发生时间会出现问题。如何看待股票效力发生的时间，决定了应当保护股东还是保护信赖股票权利之外观者的利益（参考【判例59】）。

公司在设立后，或新股的缴纳日期之后，应当立即发行股票（《韩国商法》第355条第1款）。[1]可是因封闭型公司股份转让的可能性不大等原因，不发行股票的情况很多。交付股票转让股份，如果不发行股票的话，即不能适用以发行股票为前提的法理，因此对其应有另行考虑的必要（参考第七章第二节）。

接上述，并不是不发行股票，制度上可以有不发行股票的情况。首先，根据股东的意思，存在不发行股票或可以使发行的股票无效的非纸面其他形式（译者注：此处翻译参考中国《公司法》第128条“股票采用纸面形式或者国务院证券监督管理机构规定的其他形式”的规定）制度（《韩国商法》第358条之2（译者注：直译为“株券不所持制度”，该条规定对于股票，除章程规定的其他情况，股东可向公司表示不持有书面股票）。股东根据股东名册制度，不持有股票仍然可以行使权利，在股票遗失或被盗的情况下，根据善意取得制度有丧失股东权益的危险，因此，制度设计上可以让股东不持有股票。

此外，对于上市股票，因“一揽子”预托制度与非纸面其他形式股票相结合，使无券化成为可能，[2]缩小了股票票面适用法理的空间。

再加上2011年修订《韩国商法》时，引进了在电子登记机关登记的电子登记制度代替公司发行股票。2016年3月2日制定了特别法《韩国股票、债券等的电子登记法》，该法使不以实物证券为前提的无券化成为可能。

---

〔1〕 不是公司设立后，或新股的缴纳日期之后的，不能发行股票（《韩国商法》第355条第2款），违反上述规定发行的股票无效（《韩国商法》第355条第3款）。

〔2〕 证券交易大量频繁发生的证券市场，每次都交付股票是不现实和非效率的，因此就考虑到了不交付股票实物也可以转让的股票登记结算制度（译者注：直译是“预托结算”，这里参考机构名称，韩国是“预托结算院”，中国是“证券登记结算公司”）。证券登记结算制度由将证券预托于中央登记机关（在韩国是韩国预托结算院）的结算制度和变更预托证券的账簿记载进行结算的代替结算制度组成。希望进行证券交易的投资者将证券预托于金融投资业者，金融投资业者（预托人）将其证券与其他投资者的证券混合后，自己管理或与自己的证券一起在预托给中央预托机构。预托结算院将预托者预托的证券按照种类、从目分别集中混合保管。金融投资业者制作投资者账户账簿，预托结算院再制作受托者账户账簿，此后权利的转移不需转移证券实物，在账户账簿上记载即完成（参考《韩国资本市场法》第311条）。即从出让人的账簿上递减转让的数量，反过来，在受让人的账簿上递加相应的数量。预托证券的权利行使也以账簿上的记载为基础进行。以投资者持有的发行的证券为前提，通过预托或代替结算，省略实物证券的移动。这里考虑了直接从发行阶段使用预托制度的“一揽子”预托制度。“一揽子”预托制度在发行新的证券时，根据预托者或投资者的申请，代替该证券的发行人，以预托结算院的名义发行或登记证券（《韩国资本市场法》第309条第5款）。这时，预托结算院提出股票非纸面其他方式申请（《韩国资本市场法》第368条之2），可以省略证券发行，达到证券的无券化效果。详细内容参考[韩]金建植、郑顺燮：《资本市场法》，斗圣社2010年版，第416～428页。

【参考判例】

大法院 1996.1.26. 宣告 94Da24039 判决（完善股票之要式证券性）

“没有特别情况的股票发行，权限由法定代表人行使。即使被告提交的被告章程上的规定，也找不到股票的发行须经股东大会或董事决议的根据。记名股票没有记载股票名称，或遗漏股票发行年月日的，这些都与股票的本质无关，不能成为股票无效的理由。

而且，被原审判决作为证据采用的被告章程，不仅不是原告当时发行上述股票时的章程，即使原告发行了与章程规定的并合股票种类不同的股票，被告单纯以股票是已经发行的股票，违反章程上任意记载的并合股票种类为由，主张已经发行的股票无效，理由不能成立。”

大法院 2013.12.12. 宣告 2011.Da112247 判决（除权判决之取消）

股票因遗失或被盗等事由丧失或灭失的，股东并不因此丧失股东地位。为了防止第三人善意取得股权受让股票的可能性，需要使既存股票无效，重新发行新股票。《韩国商法》第 360 条第 1 款规定经过法院的公示催告程序可使股票无效，经除权判决后，可以请求重新发行股票（《韩国商法》第 360 条第 2 款）。关于除权判决，使用虚假或不当方式等取得除权判决，具备一定事由的，可以提起不服之诉取消除权判决（《韩国民事诉讼法》第 490 条第 1 款）。

本案是股票的双重转让案件，出让人将股票交付第一受让人之后，谋求经公示催告程序取得宣告本案的股票无效的除权判决，再次发行股票后交付第二受让人。除权判决被取消时，第一受让人和第二受让人谁具有优先权成为问题。大法院认为，“即使除权判决被取消，取消前以除权判决为基础重新发行的股票仍有效，若据此善意取得成立的话，将导致合法的权利人因此丧失权利或不能行使权利。这时，不仅会给实际上没有遗失股票，对以不当方法取得除权判决积极提起不服之诉的正当权利人带来苛刻的结果，而且与保护正当权利人，对无权利人通过虚假或不正当方法取得除权判决时，通过对除权判决提起不服之诉取消除权判决的民事诉讼法立法宗旨相悖。并且，韩国民事诉讼法和商法上没有限制取消除权判决效果的规定。因此，即使根据使既存股票无效的除权判决重新发行股票，提起不服除权判决之诉，取消除权的判决宣告或确定的话，溯及重新发行的股票无效。此后，重新发行股票的持有人不能主张善意取得”，否定了第二受让人的善意取得。

【判例 59】- 股票发行与股东权益之效力（大法院）

大法院 1977.4.12. 宣告 76Da2766 判决

事实关系

Y 公司是韩国电力股份公司与京城电气股份公司等 3 个公司合并新设立的公司，回收了旧股票，发行了记名式新股。X（釜山水产股份公司）持有作为Y公司前身的京城电气股份公司记名式股票。X公司没有变更商号和法定代表人的事实，但A公司（大韩水产股份公司）提交了将X公司的商号变更成A公司的变更资料，提交了X公司所有的旧股票。Y公司误认为X公司的商号变更成A公司的商号是合法的，发行了新股交换了旧股票（A公司提交X公司所有股票的经纬是，与X公司和A公司有关的P持有X公司所有的旧股票，P死亡后，作为A公司的职员Q将旧股票拿走，且非法地提交了该旧股票）。B公司（大韩证券股份公司）从A处受让了上述股票。Y公司对于X公司的发行股票的请求，辩称B善意取得上述股票超过5年（译者注：《韩国民法》第246条第2款规定动产善意取得超过5年的，取得所有权），已经取得所有权，因此，X丧失了上述股权。

法院的判断

原审对被告的主张作出如下判决。“股票的发行是制作具备法定形式的股票，根据自发的意思交付他人（不限于股东），使其处于流通状态，这才可以看作是有效的证券。立足于上述见解的主张不能成立。……上述A公司不是Y公司的股东，却假装成X公司蒙蔽事实，以诉外公司名义从被告处接受发行的1232股股票。B公司即使主张是在对上述事实不知情，没有重大过失的情况下从A处取得上述股票，但是，股票不是设定证券（设权证券），不是股东的A名义下的股票不代表任何权利，不能以是不知情没有过失的转得者为由取得股东权利。而且，即使转得者取得该股票经过5年，也不能以时效为由取得股东权利。上述抗辩没有理由。”

大法院以下述理由支持了原审判决。“《韩国商法》第355条规定的股票发行是指按照同法第356条规定的形式制作文书，将其交付给股东。将上述文书交付给股东时，才发生股东权利的效力。因此，被告公司即使制作了代表股东权利的文书，并将其交付给非股东的第三人，但应视为该文书还没有发生被告公司的股票上的效力。在相同主旨下，原审判决认定事实合法、正当，没有误会与股票发行相关法理的违法内容。”

QUESTIONS & NOTES

Q1 根据大法院的判例，股票在什么时候发生效力？对于票据等有价证券发生效力的时间，有各种各样的见解。根据各学说，是否应认定B是善意取得？大法院尊重权利外观，保护票据取得者的利益。股票与票据不同，在交付给合法的权利人股东后发生效力。股票发生效力的时间与票据不同的理由是什么？

二、股东名册

公司制作股东名册。股东名册根据章程的规定可以制作成电子文书（《韩国商法》第352条之2）。关于预托于预托结算院的股票，实质股东名册（译者注：证券发行公司确定封闭股东名册基准日的，记录、管理基准日到现在股东名册上名义为证券预托院股票的实际所有人的具有法律效力的账簿）上的记载与股东名册上的记载具有相同效力（《韩国资本市场法》第 316 条第 2 款）。

发行股票时，要在股东名册上记载股东的姓名和地址、各股东持有的股票种类和数量，发行纸面股票时，要记载与该股票相关的事项（《韩国商法》第 352 条第 1 款）。

认定股东名册上的变更登记具有一定的效力。股权转移时，在股东名册上不记载取得者的姓名和地址的，不产生对抗公司的效力（《韩国商法》第 377 条第 1 款）。

在股东名册上记载为股东的人，推定是合法的股东，即使不证明其实质性权利，也可以作为股东行使权利。关于股东名册记载的推定效力，商法上没有明文规定。股东变更登记是股权转移时产生对公司的对抗要件，推定股票的占有人是合法的持有人（《韩国商法》第 336 条第 2 款），变更登记通常要求出示股票，解释上认定股东名册上的记载与持股具有同等的效力。

商法上规定公司对股东通知或催告，通知到股东名册记载的地址或其指定的住所即可（《韩国商法》第 353 条第 1 款）。公司根据股东名册上的记载通知名义股东，或认定股东行权的话，其即使不是真正的股东，也得免责。

三、股东名册上的股东与实质股东分离时的法律问题

股东名册上的记载如上所述，其效力是被认定的。股东名册上记载的名义股东与实际上拥有股票所有权的实质股东[1]不一致时，会产生很多法律问题。名义股东与实质股东在下列情况下发生。

1.A 取得 B 的承诺，以 B 的名义认购或受让股票，股东名册上记载 B 为股东，在 A 和 B 之间达成协议股票归 A 所有，A 作为股东行使权利（名义借用交易）。

2. 股票从 A 转移至 B，B 没有办理变更登记手续，股东名册上仍记载 A 是股东（未完成变更登记）。

3. 类似于拾取或盗取股票者进行变更登记，无故的变更登记致使实质股东失去股东名义；股票转让是无效的，股票之名义改成受让人的；或股票转让后变更登记成受让人，解除股票转让合同的；股票接受者申请变更登记，公司不当拒绝变更登记的等。

NOTE 取得他人的承诺，认购或受让股票时，有类似于第一种情况者，还会有约定名义信托的情况。名义信托的法理是所有权对外虽归属于受托名义人，但对内时名义受托人不能向名义信托人主张自己是

〔1〕 预托结算院可以将预托的证券分别按照种类、从目混合保管（《韩国资本市场法》第 309 条第 1 款、第 3 款），推定证券的投资者对各自预托的证券拥有相应份额（同法第 312 条第 1 款）。预托证券中的股票的拥有者称为“实质股东”（同法第 315 条第 1 款），这里的“实质股东”与本书中言及的实质上的股东不同，应当区别看待。关于资本市场法上的实质股东，制作实质股东名册（同法第 316 条第 1 款），实质股东名册与股东名册具有相同效力（同法第 316 条第 2 款）。因此，《韩国资本市场法》上的实质股东与名册上的股东并不是实际权利人的分离。

股东。在股票名义信托时，股东名册上将名义受托人记载为股东，这时，对外股票的所有权归属于名义受托人，实际权利与名义上是一致的。这一点与第一种情形是有差异的。

将不动产名义信托的理论扩大适用到股票上，能否认定这种名义信托关系还不确定。大法院判决中有（ⅰ）看似区别名义借用和名义信托的判决（大法院 2013.2.14. 宣告 2011Da109708 判决、大法院 1992.10.27. 宣告 92Da16386 判决、大法院 1998.6.12. 宣告 97Da38510 判决），也有（ⅱ）看似不进行区别的判决（大法院 2000.1.28. 宣告 98Da17183 判决、大法院 2007.9.6. 宣告 2007Da27755 判决）。（ⅰ）的判例，就股票发行前的股权，以股东名义进行信托的人对受托人解除信托合同的，该股票上的股东权益，只要有解除的意思表示即恢复给名义信托人。相反（ⅱ）的判例，即使称为名义信托，在对外的所有权归属于受托人这点上是否定的，从这一点上可以看出名义借用交易视为名义信托。

NOTE 股票的名义借用或名义信托，实际上是由各种情况形成的。其被使用于赠与、回避分红所得的累计综合所得税、大股东回避股票转让时的转让所得税、垄断股东的回避、回避法令上的表决权限制等目的。在过去股份公司设立时限制发起人人数的时期，也曾以回避这一限制为目的等用途而使用。

NOTE 作为判断是否是名义借用交易的标准，大法院在 2010.3.11. 宣告 2007Da51505 判决中认为，“不是股东名册上股东的第三人，只以支付了股票认购款为由是不充足的。应当参考其第三人和股东名册上股东之间的内部关系，关于股票认购和股东名册记载的经纬与目的，股东名册记载后股东权利行使的内容等，证明股东名册上的股东只是单纯地在股票认购过程当中出借了名义，在与公司的关系中，没有赋予其作为股东名册上的股东行使表决权等权利，其不过只是形式上的股东”。这个判决的其他部分虽然与【判例 60（全员合议体）】有相互矛盾应当变更的部分，但上述内容仍然有效。

（一）名义借用交易时股票的归属

【判例 60】- 借用他人名义认购股票的权益归属（大法院）

大法院 2017.3.23. 宣告 2015Da248342 全体合议体判决

事实关系

Y 是以制作、销售电子电器，提供相关服务为主要业务的公司，是韩国交易所有价证券市场上市法人。原告 X 利用在证券公司以自己名义开设的证券账户，在场内购入 Y 公司股票后，以 X 名义在实质股东名册上完成记载。X 的本次认购股票款从以其名义在 KEB 银行开设的账户支付汇至证券账户。这笔资金是 K 等用了约 7 个月时间汇至 X 名下的 KEB 账户的 75.5 亿韩元。X 名义下的 KEB 账户是专门用于上述股票认购，再向 X 名义下的证券账户汇款时使用的。

K 方面与 Y 公司的现法定代表人和大股东之间在经营权方面有争议，Y 公司在 2014 年 3 月 28 日的定期股东大会上作出了选举 A 为独立董事的决议，以 X 为主的方面提起了股东大会决议不存在乃至无效确认之诉，和预备取消股东大会决议之诉。

法院的判断

一审（水原地方法院 2014.12.5. 宣告 2014GaHap62872 判决）接受了被告如下抗辩

理由，即X为形式股东，没有原告资格，也没有需要确认的利益，驳回了原告的诉讼请求。二审（首尔高法2015.11.13.宣告2014Na205154判决）也以相同理由作出判决。大法院阐释下述理由后，撤销了原审判决发回重审。

"2.《韩国商法》规定股东名册制度的理由是，根据股票的发行和转让，股东的构成是一直变化的，在这种具有团体法性的法律关系特性上，让外部根据形式性和统一性基准识别和处理多数与公司股东相关的法律关系，谋求相关事务处理的效率性和安定性。公司对股东不进行实质性权利关系的审查，只根据股东名册上的记载统一确定行使股东权的人，而股东权之行使，能给围绕着公司和股东的多数利害关系人之间的法律关系带来重大影响。股东名册不能简单看作只是为了方便处理股东对公司的行使权利而设置的。

《韩国商法》规定发行了票面的股票转让应当交付，推定股票的占有人是合法的持有人（《韩国商法》第336条），股票适用票据法上的善意取得规定（《韩国商法》第359条）。即使如此，如前述在股东名册上变更登记时，在与公司的关系中认定具有对抗力，按照股东名册上的地址通知股东，按照公司规定的时间将新股认购权等权利归属于股东名册上记载的股东。关于股票的所有权归属，区别公司以外主体之间的权利关系和股东对公司权利行使。对于后者，认定股东名册上的记载和变更登记的特别效力。……

3. 法理上，公司应当依据股东名册上的记载确定行使股东权利的人，这种法理不仅适用于股票转让，还适用于股票发行。

股票发行与股票转让不同，股票发行时发行公司参与，这时没有规定股东名册上的记载是股东权行使的对抗要件。即使如此，《韩国商法》规定了股票发行时，股东名册上记载股东的姓名和地址，备置于公司总部（《韩国商法》第352条第1款、第396条第1款），公司对股东的通知或催告发送到股东名册上记载的地址，或其向公司发送通知的地址（《韩国商法》第353条第1款）。韩国商法这样规定的目的是，在发行股票阶段或转让股票阶段的对公司关系中，应当根据股东名册的记载统一确定行使股东权之人。多数与股东相关的团体法性的法律关系，需要根据形式上的统一基准来处理，在股票发行阶段也不例外。股东名册上的记载在股票发行阶段或转让阶段形成，根据形成方式的不同，其处理方式也不同，因此与多数股东相关的团体法上的法律关系很容易陷入混乱。公司在股东名册上根据股票认购人和股票出让人区分股东，区分股票认购人时，调查其背后的实质性权利关系，可以确定股票的实质所有人是股东权的行使人，区分股票受让人时，如果不同样进行的话，不仅公司和股东之间的关系，围绕公司和股东之间的全部法律关系都将不稳定。商法上在对公司关系中，为了统一确定行使股东权之人，在封闭股东名册或设定基准日时，在公司确定日程的那一日，即使统一将新股认购、无偿配股、中期分红等权利归属于股东名册记载的股东，在股东名册的记载上也完全不分是否是股票发行阶段形成的，还是在股票转让阶段形成的（《韩国商法》第354条第1款、第418条第 3 款、第 461 条第 3 款、第 462 条之 3 第 1 款)。

因此,在股票发行时股东名册上完成记载的上述公司的关系中,应当只有股东名册上记载的股东可以行使股东权。

4. 不仅存在受让股票后在股东名册上没有变更登记,名册上仍然记载着转让人是股东的情况,还有认购股票或受让股票之人借用他人名义认购股票或受让股票,以他人名义完成股东名册记载的,在对公司关系中,只有股东名册上记载的股东可以合法地作为股东行使表决权等股东的权利。……

另外,任何时候可以请求记载于股东名册行使股东权之人,以他人名义完成在股东名册上的记载时,至少应当允许或接受股东名册上记载的股东在对公司关系中行使股东权利,这样看上去才是合理的。

因为允许股东名册上的股东行使股东权,那么即使股东名册上的股东违反认购或受让该股票之人的意思行使股东权,其结果也不能视为其股东权的行使违反了诚实信用原则。

5. 在对公司关系中,只有股东名册上的股东可以行使股东权的法理,不仅适用于股东也适用于公司。公司不能在没有特别事由时否认股东名册上记载的股东行使股东权,也不能认定在股东名册上没有记载的人行使股东权。

《韩国商法》第 352 条第 1 款、第 396 条规定在股票发行时,股票的认购人应当根据记载姓名、地址、签字盖章,或签名的书面记载,在认购股票后交付认购价款,公司在股东名册上记载股东的姓名、地址,和各股东持有的股票数量和种类,将股东名册配置于公司总部,以便股东和公司债权人查阅。这个规定确定了行使公司发行股票的股东权之人,股东名册上记载股东和配置查阅等内容,不仅股东,公司也要受股东名册的约束。逻辑上公司根据商法的规定制作、配置的股东名册,当然地要受其约束。认定股东名册上没有记载的他人行使股东权,否定了公司自己的行为,导致前后矛盾,是不当的。股票转让与股票发行不同,不是公司自身而是根据股票取得者的要求变更股东名册上的记载,以公司股票发行时制作配置的股东名册记载为前提,认定股东名册上的变更登记具有对抗力,即在股票转让时整体上认定对于公司的对抗力。即使《韩国商法》第 337 条第 1 款规定了对抗力,公司也受股东名册的拘束。不否认股东名册上记载的人行使股东权,也不认定股东名册上没有记载的人行使股东权的解释是适当的。

掌握股东权对公司行使表决权等股东权利的意义是,根据团体法上的规定,在以相同的股票为基础竞合的主体中,谁行使权利的话,其他人就不能行使该权利。即使如此,如果公司确定具有这样属性的行使股东权的主体,以股票所有权归属的法律关系为由任意选择的话,就否定了商法上股东名册制度的统一确定行使股东权人制度的存在,解释股东之间股东权行使要件不同的话,就违背了股东平等原则。另外,如果公司对认定股东名册上的股东或没有完成股东名册上记载的股票受让人行使权利有选择权的话,是不合理的,公司以股东名册上的股东没有实际权利为由,或以没有完成股东名册记载的股票认购人或受让人没完成记载为由，可以拒绝上述两者的权利行使，使权利行使成为空白。如果公司判断错误，认定不是正当权利人行使权利的话，可以导致股东大会决议取消等事由的发生，使整体上的多数股东与公司的法律关系陷入不安定，对于各种利害关系人和根据股东大会决议进行交易的对方可能产生无法预测的损失。公司要处理多数股东的事务，挨个调查股东名册上股东背后的股票认购与受让之人，排除股东名册上股东的权利行使，认定股票认购与受让人的股东权行使，事实上是不可能的，也是不可取的。

6. 因此在没有特殊情况时，在股东名册上合法记载为股东的人与公司的关系中，该股东可以行使就该股票相关的表决权等权利。不管公司是否知道股东名册之外实际认购或受让股票之人的存在，其都不能否认股东名册上的股东行使股东权，也不能认定在股东名册上未完成记载的股东行使股东权。

在股东名册上未完成记载的股东与公司的关系中，可以行使股东权的情况有不当迟延或拒绝股东名册记载或变更登记等，这只限于极个别的例外情况。

根据《韩国资本市场法》的规定预托于预托结算院的上市股票等，制作的实质股东名册上的记载与股东名册上的记载具有同等效力(《韩国资本市场法》第316条第2款)。这时，实质股东名册上的股东可与股东名册上的股东一样行使股东权。

7. 与上述不同的判例有如下几种情形，①借用他人的名义认购公司的股票缴纳股款的，以他人的名义完成股东名册上的记载，在对公司关系中，只有实质上的股东名义借用人作为股东行使股东权的判决，见大法院1975.9.23. 宣告74Da804判决、大法院1977.10.11. 宣告76Da1448判决、大法院1980.9.19. 宣告Ja80Ma396判决、大法院1980.12.9. 宣告79Da1989判决、大法院1985.12.10. 宣告84DaKa319判决、大法院1998.4.10. 宣告97Da50619判决、大法院2011.5.26. 宣告2010.Da22552判决、大法院2011.5.26. 宣告2010Da27519判决等；②公司不能否认根据股票认购或受让合同，全部缴纳股票认购款或受让款，但没有履行关于股票认购或受让的商法上的形式性程序之人的股东地位，见大法院1980.4.22. 宣告79Da2087判决等；③公司认定未进行名义变更的实质股东为股东也没有问题的判决，见1989.10.24. 宣告89DaKa14714判决、大法院2001.5.15. 宣告2001Da12973判决、大法院2005.2.17. 宣告2004Da61198判决、大法院2006.7.13. 宣告2004.Da70307判决等；④公司知道股东名册上的股东只是形式股东，或因重大过失未能知道，或能很容易证明上述事实从而拒绝行使股东权，但却允许行使股东权或让其行使股东权的，其股东权的行使为违法的判决，见大法院1998.9.8. 宣告96Da45818判决、大法院1998.9.8. 宣告96Da48671判决等；上述判决的宗旨在本判决的意见中，在配置的范围内全部进行了变更。”

【其他意见】4名大法官赞成多数意见的结论，但理由不同，据此改进了本意见。

“1.……③……《韩国商法》虽然让以假设的人或他人名义认购股票的人承担缴纳责任，但对于谁是股东没有明确的规定。这是确定谁是股票认购当事人的问题。首先，以假设的人的名义认购股票，或未取得他人的同意以他人名义认购股票的，该名义使用人可能承担刑事责任另当别论(《韩国商法》第634条)，股票认购合同的当事人履行了出资，就应当视其取得了股东的地位。若存在假设的人，或者股票认购合同上的名义人不同意的情况，其就不能成为合同的当事人。这不仅要当事人之间意思达成一致，也要符合《韩国商法》第332条第1款的规定和立法宗旨。取得他人的同意，使用其名义认购股票的，根据股票认购合同上的当事人是谁决定即可。就此，原则上应当适用确定合同当事人的法理，反映股票认购合同的特性。虽然通常名义人成为股票认购合同当事人的情况很多，但也不是不管名义人是谁无条件地决定其为股东的。……

⑤……首先，欲取得上市公司发行股票的人，在证券公司以自己的名义开设买卖账户，委托证券买卖交易。开设买卖交易账户是为了进行金融交易，应当适用《韩国金融实名交易与秘密保障法》，履行实名确认程序，买卖交易的委托应当使用实名。证券公司在证券市场通过交易所将买入的股票记入账户名义人的买卖交易账户，将入账的股票归属于委托人(《韩国商法》第103条)，对于该股票，账户名义人成为股东(参考大法院2009.3.19. 宣告2008Da45828全员合议体判决等)。……

2.……②原告用于买卖上述股票的款项出自原告名义的买卖交易账户，该款是从原告名义的银行存款账户中转账过来的，最终该款是归属于原告的。即根据《韩国金融实名交易法》的规定，通过金融机构的实名确认程序，让存款名义人成为存款人，缔结该存款合同的存款返还请求权归属于名义存款人。如果不是存款名义人而是将其他人看作是存款合同当事人的话，在金融机构和其他人之间需要经过实名确认程序，否定与存款名义人形成的书面存款合同，排除存款名义人的存款返还请求权。其他人缔结存款合同，明确表示将存款返还请求权归属于其他人的情况是极其例外的(参考大法院2009.3.19. 宣告2008Da45828全员合议体判决等)。因此，本案中诉外人等向原告名义的存款账户汇款，不管是因他们之间的消费借贷合同产生的，还是因投资合同产生的，还是因借用存款人名义约定产生的，进入原告名义账户的金钱即应当视为是存款人原告的。……

④……最终，本案原告有资格和关系以股东名义以被告为对象，提起确认股东大会决议无效、不存在和取消之诉。但是，原审认为诉外人实际提供了原告取得股票的资金，原告只不过出借了名义，是形式上的股东，这样的原审判断误会了与股票归属相关的法理，是不正确的。

【对于其他意见的补充意见】对于上述其他意见，2名大法官提出了下列补充意见。

“1. 根据多数意见，其宗旨可理解如下。即使是实际认购股票或受让股票的人，对于在股东名册上没有记载的上述公司，不仅不能行使股东权，即使公司知道股东名册上记载的是名义股东，实际股票所有人另外存在的事实，也只能认定股东名册上的股东是股东。最终关于公司和股东之间的权利行使主体和权利行使效果的问题，只能以股东名册上的记载为基准判断。实际关系上的股东和股东名册上记载的股东之间的法律关系与公司无关，由两者另外解决即可。

2. 可是，撇开权利人是谁的权利归属问题的话，是无法讨论权利行使的效果的。即使公司法上的法律关系具有团体法上的性质，具有行使权利的形式上的资格，也不是任何时候行使权利都是有效的。《韩国商法》没有规定股东名册上的记载是股东权的实体性归属要件。……《韩国商法》第337条第1款虽然规定股票的转移如果不在股东名册上记载，对公司不产生对抗力，但这是对公司关系中行使股东权的必要形式要件。没有有效取得股东地位，即使在股东名册上记载为股东，也不是具有股东权利的人，股东名册上的记载只不过是没有权利人实质的外壳而已。因此，如果在股东名册上记载为股东了，假设实体上不被认定为权利持有人的话，那么可以有效行使股东权的说法就是本末倒置了。一般来讲，不能使没有权利的人行使的权利有效。

……对于存款等的《韩国金融实名交易法》，或对于房地产的《韩国房地产实际权利人名义登记法》等法律上的限制，对公司的股票并不存在。股票的所有人是否要与实际一致，是否借用第三人名义进行记载，至少在现行法上不是禁止领域，可以自由选择。……

不变更登记就不能对抗公司，实际股东没有变更登记却要行使股东权时，公司可以拒绝其行使权利。进一步解释的意义也仅是，公司相信股东名册上的股东是真正的股东允许其行使权利，即使是实际股东也不能对抗公司。公司明知认购或受让股票的实际股东另外存在，只是在股东名册上记载了第三人的名义，却让第三人参加股东大会，参与决议，或向第三人分红，或赋予其新股认购权的话，原则上应视为无效。不是实体权利人的话，即使具备了名册上记载的外观，但是其非权利人的本质并没有变化。……

在任何情况下，只有名义人可以行使股东权，实质股票认购或受让人不能行使股东权；公司也是，如果让这样的股票认购人等行使股东权的话，反而是无效的；上述情况离我们社会现实太远。另外，也与《韩国商法》规定的内容和预期的秩序规范不符。……

4. 上述是《韩国商法》设想的规制格局。对于占据韩国公司大部分的一般非上市公司来说，原则上照样维持、适用相同的法理是妥当的。与此不同，要使股东名册上的记载具有绝对证明力、或成为股权归属的成立要件，或是权利行使的绝对性前提要件的话，就应当先行立法。关于股票持有，既然不是引进了实名制进行了制度变革，突然赋予股东名册上的名义人以权利行使合格人的绝对地位，就超越了法律解释的界限。在解释论上，这与将来团体法上的关系向同一个方向发展是有益的论点不同。这个变化一定需要缓冲装置，要有过渡期来调整适用。股东是谁的问题，不仅涉及公司法的领域，还涉及税法、行政规制，进而涉及刑法的适用，其波及效果触及到了根本问题，不能不提醒这一点。……

总之，上市公司等适用《韩国资本市场法》的公司，与《韩国金融实名交易法》等的关系，原则上只能将股东名册上的名义人视为股东。仅适用《韩国商法》的一般公司，原则上只有权利归属的实质主体可以合法地行使权利，按照《韩国商法》规定股东名册只不过是权利行使的对抗要件，这一看法是正确的。”

【判例 61】- 名册上股东与实质股东分离时的股东权行使

大法院 2017.12.5. 宣告 2016Da265351 判决(账簿和资料等的查阅·复制请求)

事实关系

浦项制铁(POSCO)股份公司附近的一部分居民推举甲为首任委员长,组成某甲对策协议会,以浦项制铁等为对象提起投诉,针对公害进行了要求树立对策、补偿损失的集会和示威。对策协议会委员长甲与浦项制铁的外包合作公司 P 的法定代表人乙签订了互助协议。互助协议规定乙出资设立 Y 公司,之后转让表面硬化剂专利开展业务,经营的收益用于对策协议会的会员,对价是甲约定解散对策协议会,中断集会和示威。根据上述协议,设立了 Y 公司,解散了某甲对策协议会,协议会的相当部分会员设立了某乙会开展活动,Y 公司的收益归属于某乙会,某乙会分配给会员。Y 公司的股东名册上 A、B、C、D、E 记载为股东。某乙会的会员 X 等主张自己是实质上的股东,要求查阅 Y 公司的账簿等资料。

法院的判断

"1.《韩国商法》第 332 条第 1 款规定,以假设人的名义认购股票,或未取得他人的同意以他人名义认购股票之人,要承担股票认购人的责任;第 2 款规定,取得他人的同意以他人的名义认购股票之人,与他人连带承担缴纳责任。因此,商法是以假设人(这里指现实不存在,假设了其外形的人)或他人的名字也可以认购股票为前提,赋予其缴纳责任,但没有规定谁是股东。

在以他人的名义认购股票时谁是股东,最终要以谁是股票认购的当事人来决定。发起设立时发起人之间,为增加资本发行新股时认购股票的认购者与公司之间形成新股认购合同。这时,谁是股票认购人,谁是股东,最终就是确定股票认购合同的当事人的问题,原则上应当根据确定合同当事人的法理,考虑股票认购合同的特性。

发起人应当以书面形式认购股票(《韩国商法》第 293 条)。想认购股票之人应当在两份认购合同上记载认购股票的种类、数量和地址,签字盖章或签名(《韩国商法》第 302 条第 1 款、第 425 条)。上述商法规定认购股票方式的理由是,公司应当按照形式上统一的基准,处理与多数股东相关的法律关系,谋求与此相关事务处理的效力性和法律上的安定性。确定股票认购合同当事人时,也要充分地反映这种特性。

以他人名义认购股票的,确定股票认购合同当事人的问题应当按照下列两种情况进行分析。

第一,以假设人名义或未经他人同意以他人名义约定认购股票的,假设人不能成为股票认购合同上的当事人。另外,以他人名义认购股票未取得同意的,名义人与实际出资的人(以下简称实际出资人)中谁是股票认购人就成为问题,认购名义人原则上不能成为股票认购合同的当事人。这是因为不同意以自己名义认购股票之人既没有认购股票的意思,也没有表示该意思的事实。因此，实际出资人是以假设人名义，或未取得他人同意而以他人名义约定认购股票并履行出资的话，股票认购合同对方（发起设立时是其他发起人，其他情况是公司）的意思中没有明确相反的特别情形等的话，应当视为取得股东地位。

第二，取得他人的同意，以他人名义约定认购股票的。这时，根据合同的内容，确定名义人或实际出资人成为股票认购人，原则上应视名义人为股票认购人。即使名义人与实际出资人约定实际出资人是股票认购人，也不能称实际出资人是股票认购人。股票认购合同的对方、公司等知道约定实际出资人是股票认购人的事实，并同意的，没有上述特别情况，其对方将名义人理解为股票认购合同的当事人是合理的。……

……

3. 比较分析上述事实关系与法理，不是原告们取得被告股东名册上股东们的同意，认购被告股票，或作为股票认购合同的当事人履行出资，不能视为是取得股东地位。尽管被告的经营收益全部分配给包括原告在内的本案对策协议会全体会员而设立的被告公司，这样的情节不能成为原告们取得股东地位的有效证据。另外，即使在本案互助合作协议书中规定了设立被告时，认购股票者制作提交放弃股票确认书，但其不影响上述结论。

另外，即使看作原告们取得了被告的股东地位，但没有完成自己名义的名称变更，在与持否定态度的被告关系中，原则上不能行使股东权（参考大法院 2017.3.23. 宣告 2015Da248342 全员合议体判决）。即使在这点上，也不能接受原告的以股东权为基础的要求查阅、复制被告会计账簿等的请求。

QUESTIONS & NOTES

Q1 【判例 60（全员合议体）】中 X 只是单纯的股东名册上的股东，还是股票的所有人？

(1) 怎么看其他意见和其他意见的补充意见？怎么看多数意见？

(2) 其他意见中，X 作为股票买受人取得股东地位的根据是什么？

(3) 根据其他意见，K 不将股票认购款汇入 X 的账户，而是直接汇入转让人账户的话，谁应当被视为股东？

(4) 股票的转让，交付股票产生效力（《韩国商法》第 336 条第 1 款），关于预托的股票，认定根据账户之间代替记载产生证券交付的效力（《韩国资本市场法》第 311 条第 2 款）。A 借用 B 的名义，受让没有预托的股票，A 交付股款接受股票，约定 A 取得股票权利，这时股票的所有人是谁？

(5) 根据其他意见，依据【判例 60（全员合议体）】宣告之前判例的话，X 能否行使股权？

Q2 使用他人名义认购股票的，关于谁是股东（股票的归属），既存的实质说和形式说是对立的。形式说在关于实际认购人、公司和此外的第三人等全部关系中，将股东视为“名义人”。相反，实质说在上述关系中，将股东视为“实际认购人”。

(1) 根据形式说，从名义股东处受让股票者是否合法取得股票？名义股东的债权人是否可以保全该股票？谁可以行使对公司的表决权和各种诉权？

(2) 根据实质说，上面 (1) 的情况下会有什么样的结论？

(3) 从前大法院的判决采用什么见解？

【参考判例】

大法院 1975.9.23. 宣告 74Da804 判决(根据【判例 60(全员合议体)】变更)

“认购股票时,取得他人同意,以他人名义出资缴纳股票认购款的,只有实际认购股票缴纳股款的名义借用人是实质上的股票认购人,不管是否与名义出借人办理了变更登记,其成为股东。”

Q3 【判例 61】以他人名义认购股票的,谁应该是股东?

(1)例如,A 取得 B 的同意以 B 的名义认购股票缴纳股票认购款,在 A 和 B 的关系中,协议约定 A 是股票认购人的,公司不知道名义借用的事实,那么谁应当被视为股东?

(2)公司知道上述名义借用的事实并同意的会导致什么结果?

(3)上述(1)的情况下,名义借用人 A 能否向 B 提出确认股东权的请求? A 举证证明借用名义的事实,可否向公司提出变更登记的请求?

(4)【判例 61】与以前的实质说和形式说在哪些方面有区别?

(二)名册上股东和实质上股东分离时的股东权行使

1. 名册上股东权行使

Q1 【判例 60(全员合议体)】之前,名册上股东与实质股东分离时,谁可以行使股东权?

(1)股票转让后,受让人变更登记迟延的(未完成变更登记),名册上记载为股东的转让人是否具有提起取消股东决议之诉的原告资格?是否可以行使表决权?

(2)使用他人名义认购股票的,根据实质说,实质上的股东不进行变更登记,是否有提起股东大会决议取消的诉讼资格?是否可以行使表决权?

Q2 【判例 60(全员合议体)】作出如下判决。不仅有受让股票还没有进行变更登记,股东名册上转让人记载为股东的情况,还有想要认购或受让股票的人借用他人的名义,认购或受让公司股票,使用他人的名义在股东名册上完成记载的,在对公司关系中,只有股东名册上的股东可以作为股东合法地行使股东权。

(1)受让股票后,受让人没有进行变更登记的(未完成变更登记),股票的转移没有将取得者的名字和地址记载于名册的话,对公司没有对抗力(《韩国商法》第 337 条第 1 款),这是明文规定,因此,未进行变更登记的受让人不能行使股东权是明确的。可是在股票发行时没有这样的规定。即便如此,使用他人名义认购或受让股票的,是否只有名册上的股东可以行使股东权?

(2)其他意见的补充意见认为,关于存款等的《韩国金融实名交易法》或关于房地产的《韩国房地产实际权利人名义登记法》等法律上的限制对股票并不发生效力。股票的所有者名义是否与实际一致,是否借用第三者名义进行记载,至少在现行法上不是禁止领域,是可以自由选择的。根据多数意见,允许无权利人行使权利,导致阻止权利人行使权利的结果,是不当的。多数意见超越了解释的界限。多数意见认为在对公司的关系中应当认定没有实际权利的人行使权利的根据是什么?

(3)非上市公司的股东名册信赖性有问题的情况相当多,只有股东名册上记载的股东可以行使权利是否恰当?

Q3 (1)根据【判例 60(全员合议体)】之前的大法院判决,以他人名义认购股票的形式股东不能行使股东权。这时如果形式股东在股东大会上行使表决权的,该股东大会决议的效力就存在问题(变更登记的免责力)。过去大法院的判决(大法院 1998.9.8. 宣告 96Da45818 判决)中，有 2 人各出资 50% 设立公司并运营，出资人名义搞成虚假分散的案例，事后实际股东之间发生纠纷，按照股东名册上的股东发出通知召集股东大会，大法院认为，“股份公司按照股东名册通知股东召开股东大会，让股东行使表决权的话，该股东只是借出名义的所谓形式股东，虽然行使该表决权是合法的，但是，股份公司知道股东名册上的股东是形式股东的，或因重大过失没能知道的，或虽然能很容易证明是形式股东拒绝其行使表决权，但容忍其行使表决权或让其行使表决权的，这种表决权的行使是违法的”。大法院认定了免责力的例外情况。根据【判例 60(全员合议体)】，上述股东大会决议是否可以成为取消的事由？

(2)根据【判例 61】，取得他人的同意以他人名义认购股票的，公司称不知情的话，名义者是股东，即使【判例 60(全员合议体)】没有宣判，名义者行使权利也是当然的。如果那样的话，在公司知道名义借用的事实并同意的情况下，变更登记的免责力会出问题。如上述，公司知道名义借用的事实并同意的，股东名册上的股东行使表决权形成的股东大会决议有效的结论是否妥当？

Q4 (1)《韩国商法》第 337 条第 1 款规定，股票的转移，没有在股东名册上记载取得者的姓名和地址的，不能对抗公司。这里，过去关于是否允许公司让未进行变更登记的股票取得者行使股东权的判例(大法院 1989.10.24. 宣告 89DaKa14714 判决)立场是，《韩国商法》第 337 条规定的意思是股票的取得人没有在股东名册上完成变更登记的话，自己不能向公司主张股东权，公司将未进行变更登记的实质上的股东认定为股东也是可以的。这个判例选择了片面性拘束说。【判例 60(全员合议体)】是什么立场？

(2)《韩国商法》第 337 条第 2 款规定股票的转移不进行变更登记，“不能对抗”公司。另外，《韩国商法》的其他部分有很多“对公司无效”的表述方式。《韩国商法》第 319 条规定，“因股票受让产生的权利转让，对公司无效”；第 335 条第 2 款规定了根据章程转让股票时，“未经董事会同意转让股票的，对公司无效”；第 335 条第 3 款规定，“股票发行前的股权转让，对公司无效”。不是“对公司无效”，而是规定“不能对抗”的，能否认定对公司的拘束力？“不能对抗”是否能解释为只具有片面的拘束力？《韩国民法》第 450 条(译者注：该条第 1 款规定，指名债权转让时，转让人不通知债务人，或债务人不同意的，债务人不能对抗其他第三人)规定的指名债权转让，没有依据确定日期的通知或同意的话，不能对抗第三人(译者注：这是同条第 2 款规定)，这指的是什么意思？

NOTE 借名交易或未完成变更登记时，判例对股票的归属和行使权利的立场如下。(见表 22)

表 22 股票的归属与行使

<table>
<tr><th colspan="3"></th><th>股票的归属</th><th>股东权行使(不管公司知与不知)</th></tr>
<tr><td rowspan="2">他人名义认购股票</td><td rowspan="2">A 取得 B 的同意，以 B 的名义认购股票，在股东名册上以 B 的名义记载</td><td>公司知道 B 同意的</td><td>A</td><td>B</td></tr>
<tr><td>公司不知道 B 同意的</td><td>B</td><td>B</td></tr>
<tr><td>他人名义受让股票</td><td colspan="2">A 取得 B 的同意，以 B 的名义受让股票，在股东名册上以 B 的名义记载</td><td>A</td><td>B</td></tr>
<tr><td>未完成变更登记</td><td colspan="2">B 向 A 转让股票后，A 未完成变更登记</td><td>A</td><td>B</td></tr>
</table>

注：灰色部分是名册上的股东与实际上的股东一致。

2. 名册上股东不能行使股东权的特别事项

根据【判例 60(全员合议体)】,在没有特别事项的情况下,在股东名册上合法记载为股东的人与公司关系中,可以行使与股票相关的表决权等股东权。同样,公司无论是否知道股东名册以外的实际认购股票或受让股票之人另外存在的事实,不能拒绝股东名册上的股东行使股东权,不能认可没有完成股东名册记载的人行使股东权。可是,在对公司关系中,也有未完成股东名册记载可以行使股东权的例外情况。

(1)不当拒绝变更登记

【判例 62】- 公司不当拒绝股东变更登记(大法院)

大法院 1993.7.13. 宣告 92Da40952 判决(不当拒绝变更登记)

事实关系

本案中,A 转让给 X1 等股票,被告公司 Y 的法定代表人到场认可了股票的转让(股票发行前的股票转让),事后,Y 公司不当拒绝股东变更登记,不通知 X1 等人进行了股东大会表决。具体事实关系如下。

被告 Y 公司的大股东,曾是实际经营人的诉外 A,对外宣称建设修养设施,销售量数十套,收取了销售款,因销售欺诈问题被拘留。作为解决办法,1990 年 7 月 4 日 A 将持有的 Y 公司股票 30,400 股(总发行股票 80,000 股的 38%,公司设立 6 个月后,仍未发行票面)转让给原告 X1 等 4 人,这时,曾为被告公司法定代表人的 B 到场认可了股票转让。X1 等人于 1990 年 8 月 30 日请求股东变更登记,被告公司法定代表人上述 B 无正当理由拒绝了变更登记请求。可是,上述 A 从 1990 年 10 月初左右开始对上述股票转让的事实提出异议,原告 X1 等 4 人与原告 X2 等(持有全部股票的 30%)一起,于同年 10 月 18 日进行了解除 A 方面的诉外 B(当时法定代表人)等人的法定代表人等职务,任命自己方的人为法定代表人等职务的股东大会表决。对此,A 方面对上述股票的转让效力发出异议,主张自己方面持有全部股票的 70%,10 月 25 日不向原告 X1 等人发送会议召集通知,召开了临时股东大会,作出了重新任命 B 等 A 方面的人为法定代表人的本案股东大会决议。原告鉴于自己的股东地位,请求取消、确认无效、确认不存在本案的股东大会决议。

法院的判断

"如上述,被告公司没有正当理由拒绝股东变更登记的话,不能以未经变更登记为由否认股票转让的效力和受让人作为股东的地位。不能接纳原审判决关于记名股票转移对抗要件的法理误会及违反判例的论点,此外,原审判决其他方面不存在违法主张和法理误会。"

QUESTIONS & NOTES

NOTE 本案中股票票面发行前的股权转让程序和效力有问题。在这里以转让有效为前提进行讨论。参考【判例 65】股票票面发行前的股权转让的论点。

Q1 上述判决中，尽管股票的受让人没有进行变更登记，法院认定对于公司的股东地位的理由是什么？

Q2 股东名册上的记载具有免责力。那么，本案中如果通知了名册上的股东召开股东大会，形成决议的话，这个决议是否有效？

Q3 根据【判例 60（全员合议体）】是否可以变更上述判决？

（2）不合法变更登记

除了不当拒绝变更登记之外，是否有认可未完成股东名册上变更登记可以行使股东权的情况，或不认可股东名册上股东行使股东权的情况。

【参考判例】

大法院 1989.7.11. 宣告 89DaKa5343 判决

本案是决定继受 Y 公司股票的受让人，为了在处分过程中更方便向第三人转让该股票，将股票交由法定代表人 A 保管，因结算金额发生纠纷后，A 借占有股票之机，将全部股票都变更于自己名下。原告请求只有 A 参加召开的股东大会决议不存在，还有要求确认不存在的股东大会任命的董事召开董事会决议无效。

法院认为，“《韩国商法》第 336 条第 2 款（1984 年 9 月 1 日施行法律第 3724 号）推定股票的占有人是合法的持有人。这是在股票的占有人没有反证的情况下认定其为权利人的，即赋予股票占有以具有资格的效力，对此有异议的，可以拿相反的事实进行举证。另外，记名股票的转移，只有在将取得者的姓名和地址记载于股东名册的，才对公司产生对抗力（《韩国商法》第 337 条第 1 款）。这只是说股东名册上记载的股东，即使不进行证明也可以行使权利，这只不过是认可记载其具有赋予资格的效力，不是认可其具有创设性的效力。根据反证，被认定为未能实质上取得股票的人，即使取得变更登记也不能行使股东的权利”。

Q1 根据【判例 60（全员合议体）】判决，在没有特别情况时，股东名册上记载为股东的人，在与公司关系中，可以行使与股票相关的表决权等权利，下列名册上股东与实质上股东中，谁在对公司关系中可以行使股东权？

（1）拾得遗失股票，或窃取股票之人进行变更登记的。

（2）与上述【参考判例】相同，单纯占有股票之人进行变更登记的。

（3）不发行股票票面的公司，不顾及公司设立后，或新股缴纳日期后 6 个月内股票转让无效的规定（《韩国商法》第 335 条第 3 款），以受让人名义变更登记后，在恢复转让人名义之前。

（4）受让股票，以受让人名义变更登记后，解除了股票转让合同，恢复转让人名义之前。

（5）合并或继承时“一揽子”承继的，继承人、存续公司未进行变更登记的，这时，特别是尽管被继承人、被合并公司已经不存在了，继承人、存续公司不能行使股东权吗？

Q2 上述情况下，公司不知道其变更登记是不合法的，让其行使股东权的话，是否可以免责？

Q3 公司知道变更登记不合法，在很容易就能证明的情况下，让名义人行使权利的，是否可以免责？

（三）【判例60（全员合议体）】和【判例61】影响的其他法律关系

Q1 判例上，即使召集董事会的程序有瑕疵，股东全体出席，没有任何异议，以一致意见同意召开股东大会，形成决议的话，该决议在没有特别情况下有效（大法院2002.7.23. 宣告2002Da15733判决等），一人公司的，即使没有实际上召开股东大会，根据一人股东意见形成决议，制作股东大会议事录的话，在没有特别情况时，该决议视为有效存在（大法院2004.12.10. 宣告2004Da25123等判决）。

（1）是否是全体出席总会，以名义人为基准进行判断？

（2）是否是一人公司，以名义人为基准进行判断？

Q2 《韩国商法》上经常有需要判断是否是持有一定以上股票的情况。这些情况包括以下几种：①选任监事时，限制持有超过3%股票的表决权（《韩国商法》第409条第2款）；②相互持股的，限制表决权（《韩国商法》第369条第3款）；③控股股东的股票转让请求权（《韩国商法》第360条之24）与小股东的股票收购请求权（《韩国商法》第360条之25）；④主要股东的自我交易（《韩国商法》第398条）等。这些情况持有股票是否以名义人为基准进行判断？如果以名义人为基准进行判断的话，会出现什么问题？

Q3 关于总会决议，具有特别利害关系的人不能行使表决权（《韩国商法》第368条第3款）。是以名义者为基准判断是否有利害关系吗？

Q4 董事对公司的责任经股东大会同意可以免除（《韩国商法》第400条第1款）。根据【判例61（全员合议体）】，是否应以名义者为基准判断是否是股东？根据【判例61】，取得他人同意认购或受让股票的，是否是以名义者为基准判断是否为股东？未完成变更登记的，转让人和受让人中，应以谁为基准判断是否是股东？

Q5 判例认为股东受到直接损害的，可以追究董事对第三人的责任（《韩国商法》第401条）（大法院1993.1.26. 宣告91Da36093判决等）。可以追究董事对第三者的赔偿责任的受到实际损害的股东，是名义人还是名义借用人？

（四）以他人名义认购股票的缴纳义务

商法规定以假设人的名义认购，或未经他人同意以他人名义认购股票的人承担股票认购人的责任（《韩国商法》第332条第1款），取得他人的同意认购股票的，实质上的股东与名义股东连带承担缴纳义务（《韩国商法》第332条第2款）。

【判例63】- 虚假出资中名义出借人的认缴责任（大法院）

大法院2004.3.26. 宣告2002Da29138判决（SaeHan金融名义借用虚假出资案）

事实关系

A和B于1997年6月左右设立SaeHan金融股份公司认购了股票，以Y（B的前辈）的名义认购了发行股票中的20,000股（股款1亿韩元），制作了股东名册，Y登载为董事。A与B需要缴纳出资，于1997年7月4日从放贷业者处借款10亿韩元虚假出资，完成设立登记后，抽逃出资返还了借款。A和B登记为共同法定代表人，Y登记为董事，实际上Y作为股东和董事没有参与过活动。原告Y借给SaeHan金融1.4亿韩元，未能得到返还，申请并取得了支付命令。X在支付命令之外，又提出了金额为9000万韩元的保全申请，该款项是SaeHan金融设立时，Y认购了其18,000股股票，SaeHan金融对Y拥有缴纳股款请求权，X取得了对该款项的保全和转付命令，该命令送达给Y并得到确定，2001年4月26日提起了支付转付金诉讼。

法院的判断

《韩国商法》第332条第2款规定"取得他人的同意，以他人名义认购股票者，与他人连带承担缴纳责任"。这是基于股份公司的资本充实原则宗旨，在股款缴纳完成之前，让实质上的股东名义借用人和外观上的名义借出人承担缴纳股款的连带责任，因此，在缴纳股款后不再适用上述规定。

即使是一时性使用借用的资金设立股份公司，具备股款缴纳的外形，完成公司设立的程序后，随即抽出缴纳资金偿还借款，即虚假出资的，不能否认缴纳认购款的效力，应当视为股票认购人或股东的缴纳股款义务终结（参考大法院1998.12.23.宣告97Da20649判决）。另外，认购股票时，取得他人的同意，以其名义出资缴纳股款的，只有实质认购股票缴纳股款的名义借用人，作为实质上的股票认购人成为股东，单纯的名义出借人不能成为股东（参考大法院1975.9.23.宣告74Da804判决、1998.4.10.宣告97Da50619判决等）。

《韩国商法》上规定股份公司的资本充实原则，要求缴纳股款之前，名义出借人和名义借用人连带承担股款缴纳义务的《韩国商法》第332条第2款不适用于已经产生缴纳股款效力的股款虚假出资。另外，股款虚假出资与一时使用借款替代股东缴纳股款相同，即使在股款缴纳终结后，股东对于公司仍然负有偿还替代缴纳的股款的义务，这种偿还股款的义务，实质上仅由作为股东的名义借用人负担，不是由不能成为股份公司股东的名义出借人承担的债务。

QUESTIONS & NOTES

NOTE 上述判例中画线部分与【判例60（全员合议体）】相悖，应当变更。

Q1 对于虚假出资，判例认为缴纳行为自身是有效的，公司应将其视为一种替代缴纳，公司可以向股票认购人请求返还替代缴纳的股款。上述判决是公司设立时，取得他人的同意借用其名义认购股票的人虚假出资的案例。《韩国商法》第332条第2款规定"取得他人的同意，使用其名义认购股票的人，与他人连带承担缴纳责任"。这时，公司能否适用这个规定请求名义出借人承担替代缴纳的股款就成为问题。

（1）上述判决中，不能向名义出借人请求的根据是什么？

(2)上述判决中，判决名义出借人不能成为股东的部分(有下划线的部分)与【判例60(全员合议体)】相悖应当改正。此外，不能要求名义出借人承担偿还代替缴纳股款的判决内容是否应当变更?

(3)【判例61】判决，取得他人的同意以他人名义认购股票的，公司知道并同意，且没有其他特别情况时，名义人应当视为股票认购人。这样的话，公司是否应当向名义出借人请求返还代替缴纳的股款?

(五)变更登记懈怠与新股归属

股票受让人不进行变更登记的话，对公司不能行使股东权(股东名册的对抗力)。例如，公司利润分红或发行新股时，在没有特别情况下，公司向名册上的股东，即转让人支付分红交付新股，即得免责(股东名册的免责力)。股票转让合同约定的转让人和受让人之间怎样处理形式上股东接受的分红或新股是合同上的问题。当事人之间根据协议转让股票后由名册上的股东转让持有，或者受让人可以向转让人请求转移支付或交付的结果物。没有约定的，对于名册上的股东(转让人)领取的利润分红或并购给付款，受让人可以提出不当得利返还请求，对于这一点没有其他的意见。但是发行新股的，新股是归属于转让人还是受让人，在解释上出现问题。

【判例64】-懈怠变更登记情况下发行新股的权属(大法院)

大法院1995.7.28.宣告94Da25735判决(失期股)

事实关系

X的父母A等家族设立了Y公司。A在Y公司设立当时是Y公司的法定代表人，拥有该公司股票，并持有股票票面。Y公司于1965年和1966年经过并股和减资，但并没有发行股票票面。Y公司的法定代表人诉外A，于1983年2月28日将自己持有的Y公司的全部股票90股赠与给原告X，将赠与的事实制作成书面文件。当时，A将持有的股票票面(公司设立时发行的票面)移交给X。X接受上述股票赠与后，于1984年3月9日只通知了Y公司受让了股票，未完成上述股票的变更登记程序。Y公司从1987年7月5日开始至同年8月9日发行了3次新股，就本案的股票，向股东名册上记载为股东的A配置了5670股新股。A缴纳了股款，接收了取得的新股。Y公司在进行上述并股和减资后，于1987年8月29日第三次发行新股，发行了纸面股票。X向Y公司请求将A名义的被告公司股票5760股(90股+5670股)履行变更登记程序。

法院的判断

【原审(首尔民事地方法院1994.4.29.宣告93Na43308判决)】“原告于1983年2月28日接受了全部记载为A名义的普通股90股之事实与前述相同，关于记载为A名义的股票中的90股，原告虽然是实质性股东，股票已经转让，在受让人没有进行相应的变更登记时，公司发行新股的，公司向股东名册上的股东股票转让人配置新股即可，股票转让人接受新股缴纳股款即取得新股（事后，股票受让人就股票转让人因取得新股而得到的利益能否请求返还不当得利的问题，另当别论）。A 转让给原告 90 股股票后，接受被告公司发行新股的配置缴纳股款取得 5670 股普通股，该普通股归属于 A，原告限于对被告公司 3 次发行新股之前的 A 曾经持有的 90 股股票，可以请求变更登记。……

观察被告对原告的上述 90 股股票变更登记请求权时效消灭的主张。变更登记请求权是股东权的一部分内容，是维持股东资格在任何时间都可以行使的，其独立于股东权，不能成为时效消灭的对象，被告这部分抗辩理由不成立。"

【大法院】"2. 对于上告理由第一点

对于公司，取得记名股票者为了得到股东资格的认定，应当在股东名册上记载取得者的姓名和地址（《韩国商法》第 337 条第 1 款）。取得者请求变更登记时，在没有特殊情况下，应当向公司出示取得的股票。

与原审确定的相同，原告从诉外 A 处接受本案赠与的股票后，虽然只通知了被告受让的事实，但这不能将其视为仅凭这一事实向被告要求变更登记，原审在相同见解下排斥原告的具有变更登记请求的主张，这种处置是正确的，在这里，与上告的主张相同，没有违背采证法则误认事实的违法，或误会关于变更登记法理的违法。

3. 上告理由对于第二点

《韩国商法》第 416 条规定，股份公司根据股东大会或董事会决议发行新股时，所发行的具体的新股认购权不属于股东的固有权利，只不过是根据上述商法规定依据股东大会或董事会决议产生的具体权利，其新股认购权并不随着股东权的转移而转移。公司发行新股，其权利的归属人限定于股东大会或董事会决议确定的一定时期于股东名册上记载为股东的人。该新股认购权的归属与在上述一定时期是否是实质股东无关，其归属于对公司具有法律对抗力的股东，即在股东名册上记载为股东的人，股东名册上的股东缴纳新股认购款即视为其取得新股。"

QUESTIONS & NOTES

Q1 原告向公司通知了受让股票的事实，是请求变更登记吗？不是请求变更登记的话，其理由是什么？

【参考判例】

大法院 2000.1.28. 宣告 98Da17183 判决

变更登记可以由股票的取得人证明自己是股票的实质上所有人，单独进行。

Q2 上述【判例 64】中，大法院认为股票受让后变更登记懈怠的，其新股认购权归属于股东名册上的股东，股东名册上的股东缴纳新股认购款的话，视为名册上的股东取得新股。这样认定的根据是什么？

Q3 【判例 64】在原告以 A 为对象请求返还新股的诉讼中，是否提供了胜诉的标准？

Q4 股票转让后变更登记懈怠的，学说上大部分认为在转让人和受让人之间没有其他协议的情况下，新股认购权归属于受让人。根据这种解释，受让人依据什么法理可以请求返还已经缴纳新股认购款取得的新股？

Q5 下列大法院 1988.6.14. 宣告 87DaKa2599、2600（反诉）判决认定了股票转让人的债权人申请保全新股的合法性。这是否是在转让人和受让人之间，认定新股认购权归属于转让人的判决？

【参考判例】

大法院 1988.6.14. 宣告 87DaKa2599、2600（反诉）判决（变更登记懈怠和无偿新股归属）

Y（大韩保证保险）取得 B 公司（大韩酒精）的股票。B 公司将准备金转入资本，作出发行无偿股决议，在董事会决议确定之日止，Y 没有进行变更登记，名册上记载 A（大田酒精）为股东。A 的债权人 X 以 A 为债务人，B 公司为第三债务人对股票进行了保全。另外，Y 对本案股票重复进行了保全，X 以 Y 为对象提起了第三人异议之诉。

法院认为，“根据《韩国商法》第 461 条，股份公司经董事会决议将准备金转入资本发行股票的，在对公司关系中，在董事会决议确定的日期，只有在股东名册上记载为股东的人可以成为新股的股东。与原审确定的相同，Y 实质上取得了 B 的记名股票，B 的董事会发行了新股，在其确定的 1984 年 12 月 20 日 Y 没有进行变更登记，A 记载为股东，在对 B 的关系中，本案新股的股东是诉外 A。因此，原告 X 就本案新股，以诉外 A 为债务人，诉外 B 为第三债务人对股票进行的保全是有效的，在相同见解下，原告对本案进行的保全无效，排斥被告主张的原审判决是正当的，受让人和转让人之间未进行变更登记股票的新股认购权应当归属于受让人。原审不存在对新股认购权和所谓的失念股以及失期股的法理误会的违法”。（译者注：股份公司在股票转让后发行新股，受让人至公告的基准日或股东名册封闭日止未进行变更登记，公司将新股配发给转让人，受让人未得到新股认购权，这时所发行的新股称为失念股。投资人收到预托于证券预托结算院返还的股票，或股票受让人在股东名册封闭基准日前未进行变更登记，股东名册上的股东仍是证券预托结算院或转让人的，该股票称为失期股。）

第二节　股票的转让

股份公司的股东承担有限责任，因保护债权人的原因，原则上禁止返还出资。因此，股东可以将股票现金化的方法，基本上就是转让股票。《韩国商法》第 335 条第 1 款原则上认定自由转让股票。本章这一部分观察股票的转让方法和股票转让的限制。

一、股票的转让方法

能够简便、确实地转让股票的方法是发行有价证券的纸面股票，股票转让的规制方法与一般的纸面债权的转让规制方法不同。股票的转让是通过交付纸面股票产生效力(《韩国商法》第336条)。在制度上能够摆脱交付纸面股票转让原则的，一种是预托股票，可以在预托账户之前使用代替方法转让；[1]另一种是股票电子登记制度，可以在账户之间使用代替方法转让。

在纸面股票发行之前转让股票的，原则上无效。可是，公司不发行纸面股票的情况非常多。贯彻这种原则时，签订转让协议很久之后主张转让无效的，就产生了违反信义诚实原则的情况。对此，公司法认定在公司设立后，或认购新股缴纳日期之后经过6个月，纸面股票发行之前股票转让的效力。

大法院认为，纸面股票发行之前，或认购新股缴纳日期之后6个月之前，完成股票转让经过6个月的，视为弥补了纸面股票发行之前股票转让的瑕疵(参考以下【参考判例】)。

纸面股票发行前的股票转让，因为没有票面，对于公司和第三人来说，用什么样的方式证明股票转让的事实，从而认定转让的效力成为问题。

【参考判例】

大法院 1981.9.8. 宣告 81Da141 判决(纸面股票发行前受让股票的是否可以请求公司向自己发行交付股票票面)

“股票票面发行交付请求权是与股票一体的，具有不可分离转让的性质，票面发行前的股票转让不能产生股票票面发行请求权。因此股票票面发行前的股票受让人，不能直接向公司请求交付股票票面，也没法请求。即使代位转让人请求的，因受让人不是股票的归属主体，不能请求向自己发行交付代表股票的票面。”

大法院 2003.10.24. 宣告 2003Da29661 判决(公司设立经过6个月后完成股票票面发行前股票的转让方法和效力)

“《韩国商法》第335条第3款规定的股票票面发行前股票的转让是指公司设立后经过6个月时对公司产生效力，这时，股票的转让按照关于指名债权转让的一般原则，只要有当事人的意思表示就发生效力。《韩国商法》第337条第1款规定的股东名册上的变更登记在股票受让人对公司关系中，只不过是行使股东权利的对抗要件而已。”

大法院 2002.3.15. 宣告 2000Du1850 判决(对于公司设立后6个月内完成股票转让的瑕疵弥补)

---

〔1〕 参考本章“第一节一、”股票与股权部分的脚注〔2〕。

"《韩国商法》第335条第3款规定'股票票面发行前的股票转让对公司没有效力。但公司设立后,或新股缴纳期日后经过6个月的,不受此限'。股票票面发行前的股票转让按照关于指名债权转让的一般原则,只要有当事人的意思表示就发生效力。另外,股票票面发行前的股票转让,即使发生在公司设立后,或新股缴纳期日后6个月内,之后经过6个月的,这时公司即使不发行股票票面也弥补了瑕疵,对公司也形成了有效的股票转让。"

大法院 2012.2.9. 宣告 2011Da62083 判决

本案事实关系是,原告从被告公司的股东处买入股票,没有交付股票票面,此后股票进行了并股,旧股票票面虽然失权了,但是并股6个月后也未发行新股票面的,并股前的当事人是否仅凭意思表示就可以产生股票转让的效力,受让人是否不出示股票票面证明股票受让的事实就可以请求变更登记。

大法院认为,"即使并股时旧股票票面失效,并股后至6个月止,公司没有发行新股票面的,即使没有交付股票票面,仅有当事人的意思表示,股票转让即发生效力。关于当事人之间股票转让的意思表示,即使在股票票面发行后并股前也是一样的。因并股失效之前的旧股票面未交付的,并股后至经过6个月止公司不发行新股票面的话,并股后经过6个月时,股票的转让仅有并股前当事人的意思表示即产生效力"。

【判例65】-未发行票面的股票重复转让的股权归属(大法院)

大法院 2006.9.14. 宣告 2005Da45537 判决(medipharm 股票的重复转让)

事实关系

本案中未发行股票票面的公司股票被重复转让的,公司是否应当将那个重复受让人视为是股东成为问题。

被告Y公司(medipharm)未发行股票票面。原告X于2003年4月3日从公司法定代表人A处买入A名义下的Y公司13,500股股票,收到了该股票由公司保管的股票保管证。A以自己和借用他人名义拥有过47,000股股票,共向23人超过自己股票持有量重复转让了股票。2003年起至2005年1月6日止向Y公司要求变更登记的股票数合计66,000股。其中对于以实物清偿为名,B收到的完成变更登记的10,000股股票,A事前已经根据确定日期证书向公司发出了股票转让通知,B积极地参与了公司的背任行为股东登记才得以变更。X于2003年9月19日用登记挂号信的方式向Y公司发送了上述股票保管证副本,请求变更登记(A没有给被告公司发送转让通知),Y公司予以拒绝后,X提起本诉,请求变更登记,赔偿因预先未取得登记造成的损失。

法院的判断

“2. 关于上告理由第二点

股票票面发行前的股票转让，只要有当事人的意思表示就产生效力。股票票面发行前，虽然受让人不用取得没有特别情况下的转让人协助，单独证明自己股票受让的事实，即可以向公司请求变更登记，但是，考虑为了能用转让的事实对抗公司以外的第三人时，需要具备适用于指名债权转让的确定日期证书制作的转让通知或承诺，转让人负有像给公司发送转让通知一样，让受让人拥有对抗第三人条件的义务。转让人在发出这样的债权转让通知之前，向其他第三人重复转让，并向公司发出确定日期的转让通知等，让重复受让的第三人具备对抗要件，使受让人不能对抗第三人。第三人积极地参与转让人的背任行为的话，对第三人的转让行为即是相悖于社会秩序的违法行为，该行为无效。

根据记录，A在已经超过自己持有股票数量向几位受让人转让被告公司股票的情况下，再以实物偿债方式向诉外第三人转让被告公司股票，并向被告公司发送确定日期通知，使第三人具备对抗力，B明知A的上述背任行为，仍积极参与。原审在相同宗旨下认定上述事实后，认为B的股票转让行为及其变更登记行为是反社会性的法律行为，应当无效的判断正当。原审判决中没有因违反采证法则引起的事实误认，也没有误会法理的违法情形。

3. 关于上告理由第三点

股东名册上记载的股东在对公司关系中，即使不证明自己的实质性权利，其具有的授予其资格性的权利是被认定的，但这不是认定股东名册上的记载具有创设性的效力。根据反证认定为实质上没有取得股票的人，即使变更了登记也不能行使股东的权利（参考大法院1989.7.11. 宣告89DaKa5345判决等）。因此，股票票面发行前，重复转让股票出问题时，不管重复受让人中的一部分是否已经进行了变更登记，要通过计算确定谁是优先顺位，这时重复受让人相互间的地位优劣准用指名债权重复转让的情况，原则上根据有确定日期的转让通知到达公司的时间，或者有确定日期的承诺的时间先后决定（参考大法院1995.5.23. 宣告94Da36421判决等）。

这样的话，原审应该确定转让人A的转让对象，其所持有的股票总数，根据上述判断基准计算包括原告在内的重复受让人相互之间的优先顺位，之后再看是否还有归属于原告的股票。原审与此不同，以其他为前提，并不判断包括原告在内的重复受让人相互间的优先顺位，只以上述的第2项的理由，即A的股票中B持有并变更登记的10,000股股票转让是属于背任的重复转让，被告积极参与属于无效为由，直接命令履行变更登记程序，法院这样的裁判误会了变更登记的效力以及股票票面发行前转让股票与第三者对抗力的法理，没有完成剩余部分的审理，存在违法，这些对判决的结果分明是有影响的。

另外，转让通知是根据没有确定日期的证书完成的，即使对第三者没有对抗力，没有确定日期的转让通知，或取得承诺后在证书上得到确定日期的，在该日期之后取得对第三者的对抗力（参考大法院 1987.4.12. 宣告 87DaKa2429 判决），考虑确定日期制度的宗旨，即使在副本上取得确定日期，在对抗力的判断上也是没有差异的。因此，原审仅以原告给被告用登记挂号方式邮寄的股票保管证（根据记录可知已经完成确定日期印章和骑缝章）是副本为由，认为是未取得确定日期的证书，这种判断误会了确定日期证书的法理，是违法的。

QUESTIONS & NOTES

Q1 未发行股票票面，根据意思表示受让股票的人，为了向公司要求变更登记，需要证明自己是实质上的股东。有什么样的证明方法？

Q2 《韩国民法》第 459 条规定的指名债权转让的对抗要件是转让人向债务人发送通知。大法院对于股票票面发行前股票转让的态度是准用指名债权转让方式，不要求“转让人”的有确定日期的通知，不用转让人的协助，受让人证明转让的事实就可单独向公司请求变更登记的理由是什么？与指名债权转让有什么区别？

Q3 关于股票票面发行前的股票重复转让，第一受让人完成变更登记后，经过相当长时间之后，就第二受让人的转让发送有确定日期通知的，第二受让人申请变更登记的，是否比第一受让人具有优先权？判例的结论是否妥当？

【参考判例】

大法院 2010.4.29. 宣告 2009Da88631 判决（重复转让股票的第一受让人与第二受让人都不具有根据确定日期证书制作的通知和承诺要件，第二受让人能否请求取消第一受让人的变更登记）

本案是股票票面发行前重复转让股票的案件。第一受让人虽然完成了对公司的通知和变更登记，但是没有依据确定日期的文书进行通知。公司取消了第一受让人的变更登记，给同样没有确定日期通知的第二受让人进行了变更登记。在确认企业转让合同的股东大会中，出现了第一受让人没能行使权利的问题。

大法院认为，“股票票面发行前转让股票的，发行该股票的公司给具备没有确定日期证书的转让通知或承诺要件的股票受让人（以下简称第一受让人）完成变更登记的，该股票的重复受让人（以下简称第二受让人）即使对公司具备了转让通知或承诺的要件，如果该通知或承诺还是没有根据确定日期证书制作的话，在与第一受让人的关系中，不能作为第二受让人主张自己拥有优先权。对于公司，没有权利取消以第一受让人名义已经合法完成的变更登记，以第二受让人名义进行变更登记。因此在这种情况下，即使公司接受第二受让人的请求以其名义完成变更登记，也是违法的，在对公司关系中，能够行使股东权利的仍然是第一受让人的观点是妥当的”。

另外，关于对抗力的产生时间，大法院认为“股票转让通知根据确定日期的证书制作完成的，即使对于第三者没有对抗力，根据没有确定日期制作完成转让通知或承诺后，该证书取得确定日期的……该取得对抗力的效果并不溯及到当初股票转让通知之日”。

大法院 2014.4.30. 宣告 2013Da99942 判决（重复转让股票的第一受让人和第二受让人都不具有根据确定日期证书制作发送的通知或承诺，第二受让人进行变更登记的法律关系）

被告 Y 公司共发行股票 1 万股，其中 A 持有 5000 股，B 持有 4500 股，E 持有 500 股，A 与 A 的儿子 E、女婿 F 是公司的法定代表人和董事，运营 Y 公司。原告 X 受让了 A 和 B 的股票（第一受让人），成为 Y 公司的共同法定代表人。Y 公司没有发行股票票面，A 向 D 重复转让了股票 2500 股，B 向 C 重复转让了股票 4500 股。当时，本案股东大会使第一受让人 X 和第二受让人 C、D 具备了对 Y 公司的一般性债权转让的对抗要件，没有具备根据确定日期文件制作的通知、承诺的要件，反而给第二受让人 C、D 完成了变更登记。

共同法定代表人中一人 F 召开了解除 X 的法定代表职务的临时股东大会，没有向 X 发出召开股东大会的通知，向股东名册上的股东 A（2500 股）、C（4500 股）、D（2500 股）、E（500 股）发出了通知，这些股东出席了股东大会并投了赞成票。对此，股东 X 提起了共同法定代表人一人召集，而没有通知 X 的股东大会决议无效以及确定不存在之诉。

对于 X 的召集通知瑕疵，大法院认为“首先第一受让人原告对于公司，在具备没有根据确定日期证书制作的转让通知或承诺要件后，本案第二受让人再受让股票，即使第二受让人在股东名册上完成了变更登记，第二受让人对于公司在不具备根据确定日期证书制作转让通知或承诺的要件下，在对第一受让人关系中，不能主张自己拥有股东的优先地位。本案原审的上述判断正当”。可是，与原审中 X 仅依据上述股票转让通知或承诺之要件，就可以直接向 Y 公司行使股东权不同，大法院认为“原告在本案决议当时，没有完成变更登记，不能行使自己受让股票的相关股东权，即使被告公司不向原告发送召集通知，召开临时股东会作出本案决议，其行为并不构成本案决议不存在或无效的重大瑕疵”。大法院同时认为，“另外，即使本案决议当时作为股东取得变更登记的第二受让人对于原告（X）或被告公司（Y）不能主张优先地位，共同法定代表人中的一人 F 于 2011 年 7 月 29 日召集了股东大会，股东 A、E 也出席了上述股东大会赞成了本案决议。以本案第二股票受让人变更登记之前的状态为基准，诉外 A、E 的股票占全体股票的 55%，共同法定代表人中的一人不与其他共同法定代表人一起召集临时股东大会，或者不通知本案第二股票受让人变更登记之前的股东名册上剩余股东 B 等瑕疵，并不能构成本案决议不存在或者无效程度的重大瑕疵”。

QUESTIONS & NOTES

NOTE 关于上述判例，（1）X（第一受让人）与 C、D（第二受让人）都不具备根据确定日期证书制作的通知或承诺的要件，即使 X 不能行使权利也不影响股东大会决议效力的理由是什么？（2）Y 公司以股东大会基准日通知名册上的股东 A(2500 股)、C(4500 股)、D(2500 股)、E(500 股),他们全部出席投赞成票。根据【判例 60(全员合议体)】,名册上的股东行使了权利,股东大会决议没有瑕疵吗?
(3)X(第一受让人)能否请求取消 C、D(第二受让人)的变更登记?

【参考判例】

大法院 2010.10.14. 宣告 2009Da89665 判决(股票的转让人可否向公司请求以受让人的名义进行变更登记)

Y 公司是在设立 6 个月后没有发行股票票面的公司。Y 公司的股东 A 于 2007 年 7 月 4 日将股票转让给 B,以 B 名义完成了变更登记。A 对于上述转让股票没有向公司发送具有确定日期的转让通知,Y 公司也没有对上述股票转让进行变更登记和确定日期的承诺。A 于 2007 年 12 月将股票重复转让给 X,2008 年 2 月 8 日转让人 A 以登记挂号邮件的方式通知了 Y 公司上述转让事实,请求以 X 名义完成变更登记,Y 公司拒绝了变更登记请求。此后,B 出席了 Y 公司的临时股东大会行使了表决权,X 提起了取消股东大会决议之诉。

大法院认为,"变更登记请求权是记名股票的取得者对于公司,根据股东权请求在股东名册上记载自己的姓名、地址等的权利,只有记名股票的取得者可以行使与该记名股票相关的变更登记请求权。另外,记名股票的取得者原则上对于取得的记名股票,有进行变更登记,或者不进行变更登记转让给他人等处分上的自由决定权。股票转让人对于公司,在没有其他特别情况下没有请求以受让人名义进行变更登记的权利。这样的法理,不仅适用于发行了股票票面,接受票面转让的记名股票,还适用于公司设立 6 个月后没有发行股票票面,转让人和受让人之间依据意思表示转让的记名股票"。支持原审的 Y 公司拒绝变更登记没有不当,驳回 X 请求的判决。

二、股票转让的限制

封闭公司,特别是合作投资公司等,为了维持封闭性,有必要对股票的转让作出限制。上市公司为了业务的安定性或防止道德问题,对于主要股东也有限制股票转让的必要性。限制转让股票具有限制股东回收投入资本的意义,因此产生了调节公司利益和股东利益的必要。这里,要在什么样的范围内限制股票的转让成为问题。

商法上允许对股票转让的限制(依据章程限制股票转让),在章程上可以规定股票转让需取得董事会承认,未取得承认的不能对抗公司(《韩国商法》第 335 条第 1、2 款),这时为了保护股东提供了各种程序(《韩国商法》第 335 条之 2、第 335 条之 7)。但是实务上,与根据上述商法规定的限制股票转让并行或单独使用的方式有很多,如在股东之间或股东与公司之间通过各种方式缔结限制股票转让合同(依据合同限制股票转让),根据情况不同,这些内容也可以在章程中作出规定。这里出现的问题是,上述商法规定是否仅在对公司关系中产生效力,还是对限制股票转让合同以及随之的股票转让效力也产生影响。

QUESTIONS & NOTES

NOTE 虽然上市公司与非上市公司章程规定的股票转让限制不同，但是上市公司股票转让限制属于退市事由(《韩国交易所有价证券市场上市规定》第 80 条第 13 款)。作为股票新上市的审查要件，要求没有股票转让的限制(同规定第 32 条第 1 款第 14 项)，上市公司不允许依据章程限制股票转让。

参考资料 [韩]李泰钟:《股东间限制股票转让约定的效力》，载《人权与正义》2002 年 8 月第 312 号。

【判例 66】- 限制股票转让协议之效力(大法院)

大法院 2000.9.26. 宣告 99Da48429 判决(ShinSegi Telecom 限制股票转让协议)

事实关系

1. 被告公司(ShinSegi Telecom)根据当时政府的第 2 移动通信业务促进政策设立于 1994 年 5 月 2 日。浦项制铁(POSCO)股份公司与 Kolon 集团等相关 5 个公司于 1993 年 12 月 30 日左右被选定为预备设立的 ShinSegi Telecom 的控股股东。1994 年 6 月 3 日以后，包括上述公司在内的国内外 24 家公司和被告公司扩大成财团(consortium)形态，被告公司的缴纳资本金为 1000 亿韩元，上述 24 家公司各自确定了对被告公司的股权比例，缔结了按照确定的金额投资的合作投资合同。

2. 合作投资合同的当事人决定，对于被告公司投资额 1000 亿韩元中，除合作投资合同确保金额之外的 25.3% 股权，从包括股份公司京纺在内的 221 家公司处募集与该股权相应的 253 亿韩元。

3.1994 年 6 月 4 日股份公司京纺认可了上述合作投资合同，决定投资被告公司股权的 0.8%，即 8 亿韩元，浦项制铁代表合作投资合同的各当事人与股份公司京纺缔结了上述内容的合同。

4. 包括被告公司在内的合作投资合同当事人于 1994 年 6 月 4 日缔结合作投资合同时，代理合作投资合同当事人的浦项制铁与股份公司京纺于 1994 年 6 月 4 日缔结合作投资合同时，按照下列内容约定了被告公司发行股票的转让限制。

(1)除合作公司(被告公司)事前上市的情况之外，从合作公司设立日起 5 年期间内，任何股东不得将合作公司股票的一部或者全部出售、转让给其他当事人或第三人。根据当时法律上或政府的处置强制进行的，或当事人全部同意转让的情况除外。

(2)上述例外情况，或设立日起经过 5 年后至合作公司上市时止，除浦项制铁或 Kolon 之外的股东欲转让合作公司的一部或全部股票的，浦项制铁和 Kolon 按照股票买入时各自的持有比例对该股票拥有优先购买权。这时，转让人首先向浦项制铁和 Kolon 以书面发出该股票的收购要约，转让价格按照协议价格或评估价格进行。

(3)违反上述合同约定的股票转让限制转让合作公司股票的，该转让人将失去上述合同规定的任何权利和利益。该股票转让人继续履行承担本合同和上述协议书等书面的约定和义务。

5. 京纺于1997年9月10日将被告公司发行的35万股股票出售给A，A在同一天以相同价格将股票出售给原告X（HongSeung资本）。现在X接收并持有被告公司发行的股票票面。X买入上述股票时，知道上述“股票转让限制协议”。

6.X向被告公司请求本案股票的变更登记，被告公司以上述转让禁止协议为由予以拒绝。对此，X提起了履行上述股票变更登记之诉。

7. 被告拒绝变更登记的具体理由是，被告是为了移动通信业务，而政策性设立的财团形态的封闭公司，答应原告变更登记要求的话，就违反了被告在取得移动通信许可过程中向政府承诺的许可要件，有可能会产生被政府取消移动电话业务许可等不利结果。京纺对A的股票转让和A对原告X的股票转让，违反了被告设立过程中缔结的上述“股东间合同”（统指合作投资合同和包括被告公司在内的当事人与京纺于1994年6月4日缔结的协议）中规定的股票转让限制规定，A与原告X明知上述事实却受让本案股票，因此，被告公司可以拒绝原告的变更登记请求。

法院的判断

大法院判决本案转让限制约定无效，被告公司以无效的转让限制约定不能拒绝本案变更登记请求。

《韩国商法》第335条第1款规定，股票可以向他人转让，但可以在章程中规定股权的转让要取得董事会的承认。《韩国商法》第335条第1款但书的规定是以股票的转让为前提的，作为限制转让的方法，可以在章程中规定需要取得董事会承认，但其意思并不是可以规定禁止股票的转让，即使以章程规定限制股票转让的，也不能规定全面禁止股票的转让。

本案的约定，其自身上并不是转让要取得董事会的承认等对转让的限制，而是禁止设立后5年间的全部股票转让，即使如前述在章程中规定这样的内容，但该内容全面否认了股东投入资本回收的可能性，是无效的。因此，即使在章程中规定也是无效的，在公司和股东之间或者股东之间这样的约定也是无效的。

另外，本案约定中有经股东全体同意可以转让的内容，这也是加重了《韩国商法》第335条第1款但书规定的转让限制要件，不仅相悖于商法规定的宗旨，事实上使转让不可能实现或使转让产生显著的困难，实质上与禁止转让没有区别。

【判例67】- 股票转让限制合同的债权性效力（大法院）

大法院2008.7.10. 宣告2007Da14193判决（股票转让限制合同的债权性效力）

事实关系

X1、X2、Y1、Y2、Y3与其他4人设立了A有线电视台。A电视台的股东设立A时，以许可有效期3年内禁止大股东变更为条件取得了播放委员会的许可。曾运营过其他有线电视的P成为A电视台的大股东后，持有发行股票总数52%的X1～Y2与其他4人为了阻止P的敌意收购，约定限制转让股票。约定的要点如下。

(1)签名股东个人持有的股票不得个别地向签署协议书股东之外的第三者有偿转让、无偿转让、提供担保，或进行影响所有权的全部行为。

(2)签署协议书的股东对自己持有的股票要进行上述行为的，应当召集会议，签名股东一定要全部出席，由全体一致决定是否给予认可，希望买卖股票的，有买入意向的签名股东拥有优先购买权。

(3)股东对于转让股票没有买入意向而向第三者转让的，关于价格和选择收购人等全部事项，需经签名股东全体一致决定。

Y1等违反了这个约定，将股票转让给P，X1和X2请求支付约定的违约金。

法院的判断

大法院维持了原审判决，“作为限制股票转让的方法，《韩国商法》第335条第1款但书规定章程中可以规定需经董事会承认，考虑这一规定的宗旨，是在股东之间约定对股票的转让作出一部分限制，这个约定并不是全面否定股东对其投入资本回收的可能性，不违反公序良俗的话，在当事人之间原则上是有效的(参考大法院2000.9.26.宣告99Da48429判决宗旨)。……不顾及公司章程的股票的转让需取得董事会认可的规定，不取得董事会认可转让股票的，该股票转让只是对公司没有效力，股东之间的股票转让合同自身是有效的”。

另外，原审判决中判断本案约定没有违反公序良俗，没有全面否定投入资本回收的可能性，大法院也维持了这一判断。原审考虑的主要因素有以下几点:(1)本案约定是A电视台设立后，P方面取得多数股权，一部分股东产生危机意识，为了确保自己的经营权而缔结的，其目的并不违法。(2)本案约定的内容中，一部分条款记载的是禁止向第三者转让股票，但事实或实质的内容是以可以向第三者转让为前提的，但是，向第三者转让股票的，禁止向参加约定股东不希望的人转让股票，同时，希望转让股票的，负担优先转让给参加约定股东的义务，这些限制并不能看作是从源泉上封锁了股东投入资本回收的可能性。(3)本案约定内容中可以看作是实质上限制股票转让的内容是，希望转让股票的股东召集会议后，向参加约定的股东发出收购提议，承担首先转让义务，没有优先收购人需要向第三者转让的，收购方和价格等内容需经全体一致决定，转让给参加约定股东的，价格由参加约定股东全体一致决定，①为了针对敌意收购确保经营权，限制向第三者转让股票具有现实性需要，限制收购人优先向参与约定股东转让，承担这样义务的条款不能视为是过重的限制；②价格要求参加约定的股东全体一致决定，以信任关系为基础形成上述约定的股东之间，不能断定他们决定的价格比第三者提示的收购价格显著偏低，或使股票转让成为不可能。转让价格显著不合理时，可以以此为由解除本案约定。(4)包括原、被告在内的A电视台股东们于2001年7月左右设立A电视台，向播放委员会提交了以综合有线播放许可日起3年内不处分股票为主旨的承诺书。综合考虑本案约定中，参加约定股东承担优先转让义务的限制期间是至2008年8月20日止，本案约定的内容不能视为是全面否定了股东投入资本回收的可能性，也不能视为其违反了强行法规和公序良俗。

QUESTIONS & NOTES

Q1 股票转让违反需取得董事会认可的章程规定的，受让人是否可以向公司请求变更登记？

Q2 股东间股票转让限制合同的效力

(1)例如，甲公司的股东A、B之间的股票转让，缔结了需要董事认可的合同，B违反合同将股票转让给了C。对于C的变更登记请求，甲公司能否以违反股东间合同上的限制为由拒绝变更登记？(与在章程上规定同样的限制相比较)

(2)【判例66】中有如下说明，“设立后5年内禁止任何的股票转让，即使在章程中作出这样规定，这样的规定全面否认了股东投入资本回收的可能性，是无效的。如此即使在章程中规定了也是无效的内容，进而即使在公司和股东之间，或者股东之间作出这样的约定也是无效的”。根据这样的说明，股东A和B约定5年内不转让股票，违反这个规定B将股票转让给第三者的话，甲是否能请求赔偿违约金？【判例66】的情况下，根据股东间的股票转让限制合同效力的有无，对于驳回原告请求的判断是否不同？

(3)相反【判例67】中，以什么样的标准判断限制股票转让的债权合同是否有效？根据【判例67】能否判断【判例66】的股东间约定是有效的？

(4)考虑一下通过股票转让的“投入资本的回收”与其他财产权(如房地产)等的转让有什么不同(例如5人买入房地产后共有，同时约定“各自持有的共有份额在5年内不得转让给第三者”，与这个例子相比较。房地产的共有人作出的约定限制了对于房地产投入资本的回收，是否无效？房地产共有人之间的约定与股东间的约定是否不同？)。以限制股票转让的股东间债权合同的效力观点分析【判例66】和【判例67】，哪个是妥当的？

Q3 《韩国商法》第335条第1款规定“股票可以转让给他人”，这是以保障股票的自由转让性为原则的，以在章程中可以规定股票的转让需取得董事会认可为方法，认定了限制股票转让的效力。虽然不是全面禁止股票的转让，不依据商法的规定，而是在章程中规定其他方式限制股票转让的，是否有效？例如，①是否认可将限制转让股票的认可机关规定为股东大会、法定代表人或特定股东？②【判例66】中，股东之间缔结了如下协议，除浦项制铁或Kolon之外的其他股东转让一部或全部持有的合作公司股票的，浦项制铁和Kolon根据股票买入时各种持有的股票比率对该股票拥有优先收购权，这时，转让人应当先以书面形式向浦项制铁和Kolon发出该股票的转让要约，转让价格按照约定的协议价格或经过评估的公正价格进行。这样的条款大概称为优先收购权(right of first refusal)，把这样的规定记入章程的话是否有效？③规定只有在向外国人转让股票时需取得董事会认可的条款是否有效？

Q4 判断限制股票转让合同的债权性效力时，是否有必要考虑股东之间、第三者和股东之间缔结合同，与公司也成为当事人缔结合同的区别？

【参考判例】

大法院 2013.9.13. 宣告 2012Da80996 判决

实务当中不仅有股票转让限制，还有缔结各种内容的股东间合同的限制。本案是股东间合同效力范围产生问题的案例。

持有 A 公司股票 52.5% 的原、被告股东之间缔结了以限制持有股票的转让，积极参与会计账簿查阅请求、临时股东大会召集请求等小股东权的行使，共同行使股东大会选任董事、监事等事项表决权为内容的股东间协议。被告被选任为 A 公司的法定代表人，既是股东又是董事的被告①在董事会上与原告意思不一致地行使表决权，②拒绝了原告的召集临时股东大会、召集董事会、查阅会议记录等请求，③在股东大会上对监事解聘和选任与原告不一致地行使表决权。

原审认为，“即使是大部分股东兼职董事的股份公司，作为股东的权限和作为董事的权限是明确区分的，以一部分股东之间的协议限制董事权限的话，有可能侵害未参加该协议的股东或公司的利益，考虑有可能违反董事的忠实义务和善管注意义务等情况，本案协议仅具有限制原、被告作为股东权限的效果，不能视为具有限制作为董事权限的效果。这与原、被告既具有股东地位又具有董事地位是一样的”。关于①，被告是作为 A 公司的董事行使的表决权，与作为股东行使权限完全无关；关于②，被告的上述行为是以 A 公司的董事或法定代表人为前提进行的，不涉及本案协议的效力；关于③，原告作为股东大会主席明确拒绝了给监事说明的机会，造成股东大会有瑕疵，以及本案协议的主要目的是确保共同经营权，这并未对此造成障碍。本案协议中规定的作为股东行使权限是指，除原、被告之外的外部人作为股东共同行使，因此，即使协议的当事人原告和被告之间发生纠纷，也应当根据多数决定原则，任何时候都要服从多数股东的意见，应当统一行使作为股东的权利。以为了保护少数人而超出了多数决定原则内在的界限为由，判定被告在股东大会上与原告作不同的意思表示，并不违反本案协议。大法院维持了原审判决。

三、股票的担保

股票可以出质也可以提供担保。设定质权的方法有登记质和略式质。登记质是根据质权设定人股东的请求，将质权人的姓名和地址记载于股东名册，质权人的名字记载于股票(《韩国商法》第 340 条第 1 款)。略式质只根据质权设定协议交付股票设定质权。

股票如上述被设定质权的，认定股票在回购、并合、分割或转让时，因此产生以前股东取得的金钱或股票的代位权(《韩国商法》第 339 条)。对于利益分配请求权或新股认股权有争论。虽然商法只规定了股票的质权设定，但实际上，股票作为担保的方法更被普遍采用。

第三节 股东平等原则

股东平等原则是将股东法律上的地位单位化成均等的股票，由股东按照持股数量平等地行使。无视股东平等原则的章程规定、股东大会决议或董事会决议等，除遭受不平等待遇的股东同意等情况外是无效的。股东平等原则有防止滥用多数决议和保护小股东利益的作用。股东平等原则在敌意收购中，会出现作为防御手段的合法性问题，不平等待遇能给全体股东带来更多利益时，公司可以给出不平等待遇。这个问题在第八章进行讨论。外国在转让经营权时，只将控股股东的股票高价转让，是否也应当给小股东同样的机会呢，这里对这一问题进行讨论。

【判例 68】- 认购新股职工的损失弥补约定的效力（大法院）

大法院 2007.6.28. 宣告 2006Da38161、38178 判决（和平银行有偿增资）

事实关系

被告 Y（和平银行）因未达到 BIS 8% 资本充足率，于 1998 年 2 月 26 日收到金融监督院的经营改善命令，制定了 1000 亿韩元的有偿增资计划，对于其中的 150 亿韩元由高管和职工参与。1998 年 6 月 23 日认购股票时，总 1575 名高管职工中 1512 名以提前计提退休金参与了认股，考虑 1998 年 6 月 26 日当时市价每股 780 韩元，额面价 5000 韩元，根据高管和职工要求，以提前计提退休金参与资本金增资的职工，在他们退休时出资发生损失的给予全额补偿，达成上述协议并制作了“参与资本增资职工退休金特例支付标准”（以下简称损失补偿约定）。可是，Y 银行于 2000 年 12 月 18 日被金融监督委员会指定为经营不善金融机关，收到了投入全部公积金无偿回购全部既存股票的减资命令。原告作为提前计提退休金参与上述有偿增资的退休职工，请求支付上述损失补偿约定的金额。

法院的判断

原审中①基于损失补偿约定的请求金额和退休金特例支付标准违反了股东平等原则和禁止取得本公司股票原则，排斥了这一请求；②对于以认购新股行为无效为前提的与缴纳股款额相当的不当得利返还请求，无效的是损失补偿约定和退休金特例支付标准，提前计提行为和认购股票行为并非无效，排斥了这一请求；③接受了一部分因不法行为引起的损失赔偿请求，被告银行完成了无效的损失补偿约定，积极地劝诱参与有偿增资，是违法的，构成了不法行为，但职工的损失补偿请求也是责任发生的原因之一，被告银行的责任限于80%。

大法院维持了原审判断，对于上述①和②作出了如下认定。

“a. 根据记录分析原审判决的理由，原审在认定其判决事实后，认为本案损失补偿协议和退休金特例支付标准（以下简称本案损失补偿约定）是以参与有偿增资取得股东地位的和平银行职工在退休时全额补偿其投资损失为内容，公司绝对保障投资资本的回收，赋予了其他股东没有认可的优越地位，违反了股东平等原则，该协议和标准为无效的判断是正当的。

尽管本案损失补偿约定兼有规制劳资关系的团体协议和就业规则的性质，从作为股东地位出发的损失补偿是主要目的这一点是不能否认的，不仅不能脱离被股东平等原则规制，而且即使缔结约定时间在原告取得股东资格之前，补偿原告认购新股取得股东资格后卖出新股受到的损失，这一内容应视为违反了股东平等原则。本案损失赔偿约定当时原告是和平银行的职工，另外，即使存在市价显著低于股票面额这一情节也没有不同。……

b. 在上述理由中，除本案损失补偿约定无效之外，是否违反禁止取得本公司股票原则，对于原审判决的结论不产生影响。因此，没有必要考虑以本案损失补偿约定不违反禁止取得本公司股票原则为前提的上告理由。

c.《韩国民法》第137条（译者注：【法律行为的一部分无效】法律行为的一部分无效的，其行为全部无效。但是，即使没有该无效部分，也认定进行了该法律行为的，剩余部分并不无效）作为任意规定，适用于属于意思自治原则的领域，法律行为的一部分违反强行法规的效力性规定无效时，判断这一部分的无效是否影响其他部分的效力时，个别法令规定一部分无效的效力的，应该从其规定，没有这样的规定的，原则上适用《韩国民法》第137条，考虑该效力性规定和设置效力性规定的法律的立法宗旨，剩余部分无效的话就会导致明显违背该效力性规定和设置效力性规定的法律的立法宗旨的结果时，剩余部分不能为无效（参考大法院2004.6.11. 宣告2003Da1601判决等）。因此，以作为本案原告认购新股动机的本案损失补偿约定违反股东平等原则无效为由，认定本案认购新股无效，将认购新股款作为不当得利返还原告的话，事实上就会与其他股东不同，只保障原告回收投入资本，反而导致了违反强行规定的股东平等原则的结果。因此，本案的新股认购合同不能视为无效（参考大法院2005.6.10. 宣告2002Da63671判决）。

原审排斥了原告的以新股认购合同无效为前提，将与认购款相当的金额作为不当得利返还的请求，符合上述法理，判决正当，不存在上告理由所称的误会法理等违法情形。”

QUESTIONS & NOTES

NOTE 本案中上述新股认购是否属于取得本公司股票也是个问题，对此参考第六章。

Q1 这个判决结果认定了被告银行的责任。基于不法行为承担的损害赔偿责任，与基于损失补偿约定承担支付约定金额的义务，与主张认购股票无效的差异是什么？

Q2 (1)股东平等原则是根据持有的股票数量平等地享有基于股东资格的法律关系。损失补偿约定违反股东平等原则的话，大股东低价转让公司财产取得利益的，是否违反了股东平等原则？

(2)大法院认为“损失补偿约定违反了股东平等原则，无效的判断是正当的”。损失补偿合同的内容是没有问题的，给特定股东补偿损失这点是无效的吗？如果公司以全部股东为对象约定给予损失补偿的话，是否有效？（例如：和既存股东也约定认购新股一样内容的损失补偿，至设立公司时给予损失补偿约定）

(3)公司发行不同种类的股票的，根据股票种类的不同，行使权利也不同。公司发行其他种类的股票(例如：向高管职工发行新的优先股)，约定与本案内容相同的损失补偿，是否有效？

(4)被告银行如果没有完成有偿增资的话，就处于退出的危险。因伴随损害补偿约定的有偿增资，是否给公司债权人和股东造成损害？这种情况下，其他股东为了参与高管职工的有偿增资，同意了损失补偿约定。这样的话，是否违反股东平等原则？

Q3 假定损害补偿原则不违反股东平等原则，损失补偿约定是否没有问题？

Q4 【判例 58】认为公司的借贷、股票认购、缴纳股款全部无效，【判例 68】认为只有公司的损失补偿约定无效，股票认购有效。两个判例在哪点上有不同，造成结论上的不同？

第四节　股票的种类

一、种类股票

各种各样种类的股票可以满足公司和投资者各种各样的需要，提出方案让公司筹措资金，使公司治理更具可塑性。2011 年修订以前的《韩国商法》，限于利益或利息分配、残余资产的分配可以发行种类内容不同的股票，解释上这里只允许赋予优先股赎回性，赋予股东转换请求权，结合无表决权特性的股票。可是，站在公司和投资者立场上，除上述之外根据情况的不同还需要各种各样内容的股票。

在美国，对股票的种类没有给予特别的管制，可以发行各种各样的股票。在日本，最近通过修法也扩大了股票的种类。韩国通过 2011 年修订《韩国商法》扩大了股票种类。在扩大种类股的立法过程中，对于允许扩大到多大范围存在不同意见。

特别是对于摆脱了一股一权，以实现多样性表决权分配结构为内容的种类股，对其要放开到哪种程度是有争议的。形成自由的表决权分配结构，不仅对经营权防御手段，对企业上市、吸引新的投资者、战略性合作、合作投资等企业遇到的各种各样的情况中，在调整当事人复杂的利害关系时，也是一种非常有用的手段。可是，对于现金流的权利(利益分配请求权等)与表决权不成比例引起的追求个人利益的决定，可能导致与公司利益最大化相反的结果。从这点看，种类股具有双刃剑的效果。

2011 年修订《韩国商法》规定，不仅对于利益分红、残余资产分配，对于股东大会的表决权行使与赎回、转换等内容也可以发行不同种类的股票（《韩国商法》第 344 条）。

※ 关于种类股基本知识的学习作业：为了理解种类股基本知识，回答下列问题，查找相应条文。

Q1. 假定公司发行了利益分红优先股 1 股，普通股 1 股，可以分红的利益全部分红。优先股和普通股每股分红额是多少？

（1）优先股是非增加的、非累积的，优先分红率是额面价 5000 韩元的 20%。

①公司可分红利益为 5000 韩元的。

②可分红利益为 1500 韩元的。

③本年度可分红利益为 500 韩元，次年度可分红利益为 3000 韩元的。

（2）优先股是非增加的、累积的，优先分红率是额面价 5000 韩元的 20%，本年度可分红利益为 500 韩元，次年度可分红利益为 3000 韩元的。

（译者注：非增加、非累积的优先股是指对于未支付的分配额没有将来的补偿，不能参加超过优先分配率的利益分红的优先股。非增加、累积的优先股是指对于未支付的分配额没有将来的补偿，增加超过优先分配率的利益分红的优先股。）

Q2. 假定公司发行利益分红优先股 1 股，普通股 1 股，优先股是增加性优先股，优先分红比例是额面价 5000 韩元的 20%。普通股的分红比例是 30% 时，优先股的分配额是多少？

※ 增加的形态可由多种方式构成。《韩国上市公司标准章程》第 8 条第 2、3 项规定，普通股分红比率高于优先股分红比率的，对于超过部分，增加与普通股相同的比例进行分配。根据上市公司标准章程上的增加方式进行思考。

Q3. 是否允许发行关于新股认购权的优先股？

Q4. 对于规定发行日起经过 3 年后赎回的可赎回优先股，没有可分红利益时，是否可以赎回？

Q5. 公司发行可赎回优先股筹措资金的理由是什么？投资者认购可赎回优先股的理由是什么？

Q6. 赎回可赎回优先股时，发行股票数量是否减少？资本金是否减少？

Q7. 预定发行股票总数普通股 5 股、优先股 5 股的公司，发行了普通股 2 股、转换优先股 2 股。该公司股票的额面价是 5000 韩元，转换优先股的发行价是 7500 韩元。

（1）转换比率按照 1 股优先股对 1.5 股普通股。转换优先股的市价是 7500 韩元，该公司普通股的市价是 5500 韩元。这种情况，转换优先股的股东行使转换权是有利的。随着股东行使转换权发行普通股的，普通股的发行价格应当是多少？

(2)上面公司的转换比率可否定为1股优先股转换成2股普通股?

(3)转换后公司的资本金是怎样的?1股优先股转换成0.5股普通股是否可能?

Q8. 无表决权优先股和公司债的共同点和差异是什么?

Q9. 敌意收购的情况下,无表决权优先股和普通股的价值是什么?

Q10. 表决权被排除或限制的股票,认定表决权的情况是什么?对于利益分红优先股,在章程规定的股东大会决议不能得到优先分红之后,至下一次可以得到优先分红决议的股东大会终了时止,其表决权是否应当复活?

Q11. 表决权被排除或限制股票的发行可以占股票总数的1/2。(○,×)规制无表决权股票发行限度的宗旨是什么?

Q12. 无表决权股票的股东是否可以行使下列权利?

①收到股东大会召集通知的权利;

②出席总会和意见陈述权;

③股东提案权;

④召集临时股东大会请求权;

⑤新股认购权;

⑥认股请求权;

⑦对股东大会决议效力提出异议的诉权;

⑧代表诉讼和违法行为留置请求权;

⑨解除董事等职务请求权;

⑩会计账簿查阅、复制请求权。

Q13. 甲公司是发行无面额股票的公司。甲公司现在的资本金是1000万韩元,发行股票总数是1万股,每股资本金是1000韩元。该公司以每股2000韩元发行了1万股新股。甲公司的资本金是3000万韩元吗?甲公司是否可以处理成资本金只增加了1000万韩元?

QUESTIONS & NOTES

NOTE 学习种类股时,需要思考种类股是为了满足投资者或公司的哪种需要而发行的。

NOTE 关于利益分红、残余财产分配的种类股

关于利益分红时内容不同的种类股票,在修订前的《韩国商法》上没有规定什么样的内容是可行的。可是,利益分红是有顺位的,一般解释上其是限定于具有优先和劣后意义的,对于分红优先股,章程上规定了最低分红率。2011年修订的《韩国商法》列举了在章程中可以规定分红财产的种类、分红财产价格的决定方法、利益分红的条件等各种各样利益分红的内容。这可以解释为扩大了关于利益分红内容不同股票的范围。

Q1 (1)根据2011年修订的《韩国商法》,是否可以发行分配除金钱之外其他财产的股票?是否可以发行分红率与市场利息联动的种类股?

（2）根据 2011 年修订的《韩国商法》，是否可以发行利益分红与子公司经营业绩联动的定向股（tracking stock）？

NOTE 无表决权股与限制表决权股

在《韩国商法》修订前，无表决权只限于可以发行利益分红优先股（修订前《韩国商法》第 370 条第 1 款），《韩国商法》修订后，不再附加这种限制，也可以发行其他方面与普通股条件一样，仅没有表决权的股票（《韩国商法》第 344 条之 3 第 1 款）。另外，关于表决权复活的条件也可以在章程中任意决定（《韩国商法》第 344 条之 3 第 1 款）。修订之前仅能发行无表决权股票，修订后可以发行的股票，不是对全部股东大会的决议事项没有表决权，而是仅对一部分决议事项没有表决权的限制表决权种类股（《韩国商法》第 344 条之 3 第 1 款）。

Q2 （1）根据 2011 年修订的《韩国商法》，是否允许表决权只有 1 和 0？

（2）A 和 B 设立了合作投资公司，B 仅对合并、业务转让、章程变更的决议行使表决权，对董事任免决议等其他决议不行使表决权，A 与 B 就以上内容签订了股东间协议。签署这样的股东协议，与发行 A 是普通股，而 B 是合并、业务转让、章程变更之外没有表决权的限制表决权股票有什么差异？

（3）以 2011 年修订的《韩国商法》为例，①为了合并，取得持有特定种类股股票的股东大会决议的承认能否发行种类股？②选任 3 名董事时，其中 2 名通过 A 种类股的股东大会决议选任，1 名通过 B 种类股的股东大会决议选任，是否可以发行这种股票？

NOTE 可赎回优先股和可转换股

可赎回优先股是指使用公司的利益可以消灭的股票（《韩国商法》第 345 条第 1 款）。2011 年修订前的《韩国商法》，在解释上公司享有赎回权，但是股东是否能请求赎回并不明确，2011 年修订《韩国商法》时对这两方面都作出了明示性认定（《韩国商法》第 345 条第 1、3 款）。作为赎回的代价，除了现金之外可以是有价证券，也可以是交付此外的财产（《韩国商法》第 345 条第 4 款）。这里的有价证券排除了该公司的其他种类股。修订后的《韩国商法》对于可转换股票认定了股东和公司都有转换请求权（《韩国商法》第 345 条），这是因为以该公司的其他种类股赎回在概念上就是可转换的意思。以前只有利益分红优先股可以作为可赎回优先股发行，2011 年修订的《韩国商法》不仅允许发行利益分红内容不同的股票，还允许发行对残余财产分配内容不同的股票，以公司利润偿还的排斥或限制表决权的种类股（《韩国商法》第 345 条第 5 款）。

可转换优先股原来限定于股东拥有转换请求权的股票。《韩国商法》规定，在章程中规定的事由发生时，公司可以以其他种类股强制转换股东认购的股票（《韩国商法》第 346 条第 1、2 款）。

Q3 （1）根据 2011 年修订的《韩国商法》，仅有可赎回优先股或可转换优先股是否可以召开种类股股东大会？

（2）根据 2011 年修订的《韩国商法》，普通股是否可以发行成为可赎回优先股？是否可以发行普通股，之后经转换请求可以转换成可转换优先股的股票？

（3）2011 年修订的《韩国商法》认定了公司和股东全部拥有转换权和赎回权，在这点上没有差异。那么，可赎回优先股和可转换优先股有什么区别？

（4）2011 年修订的《韩国商法》第 345 条第 5 款规定将可赎回优先股限定于种类股发行，这里的种类股排除了可赎回和可转换。是否可以发行附有可赎回和可转换的优先股？即假定全部拥有以残余财产分配优先权和对利益分红优先股的转换权，以及以其他公司股票对利益分红优先股的赎回权的股票。股东根据行使转换权或行使赎回权，可以成为残余财产分配优先股的股东，也可以持有其他公司的股票。禁止发行这种类型股票的理由是什么？

Q4 公司可以依据章程，规定其发行的股票的转让需取得董事会的认可(《韩国商法》第 335 条第 1 款)。公司发行了无表决权股和普通股，是否可以只限制普通股的转让?

二、种类股股东大会

股票的种类多样化后，调整各种类股股东之间的利害冲突就成为问题。公司法选择的调整利害冲突的基本方法是，在发行不同种类股票时，在章程中记载各种股票的内容和数量。章程的规定赋予既存的股东以可预见性，然后取得多数股东决议。

除章程规定之外，种类股股东大会决议制度也是调整利害冲突的方案之一。股份公司发行除普通股之外的种类股的，持有普通股的多数股东单方变更章程的内容，该变更可能存在给持有某种种类股小股东带来损害的内容(《韩国商法》第 435 条第 1 款)，根据股票种类，给认购新股、股票的并合、分割、消灭或因合并、分割引起的股票配置给持有某种种类股的股东带来损害的内容(《韩国商法》第 344 条第 3 款)，也存在因公司的分割或分割合并、股票交换、股票移转和公司合并给持有某种种类股股东带来损害的情况(《韩国商法》第 436 条、第 530 条之 3 第 5 款)，为了防止给持有种类股的小股东带来不当损害，除股东大会决议之外，还需经种类股股东大会决议(《韩国商法》第 435 条第 1 款)。这时，如果种类股股东大会决议有不足或瑕疵时，对种类股股东不利的股东大会或董事会决议的效力就成为问题。

【判例 69】- 种类股股东大会决议成立之前章程变更决议的效力(大法院)三星电子

大法院 2006.1.27. 宣告 2004Da44575、44582 判决(三星电子种类股股东大会)

事实关系

被告公司根据章程发行了比普通股多分红 1% 的所谓 1% 优先股或旧型优先股。1995 年末，因修订《韩国商法》规定在章程内规定最低分红比率，被告公司于 1997 年初在章程(第 1 次变更章程)上规定最低分红比率为 9%，并且规定了自动转换内容(章程第 8 条第 5 款：优先股的持续期间定为从发行日起 10 年，满期同时转换成普通股。但是，上述期间内没有完成规定分红的，期间延长至完成时止。这时，因转换发行的股票之利益分红，适用第 8 条之 2 的规定)。但事后，这样的新型优先股没有发行，被告公司的优先股事实上都是旧型优先股。可是，被告公司于 2002 年 2 月 28 日召开定期股东大会，作出了删除上述自动转换规定的变更章程决议(第 2 次变更章程)。原告 X 的母公司 A(Elliot Associates, L, .P：持有优先股的 31.5%)当时持有相当数量的被告公司的旧型优先股，2002 年 6 月 26 日以变更章程对自己不利为由要求被告公司召开种类股股东大会，被告公司一直没有召集。原告 X 于 2002 年 9 月 4 日取得第 1 次变更章程前被告公司发行的 4 万股无表决权股票，就第 2 次章程变更，提起了股东大会决议处于未生效状态和确认无效之诉。

法院的判断

原审认为,《韩国商法》第435条规定的种类股股东大会决议只是为了让一般股东大会决议发生效力而追加的要件。需要种类股股东大会决议的,一般股东大会决议在没有种类股股东大会决议期间,效力处于浮动状态,之后取得种类股股东大会决议的,才产生确定性效力,没有取得的,其确定性无效。未生效是根据民事诉讼法上的一般原则,在有需确认利益时,其是没有时效限制可以确认之诉讼,原审判决可以确认其处于未生效状态。

大法院认为,股东大会决议自身在效力上没有问题,没有必要请求确认股东大会决议未生效,只是章程变更没有产生效力,应当请求章程变更的无效。大法院的判决内容如下。

"1. 原审判决关于第2次变更章程是否需要种类股股东大会决议

《韩国商法》第435条第1款(之)……规定'给某种种类股的股东带来损害的',给某种种类的股东带来直接的不利是当然的,还包括即使在外观形式上是平等的,却带来实质性不利结果的,进而,某种类股股东的地位随着章程的变更既有有利的一面,也伴随不利的一面,这种情况也包含在内。

原审在相同宗旨下,比较了本案章程的两次变更后作出了如下判决。因第2次章程变更,只是既存优先股股东因无偿增资等以后得到新的配股的优先内容产生差异,其他没有任何差异。产生差异部分是以后得到配送优先股的内容与旧优先股不同,即使在10年后也不能转换成普通股,第2次章程变更对希望转换成普通股取得表决权的优先股股东是不利的,相反,对于取得表决权关心少,更多关心利益分红的优先股股东,其特定比率以上的优先分红权不受10年的限制,任何时候都能得到保障,这点上是有利的。章程的变更,随着优先股股东立场的不同有利和不利共存的,就需要组成种类股股东大会。原审的这种判断是正当可接受的……

2. 种类股股东大会不能形成决议时确认请求对象的法律关系

(1)分析前面看到的《韩国商法》第435条第1款的文句,章程变更的内容给某种股东带来损害的,其章程的变更除需要股东大会决议之外,追加要求种类股股东大会决议,作为章程变更产生效力的特别要件。对于相同内容的章程变更,种类股股东大会决议没有形成的话,只是变更的章程还没有发生效力,作出章程变更的股东大会决议没有任何瑕疵……

(2)但是因为章程变更决议的内容是否给某种种类的股东带来损害存在争议,公司明确拒绝召开种类股股东大会的,该种类股股东以公司为对象提起一般民事诉讼的确认之诉,以不具备章程变更所需的特别要件为由,正面要求章程变更无效即可,不需要费力地去制造变更该章程内容的股东大会决议自身还处于未生效状态(所谓未生效状态)这一概念,即没必要请求确认该股东大会决议处于'未生效状态'。特定外国的学说或判例是根据该国的法律体系和法规设定和发展的理论，在不同法律体系下的韩国民事诉讼案件中引用或应用的话，一定要限于有必须这么做的理由，在必要的范围内慎重进行。

原审与上述不同，在种类股股东大会的决议是为了股东大会决议自身发生效力的追加要件为前提下，判断股东大会决议之外需要种类股股东大会决议的，在没有该种类股股东大会决议期间，股东大会决议自身处于未发生效力状态，不得不说这一判断误会了与种类股股东大会决议效力相关的法理，是违法的。”

QUESTIONS & NOTES

NOTE 上述【判例 69】中，被告公司发行了“比普通股多分红 1%”的无表决权优先股（旧型优先股）。旧型优先股是从 1986 年以后开始发行的。发行优先股初期，是自己的一部分企业很难通过公司债券和银行借款筹措资金，为了筹措资金给予投资者有利的条件，附表决权优先股的优先分红款也给予达到政策利息标准的程度，以增加的、累积的条件发行。但是 1986 年之后，旧型优先股开始盛行，1995 年修订的《韩国商法》要求章程规定优先股的最低分红比率（《韩国商法》第 344 条第 2 款），此后旧优先股就不发行了。2011 年修订的《韩国商法》再次废止了最低分红率的规定。

Q1 （1）从发行旧型优先股出发，你所知道的各种种类股中，公司的需要是什么？

（2）2011 年修订之前的《韩国商法》上的优先股可以理解为，可以比普通股优先取得一定数额利益分红的股票。这时，在严格的旧型优先股概念下，“比普通股多分红 1%”可否视为优先股？

（3）2011 年修订之前的《韩国商法》规定在章程中规定关于优先股的最低利率，这是为了保护既存股东的利益吗？在章程中规定种类股的内容和数量，这一规定的一般性宗旨是什么？最低利率规定与这一宗旨是否相符？

（4）2011 年修订之前的《韩国商法》是否禁止发行优先分配额面价 1% 的无表决权优先股？2011 年修订的《韩国商法》是否禁止？这样的无表决权优先股是否与无表决权优先股制度相符？

Q2 （1）第 1 次章程变更时规定，优先股在 10 年后转换成普通股。第 2 次章程变更删除了自动转换规定。公司设置自动转换规定的理由和删除理由分别是什么？

（2）原告是旧型优先股的股东。第 1 次章程变更是否变更了原告旧型优先股的内容？即经过 10 年旧型优先股自动转换成普通股？如果不是旧型优先股内容变更的话，为什么第 2 次章程变更对原告不利？

（3）给种类股股东带来损害的，需要取得种类股股东的同意。对既存种类股股东有利与不利共同存在时，是否需要取得种类股股东大会的同意？大法院是怎么认为的？例如，将优先分红比例为 10% 的无表决权优先股的分红率降到 9% 并赋予表决权的，是否应当取得种类股股东大会的同意？

（4）根据 2011 年修订的《韩国商法》，规定 10 年后转换成普通股的优先股是《韩国商法》第 346 条的可转换优先股吗？

Q3 解释上，种类股股东大会决议是股东大会决议有效的要件，没有种类股股东大会决议的股东大会，并不成为取消事由，也不是确定无效，是股东大会决议处于未生效状态。在这种解释下，之后召开种类股股东大会取得同意的，章程变更确定为有效。相反，大法院没有认定股东大会的未生效概念，大法院认为根据一般民事诉讼法的无效之诉原则请求确认章程变更无效即可。根据大法院的观点，之后召开种类股股东大会取得同意的话，章程变更有效吗？种类股股东大会存在缺陷的话，是否可以认为一般股东大会决议无效？即为了让章程变更具有效力，是否应当在召开种类股股东大会之外，就同一内容再召开一般股东大会进行表决？

NOTE 章程变更无效确认之诉是一般的确认之诉，没有对外界的效力。在本案中，三星电子恢复原状至第 2 次章程变更之前，如同接受判决的对外界效力一样自发性地接受了判决结果。如果不是这样的话，无法确定败诉的三星电子应该如何更好地处理这个问题？

第五节　新股发行

新股发行在公司法层面最为重要的问题是老股东和新股东之间利害关系的协调。对此，《韩国商法》的解决方式是对老股东赋予新股认购权。本教材将重点考察该部分内容。由于新股发行从证券法层面来讲重要的是向投资者公示公司信息，因此本节首先对该部分内容予以说明，然后再进入公司法上的探讨。

一、资本市场法关于发行公示的概要

《韩国资本市场法》第 119 条规定证券公募时应公示相关信息，该条为发行市场规制方面的核心内容。资本市场法以列举方式规定需要信息公示的交易，其核心就是公募时的信息公示。在理解发行市场公示时，首先就要了解公募的概念。

（一）公募的概念

公示义务的法理问题主要是围绕着“公募”的范围展开。在美国因为公示义务本身对企业造成相当大的负担，并且对不诚实公示的责任重大，因此特定证券的发行是否具有公示义务，即是否属于公募成为非常重要的问题。现实当中还有调侃称“出色的证券法律师就是会按照不发生公示义务的方向架构交易的人”。因此在美国围绕着公募的范围在法理上有很大发展。与此相比，韩国是由于证券申报表没有多少制作负担，对不诚实公示也少有问责，因此具体是否属于公募也没有引发多少争议。然而最近由于投资者的权利意识提高，证券相关集团诉讼的引进等也形成多种对不诚实公示的问责方式，因此，公募的范围也很有可能逐渐成为重要的问题。以下就具体来看何为“公募”。

以筹资为目的发行证券的方法大体可以分为以个别投资者为对象的私募和以不特定多数投资者为对象的公募。以下说明的公示义务仅在公募情形下发生。在证券交易当中通常使用的用语是“公募”，在《韩国资本市场法》上则使用“募集”和“销售”等特殊用语。根据《韩国资本市场法》第 9 条第 7 款、第 9 款，募集是指，“向 50 人以上的投资者实施邀请，使其发出取得新发行证券的要约”；销售是指，“向 50 人以上的投资者发出销售已发行证券的要约或者实施邀请使其发出购买要约”。因此，两者差异在于募集是针对新发行的有价证券，销售则是针对已发行的有价证券。然而在投资者的立场上，投资对象证券是新发行的还是已发行的并不重要，所以这种区分也没有实际意义，适用的法理也无不同。

要与公募的概念相区分的即为“上市”的概念。公募是向不特定多数人募集或销售股票从而分散股权，与此相比，上市是允许让企业发行的证券在交易所市场上进行买卖。在公募当中通常将“为让某企业的股票在证券交易所首次上市交易而募集或销售股票”的行为称为首次公开发行（initial public offering，IPO；译者注：韩国语直译为企业公开）。公募时只需提交证券申报表进行必要信息的公示；而企业上市则需要通过证券交易所的上市审查。企业在上市前通常会进行公募，但公募和上市都是独立运营，因此，公募也并非上市必经程序。若已形成上市要件所要求的股权分散水平也可以不经公募直接上市，这在证券交易市场上被称为“直接上市”。

具体计算 50 人是非常复杂且需要很多技巧的。根据《韩国资本市场法施行令》第 11 条第 1 款规定，在具体计算 50 人时，自实施要约邀请之日起在过去 6 个月以内对于该证券以及相同种类的证券，非按照公募方式得到要约邀请的人也要加在一起。首先将时间扩大到 6 个月的理由很容易猜测。因为若缩短时间，按照各个期间向 49 人继续实施要约邀请也不会承认说是募集销售。因此，对于 6 个月的期间是没有异议的。然而对于“相同种类的有价证券”这一部分多少还是存在问题。股票和公司债券是不一样的，这一点很容易赞同，但在具体情形下并不容易区分。普通股和优先股在公司法当中是两种不同的股票，但在两者都享有剩余股权请求权这一点上投资者所关心的信息是相同的，因此在公示义务的观点上也可以认为是相同的有价证券。可转换公司债因可以转换为股票，所以也可以认为与股票相同。但其并非一定要转换为股票，因此，投资者也会关心作为公司债券所有人所必要的信息而认为两者是不同的。可转换为发行人股票的可转换公司债和可与其他公司股票相互交换的可交换公司债也会根据不同观点有不同结论。

（二）公示义务的内容

根据《韩国资本市场法》第 119 条第 1 款，证券公募时发行人应向金融委员会提交关于其有价证券的证券申报表并得到受理方可实施公募。提交申报表之后可以实施募集销售，即要约或要约邀请，但只有这些还不可以作出承诺，因此交易还是无法达成。只有在上述申报发生效力之后才可以实施关于有价证券取得或者认购要约的承诺。

1. 证券申报表的内容

关于有价证券申报表的记载事项和附件，《韩国资本市场法施行令》第 125 条第 1 款作出了详细规定。金融委员会关于证券发行及公示的规定再列举了更具体的事项。其中我们特举预测信息和法定代表人等的署名义务来进行讨论。

根据传统的财务理论，股价是对预计企业在将来可创造现金流的适当折现，因此，投资人实际所需的并不是公司过去的信息，而是关于公司未来将会如何的信息。但这种关于未来的预测信息从其本质上不确定性很高，公示义务人也很有可能按照有利于自己的方向去做包装，因此在美国直到最近也是禁止这种公示。但最近，美国证券交易法转换立场，安排可积极公示这种预测信息的装置，韩国也引进这种立场，自 1999 年开始允许公示预测信息（《韩国资本市场法》第 119 条第 3 款）。然而预测信息具有迷惑投资人等被滥用的可能性很大，因此关于其公示方法，除了应明示预测的判断依据，还必须明示“其内容是预测信息，且因此其预测在实际上也有可能是错误”的注意语句（《韩国资本市场法》第 119 条第 3 款、第 125 条第 2 款）。

《韩国资本市场法》第 199 条第 5 款，通过对 2003 年《韩国证券交易法》的修改，明确规定了法定代表人等对证券申报表的确认、署名义务。这是直接引进了美国证券交易法的修改事项。当然这种署名义务并不是对法定代表人等的责任带来法律上的较大差异。因为即使没有这种署名也可以向法定代表人等追究不真实公示的责任。因此，这种规定的实际意义在于提醒责任的可能性，诱导法定代表人等对公示相关文件作出更加慎重的检查。

2. 证券申报表的审查与更正申报表

向韩国金融委员会提交证券申报表为“接收”，通过一定审查认为其申报表没有形式或实质瑕疵就表述为“受理”申报表。因此，金融委员会会对提交的证券申报表进行审查。发现不真实记载时可以说明理由并责令提交更正申报表（《韩国资本市场法》第 122 条第 1 款）。

除了像上述的提前发现不真实记载的情形之外，在要约开始日之前申报表记载事项若有变更时，发行人也可主动提交更正申报表（《韩国资本市场法》第 122 条第 3 款前段）。只是，若其变更事项为《韩国资本市场法施行令》第 130 条规定的重要事项时，提交更正申报表就成为义务事项（《韩国资本市场法》第 122 条第 3 款后段）。提交更正申报表时，更正申报表受理之日视为对证券申报表的受理（《韩国资本市场法》第 122 条第 5 款）。

3. 证券申报表效力的发生

对《韩国资本市场法》第 119 条第 1 款和第 121 条第 1 款可作如下比较。《韩国资本市场法》按照证券申报表的受理和生效两种标准分成三个时期。受理以前不得进行销售要约或者要约邀请；受理到生效之前（这一期间通常称为“等候期间”）可以实施上述要约或要约邀请，但发行公司不得作出承诺；只有在生效以后才能签约。等候期间在股票公募时原则上为 15 天（上市法人股票为 10 天）；公司债券公募时为 7 天（《韩国资本市场法施行规则》第 12 条第 1 款）。受理之后之所以还要有这种等候期间，是为了确保有充分的时间让有价证券申报表的内容在市场上充分传播。

4. 投资说明书

向韩国金融委员会提交的证券申报表是公开的，公众可以阅览。但在网络发达之前投资者阅览信息并不是容易的。证券法以最终让投资者得到充分的信息作为目的。有鉴于此，投资说明书（prospectus）制度就是以向投资者直接提供信息为目的而形成的。投资说明书是在公募时向投资者提供的文件，是对商法上股票要约书或者公司债券要约书的补充。拟提供的大部分信息都是证券申报表上的内容，因此投资说明书实际上作为证券申报表的一部分被利用。

投资说明书除了具有向投资者提供证券相关信息的目的，还具有防止不向投资者提供投资说明书未记载信息的作用。为此，资本市场法规定证券公募时，要约或要约邀请原则上应以提供投资说明书的方式进行，强制投资说明书的交付（《韩国资本市场法》第124条第1款）。

5. 电子公示

目前资本市场法要求提交的申报表等文件大部分可用电子文书方式代替（《韩国资本市场法》第436条第1款）。提交的信息可以很容易在一定的电算系统上检索，如韩国金融监督院的DART（Data Analysis, Retrieval and Transfer System）系统和交易所的KIND（Korea Investor's Network for Disclosure System）系统。通过网络检索，可以很容易得到韩国上市公司基本信息。

二、股东的新股认购权

【判例70】-实物出资与股东的新股认购权（大法院）

大法院1989.3.14. 宣告88Nu889判决

事实关系

原告是多玉（音译）纤维株式会社的股东兼法定代表人，经营该公司的同时在相同场所经营了自己的个人企业。多玉纤维的资本金为7000万韩元（发行股票总数为7万股），股东由原告、以及根据《韩国遗产税法施行令》第41条第2款与原告具有关联关系的其他12人共计13人组成。1983年10月15日原告拟通过实物出资的方式将上述自己的个人企业合并到多玉纤维，一方面作为上述个人企业的所有人、另一方面作为多玉纤维的法定代表人，在原告与多玉纤维之间签订了企业转让协议。同日，原告召开上述多玉纤维的临时股东大会通过了上述协议，并以授权股票数变更为目的修改了章程。原告又于同日召开董事会发行新股17万股，并将上述个人企业的价值评估为1.7亿韩元，决议将其全部股票派发给原告。法院选任的检查人员对实物出资进行了调查，调查结果其评估额约为8.4亿韩元，因此董事会通过决议对其派发票面价为1000韩元的股票17万股是适当的。

法院的判断

股东的新股认购权是股东按照原先持有的股票数优先认购派发的权利，基于股东资格从法律上当然被认可。只是，向实物出资人发行的新股，不能视为是向一般股东发行的新股认购权。

QUESTIONS & NOTES

Q1 若不认可新股认购权，现有股东对公司的控制权和财富上会发生什么样的问题？

Q2 新股认购权被理解为调整现有股东和新股东之间利害关系的重要制度。然而美国或日本的公司法当中股东却没有这种新股认购权(preemptive right)。那么对于股东之间利害关系的冲突，美国或日本是怎么解决的呢？

Q3 上述事实关系通常用于个人企业转为法人的情形。上述判决只是简单言及对于财产实物出资不应适用其他股东的新股认购权。那么其依据是什么？如请试着比较①公司从甲得到财产出资的交易和②公司从甲得到现金出资之后再用其现金购买该财产的交易。实物出资时排除新股认购权的逻辑妥当吗？

NOTE 《韩国商法》上所谓股东的新股认购权不过是指新股发行时可得到股票派发的抽象法律地位，其本身并不意味着具体的请求权。那么是否可以设想一下可向公司请求交付股票的具体权利呢？这种债权性权利或者享有这种权利的证券被称为认股权证(warrant)。商法上的认股权证只在下面两种情形下允许：①像认股权一样具有特殊目的的情形；②像附新股认股权公司债(bond with warrant)一样跟随公司债发行的情形。除此之外，公司以筹集资金等为目的发行认股权证目前尚不被允许。在日本，以“新股预约权”的名称引进了认股权证。韩国最近也有很多人主张，为方便公司筹集资金应允许发行认股权证，由此，也试图修改《韩国资本市场法》，限于上市公司允许按照“认股选择权”的名称发行认股权证，但由于其会被经营权防御所利用，从而被废止。

三、新股发行与董事的义务

【判例 71】- 转换债券失权后向第三人派发新股中的董事义务(大法院)
三星爱宝乐园控制权转移

大法院 2009.5.29. 宣告 2007Do4949 全员合议体判决(爱宝乐园案例)

事实关系

爱宝乐园在1996年10月30日召开董事会，全体17名董事当中8名董事参加会议，通过决议发行总额约为100亿韩元的可转换债。资金使用目的为设施资金。公司债的派发方法是：以1996年11月14日为准优先向股东派发，失权时根据董事会决议向第三人派发，转换价格为每股7700韩元(该转换价格是否明显低于当时爱宝乐园的企业价值是有争议的，若不是，那么其本身就意味着所有讨论是没必要的。因此在理解本案时首先不能以转换价格明显低作为前提)。发行当时爱宝乐园是有资金需求，但不存在紧急、突发性的筹资必要性。

公司债发行当时，爱宝乐园的法人股东大部分都是三星集团的其他所属公司，个人股东大部分都是三星集团所属公司的高级管理人员，包括三星集团会长甲。爱宝乐园在上述日期向股东发送了派发基准日通知以及可转换债说明，股东当时都收到了这些文件。但到上述可转换债的要约到期日为止，股东中只有第一制糖发出要约认购相当于其持股比例 2.94% 的可转换债，而持有 97.06% 股权的其他股东都没有发出要约认购从而失权。就此，爱宝乐园立即召开董事会，决定将股东失权的可转换债向包括甲之长子乙等 4 人派发，据此，乙等 4 人在同日完成认购要约及缴纳了认购款项。之后，他们就根据条件行使转换权成为爱宝乐园的股东。

法院的判断

分析上告理由：

……

(2) 公司按照持股比例向股东有偿发行新股等时，从公司的立场上，因流入相当于认购款的资金，其资本和资产会有增加；而从股东的立场上，即使认购新股等，对现有的持股比例无任何影响，只是持股数增加，因此，实际上可以说是同时进行了现有股票的分割与股东的追加出资。

且，股东只是对公司负担缴纳认股款的义务(《韩国商法》第 331 条)，在全额缴纳认购款并取得股票之后，根据股东有限责任原则不会对公司负担追加出资义务；公司将公积金转增资本或者用股票分配利润时可以对股东按照持股比例无偿发行新股等。鉴于此，公司按照股东派发的方法，即根据股东所持股票数派发新股等的方法发行新股时，其发行价格等并不一定非要按照市价。因此作为公司高级管理人员的董事按照股东派发的方法发行新股时，除了原则上不得低于票面价的限制(《韩国商法》第 330 条、第 417 条)之外，可以考虑股东整体的利益和公司的筹资必要性以及紧迫性等，根据经营判断自由决定其发行条件。因此，不能认为决定发行价格低于市价而未能从股东筹集尽可能多的资金，就是符合违反任务的背任罪构成要件，违反了公司的财产保护义务。

(3) 然而若非以股东派发的方法，而是用向第三人赋予认股权的第三人派发方法时，第三人认购新股等取得公司股权，因此对于该第三人与公司的关系就不能视同于股东和公司的关系。按照明显低于市价的价格向第三人发行新股等时，与适当反映市价决定发行条件或者考虑股权的实质价格决定适当价格发行的情形相比，会发生相当于其差异的公司资产未能增加的结果，此时应认为公司受到了相当于在公司法的公平发行价格和实际发行价格之间的差额，乘以发行股票数计算出来的金额的损失。公司的这种损失，与按照低于市价发行的新股和现有股东所持有的旧股根据股东平等原则同等对待，所以旧股的实质价值被稀释，让现有股东受到损失，与此相比，由于其性质和归属主体都不同、评估方法也不一致，因此应区别对待公司因低价发行新股等的损失与股东的损失。因此，《韩国商法》规定新股发行时第三人与董事同谋以明显不公平的发行价格认购股票时，公司负有责任支付相当于与公平发行价格之差额的金额(《韩国商法》第 42 条之 2 第 1 款、第 516 条第 1 款、第 516 条之 10)，此时现有股东可以请求公司向第三人提起支付相当于上述公平发行价格之间差额之金额的诉讼，若公司怠于回应，股东可直接向第三人提起代表诉讼请求支付相当于与公平价格之间差额之金额(《韩国商法》第424条之2第2款、第403条)。除此之外,董事应向公司承担违反任务的损害赔偿责任(《韩国商法》第399条第1款)。结论是,按照如此明显不公正的价格用第三人派发方式发行新股等的行为属于董事违反任务的行为,因其让公司受到无法取得相当于与公平发行价格之间差额之资金的损害,可以追究董事背任罪的罪责,这也是大法院一直以来的判例立场(大法院2001.9.28.宣告2001Do3191判决、大法院2005.5.27.宣告2003Do5309判决等。)

……

(1)首先看一下本案可转换债的发行是否根据第三人派股的方法。

新股发行时,区分股东派股方式和第三人派股方式的标准是公司在发行新股时,是否向股东赋予了按照他们的持股比例优先认购新股等的机会并据此客观决定,而非取决于被赋予新股等认购权的股东是否实际上行使认购权并派发得到新股。若公司向现有股东赋予了按照持股比例认购新股等的机会,而股东放弃其认购,并将因此发生的失权股等向第三人派发,结果发生公司持股比例变化,此时新股等的发行价格明显低于市价,未行使认购权之股东所持有的股票价值被稀释,现有股东的财富转移到新股东的效果,因其发生的损失只是源于现有股东自己的选择。从公司的立场上来看,对现有股东认购新股之后再将其转让给第三人的情形和董事会将现有股东没有认购的新股等派发给第三人的两种情形作比较,流入公司的资金规模并无差异,因此,不能认为就董事对于公司的关系上违反了何种任务并对公司造成损害。

根据原审判决的理由,本案可转换债的派发实际上不是股东派股、而应视为第三人派股。其意义是指被告内心期待现有股东不发出要约而失权,还是指股东当中只有第一制糖发出了认购要约,其他股东未发出要约而失权,所以其经济效果与使用第三人派股方式是否相同并不明确。然而,即使根据原审认定的事实,本案可转换债的发行分明是依据股东派发方式,爱宝乐园的董事会向乙等派发失权的可转换债是源于现有股东自己选择不发出认购要约,因此,不能立即断定本案可转换债的发行就是第三人派发。

并且,商法上根据股东派股方式发行可转换债也是股东失去其认股权时公司可以根据董事会决议对没有认购的部分向第三人自由处分(《韩国商法》第513条之3、第419条第4款、第469条)。由于同一机会发行的可转换债的发行条件应相同,因此按照股东派股形式发行可转换债时对于股东没有认购而失权的部分,也没有余地同股东认购部分区别对待,并变更转换价格等发行条件发行。即公司债是作为根据债权发行方法而形成的债务,具有流通性、公众性、集团性等特点,因此对于同一种类的公司债来讲,各个公司债的金额应是统一的或者可以用最低额整除(译者注:余额为零)的(《韩国商法》第472条第2款),且在债券上面应记载法律规定的事项(《韩国商法》第478条第2款)。关于可转换债,公司在决定可转换债的总额、转换条件、因转换而发行的股票的内容、可以请求转换的期间等事项之后将其记载于公司债要约书、债券、债券原簿上面(《韩国商法》第 513 条第 2 款、第 514 条)，可转换债缴纳完成时还应对上述事项进行登记(《韩国商法》第 514 条之 2)，这是以在相同机会发行的可转换债的发行条件等相同作为前提。因此，对于按照股东派发方式向股东赋予了可转换债认购权，而股东没有发出认购要约而失权的部分，即使向第三人发行也只能按照与派发给股东时相同的条件发行，这种法理并不因股东没有发出可转换债的认购要约而发生失权的规模而不同。

因此，原审判决认为本案可转换债的发行，实质上属于第三人派发方式是对可转换债发行相关法理有所误解，存在违法情形。

QUESTIONS & NOTES

Q1 试想一下，本案爱宝乐园董事的行为，与向第三人以 1 亿韩元出售公司所有的具有 3 亿韩元价值的不动产的行为是否性质相同？在这种低价转让时公司通常会确认 1 亿韩元的现金收入和 2 亿韩元的处分损失。但将具有 3 亿韩元价值的新股按 1 亿韩元发行时，公司只是简单计入自己资本增加 1 亿韩元，对 2 亿韩元的差额不会记录到任何科目上。鉴于此，有人认为因低价发行的损失只是股东的损失，而非公司的损失，请问这种见解是否妥当？接着再看一下上述判决的少数意见。

然而在通过新股发行的资金形成过程当中低价发行新股给第三人时，现有股东的持股率就会下降，即因所谓股权价值的稀释，旧股的价值也会下降，现有股东通过旧股对公司的控制力也会随之弱化，从而对现有股东发生损害。然而在商法上公司和股东是相互独立的，公司的利益和股东的利益是严格区分的，公司的董事在与股东的关系上并不处于直接处理他们事务的地位，因此，即使因董事的行为对股东发生损害也不成立背任罪(参照大法院 2004.6.17. 宣告 2003Do7645 全员合意判决等)，相反，即使是符合股东利益的行为，若对公司发生损害，那么其与公司的关系上属于任务违反，从而构成背任行为(参照大法院 1983.12.13. 宣告 83Do2330 全员合意判决、大法院 1996.8.23. 宣告 96Do1525 判决等)。因此，因低价发行新股对股东发生如上损害，也不能说董事在与公司的关系上具有按照市价发行新股的义务，若发行了相当于公司所需资金规模数量的股票并筹集到了所需资金，那么董事就是已对公司尽责，即使因其对股东发生不利益或者损害，只要不存在对公司的任务违反，就不能用背任罪处罚董事。

因新股发行，对于公司来讲只是形成了相应的资金，因此不能说对公司有损害。即便如此，多数意见还是认为因低价发行，按市价发行时可以得到的资金未能流入，从而产生了消极损害。然而，要成立背任罪，就要有对公司的任务违反，因其任务违反对公司发生损害。但若根据上述见解，董事即使根据自己的任务完成了公司所需资金的形成，若根据股东保护请求按照市价发行时可能会有超过公司所需资金范围的额外的资金形成，因此反过来认定董事对公司存在任务违反行为，这不仅不符合背任罪的逻辑，而且，每股的转换价格和要转换的股票数是根据资金规模相互联系决定，因此也不是按高决定转换价格就有更多资金形成。

Q2 低价发行新股时若是股东派股的话就不成立背任的理由是什么？是因为公司没有损失？还是说虽然有损害但不是任务违反呢？像这样区分股东派股和第三人派股的法理与目前形成的一人公司的法理或 LBO(杠杆收购)案件的法理多少存在差异。根据现在的判例，甚至在 100% 母子公司关系时，让子公司受损，让母公司取得相应利益时也成立背任罪。这种观点能否与上述判例的说明不自相矛盾？

Q3 股东派股与第三人派股的区分在判断是否成立背任罪时成为决定性因素。上述判决认为应从形式上判断。对此我们看如下反对意见。

“新股等的发行是否为股东派股方式，应根据是否对所有股东赋予了按照其股票数得到派发并认购所有发行新股的机会，对于因股东不认购向股东派发的新股而发生的失权股的处理，由于商法上没有特别规定，可以说董事有权中止相当于该部分的新股等的发行或者按照相同发行价格向第三人派发。然而以股东派发方式发行作为前提，按照明显低于市价的发行价格发行新股等时，若其新股等相应部分未被股东认购而失权等存在特殊情形时，应另当别论。如前所述，根据是股东派股方式还是第三人派股方式，公司的利害关系及董事的任务内容有所不同，在与公司的关系上，根据委任宗旨的善良管理义务，在按照第三人派股方式的新股等发行时具有市价发行义务的董事对于如上大量发生的失权股具有中止发行并摸索重新按照第三人派股方式发行的义务。若非如此，向第三人派发其失权股，继续发行时，应与将其失权股从开始就按照第三人派股方式发行的情形作相同处理，有义务将发行价格改为市价。向第三人派发这样大量发生的失权股，即使说是按照股东派股方式发行的结果，实质上与刚开始就按照第三人派发方式发行并无不同，也没有理由区分。

多数意见的宗旨在于，这种失权股的发生是源于股东放弃新股认购权，因此，将其失权股向第三人派发只是按照股东派股方式发行新股的后续措施，因此对于其失权股维持当初按照明显低于市价决定的发行价格也无妨。这是过渡的形式逻辑。假设按照股东派股方式发行的新股全部失权的情形，多数意见的不妥就更加明显。董事在与公司的关系上只是负有根据委任宗旨的善良管理义务，并非处于处理股东事务的地位或者负有保护股东利益的义务。因此，即使股东放弃了新股认购权的机会，也不能说在与公司的关系上应适当处理失权股的董事的义务就消灭。且，包括可转换债在内的新股等的发行从法律上有效的一点，与董事应适当处理新股等发行义务乃至任务是没有直接关系的。即使新股等的发行有效，也不是说应适当发行其新股等的董事的义务就消灭。尽管商法没有特别规定，但通常解释为在同一机会发行的可转换债的发行条件应该是均等的，这一点与多数意见相同。但并没有逻辑必然性的理由或依据要将向股东派发并认购的可转换债与失权之后向第三人派发的可转换债视为‘在同一机会发行的可转换债’。对于失权部分的第三人派发应重新通过董事会决议，因此也不是不能视为与当初的发行决议不是同一机会。对于失权的可转换债，可以中止发行，然后再重新按照第三人派股方式发行，因此不能认为与此情形不同。且，股东各自放弃，不行使新股等的认购权，让其失权与在股东大会上根据集体意思决定方法行使表决权表决，两者是不能作相同评价的。因此，即使发生了大量的失权，也不能将其视为存在按照第三人派发方式发行可转换债等时所要求的《韩国商法》第 513 条第 3 款、第 516 条之 2 第 4 款规定的股东大会特别决议。

因此，即使按照股东派发方式发行了新股等，尽管有很大一部分被失权，董事没有中止关于该失权部分的新股等的发行，而是对于发行价格等发行条件与按照第三人派发方式发行时作相同处理，不改为市价，继续发行，让相当于失权股的部分被第三人派发并认购，这就属于董事在与公司的关系上未尽善良管理义务，因其让公司受到资金流入变少的损害，就应认为成立业务上的背任罪。”

(1)对于上述反对意见的逻辑和应作形式判断的多数意见的逻辑相做比较，试想一下哪一见解更具说服力。若认为应像反对意见一样要作实质性判断，那么该如何定其标准？相反，若认为像多数意见一样要作形式性判断，那么就像本案，可以按照股东派股的形式，利用失权股规避限制的问题又应如何解决？

(2)本案当中若第一制糖也放弃新股认购，结果发生 100% 的失权，那么从多数意见的立场上会作出什么样的判断呢？

Q4 本案是源于与交易毫无关系的人们告发引起。但在与本交易相关当事人之中会有对本交易不满的人吗？若有，会是谁？那些不满的人得到权利救济的方法是什么？试想一下能够更加正确对待本案的视角是什么。参照大邱高等法院 2012.8.22. 宣告 2011Na2372 判决（第四章【判例 43】的参考判例）。

【参考判例】

首尔中央地方法院 2010.6.18. 宣告 2008GaHap36393 判决

A 公司在 1995 年出资认购 100% 股权设立了 B 公司。B 公司因 IMF 金融危机实施了有偿增资。新股发行是按照股东派股的方式进行。A 公司在董事会上以“为改善 B 公司的财务结构实施有偿增资的规模与时机是合适的，但 A 公司的负债比例目前属于较高的 256%，在 IMF 时期通过筹集外部借款等向其他法人出资是不可取的”为由放弃了认购。对此，B 公司将其失权股全部按照相同条件向甲派发。甲是 A 公司的董事，同时也是以 A 公司为主的家族集团企业的子孙。A 公司的少数股东对于 A 公司的董事提起代表诉讼追究放弃新股认购的责任。法院认为，A 公司在当时不只是放弃了 B 公司的新股认购权，还放弃了其他公司的新股认购权；且，没有证据可以证明新股的发行价格明显低，即使上述新股的发行价格有些偏低，也不能认为 A 公司董事的意思决定不合理，懈怠了作为董事的义务，认为对此案的事实关系举证不足。

大法院 2013.9.12. 宣告 2011Da57869 判决

事实关系请参照第四章【判例 38】。本案是新世界百货店（A）在其子公司光州新世界百货店（B）低价发行新股时失权，A 的股东向公司董事追究责任的案件。原告主张，B 陷于资不抵债只不过是在将近 47 亿韩元的递延资产折旧过程当中发生的临时现象，直到本案有偿增资前都创造了相当高额的经营利润，今后也能预计更多的经营利润，作为被告是因为熟悉本案新股明显低价发行，为了新世界的利益，在需要认购本案新股的情况下，为了让作为 A 的控股股东一家继承人的被告 1 得到财产增值，故意作出表决放弃本案新股认购权，让被告 1 认购，从而对 A 造成了损害。对此，法院认为，“B 在 IMF 金融危机以后因利率急剧上涨等引起金融费用增加，筹资遇到困难就有了本案有偿增资；A 在金融危机时以确保流动性和改善财务结构为目的进行高度重组的过程当中不可避免地放弃了本案新股认购；B 从 A 得到失权通知之后物色了本案新股认购人，但因 B 的资不抵债、受到 IMF 引起的国内经济停滞影响未能找到认购人，最终决定向被告 1 全额派发；本案有偿增资当时 A 的股价为 16，400 韩元，而 B 用一般公募形式进行公开上市的 2002 年 1 月 30 日当时 B 的股价为 33，000 韩元；本案有偿增资当时不存在可以评估非上市法人股权适当价格的确定性标准，而是存在各种评价可能性，与 B 为同种行业的现代 DSF、现代百货店、大邱百货店、新世界百货店的股票各自按 2120 韩元、3910 韩元、1520 韩元、16，400 韩元交易等在净资产价值的 10.2%～38.0% 的范围内形成了股票行情；原告以推定经常利润每营业年度增加10%为前提将本案有偿增资当时，B的股价根据有价证券认购业务相关规定计算为115,030韩元，但根据《韩国有价证券认购业务规定施行细则》第6条第1款，股权的收益价值应以新股发行当时的之后两个营业年度的推定财务报表为准计算，而未根据该规定，反而如上所述，假定B在1998年、1999年的推定经常利润各自增加10%去计算B的股价，这种计算方式并非适当。综合上述几点，仅根据原告所持甲第5、12、50号证据上的记载，不能断定本案新股是以明显低价发行，即使本案新股是以些许低价发行，仅用原告所持证据是无法认定被告决定不认购新股的意思决定明显不合理、懈怠了作为董事的任务”。从而排除了原告的请求。

Q5 关于失权股的处分，教材上说那是董事会的自由。本案判决也是认为董事会没有义务重新接近市价提高发行价格。对此，试想一下如下批评。

“然而对于这种结论，可能存在基于新股认购权制度缺陷的反论。即新股认购权是‘想得到保护就交钱’式的保护方法，因此存在根本缺陷。即使向股东低价发行新股，也不是所有股东都可以认购的。根据个人情况或者资金不足等有可能无法认购。此时对于因为没有交钱所以不能得到与其相应的价值这一点可以认同，但对于因为没有交钱所以原先自己所有的财富就会减少这一点还是多少不能接受的。因此，对于低价发行新股就不容易形成‘因为股东没买，所以股东不能针对按照该价格卖给别人说什么’的逻辑。根据这样的逻辑，即使是对于失权的股东，董事也负有注意义务让其至少不要受到损害。”

(1)这一批评具有说服力吗？例如说，上述问题是不是新股认购权制度本来就存在的问题？

(2)认为失权股派发是董事会的自由裁量，这在现行法律上的依据是什么？如关于失权股派发的《韩国商法》第419条第4款，这一规定可以作为董事会自由裁量的依据吗？根据《韩国商法》的解释，派发失权股时当然适用第418条第2款的但书，是否可以因此认为，按照“应适用具有经营目的的规定”的解释余地存在呢？

(3)若如上让董事对失权股承担注意义务或者忠实义务，区分股东派发和第三人派发的方式，分别适用背任罪的现实意义何在？即既然大法院区分股东派发和第三人派发，那么再予认定董事的注意义务或者忠实义务是相矛盾的，这种想法如何？

【参考判例】

大法院2012.11.15.宣告2010Da49380判决

本案的各新股发行可以得知是向包括被告公司股东等的第三人发行因股东放弃新股认购或者没有要约而失权的新股，对于向第三人发行如上述失权的新股不一定非要有公司章程上的依据规定。

Q6 若爱宝乐园召开股东大会通过新股低价发行的决议，那么上述讨论会有什么不同吗？若股东大会作出了特别决议或者全员同意，那么又会如何？

Q7 低价发行新股是被允许的吗？与上市公司相比，确认一下非上市公司有什么样的不同。低价发行新股时，根据商法的规定，小额股东可以采取的救济手段是什么？

NOTE 以本案判决为契机，有批评指出，失权股的处分实际上具有第三人派发的效果，但《韩国商法》对此未能适当控制。对此，最近《韩国资本市场法》第165条之6第2款作出了关于失权股处分的相关规制。原则上，对于失权股应撤回发行，重新经过发行程序。只是为了减轻发行公司筹资的时间和费用负担，可在例外情形下向第三人处分。其条件是新股发行价格超过金融委员会规定的一定水准：①投资买卖业者作为认购人取得全部失权股时；②限于股东派发，在一定限度内对作出超过要约的股东，事先有派发失权股的合意；③综合考虑其他上市公司的筹资效率性、股东等的利益保护、公平的市场秩序维持等，用施行令规定的情形等。对于作出超过要约的股东认定特惠实际上会带来跟第三人派发相同的效果，因此对限度作出相关规定。

四、新股发行的无效

【判例72】-无董事会决议或决议瑕疵之新股发行效力（大法院）

大法院2007.2.22.宣告2005Da77060、77077判决

对于原告1（反诉被告，以下简称原告）上诉理由的判断。股份公司的新股发行相当于股份公司的业务执行，法定代表人只要是根据其权限发行新股，该新股发行即为有效，即使对于新股发行没有董事会决议或者董事会决议存在瑕疵，董事会决议也只是公司内部的意思决定，对新股发行的效力没有影响。原审的理由说辞不能说是适妥，但原审认为“被告公司虽然没有向作为监事和董事的原告发出董事会召集通知就召开董事会，并作出关于新股发行的决议，但也不能否认公司2001年2月28日新股发行的效力”，这种结论是正当的，并不存在上诉理由所主张的违反取证规则、关于新股发行效力的法理误解等违法情形。

原告主张上述新股发行违背股权平等原则等存在重大瑕疵，应确定无效。但是上述主张是到了上诉审才提出的新的主张，在新股发行无效之诉提起期间经过之后，按上述方法追加新的无效事由的主张是不被允许的（参照大法院2004.6.25.宣告2000Da37326判决）。

QUESTIONS & NOTES

Q1 关于新股发行，若存在没有董事会决议或者董事会决议存在瑕疵等情形时，对此不满的股东可以采取什么样的措施？

Q2 违反新股发行禁止的临时处分，仍旧发行新股时，其新股发行是无效的吗？请参照如下判例。

【参考判例】

大法院2010.4.29.宣告2008Da65860判决

A公司的法定代表人之前从甲变更为现在的丁，两者之间就经营权一直存在争议。在这一过程当中，董事会决议发行新股时有董事乙、丙参加会议，董事甲以选出乙、丙为董事的股东大会决议存在重大瑕疵等为由申请了禁止新股发行的临时处分，法院据此作出了临时处分。但A公司在法定代表人丁的主导下进行了新股发行，结果是只有丁及其

友好股东认购了相当于发行股票总数 59% 的新股。

法院作出如下判断。乙、丙在作为董事参加的 A 公司董事会上通过了新股发行的决议，但既然选出乙、丙为董事的 A 公司股东大会决议违法，那么可以认为上述董事会决议就是违反了用董事会决议决定新股发行事项的法律以及章程的规定；且由于对上述股东大会决议的违法事由负有主要责任的当时的法定代表人丁动员乙、丙作出了上述董事会决议，因此可以认为其违反行为是重大的，因其导致争夺经营权的参加人一方巩固控制权、持股率也大增的结果。除此之外，即使第二次新股发行为无效，也不会对交易安全产生重大影响，综合上述情形，第二次新股发行应视为无效。

Q3 新股发行违反股权平等原则时可以提起新股发行无效之诉吗？在上诉审当中不能新追加该主张的理由是什么？请参考如下判决和民事诉讼法理论。

【判例 73】- 可转换债券的发行要件、发行权限（大法院）三星电子

大法院 2004.6.25. 宣告 2000Da37326 判决（三星电子可转换债判决）

事实关系

1. 被告公司的章程规定：①公司在公司债的票面总额不超过 1 兆韩元的范围内可以向股东以外的人发行可转换债（章程第 16 条第 1 款）。②因转换而发行的股票在公司债的票面总额当中 5000 亿韩元应为普通股、其余 5000 亿韩元应为优先股，按照股票票面金额或超过票面金额的转换价格发行公司债时由董事会作出决定（章程第 16 条第 3 款）。③转换请求期间是从相应公司债发行日的次日起到其偿还期日的之前一天为止（章程第 16 条第 4 款）。④除了商法或章程规定应由股东大会决议的事项之外，由董事会决定本公司业务的重要事项。⑤董事会决议应有过半数董事出席并过半数董事同意通过决议，对董事会决议有特殊利害关系的董事不得行使表决权。

2. 被告公司在 1997 年 3 月 24 日召开董事会，拟根据私募的方式发行总额为 600 亿韩元的可转换债，并在同日向甲发行 450 亿韩元、向 A 公司发行 150 亿韩元相当的可转换债。董事会对发行可转换债及其转换条件和转换期间作出了决议，对于包括可转换债认购人的其他事项没有作出决议，而是委任给法定代表人。根据董事会会议记录的记载，59 名董事当中有 32 名出席。然而其中的 4 名当时正在海外出差。

3. 在之后的 1997 年 9 月 24 日，A 公司向被告公司请求转换可转换债，被告公司各发行了 901,243 股和 300,414 股的普通股。本案可转换债发行当时被告公司的股价为每股 5.67 万韩元，在 1997 年 7 月 4 日发行的新股是每股 6.85 万韩元。1997 年 5 月 17 日公司曾发行相当于 3 亿美元的海外可转换债，其转换条件是 123,635 韩元。

4. 原告主张如下：①被告公司的章程只是规定可转换债的票面总额为 1 兆韩元，且转换价格应是股票的票面金额或者超过票面金额，对于可转换债发行的其他事项全部委

任给董事会，因此是无效的。据此，要向股东以外的人发行可转换债，就应根据《韩国商法》第513条第3款，对可转换债的金额、转换条件及其内容、以及认购人等事项应经股东大会特别决议通过，但不存在特别决议。②可转换债作为潜在的股票，股东持有可转换债认购权，但被告公司否认股东的可转换债认购权而发行了可转换债。③为通过被告公司董事会决议，在全体59名董事当中应有30名以上出席，但在会议记录上记载的32名当中有4名当时在海外滞留，不可能出席会议，因此本案董事会决议因不足法定人数而不成立。④被告公司若按公募的方式发行可转换债就能确保更多的资金，而按过低价格向特定人发行了可转换债从而给公司造成了损害。⑤向特定人发行可转换债时应提前向股东通知或作出公告，让股东通过提出异议或行使维持请求权的方式保护股东的利益，但在事前没有任何通知或者公告，因此本案可转换债的发行为无效。

法院的判断

……

2. 关于被告公司章程效力等法理误解的主张

根据旧《韩国商法》(2001年7月24日法律第6488号修改之前的，以下简称旧商法)第513条第3款，向股东以外的人发行可转换债时，对于可发行的金额、转换的条件、因转换需要发行的股票的内容以及可以请求转换的期间等，若章程没有规定，就应根据《韩国商法》第434条的决议作出决定。如果章程已对转换条件等作出规定，为了无须再经过股东大会特别决议，就应在章程上对转换条件等作出具体明确的规定。然而，在股份公司为筹集所需资金进行筹资的多种方法当中，选择向股东以外的人发行可转换债筹集资金时，最好是让公司及时根据当时所需资金规模的紧急性、发行公司的股价、利率和市场动向等具体经济情况对转换价格等转换条件作出伸缩性的决定，因此，不应要求只能在根据股东大会特别决议修改的章程上提前统一规定转换条件等，而是在章程上规定一定标准之后，允许公司基于这种标准于每次发行时在不超过章程的范围内委任董事会对实际要发行的可转换债的具体转换条件等作出决定。

根据记录可得知，发行本案可转换债当时被告公司的章程第16条对可转换债发行的必要事项作出了规定，并在第3款后段规定“转换价格应按照股票的票面价格或者超过票面价格在发行公司债时由董事会决定(上述规定根据上市公司标准章程制定)”。这是在章程上规定旧《韩国商法》第513条第3款规定的各种事项，对于转换条件之一的转换价格则是规定了“按照股票的票面价格或者超过票面价格”的一定标准，具体转换价格在每次发行可转换债时委任给董事会作出决定。与转换价格等转换条件的决定方法相关，鉴于应予考虑的上述特殊性，被告公司的这种章程规定应该说是满足了旧《韩国商法》第513条第3款所要求的最低限度的要件，不能说因其标准或者委任方式过于抽象或概括而无效。

3. 关于董事会决议存在瑕疵的可转换债发行效力相关的法理误解主张等

《韩国商法》第429条规定限于股东、董事或监事可以自新股发行之日起6个月内用起诉的方式主张新股发行无效。这是为了在早期确定伴随新股发行发生的复杂的法律关系。所以在起诉时间经过之后再允许主张新的无效事由，就会导致法律关系的不稳定，上述规定的意义也会消失，因此认为上述规定对无效事由的主张期间也作限制的解释是正确的。且，根据《韩国商法》第429条的类推适用，如上所述，可转换债发行无效之诉是可以认定的。因此，在可转换债发行无效之诉的情形下，也应视为自发行可转换债之日起经过6个月的起诉期间之后就不能追加新的无效事由。

根据记录，针对1997年3月24日发行的本案可转换债，原告在同年6月24日提起本案诉讼之后，在1998年4月16日上诉理由中才新追加了关于本案可转换债发行的董事会决议存在瑕疵的主张。如此，在可转换债发行无效之诉的起诉期间经过之后追加新的无效事由是不被允许的。

原审却认为即使在可转换债发行无效之诉的起诉期间经过之后追加新的无效事由也可以允许，并以此为前提，认为尽管关于本案可转换债发行的董事会决议存在表决法定人数不足等瑕疵，但不能仅因这样的事由认为本案可转换债的发行无效，从而排除了原告的该部分主张。原审的这种判断是对追加新的无效事由相关法理有所误解，但排除原告该部分主张的结论是正确的，且不能说像上诉理由所主张的原审对董事会决议存在瑕疵的可转换债发行效力的法理有所误解并存在影响判决的违法情形存在。

……

6. 关于法定代表人可转换债发行权限的超越和滥用、取得控制权的目的、转换价格的不正当性等引起的可转换债发行效力相关的法理误解乃至事实误解主张

……

(2)如前所述，发行可转换债时可以类推适用《韩国商法》第429条关于新股发行无效之诉的规定。就可转换债发行无效的原因，《韩国商法》第429条关于新股发行无效之诉的规定当中也没有对无效原因作出规定，只是，发行可转换债时准用的《韩国商法》第424条将“违反法律对章程的规定或者按照明显不公正方法进行的股票发行”作为新股发行维持请求的要件作出了规定，因此暂且可以将该要件作为可转换债发行无效的原因考虑。另外，一旦发行可转换债，就应考虑认购人的利益，且根据可转换债或者行使转换权发行的股票是作为有价证券流通的，因此保护交易安全的必要性就很大，然而可转换债发行维持请求权是对违法发行的事前救济手段，与此相反，可转换债发行无效之诉是在事后将其变为无效，从而危害交易安全和法律稳定性的危险较大，因此应尽可能严格解释其无效原因。且因严重违反法律或章程或者存在明显的不公平情形，违背股份公司的本质或公司法的基本原则或者对现有股东的利益和公司的经营权乃至控制权产生重大影响的情形下，限于认为达到了即使考虑到与可转换债相关的交易安全、股东及其他

利害关系人的利益等也无法忽视的情形，可以将可转换债的发行或因行使其转换权的股票发行视为无效。对于其无效原因，并不能像原审判决那样仅限于公司的经营权纠纷正在进行或者临近等，还包括导致控制权变更或者以阻止控制权变更为目的发行可转换债等客观上明确的情况。

(3)再看本案可转换债发行的无效原因是否存在，首先根据原审合法确定的事实关系及记录，本案可转换债发行当时被告公司并没有正在进行或者临近经营权纠纷的征兆，从被告公司的规模与作为控股股东的乙方的持股比例来看，公司的经营权稳定，被告公司除了本案可转换债之外也随时发行公司债筹集资金，相比被告公司的资本规模，本案可转换债的规模很小，且在本案可转换债发行当时并没有用法律依据规制转化价格的规定。但根据“公司债发行认购实务协议会”使用的实务上的准则所规定的《韩国关于公司债发行条件的标准》，上市法人用公募方式发行可转换债时，其转换价格应以对作出该决定的董事会决议日前一天开始溯及的一个月平均收盘价、一周平均收盘价及最近日期的收盘价算出平均的价格和最近日期收盘价中较低的价格作为“基准股价”，应超过该基准股价的90%以上。然而本案可转换债的转换价格50,000韩元与根据上述《韩国关于公司债发行条件的标准》的基准股价55,200韩元相比大约有9.42%的折现，其尽管用了私募的方式，但也充分满足适用于公募方式的超过基准股价90%的要件。除此之外，本案可转换债赋予转换权的同时，代以适用了7%的年利率，这低于被告公司在当时近期发行的公司债年利率11%。综上所述，尽管也有可能认为本案可转换债的转换价格与被告公司的股价，或者相近时期发行的被告公司其他可转换债的转换价格相比有些低，但考虑其程度，不能以此为由认为已发行可转换债或者行使转换权而发行的股票为无效。

原告还主张，被告公司在没有紧急资金需求的情形下向被告公司控股股东的长子甲等派发本案可转换债的行为，除了稀释现有股东的股权价值之外，还明显具有用非法事前继承或赠与转移被告公司的经营权乃至控制权的目的，这些都是本案可转换债的发行为无效的原因之一。然而根据记录，除了不能断定当时被告公司没有筹资的必要，即使对这一问题存在疑点，也不能只因这样的事由认为可转换债的发行为无效。现有股东的股权价值可能被稀释是源于旧商法和被告公司的章程允许向股东以外的人发行可转换债引起的当然结果。认为本案可转换债的发行是在非法事前继承或赠与转移被告公司的经营权乃至控制权的目的下形成的主张，其依据不明确，旧商法和被告公司的章程如上允许向股东以外的人发行可转换债，认购人的范围没有排除与被告公司的控股股东具有特殊关系的人，因此，不能仅因向甲等派发可转换债为由认为本案可转换债的发行为无效，且若本案可转换债发行不另外存在可视为依据本法理无效原因的情形，那么，即使有可能怀疑本案可转换债的发行是出于提前继承或赠与，或者公司经营权乃至控制权转移的目的，也不能仅因这样的事由就认为可转换债的发行为无效（另外，原告所主张的无效依据还有：对于本案可转换债，因为水原地方法院已经对因其转换权的行使而发行的股票作出了股权上市禁止临时处分决定，因此，将本案可转换债或者因其转换权行使而发行的股票作为无效也不会有危害交易安全的危险。然而，作出上市禁止临时处分决定，也不是说在非证券交易所的场外禁止交易，上述上市禁止临时处分决定只是认为在本案裁判前享有请求本案可转换债发行为无效的权利，并以此为基础作出的保全处分，在本案裁判当中不能因有上述临时处分决定为由反而将其作为本案可转换债的发行为无效的依据）。

再进一步，根据前述可转换债发行无效之诉的无效原因的相关法理，即使考虑原告所主张的与具体无效原因相关的各种情形，也不能认为本案可转换债的发行存在无效原因。

QUESTIONS & NOTES

NOTE 可转换债形式上为公司债，但将来可以转为股票，因此发行可转换债与发行新股认购权其实是相同的。新股认购权的行使价格就会成为转换价格，因此若转换价格明显低于市价，就会发生与低价发行新股一样的问题。即发行可转换债时公司法上的问题与赋予新股认购权的情形相同，因此，《韩国商法》第 513 条第 2 款第 5 项对可转换债的第三人派股的规制也跟新股发行一样。原则上股东拥有可转换债的认购权，如果要向第三人发行可转换债，就应有章程的规定或者经过股东大会的特别决议（《韩国商法》第 513 条第 3 款），此时也应具有新股发行时所要求的经营上的目的（《韩国商法》第 513 条第 3 款后段）。然而可转换债只是潜在地可以转换为股票，在转换之前并不是发行了股票，因此，判例的立场是，发行可转换债时假装缴纳的行为不属于假装缴纳罪，与取得本公司股票不同，公司债发行公司可以取得可转换债。当然，转换时适用取得本公司股票的法理。

【参考判例】

大法院 2008.5.29. 宣告 2007Do5206 判决

《韩国商法》第 628 条第 1 款的虚假缴纳罪是为了处罚危害商法关于公司资本充实宗旨的行为，可转换债在发行当时具有公司债的性质，公司债所有人行使转换权时才转换为股票构成公司的资本，且，转换权是赋予公司债所有人的权利，而非义务，因此作为公司债所有人也可以不行使转换权。因此，在可转换债的认购过程当中即使虚假缴纳，也不成立《韩国商法》第 628 条第 1 款的虚假缴纳罪。

大法院 2007.2.22. 宣告 2005Da73020 判决

股份公司向他人借款签订消费借贷合同时约定“直到到期为止，债权人随时享有将部分或全部贷款按照票面价格转换为公司股票的权利”。此时，若无其他特别情形，该条款应视为赋予一种作为形成权的转换权，即在作出转换请求时发生效力的形成权。除了特别法关于新股发行作出的另行规定，新股发行只能根据《韩国商法》规定的方法和程序，鉴于此，上述赋予转换权的条款是没有依据商法规定的方法和程序预定新股发行乃至股票转换，是没有效力的。

Q1 本案发生在 1997 年，当时关于可转换债的发行商法是如何规定的？确认一下在重要问题上是否与先前规定有所不同？并试想一下若本案发生在现在，结论是否会有不同？

（1）如同本案，章程是否可以作出“公司可以在一定金额的范围内向非股东的人发行可转换债”的规定？查找最近上市公司的标准章程，确认一下可转换债发行部分。

（2）在本案当中向甲和 A 公司派发可转换债，是否能认定《韩国商法》第 418 条第 2 款后段的经营上的目的？根据大法院 2009.1.30. 宣告 2008Da50776 判决【判例 77】，在没有其他经营目的的情况下，“在公司的经营权纠纷成为现实的情形下，为了达到经营者防御经营权或控股权的目的向第三人派发新股”违反《韩国商法》第 418 条第 2 款的规定，侵害了股东的新股认购权，根据上述判决的宗旨，是否可以认定上述可转换债发行的效力？

（3）若检察院以背任罪起诉，法院会作什么样的判断？根据爱宝乐园判决的立场，因为与向第三人派发新股没有差异，是否只要低价发行就成立该罪？本案中法院作出了可转换债“发行价格有些低”的判断，爱宝乐园案件是否也应同样看待？

NOTE 对于法定人数不足的董事会决议瑕疵，大法院是因诉讼法上的事由予以排除，但即使在起诉期间以前提出，其只不过是内部意思决定过程的瑕疵，因此其不能导致可转换债的发行无效。

本案中章程规定，“转换价格应根据股票的票面价格或超过票面价格，在发行公司债时由董事会规定”。法院认为这一程度的章程规定也符合商法的宗旨。但对此，也有人认为这种程度可以说是白纸委任，不符合章程规定的宗旨，有必要作出更加具体的规定。这种见解妥当吗？

Q2 在本案当中，董事会决议只规定金额，而关于向谁派发则委任给法定代表人。这样让董事会决定是被允许的吗？例如，是不是可以认为只要达到筹资目的，投资者的个性就不再重要，因此是被允许的呢？试想一下，就如同本案，最终向关联关系人派发时，董事会或者法定代表人负有什么样的义务？

第六节　公司债券

公司债券不是在公司法上作出的定义，其最典型的方式是通过向多数投资者发行称为公司债券的证券，筹措巨额长期资金。公司负担债务虽然是交易法的问题，不是公司法规制的对象，公司债券通过证券化以多数公司债权人存在为前提，在这点上是受公司法规制的。[1]另外，可转换公司债券与附公司债券的新股认购权根据转换权和新股认购

---

〔1〕 虽然理念性类型的公司债券与上述内容具有相同的要素，在韩国的现实情况中，公募公司债券大部分也只是少数机构投资人持有，满期也大部分是 5 年以下。即便如此，公司债券相关规定也是按照理念性类型来规制的。

权的行使，新股发行的结果影响既存股东的利益。据此，在和既存股东的利益调整侧面上，设置了另外的规定。

关于公司债券的商法规定（关于可转换公司债券和新股认购权附公司债券的规定除外）在商法制定后一直没有修订过，因此存在很多不合理的内容。在2011年修订的《韩国商法》中，修改了相当部分关于公司债券的条文，这也是需要全面讨论的部分。

一、发行事项的决定与发行的限制

公司依据董事会决议可以发行公司债券（《韩国商法》第469条）。公司债券的发行根据市场状况很多部分需要灵活地决定。实务中，对于董事会应当在哪种程度上具体决定存在很多问题。对此，2011年修订的《韩国商法》规定，根据章程的规定，董事会可以将确定公司债券金额和种类，不超过1年期的公司债券发行权限委任给公司法定代表人。此外关于公司债券的发行，现行商法将公司债券总额限制、公司债券募集限制、公司债券金额、超过券面额偿还限制（旧《韩国商法》第470条、第471条、第472条、第473条）等规定，以其是不必要的限制为由予以删除。

二、公司债券管理公司

公司债券的发行是公司最重要的资金筹措方法之一。公司债券可以根据各种标准进行区分，有金融机关等保证支付公司债券本息的保证公司债券，还有与对公司债券提供物的担保的担保附公司债券一样，在某种程度上确实保障偿还本息的公司债券。现在韩国发行的公司债券，大部分是依据发行公司的信用而发行的无保证一般公司债券。

无保证公司债券因存在不能支付的危险，这就非常需要制定保护公司债券债权人的方案。美国和英国的信托公司基于信托法理，监督公司债券发行合同上各要件的履行，违反时采取救济措施。在公司债券债权人发生损害时，可以根据合同上的强制内容进行调停。

根据2011年修订的《韩国商法》引进的公司债券管理公司，是起到保护公司债券债权人作用的制度，是否设置公司债券管理公司由公司自行决定。公司债券管理公司为了公司债券债权人，①可以接受偿还公司债券的债权，为了保证实现债权，可以进行必要的裁判上的或裁判之外的全部行为；②根据公司债券债权人大会的决议，i）全部该公司债券的缓期支付，免除因该债务不履行造成的责任与和解，ii）关于全部该公司债券的诉讼行为，和属于债务人重整与破产相关程序的行为，公司债券发行公司确定的，公司债券管理公司可以在没有公司债券债权人大会决议的情况下单独进行ii）的行为。这些与英美法上的受托公司完全不同，其法律地位并不明确。

【判例 74】- 公司债券发行合同上的附期限利益丧失条款(大法院)

大法院 2005.9.15. 宣告 2005Da15550 判决(援用信托合同上附期限利益丧失条款)

事实关系

本案中,对于原告发行的公司债券,公司债券募集委托合同和认购合同上存在附期限利益丧失条款,被告公司债券债权人援用这一条款使附期限利益丧失,因此产生了能否抵消的问题。具体事实关系如下:

原告 SK Network(变更前商号为 SK Global)(X)以大宇证券为受托公司、大宇证券为主办公司、产业银行为协办公司、SK 证券为认购公司,第 157 次发行了无保证公司债券(发行日 2002 年 1 月 4 日,满期 2005 年 1 月 4 日,券面利息率 2%,券面金额 1000 韩元)。被告东洋综合金融公司(Y)曾持有该债券。公司债券募集委托合同第 1 条(定义)规定,“本公司债券条件是指,与本公司债券发行相关的全部合同和其他资料中确定的发行公司、公司债券债权人和受托公司的权利和义务”。第 2 条(本公司债券发行条件)规定,“发行公司因发行、背书、保证、认购票据被处理为不能支付,或其他理由导致停止银行交易时”,原告丧失关于本次公司债券的附期限利益。上述公司债券认购合同(总额认购与销售合同,以下简称本案认购合同)也与公司债券募集委托合同一样规定了附期限利益丧失条款。

X 公司财务状况恶化后,2003 年 3 月 12 日为了进入企业结构调整促进法上规定的债权金融机关共同管理程序,通报召集债权金融机构协议会。金融监督院长向包括东洋综合金融证券(X)在内的债权金融机关发出了至 2003 年 3 月 19 日止缓期行使债权的邀请。

X 公司作为图谋经营正常化的一个步骤,于 2003 年 3 月 18 日向 Y 发出了赎回其持有的相当于 290 亿韩元的收益证券的要求。因此,Y 于 2003 年 3 月 18 日以 X 发行的公司债券发生了附期限利益丧失事由,向 X 发出了本次发行的公司债券本息债权 190 亿余韩元转成自动债权,与 X 持有的赎回债权相抵消的意思表示,X 于 2003 年 3 月 19 日 12 时 34 分左右收到该意思表示。在 2003 年 3 月 19 日召开的第 1 次债权金融机关协议会上,包括本次公司债券在内,通过了对 X 的缓期行使债权的决定。

法院的判断

原审判决理由如下:关于被告不是本案公司债券募集委托合同和认购合同的当事人,可以援用上述附期限利益丧失规定的根据。在依据采用的证据认定事实后,判决理由如下。尽管公司债券认购申请书上没有记载上述附期限利益丧失等本案公司债券募集委托合同和认购合同上的全部内容,但本案公司债券募集委托合同是发行公司将公司债券募集相关的事务委任给受托公司,通过受托公司以受托公司的名义,为发行公司在债券应募者之间缔结与债券募集委托合同相同内容的公司债券合同的委任合同。被告于2003年1月3日以认购证据金和券面金300亿韩元，通过SK证券股份公司向受托公司大宇证券股份公司认购债券，从承诺的大宇证券股份公司处得到本案公司债券配置，根据原告和受托公司之间的委任合同，受托公司与债券应募者缔结了公司债券合同，这可以视为援用行使上述附期限利益丧失规定的效果涉及不是合同当事人的公司债券债权人。即使不这样解释，也可以解释为发行公司和受托公司之间为了公司债券债权人，即为了第三人缔结了合同。依据作为受益人的债券债权人的受益意思表示，公司债券债权人也可以主张上述附期限利益丧失。最终，本案公司债券持有人被告援用附期限利益丧失规定可以行使自己的权利。

与原审认定的相同，本案公司债券的债券合同内容中没有关于附期限利益丧失的规定，原告和受托公司等之间就本案公司债券募集委托合同和认购合同中的附期限利益丧失规定，不能视为被告缔结公司债券合同就可以当然地援用。原审的泛泛性判断，误会了公司债券募集委托合同和公司债券认购合同的法律性质，误会了公司债券合同、附期限利益等的法理，存在违法情形。

可是根据记录，本案公司债券募集委托合同和认购合同中，发行公司的附期限利益丧失被规定为公司债券的发行条件之一，还规定了“本次公司债券的条件是指，本次公司债券与其他本次公司债券的发行相关的全部合同和其他资料确定的发行公司、公司债券债权人与主办公司的权利义务”（本案公司债券募集委托合同第1条第3款，本案认购合同第1条第4款）。发行条件不限定于发行公司和受托公司或者主办公司的权利义务，涉及公司债券债权人的权利义务这点也是明确的。不是当事人的公司债券债权人，直接依据关于附期限利益丧失的规定取得权利。本案公司债券募集委托合同和认购合同上的附期限利益丧失规定，也可以充分地看作是为了第三人公司债券债权人规定的。根据为第三人合同的法理，作为公司债券债权人的被告依据受益的意思表示，应当可以援用上述附期限利益丧失规定。同样宗旨下，原审的附加性、假定性判断正当，可以接受。

QUESTIONS & NOTES

NOTE 2011年修订的《韩国商法》废止了募集公司债券的受托公司制度，引进了公司债券管理公司制度。下面的案件是《韩国商法》修订前的问题，继续使用公司债券募集受托公司的名称。公司债券管理公司与《韩国商法》修订前的公司债券募集受托公司相比，特征上强化了权限和义务，法律地位是相同的，不存在法理上的差异。

Q1 公司债券募集受托公司的权限

（1）发行公司债券时，公司与认购者之间合同成立，这通常称为公司债券合同。此外，缔结了公司债券募集委托合同、公司债券总额认购与销售合同，各合同的当事人是谁？

（2）根据《韩国资本市场法》，“募集”是指劝诱50人以上的投资者认购新发行的证券（《韩国资本市场法》第9条第7款）。公司债券募集受托公司中的“募集”与资本市场法上“募集”意思相同吗？

(3)本案中,公司债券的应募者向大宇证券发出公司债券认购要约,得到配置。大宇证券处于受托公司地位,接受认购要约吗?如果不是,处于认购公司地位接受认购要约吗?认购要约在商法上是否有根据?

(4)修订前的《韩国商法》第484条规定,受托公司拥有"接受公司债券偿还时所必要的裁判上·裁判外的全部行为权限"。这样的权限在没有公司债券债权人授权的情况下,拥有①对发行公司请求偿还公司债券,②受领偿还金额,③包括可以提起偿还请求之诉等权限。这些权限的性质是什么?这些权限是否限制了公司债券债权人的偿还请求权?

(5)受托公司受领公司债券的本息后,支付给公司债券债权人之前,受托公司破产的,公司债券债权人①是否可以向发行公司请求支付公司债券的本息?②对于受托公司享有哪些权利?是破产债权人吗?是信托受益人吗?

Q2 (1)思考附期限利益丧失条款的效用。如果没有这样条款的话,上述案件原告的赎回请求权会是什么结果?

(2)公司债券募集委托合同和认购合同中规定了附期限利益丧失条款。大法院在为第三人合同法理中寻找不是合同当事人的公司债券债权人援用附期限利益丧失条款的依据。在什么情况下可以看作是公司债券债权人作出受益的意思表示?要求明示性受益意思表示的话,对于没有受益意思表示的公司债券债权人,什么时候发生偿还公司债券本息的义务?

(3)支付本息等公司债券的基本条件/法律关系对全体公司债券债权人不统一适用是否可取?统一适用于全体公司债券债权人的话,要形成怎样的理论结构?

(4)2011年修订前的旧《韩国商法》第505条规定,懈怠支付公司债券利息等的,根据公司债券债权人大会决议,给予2个月缓期时间,可以使附期限利益丧失,2个月的期间不能缩短。附期限利益丧失只有依据公司债券债权人大会决议才可以进行吗?即是否允许与本案受托合同一样,另外设置附期限利益丧失条款?允许的话,旧《韩国商法》第505条起到什么作用(译者注:第505条第1款规定,公司懈怠支付利息的,或应当定期偿还公司债券的一部分时懈怠的,依据公司债券债权人大会决议,可以通知公司应当在一定期间内偿还,期限内如不偿还的,丧失关于公司债券总额的利益。但期间不能超过2个月)?2011年修订的《韩国商法》是怎样的(译者注:该条于2011年4月14日删除)?

三、公司债券债权人大会

发行公司债券的公司根据情况在财务状况恶化时,与其依据债券合同丧失期限利益,不如缓期支付或抛弃债权的一部分等变更公司债券合同的内容,公司重整,最终对公司债券债权人是有利的。但是存在分散的多数公司债券债权人的,最终为了公司债券债权人的利益,取得大多数公司债券债权人的个别同意,达到变更债券合同的结果并不是件容易的事。对此,商法规定根据公司债券债权人大会多数决议,可以制约全体公司债券债权人。

公司债券债权人大会除商法具体规定的对资本减少或合并有异议等情况(《韩国商法》第439条、第530条第2款、第232条)之外,还可以对债权人有重大利害的事项进行表决。决议应当得到法院的认可才发生效力(《韩国商法》第498条)。这是为了防止滥用多数表决产生不公正的决议。2011年修订《韩国商法》之前,为了召集公司债券债权人大会，在一定情况下需要得到法院的许可。这一要件被认为是不必要的而遭删除。

四、公司债券种类的多样性

2011 年修订前的《韩国商法》规定了作为特殊公司债券的可转换公司债券和附新股认购权公司债。资本市场法规定了可交换公司债券和附利益参加公司债券(《韩国资本市场法》第 165 条之 11)。关于这种规制体系，在有价证券法定主义原则下，是否只能发行商法或特别法上明文规定种类的公司债券，如果不是，这些规定只作为示例，可以发行没有法律明文规定种类的公司债券，这在实务中存在很多问题。关于公司债券的种类和发行方法的不具灵活性的解释和运用，成为资本市场上有发行需要的商品在发行上的障碍。因此，在 2011 年修订的《韩国商法》中，为了通过发行多样性种类公司债券促进筹措资金，新设了第 469 条第 2 款(译者注：第 2 款规定了三个内容：①可以参加利益分红的公司债券；②可以以股票或此外其他有价证券交换或偿还的公司债券；③有价证券或货币，或与其他总统令确定的资产或指标等的变化相联系，以事前确定的方法偿还或决定支付金额的公司债券)，明示了发行多样性公司债券的根据。这是为了应对没有明文规定就不能发行的保守解释的特殊状况而专门设置的，是韩国特有的。可是，随着这种商法上环境的变化，发行新的类型的公司债券的话，根据情况的变化，也可能侵害既存股东的利益，这就需要制定调整利益冲突的制度。

第八章
CHAPTER 8

敌意收购与经营权

第一节　敌意收购的作用

可以说，敌意收购是形成企业控制权市场（Market for corporate control）最重要的机制，实际上也被以几乎相同的意义而使用。企业控制权市场的概念于 20 世纪 60 年代被 Manne 教授提出，其基本前提是管理层的效率性和公司股价之间具有高度的相关性。在此前提下，如果更换为更具效率性的管理层，股价将会上升，因此就会出现为该等资本差价试图更换管理层的势力，这就是敌意收购。预见到这等情形的现有管理层，如果想避免被更换，就需要在提高股价的压力下，尽力有效地经营公司。概括来看，现有管理层运营公司的资产不具有效率性时，敌意收购就可以将公司资产转交给实际上最能有效运营公司资产的管理层，以此实现事后的效率性（ex-post efficiency）。而且，即使实际上没有转交，也会潜在地施加这种市场压力，促使管理层为股东利益服务，实现事先的效率性（ex-ante efficiency）。最终，企业控制权市场机制在分散的股份结构下起到减少管理层代理费用的作用。实际上，在英美国家敌意收购被评价为是减少管理层代理费用的许多机制中还算比较奏效的一个。

第二节　对敌意收购方的监管

一、公开收购

（一）监管的逻辑

公开收购，是指通过报纸等向标的企业的各股东出示一定的要约价格，在场外收购接受要约并表示出售意思的股东所持股份，在短期内控制标的企业的经营权的一系列行为(《韩国资本市场法》第133条第1款)。对于该等公开收购，在《韩国资本市场法》第134条以下的条款中规定有程序性及实体性的监管规定。其依据是什么？

首先，从证券法的角度考虑，公开收购是正好相反于证券发行的交易。即证券发行时，一般投资者“购买”证券，但是公开收购时，特定收购人从一般投资者处收购股份，对一般投资者而言是“出售”股份。发行证券时，一般投资者有可能因信息不对称而遭受损失，同样“出售”证券时，投资者也有可能因信息不对称而遭受损失，因此应充分地向一般投资者传达与该交易相关的信息。但是，该等逻辑有说服力吗？请思考出售证券的投资者是否需要要约价格以外的信息。

从公司法的角度看，与证券发行不同的是，公开收购时仅通过信息强制披露和禁止欺诈无法充分地保护投资者。因为目标公司的股东认为其可能受到比其他股东更为不利的待遇而感到不安，有可能急于作出出售决定。公开收购成功后，通常会有新的控股股东出现，现有的一般投资者就沦落为小股东。如果预测认为该等小股东的地位比现有股东不利，现有股东均会为了避免该等变化而接受公开收购。即使充分地披露信息，这样的现象不会有太大的变化。这样的现象通常称为“出售压力”(pressure to tender)。

举例来看，现有目标公司的股价为110韩元，收购公司以每股130韩元对50%的股份进行公开收购。但是由于目标公司把过多的资金投入公开收购，或管理层其实没有能力，或管理层经营失利、采取机会主义行动等原因，如果该等公开收购成功，预计小股东持有的股份价值就会缩减至100韩元。此时，持有1股的目标公司甲股东会不会接受该公开收购？首先，如果该公开收购失败，不管甲接受与否，他仍然会持有110韩元的财产。但是在该公开收购成功的前提下，则接受公开收购更有利。因为，如果不接受公开收购，股份价值只有100韩元，但是接受公开收购后，股份价值至少会是115韩元以上(最终如果所有股东接受公开收购，甲只能以130韩元出售50%的自持股份)。公开收购失败时不存在差异，而公开收购成功时接受公开收购更有利，此时甲就肯定会接受公开收购。从这个例子就可以看出，从目标公司股东的立场上来看，是有诱因必须出售，这种现象就是出售压力。对公开收购的监管，特别是实体上的监管，通常会解释为旨在保护股东免受这种出售压力。

截至20世纪90年代中期，韩国还没有友好的公开收购。1994年发生首个公开收购后，到1997年和1998年不仅案例增加至10余件，还出现了敌意收购的案例。发生经济危机后，这种情况多少有些消减，但是最近每年仍然有10余件的公开收购申报。目前大部分的公开收购都是友好的企业收购，但是最近敌意收购的方法在涉及外商投资者的领域备受关注。

(二)公开收购的程序监管

1. 公告与提交申报书

《韩国资本市场法》强制要求披露公开收购的相关信息。首先分析该法第134条第

1 款：拟进行公开收购的一方，应遵照《韩国资本市场法施行令》的规定公告公开收购的内容。过去公开收购时也同证券发行一样，应向金融监督委员会提交公开收购申报书，该申报生效前禁止进行公开收购。这种制度叫做“事先申报制”。但是这种事先申报制会给目标公司的管理层提供采取防御手段的时间空隙，终究对公开收购方形成负担。韩国现行法律接受了美国法的立场，废止了这种事先申报制，赋予公开收购方在报纸上进行公告的义务，同时按照《韩国资本市场法》第 134 条第 2 款规定的要求向金融委员会和交易所提交公开收购申报书。

2. 公开收购说明书

公开收购说明书(《韩国资本市场法》第 137 条第 1 款)相当于证券发行时的投资说明书，目的是向接受公开收购的投资者提供投资判断所需的信息，因此要求备置于一般人易于阅览的场所。其要求记载的事项大体上与公开收购申报书的记载事项相同。公开收购说明书也跟投资说明书一样，未经事先交付禁止进行公开收购(《韩国资本市场法》第 137 条第 3 款、第 124 条第 1 款)。过去仅要求持股人请求交付时才有义务交付，但是为了加强投资者保护，目前强制要求必须交付。

3. 目标公司的意思表示

现分析《韩国资本市场法》第 138 条，发行公司可以对公开收购作出意思表示，这并不是义务事项，因此可以不作出意思表示。但是，作出意思表示时，应立即向金融委员会和交易所提交记载其内容的文件(该条第 2 款)。目标公司的意思表示对投资者的决策非常重要，因此敌意收购活跃开展后，从立法论的角度来看，有必要将意思表示作为义务事项加以规定。

(三)公开收购的实体监管

正如前面所述，公司法从调整利害关系方的利害关系或保护投资者的角度出发，规定公开收购的实体内容。下面以《韩国资本市场法》(以下简称同法)的内容为主，简单进行考察。

①根据同法第 134 条第 3 款、《韩国资本市场法施行令》第 146 条第 3 款，公开收购期间为公开收购申报书提交之日起 20 日以上 60 日以内，旨在给股东提供考虑是否接受公开收购的时间。②根据同法第 141 条第 2 款，股东之间公开收购的条件应平等。例如，如果应募时间越早就可以获得更高的价格，此时股东会急于作出出售决定，因此为了给股东充分的时间，股东之间不得有不同的收购条件。现行韩国法律仅对收购价格作出明文规定，但对于其他条件也应作出同样的解释。③根据同法第 139 条第 1 款，公开收购公告日以后，原则上不得撤回公开收购。如果可以轻易撤回公开收购，则无法规避以公开收购为借口而实际上操纵股价的行为。但是如果完全禁止撤回，在公开收购方的情况发生变更时，可能会面临不得不收购股份的困难情况。同法通过禁止撤回，把侧重点放在防止操纵股价方面。④同法第 139 条第 4 款规定了应募股东的撤回权。⑤根据

同法第141条第1款，原则上公开收购方在公开收购期间截止后应及时收购全部应募股份。公开收购方也当然可以表示，如仅收购50%股份，即对部分股份进行公开收购，此时应募的股份如果达不到50%，可以免除收购全部应募股份的义务。但是为了以这样的方式公开收购部分股份，公告公开收购条件时，应公告如果应募的股份达不到50%，将不收购全部应募股份的条件；以及如果应募的股份超过50%，将按比例进行收购的条件（同法第141条第1款但书）。⑥公开收购方在可以进行公开收购之日起至收购期间截止日的期间内，原则上除了公开收购方式之外不得取得股份（同法第140条）。该等规定旨在规避通过市场收购股份而操纵股价的行为，并实现投资者之间的平等。

二、大量持有报告义务

【判例75】-大量持有报告义务 投资为目的/参与经营为目的（首尔行政法院）

首尔行政法院2008.9.5.宣告2008GuHap23276判决

1.处分经过

（1）原告1股份公司（以下简称原告公司）于2005年5月31日设立，是从事市场调查、经营咨询及其附带业务的法人；原告2为原告公司的法定代表人。各原告成立以“企业效率改善专门私募并购（M&A）投资组合”为名的匿名合伙企业并招募投资者，收购如附件交易明细所载案外人韩国石油工业股份公司（以下简称案外公司）的股份后，根据《韩国证券交易法》（以下简称该法）第200条之2第1款规定，如附件交易明细“备注栏”所载向韩国金融监督委员会（现已变更为金融委员会，以下简称金融委）和韩国证券期货交易所（以下简称交易所）报告了持有情况和持有目的。

（2）被告根据该法第206条之2第1款、该法《施行令》第90条之2第1款第1项，获得金融委的权限委托，对各原告的上述股份交易是否违反法律进行调查后认为，各原告截至附件交易明细“备注栏”所载第3次报告时，虽然取得股份的目的是影响案外公司的经营权（以下简称参与经营目的），但是向金融委和交易所报告持有目的时以“单纯投资目的”报告而不是以参与经营目的报告，因此以虚假报告重要事项为由，根据该法第200条之3第1款的规定，于2008年3月31日对各原告下达了附件目录所载处分命令（以下简称本案处分）。其内容为，针对各原告在2007年3月22日起至2007年4月5日期间收购的案外公司股份98,232股中原告2收购的13,432股及原告公司收购的52,040股等共计65,472股，应于2008年8月25日前在交易所市场内（申报大宗买卖、非交易时间交易、对敲交易等与特定人按照约定进行交易的方法除外）进行处分。

2.处分是否合法

（1）各原告的主张

本案处分因下述理由缺乏该法第200条之3第1款规定的要件，因此其处分违法。

① 股份的持有目的只不过是主观的内心意思，在投资期间中随时可以变更，对于持

有目的的变更，该法第200条之3第2款另设有规定。考虑到该等立法宗旨，持有目的不属于该法第200条之3第1款规定的“重要事项”。

② 持有5%以上股份的大量持有人应向金融委和交易所以参与经营目的报告持有目的的义务在参与经营目的被确定时发生，各原告在第4次报告时才确定参与经营目的，因此只不过是变更了其持有目的，并不是各原告虚假报告了持有目的。

③根据该法第200条之3第1款、该法《施行令》第86条之10第1款，股份处分命令应以6个月期限内限制行使表决权的股份为对象，但是本案处分以6个月期限内不受表决权行使限制的股份为对象。

(2)对本案处分是否符合该法第200条之3第1款规定的股份处分命令的要件的判断

①持有目的是否属于该法第200条之3第1款规定的重要事项

该法第200条之2第1款规定，“大量持有股票上市法人或科斯达克(KOSDAQ)上市法人的股份的一方应在持有之日起5日内根据韩国总统令的规定向金融委和交易所报告其持有情况和持有目的(是指是否以影响发行人的经营权为目的)，其持股比例超过该法人股份总数的1%以上比例时，应在发生该等变更之日起5日内，根据韩国总统令规定将其变更内容向金融委和交易所报告。此时，其持有目的不是影响发行人的经营权的情形和韩国总统令规定的机关投资者等情形下，可以根据韩国总统令的规定另行规定其报告内容和报告时间”。据此，该法《施行令》第86条之4第1款、第86条之9中区分了参与经营目的情形和单纯投资目的情形，在参与经营目的情形下，相比单纯投资目的加强了报告事项。

上述法令规定的内容以及大量持有5%以上股份的一方以“参与经营目的”取得股份的事实，对于一般投资者而言，其可能会预测拟维持经营权的一方和拟新获得经营权的一方之间会发生股权争夺并进行投资，因而会影响投资的合理决策；对于股份发行公司而言，其可以通过持有的目的保障获得防御今后预计发生的经营权争夺的准备机会，因此其持有目的的影响力大；最近针对企业的敌意收购、合并(M&A)的尝试在增加，且对企业经营权的威胁也在增加，然而对企业经营权防御的制度内的手段并不充分，无法进行公平的经营权竞争，导致发生企业环境变坏的问题。作为解决该等问题的方案，于2005年1月17日依据该法第7339号修订《韩国证券交易法》时，将持有情况里原本作为一个事项的持有目的区分为持有情况和变动内容加以另行规定，并根据其持有目的规定了不同的报告事项。从这样的立法宗旨来看，大量持有(变更)报告书里记载的“持有目的”是该法第200条之3第1款规定的重要事项。

因此，各原告对该部分的主张理由不成立。

②各原告是否有参与经营目的(是否虚假报告)

如前所述，各原告以参与案外公司的经营，提高案外公司的价值，创出并最大化收益率为目的设立了匿名合伙；此后募集投资者时，向投资者说明拟对案外公司进行收购

(M&A),提高公司的实质价值及提高在市场上的关注度,以此作为其投资回收的战略,并签署匿名合伙协议收取了投资资金;各原告于2007年4月23日向金融委和交易所进行第4次报告之前,向案外2位律师以参与案外公司的经营为前提进行了法律咨询,为参与案外公司的经营而作准备;各原告开始收购案外公司股份的2007年3月22日起至各原告以参与经营为目的报告的2007年4月23日第4次报告为止,只不过是1个月的短暂期间;各原告为了规避金融委及交易所、一般投资者的关注,利用5个账户收购案外公司股份的股份取得方法等,考虑各原告取得案外公司股份的全部情况,各原告截至2007年4月5日是以确定性的参与经营为目的收购了案外公司的98,232股股份(截至第3次报告时收购的部分),因此各原告于2007年3月30日、2007年4月3日、2007年4月9日三次向金融委和交易所报告时,虚假报告了属于重要事项的持有目的。

假设,如同各原告的主张,即使各原告没有确定性的参与经营的目的而收购了案外公司的股份,考虑如上①项中所述的关于持有目的报告的立法宗旨;相比单纯投资目的,参与经营目的报告在股份交易中占据的重要地位;该法《施行令》第86条之9第1款第2项规定在持有股份的期间内要求作出不采取该法《施行令》第86条之7规定的影响经营权行为的承诺,只有单纯投资目的时要求作出旨在没有参与经营目的的承诺等情况,大量持有5%以上股份的一方向金融委和交易所报告的"参与经营目的"不仅指其目的已确定的情形,至少还包括具有视交易情况而采取参与经营目的行为的意向,但以等同于单纯投资目的的程度参与经营目的取得股份的情形。根据前述已被采纳的事实来看,各原告至少具有今后视交易情况而采取参与经营目的行为的意向,以等同于单纯投资目的程度地参与经营目的取得股份的事实足可被追认。

因此,各原告对此部分的主张理由也不成立。

③股份处分命令的对象

该法第200条之3第1款规定,违反该法第200条之2第1款的规定,虚假报告重要事项的一方,在韩国总统令规定的期间内,对有表决权的全部发行股份(包括已发行的国外股份)超过5%的部分中违反部分不得行使表决权,金融委员会可以命令处分"该违反部分"。

但是,此处的"该违反部分"从法律条文解释来看是指全部发行股份超过5%的部分中的"违反部分",与法令规定一定的期间当然地限制行使表决权不同,对股份处分命令没有限定其对象或限制其行使期间,从此可以看出,股份处分命令的对象是指有表决权的全部发行股份(包括已发行的国外股份)超过5%的部分中的"违反部分",不得认为仅限于该法《施行令》第86条之10第1款规定的6个月内限制行使表决权的股份。

因此,各原告对此部分的主张理由也不成立。

3. 结论

综上所述,各原告的请求理由不成立,均予以驳回,作出主文所载判决。

QUESTIONS & NOTES

NOTE 本案中过去的《韩国证券交易法》第200条之2是指现行《韩国资本市场法》第147条。《韩国资本市场法》没有实质性地改变过去的监管内容。

Q1 本案中认定参与经营目的的事实关系是什么？既然有收购被告公司的目的，但是仍然没有报告的理由是什么？

Q2 本案中原告没有懈怠5%报告义务。如果原告将取得目的报告为“参与经营目的”，请思考被告公司或其他股东是否会采取其他行动？相反，如果原告取得5%以上股份，将取得目的记载为“单纯投资目的”时，请思考在被告公司或其他股东的立场上采取的对策是否会不一样？从根本上看，取得5%以上上市公司股份的一方，有可能会无参与经营目的吗？请评论2005年修订《韩国证券交易法》，要求记载经营目的并报告的宗旨是否妥当？

Q3 请思考违反大量持有报告义务时，命令其处分的制度是否合理？如果在发生经营权争夺时，确保公平是主要问题，是否限制其行使表决权就已足够？现行法律施加处分命令的依据是什么？

Q4 关于大量持有报告义务的政策意义，请思考以下主要问题。

(1)如果没有该制度，在上市公司的角度无法掌握由谁持有多少股份吗？例如，查看股东名册无法知道目前股东是谁吗？

(2)假如没有大量持有报告义务，就无法知道股份变动情况，在公司不知情的情况下，以市场价格偷偷地取得20%上市公司股份取得控制权，为什么会有问题？请思考5%披露所要达成的制度目的是什么？

(3)相反，收购公司向市场披露取得5%时，①股东会抬高市场价格；②目标公司会开始采取防御行为；③市场上可能出现竞争收购方。综合考虑该等效果，终究意味着收购公司难以收购目标公司。请思考该等结果从社会角度是否有益？

第三节　经营权防御手段及董事的善管注意义务

一、经营权防御的类型

经营权争夺的核心终究是双方持有多少的表决权，因此最为直接的经营权防御手段是在市场上收购股份，实际上原始的经营权争夺只不过是股份的收购竞争。但是因资金或流通股份的缺乏等原因，可以在市场上收购的股份是有限的，所以往往会动员其他手段。其方法大致有增加自己持有的表决权数、利用友好方的表决权、减少对方的表决权数等几种。接下来对每个方法依次进行说明。《韩国商法》并非允许所有方法，下面的说明中仅单纯说明经营权防御行为的类型及其方法。请确认《韩国商法》是否允许每个方法，及是否存在运用方面的限制。

(一)确保自己持有的表决权

1. 双重表决权

最为直接地确保表决权的方法为利用双重表决权股份的方法。具体是指将有表决权的普通股分类为 2 种以上发行,允许各种类享有不同数量的表决权的制度。例如,以发行每股有 1 个表决权的普通股为前提,每股赋予 10 个表决权等方式赋予 2 个以上的表决权自己持有,或每股赋予 1/10 个表决权等赋予 1 个以下的表决权使对方持有。通常双重表决权制度采取前者的情形较多,因此也称为复数表决权制度,这在欧洲较为常见。相比持有 1 个表决权的通常的普通股,享有复数的表决权的股份通常会适用约 10% 的较低的分红率,且多数情况下会限制转让复数表决权股份。2011 年修订的《韩国商法》允许发行无表决权或限制表决权的种类股份(第 344 条之 3 第 1 款),但是没有允许发行表决权为 0.2 个、0.5 个等享有部分表决权的种类股份。因此《韩国商法》仅允许发行无表决权的普通股,但是并没有允许发行双重表决权股份。

2. 黄金股份

双重表决权的极端表现就是所谓的黄金股份。黄金股份是指对极少的股份赋予极其多的表决权的情形或对部分股份赋予对公司决策的否决权的情形。换句话说,持有黄金股份的一方虽然几乎无法从公司获得任何分红,但是在决策中具有决定性的影响。过去政府持有的公司被民营化的过程中,为了确保经营权及防止企业支配权被转让给外国人,欧洲各国设计并开始使用该等黄金股份。黄金股份即持有稳定公司支配权所需的最少比例的表决权,且允许限制转让的股份,必要时可以干预治理结构,旨在防止外国人获得国家基础产业的支配权。

(二)确保友好势力

1. 白骑士战略

所谓的"白骑士(white knight)战略"是指面临敌意收购威胁的现有管理层为了确保友好势力而使用的最为通常的方法。白骑士是指以高于公开收购方的价格公开收购目标公司,但是不会交替现有管理层的第三方公开收购方。即使没有达到控股股东阶段,韩国将取得相当规模股权的可以决定性地帮助现有管理层的第三方也称为白骑士。没有合适的防御对策的目标公司的管理层,可以试图寻找这样的第三方公开收购方,从而摆脱收购威胁并保全经营权。

2. 向第三方发行新股或可转换债券

真正发生经营权争夺时,还有一种方法是紧急寻找友好的第三方,向该第三方发行新股或可转换债券等股份证券。但是不像美国或日本那样,《韩国商法》第 418 条第 1 款严格认定股东的新股认购权(preemptive right),因此以防御敌意收购为目的利用第三方配股方式发行新股是存有疑问的。对此请参考【判例 77】。该规定分别适用于发行可转换债券时的《韩国商法》第 513 条第 3 款及发生新股认购权时的第 516 条之 2 第 4 款。

3. 取得本公司股份

截止到20世纪90年代中期，取得本公司股份被完全禁止；到金融危机发生之前，限于上市公司放宽至可以取得10%本公司股份；金融危机事态发生后，上调至可以取得1/3本公司股份；到1998年5月25日，完全废除了本公司股份限制。在2011年修订的《韩国商法》中，允许非上市公司也可以以可分配利润为资金来源取得本公司股份。通过取得本公司股份提升公司的股价后，将会最终导致收购资金超出收购势力所预想的资金的效果，尤其是收购公司的公开收购开始后，作为事后的防御手段使用时该等效果将会更为凸显，现实中这是取得本公司股份经营权防御效果的最为重要的一面。而且通过将持有的本公司股份出售给友好第三方的方式，可以与白骑士战略结合使用，尤其在原则上允许股东的新股认购权概念的韩国，该效果的重要性将更为凸显。取得本公司股份后持有一段时间并处分的交易和持有本公司股份后予以注销并发行新股的交易在财务上是完全相同的，但是前者不受股东新股认购权的限制，后者则受新股认购权的限制，而这是决定性的差异。

（三）稀释对方的股权

站在防御的角度，股东首先会利用自己的股权寻求防御的方法，但是该方法不奏效时，其可能会寻求减少对方持有的表决权数的方法。当然最容易的方法是收购敌对势力持有的股份，该等情形通常被称作绿票讹诈（greenmail）。韩国严格禁止从特定人处取得本公司股份，因此在韩国无法利用该方法，但是有时大股东会收购敌对势力的股份。实际上为变更对方持有的表决权数，可以使用如下两种方法。

1. 反攻

正如成语“以攻为守”，有时防御的一方反而对对方公司进行公开收购，此时称为“反攻战略”，英语中称为“Pac-Man”。小时候玩过Pac-Man电脑游戏的读者应该更容易理解其含义。实际上在韩国这样的反攻方法很有效。目标公司取得攻击方的10%以上股权时，即使攻击方持有再多的股权，其持有的目标公司的股权也没有表决权。即使没有达到该种程度，如果大量持有对方的股权，也可以通过很多方法牵制对方。

2. 毒丸

为取消对方的表决权，还可以考虑毒丸。经常被译为“毒药证券”的毒丸，通常是指目标公司的管理层向其股东提供可以收购目标公司新股或今后合并公司新股的购买选择权（call option）的情形。在美国正式使用的用语为“shareholder rights plan”，通常采取向股东分配该等购买选择权的形式。毒丸原则上不得分离于股份进行交易或转让，在未发生特定事件的情况下，也会禁止股东行使购买选择权。只有票据所载的事件，也就是说发行公司成为敌意收购的对象时，才可以分离于股份进行交易和行使购买选择权。通过这样的方式启动毒丸，即启动购买选择权的事件，通常称之为“triggering event”，通常是指目标公司被合并或试图收购的公司取得目标公司一定比例以上股权等情形。毒丸的存续期间通常会规定为10年到20年。

经营权防御时毒丸有用的理由为，收购公司取得目标公司的支配权之后，将会大规模稀释收购公司或目标公司的表决权。例如，目前有一家发行100万股普通股的公司，收购公司宣称将公开收购该公司的25万股普通股时，如果目标公司的董事会为对抗此收购发行了每股可以购买目标公司2股普通股的购买选择权，即内翻（Flip-In）形式的毒丸，此时收购公司按照预期取得25万股的同时行使购买选择权，将会产生什么样的结果？概括结果来看，除了收购公司持有的25万股股份外，其余持有75万股股份的股东可以行使购买选择权，行使后将每股发行2股新股。因此会额外多出150万股的股份，最终收购公司的股权不是当初的目标25%，而是250万股中的25万股，即股权实际上缩减为10%。大部分情况下，购买选择权的行使价格低于股份的实际价值，因此收购公司除遭受因表决权稀释带来的不利之外，还会承受资产价值被稀释的后果。因此收购公司如果预想到该等结果，可能就不会收购目标公司。

（四）通过章程的规定进行防御

如上所述，经营权防御时股东首先通过人为调整自身和对方的表决权的方法来达成目的，此外还可以通过章程中的多种规定防止收购方取得经营权。主要包括使收购方无法轻易掌握董事会，或限制其在股东大会中随意作出决策等内容，过去美国将此称为“鲨鱼驱赶法”（shark repellant），这被理解为是一个非常重要的防御手段，但是毒丸被开发以后，其重要性被削弱。特别是该等方式需要经过修改章程的程序，而且事先会通过章程的规定明确显示出难以进行敌意收购的一面，因此其缺点是可能对企业的价值产生负面影响。接下来将仔细查看章程的主要规定。

1.极多数表决要件

对于公司的支配权或经营权相关的重要事项变更，是否可以要求极多数表决权？例如，要求表决权的90%。如果可以在章程中这样规定，将会对拟收购公司的一方造成极大的负担。在美国允许该等章程规定的州很多，但是在韩国是否有效是存有疑问的。除非法令或章程中另有约定，韩国的股东大会表决以出席股东表决权的过半数和发行股份总数的1/4以上赞成通过（《韩国商法》第368条第1款）。对于加强决议要件的情形，商法只是对章程的变更（《韩国商法》第434条）、企业转让（《韩国商法》第374条第1款）、合并（《韩国商法》第522条第3款）等非常重要的事项另行作出了加强表决要件的特别表决规定。因此在《韩国商法》没有规定的情况下，通过章程中的规定是否可以加强表决要件，而且是否可以在章程中规定比商法规定的特别表决要件更为严格的要件等，这些都尚不明确。

2.董事的任期和时差任期制

为阻止敌对势力轻易掌握董事会经常使用的方法为时差任期制。时差任期制中不会一次性任命全部董事，而是规定每年只可任命其中的一部分，这样既可以导致敌对势力取得公司的支配权需要消耗很长时间，而且收购公司不是在一次战争中胜利即可，而是需要承担在 2 年内通过 2 次战争交替过半数董事的负担。董事的任期通常规定为商法上的 3 年上限，因此制定时差任期制时通常会规定每年选任董事总数的 1/3。此时，收购方需要 2 年时间确保自己推举的董事过半数。因此调整各董事的任期，组成董事会时规定每年只有一部分董事的任期到期，从而可以在特殊情况下避免发生完全失去董事会的情况。在该时差任期制下，董事是依次被交替的，也可以确保董事会业务的连续性，从这个角度看也是合理的。

但是即使在章程中规定董事的任期为 3 年，敌对势力收购公司后解聘所有董事是否可以？考虑到这样的情况，通常为了确保时差任期制能起到作用，重要的是需要规定“没有正当理由的情况下，董事在规定的任期内不得被解聘”的内容（effective staggered board）。如果没有该等规定，收购公司就可以在股东大会中解聘所有任期内的董事，并组建新的董事会（board paking）。但是由于对《韩国商法》第 385 条第 1 款的解释不同，该等章程条款是否有效是存有疑问的。根据韩国的主流意见，即使规定了董事的任期，可以通过股东大会的特别决议随时解聘董事（《韩国商法》第 385 条第 1 款），这里可以解释为无法通过章程作出不同的规定。解聘的“正当理由”只不过是董事向公司请求损害赔偿的要件（《韩国商法》第 385 条第 1 款但书），章程中规定该要件为董事的解聘要件时无效。根据韩国的通说，即使通过章程规定时差任期制，仍无法阻止敌对势力取得支配权后解聘原先的所有董事并组建新的董事会。因此单纯地仅在章程中规定每次交替 1/3 董事的时差任期制是无助于保护经营权的。

二、董事的善管注意义务

关于经营权的防御，最为核心的问题是具备何种要件时经营权的防御才是合法的。董事对公司负有善管注意义务，因此为了保全自身的地位而实施经营权防御时会违背该等义务。但是经营权防御导致股东价值的升值，也有可能是符合善管注意义务的。果然经营权的防御会导致股东价值的升值吗？而且应通过什么来判断是否有这样的效果，这是经营权防御的合法性争论的核心。

韩国判例持有何种立场也并不明确。分析下述判决，可以知道否定经营权防御的立场和肯定的立场并存，但是也不能说提示了判断经营权防御的合法性的标准。判决中涉及的案件主要是关于新股的第三方配股的情况，因此这些判决倾向于将经营权防御的合法性及董事的责任问题以侵害股东的新股认购权的角度接近。持否定立场的判决大部分是认定侵害新股认购权的案件，相反肯定经营权防御的案件则判断没有侵害股东的新股认购权。甚至在没有涉及新股发行，而是处分本公司股份的情形下，也没有直接判断是否有经营权防御的必要性，还是以是否侵害股东的新股认购权的问题判断。因此可以说韩国的判例尚未提示关于经营权防御本身的合法性判断标准。最近在地方法院的判例中开始出现接受美国法理的立场。

【判例 76】- 发行可转换债券的经营权防御（首尔高等法院）

首尔高等法院 1997.5.13.Ja97Ra36 决定（韩华综金判决）

1. 根据记录，作为本案的大体概要，查明如下事实

被申请人韩华综合金融股份公司（以下简称韩华综金）的大股东有作为第一大股东群的韩华一方（指韩华开发股份公司等韩华集团旗下公司，下同）和作为第二大股东的申请人。韩华综金的管理层由第一大股东群韩华一方完全掌控，申请人只有监事职位。对于 1996 年 5 月管理层将韩华综金所有的不动产以明显的廉价出卖给韩华一方大股东韩华开发股份公司的交易，作为监事的申请人提出了问题，但是韩华一方没有采纳，因此申请人作为小股东通过向法院提出请求选任检查人等方式开始试图通过法律解决，从此之后双方之间发生了多起民、刑事纠纷案件。另外，申请人试图通过法律解决的同时，与 Lee Hak 及本案辅助参与人等一起，计划逆转韩华一方对韩华综金的股权比例，为了不抵触当时实施的证券交易法项下所谓“关联方”的持有限制规定，巧妙地分散给各辅助参与人隐秘地在证券市场购买韩华综金的股份。结果至迟 1996 年 12 月 6 日，申请人一方（指申请人和 Lee Hak 及辅助参与人，下同）持有的股份数超过了韩华一方成为第一大股东，此后向韩华一方要求为了改组管理层而召开临时股东大会。着急的韩华一方为了进行经营权防御而想出的应急措施就是发行本案可转换债券。即向友好势力发行可转换债券并立即转换为股份，在临近的临时股东大会中通过已转换新股的帮助重新占据股权比例的优势，进行经营权防御。为此，韩华一方事先与各收购人（除被申请人韩华综金以外的其他被申请人，下同）协商并获得提供协助的承诺，而对当时作为第一大股东群且监事的申请人一方彻底保密的情况下，使掌控的董事会于 1997 年 1 月 7 日迅速发行可转换债券，其发行量为 400 亿韩元，如果转为股份足以重新逆转申请人一方的股权比例，且没有限制转换期限，因此发行后即可以转换。据此收购人发行当日就全部收购上述 400 亿韩元可转换债券，从其次日 1 月 8 日起至 10 日，将其中的 380 亿韩元转换为股份。在为了改组管理层于 2 月 13 日召开的临时股东大会中，将已转换股份的表决权全部委托给了韩华一方，韩华一方通过股权比例上的优势防御了敌意收购。

2. 对被保全权利的分析

对于可转换债券，也应该在一定情况下认定其发行无效，其方法应该可以类推适用关于新股发行无效之诉的《韩国商法》第 429 条之规定。

在本案中如果上述事实属实，可转换债券是在争夺经营权的情况下，为了逆转处于劣势的旧支配势力的股权比例并进行经营权防御，以掌控董事会为良机，在完全排除原先股东的情况下，作为向第三方友好势力集中分配“新股”的权宜之计而发行的，属于凭借可转换债券的虚名而实际上发行新股的滥用可转换债券制度的情形。因此本案可

转换债券的发行实质上是侵害新股认购权的违法行为，视其通过上述方式发行新股无不同，应认为无效。

不仅如此，本案发行可转换债券的主要目的是在经营权争夺的情况下向友好的第三方分配新股并进行经营权防御；对于争夺经营权的对方且作为监事的申请人连参与董事会的机会都没有提供，在彻底保密的情况下发行，导致其丧失使用“发行留止行为保全”等事先救急措施的机会；发行的可转换债券数量足以逆转支配权，且对转换期限也没有予以限制，发行后立即可以转换为股份，最终收购人的股权在经营权防御中起到决定性的作用，考虑到该等情况，本案可转换债券的发行以明显不公平的方法进行，从这方面来看也应被认为无效。

那么，本案可转换债券的发行是无效的，且以此为基础发行的新股也是无效的，因此申请人依据股东权利请求禁止行使上述新股的表决权的本案请求，辩明了被保全权利。

【判例 77】- 定向发行无效之诉 / 禁止行使发行新股表决权行为保全（大法院）

大法院 2009.1.30. 宣告 2008Da50776 判决

1. 关于上告理由第 1、3、4 点

根据原审判决理由和原审合法采纳的证据认定的事实如下：(1)2007 年 1 月持有被告公司的 24.25% 股份的原告，向被告公司的定期股东大会提议将原告及原告方的人事追加选任为董事和监事的议案；且于 2007 年 2 月 9 日作为股东向被告公司申请阅览及复印会计账簿等，但是遭拒绝后向法院申请了阅览及复印会计账簿的行为保全，并获得了支持，原告和被告公司的现有管理层之间就公司的经营发生了争议。(2)被告公司的章程规定，只有为了紧急融资，才可以向国内外金融机构发行新股；或为了引进技术所需，向该合作公司发行新股的情形下，才可以排斥股东的新股认购权，向第三方分配新股。而当时被告公司没有从案外 1 股份公司（以下简称案外公司）引进技术的特别需要，且也没有通过第三方配股的方式发行新股改善财务结构的紧迫性，然而于 2007 年 4 月 19 日召开的董事会上决议发行已发行股份的约 30% 且其认缴日期为次日，并将全部股份分配给了案外公司，该案外公司于认缴日缴纳了全部认购价款，成为持有被告公司发行股份总数的 23.08% 的最大股东，而原告的股权比例降至 18.65%。(3)上述新股发行后不久于 2007 年 6 月 9 日，被告公司召开股东大会提出了解聘对原告友好的董事案外 2 和监事案外 3 等为内容的议案，但是因略微没有达到特别决议所需的决议法定人数而没有通过。如果召开该股东大会之前，法院没有支持对已发行新股的禁止行使表决权行为保全申请，很有可能上述议案就会依照现有管理层的意见通过，进而产生排斥原告参与被告公司经营的结果。综合该等情况来看，发行新股当时被告公司就已发生经营权争夺，且该新股发行不是为了依据《韩国商法》第 418 条第 2 款和被告公司的章程改善财务结构或引进新技术而进行，而是为了防御对现有管理层经营权的攻击而进行的，因此以上主旨的原审判断正当，不能认为有审理不充分或违背采证规则，或存在错误解释经营权争夺相关法理的违法情况。

2. 关于上告理由第2点

《韩国商法》第418条过去认可通过章程广泛地限制股东的新股认购权，而后通过2001年7月24日的法律修订，将第1款修订为"股东有权根据其持有的股份数获得新股的分配"；将第2款修订为"尽管有第1款的规定，公司根据章程规定，可以向股东以外的人分配新股。但是，仅限于引进新技术、改善财务结构等为了达成公司经营上的目的而必要的情形"。这是考虑了股份公司发行新股时，如果向股东以外的第三方发行新股，可能会导致现有股东持有的股份价值下降或丧失对公司的支配权等不利影响，鉴于此要求发行新股时原则上应分配给现有股东，而对于第三方的新股分配则只能在章程规定的情形下才可以进行，其理由也限于引进新技术或改善财务结构等企业因经营所需不得不进行的例外情况，旨在加强对现有股东新股认购权的保护。因此股份公司发行新股时，在没有引进新技术、改善财务结构等为达成公司经营上的目的而所需范围内的章程规定事由的情况下，在公司经营权争夺已现实发生时，为了达到管理层经营权或支配权防御的目的，向第三方分配新股的行为违反了《韩国商法》第418条第2款，是侵犯股东的新股认购权的行为。

综合上述法理及事实情况判断，本案新股发行不属于《韩国商法》第418条第2款和被告公司章程所规定的情形，而是为了防御现有管理层的经营权而以第三方配股的方式进行，违反了《韩国商法》条款和被告公司的章程规定，侵害了原告等现有股东的新股认购权，因此对被告公司的治理结构产生了如上所述的重大变化，造成了原告对被告公司的以往的支配权被显著弱化的重大影响，因此该新股发行根本不可能被允许，只能是无效的。

因此，以上主旨的原审判断正当，不存在未予审理或错误解释新股发行无效事由相关法理的违法情况。

QUESTIONS & NOTES

NOTE 在一个刑事案件中，对于是否可以利用员工持股制度防御经营权受攻击的问题，大法院作出了如下判断（大法院1999.6.25.宣告99Do1141判决）。

"员工持股制度是当然以公司向员工提供便利为前提而设计，因此在员工持股制度下，公司的管理层为了帮助员工购买本公司的股票而提供公司资金支持，其行为本身不能说是对公司职务的违背行为，但是管理层提供资金支持的主要目的不是让员工通过积累资产增进其福利，而是通过确保稳定的股东维持管理层对公司的经营权时，其提供资金支持的行为属于为了管理层的目的而使用公司财产的行为，其违反公司的利益，因此对于公司而言构成职务违背行为。"

Q1 上述两个判决的含义是否是指管理层不能防御对经营权的攻击？还是指为了经营权防御目的不得

使用向第三方分配新股或可转换债券的方式？假如，以经营权防御为目的，取得本公司股份；或将已取得的本公司股份处分给友好的第三方；或正如前文所述，修改章程使难以进行敌意收购等，该等方式是否被允许？

Q2 【判例 77】中成为争议点的公司章程的内容是什么？如果该公司章程规定的内容与第 418 条第 2 款但书的表述一致，判决是否会不一样？判决称为经营权防御目的的第三方配股违反该章程的规定，从此可以推导出通常的经营权防御为目的的第三方配股会侵害股东的新股认购权的结论吗？请思考教科书对【判例 77】通常的说明是否妥当？

Q3 管理层通过防御对经营权的攻击可以提升股东利益的逻辑有以下几个。例如，(1)如果有经营权防御的手段，可以同收购方进行协商并提高收购对价；(2)管理层可以阻断股东因信息不足而向滥用收购方廉价出售目标公司的风险；(3)如果经营权不稳定，企业无法进行长期性的投资。因为市场上的投资者无法认知长期投资带来的企业价值的上升；(4)如果经营权不稳定，管理层不会开发企业所必需的能力，而是更注重于培养通常有用的能力。这些各类论据有说服力吗？请思考如果管理层通过防御对经营权的攻击可以降低敌意收购的可能性，实际上企业价值是否会升值？

【判例 78】- 以经营权防御为目的的一般公募增资（水源地方法院骊州支院）

水源地方法院骊州支院 2003.12.12.Ja2003KaHap369 决定

事实关系

1. A 公司为资本金约 281 亿韩元的上市法人，是 A 集团的控股公司。2003 年 8 月 4 日 A 公司会长突然死亡后，外国人开始集中购买 A 公司的股份。A 公司为了进行经营权防御，决定将持有的库存股处分给旗下公司并恢复表决权，并于 8 月 13 日通过董事会决议将库存股 9.41% 中的一部分处分给了 B 公司等旗下公司。除此之外，B 公司同关联方一起，通过私募基金等追加取得了 A 公司 20.63% 的股份。

2. 2003 年 11 月，B 公司进行 5% 申报时，发表收购 A 公司的内容，以此正式开启了经营权争夺。当时原先管理层的友好股权为 30.3%，B 公司一方的股权为 47.54%。

3. A 公司为了防御收购企图，决定以“改善治理结构及财务结构和业务多样化”（后来变更为“设施投资及业务多样化”）为目的实施大规模一般公募有偿增资，具体将相当于当时发行股份总数之 178% 的 1000 万股新股，以折扣 30% 的价格，每人可认购 300 股为限，进行一般公募增资。A 公司的章程第 9 条第 1 款规定了股东的新股认购权，第 2 款则规定“尽管有前款规定，为了达成引进新技术、改善财务结构等公司经营上的目的，在下列情形下，可以通过董事会决议向股东以外的一方分配新股”，即规定了在一定情况下可以排斥股东新股认购权，其第 2 项列出了“依据证券交易法规定，以一般公募增资的方式发行新股的情形”。

4. 对此，B 公司以下述理由申请了禁止发行新股的行为保全。①上述新股发行无关于引进新技术等公司经营上的目的，而是主要以改变原先的股权持有结构，使 B 公司一方丧失作为最大股东的地位为目的，因此违法侵害了《韩国商法》第 418 条及 A 公司章程保障的股东的新股认购权；②本案新股发行形式上采取的是一般公募增资的方式，但是实际上是在预知一般公募部分的大量未认购局面的情况下，将该部分分配给现代公司的员工持股合伙等对原先管理层友好的势力，主要以维持、加强一般股东和原先管理层的支配经营权为目的，因此发行方法明显不公。

法院的判断

“发行新股的主要目的是防御对现有控股股东对目标公司的支配权及现有董事会经营权的攻击，即使无法认定公司为了经营而需要的具有灵活性的融资必要性及为此所需的合理性，考虑到企图进行敌意收购的资本性质和收购企业的意图、现有控股股东及现有管理层的经营战略、目标公司的企业文化及过去目标公司的业务内容在社会经济层面所占的重要性和收购企业后持续过去业务的展望等，可以认定维持现有控股股东的支配权或现有管理层的经营权有利于目标公司和一般股东或具有特别的社会必要性。另一方面，决议当时的客观事实支持该等新股发行行为；直至作出该等决议的过程中，除作为目标公司经营权争夺之当事方的现有控股股东之外，经过了听取一般股东的意见和中立专家建议的程序等，具有合理性的情况下，应视为属于达成《韩国商法》第 418 条第 2 款及规定与此相同内容的目标公司章程所规定的公司经营上的目的所必要的情形，而应予允许。”

QUESTIONS & NOTES

NOTE 本案中原告的禁止发行新股保全申请获得支持，而 A 公司因没有满足法院提出的要件，未能发行新股。即法理上允许了经营权防御行为，但是在具体案件中法院以未能具备要件为由禁止了经营权防御行为。

NOTE 一般公募增资是依据旧《韩国证券交易法》第 189 条之 3 第 1 款所认可的形式，其本质上与第三方配股没有差异。因此当然应适用《韩国商法》第 418 条第 2 款但书规定。该等一般公募增资也被《韩国资本市场法》所接受，但是《韩国资本市场法》第 165 条之 6 第 4 款不同于旧《韩国证券交易法》，其规定“此时不适用《韩国商法》第 418 条第 1 款及第 2 款但书规定”。像这样明文排除适用《韩国商法》第 418 条第 2 款但书规定，在一般公募增资的情况下，是否需要具备经营上的目的将可能成为争议焦点。

最近的经营权争夺案例中，公司促进一般公募增资时，对此反对的股东申请了禁止发行新股行为保全，首尔中央地方法院在 2009.8.19.Ja2009KaHap2887 决定中作出如下解释。

“兹查，《韩国资本市场法》第 165 条之 6 第 1 款规定‘尽管有《韩国商法》第 418 条第 1 款及第 2 款但书规定，股票上市法人可以根据章程规定通过董事会决议以总统令规定的一般公募增资方式发行新股’。那么作为股票上市法人的被申请人按照上述规定以一般公募增资方式发行新股时，如果章程没有另设规定，即使没有满足《韩国商法》第 418 条第 2 款但书规定的要件，应认为可以根据第 1 款规定限制股东的新股认购权。而且被申请人的章程第 9 条仅规定‘依据证券交易法等相关法规规定，通过董事会的决议以一般公募增资方式发行新股时，可以向股东以外的一方发行新股’，并没有另行规定以一般公募增资方式发行新股所需的要件。那么在本案新股发行中适用《韩国商法》第

418 条第 2 款但书要件为前提，以本案新股发行不是达成引进新技术或改善财务结构等公司经营上的目的而需要的情形为由，认为违反法令或章程的申请人的主张理由不成立。”

本案认为在一般公募增资的情况下，没有对增资目的的限制，在这一点上相比【判例 78】存在差异。随着《韩国资本市场法》规定的该等变化，一般公募增资可以轻易用作为经营权防御的目的。考虑大法院对经营权防御目的的第三方配股采取严格立场的主旨，对一般公募增资的上述解释是否妥当？请思考本质上《韩国资本市场法》明确排除第 418 条第 2 款但书规定的宗旨是什么？

Q1 对于一般公募增资，如【判例 78】在章程中规定限制增资目的的条款时和没有予以规定时，应对新股发行的目的作出不同的判断吗？

【判例 79】- 以经营权防御为目的的本公司股份处分（首尔西部地方法院）

首尔西部地方法院 2006.6.29. 宣告 2005GaHap8262 判决（大林通商案件）

事实关系

被告大林通商股份公司（以下简称被告大林通商）有表决权的发行股份总数为普通股 2150 万股（下述股份也均为普通股），（其中包括原告持有 2，951，850 股占 13.73% 在内）原告方持有的大林通商股份共计为 6，501，120 股，占发行股份的 30.24%。与此相比，被告方为现法定代表人并同时为最大股东，全部持有股份的持股率达 47.49%，如果合计与被告方的其他共同目的持有人一起持有的股份，其股份占发行股份的 56.30%。本案当事人均为亲戚和姻亲关系，因此过去维持了较好的关系，但是案外 1 因非法收购股份、损坏公司形象等事由，于 2003 年 11 月被免去大林通商副会长一职，此后当事人之间关系开始恶化，后续因选任监事、新股发行无效、取得库存股等问题，原告和被告方在持续进行诉讼。

2005 年 5 月，被告大林通商直接持有本公司股份 125 万股（发行股份的 6.94%），且与被告东洋投资信托运营股份公司（以下简称被告东洋投信）之间通过本公司股份信托管理的方式共计持有 3，188，680 股的本公司股份，但是被告方于 2005 年 6 月 24 日和 2005 年 8 月 9 日全部处分了持有的本公司股份。对此原告主张，大量处分本公司股份时，其效果相同于新股发行，因此可以类推适用明显不公平的新股发行是无效的法理，因被告大林通商向被告方转让本公司股份的行为是明显不公平的行为，所以无效。

法院的判断

虽然《韩国商法》及《韩国证券交易法》对本公司股份的处分不适用新股发行相关的规定，本公司股份的处分是处分已发行股份的行为，不会导致公司总资产的变更，也不会导致现有股东的股权比例的变更，形式上其效果与新股发行不同。但是即使处分本公司股份不会导致资本增加，而如果是公司持有的本公司股份，根据《韩国商法》第 341 条该等股份无法行使表决权，然而该等股份转让给第三方时，受让该等股份的第三方可以对公司行使表决权，因此会导致在公司的决策机构股东大会中可以行使表决权的股份数的增加，在这一点上对于现有股东而言带来类似于公司发行新股的效果。而且，如果公司对本公司股份收取分红的情况下，终究公司的财产因收取分红而相应增加，现有股东根据其持股比例对随后增加的财产享有额外收取分红的机会，但是向第三方处分本公司股份时，会出现新的有权收取分红的人；有偿增资时，除了本公司股份以外，仅对其余的股份按照其股权比例发行新股，但是向第三方处分本公司股份后，对本公司股份也会发行新股，现有股东获得分配的新股比例相应也会降低；因此公司处分其持有的本公司股份的行为，终究会导致股东根据持股比例对公司享有的权利或地位的变更，将对股东地位产生重大影响。特别是将本公司股份单方出售给特定股东时，因出售导致的现有股东股权比例的减少，导致与发行新股相同的结果，因此有必要同发行新股一样加以限制，有必要防止将处分本公司股份作为逃避新股发行相关各类监管的手段而恶意使用的情况发生。

根据以上查明事实，被告大林通商无论在财务上还是在公司运营上均没有解除本公司股份信托合同并出售本公司股份的特别理由的情况下，于2005年5月31日为了本公司股份价格的稳定而延长了本公司股份信托合同，然而从届时起不到一个月又以改善财务结构的名目解除了与受托机构之间的本公司股份信托合同，通过场外出售的方式将公司发行股份总数的15%本公司股份单方出售给被告大林通商的最大股东被告2和其关联方被告3、被告4（被告2、3、4没有理由甚至通过金融机构的贷款筹措大部分巨额股份收购价款用于取得本公司股份）。只不过在半月至一个月的期间一次性进行处分，原告连收购本公司股份的机会都没有获得的情况下，被告方的持有股权从34.11%急剧上升到47.49%。因出售本来被限制表决权的本公司股份，导致原告在股东大会的决策权显著弱化，在一个月后进行的有偿增资中，相比被告方可以多获得分配相应于所取得本公司股份比例的新股，原告的新股发行分配比例被减少，导致限制原告的新股认购权的结果。最终，因被告方取得本公司股份，原告方的股权比例从29.98%降至23.6%，相反被告方的股权比例从34.11%上升至47.49%，原告方和被告方的股权比例从一开始的不足5%差距拉长至23%以上，导致原告方无法在股东大会中正当行使所持股权相应的表决权的结果，发生了重大侵害原告方权利的情况。因此本案属于对其他股东原告方的利益和公司的经营权及支配权产生重大影响的情形，即使考虑本案股份买卖合同的签署经过和因此而产生的交易安全、其他股东或利害关系人的利益等，其影响已达到根本无法视而不见的程度，所以应认为本案股份买卖合同无效。

QUESTIONS & NOTES

NOTE 韩国不同于日本或美国，允许股东的新股认购权，因此为了新股的第三方配股，需要有经营上的目的。为了经营权防御是否可以利用第三方配股，换句话说经营权防御是否包含在为第三方配股而所需的经营上的目的范围内，是主要争议点。自韩华综金案件（首尔高等法院1997.5.13.Ja97Ra36决定【判例 76】)以来，法院只是持有“不得以经营权防御的目的而利用资本融资的制度”的比较含糊的立场，但后来在大法院 2009.1.30. 宣告 2008Da50776 判决【判例 77】中宣称，在没有其他经营上目的的情况下，“公司的经营权争夺成为现实的情况下，为了达成管理层经营权或支配权防御的目的，而向第三方分配新股的行为”违反《韩国商法》第 418 条第 2 款，侵害股东的新股认购权。

虽然第三方配股是提高友好股权比例的有效方法，但是该措施被禁止后，更多关注在于是否可以通过处分本公司股份达成该效果。该基层法院的判决首次认可处分本公司股份对股东利益产生的影响相当于新股发行，但是大部分的其他基层法院的判决持有不同的立场，认为处分本公司股份与新股发行不同(例如，水源地方法院城南支院 2007.1.20.2007KaHap30 决定、首尔北部地方法院 2007.10.25.Ja2007KaHap1082 决定【判例 80】)。

Q1 本案中大林通商解除本公司股份信托合同并向被告方处分本公司股份的理由是什么？

Q2 处分持有的本公司股份的行为和注销其持有的本公司股份并发行新股的行为有什么差异？上述判决中“处分本公司股份是处分已发行股份的行为，对公司的总资产不会带来变化，且也不会发生现有股东的股权比例变化，因此形式上与新股发行的效果部分不同”的解释是否妥当？特别是对股东利益产生的影响方面，本公司股份处分和新股发行之间有什么差异(对于本公司股份的本质，请参考第六章第三节之四之(一))？

【参考判例】

首尔中央地方法院 2015.7.7.Ja2015KaHap80597 决定(三星物产合并案件)

“公司如果处分其持有的本公司股份并向第三方转让时表决权将被恢复……可能对股权比例产生影响，在这一点上与新股发行部分类似。而且，公司的管理层或控股股东处分作为公司资产的本公司股份时，可能会损害公司或一般股东的利益，因此无法否认规制本公司股份处分的必要性。

但是发行新股时对股份公司的资本金和现有股东的股权比例产生直接影响，但是处分本公司股份时只是处分已发行的股份，对公司的资本金不会带来任何变化，且如果不是交易当事人，现有股东的股权比例也不会发生变化，在这一点上相比新股发行有本质的差异……相比新股发行具有作为团体法法律行为的资本交易的性质，处分本公司股份是买卖已发行股份的行为，具有损益交易的性质，因此具有无法视为是团体法法律行为的一面。商法和资本市场法也考虑到该等差异，对于新股发行特别规定了要件、程序及争辩其无效之诉等内容，但是对于本公司股份的处分……没有另行规定，也没有适用关于新股发行的规定。

而且虽然本公司股份的处分导致可以行使表决权的股份数的增加，事实上对股权比例产生影响，进而限制其他股东行使表决权的利益的一面……但是其他股东的上述利益只不过是限制本公司股份表决权的《韩国商法》第 369 条第 2 款规定项下的反射性利益，而以保护该等反射性利益为由，在没有明文规定的情况下，对处分公司的本公司股份的行为，如果类推适用本质上具有差异的关于新股发行的规定和法理，则可能对公司财产的所有权行使带来不当的限制。”

Q3 公司处分其资产时，股东是否可以争辩其处分的效力？对于本公司股份处分的效力，允许股东进行争辩的理由是什么？

【判例80】-处分本公司股票是否属于滥用防御权的判断基准（首尔北部地方法院）

首尔北部地方法院 2007.10.25.Ja2007KaHap1082 决定

事实关系

甲以参与A公司经营为目的收购股份并办理了大量持有报告，此后持有了约15%股权。公司的现有管理层为了经营权防御，将公司持有的本公司股份（相当于发行股份总数的7.45%）处分给了位于马来西亚的特殊目的法人（SPC），且SPC当日以该股份为基础资产在海外发行了可交换债券EB，A公司对该债权的偿还债务提供了支付保证。

甲主张：①上述本公司股份的处分是以经营权防御为目的进行的，是不公正且属于背任行为下的交易，应认为无效；②SPC持有的A公司的股份是A公司以自己承担风险的方式取得的，因此应视为是没有表决权的本公司股份；③A公司的管理层和SPC存在关联关系，因此SPC收购上述股份时应办理证券交易法项下的大量持有报告，但是其懈怠了该义务，因此认为SPC持有的股份没有表决权。

法院的判断

……

3. 关于本案本公司股份的处分是否无效的判断

（1）关于是否可以类推适用发行新股相关规定

考虑到以下几个因素，在处分本公司股份时不同于可转换债券，认为不能适用新股发行相关规定更妥当。①其属于处分已发行的股份，不同于新股发行，不会变更公司的资本金；②新股发行属于团体法的法律行为（资本交易），而本公司股份的处分只不过是已发行股份的交易（损益交易），因此无法视为是团体法的法律行为；③目前《韩国商法》及《韩国证券交易法》也考虑到该等差异，对本公司股份的处分没有规定适用新股发行程序，这样的解释更符合法律规定及立法宗旨；④如果在没有明确规定的情况下，处分本公司股份时适用新股发行相关规定，将会阻碍法律的稳定性…

（2）关于本案本公司股份的处分是否属于滥用防御权的交易而无效

作为判断经营权防御是否合法的基准，首先，如果法令或章程中对该等经营权防御行为具体规定，应以该等防御行为是否在该法令或章程所允许的范围内为基准进行判断；其次，如果在该等法令或章程中没有直接规定，应综合该等防御行为的动机或目的、防御手段的合理性等，以董事是否违反善管注意义务及忠实义务为基准判断防御行为的合法性。且应具体综合考虑：拟收购经营权一方的实体及计划；通过对此的防御行为，董事所追求的公司或股东利益的内容；该防御行为中经营权防御的目的所占的比重（例如，防御行为是否具有经营权防御效果的同时，还具有符合经营目的的合理性；或防御行为的目的是否只是经营权防御);该等防御行为的形式与目的达成之间的均衡程度;防御行为的实施过程中是否经过合理的程序(例如,与董事会充分讨论,并听取外部专家的意见等);目标公司是否具有收购公司而带来的短期利益以外的长期计划;目标公司的业务内容在社会经济或国家战略层面所具有的重要性等各类情况。

根据上述基准判断认为董事的防御行为违法时,其防御行为属于防御权滥用而无效。但是正如前述,处分本公司股份时不能类推适用新股发行相关的规定,其无效不能认为具有对外效力,因此已向第三方处分本公司股份的情况下,如果第三方不知滥用防御权的情形,且没有重大过失时,为了交易安全,不能以主张其无效而对抗第三方。根据申请人提交的资料,不足以辨明认为本案交易属于背任行为,或认为被申请人的现有管理层为了防御自己的经营权而采取了防御行为,也没有其他可以认定该等情形的资料。

QUESTIONS & NOTES

Q1 如果允许管理层可以为了股东利益而采取经营权防御行为,具体应如何判断现有的经营权防御行为是否属于该等情形,以及管理层是否为了自己的利益而采取防御行为?在美国形成的法理中有Unocal基准,其要求有两个:①应有对公司政策的合理威胁;②防御手段应与该威胁成比例。上述判决的解释中是否有该等内容?例如,请分析【判例 80】的解释是如何适用该等 Unocal 的基准。请将上述判决中可以导出的法理抽象地概括为几个因素。

Q2 上述判例是一审判决。请思考如果该判决被上诉或上告,上级法院会如何进行判断?对前面查看的对经营权防御采取否定立场的判决和上述判决是否可以作出相互协调的解释?或者上述判决是否只不过是与大法院的立场相互背离的个别立场?

Q3 上述判决中称“判断认为董事的防御行为违法时,其防御行为属于滥用防御权而无效”。请思考在韩国商法项下该等表述是否普遍适用?一般情况下,如果董事的防御行为超出经营权防御所允许的范围而违法时,当然可以认定其违背董事的忠实义务,但是可以因此而认为该等行为当然无效吗?通常违反忠实义务的行为在私法上的效力如何?

Q4 上述判决中认为处分本公司股份时无法类推适用新股发行相关的规定,其依据是否妥当?

第四节　毒　丸

一、毒丸的基本形式

毒丸(poison pill)在美国公司法中被认为是具有代表性的经营权防御手段,实务中也具有很强的效果。毒丸在 20 世纪 80 年代后期被设计出并被法院认可后,敌意收购在美国被认为是不可能的事情。正如前述,毒丸通常是指目标公司的管理层向其股东提供可以收购目标公司的新股或今后合并公司的新股为内容的购买选择权。毒丸有助于经营权防御的理由是，收购公司取得目标公司的支配权后，收购公司或目标公司的表决权将被大规模稀释。

毒丸大致可以分为内翻式毒丸（Flip-In）形式和外翻式毒丸（Flip-Over）形式，大部分均包含两个特性。首先看 Flip-In 形式，假设有一个目前发行 100 万股普通股的公司，如果收购公司对该公司的 25 万股普通股宣布公开收购，目标公司的董事会则相应发行了每股可以购买 2 股目标公司普通股的购买选择权（毒丸）。收购公司如期取得 25 万股时，如果同时行使购买选择权将会导致什么结果？仅就结果而言，除收购公司持有的 25 万股股份外，其他持有 75 万股股份的股东可以行使购买选择权，最终每股将发行 2 股新股。因此额外增加 150 万股股份，最终收购公司的股权达不到起初目标的 25%，而是在 250 万股中持有 25 万股，即其股权会降至 10%。通过该方式极端地稀释收购公司的股权是毒丸的基本特点。

与此相反，Flip-Over 形式的毒丸在合并时稀释“收购公司”的股东股权，可以间接进行经营权防御。为了正确理解该等形式的毒丸，了解最初出现的毒丸会有帮助。通常认为毒丸于 1983 年 Lenox 公司为了抵抗 Brown-ForMan Distillers 公司的敌意收购而被首次发行，当时发行的毒丸就是 Flip-Over 形式。当时面临敌意收购威胁的 Lenox 公司向所有普通股东分配了可转换优先股，1 股可转换优先股可以转换成 40 股普通股。但是如果 Brown-ForMan 公司合并 Lenox 公司并将其注销，将会导致上述优先股无可转换普通股的结果。通常为了维持证券发行时的价值，发行可转换债权或可转换优先股时会包含发生一定的事由时，可以调整转换比例（anti-dilution provision）的规定。在这样的背景下，上述可转换优先股规定，如果 Lenox 公司被合并而注销时，持有可转换优先股的一方可以将作为 Lenox 公司的股份对价支付的证券，转换为收购公司 Brown-ForMan 公司的普通股。当然 Lenox 公司的该等约定会因合并而一并承继给收购公司，因此收购公司无法拒绝 Lenox 股东的转换请求。这样的毒丸就是 Flip-Over 形式，最终会导致“收购公司”的控股股东的股权被稀释的结果。当时 Brown-ForMan 公司的控股股东持有 62% 股权，因此行使毒丸可能导致控股股东丧失 Brown-ForMan 公司的控制权，其不可能在承担该等风险的情况下收购 Lenox。

二、经营权防御所需的特点

如上所述，根据是否进行到合并阶段，还是仅进行到取得股权阶段，毒丸的作用模式会有不同，但是归根究底在稀释股东股权的方面是没有差异的。但是，不管怎样如果敌对势力也可分配到购买选择权，是否只是导致股份数量的绝对增多，而不会对股权比例产生影响？或者说，如果毒丸的威力有那么大，敌对势力提前买入（反正对个别股东而言，毒丸没有很大价值，即使不支付高价也可以购买）或在公开收购条件中明示一并购买毒丸不就可以了吗？考虑到会有这样的情况发生，毒丸通常会包含如下四个特点。

1. 毒丸发行相关的事项应该属于管理层的权限，换句话说，毒丸发行应不必经过股东大会的决议。如果需要召集股东大会，则一开始就是应由股东作出所有决策。考虑到该等理由，美国的毒丸完全属于管理层的日常公司经营权限范围。例如，在美国管理层可以自由作出分红决定，也可以分配如子公司的股份等“证券”实物，甚至发行证券内容的决定权也委任给管理层。管理层基于该等权限，不受股东的干涉随时可以发行毒丸。特别是从时间上看，发行毒丸不需要经过股东大会，因此发行所需的时间甚至不到半天。毒丸的内容几乎也已定型，因此实际上也不需要额外的文案工作。为了确保股东的干涉，当然也可以将发行毒丸作为股东大会的决策事项，但是如果这样规定，则会降低作为防御手段的灵活性，因此只有在已发行的情况下毒丸才能起作用。但是，在管理层掌握发行毒丸权限的美国，无须提前发行毒丸。换句话说，从敌对势力的立场看，发行毒丸的公司和没有发行毒丸的公司完全一致。实际上已发行毒丸的公司在美国也寥寥无几，但是不能因此而误认为不将其作为防御手段使用。正因如此，即使没有实际发行毒丸，只要有其发行可能性就可以使敌意收购意图受到挫折，毒丸是非常有魅力的防御手段。

2. 毒丸不能跟股份分离转让。其理由大致有两个：其一为，如果可以分离于股份转让，收购公司可以在取得股份前先收购所有已发行毒丸，进而足以使毒丸无效。其二为，与保护收购公司的利益无关，是为了保护一般股东的利益。如果分离于股份转让毒丸，行使毒丸以低于市价的价格收购大量新股时，不仅是收购公司，连不持有毒丸的股东也会不得不遭受股份价值下降的后果。因行使毒丸导致财富从没有毒丸的一般股东转移至行使毒丸的一方。为了避免发生该等问题，在行使毒丸之前应不得分离于股份进行转让。美国的标准毒丸中当然包含该等内容。

3. 毒丸起作用的最为重要的因素为，应可以对股东予以差别待遇。这里的股东差别待遇是指收购公司和非收购公司股东之间的差别。如果收购公司也持有毒丸，同样可以行使的话，行使毒丸后只是导致股份总数增加，不会对收购公司的股权比例带来差异。例如，在美国通常是以分红的方式向股东提供毒丸，因此不能向特定股东提供。换句话说，原则上收购公司也可以分配到毒丸。在这种情况下，为了排除收购公司的毒丸行使，通常会包含“提供启动毒丸之理由的一方不得行使该毒丸”为内容的条款。如果韩国或日本也可以分配或发行购买选择权而可以发行毒丸，则应该必须包含该等规定，但是该差别对待在公司法项下是否违背股东平等原则是非常重要的争议焦点。如果不进行差别对待，毒丸很难起到应有的作用，所以一般会采取形式上不视为是差别待遇的方法。

4. 需要毒丸的偿还或再买入的条款。请思考为何需要该条款？前面已说明了毒丸不得与股份分离转让。如果收购公司从全部或大部分股东收购股份，最终会导致可以行使的毒丸也会消失，那么是否可以摆脱毒丸的威胁？如果是这样，收购公司只需说服股东即可，这与通常的敌意收购情况一样，且不需要偿还毒丸。但是实际情况并非如此，毒丸不与股份分离转让仅适用于启动毒丸之前的情况，启动毒丸的瞬间，就可以行使购买选择权，因此通常允许分离于股份而单独转让该购买选择权。因此，即使目标公司的全部股东同意收购并将股份出售给收购公司，但是启动毒丸之后就不必一同出售毒丸。所以，收购公司即使收购再多的股份，也只能继续留意正在流通的毒丸被行使的可能性。作为排除该等顾虑的方法，偿还毒丸或再购买应该是唯一的方法。从这样的角度考虑，允许发行毒丸的目标公司的管理层以象征性的价格，如以每份 1 美分的价格随时再购买，且该等毒丸的偿还不需要征得股东的同意。这样一来，销毁毒丸时只能由目标公司的管理层采取偿还毒丸的方式，因此为了收购目标公司，只能与现有管理层进行协商。

参考资料　[韩]朴峻、宋沃烈、崔文僖:《新股认购选择权的最佳利用方案》，载《商事法研究》2011 年 8 月第 30 卷第 2 号。

第九章
CHAPTER 9

公司组织的根本性变更（企业并购）

公司在完成设立后，进行各种经营活动的过程中，随着企业经营环境的变化，需要改变经营方针或建立新的经营战略。特别是以董事会为中心的灵活性企业运营，也是股份公司的一个优点。在出现很大的需求，需要改变原有体制时，可以将既存公司清算，也可以尝试通过公司组织的根本性变化等各种方法来克服困难或实现公司的进一步成长。第九章以“公司组织的根本性变更”为题，具体论述与此相关的方法。该具体方法大致可分为两类。一类是将原有公司业务部门和其他公司业务部门结合的变更（“结合型”）。例如，合并、整体股权交换或移转、股权转让、企业转让等。结合型重组的协同效果、多角化战略等功能被广泛论及。[1]另一类是分割公司业务部门的变更（“分散型”）。例如，分立、企业转让（从上述“企业受让”人的对方当事人之企业转让人的角度所进行的表述）等。分散型重组的目的一般是以专业化和特性化达成企业的经营效率目标。此外，《韩国商法》上设有合名公司与合资公司之间或股份公司与有限公司之间可以互相变更公司形态的“组织变更”制度；但实务中该类事例并不多见，所以对此不详述。

第九章主要介绍关于企业转让与资产转让（第一节）、股权转让（第二节）、合并（第三节）、分立（第四节）、整体股权交换和移转（第五节）的主要争议要点，并探讨与此相关的股份收购请求权、小股东强制驱逐制度后，对以上的主要方式进行比较和梳理（第六节）。在具体详述之前，对结合型重组概括说明如下：收购公司（acquiring company）善意收购被收购公司（target company）业务的方式有以下几种：①两个公司统合为一个法人的完全结合式的合并；②收购公司取得被收购公司（全部或部分）经营项目的企业受让；③被收购公司所经营的业务主要由资产构成时，仅取得其主要资产的受让；④收购公司虽未整体或个别取得被收购公司的权利义务，但取得该公司发行的股份，随之实际达成企业结合效果的股权受让。同时，按照重组过程中交付于被收购公司（或股东）的对价，还可以分为交付股票方式和交付现金（其他有价证券）方式。

---

〔1〕 参见［韩］金和镇、宋沃烈：《企业收购合并》，博英社 2007 年版，第 9 页。

无论是结合型重组还是分散型重组，这类公司组织的根本性变更都会给公司的相关人员带来较大的影响。为了重组的迅速性，由董事主导重组的计划、协议等是当然的选择，但是具体实施的过程中，却必须要考虑到股东、债权人等相关利害关系人的保护问题。在任何情况下，相关信息的公告都具有重要的意义。从保护股东利益的角度，《韩国商法》规定作为公司组织根本性变更的前提，需要通过股东大会特别决议，并且对异议股东赋予股份回购请求的退出权（exit right）。在保护债权人方面，《韩国商法》规定债权人异议程序或者连带责任条款，防止债权人利益受损。股东和债权人保护是各项重组方案的主要争点之一。此外，股份收购请求权发生于企业转让、合并、分立（合并）、整体股权交换和移转等大部分重组行为，其适用的法理相同。同时，进行结合型重组的收购公司控股股东和经营者一般希望排除被收购公司的小股东之后获得100%的控股权。因此小股东驱逐（squeeze-out）的法律结构，除了保护小股东之外，还经常左右结合型重组的成功与否，这一方面非常重要。考虑到论述的便利，股份收购请求权和小股东驱逐制度在最后第六节中论述。在第六节，作为相关问题还将论述杠杆收购（LBO）。

第一节　企业转受让及资产转受让

《韩国商法》对企业转让的程序、效果等作出了规定（参见同法第41条等条文），但却未对其概念作出定义。依照案例和通说，企业转让被定义为“根据特定的经营目的，在维持企业资产同一性的前提下，将组织成有机整体的功能性经营财产整体转让的债权合同”（译者注：韩文直译为营业让渡。从以上定义可以看出，其涵义包括了一般性的企业资产转让和企业整体转让。中文还没有完全相对应的法律用语）。“企业转让”是以转让经营的主体为基准所进行的表述，“企业受让”是以接收转让的主体为基准所进行的表述，而“企业转受让”是包括性概念。

研究企业重组和并购方案时，一般将企业转受让与资产转受让、股份转受让、合并等相比较进行讨论。以下将论述三个内容。（1）企业转受让、资产转受让的概念及实行的基本要件：①实行企业转受让需要通过股东大会的特别决议，并会有异议股东行使股份收购请求权，但资产转受让则不会出现这些问题；②企业转受让伴随雇佣承继义务，但资产转受让则无此项义务。所以区分企业转受让和资产转受让是有实际意义的，并且在实务中也是常见的问题。（2）未经股东大会决议进行企业转受让的效力问题。特别是如何协调转让公司（的股东）和企业转让的相对方之间利益的问题。

(3)作为形成合法企业转受让的效果问题，需要讨论如何确切保护转让公司原有债权人的方式。

另外关于企业转让的程序需要补充说明的一点是，企业转让需要履行个别的权利移转的程序，这与合并不同[“因为企业转让是债权合同，所以转让人履行财产移转义务时，不能如同继承或合并适用一揽子承继，而需要以特定的承继方式，按财产的种类，单独进行移转……”(大法院 1991.10.8. 宣告 91Da22018、22025 判决)]。

一、企业转让及资产转让的概念

【判例 81】- 企业重大资产转受让是否需经股东大会决议(大法院)

大法院 2004.7.8. 宣告 2004Da13717 判决

事实关系

原告是 1999 年 12 月 21 日成立的经营拆除建筑及爆破工程等的公司，该公司主要资产为 2000 年 3 月 2 日登记的“基岩切割方法”(method for cutting base rock)的专利权(以下简称本案专利权)。被告代表着原告公司投资者，在 2001 年 2 月 21 日得到了上述专利权的质权抵押，继于 2001 年 3 月 15 日从原告处登记受让了上述专利权。原告称该案专利权的转让带来了等同于转让或废除公司的全部或部分资产的效果，需要通过股东大会的特别决议。但未经该程序，因此上述登记受让行为无效，请求法院取消。

法院的判断

原审法院认为该案专利权的转让不能视为转让或废除公司全部或部分资产的行为，并驳回了原告的诉讼请求。但大法院撤回了原审判决。大法院提出“《韩国商法》第 374 条第 1 款第 1 项所规定需要通过股东大会特别决议的全部或部分重要资产的转让是指以特定的经营目的而构成，并以有机整体发挥其作用的全部或部分重要财产的整体转让。因为该行为应伴随受让公司承继转让公司全部或部分重要经营的活动，所以单纯的经营用财产的转让不适用于此，但是，处分经营用财产的结果，若导致转让或废除公司的全部或部分经营的效果，则需要通过股东大会的特别决议”。具体考虑到原告利用该案专利权进行包揽施工工程为主要业务，2000 年度资产负债表显示总资产为 27.9329 亿韩元中，该专利权占 25 亿韩元的大部分比重，认为该案专利权的转让导致了等同于转让或废除公司全部或部分经营的效果。

QUESTIONS & NOTES

NOTE 企业转让成为股东大会特别决议的对象，并发生异议股东股份回购申请的情形有两种：①转让全部或重要部分的经营资产；②受让对公司经营产生重大影响的，其他公司的全部或部分经营资产(《韩国商法》第 374 条 1 款第 1、3 项)。对于何为“重要部分的转让”，以及“产生重大影响”的全部或部分经营资产受让不是很明确。国外的立法例中也有明确规定其标准的国家。〔1〕韩国的公司一般根据《韩国资本市场法施行令》第 171 条第 2 款规定需要提交主要事项报告书的企业转让，或者根据《韩国公正交易法》第 12 条第 1 款的企业结合申报方式 III-4 规定是否符合企业结合申报义务的企业转让，综合判断决定是否召开股东大会。

NOTE 如后所述，合并中还有小规模合并和简易合并的特别规定。简而言之，小规模合并是因为收购公司（存续公司）的规模大于对象公司（消灭公司）很多，收购公司受到的影响也不会很大，此时可以省略收购公司的股东大会要件（《韩国商法》第 527 条第 3 款）；简易合并是对象公司的全部股东赞成或收购公司已持有对象公司股份的 90% 以上时，可以省略对象公司的股东大会要件（《韩国商法》第 527 条第 2 款）。同样的理论也可适用于企业转受让。仅对公司产生重大影响的企业受让，要求取得股东大会的同意，也意味着免除了小规模企业受让的股东牵制（《韩国商法》第 374 条第 1 款第 3 项）。另外，《韩国商法》第 374 条第 3 款规定了简易企业转受让。需要留意的是，企业的受让对于公司（A）和转让公司（T）都是重要的交易，且需要股东大会特别决议时，①若 A 公司持有 T 公司 90% 以上股份，则可以省略 T 公司的股东大会，②相反，若 T 公司持有 A 公司 90% 以上股份，则可以省略 A 公司股东大会。但是进行简易合并时，却不能如上述②的情形，因消灭公司（T）持有存续公司（A）90% 以上股份为由，就省略 A 公司股东大会（参考《韩国商法》第 527 条第 2 款第 1 项内容）。简易企业转受让和简易合并之间还存在如此规制法理上的些许差异。

【参考判例】

大法院 2014.10.15. 宣告 2013Da38633 判决

大法院认为“判断股份公司转让作为商业目的的部分经营的行为，是不是《韩国商法》第 374 条第 1 款第 1 项规定的‘转让企业的重要部分’，应综合考虑所转让企业的资产、销售额、收益等在整体经营中所占的比重，以及企业的部分转让将来是否对公司经营规模、收益等产生影响等因素”。

本案中，甲股份公司未经股东大会特别决议，将金融业务部门转让给乙股份公司。原审法院认为，“金融业务部门的资产价值占甲公司全部资产的 33.79%，本质价值上则只有金融业务这一部门呈现增值，金融业务部门是甲公司里唯一的创收可能性较高的业务部门等情况，可以看出上述转让行为给甲公司带来了等同于废除部分经营的结果，而乙公司未支付任何转让代价的情形下，就原数收购了与甲公司金融业务部门相关的资产和客户等，继续进行与之前相同的经营活动，因此，上述转让行为符合《韩国商法》第 374 条第 1 款第 1 项规定的‘转让企业的重要部分’”；大法院支持了原审判决。

参考资料　［韩］姜喜哲：《企业转受让的法律关系》，载首尔大学金融法研究中心《BFL》2009 年 11 月第 38 号。

---

〔1〕《日本公司法》第 467 条第 1 款第 2 项规定，转让部分企业的，其转让资产的账面金额，不超过按照法务省令规定的方法计算出的转让人公司资产总额的 1/5 时，则不需要通过股东大会特别决议。

Q1 资产买卖原则上不用通过股东大会决议，但其资产的买卖符合转让或废止全部或部分企业的，则要求通过股东大会特别决议的理由是什么？此时，交易对方公司也需要通过股东大会特别决议吗？

Q2 大法院 1992.8.18. 宣告 91Da14369 判决认为“转让的即使是公司的经营用财产，而不是公司本身，但其带来转让或废除公司全部或部分效果的，该行为适用《韩国商法》第 374 条第 1 款规定需要通过股东大会特别决议”，“但是，公司在处分上述作为公司存续基础的经营财产之时，已经废止或中断经营的，不能认定其转让行为导致经营的废止或中断，因此，不需要通过股东大会特别决议；上述的‘经营中断’是指放弃持续的经营，中断一切经营活动，相当于废止经营的状态，不包括单纯的因公司资金等经营状态的恶化暂时中止经营活动的情形”。经营的全部或部分已废止之后的资产转让不需要股东大会决议的理由是什么？是否需要规制，为了避免股东大会特别决议，事先放弃持续经营之后，将主要资产转让给收购公司的方式？

Q3 转让母公司持有的子公司全部或部分股份的行为，是否属于母公司股东大会特别决议事项？是否可以将股份持有本身视为经营，并将买卖股份视为企业转受让？或者将股份视为主要资产，达到经营废止的程度，则认为是构成企业转让？

Q4 从受让某业务部门的收购公司的角度来看，与其将其视为企业转让，倒不如选择受让其主要资产，这在程序上更为简便。若被认定为是企业受让，交易双方公司有可能需要通过股东大会特别决议、异议股东的股份收购请求等程序。可以进行资产受让且合法的情形下，为何还有企业受让交易发生呢？

Q5 受让其他公司经营部门，可否不继承其人员组织？那么原来在受让经营部门工作的劳动者可否反对劳务关系的继承，并留在之前的公司？

【参考判例】

大法院 2002.3.29. 宣告 2000Du8455 判决

“企业转让，无特别规定的，转让人和劳动者之间的劳务关系原则上由受让人一揽子性承继；企业转让的当事人之间协商约定将部分劳务关系排除在承继范围之外的，则不会发生劳动关系的继承问题；但是此种约定是实质性的解雇，因此，只在具有《韩国劳务基准法》第 30 条第 1 款规定的正当事由的情形下才是有效的，仅凭企业转让事实为由，而解雇劳动者的行为，不能视为具备了正当理由。”

大法院 2015.5.10. 宣告 2011Da45217 判决

“因为企业转让的是根据特定经营目的组成的业务主体，即人的、物的组织在保持同一性的同时进行整体移转的行为，因此可以转让部分企业；且该转让行为发生时，原则上劳动者的劳务合同一揽子性地承继到受让企业，但劳动者可以提出反对意见，并继续留在转让企业或解除与转受让企业之间的劳务关系。此时，劳动者也可以根据自意中断与转让企业之间的继续性劳动合同，重新就职于受让企业。就劳务关系的承继问题持反对意见的劳动者，应当在知道转让事实之日起一定期限内向转让企业或受让企业作出意思表示，对是否在一定期限内提出，应结合下列情况进行判断：转让企业或受让企业是否将企业转让的事实、理由，以及给劳动者带来的法律、经济、社会影响和与劳动者相关的预想措施等告知劳动者；若没有进行告知时，从劳动者知道或可以知道转让事实的时间；一般劳动者情况下，根据获得的信息对劳务关系的承继问题作出决定所需的时间等。”

大法院 2005.6.9. 宣告 2002Da70822 判决

受让的市内公交及运输行业许可权，因为不是维持经营上人的、物的组织同一性的同时作为整体“一揽子”地移转，所以不能视为是企业受让，撤销了作出劳动者劳务关系由受让企业“一揽子”性承继的原审判决。

【判例 82】- 转受让公司资产或股权是否需要股东大会决议（大法院）

大法院 1999.4.23. 宣告 98Da45546 判决

事实关系

被告与原告签订了转让其所持有或实际控制公司发行的全部股份的协议（以下简称该案协议）。收购该公司之后原告还打算买入高尔夫球场土地，但没能成功完成交易，随即原告提起诉讼，以解除该案转让协议及协议无效等为由，提出了返还股款的请求。与股权收购协议的效力相关的争议点如下：即原被告签订该案合同时，另外规定了需要立即提交对案外公司财产转让作出的股东大会决议书或者具有替换效力的股东同意书。因此，原告主张若该合同因未经案外公司股东大会特别决议而无效，或者因被告未提交股东决议书或股东同意书而违反协议内容，则可以解除该协议。

法院的判断

大法院认为“通常所指的公司受让包括：从作为经营主体的公司受让经营整体，由作为另一个主体的受让人经营该受让经营整体的情形；以及受让人从所有人处受让公司的股份或股权之后，作为新的控制人经营公司的情形。前者是经营主体的公司作为转让人与受让人签订协议，转受让之后的受让人作为另一个主体进行该经营行为；但后者却不是转让或受让企业本身，而是转让或受让公司的股份或股权，所以此时的转让人是持有股份或股权的股东或股权人个人，公司不能成为转让人”，“有关股份公司的转让和受让行为，若其转让和受让属于从作为经营主体的公司受让企业的全部，并由另一主体作为受让人受让企业的情形，应根据《韩国商法》第 374 条第 1 款第 1 项规定公司的转让和受让是股东大会特别决议事项；但是通过受让股东的股份，成为新的控制人经营公司的情形下，公司经营或财产无任何变动，只发生股份的转让，所以不需要通过股东大会特别决议；即使当事人误以为在此情形下也发生财产的转移，并约定签订转让合同后要立即提交股东大会特别决议书，也是源自当事人对该合同法律性质的误解，因此该合同对当事人不具有拘束力。综上所述，在该案中当事人之间的特约规定对当事人也不具有约束力，被告不负有就该案协议向原告提交转让案外公司财产的股东大会同意决议书或者股东同意书的义务，驳回原告的诉讼请求”。

QUESTIONS & NOTES

Q1 上述案例将（收购公司）受让（对象）公司的方式广义地分为受让对象公司资产和受让对象公司股份。除此之外，根据商法规定还有收购公司吸收合并对象公司的方式。从收购公司的角度分析，上述三种方式的区别是什么？还有从对象公司（小股东）的角度考虑又如何呢？

Q2 上述案例中被告将自己持有的案外公司的 100% 股份全部转让给原告，所以没有出现小股东保护的问题。但是假设该案被告仅仅是持有 80% 的控股股东，则又会如何？依据《韩国商法》规定对象公司不需要另外通过股东大会特别决议等程序的话，是否还需要保护反对控股权变更的持有 20% 的股东？若有保护的必要性，具体方式有哪些？

Q3 若在 Q2 的案例中（不同于本案），明知股权交易不需要股东大会特别决议，却仍就对象公司需要经过股东大会特别决议程序的事项进行了约定，此时该约定也是无效的吗？进而若还约定对反对该项交易的对象公司股东提供回购请求权的情形，又应如何认定？

二、未经股东大会特别决议形成的企业转让

【判例 83】- 自称法定代表人被认定为表见法定代表人之判例

大法院 2009.3.12. 宣告 2007Da60455 判决

事实关系

被告公司在本案房地产上经营加油站，原告签订了买入该房地产的合同，并向 A 支付了交易款 19 亿韩元。上述房地产买卖合同是原告与 A 签订的，但 A 实际上不是被告公司的法人代表。即其实是 A 利用自己所保管的被告公司诸股东的法定代表人 B（A 的长子）和 C、D（各为 A 的妻子和次子）等的印章和印章证明书，制造了自己被选任为法定代表人的定期股东大会议事录和董事会会议录，并完成了变更登记。原告主要诉讼请求是基于本案房地产买卖合同进行所有权移转登记；作为预备请求，主张本案买卖合同被认定为无效时，作为不当得利被告公司返还上述买卖款项 19 亿韩元。

法院的判断

对于主要诉讼请求，原审法院认为“本案房地产是构成被告公司加油站经营基础的重要财产，其处分行为需要经过《韩国商法》第 374 条第 1 款规定的股东大会特别决议程序，但本案买卖交易未经股东大会特别决议而（本案买卖合同）无效”。大法院也作出了与原审相同的判决，并认为上述主要诉讼请求不能适用公司对表见代表行为的责任或因不实登记引起的公司责任的法理。

对于预备请求，原审法院以 A 不是合法的法定代表人，所以其收取交易款项的行为不能视为被告公司收取为由，不予支持。但大法院撤销了该部分判决，并依据表见代理的一般法理认定“在没有召集或召开股东大会的情况下，仅凭议事录制成的股东大会决

议选任为代表人的行为，公司对制成议事录形成代表资格在外观上负有归责事由，根据《韩国商法》第395条规定可以追究公司的责任(大法院1992.8.18.宣告91Da14369判决等)”的法理。具体认为“被告公司的法定代表人B和其他董事等就A完成以自己为法定代表人的法人变更登记并显示自己为法定代表人的外观负有归责事由，或者知道A自称被告公司法定代表人所实施的行为的事实却没有采取任何措施而放任的行为至少可以充分认定为以消极的方式进行了默认”。

QUESTIONS & NOTES

Q1 在上述案例法定代表人未经股东大会特别决议任意转让企业或处分公司赖以存续的基础财产的，其转让、处分的效力如何？此时，对方可否以表见代表或不实登记引起的公司责任法理来主张合同有效？

Q2 如果在案例Q1中资产交易的对象虽然不是公司存续的基础财产，但是根据公司章程和内部规定属于须经股东大会特别决议的事项，而法定代表人未经此程序处分财产的情况下如何认定其行为效力？或者在根据章程或内部规定属于通过董事会决议的事项的情况下如何认定？

Q3 试比较上述案例和大法院1993.9.14.宣告91Da33926判决。在91Da33926判决中在未经股东大会特别决议的情形下，法院接受建筑物转让请求的依据是什么？

三、企业转让与债权人保护

【判例84】-商号继用的债务负担(大法院)

大法院2009.1.15.宣告2007Da17123、17130判决

事实关系

原告是仓库租赁业者，1998年6月1日起向案外人1公司出租了本案建筑物，但案外人1公司于2002年6月25日宣告破产，未缴纳从2002年1月至2002年6月6日止的租金及管理费。案外人1公司是1983年1月24日设立的搬家公司；被告公司设立于2001年11月2日，经营范围除搬家运输之外，还包括搬家咨询、保洁等居住服务，育婴师、钟点工等人力派遣服务等。原告公司主张被告公司(i)与案外人1是同一家公司或者收购了案外人1公司的租金等债务；(ii)即使不是那样，案外人1公司仍然负有向原告公司偿还租金等债务的责任，因为受让人仍继续使用着案外人1公司的商号。(ii)为本案的主要争点。

法院的判断

大法院对于默认的企业转让问题和商号续用问题作出了判断。

1. 默认的企业转让

大法院首先阐释了“企业转让不一定必须依据转让当事人之间的明示合同，也可以依据默示合同”的法理。作为案外人1公司法定代表人的案外人2实际上也作为被告公

司的代表进行活动；被告公司在与案外人1公司相同的经营场所，以原来的交易方为基础实施与上述公司相同的包装搬家等经营活动；被告公司网站显示被告公司商号是由案外人1公司变更而来，且被告公司职员也如此陈述；根据上述等事实可以判断，虽然没有明示合同，但实质上是通过案外人1公司的法定代表人兼被告公司的实际代表人案外人2，由被告公司受让了案外人1公司。

2. 商号续用

前提是"企业转让人一直将自己的商号同时用于经营名称以及经营标志，而企业受让人继续持有、使用商号的同时还将企业转让人的商号续用于自己的经营名称以及经营标志的情形，企业的债权人不容易辨别经营主体的变更或债务承继与否，这与通常的商号续用情形毫无区别。因此，这种情形也属于《韩国商法》第42条第1款规定的商号续用"。在本案中，商号为"案外人1公司"的案外人1公司对"A特快邮递"，以"A"的名称进行了服务标识登记的行为，可以看出其将该商号或名称用于经营名称以及经营标志，目的是要与他人的经营区别出来的事实；被告公司的商号是"被告股份公司"，但被告公司的电话语音以及公司网页上使用的都是案外人1公司所注册使用的商号及简称"A特快邮递"和"A"；被告公司的职员向顾客以两家公司实际上是同一个法人的形式提供电话咨询，被告公司的对外宣传也貌似只是持有该商号的案外人1公司的法人变更等事实，可以判断被告公司续用了案外人1公司的商号。对此，被告公司抗辩原告公司是(被告公司没有继承案外人1公司的经营债务)恶意债权人。但大法院认为"追究续用商号的企业受让人的责任是为了保护不承继债务的企业转让中被剥夺债权追偿机会的债权人，所以除非是知道该企业转让不包括债务的承继等的恶意债权人，否则仅凭债权人知道企业转让的事实是不能断定主体不适格，此时，企业受让人负有主张债权人有主观上的恶意的举证责任"，并作出了不能将原告公司视为不能受《韩国商法》第42条第1款规定所保护的恶意债权人的判断。

QUESTIONS & NOTES

Q1 (优良资产被转让的过程中，仍然留有转让公司债权人的情形)在本案中，若被告公司虽实际受让了公司，却未使用原商号的话，应如何认定？尤其是通过企业转让将优良资产转移出去的情形下，转让公司的债权人可以采取何种措施？

Q2 (所持债权成为企业转让对象的情形下)除了资产，负债也可以成为企业转让的对象吗？若是可以转让负债时，其债权人是否可以对进行企业转让和企业受让的两家公司行使权利？其结论是否会根据商号续用与否发生变化？

【参考判例】

大法院 2015.12.10. 宣告 2013Da84162 判决

因为经营是为了一定目的而组织成立的有机整体性的功能性财产，由构成企业的有形、无形财产和具有经济价值的事实关系互相有机地结合之后，作为收益来源发挥其功能，可以视为一个财货成为交易的客体。并且，因为可以对数个房地产、有体动产、其他财产权一并进行强制执行(《韩国民事执行法》第98条第1款、第2款，第197条第1款，第251条第1款)，所以经营财产一并被强制执行时，经营权也可以作为整体产生交互价值。因此，债务人转让经营财产和经营权有机结合为一体的经营资产，而导致资不抵债状态或加重资不抵债状态的，企业转让成为行使债权人取消权的对象。

大法院2010.9.20.宣告2010Da35138判决

A公司租了原告建筑物，并在那里运营着名为“首尔综合艺术院”的成人教育设施。A公司在拖欠租赁费和管理费的情形下，于2008年11月19日将上述教育设施转让给了B公司；B公司受让并用该名称经营了一段时间之后，于2009年3月将名称变更为“韩国公演艺术教育院”。本案的争点是，不是商号(公司名称)的上述教育设施的名称是否也可以类推适用《韩国商法》第42条的规定，以及B公司所承担的债务范围。大法院认为“受让人续用的名称不是商号本身而是屋号或者经营标志的情形下，若其用于表现该经营主体，则在经营上的债权人无法轻易识别经营主体的变更或债务承继与否等事实，与通常的商号续用没有区别。因此，无其他特殊情况下，类推适用《韩国商法》第42条第1款规定，对该债务负有偿还责任”，并认为“根据《韩国商法》第42条第1款规定续用商号的企业受让人所负的转让人对第三人的债务，是因转让人的经营行为在企业转让事实发生之前的债务，不限于企业转让之际续用商号过程中发生的债务”。因此，根据B公司所主张，即使认定企业转让生效日期是2009年9月30日(企业转让交易余款支付日)，B公司仍需对上述教育设施以首尔综合艺术院为名经营时所发生的债务承担责任。

大法院2013.4.11.宣告2012Da64116判决

“《韩国商法》第42条第1款规定……只是续用商号的企业受让人对企业转让人因经营导致的第三人债务承担偿还责任，企业转让人并不因该规定对企业转让之后发生的企业受让人对第三人的债务承担偿还责任。《韩国商法》第45条规定，‘企业受让人根据第42条第1款负有偿还责任时，转让人对第三人所承担的债务，从企业转让之日起2年之后消灭’。但是，该规定中，企业转让人责任的存续期间是除斥期间，因此，确认期限是否已过是职权调查事项，即使当事人没有主张，法院也应当依据职权调查，并予以考虑。”

大法院2013.3.28.宣告2012Da114783判决

“适用《韩国商法》第42条(续用商号的企业受让人责任)或者第44条(公告债务受让的企业受让人责任)时，债权人对企业转让人和企业受让人持有的债权是两个基于不同的法律因素所形成的个别债权，其性质上，对企业受让人的债权也不是当然的从属于企业转让人的债权。因此，不能仅仅依据债权人转让了对企业转让人所持有的债权的情形，就去断定对企业受让人所持有的债权也当然地被随之转让，而且，即使是一同被转让的情形下，债务人也得各自具备债权转让的对抗要件。该法理的责任依据与《韩国商法》第44条相同，并且还适用于规定了相同效果的续用商号的企业受让人责任的《韩国商法》第42条。"

大法院 2016.8.24. 宣告 2014Da9212 判决

本案是作为债权人的企业出租人（原告）对续用商号的企业承租人（被告）主张《韩国商法》第42条第1款所规定的企业受让人责任的事例。大法院认为"企业租赁……关于企业债权人所提供的信用，除了库存商品等部分之外的具有实际担保功能的企业财产的所有权均由出租人保留，承租人仅享有使用、收益权，因此，不应该将出租人的债务偿还责任让承租人负担，没有必要这样保护出租人的债权人。并且，考虑到《韩国商法》第24条第1款规定的受让人所负责任不限于企业财产，还涉及之前财产的因素，则《韩国商法》第42条第1款规定不能直接类推适用于企业租赁"，并驳回了原告的请求。

第二节　股权转让

一、股权转让的意义

前述结合型重组的另一种方式是收购公司受让其可以行使控股权的对象公司股份（所谓控股股份）的方式，即股权受让（译者注：原文用词为"股票"，因为韩国公司形态大部分是股份公司。这里使用"股权"是为了便于中国读者理解）。以收购公司为目的的股权受让，其前提是控制权移转，所以都是大量交易，这一点不同于通常的股权交易。参与对象公司的有偿增资（新股发行），也是通过股权交易确保控制权的方式之一，但是这种方式大多用于对象公司是不良企业的情形。在这里主要研究已发行股份（韩语俗称"旧股"）的交易。

受让已发行股份的方式还包括通过市场收购，即《韩国资本市场法》第133条规定的公开收购，但是普遍使用的方式是取得大股东持有的控股股份。实务中，属于结合型重组的合并主要发生于子公司之间，且（已发行股份的）股权受让方式占多数。此外，收购公司所支付的受让对价，可以是现金，也可以是收购公司的股份。而后者事实上意味着对象公司股东以对象公司股份实物出资。

股权转受让是在对象公司的既存股东和收购公司之间通过合同形成的。可以说其进行程序和转受让合同属于一般合同法的范围。在韩国，对象公司的控股股东转让所持有的控股股权时，既不负有对公司小股东的忠实义务，也无英国式公开收购（Mandatory Bid）义务，即没有引进收购公司受让对象公司控股股权的同时，还要赋予小股东出售机会的制度。换言之，股权转受让合同是单纯地由对象公司的控股股东和收购公司之间签订的私人合同。商法也未对以企业收购为目的的股权转受让作出规定。但是，随着通过股权转受让的企业收购方式的普及，相关纠纷也随之增多，其中存在不能直接适用民法的一般原理的问题。下面依次叙述股权转受让的程序及股权转受让合同的主要内容。

二、股权转让的程序

除了经营不实企业的公开拍卖，[1]通常的股权转让程序是收购公司和对象公司①签订保密协议，并进行协商之后，②签订合作意向书（MOU），③进行尽职调查（Due Diligence），④正式签订企业转受让协议，⑤履行合同，完成交易。

保密协议包括保密信息的定义条款，机密信息的使用范围和例外允许事项，机密信息的使用主体，合同的终止，以及终止之后的效果等。[2]保密协议终止的，收购公司通常要返还或销毁机密信息，并在之后的一定期间内负有同等的义务。一直进行到签订正式协议的，在正式协议中另行约定保密条款。

合作意向书是在协商阶段所签订的，包含当事人之间初步达成的事项。其内容主要包括：收购标的物和范围，暂定收购价格，受让人的排他协商权，尽职调查期间及范围，合作意向书的效力及有效期限等。意向书一般不具有拘束力（non-binding）。但是，作为法院主导竞标方式的以重整企业为对象的并购过程中签订的是有拘束力的意向书，因而适用收购意向人缴纳竞标金额的5%左右作为履行保证金的方式。此时，经常出现转让人以收购意向人（优先收购协商对象）未履行意向协议书内容为由，解除意向协议书扣除保证金的情形。这首先涉及收购意向人是否违反义务的问题。虽然典型的违反义务行为是未履行支付义务，但是当事人之间协商作为重要事项特别规定在意向书中的情况下，违反资金来源的解说义务等也可以成为合同解除的正当事由[大法院2016.3.24.宣告2014Da3115判决（现代建设案）]。其次是履行担保金的法律性质和扣款时的金额问题。履行担保金是《韩国民法》第398条第4款规定的违约金，在学理上分为预计损害赔偿金和违约罚款金。与以强制履行为主要目的的后者相比，前者的目的在于填补损失，因此，不允许追加损害赔偿请求。判断履行担保金是预计损害赔偿还是违约罚

〔1〕公开拍卖方式的企业并购，参见［韩］商事法学会：《公司法大计III》（千景壎执笔部分），博英社2013年版，第512页。

〔2〕参见［韩］Jeong YeongCheol：《企业收购合并交易保密合同和尽职调查》，载首尔大学金融法研究中心 *BFL* 2006年第20号，第6页。

款金的时候，不是根据意向书上的名称而是其实质，即以当事人之间解决损害赔偿问题时是否有排除追加赔偿的意图为主要标准。关于减少金额的问题，预计损害赔偿金额是由《韩国民法》第 398 条第 2 款明确规定的，但是，违约罚款金是按照《韩国民法》第 103 条和第 104 条的一般规定。因此，法院对于后者的判断持有更加谨慎的态度（参考大法院 2016.1.28. 宣告 2015Da239324 判决）。在以往的判决中，履行担保金的性质无论是预计损害赔偿还是违约罚款金，大法院一般都认定为全额[大法院 2008.2.14. 宣告 2006Da18969 判决（建荣案，认定了违约罚款金）；大法院 2008.11.13. 宣告 2008Da46906 判决（请求案，按预定认定了损害赔偿额）]。但是，在以后的判决中，特别是对预计损害赔偿案，法院以全额没收履行担保金过于不当为由，根据《韩国民法》第 398 条第 2 款规定，作出了减少金额的判决[大法院 2016.7.14. 宣告 2012Da65973 判决（大宇造船海洋案）；大法院 2016.3.24. 宣告 2014Da3115 判决（现代建设案）]。

尽职调查是指收购公司对企业的经营、财务状况进行的全面的调查和研究，是为了精确地评价被收购公司的价值并作为确定价格时的考虑因素，正确认识法律、财务、经营上的风险并采取相应的对策，为收购后公司的经营提供参考。

下面转换到股权转让合同进行说明。签订股权转让正式协议，具备有关许可等企业所需的条件，结束收购承兑等程序之后，完成收购交易。

【参考判例】

大法院 2008.2.14. 宣告 2006Da18969 判决（建荣案）

“根据原审法院所确认的本案事实关系中的意向书签订的过程、目的和内容，为了确保重整公司建荣股份公司利益落实合同履行的必要性，综合原告的违约行为造成建荣公司预想的损害，违约金额的规模范围或与全部收购金额的比例，分析包括原告在内的集团成员的经济地位和能力等事实关系，不能以违约款的金额超过 100 亿韩元为由，判断其违背了公序良俗原则，进而判断其行为的全部或部分无效。所以，因违约金条款违背公序良俗为由，请求行为无效的原告请求缺乏合理性。”

大法院 2016.3.24. 宣告 2014Da3115 判决（现代建设案）

大法院提出了“《韩国民法》第 398 条第 2 款规定的法院可以判决减少预计金额的‘不当过多的情形’仅凭没有发生损害或损害金额相比预计的数额少是不足的。要综合判断协议当事人的经济地位，协议的目的及内容，预计损害赔偿金额的经过及交易习惯等情形，认为其预计支付的金额对处于经济弱势地位的债务人施加了不当的压迫并导致显失公正结果的情形”的前提条件，并认定已交纳履行担保金的 25% 为损害赔偿金的原审法院判决具有合理性。

大法院 2016.7.14. 宣告 2012Da65973 判决(大宇造船海洋案)

与原审判决不同,大法院认为没收全部履行担保金的行为符合不当过多的情形。大法院的判断理由如下:①大宇造船海洋重整程序结束并过了7年之后,才进行企业并购;②本案意向书只规定了收购人的单方违约金,没有规定对大宇造船海洋的资产价值的陈述及保障条款;③本案意向书同时包括以无论实际确认调查结果如何,都应签订最终协议,即使交易结构发生了变化,也应按照原定的交易条件交易,出售人免责条款等不利于收购人的规定;④支付完巨额的履行担保金之后,原告(优先协商对象)也未能取得确认调查的机会;⑤既然未签订最终协议,难以判断原告根据诚实信用原则负有为协助解除对方公司工会阻止调查的义务;⑥因未达成最终协议,对被告造成的损害,要限于相当于信赖意义上的损害。

三、股权转让协议的主要内容

股权转让协议的具体内容,以协商过程和尽职调查的结果为基础进行详细规定。其主要内容有:①收购对象、收购金额及支付方式,②陈述及保障(representations and warranties),③损害赔偿(indemnification),④先行条件(condition precedent),⑤协议(covenant),⑥价格调整(price adjustment)或者收益分割(earn-out),⑦交易保护条款(deal protection clause)等。陈述及保障,是指要求受让公司对合同的前提事项(行为能力、合法性、财务报表等)进行陈述并保障其无误的行为。损害赔偿,是指因陈述及保障的内容与事实不符或者违反协议义务,而公司利益受到损害时,可以追究其责任的条款。先行条件,是指协议履行完成之前,应当取得的转移核准许可等前提条件。协议,是指协议的签订到终止之前,公司应当遵守的事项。价格调整,是指在协议上确定价格以后,在交易结束之前根据具体情况进行的价格调整。收益分割,是指完成企业收购之后,根据企业的成果给股权转让人一定比例收益的约定。交易保护条款,是为了保障收购交易而设定的条款。

陈述及保障条款起源于美国的企业并购实务,韩国法上就签订协议之后上述内容被判定为虚假内容时,在如何处理问题的解释上存有争议。特别是陈述及保障条款被判定为错误时,在收购人知道或应当知道该事实的情况下,收购人是否仍可以追究违反陈述及保障条款的责任。该案的原审法院在不考虑受让人的故意及过失的情况下,以违反陈述及保障条款的责任与瑕疵担保责任相似,[1]判决支持了受让人的请求,这一判决违背了公平理念及诚实信用原则。因此,大法院撤销了原审法院的判决(大法院 2015.10.15. 宣告 2012Da64253 判决)。

---

〔1〕 原来认为不能适用民法上瑕疵担保责任的案例有首尔中央地方法院 2014.4.25. 宣告 2011GaHab128155 判决,相反地,在未确认当事人意思的情况下,可以类推适用民法上瑕疵担保责任的规定的案例有首尔中央地方法院 2012.7.27. 宣告 2010GaHap12420 判决。

大法院 2015.10.15. 宣告 2012Da64253 判决（仁川炼油案）

本案中，作为A公司大股东的被告向原告转让A公司股份时，对A公司无违反行政法规的事实进行了陈述及保障，且约定若违反陈述及保障条款，则在500亿韩元的金额范围内承担损害赔偿责任。股权转让交易完成以后，公正交易委员会着手调查了A公司和原告共同涉及的共谋垄断案件，并作出了高额的罚款决定。就追究违反陈述及保障条款责任的诉讼请求，被告提出了原告作为共谋的当事人知道违反事实的抗辩。大法院认为，本案股权转让协议未对签订合同时原告若已经知道有违反本案陈述及保障条款的事实时，可以排除上述损害赔偿责任等内容作出规定；考虑到认可经济风险的分配和股权转让金事后调整的必要性，即使原告知道被告的陈述及保障内容存在与事实不符的情况，也可以追究被告的责任。而且，公正交易委员会对共谋行为的调查开始日期在转让交易行为实施日以后，原告不可能预想到被处以巨额罚款的可能性，难以判断原告的损害赔偿请求违反了公平理念和诚实信用原则。

第三节　合　并

一、合并意义及合并比例

合并是两个以上公司成为当事公司，其中的部分或全部公司不经清算程序而消灭，另一公司或新设公司“一揽子”承继消灭公司的全部权利义务的法律事实。假设两个公司进行合并，其中一个公司（消灭公司）被合并到另一个公司（存续公司）的方式称为“吸收合并”，两个公司都消灭并新设一个新的公司的方式称为“新设合并”。合并可以在合名公司、合资公司、股份公司、有限公司的不同类型的公司之间进行（参考《韩国商法》第174条第2款但书条款），但在以下内容中，主要探讨股份公司之间合并过程中发生的问题。

以下论述合并合同中最重要的部分，关于合并比例的计算及合并当事公司的股权价值评估的争议焦点问题。《韩国商法》只规定了合并协议中应记载分配给消灭公司的股东以股份，却没有对合并比例的范围作出规定。但是，对于有关上市公司的合并，《韩国资本市场法》作出了特别规定（第165条之4，同法《施行令》第176条之5）。即合并时，上市公司股票价格是对最近一个月的交易均价、最近一周的交易均价和最近交易日收盘价这三个数算术平均后进行评价。但是，可以对上述的算术数值作出一定的调整；关联公司之间的合并适用10%的调整范围，非关联公司之间的合并适用30%的调整范围。而且，即使是非上市公司，其与上市公司合并时，也可以根据资产价值和收益价值的加权算术平均的公式评估其股权。此外，因为金融监督机关拒绝受理不符合上述计算方式的证券申报书，所以在计算有关上市公司的合并比例时，该计算方式可以说是唯一的依据。该计算方式是以上市公司的市场价格为标准提出的，所以，在上市公司合并中，市场价格具有绝对的重要性。

【参考判例】

大法院 2015.7.23. 宣告 2013Da62278 判决

本判决是关于消灭公司的法人股东的公司董事，对合并比例作出赞成与否决定时，其注意义务的判决。大法院指出“在吸收合并过程中，确定存续公司发行新股分配给消灭公司股东的合并比例是合并协议最为重要的内容；若是合并比例的确定不利于合并的一方当事公司，则有可能导致因该公司股东无法维持合并前对公司财产所持有的股份比例，而实际上丧失部分股份的结果。所以，在非上市公司之间的吸收合并中，作为消灭公司法人股东的董事，应当对合并比例是否公正地反映各公司的财产状态及其股份的实际价值作出判断之后，再作出是否赞成公司合并的决定”，而且“在非上市公司之间的合并中，因为法律未对合并比例的计算方法作出规定，所以还要考虑资产价值之外的市场价值、收益价值、相对价值等多种因素，基于严密客观的准确性无法得出唯一的价格。所以，作为消灭公司法人股东的公司董事，根据合并的目的和必要性，合并当事人非上市公司之间的关系，合并时各非上市法人的情况，行业特性及适用普遍适用的计算方式得出的评价结果等推算出适当的合并比例的合理信息，判断合并比例的适当性并作出是否赞成合并的决定。合并比例在客观上不存在显著的不合理，则可以视为董事已经履行了其作为善良管理人的注意义务”。

【判例 85】- 股东对资不抵债公司合并的异议（大法院）启星造纸集团

大法院 2008.1.10. 宣告 2007Da64136 判决

事实关系

本案相关企业集团是启星造纸集团，被告 Namhan 造纸股份公司（上市公司，以下简称被告公司）于 2005 年 8 月 1 日与同属一个企业集团的 PungMan 造纸股份公司（非上市公司，以下简称 PungMan 造纸）进行了吸收合并，本案是被告公司小股东作为原告提起的合并无效诉讼。合并之前，PungMan 造纸的财务情况处于不良状态。2003 年同期净亏损为 6,836,115,522 韩元，2004 年同期净亏损为 298,022,134 韩元；外部监查人的审计报告上对其能否作为企业存续提出了质疑。但是，依据启星造纸集团的大股东、经营者及债权金融机关之间的协议，2004 年进行了无偿减资、有偿减资和出资转换，在账簿上摆脱了资本蚕食。上述吸收合并是按照与上述债权金融机关的事前协议形成的。啓星造纸集团的关联公司之间相互存在贷款保证约定，如果PungMan造纸财务结构恶化而破产，整个关联公司也将面临破产的危险。因此，决定由财务结构相对健全的被告公司，吸收合并通过有偿增资和出资转换已经消除资本蚕食的PungMan造纸。因为被告公司是上市公司，所以合并比例的计算等合并程序适用了当时的《韩国证券交易法》及相关法律。计算合并比例时，被告公司的股份价值以董事会决议前1日为准计算的6291.69韩元的基准股价计算，而PungMan造纸的股份价值是对资产价值和收益价值加权算术平均计算出的3486.71韩元，因此，消灭公司每1股PungMan造纸换取了0.5037368股被告公司股份。

对此，原告从三个方面提出了合并无效的理由。第一，合并的结果是存续公司的资本增加额超过从消灭公司承继的净资产额，这样的合并合同违反了《韩国商法》第523条第2项，因此合并无效。第二，以资不抵债的公司为消灭公司的合并违反了资本充实原则，而本案中的消灭公司通过操作财务报表避免了资不抵债，因此合并无效。第三，根据证券交易法计算合并比例自身不仅具有违宪性，而且在适用过程中显著地不公正，明显不利于被告公司及其股东。

法院的判断

本案第一审（大田地方法院2006.12.28.宣告2006GaHab252判决）和原审（大田高等法院2007.8.24.宣告2007Na772判决）驳回了原告的请求。大法院也维持了一审及原审判决驳回了原告（上告人）的请求。大法院的判决内容大致可分为以下三项。首先，关于存续公司的资本增加额，大法院认为"适用证券交易法及其施行令的吸收合并，存续公司的资本增加额并不限制于消灭公司的净资产额范围内"。其次，关于合并比例的不公正性是否可以成为合并无效的原因，大法院认为"在合并比例显著不公正的情形下，合并当事公司的股东可以根据《韩国商法》第529条请求确认合并无效"。最后，关于依据证券交易法计算合并比例的效力问题，大法院认为"全部或部分的合并当事公司为上市法人，依据证券交易法及其施行令等相关法令规定的要件、方法及程序计算合并价格，并按照该价格确定了合并比例，且只要该合并价格的计算没有依据虚假的资料，或没有依据凭空预想的数据等特殊情况造成的合并比率显著不公平，则该合并合同不能被视为无效"。

QUESTIONS & NOTES

Q1 假设本案中的公司全部是非上市公司，在不适用旧证券交易法规定的情况下，结果会如何？是否需要根据《韩国商法》第523条第2项的解释遵守资本忠实原则，而在消灭公司净资产范围内对存续公司增加的资本金额作出限制？

Q2 是否可以进行以资不抵债公司为合并对象的公司合并？以资不抵债公司作为消灭公司时，存在的问题有哪些？如果可以进行此类合并，也不能对资不抵债公司的股东发行股份吗？（是否只允许无增资合并？）

NOTE 《韩国商法》第523条第2项规定，在吸收合并合同中，只有在“存继公司的资本金或准备金增加的情况”下，记载增加的资本金或准备金，明示性认定无增资合并的可能性。例如无增资合并时，在母公司合并完全子公司的情况下，适用以交付本公司股票代替合并新股等方法。

Q3 以资不抵债的公司作为存续公司的合并所带来的问题是什么？

参考资料1.是否允许以资不抵债的公司为消灭公司的吸收合并（前例变更）(《韩国商业登记前例》201401-1，2014.1.9.制定）

“以资不抵债的公司为消灭公司的吸收合并登记申请，并不需要附上因吸收合并消灭的公司不是资不抵债公司的证明，即使附上了这一证明材料，登记机关也不能对消灭公司是否为资不抵债公司进行审核。”

参考资料2.资不抵债的公司是否可以成为合并的存续公司(《韩国法务部权威解释》2009.5.10.）

您好！就您咨询的资不抵债公司是否可以成为合并的存续公司，我们作出如下答辩，请参考。

就您所提问的内容法律没有作出明文规定，也没有相关的案例，学术上也存在意见分歧。

资不抵债的公司成为存续公司的吸收合并中，存在不是资不抵债的消灭公司股东或债权人利益受损的可能。此时，根据具体案件，可以以合并比例不公正等事由提出合并无效，并且还可以成为背任罪等刑事处罚的对象。

但是，考虑到消灭公司反对合并股东的回购请求权(《韩国商法》第522条之3)，债权人保护程序(《韩国商法》第527条之5)等，已对消灭公司利害关系人采取了法律保护措施，而且《韩国商法》也未对此类合并作出禁止性规定等情况，仅仅以资不抵债为由，难以断定不能进行此类合并。

NOTE 在合并对方为资不抵债的公司的情况下，未对合并能否带来建设性、肯定性合并效果进行细致的议论程序，而导致公司财产利益受到损害时，董事未尽注意义务，以职务背任罪被处罚的可能性较高［参见大法院2006.6.16.宣告2005Do9549判决（一审判决为2005.7.1.宣告2005GoHab113、123判决，以净资产为-1042亿韩元的亏损关联公司作为消灭公司的案例）］。

Q4 法院的看法是根据《韩国资本市场法》上的公式，以市场价格为准计算出的合并比例，只要不存在特殊情形的都不能成为问题。市场价格是适当的股份评价标准码？在何种情况下，可以排除该计算公式？

【参考判例】

首尔高等法院 2015.7.16.Ja2015La20485 决定（三星物产合并相关保全案的抗告审）[1]

“把集中反映公司的财务状况、收益、行业前景等评价的股票市场价格与财务状况之一的资产价值进行单纯的比较，判断其估价是否反映企业的客观价值的方式是不合理的；并且根据记录可知如下事实，即如同债务公司的股价净值比（PBR）低于数值 1 的建设公司也是多数，查看与债务公司处于竞争关系的多家主要建设公司的股价变动，则从 2014 年下半年度开始急剧跌落，而从 2015 年上半年开始略有涨幅后再次跌落，但其跌幅不是很大，而又从 2015 年 5 月下旬开始呈现出急剧上涨的趋势等事实关系可以看出，虽然债务公司的市场股价低于每股资产价值，且债务公司的销售额、经营收益等资产负债表上的各项指标高于第一毛织的各项指标，也不能单凭这些情形就认定债务公司股票的市场价格被大股东等人有意调整等，不能认定这是阻碍市场作用的不正当手段导致未能正确体现适当的市场价值；此外，也没能充分证明本案合并价格是依据虚假资料或者毫无依据的预想数据得出。因此，难以判断本案依据《韩国资本市场法》及其施行令规定的标准和方式计算出市场价格，并以此为准计算出来的本案合并的合并价格和合并比例显失公正。”

Q5 消灭公司发行有优先股的合并比例应如何计算？尤其是存续公司没有发行优先股的情况下，如何处理？

【参考判例】

首尔地方法院 2015.9.2.Ja2015KaHab80896 决定（三星物产合并案）

在本案中，作为消灭公司的三星物产发行有优先股，但存续公司第一毛织虽然章程上规定了相关条款而尚未发行优先股。因此，在合并过程中出现了应把多少第一毛织的优先股分配给三星物产优先股股东的问题。合并协议约定了对优先股适用与普通股相同的合并比例 1∶0.3500865，对此，三星物产的小股东以合并比例不公正为由，申请了“停止进行合并程序”的诉讼保全。法院认为“《韩国资本市场法》第 165 条之 4 第 1 款及《韩国资本市场法施行令》第 176 条之 5，没有对如同本案情况的，即‘只有合并公司中的一方发行上市优先股，而另一公司却没有发行上市优先股时，如何计算合并比例’等情况作出规定。因此，只能根据参与合并的各个公司股份的实际价值等情况综合考虑，并在合理范围内评估优先股的价值之后计算其合并比例，结合下列事实证明的情况来看，根据《韩国资本市场法施行令》第 176 条之 5 第 1 款第 1 项规定评估债务人所持

〔1〕 三星物产合并无效诉讼的一审判决 2017.10.19. 宣告 2016GaHab510827 也对合并比率的公允性采纳了类似的观点，否定了不公允性。

优先股的合并价格，并相应地依据债务人的普通股和优先股的合并价格比例，计算第一毛织优先股的合并价格。两个公司的普通股合并比例同样适用于优先股，这是合理范围内的优先股合并比例计算方式”。该判决中法院提出的普通股合并比例同样适用于优先股的依据如下：①第一毛织的优先股是累积性优先股，与债务人（三星物产）的非累积性优先股相比具有相同或更好的条件，因此第一毛织的优先股和普通股之间的偏差率不会高于债务人的可能性大；②上述偏差率，与类似优先股发行并上市了的47个上市公司，以2015年5月25日为基准，最近1个月的普通股和优先股之间的34.89%平均偏差率没有大的差距。

二、合并的效果与现金交付合并及三角合并

合并完成之后消灭公司的全部资产和负债由存续公司（或者新设公司）“一揽子”承继。发生“一揽子”承继是合并与采用财产、负债的单独移转方式的企业转让和资产转让相区别的部分。但需要注意的是，并不是所有的法律关系都随之转移。大法院2007.8.23.宣告2005Do4471判例认为，“公司发生合并时，原则上被合并公司的权利义务无论私法关系或公法关系都应该由存续公司继承，但是，其性质上不允许移转的关系，则应当从承继对象中除外。而处罚法人的双罚规定作为刑罚的一种，其性质与行政制裁处分或民事不法行为责任不同。且《韩国刑事诉讼法》第328条是以‘被告人的不存续’作为驳回公诉决定的事由，这是以刑事责任不能承继为前提的。根据因合并而消灭的法人对其劳动者的违法行为所承担的双罚规定，其性质不允许被转移，所以也不会因合并而承继到存续法人”。〔1〕

在合并过程中，原则上消灭公司股东作为对价取得存续公司（又称新设公司）的新股或者本公司股票，而发生各合并公司股东之间的合一。但并不能将该现象视为合并的本质。此外，《韩国商法》还允许以现金作为合并对价的所谓交付金合并（又称现金交付合并，该法第523条第4款）和以存续公司母公司的股份作为合并对价的所谓三角合并（该法第523条之2）。

【判例86】-吸收合并的效果（大法院）

大法院2003.2.11.宣告2001Da14351判决

事实关系

原告公司作为A的债权人，依据A对合资公司Donglim建设的（合资公司Ilguang综合建设变更后的商号）返还出资请求权中145,693,649韩元的代收命令，提出了本

〔1〕本案是违反《韩国股份公司外部监事法》的刑事案件，第一审和原审确认如下事实。第一被告人是第一案外人会计法人的注册会计师，从1999年2月12日至同年3月2日为止，对刑事诉讼合议庭的1998年会计年度的财务报表实施了审计的事实，及1999年5月10日案外会计法人被吸收合并于第二被告人会计法人的事实，并以作为第二被告的会计法人没有在对第一被告的上述审计过程中违反旧《韩国股份公司外部监事相关法律》的行为为由，判定无罪，大法院也作出了相同的判决。

案的代收请求。被告公司在本案的原审判决进行过程中，对 Donglim 建设进行了吸收合并，随之承继了本诉讼的公司。原告公司认为，随着上述吸收合并的进行，合资公司 Donglim 建设的股东 A 退出了公司，因此，A 处于可以对 Donglim 建设行使返还出资请求权的地位。换言之，原告公司可以向被告公司提出代收请求。

法院的判断

原审虽然引用了原告公司的请求，但大法院驳回了原审判决。大法院认可多数理论，即“公司的合并，是指两个以上的公司依据协议设立新的公司或者其中的一个公司吸收另一个公司，消灭公司的财产和股东根据法律规定的程序移转收纳到新设公司或存续公司。消灭公司的股东除了因合并取得不足 1 股的零星股（odd-lot stock）或者股东反对公司合并行使股份回购请求权等特殊情形之外，原则上股东应当按照合并协议上的合并比例和分配方式取得存续公司或者新设公司的股权，成为存续公司或者新设公司的股东”。判决的具体内容为，“2000 年 6 月份被告公司吸收合并 Donglim 建设时，因为其合并比例确定为 1∶1，所以分配给 Donglim 建设股东的股份不可能产生零星股，并且作为合资公司的 Donglim 建设也不可能有异议股东行使股份回购请求权的情形；作为 Donglim 建设的股东 A，在上述合并日期正常接受了被告公司的股份分配，成为被告公司的股东。因此，原审法院的 Donglim 建设被被告公司吸收合并而消灭，Donglim 建设的股东 A 当然地退出公司的判断存在适用法律错误。不仅如此，原审还确认了，A 在合并过程中，接受了与 Donglim 建设的出资履行金返还债权相对应的被告公司股份，并就任了被告公司董事的事实，但却仅凭作为 Donglim 建设股东地位和被告公司股东及董事地位的法律性质不同为由，断定随着 Donglim 建设的消灭发生 A 股东当然退出该公司的效果。无法接受这样的阐释”。

QUESTIONS & NOTES

Q1 上述案例中，在认为 A 对被告公司享有返还出资请求权的情形和认为 A 享有被告公司股东权利的情形下，A 的债权人（原告公司）的地位有何差异？

Q2 该案是合资公司 Donglim 建设被被告公司吸收合并的案例。如果上述合资公司股东 A 在合并时，合法退出公司，则会按照原审判决发生返还出资的债权。如果是股份公司之间的合并应如何判断？股东可否以合并为由要求返还出资？

NOTE 原来的《韩国商业登记前例》认为，“从《韩国商法》解释上，新设公司或者存续公司接受消灭公司股东是合并的本质性要件，因此，即使在消灭公司全体股东同意认可的情况下，也不允许作为合并代价仅支付合并交付金（该法第 523 条第 4 款、第 524 条第 4 款），而不给予存续公司或者新设公司股东权的所谓交付金合并”，而禁止了交付金合并。（200608-5，2006.8.29. 制定）。但是 2011 年对《韩国商法》第 523 条第 4 款进行了修订，“尽管有第 3 款的规定，存续公司作为合并代价的全部或部分向消灭公司的股东支付金钱或者其他财产时，应当将其内容及分配情况”记载到合并合同而允许了所谓交付金合并。如同后述，交付金合并经常作为驱逐消灭公司（交易对象公司）小股东的手段来使用。交付金合并，不仅适用于吸收合并，也适用于新设合并（2015 年修订《韩国商法》第 524 条第 4 款）。

Q3 现行《韩国商法》规定是否允许向被吸收公司的部分股东分配合并新股，向其他部分股东支付现金的方式？

Q4 自 2011 年《韩国商法》修订以来，可以进行所谓的正方向三角合并。A 公司为了收购 T 公司而设立 100% 出资的子公司 S，T 公司被吸收合并到 S 公司的情形下，A 公司的小股东可以采取的阻止合并的方式有哪些？A 公司直接吸收合并 T 公司的情形与 T 公司成为 A 公司 100% 子公司（实施后述的“一揽子”股权交换）的情形比较，应如何去保护 A 公司的小股东？

根据《韩国商法》第 523 条第 2、4 款可以向消灭公司股东交付母公司股份，不交付存续公司股份。这是考虑到了在美国常见的三角合并（triangular merger）。例如，A 公司吸收合并 T 公司时，不直接对其进行吸收合并，而是先设立 100% 全资子公司 S 公司之后，由 S 公司吸收合并 T 公司的行为。此时，向 T 公司股东交付 A 公司股份，则 A 公司可以控制全资子公司 S 公司，实质上起到了类似合并的效果。这一类型的三角合并与 A 公司直接合并 T 公司的方式相比优势在于，一方面，可以降低 A 公司承担在 T 公司包揽债务情况下发生的偶发债务风险；另一方面，因为 A 公司不是直接的合并主体，所以具有可以避开 A 公司股东大会特别决议和股份回购请求程序的优点。并且，外国公司与国内公司之间的合并出现因法律制度上的差距而无法实施的情况下，也可以通过设立外国子公司或者国内子公司的方式尝试国际性的三角合并。（三角合并前后的股权变化见图 1）

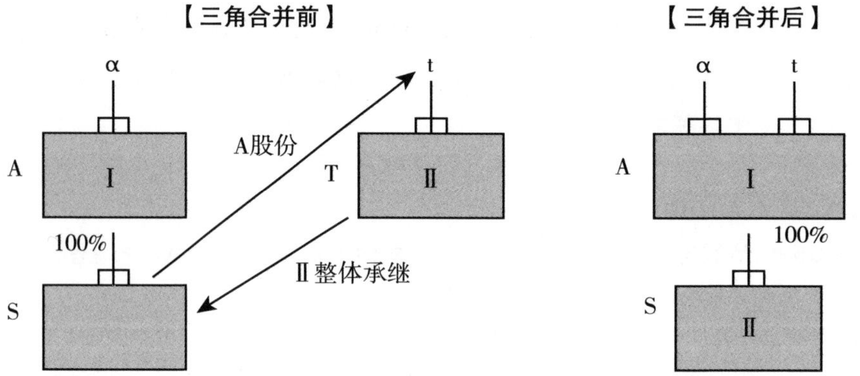

图 1　三角合并前后的股权变化

但是在美国，除了正方向三角合并（forward triangular merger）之外，还有很多逆方向三角合并（reverse triangular merger）或者逆三角合并交易发生。逆三角合并是上述例子中的 S 公司被 T 公司吸收，并向存续公司股东交付 A 公司股份的同时，向消灭公司 S 公司股东（A 公司）交付 T 公司股份，而最终实现 A 公司持有 T 公司 100% 股份的交易行为。在美国，逆三角合并比正三角合并更加普遍，因为 T 公司的存续，可以继续维持原有的经营权。（美国逆三角合并前后的股权变化见图 2）

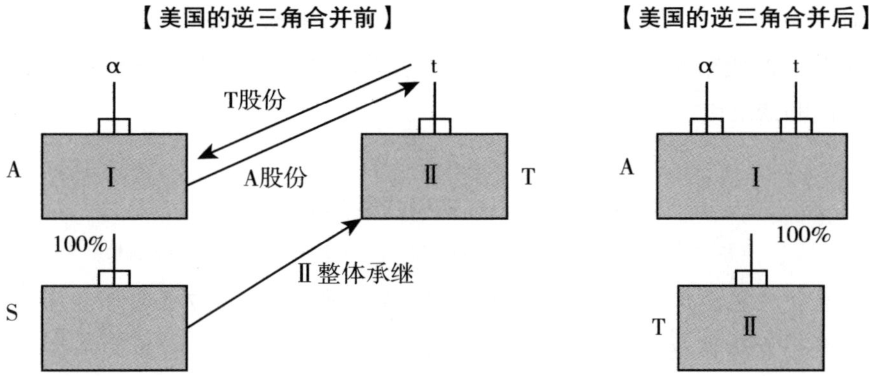

图 2　美国逆三角合并前后的股权变化

在韩国，可以通过后述的“一揽子”股权交换（虽然不能规避股东大会特别决议程序和赋予股份回购请求权程序）实现与逆三角合并相同的交易结果。也曾有过引进美国式逆三角合并的探讨，在探讨过程中也发现了与韩国法制冲突的部分。例如，如何解决通过合并不仅变更消灭公司股东的地位，而且存续公司股东地位也发生变更等问题，这是难点。根据 2015 年修订的《韩国商法》规定，可以通过两个阶段实现与逆三角合并相同的结果。即修订的《韩国商法》允许了三角股权交换，因此可以作为第一阶段先实施三角股权交换（进行股权交换时，成为完全母公司的公司交付的不是其自身的股份，而是其母公司的股份）之后，在第二阶段再进行逆合并，则可以实现与美国式逆三角合并相同的结果。（韩国“一揽子”股权变换的步骤见图 3）

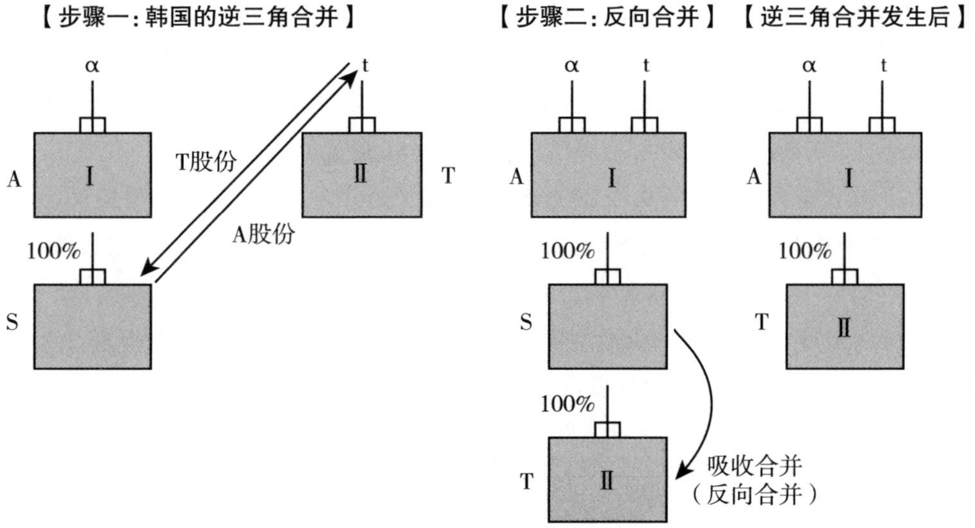

图 3　韩国“一揽子”股权交换的步骤

三、简易合并和小规模合并

（简易合并假设案例）A 公司是 T 公司的母公司，其持有 T 公司 90% 的股份，并根据

《韩国商法》第527条第2款规定准备对T公司进行简易合并。此时,是否可以省略A公司及T公司的股东大会决议程序?反对该合并的A公司及T公司的小股东是否可以行使股份回购请求权?

【判例87】- 小规模合并的认定程序

大法院2004.12.9.宣告2003Da69355判决(新世纪通讯小规模合并案)

本案判决作出之后,韩国2011年修订的《韩国商法》第527条第3款放宽了小规模合并的要件。具体修改内容如下:(i)合并后存续公司因合并发行新股总数不得超过该公司股份发行总数的“5%”的要件改为“10%”,(ii)作为小规模合并排除要件的现金交付金比例从原来的“2%”改为“5%”。并且,2015年修订《韩国商法》,(1)在判断是否超过发行股份总数的10%时,除了存续公司的合并新股之外,还包括了存续公司的“本公司股票”,(2)将金钱之外的财产包括在合并交付金的范围之内。本案的判决内容中,判断是否超过发行股份总数的10%(本案判决时的规定是5%)时,从存续公司交付取得的本公司股票不包括在合并新股计算的判决内容,已被2015年修订规定推翻[(1)部分]。下面对判决上述内容之外的其他争议部分进行探讨。

事实关系

1.股份的事先取得:SKT分别在1999年12月21日和2000年上半年度从POSCO和KOLON取得了新世纪通信81,889,545股股份,占股份总数的51.2%(对价:现金约1,088,819百万韩元和6.5%SKT新股)。2011年从其他股东(BoDa Phone等)处收购了新世纪通信股份30,738,116股,占19.2%。结果,合并前SKT持有新世纪通信的股份比例达到了70.4%(1.6亿股中持有了112,637,661股)。

2.小规模合并:2001年9月27日SKT签订了吸收合并新世纪通信的协议(合并日期为2002年1月1日)。合并前SKT的发行股份总数为89,152,670股(每股面值为500韩元),资本金为44,576,335,000韩元。最终资产负债表上的净资产为55,965,965,536,000韩元。合并前新世纪通信的发行股份总数为1.6亿股(每股面值为5000韩元),资本金为8000亿韩元。合并协议的主要内容如下:

(1)SKT章程所发行的股份总数、资本金,不因合并而增加;因合并需要增加的SKT的公积金,以合并基准日新世纪通信的资本情况为准,根据相关法律法规及会计准则来决定。

(2)对于在合并基准日SKT所持有的新世纪通信记名普通股与新世纪通信所持有的本公司股票,不交付合并股份。对于新世纪通信面值为5000韩元的记名普通股1股,SKT将合并新股按照0.05696的比例交付给新世纪通信。

(3)合并过程中,SKT所交付的股份数不超过发行股份总数的5%,根据《韩国商法》

第 527 条第 3 款规定，可以由董事会决议代替股东大会决议通过合并决议。

法院的判断

1. 考虑企业规模等因素，是否有必要去限制适用小规模合并的小规模公司的适用范围："小规模合并的立法目的在于考虑到对存续公司股东的影响非常细微，使这一类型的合并不用刻意经过股东大会决议程序，而促使企业重组；结合考虑到立法目的和法律条文的内容来看，则不能判定，仅限于依据销售额等消灭公司规模极小，且在存续公司看来，该合并与不超过公司的日常经营活动范围的资产取得相当的情况下，才能适用上述条款。"

2. 对消灭公司净资产额的合并交付金比例要件（2%）的解释如下：《韩国商法》第 527 条之 3 的第 1 款但书规定"向因合并消灭的公司股东所支付的金额"，即合并支付金是指依据合并决议实际支付给消灭公司股东的金钱。这里不包括对于存续公司所持消灭公司股份不进行合并新股分配的情形下，与其未分配新股的缴纳金额相当的金额，或者合并基准日之前存续公司收购消灭公司股份时支付的交易款项等。

QUESTIONS & NOTES

Q1 认定为小规模合并在程序上的特例是什么？这一特别规定的合理依据是什么？本案原告主张《韩国商法》第 527 条之 3 的第 1 款规定的"合并后存续公司因合并所发行的新股 / 公司本公司股份总数不超过公司发行股份总数 5% 时"要件，应解释为"因合并取得的消灭公司净资产规模不超过存续公司净资产规模的 5% 时"。立法上判断小规模合并的时候，以存续公司和消灭公司之间的资产或者净资产差距为标准的方式，是否比以合并新股乃至本公司股份的发行比例为标准更加恰当？

Q2 消灭公司所持有的存续公司股份，合并时可以由存继公司承继取得（《韩国商法》第 341 条之 2 第 1 款）。同时，存续公司持有的本公司股份，可以替代合并新股交付给消灭公司的股东（《韩国商法》第 522 条之 2 第 1 款、第 523 条第 3 款）。存续公司持有的对象公司股份和对象公司持有的本公司股份应如何处理？

Q3 对合并交付金规定比例要件（净资产额的 5%）的目的是什么？根据现行法的规定，如果约 10 倍规模的存续公司吸收合并消灭公司的情形下，(i) 如果发行相当于存续公司股份发行总数的 10% 的新股，则可以认定为小规模合并，(ii) 但是支付相当于存续公司净资产的 10% 交付金的交付金合并，则不被认定为小规模合并（交付金超过 5%）。允许交付金合并的情况下，是否有必要留有这种差异？

Q4 签订合并协议之前，事先以现金支付方式收购消灭公司股份的行为，其经济实质与通过合并协议向消灭公司股东支付交付金的行为相同的吗？

四、合并无效与行为保全

对合并的规制，不是对合并程序上的管控，从合并结束后的司法审查观点上来看，可以大致分为追究合并责任人的方式和确认其司法效力的方式。根据《韩国商法》第 399 条和第 401 条的规定，前者是追究董事的责任，后者是《韩国商法》第 529 条规定的合并无效之诉。合并无效只能通过诉讼的方式确认，并且作出合并无效判决之后，不管合并无效登记与否，都具有对世效力（大法院 2016.6.23. 宣告 2015Da52190 判决）。下面主要查看合并无效的原因。

《韩国商法》没有另外对合并无效的原因作出规定。因此，只能依据解释来进行判断。同样，对于没有明确条款的新股发行无效之诉，大法院认为“即使考虑到交易的安全，股东及其他利害关系人的利益等，限于实在无法漠视的情况下，才可以将新股发行认定为无效”，其适用了严格的标准（大法院 2010.4.29. 宣告 2008Da65860 判决）。这是考虑了一旦发行新股，保护相关收购人利益、流通交易安全具有必要性。合并无效之诉是对已发生效力的合并，通过判决事后进行无效认定，其可能会引发的混乱局面不亚于新股发行的无效，因此，需要谨慎判断。实践中，很难查找法院判决合并无效的案例，这是因为法院考虑到了合并无效可能会带来的消极作用。

首先，股东大会合并决议瑕疵应视为合并无效的原因。因为，股东大会特别决议是确保合并公正性的最重要的规制方式。将违反法律规定的股东大会形成的合并，事后判定无效的方式还能确保使合并当事人严格履行股东大会决议程序。非法目的等合并内容的瑕疵，以及未履行债权人保护程序等重要程序的，也可以成为合并无效的原因。不仅如此，大法院还将合并比例的“显著不合理”也视为合并无效的理由（大法院 2009.4.23. 宣告 2005Da22701、22718 判决等）。

在实践中，与合并登记之后提起的事后性无效诉讼相比，事前提起相关保全申请的情况更多。特别是企图阻止股东大会的保全，即提起禁止召集股东大会、禁止股东大会决议、停止股东大会决议效力保全的情况比较多。合并相关保全案件的本案诉讼有留止董事违法行为诉讼、股东大会决议瑕疵诉讼等。若是将合并比率的公正性也确定为合并无效的原因，则这也可以是申请保全的事由。但是，具有紧迫性的行为保全，在短时间内能否对包含多重复杂因素的股票价格以及合并比例作出正确的判断还是个疑问。与事后通过合并无效诉讼保护股东利益相比，事前行为保全制度的作用非常重要，但是，保全阶段草率的判断也可能导致将对公司有利的合并判断为无效，这种担忧是保全制度的弊端。在下级法院的审判中，也有先作出明确保全效力期间的保全决定之后，再通过保全异议程序，判断保全命令是否合理的方法，这种方法是走出上述困境的一种尝试。[1]

NOTE 2015 年发生的三星物产股份公司（以下简称三星物产）和第一毛织股份公司（以下简称第一毛织）合并事件，因各种法律纠纷成为社会关注的焦点。两家公司都是上市公司，于 2015 年 5 月 26 日各公司董事会通过决议，并按照《韩国资本市场法》确定了对每股三星物产（消灭公司）支付第一毛织（存续公司）0.3500885 股作为对价的合并比率。对此，持有三星物产 7.12% 股权的股东

〔1〕 外汇银行的工会组织提起了禁止召开韩亚银行吸收合并外汇银行的股东大会、禁止许可赞成合并方案、禁止正式许可等的行为保全。首尔中央地方法院 2015.2.4.2015kaHab80051 决定接受该请求，但同时也将保全的效力期间限定到 2015 年 6 月 30 日。在上述效力期满之前，韩亚银行提出了保全异议，首尔中央地方法院通过 2015.6.26.2015kaHab80225 决定采纳了上述异议，取消了保全决定。

ElliottAssociates, L.P.(以下简称 Elliott)提出了合并比率显著不合理的反对意见，三星物产为了确保通过股东大会的合并决议，于 2015 年 6 月 11 日将 5.76% 的本公司股份转让给与其有友好关系的 KCC 股份公司(以下简称 KCC)。上述合并协议，于 2015 年 7 月 17 日经股东大会特别决议通过，并在同年 9 月 2 日完成了合并登记。

首先对于行为保全措施，在合并发生效力之前，Elliott ①对三星物产及其董事，提起了“禁止股东大会召集通知及决议等行为保全”，②对三星物产及其董事和 KCC，提起了请求禁止处分股权及行使表决权的行为保全。同时，三星物产的其他小股东③以优先股合并比率的不公正等为由，对三星物产提起了停止实施合并程序的行为保全。以上的行为保全申请，最终都被法院驳回。即首尔高等法院认为，难以判断上述合并比率存在明显的不公正(2015.7.16.2015La20485 裁定，上述案例①)，并且认为股份转让给 KCC 的行为也是合法的(2015.7.16.2015La20503 裁定，上述案例②)。[1]

三星物产的部分股东还提起了合并无效诉讼。但是，一审法院认为，按照相关法律法规进行合并比率的计算，在无特别情形下，合并比率不能成为提起无效诉讼的理由，而驳回了该诉讼请求(首尔中央地方法院 2017.10.19. 宣告 2016GaHab510827 判决，抗诉审还在进行中)。此外，三星物产的部分异议股东，则提起了股份回购价格决定申请，法院判决确定了比根据《韩国资本市场法》计算的价格更高的收购价格[首尔高等法院 2016.5.30. 宣告 2016La20189、20190、20192 决定，再抗告审(译者注：以法院的裁定或命令违法宪法、法律、规则为由提起的抗诉)还在进行中]。

【判例 88】- 合并比率的合法性、公正性(大法院)国民银行与住宅银行合并无效之诉

大法院 2009.4.23. 宣告 2005Da22701、22718 判决(国民银行 / 住宅银行合并无效之诉)[2]

事实关系(以合并比率不合法、不公正相关的争议焦点为中心)[3]

1. 签订合并协议的过程及内容：2000 年 12 月 22 日在进行合并之前，国民银行股份公司(以下简称国民银行)和韩国住宅银行股份公司(以下简称住宅银行)签订意向书达成了合并意向。为了顺利促进合并，成立了由两家银行的董事及非常任董事各 1 人及金融监督委员会咨询官员和大学教授等 6 人组成的合并促进委员会。基于该委员会制定的合并预案，2001 年 4 月 23 日签订的合并协议主要内容如下：①国民银行与住宅银行合并设立新银行，新设银行名称为“国民银行股份公司”；②合并比例为住宅银行每一股普通股换股国民银行普通股 1.688, 346 股；③依照合并推进委员会提案，经相关法定程序选任新设银行的行长。

2. 合并的实施：2001 年 9 月 29 日国民银行召集临时股东大会通过了上述合并协议，住宅银行也在相同时间通过了该协议。2001 年 10 月 26 日国民银行和住宅银行得到了金融监督委员会的合并许可，2001 年 11 月 1 日国民银行和住宅银行解散，被告股份

[1] 上述①②案件，该裁定生效了。另外，③首尔中央地方法院以 2015.9.2.2015kaHap80896 裁定驳回申请之后，申请人没有提起上诉。

[2] 参见[韩]Kim GiYeong、Kim GyeongYeon：《关于金融机构合并的法律问题》，载首尔大学金融法研究中心 *BFL* 2004 年第 7 号；[韩]Gwon GiBeom：《住宅银行和国民银行的合并无效》，载首尔大学金融法研究中心 *BFL* 2005 年第 12 号。

[3] 参见原审判决首尔高等法院 2005.3.30. 宣告 2003Na86161、2003Na86178(合并审理)判决。

公司完成了设立国民银行的合并登记。

3. 原告(是国民银行的股东,也是国民银行工会组织的成员)在其诉讼请求中提出合并比例违法不公正的主张:根据旧《韩国证券交易法施行令》第84条之7的规定,合并比例应当以提交合并申请书的前一日为准计算,但是意向书以其签订日为准计算合并比例,其结果应是住宅银行一股普通股换股国民银行普通股1.643,213的合并比例,现变为住宅银行一股普通股换股国民银行普通股1.688,346的合并比例,因此,国民银行的股东受到了1000亿韩元的利益损失,原告就此提出合并比例违法不公正,主张本案合并无效。

法院的判断

原审和大法院都没有支持原告的主张。法院提出了如下多数理论:"合并比例确定显著不公正的合并协议,因违反支配司法关系的诚实信用原则或者公平原则等而无效。所以,合并比例显著不公正的情况下,各公司的股东可以根据《韩国商法》第529条提起合并无效诉讼。但是,合并比例的计算需要考虑市场价值、受益价值、相对价值等多种因素,无法基于严格的客观正确性得出唯一的数据,因此,只要是在合理范围内确定各种因素计算出的合并比例,就不能判定该合并比例存在显著不公正。全部或者部分合并当事公司属于上市公司的,只要根据证券交易法及其施行令规定的要件和方法及程序计算合并价格,并确定合并比例,则除了发现合并价格的计算是基于虚假数据等特殊情况之外,不能以合并比例显著不公平为由,判断合并协议的无效。"其次,"原审判决认为本案是根据旧《韩国金融产业结构改善法》,取得金融监督管理委员会的许可之后进行的本案合并,是政府文件许可的合并,不适用旧《韩国证券交易法施行令》(修订为2002.2.9.总统令第17518号前的规定)第84条之7第1款,因此,没有证据证明该合并比例显著不公正达到使合并判决无效的程度,不予支持原告以合并比例的违法不公正为由提起的合并无效请求是合理的,并且判决中没有上告理由中所主张的合并比例不公正导致的合并无效及诚实信用原则等适用法律错误"。

QUESTIONS & NOTES

Q1 存续公司或者消灭公司的股东认为合并比率不公正的,股东可以行使何种权利?是不是以合并无效之外的其他程序实现救济更加适当?

【参考判例】

大法院 1993.5.27. 宣告 92Nu14908 判决(合并无效之诉的特殊性)

1990年3月27日原告公司吸收合并案外公司,从而取得了建筑业许可,随后被告(建设部长官)取消了该许可,因此,原告公司就取消许可提起了本案诉讼。原审认为案外公司 1990 年 11 月 9 日对上述吸收合并提起的合并决议无效诉讼请求已得到法院的支持，因此原告公司不再是许可权人，也没有提起请求撤销许可取消处分的诉讼利益，驳回了原告公司的请求。对此，大法院认为，“公司合并完成合并登记产生合并效力以后，除了提起合并无效之诉外，不能单独提起确认合并决议无效诉讼”。另外，“承认诉讼请求[译者注：直译为‘请求认诺’(de：Klageanerkenntnis)，是指对于原告的请求，被告在答辩或准备过程中对全部或部分诉讼请求作出承认的陈述行为]仅适用于当事人之间可以自由处分的权利，不适用于公司法规定的股东大会决议瑕疵相关诉讼或者公司合并无效诉讼等。所以，以法律上不认可的权利为对象的承认诉讼请求是无效的”。大法院认为原审驳回本案诉讼请求存在法律适用上的错误，撤销了原审判决。

仁川地方法院 1986.8.29. 宣告 85GaHab1526 判决

本案中，韩国 fujika 工业以 1∶1 的合并比例吸收合并了 deowon 电气产业，但其实际价值为约 17∶1。法院认为，按照不公正合并比例确定的合并协议，违反私法上的诚实信用原则或者公平原则而无效。另外，对于股东大会决议被告辩称，“本案合并协议于 1985 年 4 月 22 日在被告公司的临时股东大会得到了全部参会股东的同意，原告也出席了股东大会并无条件赞成了该决议，而现在又主张合并无效请求是不合理的行为”。但是，如上所述若是自始无效的合并协议，即使是通过了股东大会决议也不能转为有效，即使原告参加临时股东会议赞成了合并事项，也不能以此为由，判断请求合并无效的行为违反诚实信用或者禁反言原则而不合理，所以被告的上述主张不成立。

第四节　分　立

公司分立，是指一个公司的财产分为两个以上的行为，可以说是合并的相反现象。《韩国商法》于 1998 年 12 月在公司编部分新增加第 4 章第 11 节引入了股份公司的分立制度。广义的公司分立，包括各种形态的公司分立（分社）。例如，以企业的部分资产或者企业持有的股份出资设立一个新公司的行为，在广义上也可以称为公司分立。同时，因为《韩国商法》允许实物分红（该法第 462 条之 4），也可以利用将持有股份分配给股东的方式，达到公司分立（分社）的效果。但是，下述内容主要针对已经形成制度的，规定有特别程序和效果的《韩国商法》公司法编第 4 章第 11 节所规定的公司分立进行探讨。

通常公司分立是，(i)按照既存公司(以下简称承继公司)〔1〕是否承继分立出去的部门，分为分立合并和单纯分立(见图4)；(ii)按照是否将作为分立对价的分立新股交付给被分立公司(以下简称分立公司)，分为人的分立和物的分立(见图5)。即按照(i)的分类，若存在承继公司，分立公司的部分部门与承继公司间发生合并，则是分立合并；若无承继公司，自行分立出新公司(以下简称新设公司)，则是单纯分立。按照(ii)的分类，分立新股交付于分立公司，则是物的分立，分立新股交付于股东，则是人的分立。除了这两种类型划分之外，还有按照分立后原公司是否消灭划分类型的方式，〔2〕原公司部分部门和分立公司及其部分部门合并成立新公司的新设分立合并等多种形态，但是这些本书不作讨论。即无特别说明，以下所称分立合并指的是承继公司吸收合并分立公司分立部门的行为。

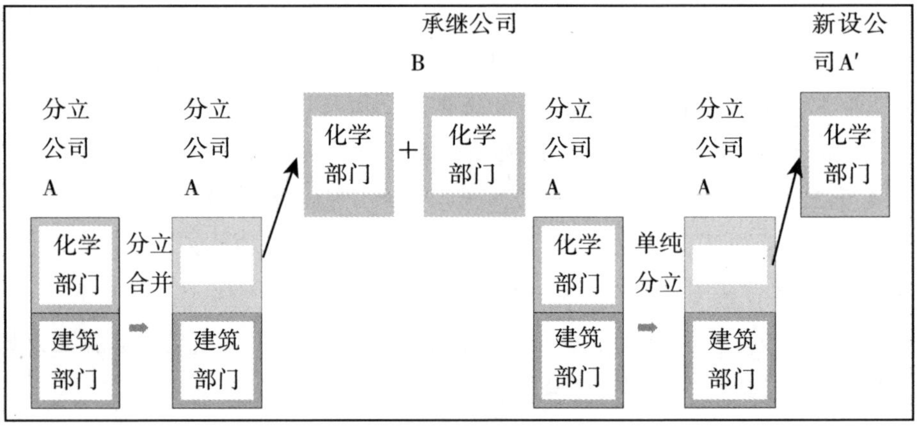

图4　分立合并和单纯分立

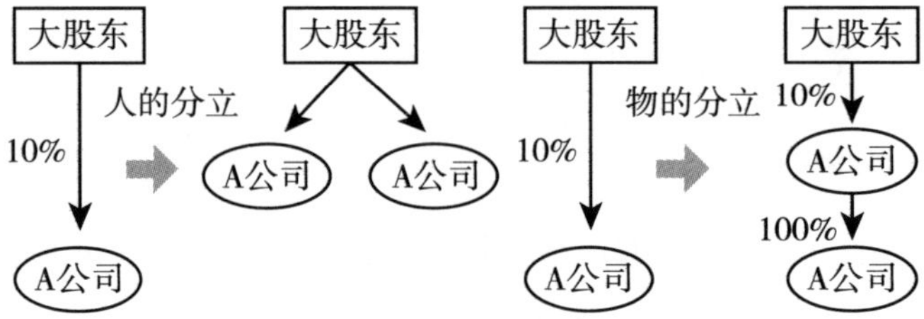

图5　人的分立和物的分立(单纯分立时)

将上述分立合并和单纯分立及人的分立和物的分立相互结合，可以设想四种形态

〔1〕 关于表述分立当事公司的用语，学者之间的表述一直都未能达成一致。2015年修订的《韩国商法》对此作出了将进行分立的公司表述为“分立公司”，成为吸收分立合并的对方公司表述为“承继公司”的规定。另外，对于分立/分立合并过程中新设立的公司，在单纯分立中表述为“单纯分立新设公司”，在分立合并中则表述为“分立合并新设公司”。本章将法律条文中的分立承继公司表述为“承继公司”，通过分立或者分立合并设立的新公司表述为“新设公司”。

〔2〕 消灭分立或者完全分立，是指原分立公司被消灭的形式。

的分立。(a)既是单纯分立又是人的分立的情形(《韩国商法》第 530 条之 2 第 1 款),(b)既是单纯分立又是物的分立的情形(《韩国商法》第 530 条之 12),(c)既是分立合并又是人的分立的情形(《韩国商法》第 530 条之 2 第 2 款),(d)既是分立合并又是物的分立的情形。[1]对于(d)项物的分立合并形态是存有争议的部分。本来就物的分立,《韩国商法》第 530 条之 12 规定为"……取得因分立或者分立合并设立的公司的股份总数的情形",作出了类似不允许公司"没有新设的物的分立"和"分立公司不能取得全部分立新股"的关于物的分立的规定。根据此规定,容易理解成(i)不设立新设公司的物的分立合并和(ii)两公司各自出资其业务部门设立新公司,并取得各自的分立新股的物的分立合并也是不允许的形态。但是(i)是由《韩国商业登记前例》[2]明确规定的,对于(ii)多数学说上的观点也是肯定的。[3]没有理由对此种形态的物的分立合并作出限制,因此,有必要灵活地解释上述条款。

2015 年修订《韩国商法》对交付金分立合并和三角分立合并作出了明确规定(该法第 530 条之 6 第 1 款第 4 项,同条第 4 款、第 5 款)。分立合并是通常的合并在量上缩小的形态。因此,既然允许了交付金合并,则交付金分立合并,即承继公司也可以以现金支付方式代替分立新股的形态,在理论上也是可行的。从希望利用母公司的股份收购特定经营部门的公司角度考虑,不仅可以"整个"收购(三角合并)对象公司(target company),还可以"部分"收购(三角分立合并)对象公司这一点,可以看出企业收购形态变得多样化了。

作为公司分立的程序,首先,需要有董事会对分立预案、分立合并协议的决议。其次,需要通过股东大会特别决议作出合并决议(《韩国商法》第 530 条之 3 第 1 款、第 2 款)。反对分立合并的异议股东可以行使股份回购请求权(《韩国商法》第 530 条之 11 第 2 款、第 522 条之 3、第 374 条第 2 款)。商法上的股份回购请求权,仅适用于分立合并。单纯分立时,原则上无论是人的分立还是物的分立,分立公司的股东不享有股份回购请求权。但是,上市公司通过人的分立设立的新公司若是非上市公司,则原来股东的利益可能会受到侵害。考虑到这一点,资本市场法规定,人的分立中新设立公司为非上市公司的,分立公司异议股东享有股份回购请求权。[4](三角分立合并前后的股权变化见图 6)

---

〔1〕 关于其他的分立类型可以参见[韩]Bak TaeHyeon:《根据分立类型的法律争议》,载首尔大学金融法研究中心 *BFL* 2009 年第 38 号,第 6 页。

〔2〕 2003.10.8. 制定大法院商业登记先例 1-246(委托法人 3402-239 问答)。"分立甲公司,并将甲公司的部分业务与乙公司合并的方式,甲公司和乙公司都作为存续公司进行吸收分立合并的同时,将被分立的甲公司部分业务的出资股份分配、交付于甲公司的,所谓物的吸收分立合并,也可以按照分立合并进行变更登记。"

〔3〕 参见 Bak TaeHyeon 上揭论文,第 9 页。

〔4〕 根据《韩国资本市场法》第 165 条之 5 第 1 条、《韩国资本市场法施行令》第 176 条之 7 的规定,即便是上市公司,进行物的分立时,不设有异议股东回购请求权,且新设公司的股份上市的情形下,也不设异议股东回购请求权。

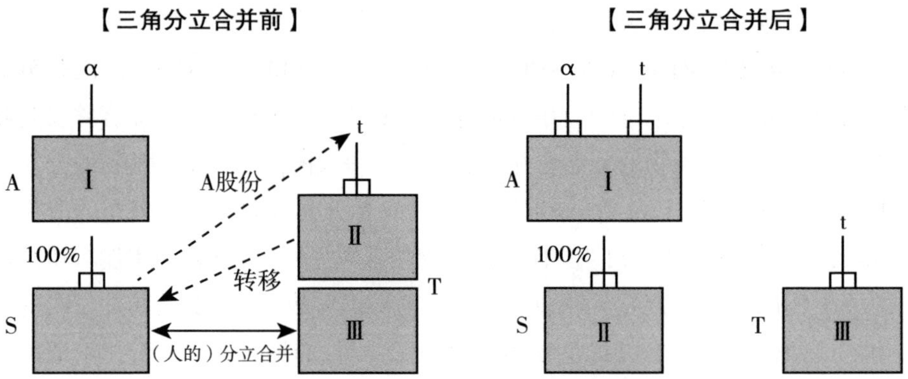

图6　三角分立合并前后的股权变化

公司分立时，需要对财产进行分割。因此，对债权人的保护是重要的问题。为了加强债权人的保护，商法规定了分立相关公司的连带责任。同时，为了提高分立作为重组手段的效率性，还规定了排除连带责任的程序。下面按顺序考察分立时的连带责任的原则、排除程序和分立的效果。

QUESTIONS & NOTES

NOTE　根据《韩国商法》第530条之3第3款的规定，公司分立时，持有无表决权股份的股东，也可以参加股东大会决议，对分立事项行使表决权。不同于合并及股权交换，仅是对分立适用这一特例的目的尚不明确。

NOTE　进行分立时，是否能以“个别财产”作为分立对象，而不是“企业资产”成为问题。2003年9月，dongwon金融控股公司对其全资子公司dongwon证券股份公司的股份和现金等财产进行了人的分立，然后又进行了与自己进行合并的分立合并。但是，金融监督委员会没有批准上述分立合并申请。[1]金融监督委员会的这一决定反映了，若是这种方式变为常态化，那么有可能会成为金融控股公司从无可分配利润的金融子公司进行利润回收的一种途径。但是在实践中，仅以投资股份及现金等价物作为分立或者分立合并对象的情形很多，对此执意禁止的必要性不是很大。

一、分立时债权人保护原则：连带责任

公司分立时，分立当事公司（分立公司、新设公司、承继公司）原则上承担连带责任（《韩国商法》第530条之9第1款）。案例将此视为不真正连带责任（大法院2010.8.26.宣告2009Da95769判决）。依照不真正连带责任的一般原则，完成分立或者分立合并之后，即使分立公司出现时效中断的事由，时效中断的效力也不影响新设公司或者承继公司（大法院2017.5.30.宣告2016Da34687判决）。《韩国商法》第530条之9第1款规定

---

〔1〕　金融监督委员会委托法务部，由法务部出具了有权解释。法务部虽然没有作出明确的结论，但是，法务部回复内容的主旨是根据商法规定应将分立合并的对象解释为企业资产更为恰当（法务部2004.3.11.法务审议官室－995商法上分立合并相关质询的答复）。具体内容参见［韩］Gang MinGu:《关于上市公司的分立研究》，载《证券法研究》2010年第11卷第3号。

"分立或者分立合并前分立公司的债务"为连带责任的对象。即使上述分立公司债务规模大于从分立公司移转到新设公司或者承继公司的财产总额的情况下，新设公司或者承继公司也仍然需要对上述全部债务承担连带责任（上述 2016Da34687 判决）。新设公司或者承继公司承担的债务与原分立公司的债务相同，其消灭时效和起算时间，以原债务为准进行判断（上述 2016Da34687 判决）。将债务限定于分立公司的债务是因为承继公司的原债权人的利益，通过债权人保护程序就可以提供充分的保护（《韩国商法》第 530 条之 11 第 2 款、第 527 条之 5）。对于成为连带责任对象的分立公司债务的成立时间问题，通说认为以分立登记前发生为准。债务发生效力后，即使是履行期未到的债务，也是连带责任的对象（大法院 2008.2.14. 宣告 2007Da73321 判决）。非金钱债务在发生后也可能转换成损害赔偿债务，也可成为上述连带责任的对象。

问题是分立登记之前还未发生债权、债务关系的情形。第一，分立登记之前，存在成为分立公司债权成立基础的"法律关系"的情形。大法院认为，这属于连带责任对象。例如，分立登记之前，构成分立公司追偿金债权成立基础直接原因的信用保证约定，或贷款协议已经存在的情况下，即使构成债权的债权债务代为偿还发生在分立登记之后，追偿金债权人可以向分立公司及新设公司（或者承继公司）要求承担连带责任（大法院 2010.12.23. 宣告 2010Da71660 判决、大法院 2012.5.24. 宣告 2012Da18861 判决）。

第二，存在某种债权成立的基础性"事实关系"的情形。基于分立前的事实关系，公正交易委员会处以罚款的，不适用上述连带责任条款。即（1）分立登记以后，公正交易委员会处以罚款的，分立公司不承担连带责任，（2）公正交易委员会对新设公司或者承继公司处以罚款时，分立公司不承担连带责任。成为连带责任对象的是"分立公司"在"分立登记之前"就已承担的债务，而上述罚款应当视为是分立登记以后才发生的债务。

大法院曾在不同角度受理过与上述（2）相关的纠纷。那么，公正交易委员会能否以分立登记前的共谋（译者注：Collusion，韩文直译为谈合）等事实关系为由，在分立登记后（接受相关企业及资产）对"新设公司或者承继公司"处以罚款。对此，大法院认为，"公司分立过程中，新设公司或者存续公司承继的是分立公司的权利和义务，对分立公司分立前的违反行为处以罚款之前，只存在单纯的事实行为，对分立公司而言不存在与罚款相关的成为分立对象的某种义务；在无特别规定的情况下，不能对新设公司处以分立公司分立前违反公正交易法的罚款"。大法院的解释是不构成权利义务的单纯事实关系不能成为分立的对象，即使受让了企业部门，也不能以合并之前发生的行为，对新设公司或者承继公司处以罚款（大法院 2007.11.29. 宣告 2006Du18928 判决、大法院 2009.6.25. 宣告 2008Du17035 判决、大法院 2011.5.26. 宣告 2008Du18335 判决）。可以说，这是如何看待处以罚款对象的政策性问题。根据 2012 年 6 月 22 日开始实施的新《韩国公正交易法》规定，公正交易委员会对于某一企业法人（分立公司）在分立或者分立合并前的违反公正交易法行为，可以对（i）分立公司、（ii）新设公司或者（iii）承继公司，处以罚款（《韩国公正交易法》第55条之3第3款）。

QUESTIONS & NOTES

NOTE 公正交易委员会，以分立登记以前的共谋等事实关系为依据，在分立登记完成以后，对分立公司处以罚款的情形下，会出现追偿关系的问题。特别是合并计划书（或者合并协议）中规定有“分立公司，若今后对外就分立前与XX事业部门相关承担责任时，新设公司（或者承继公司）可以向分立公司全额追偿”的情形下，如何认定该条款效力也是一个重要的问题。对于分立合并协议，基于协议自由原则应当认定其效力的意见较多。在分立计划书中，记载此类内容是有争议的。但是，对分立公司的追偿权可以予以肯定。大法院也对基于分立预案中追偿义务条款提出的请求作出过肯定的判决（大法院2016.8.29.2014Da210098判决）。

二、连带责任的排除

1. 连带责任排除程序概要

在使用分立方法出售新设公司的事前程序等情形下，特别有必要排除这种连带责任。所以，《韩国商法》也作出了在经过一定程序的前提下可以排除连带责任的规定（该法第530条之9第2款、第5款，第527条之5，第232条第2款、第3款）。

为了排除连带责任，分立公司需要在股东会作出合并决议之日起2周内发出，债权人若有异议应在1个月以上的期间内提出异议的公告，对所知债权人则应另外催告（《韩国商法》第530条之9第4款、第527条之5）。判例认为若未对已知债权人进行催告程序等债权人保护程序的，原则上应恢复适用分立当事公司的连带责任。关于上述“公司已知的债权人”的范围，存在很多争议，对此在后面详细探讨。证明完成排除连带责任必要程序的责任在于主张分立债务关系的一方。所以，如果无法举证将排除连带责任的内容写入分立合并协议并经股东大会决议同意的事实，则即使是分立合并协议中明确因分立移转的财产及价格，在报纸上公告债务关系的分立，并得到债权人同意分立合并的意见，也不能排除连带责任（参见大法院2010.8.26.宣告2009Da95769判决、大法院2012.4.26.宣告2012Da12191判决）。

若有债权人提出异议，分立公司应当向该债权人偿还债务或者提供相应的担保，或者为此债务偿还信托相应的财产（《韩国商法》第530条之9第4款、第527条之5第3款、第232条第3款）。此类担保，不仅包括实物担保，还包括信用担保。由银行提供支付保证的，若无特别情形可以视为提供相应担保。

参考资料　债权人对有限公司合并提出异议时，提供《韩国商业登记法》第107条第3款担保事实的书面证明（2011.1.3.司法登记审议官-2质询答复）

1. 略

2. 是否符合《韩国商法》第603条、第232条第3款规定的相应担保，应当以社会普遍观念作出客观的判断，根据银行法设立的银行对其债权提供相应担保的，在无特别情形之下，可以认定其适当性，除此以外个人担保的适当性，应综合考虑是否能确保支付相应的实物担保，是否就债权的存在与否和债券金额存在纠纷，合并前后的债务情况，综合各种情况作出判断。

【判例89】- 公司分立后的连带责任（大法院）

大法院 2010.8.26. 宣告 2009Da95769 判决

事实关系

ShinwhaTechone股份公司（以下简称ShinwhaTechone）与分立公司ShinwhaE&I股份公司（以下简称ShinwhaE&I）分立出的电气工程部门进行了分立合并。分立合并协议的主要内容如下。

（1）协议第1条第2款：ShinwhaTechone“一揽子”承继ShinwhaE&I的部分经营部门—电气工程业务部门的相关许可、设备、人员、合同权利及维修等权利义务。

（2）协议第2条第1款：ShinwhaE&I，以2006年11月28日当时的财产目录为基础，将第6条规定的分立合并日所分立企业的全部权利义务移交ShinwhaTechone，由ShinwhaTechone承继。

分立当时ShinwhaE&I的股份，由原告和ShinwhaE&I的法定代表人实际持有100%的股份，在他们的同意下，2006年11月28日制定了同意上述分立合并协议的ShinwhaE&I股东大会决议会议记录。2006年12月初发布的合并公告包括了连带责任排除条款，即ShinwhaTechone只对ShinwhaE&I所出资的财产相关债务承担责任的内容。

原告既是分立公司ShinwhaE&I债权人也是分立合并承继公司的债权人，于是以分立合并的承继公司ShinwhaTechone为被告，提出了要求被告对ShinwhaE&I债务承担连带责任的诉讼。

法院的判断

大法院认为：“因分立合并而设立的公司或者存续公司（以下简称分立当事公司），为形成《韩国商法》第530条之9第1款规定的免除连带责任，只对各自债务承担偿还责任的分立债务关系……则要将只承担债务意旨的内容写入分立合并协议，并经股东大会决议同意（《韩国商法》第530条之9第3款、第2款后段，第530条之3第1款、第2款），且主张并证明已具备该要件责任在于主张分立当事公司不存在连带责任关系而是分立债务关系的一方。不能仅凭在分立合并协议中已记载《韩国商法》第530条之6第1款第6项规定的‘分立公司移交给对方公司的财产及金额’等事项，并通过股东大会决议同意，就视为已经具备了形成上述分立责任关系的要件，分立当事公司不能免除各自在分立合并协议中所约定债务之外的债务所承担的连带责任。”

进而，“该案分立合并协议中，无任何记载且没有经过股东大会决议同意，仅凭ShinwhaTechone 承担 ShinwhaE&I 所出资财产相关债务的公告登载于日报的事实，不能判定其发生效力；且因原告同意了上述合并，ShinwhaE&I 就省略了对原告的个别催告程序的情形等，不能对 ShinwhaTechone 是否根据《韩国商法》第 530 条之 9 第 1 款规定承担连带责任的决定起任何作用”。

QUESTIONS & NOTES

Q1 在本案分立合并协议中，若包含“ShinwhaE&I 对 A 债权人所负债务由 ShinwhaTechone 免责承继”语句时，是否另外需要承担债务的程序(《韩国民法》第 454 条)? 若是依据部分一揽子承继的法理，上述债务的归属不经过上述程序就可变更的话，根据韩国商法如何保护 A 债权人的利益?

Q2 被告公司(ShinwhaTechone)收购电气工程业务部门时，能否进行仅继承相关资产及一切权利，不继承与电气工程业务相关一切债务形式的分立?

Q3 在本案中，被告公司答辩称本案交易过程中虽然使用了分立合并协议的用语进行表述，但是该交易实质为企业转让，所以不发生《韩国商法》第 530 条之 9 规定的连带责任。不能以名称判断适用法理的被告主张是否正确? 如果正确，可否将本案交易视为企业转让?

Q4 假设，本案分立合并协议包含连带责任分离的内容。在股东大会同意该决议事项的原告能否以债权人的身份追究被告公司的连带责任?

参考资料 ［韩］Yun YongJun:《分立时债权人保护在实务中的问题》，载首尔大学金融法研究中心 *BFL* 2011 年 9 月第 49 号。

2. 以排除连带责任为目的的个别催告对象和催告遗漏的效果

如上所述，若要排除分立各方之间的连带责任需要经过另外的债权人保护程序。其中，成为单独催告对象的“公司已知债权人”范围存在很多争议。根据条文可以解释为非金钱债权人、小额债权人、就债权是否存在发生过纠纷或诉讼进行中的债权人等，属于已知债权人的范围。但是，即使是公司已知债权人，若该债权人参与了公司分立，并事先知道公司分立事实，且存在可以视为事前已经放弃对公司分立提起异议权利的情形等，被认定为不存在受无法预测损失风险情形的，不是个别催告的对象(大法院 2010.2.25. 宣告 2008Da74963 判决)。大法院认为，“……需要个别催告的‘公司已知债权人’，是指公司已经知道债权人是谁，债权为何种内容等信息。公司是否知道，应综合考虑具体情况作出判断。根据公司的帐簿及其他依据，不仅是公司已知姓名和地址的情形，还包括公司法定代表人个人知道的债权人”，其认定范围相当广泛。但是，广泛认定个别催告义务，对分立的实施是很大的负担，有必要加以适当的限制。

【判例 90】- 公司分立的债权人催告（大法院）

大法院 2004.8.30. 宣告 2003Da25973 判决[1]

事实关系

原告（Hadonggun 水产业协同合伙）称，因被告（韩国电力公司）公司分立之前，其下属的 Hadong 火力发电所 1 号机至 4 号机的启动导致了委托销售手续费的减少，因而其利益受到了损失。1998 年 7 月 14 日原告和被告对上述损失进行评估，支付双方依据相关机关的有权解释就损失金额达成协议（之后，2000 年 11 月 17 日鉴定评估法人进行了损失评估，2001 年 5 月 25 日海洋水产部长官作出了应当进行赔偿的回复）。同时，2001 年 3 月 30 日被告取得产业资源部长官的许可，将其发展业务部门分为 6 个新设公司进行了公司分立，按照分立计划书，原告所主张的与 Hadong 火力本部有关的本案债务移转到了案外第 4 新设公司韩国南部发电股份公司（以下简称南部发电）。原告主张，即使发生上述分立，作为原分立公司的被告也应承担销售手续费减少部分的支付义务，就此提起了本案诉讼。

法院的判断

原审法院认为：按照分立预案，Hadong 火力本部的一切权利和义务，由南部发电继承；根据《韩国商法》规定通过了股东大会合并决议，并取得《韩国电力产业重组促进法》规定的产业资源部长官审批，完成了公司分立；本案的补偿损失债务已移转到南部发电，且已经免除了被告的义务，因此，驳回了原告的诉讼请求。

相反，大法院撤销了原审判决。大法院认为"如果严格适用连带责任原则，则会成为阻碍充分利用公司分立制度的因素。因此，应当认定连带责任原则的例外。由分立公司股东大会特别决议确定新设公司只承担在分立公司的债务中与出资财产相关的债务的内容。在这种情况下，在分立公司债务中，新设公司只承担其部分债务，分立公司承担新设公司不承担的债务，使债务关系变为分立债务关系"，"分立公司和新设公司对公司债务不承担连带责任时，债务人的责任财产发生变化，随之对债权人的利害关系带来重大影响。因此，为了保护债权人，作出了要求分立公司对已知债权人进行个别催告的规定。所以，分立公司和新设公司的债务关系转变为分立债务关系，是以分立公司对自己所知的债权人正常履行个别催告程序为要件。如果遗漏个别催告，则对其债权人不发生分立债务关系的效力，此时应解释为回到原则上新设公司和分立公司承担连带责任"。在本案中，"即使相关机关在被告完成公司分立之后，作出是否成为补偿损失的对象的有权解释，原告仍属于作为分立公司的被告，需要将公司分立事实个别催告《韩国商法》第 530 条之 9 第 4 款、第 527 条之 5 第 1 款规定的'已知债权人'"。因此，大法院认为原

[1] 相同判决有大法院 2006.11.23. 宣告 2005Du4731 判决等。

审判决存在未对是否进行个别催告进行审理的违法问题。

QUESTIONS & NOTES

Q1 公司分立时，需要履行债权人异议程序的情形有：(i)为排除连带责任的情形和(ii)分立合并的情形两种。上述案例是在排除连带责任程序中，遗漏个别通知的情形。如果分立合并时，遗漏对上述债权人的个别通知，其效果是什么？

Q2 为了实现排除连带责任，对已知债权人个别通知，对不知道的债权人发出公告即可。上述案件中，韩国电力公司（分立公司）在分立时处于已经知道纠纷存在的状态。但是，确定责任有无的时间是在分立以后，所以赋予了韩国电力公司（为排除连带责任的）个别通知义务。但是，如果没有发生具体纠纷的话，情况又会如何？例如，生产企业担心已销售产品的产品责任，将相关业务分立到新设公司（财务结构薄弱）的同时，通过公告履行连带责任排除程序的情形下，向其主张损失的债权人可以通过何种方式得到救济？

【参考判例】

大法院 2010.8.19. 宣告 2008Da92336 判决

大宇重工业实施了将造船海洋业务部门移转到大宇造船海洋股份公司（以下简称大宇造船海洋），综合机械业务部门移转到 Doosan Infracore 股份公司（以下简称 Doosan Infracore）的公司分立。当时，完成了连带责任排除程序。原告是发生公司分立以前，信任大宇重工业的粉饰会计进行投资的股东，不仅向大宇重工业、还向上述新设公司大宇造船海洋和 Doosan Infracore 提起了基于业务报告书虚假记载的损害赔偿。原告具体主张是，因为履行连带责任排除程序时大宇重工业未对已知的债权人进行个别催告，所以大宇造船海洋和 Doosan Infracore 对大宇重工业所承担的连带责任未能排除。大法院认为，考虑大宇重工业的粉饰会计并未给全部股东造成了损失，仅认定对具有因果关系的交易期间取得股权的部分股东的损害赔偿责任等，难以将原告视为大宇重工业的已知债权人。

大法院 2011.9.29. 宣告 2011Da38516 判决

A 公司的法定代表人 X 将 A 公司发行的期票作为第一背书人背书并转让给了 Y（原告），之后该期票就被辗转流通。同时，2007 年 6 月 2 日 A 公司作出了分立电气业务部门与 B 公司（被告）合并的股东大会决议，并决定免除连带责任。同月，向债权人发出公告。按照分立合并计划书，与上述期票相关的债务留存于 A 公司。另外，上述公告期间内，Y 持有了上述期票，这是 Y 履行了支付银行的拒绝支付偿还义务之后重新取得的。因此，可以认定个别催告期间内 Y 的公司债权人地位，主要的争议是这种情况下可否将 Y 视为“公司”“已知”的债权人的问题。大法院作出了肯定的判决，确认了 A、B 公司的连带责任，援用了 Y 对 B 公司的票款请求。首先，对认识的主体，大法院认为

"依照公司的账簿及其他依据，公司已经知道姓名和地址之外，还包括公司法定代表人个人知道的债权人。其次，关于是否认知的问题，A 公司在上述催告期间内可以掌握 Y 的地位是期票持有人或者背书人，无论是哪种情况都应当作为个别催告对象考虑，且 Y 实质上是最终的诉求义务人，而 A 公司也认知这一点，应当认定为公司已知的债权人"。

三、分立效果

公司分立时，分立计划书或者分立合并协议上记载的分立公司权利义务，在分立登记日不经过其他移转程序直接承继到新设公司或者承继公司（《韩国商法》第 530 条之 10）。在这一方面，其效果具有"一揽子"性，类似于合并中的"一揽子"承继（参见大法院 2011.8.25. 宣告 2010Da44002 判决）。但是，与合并不同，只在上述所记载的范围内发生"一揽子"承继的效果。因此，称为"部分一揽子承继"效果。这是根据法律规定的权利变动，原则上无须经过作为分立对象的权利义务的个别移转程序。就劳动关系，大法院认为，即使没有劳动者个人同意，原则上也是当然承继（大法院 2013.12.12. 宣告 2011Du4282 判决）。分立计划书中，记载为承继对象的房地产相关物权移转到新设公司或者承继公司是根据第 530 条之 10 规定，所以没有其他登记，也发生物权变动的效果（《韩国民法》第 187 条）[1]。但是，为实施其物权的转让及其他处分行为，需要进行登记。最高额抵押权执行或者注销需要最高额抵押权移转的附加登记就属于这种情况。[2]

另一方面，分立公司持有的指名债权为分立对象的，新设公司或者分立公司，未具备类似对债务人的通知或者债务人的承诺（《韩国民法》第 450 条）等转让的具体要件就可以对抗债务人。新设公司或者承继公司以分立公司债务为分立对象免责收购的情形下，则不需要与债权人之间的协议（参见《韩国民法》第 453 条、第 454 条）。此时，根据商法规定的上述连带责任、债权人异议程序等方式进行债权人保护。

【参考判例】

大法院 2011.8.25. 宣告 2010Da44002 判决

"《韩国商法》第 530 条之 10 规定，因分立或者分立合并所成立的新设公司或者存续公司依照分立计划书或者分立合并协议书所规定的内容承继分立公司的权利和义务。即公司进行分立合并时，无论是私法上的关系还是公法上的关系，除了性质上不允许移转之外的被分立公司的权利义务都按照分立合并协议一揽子承继到分立合并之后存续的公司。同时，共同承包具有民法上合伙的性质，共同承包的成员之间没有对将成员地

〔1〕 参见 1999.7.7. 制定 大法院登记先例 6-230。
〔2〕 因分立申请最高额抵押转移登记时，对债务人或者最高额抵押权人的通知不是其要件，并且被移转的最高额抵押权登记进行注销登记时的登记义务人为因分立新设立的公司。参见 2005.7.22. 制定《韩国大法院登记前例》200507-3。

位转让给第三人作出约定的，共同承包成员的地位不能被继承，该地位是未征得其他成员同意不能移转的专属权利义务，因此，共同承包成员的地位，原则上不成为分立合并的一揽子承继对象。”

大法院 2013.12.12. 宣告 2011Du4282 判决

“如果提前给工会组织和劳动者说明公司分立的背景、目的和时间，承继雇佣关系的范围和内容，新设公司简介及业务内容等，并经过其谅解和协商的程序，则与承继业务相关的雇佣关系，即使未经劳动者同意，原则上也承继于新设公司。但是，如果公司分立是为了变相解雇劳动者等特殊目的，该劳动者可以自收到雇佣关系承继通知或者知道之日起，至社会一般理念上可以认可的相当期限内，作出反对雇佣关系承继的意思表示，并继续留在分立公司。”

第五节　股权的“一揽子”交换和移转

《韩国商法》第 360 条第 2 款规定，“公司……可以通过股权的一揽子交换成为持有其他公司发行全部股份的公司。在股权的一揽子交换过程中，成为全资子公司的公司股东持有的该公司股份，将在股权交换日移转到全资母公司，全资母公司向全资子公司的股东配发全资母公司为股权交换发行的新股”。根据上述规定，可以将《韩国商法》上的股权交换定义为，公司（成为全资母公司的公司，以下简称收购公司）为了持有其他公司（成为全资子公司的公司，以下简称对象公司）发行的全部股份，通过与对象公司股份与收购公司股份的“一揽子”交换，将对象公司的股份移转至收购公司，对象公司的股东接受收购公司的股份成为其公司股东的一种团体法上的行为。（股权交换发生前后的变化见图 7）

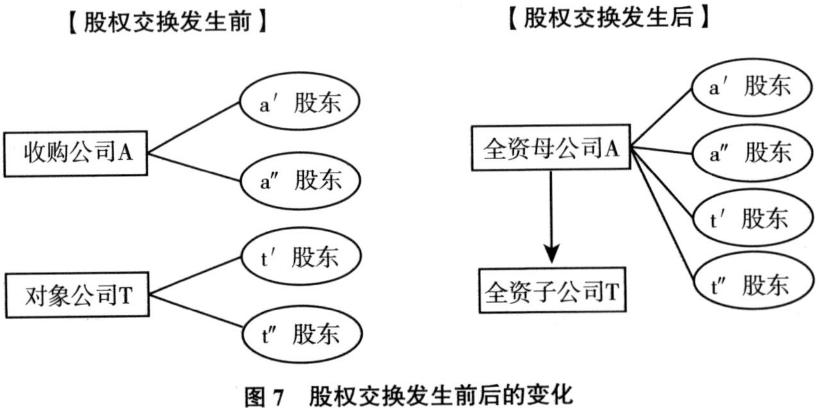

图 7　股权交换发生前后的变化

《韩国商法》规定引进股权交换制度之前，实务上已经开始使用股权交换这一用语进行各种交易。即为重组企业股权结构进行股权或股份的相互交换，或者实际发生互换效果的交易行为也可以属于“股权交换”。但是，《韩国商法》上的股权交换，则必须要符合特定的要件才可以进行，且只要满足股东大会特别决议等要件的情况下，整体股权不问股东个人的意思就强制性被移转，这与个体法上仅为交易的传统股权交换是有差距的。

《韩国商法》第360条之15将股权移转规定为“公司……可以通过股权一揽子移转，设立全资母公司，成为全资子公司。随着股权移转，成为全资子公司的公司股东所持有的公司股份，移转到全资母公司，全资子公司股东作为对价取得全资母公司为股权移转而发行的股份，成为全资母公司的股东”。根据此规定，《韩国商法》上的股权移转可以定义为，公司（成为全资子公司的公司，以下简称移转公司）将其股份“一揽子”移转设立另一公司（成为全资母公司的公司，以下简称新设公司），移转公司的股东取得新设公司配发的新股成为该公司股东的团体法上的行为。（股权转移发生前后的变化见图8）

股权移转从结果上看形成了全资控股公司关系。这一点虽然与股权交换相同，但是从为了创设全资控股公司关系而新设母公司（控股公司）这点看，与在原公司间创设亲子关系的股权交换是不同的。因此，公司设立是在股权移转之后，股权移转在新设公司进行设立登记时发生效力。

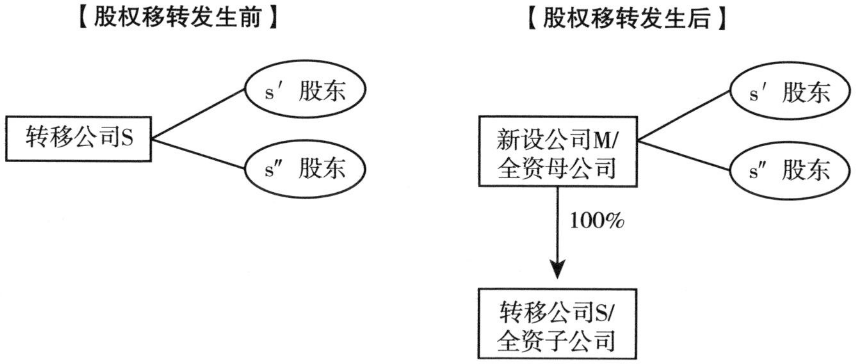

图8　股权移转发生前后的变化

QUESTIONS & NOTES

在上述股权交换图中，假设收购公司A除了股东a′、、a″ 之外还有债权人p，对象公司T有股东t′、t″ 之外还有债权人q。小股东t″ 对T公司的董事提起了股东代表诉讼。请回答下列问题。

Q1 试图将A公司和T公司作为同一经济体经营时，不选择合并这一更加完整的结合方式，而选择“一揽子”股权交换的理由是什么？

Q2 若A公司与T公司合并，则需要通过各公司股东大会的特别决议，且原则上应当赋予异议股东股份回购请求权。那么进行“一揽子”股权交换时，是否也有必要对各公司股东提供相同的保护措施？

Q3 若A公司与T公司间合并，则需要对各公司债权人p、q另外实施债权人保护程序。那么，公司实施“一揽子”交换时，是否也有必要对债权人提供相同的保护措施？

NOTE 《韩国商法》第360条之3第3款第4项，以作为股权交换时的代价除了交换新股（本公司股票）之外，还可以支付金钱及其他财产的规定，确定了交付金股权交换。与合并相比，无须经过债权人保护程序的股权交换中，在没有其他保护措施的情况下，允许交付金股权交换，这有可能引起争议。另外，同条第6款和第7款作为交付金股权交换的特殊形态规定了三角股权交换。即在上述案例中，作为股权交换对价支付的不是A公司的股份，而是A公司母公司的股份。在允许三角合并的前提下，则没有理由特意去禁止三角股权交换。三角股权交换，并不是作为单独的交易，而是如上所述是可以作为实施逆三角合并的中间阶段来灵活使用。

Q4 股权交换完成以后，t″ 持有的是T的全资母公司A的股权，不再是T的股东。此时，t″ 对T公司董事提起并进行中的股东代表诉讼应如何处理？t″ 对T公司所提起的请求确认股东大会不存在或者取消股东大会诉讼又应如何处理？

NOTE 在与前述的小规模合并、简易合并类似要件的前提下，小规模股权交换、简易股权交换也可以得到法律上的确认。即在上述案例中，A公司为进行股权交换所发行的新股或者移转的本公司股票总数不超过A公司发行股份总数10%的情况下，原则上可以由A公司董事会决议替代A公司股东大会决议（小规模股权交换，第360条之10）。不仅如此，由T公司全部股东同意或者A公司持有T公司发行股份的90%以上的情况下，也可以由A公司董事会决议替代A公司股东大会决议（简易股权交换，第360条之9）。

【参考判例】

大法院2016.7.22.宣告2015Da66397判决

原告向被告公司（外汇银行）提起了请求股东大会决议不存在及取消诉讼，而诉讼进行过程中，被告公司和Hana金融控股之间实施了股权交换。其结果原告成为被告公司全资子公司Hana金融控股的股东，并丧失了被告公司股东地位。大法院驳回了原告的诉讼请求。(1)对于股东大会决议不存在之诉，法院认为股份公司的股东作为股权所有人与公司经营存在利害关系。但与公司的财产关系仅是单纯的事实、经济层面的普通或抽象的利害关系，而不是具体的或者法律上的利害关系。因此，即使本案股东大会决议被确认为不存在，基于本股东大会决议的股息全部返还给被告，从而有利于被告的全资母公司Hana金融控股的情况下，Hana金融控股股东作为原告可以得到利益也只是事实、经济层面的，所以不能确定原告具有请求确认本案股东大会决议不存在的法律利益。(2)对于股东大会决议撤销之诉，大法院认为“股东大会决议撤销之诉正在审理时，如果原告失去其股东地位，则根据《韩国商法》第376条丧失了作为当事人的资格，即使原告丧失股东地位是违背本人意愿的结果，也不能另外对待”。

Q5 使用“一揽子”股权移转制度的理由是什么?哪一类型的公司在无实质变更的前提下,有设立全资子公司的需要?

第六节 相关问题及综合归纳

一、股份回购请求权

对股份公司发生合并等重要事项,《韩国商法》规定了异议股东的股份回购请求权。异议股东股份回购请求权可以控制多数派股东或者经营者的机会主义行为,给少数派股东留出退路,防止事前进行单方面的设定价格乃至驱逐等行为,进而起到保护小股东股份价值的作用。

《韩国商法》第522条之3规定,反对公司合并的股东行使股份回购请求权,应当在认可合并事项的股东大会召开之前,以书面通知反对合并决议的意见。向公司通知反对意见的股东,应当在股东大会决议之日起20日内(回购请求期间)向公司提出股份回购的书面请求。

大法院认为股份回购请求权是形成权,异议股东提出股份回购请求,买卖合同即可成立(大法院2011.4.28.宣告2010Da94953判决)。所以,异议股东行使回购请求权之后,未经公司同意一般不得撤回。即使在交易对价发生纠纷无法确定交易金额的情况下,上述买卖合同自回购请求之日起2个月以后就应当视为履行期开始[1](参见上述大法院判决)。根据《韩国商法》第374条之2第2款规定,公司应当在回购请求期间结束之日起2个月内回购股份。适用该理论,只要是异议股东实施了该行为,在上述履行期间届满之后公司则要承担迟延履行责任。

另外,在实务中常见的是,对于行使股份回购请求权之后,在收购价格存在争议的情况下,公司在支付股份收购对价之前请求回购人仍然持有股东身份,并认可其行使表决权。异议股东在追究公司迟延履行责任的同时,行使其作为股东的全部权利,对于股东来说是双重收益。[2]

〔1〕 根据2015年修订的《韩国商法》第374条之2第2款规定,不是从回购请求之日起,而是回购请求期间(股东大会决议之日起20日)结束之日起经过2个月之后履行期间开始。

〔2〕 详细内容参见[韩]鲁赫俊:《关于行使股票认购请求权之后的法律关系的研究:以反对合并的股东为中心》,载大韩律师协会《人权和正义》2016年第461号。

【判例 91】- 股东的回购请求权、回购价格(大法院)

大法院 2006.11.24.2004Ma1022 决定[1]

QUESTIONS & NOTES

Q1 根据《韩国商法》(或者《韩国资本市场法》)的规定,赋予股份回购请求权的情形有哪些?需要通过股东大会特别决议的重要行为中,如对反对章程变更的小股东不赋予股份回购请求权的理由是什么?

Q2 学者们还提出,股份回购请求权意味着返还出资。因此,在债权人保护的立场上,应该严格规定其行使要件。在上市股票等可以通过市场变现的情况下,存在无须认可股份回购请求权的观点。公司负有庞大债务时,是否也可以认可股份回购请求权?

【参考判例】

大法院 2006.11.23.2005Ma958、959、960、961、962、963、964、965、966 裁定

本案是反对大宇电子股份公司企业转让的股东行使股份回购请求权的案例。事件发生时,大宇电子股份公司负有数兆韩元的债务,并每年承担着约 5000 亿韩元的金融费用(译者注:金融费用是指长短期贷款和债券产生的利息费用)。大法院将大宇电子的每股净资产额确定为 0 韩元,每股市价确定为 408 韩元(企业转让决议之日前 5 个月的退市整理期间形成的平均交易价格)之后,算术平均得出了 204 韩元的股份回购价格。

Q3 韩国现行法上,上市公司与非上市公司股份回购请求权行使要件及价格确定方式有哪些不同?法院是否可以不按照《韩国资本市场法》第 165 条之 5 第 3 款、《韩国资本市场法施行令》第 176 条之 7 第 3 款的方式计算回购价格?

【参考判例】

大法院 2011.10.13.2008Ma264 决定(回购价格决定申请)

本案是反对合并的股东提出股份回购请求的案件。涉案公司是上市公司,公布合并(2004 年 1 月 13 日)以前,从 2001 年 4 月 16 日开始进入公司重整程序,并被列入有价证券市场的管理对象。原审法院认为,难以用市场价格确认本案股权的客观交换价值,于是援用旧《韩国证券法施行令》第 84 条之 9 第 2 款计算出每股市价(2593 韩元),按照算术平均计算出每股净资产价值(9053 韩元),然后计算回购价格。大法院认为,"即使需要基于股票的市场价格计算回购价格,法院也不是必须要适用旧《韩国证券法施行

---

〔1〕 事实关系及判决内容,参见上述【判例 56】。

令》第84条之9第2款第1项规定的方法之一去计算回购价格……”但是，“判断认为该上市股票是尚未在有价证券市场形成交易的股票，或者受价格操纵等妨碍市场机能的不正当手段的影响等，无法反映该上市法人的客观价值的情形下，可以排除市场股价，或者结合股票的市场价格，综合考虑反映净资产价值或者收益价值等其他评价因素，计算出符合该法人的情况或者行业特征等的公正价格。但是，不能仅以股票的市场价格与基于净资产价值或者收益价值计算出的价格存在一定差异为由，就去断定该市场股价无法反映上市法人的客观价值”。大法院撤销了原审判决。即实际上采取了旧《韩国证券交易法施行令》的计算方法。

首尔高等法院2016.5.30.2016La20189、20190、20192裁定（三星物产股份回购请求权案）

这是反对与第一毛织合并的三星物产的部分股东提起股份回购请求权的案件。根据资本市场相关法规，三星物产以董事会决议前一天的市场价格为准，提出了每股57，234韩元的回购价格，一审判决认为该价格合理。但是，上诉审法院则认为该市场价格未能反映三星物产的客观价格。作为理由，法院提出：①从三星物产控股股东的角度考虑，推定三星物产的股价低才可以受益。所以，对三星物产的业绩不佳可能是控股股东为其利益故意所作，这一怀疑具有合理性。②考虑到三星物产的最大股东国民年金公团在董事会前后的投资动态等情况，难以排除国民年金公团是根据正当的投资判断而出售股份的怀疑。③三星物产的股价已受到预测三星物产合并的影响，对股价不利。作为替代方案法院提出将第一毛织上市前一日2014年12月17日作为基准日。其理由是，在上述时间具体确定了合并可能性，可以排除合并的影响。如果以上述的12月17日为准，则根据《韩国资本市场法施行令》第176条之7第3款规定计算出的66，602韩元是合理的。本案是目前大法院正在审理的再上诉案件。

Q4 小股东行使股份回购请求权，应当(i)在召开股东大会之前，书面告知反对意见，[1](ii)如果股东大会表决通过该事项，(iii)则在决议之日起20日内书面提起回购请求。对公司所提出收购价格公正性存在质疑的，根据现行法的规定可以采取哪些措施？

Q5 异议股东与公司对股份评估价格发生争议的，可以请求法院确认。但是，直到法院最终作出决定也可能需要数年的时间。此时，是否还需要支付企业转让及合并等股权回购请求事由发生之日起到支付收购对价之日为止的迟延支付利息？公司可以通过何种方式避开支付迟延利息的风险？是否可以找出异议股东先收取公司提出的评估价额，之后通过诉讼再追偿与自己所主张价额之间差额的方式？

〔1〕 但是，首尔高等法院2011.12.9.2011La1303裁定认为，公司不通知股份回购请求权的内容及行使方法的情形下，异议股东即使没有在股东大会之前出具书面反对意见也可以行使股份回购请求权。

【参考判例】

大法院 2011.4.28. 宣告 2010Da94953 判决(国际金融公司案)

大法院认为,"从《韩国商法》第374条之2第1款至第4款规定的宗旨,既规定反对企业转让的股东的股份回购请求权的目的来看,赋予异议股东的回购请求权是形成权,与公司承诺无关,其权利的行使就意味着合同的成立,且《韩国商法》第374条之2第2款规定'公司接到股份回购请求之日起2个月'应是对股份回购款支付义务的履行期间的规定。不仅如此,这一理论是即使在上述2个月内股份回购价格未能确定的情形下也是相同的"。

大法院 2011.4.28. 宣告 2009Da72667 判决(恩平广播迟延履行金支付纠纷)

本案为上述【判例91】的后续案件,是反对合并的恩平广播股东向(2004年7月2日吸收合并恩平广播通讯的)DreamCity提出履行原恩平广播通讯所承担的股份回购款及迟延损害金的支付义务。虽然在2006年末上述【判例91】就已经确定了回购款,大法院认为"2001年5月16日原告就已经向被告行使了股份回购请求权,但是被告未在2个月的收购期限内支付股款,因此,从2001年7月17日开始,被告应当支付迟延履行的迟延损害金"。其理论依据与同一天做出的上述国际金融公司案的判决是相同的。

首尔高等法院 2011.12.9.2011La1303 决定(大法院确定 终止审理)

本案事实关系如下:甲股份公司向股东发出了没有明示反对股东股份回购请求权相关内容和行使方式的会议通知,并召开了临时股东大会通过了合并决议。召开股东大会之前,公司未以书面形式通知对合并持反对意见的股东丙,丙对上述案件放弃行使权利之后,又在股东大会决议之日起20日内向甲公司发出内容证明文件,要求行使股份回购请求权。法院认为,《韩国商法》第530条第2款援用的该法第374条第2款规定的股份回购请求权是为了保护反对合并等事项的小股东。对于一般股东,公司在发出股东大会召集通知时,如果事先不告知股份回购请求权的行使方法等内容,就很难行使该权利。且商法规定异议股东在召开股东大会之前书面告知公司其反对意见的目的是为了让进行合并的公司提前掌握反对情况,并为股东大会决议作准备。考虑到这些因素,如果甲公司未对《韩国商法》第374条第2款规定的股份回购请求权内容和行使方法作出相关通知,则丙即使没有在股东大会前以书面方式告知公司反对意见,也没有在股东大会上明确表明意见放弃其权利,也可以行使股份回购请求权。

Q6 在韩国，主要在非上市公司出现回购价格的计算问题。在下述案例中，回购价格的计算应适用哪一标准？

（1）协同效益：A 公司公布吸收合并 B 公司之前，A 公司的公正价格是每股 10,000 韩元。考虑到合并的协同效益，预计合并后 A 公司股票的公正价格为 15,000 韩元。对 A 公司应支付给反对合并的小股东的价格是多少？

（2）控股权溢价：如上述案例，A 公司在合并 B 公司之前，已经向 B 公司大股东以包括控股权溢价格的高价（28,633 韩元）收购了多数股份（69.85%）的，是否需要向 A 公司的异议股东按照上述交易价格支付股权回购款？上述案例所采取的，以控股权溢价为理由，一律扣除 30% 的方法是否恰当？

（3）非上市公司股票交易价格确定为 10,000 韩元的情况下，小股东可否以非流通性导致评估价格（minority discount）低于实际价格为由，请求支付高于评估价格的股权收购价？

Q7 简化上述案例的事实关系来看，2001 年 1 月 31 日 DreamCity 以每股 28,633 韩元的价格收购了恩平广播（收购对象公司）69.85% 的股权，随后 DreamCity 的 100% 子公司与上述收购对象公司进行了合并。大法院认为，上述 28,633 韩元的价格中，扣除 30% 经营权转让对价后算出的 22,025 韩元基本上是公正价格。从认为需要排除企业结合协同效益的传统观点来看，能否视为 2001 年 1 月 31 日 DreamCity 取得 70% 股权时已经发生了实质性的合并。即 DreamCity28,663 韩元的回购价格是在恩平广播每股 20,000 韩元的价格上加算每股 3000 韩元的协同效益及每股 5633 韩元的经营权转让对价的价格，对此应如何看待？

【参考判例】

大法院 2010.7.22. 宣告 2008Da37193 判决（分立合并无效等）

本案是关于在召开股东大会决议分立合并协议事项时，遗漏了向小股东发出召集通知，进而剥夺了小股东股份回购请求权行使机会的案件。此项事实，是否可以成为分立合并无效事由？股份回购请求权是赋予股东回收投资资本的权利，但是考虑到提起分立合并无效之诉的股东已经出售其所持有的股份并回收了投资资本，并且将分立合并无效也不利于当事公司和股东等因素，裁量驳回了原告的请求。

二、驱逐小股东制度

（假设的驱逐小股东事例）收购对象公司 T 除了控股股东 t 之外，还有多数的小股东。收购公司 A 计划与 t 签订协议，约定收购 T 公司时尽量以现金收购小股东所持有的 T 公司股份，试图排除小股东对公司的直接或间接干预。对此，部分小股东公开宣称要继续持有 T 公司股份。

Q1 收购公司通过驱逐对象公司小股东的方式，可以取得何种效果？相反，小股东的主张，即适用市场交易价格的现金补偿方式不足的理由是什么？

Q2 可否适用前述的“一揽子”股权交换、现金合并等方式，达到驱逐小股东的目的？或者可否在进行合并之前，采取 T 公司控股股东 t 主导对其小股东进行除名的方法（类推适用《韩国商法》第 218 条第 6 款、第 220 条）？

【参考判例】

大法院 2007.5.10. 宣告 2005Da60147 判决

大法院认为，股份公司不适用股东“除名”。即《韩国商法》虽然对人合公司作出股东除名规定（该法第 218 条第 6 款、第 220 条、第 269 条），但是对股份公司却没有作出该规定，这是因为股份公司的特征不是以人的结合而是以资本结合为本质的资合公司。“即使存在公司的股东是由有限的小股东或者以股东之间的信赖关系为基础构成等情况，也不能仅凭这些就可以将属于人合公司的合名公司、合资公司成员除名相关规定类推适用于属于资合公司类型的股份公司。且即使是为防止发生于公司或者股东等的利益受到重大损害的目的，公司在其章程或者内部规定中规定股东间发生纠纷时，将某一股东除名并由公司返还其出资等内容。除法定事由之外，这种规定违反了《韩国商法》第 341 条禁止取得本公司股票的规定。所以，规定股东除名并让公司返还该股东出资等内容的章程或者内部规定，违背了股份公司为资合公司的本质，同时也违反了《韩国商法》中禁止取得本公司股票的规定，该内容无效。”

首尔东部地方法院 2011.8.16. 宣告 2010GaHab22628 判决（NDoors 减资无效案，大法院确定）

A 公司收购游戏开发公司 NDoors 之后，强行以 10,000：1 的比例进行了并股减资，其过程中未能取得分配新股而被驱逐出公司的小额股东提起了减资无效诉讼。法院认为，公司是为了节减股东管理费用、提高经营效率的目的，进行了并股减资，并缩减了股东人数。因此，不能确认该行为是权利滥用或者违反诚信原则的行为。

Q3 《韩国商法》第 360 条之 24 规定了控股股东的出让请求权（译者注：挤出权，Controlling Shareholder's Right of Squeeze-out），该规定为保护小股东采取了哪些措施？

《韩国商法》赋予了持有收购对象公司（T）发行股份 95% 以上的控股股东强制收购小股东持有股份的权利（同法第 360 条之 24）。英国法律规定，多数股东同意公开收购的情形下（排除公开收购人所持有股份之外的剩余公开收购对象股份中的 90%），可以强制收购剩余股份（compulsory acquisition），[1]与此相比，《韩国商法》则没有对这一强制要件作出规定。现行《韩国商法》的这种立法态度与《德国股份公司法》第 327 条非常相似。上述 95% 比例的计算，控股股东持有发行股份总数 50% 以上的公司所持有的股份，也合并计算到控股股东的股份中。大法院根据该条款合计计算了控股股东（t′）所持有的股份和对象公司（T）持有的本公司股份，并以此判断是否符合 95% 的持股要件（大法院 2017.7.14.2016Ma230 决定，该案是与《韩国商法》第 360 条之 25 规定的小股东回

〔1〕 参见 2006 年《英国公司法》第 979 条、第 980 条。

购请求权相关的纠纷，但是其原理与控股股东挤出权相同）。如此看来，控股股东通过让对象公司用公司资金收购股权的方式，就可以满足 95% 的持股要件，而这是不合理的。《韩国商法》第 360 条之 24 第 2 款规定的目的是为了合并计算受控股股东控制的另一子公司等持有的对象公司股份和控股股东持有股份，而不是意味着要将对象公司的本公司股票视为控股股东所有份额。计算 95% 的持股要件时，需要从分母和分子，即发行股份总数和控股股东持有股份数中扣除对象公司持有的本公司股票。

控股股东进行强制收购时，除了上述持股要件之外，还需要满足下列要件。第一，需要符合公司经营目的（《韩国商法》第 360 条之 24 第 1 款）。常见的问题有小股东提起的股权滥用，过多的股东大会相关费用等。如果对经营目的进行限制性认定，则会降低制度的实用性。

第二，应当在事前召开股东大会，由控股股东对收购内容进行说明，并取得股东大会决议通过（《韩国商法》第 360 条之 24 第 3 款）。从抑制控股股东滥用强制挤出权的观点考虑，其实效性是受限制的。控股股东可以参加该股东大会行使表决权。所以，难以期待股东大会作出否决相关决议事项的可能性。

符合上述要件的控股股东可以向小股东行使股东挤出权，而小股东应当在 2 个月内向控股股东出售股权（《韩国商法》第 360 条之 24 第 6 款）。就交易价格未能达成协议的，与股权回购请求权相同，应当由法院根据公司的财产情况及其他情况，计算公正的价格（《韩国商法》第 360 条之 24 第 9 款）。下级法院的判决中，还有认为①不可以将控股股东所获利益及小股东所受损害作为计算价格的单独要件反映，②价格计算的基准日原则上是控股股东的回购请求权日，但也可以将股东大会决议日作为基准日（首尔高等法院 2016.8.26.2015La694、695、696 裁定，三星资产管理案）。股权移转于支付交易金额后成立。

同时，《韩国商法》还规定了相应的小股东收购请求权。根据第 360 条之 25 规定，上述控股股东所在公司的小股东可以向控股股东提出收购其所持股份的请求。计算价格的程序和股权移转成立时期，与控股股东挤压权相同（《韩国商法》第 360 条之 25 第 4 款、第 5 款，第 360 条之 26）。

【参考判例】

大法院 2017.7.14.Ja2016Ma230 决定

各持有股份公司 CDNetworks0.0414%，0.0066% 股的两个小股东（申请人）根据《韩国商法》第 360 条之 25 向大股东（被申请人）提出请求收购持有股份。申请人主张，发行股份总数 143，000，000 股中，(i) 被申请人直接持有的 12，149，768 股（84.96%）之外，(ii) 根据《韩国商法》第 342 条之 2 第 2 款，子公司 CDNetwork 所持有的本公司股票 1，879，468（13.14%）应认定为是被申请人持有。因此，被申请人是合计持有 98.1% 股份的控股股东。大法院认为，“就子公司的小股东根据《韩国商法》第 360 条之 25 第 1

款规定，对母公司提出股权回购请求的，是否可以将母公司视为控股股东的问题，《韩国商法》第360条之24第1款仅规定了计算持股比例时，以公司的发行股份总数为准的内容，未对发行股份总数作出限制。因此，子公司的本公司股票也应当包括在发行股份总数之内。并且，《韩国商法》第360条之24第2款虽然规定有计算持股数量时需要合并计算母公司和子公司所持有的股份，却没有规定排除子公司持有股份。所以，子公司所持有的本公司股票应当合并计算到母公司持有股份中"。大法院支持了申请人的主张。〔1〕

三、杠杆收购(Leveraged Buyout，LBO)

LBO，是指"利用收购对象公司(T)企业价值筹集大部分收购资金的企业收购"方式，并可以分为以下三种类型。〔2〕

1. 提供保证/担保型：T保证收购公司为筹集收购资金所承担的债务或者为其债务提供担保的方式。

2. 合并型：收购公司通过合并T，将T的财产作为收购公司筹集收购资金所承担债务责任财产的方式。

3. 分配型：用分配股息/有偿增资/收购本公司股票等方法，将T的财产分配给收购公司，用于偿还收购公司为筹集收购资金所承担债务本金的方式。

提供保证/担保型中，收购公司不履行债务时，T可能会承担保证债务的履行或者履行担保义务的风险。特别是收购公司作为特殊目的公司(special purpose company，SPC)只持有T发行的股份时，如果该股份价值跌落，T则无法通过保证债务或者行使依据所提供担保的追偿权进行回收，这与承担收购公司债务发生相同的效果。合并型是随着收购公司债务成为合并后存续法人的债务，T的财产成为收购公司所负担债务的责任财产。分配型是T的净资产减少，特别是T通过新的贷款筹集有偿增资/分配股息的财源之后，如果由受其有偿增资款/股息的收购公司来偿还自身债务，则会发生收购公司的债务转换为T公司债务的效果。

大法院认为，提供保证/担保型LBO构成背任罪(大法院2006.11.9.宣告2004 Do7027判决、大法院2008.2.28.宣告2007Do5987判决)。但是，在收购对象公司T的100%股权的同时，以T的财产提供担保的案件中，曾有否定T董事背任罪的故意性的案例(大法院2015.3.12.宣告2012Do9148判决)。另外，对于合并型，在为了收购企业集团所属公司T而设立了SPC作为子公司，让其取得T发行的股份后，SPC与母公司进行了合并的案件中，法院否定构成背任罪(大法院2010.4.15.宣告2009Do6634判决)。此外，对于

〔1〕但是，本案中，如果按照本书的观点采取从分母、分子排除本公司股份的方法，也可以确认被申请人95%股权。即，将本公司股票从分母、分子中除掉，则本案被申请人的持股比例就是97.82%[100X12，149，768/(14，300，000-1，879，468)]。

〔2〕关于各种类型的详细内容，参见[韩]千景壎：《LBO判决的公司法意义：董事应当保护谁的利益？》，载*Justice* 2011年第127号。

分配型，即使是因为有偿增资和股息等原因导致了积极财产的减少，也不过是股东行使权利的结果，不能视为公司受到了利益损害，进而法院作出了否定构成背任罪的判决（大法院 2013.6.13. 宣告 2011Do524 判决）。

【参考判例】

大法院 2006.11.9. 宣告 2004Do7027 判决

“如果发生无法偿还主债务的情况，被收购公司则要承担失去所提供担保财产的风险。收购人未对被收购公司提供任何相应的对价，而任意地以被收购公司的财产提供担保，这是收购人或者第三人取得相应的财产利益的同时造成被收购公司财产损害的行为……。即使被告人持有为被害人本人利益考虑的意图，但这也只是附带的，如果判明得利或者加害的意思为主的话，则应当视为存在背任罪的故意。……不能说可以无限制地为收购人提供担保，而是在收购人支付被收购人因上述担保可能承担的风险对价等条件下，才可以被允许。……如果收购人未向被收购公司提供任何相应对价的情况下，任意地将被收购公司财产作为担保提供的，应当视为使收购人或者第三人取得了担保价值相应的财产利益，同时，给被收购公司造成了财产损失。”

大法院 2008.2.28. 宣告 2007Do5987 判决（与大法院 2006.11.9. 宣告 2004Do7027 判决同一纠纷的再上告审判决）

被告人的最高额抵押权设置行为，是为了自己成立收购公司，在收购对象公司的过程中筹备所需资金，其是以取得个人利益为目的。因此，无法断定被告的该行为符合经营判断原则，并且该行为不能认定为没有背任的故意。

大法院 2010.4.15. 宣告 2009Do6634 判决

“所谓的差额收购或者 LBO（Leveraged Buy–Out），不是相同含义的法律概念。一般来说，它是作为收购企业资金的相当一部分，用被收购公司的资产为企业收购资金的相当一部分作担保，或者以被收购企业的相当部分资产作为偿还条件而借入资金来充当收购资金的企业收购方式，这是一揽子性的经济学用语。在实际交易中，其具体形态是多种多样的。对于这种杠杆收购，不能因为没有相关规定就一律断定为主导杠杆方式的企业收购相关人的背任罪的成立或者不成立。背任罪的成立与否应当依据进行杠杆收购过程中的行为是否符合背任罪的构成要件进行个别判断。

原审对公诉外股份公司 6 收购合并公诉外股份公司 1 的过程作出与其判决相应的事实认定后，认为这与直接将被收购公司的资产作为担保提供的收购方式不同，且上述合并的实质或者程序不存在瑕疵等情况。原审判决认为公诉外股份公司 1 的利益没有受到损害。”

结合事实记录及相关法理，可以认为原审的上述判断是合理的。不存在上告理由中所主张的关于合并型杠杆收购中构成背任罪的法律适用上的错误。

大法院 2013.6.13. 宣告 2011Do524 判决

"原审法院认为，即使通过被告人 2、3 作为公诉外公司 2 的董事所进行的有偿增资及利益分配导致积极财产减少，这也只是根据韩国宪法及商法等法律保障的私有财产制度、意思自治的原理股东行使其所有权利的结果而已；且进行有偿增资时，考虑到公诉外公司 2 的经营利益或者资产规模等，难以看出公诉外公司 2 的债权人因有偿减资程序上的瑕疵受到了损害；不仅如此，考虑到每股减资返还金额和公诉外公司 2 的可分配利益，难以判断本案有偿增资及利益分配使公诉外公司 2 的股东取得利益，而给公诉外公司 2 造成利益损失……。结合相关法理来看，原审的上述判断合理，并且不存在上告理由所主张的在杠杆收购中构成职务背任罪、职务背任罪的损害或者有偿增资和利益分配等相关法理的错误，不存在违反伦理和经验法则进而导致事实认定上的违法等情形。"

大法院 2015.3.12. 宣告 2012Do9148 判决（OnSe 通讯 LBO 案）

这是收购对象公司 100% 股权时形成的杠杆收购案件。本案公诉事实的主要内容如下：收购公司（A）收购进入公司重整程序的股份公司 OnSe 通讯（T），在 T 公司重整程序结束时，在 T 公司所有房地产及销售债权上设定担保，以此方式筹集了收购款 460 亿韩元。A 公司通过收购 T 公司成为 100% 股东，作为 A 公司法定代表人的被告人就任 T 公司法定代表人之后公司整理程序结束。被告人根据前述约定将最高债权额定为 587 亿韩元，并将 T 公司的房地产及销售债权作为担保提供给了 A 公司的债权人。同时，A 公司从银行获得短期贷款 950 亿韩元，用于支付 T 公司发行的相当于 834 亿韩元的可转换债券的一部分资金，而 T 公司在公司整理程序结束后，从上述银行取得了 834 亿韩元的长期贷款提前偿还了可转换债券，A 公司则用该偿还资金偿还了自己的银行借款。同时，T 公司出售办公楼，并偿还了上述长期贷款。

本案的一审认为（首尔中央地方法院 2012.1.5. 宣告 2011GoHab680 判决）被告人构成背任罪。但是上诉审（首尔高等法院 2012.7.5. 宣告 2012No268 判决）以无法认定 T 公司的损害及被告人的背任犯罪意识为由，宣告被告人无罪。大法院也举出上诉审所指出的部分内容，认为难以确认被告人在以 T 公司资产作为担保提供，或者提前偿还可转换债券的过程中存在使 A 公司得利并给 T 公司造成损害的背任罪故意。具体依据为：①在收购 T 公司的过程中，大量投入了 A 公司内部留成资金或者通过 A 公司的有偿增资及发行可转换公司债等方式自己筹集了资金。因此，与收购人对被收购公司不提供任何相应对价，任意将被收购公司的资产作为担保提供的情况存在根本差异。②A 公司将 T 公司的已发行股份全部注销，并取得 100% 新股成为 T 公司的一人股东，因此，A 公司和 T 公司的经济利害关系已形成一致。③A公司被指定为T公司的优先协商对象之后，于2006年5月23日与T公司签订本案投资协议时，就已经以与T公司的合并为前提对收购协议进行协商，2006年10月2日对外公告合并计划书后，2007年11月12日吸收合并T公司，以此形成了法律上的同一人格体，而且也无法找到此类收购合并的实质或者程序存在瑕疵的部分，按照上述合并效果，作为收购人的A公司和T公司的财产融为一体。所以，合并前已形成的以T公司资产提供担保产生的负担乃至损害，直接归结到了A公司。

四、综合归纳

这一章围绕着企业组织的多种重组手段产生的主要问题进行了探讨。而这些重组方式都各自具有优点和缺点，需要在具体案例中找出适当的解决方案。因此，我们需要正确掌握各个方式之间的区别。为帮助理解相关知识点，在下列附表中对内容进行了比较归纳。分散型重组还涉及如何选择不同重组方式的问题，但是这里我们主要讲述实践中存在问题较多的结合型重组。

首先，对合并、企业转让、“一揽子”股权交换和股权受让给收购公司带来的影响进行整体比较分析。表23以交易对价为准，将其内容分为股权型和现金型。现金合并（交付金合并）和现金股权交换（交付金股权交换）都是《韩国商法》所规定的交易形态。

表23　股权型重组与现金型重组（收购公司的视角）〔1〕

交易对价	交易的法定类型	收购公司股东的控股权稀释	资产融合	负债的“一揽子”承继	是否需要通过收购公司股东大会决议	是否需要赋予收购公司股东股份回购请求权
股权支付型	合并	○	○	○	○（小规模合并除外）	同左
	企业受让（企业现金出资）	○	○	×	○（小规模合并除外）	同左
	股权的“一揽子”交换	○	×	×	○（小规模合并除外）	同左
	控股权受让	○	×	×	×	同左
现金支付型	合并	×	○	○	同股权交付型	同左
	企业受让	×	○	×	同股权交付型	同左
	股权的“一揽子”交换	×	×	×	同股权交付型	同左
	控股权受让	×	×	×	同股权交付型	同左

〔1〕参见［韩］尹荣信:《本公司股票的合并对价计算问题和重组交易上股东大会承认要件的再整理方案》，载韩国商事法学会《商事法学研究》2007年第26卷第2号。

其次，在通过资产或者股份的单独移转实现企业结合方面，企业转让、资产转让、股份转让、合并四种方法非常相似。所以，在计划实施这些交易时，需要对这些交易类型进行比较并作出选择。当然这种区分并不是绝对的，还可以以设立特殊目的公司（SPC）等方式转换成多种形态。（见表24）

表24　企业转让、资产转让、股权转让、合并〔1〕

争议焦点	企业转让	资产转让	股权转让	合并
转让对象	对象公司的全部或部分企业资产（可以排除特定的资产和负债）	对象公司有形、无形资产的全部或部分（可以包括特定债务）	对象公司的股权——已发行股，新股或者已发行股和新股	对象公司整体
转让人（转让对价的受领人）	对象公司	对象公司	•已发行股：对象公司股东 •新股：对象公司	对象公司股东
收购对象公司的部分业务	可以	可以	不可以	不可以
股东大会特别决议	•需要 •例外 ——小规模企业受让（受让公司） ——不重要的部分企业资产转让（转让公司） ——简易企业转让（受让公司/转让公司）	•转让人（对象公司）：在导致经营的重要部分停止时需要	转让人（作为控股公司的公司）：该控股股权的转让导致控股公司主要经营部门停止的情形时需要	•必要 •例外： —小规模合并（存续公司） —简易合并（消灭公司）
异议股东的回购请求权	需要经过股东大会决议时，认可	同左	同左	同左
单独协议/资产/负债的移转程序及对方的同意	需要，取得对方同意的情况较多	需要，取得对方同意的情况较多	不需要，但是，金融协议等要求导致经营权变动的股权转让需要事前同意的情况较多	不需要（有时根据协议规定需要事先取得同意）
债权人保护程序	不需要	不需要	不需要	不需要

〔1〕参见［韩］姜熙哲：《企业转受让的法律关系》，载首尔大学金融法研究中心 *BFL* 2009年第38号。

续表

争议焦点	企业转让	资产转让	股权转让	合并
偶发债务、账外债务等收购风险	可以通过指定收购对象的债务和负债的方式避免	可以通过指定收购对象的债务和负债的方式避免	不可避免	不可避免
对象公司批准许可的承继、收购	法律有规定的可以承继、收购。无其他规定，应由受让人重新取得	通常情况下，应由受让人重新取得	不影响收购对象原来取得的许可。根据法律规定，也有要求股东变更许可的情形	“一揽子”性承继（性质上不允许移转的除外）
税收及交易费用	• 转让人（对象公司） —对转让收益征税（“一揽子”性转让，特例：与合并税收相同） —个别转让费用 —退休金债务（可以由受让人承继） • 受让人 —取得税、登记税 —“一揽子”转受让的免附加税 —承担2次纳税的可能性	• 转让人（对象公司） —对转让收益征税（“一揽子”性转让，特例：与合并税收相同） —个别转让费用 —退休金债务（可以由受让人承继） —取得税、登记税 —征收附加税	• 转让人 —对转让收益征税（“一揽子”性转让，特例：与合并税收相同） —证券交易税（“一揽子”转让免除：与合并税收相同） —新股发行登记税（对象公司） • 受让人 —垄断股东的视同取得税	• 转让人（对象公司） —对转让收益征税（不适格合并时） —股东推定股利征税 • 受让人 —对转让收益征税（适格合并时，合并之后进行处分时递延征税） —缴税义务承继
累计亏损额在税务上应用	不可以	不可以	可以	可以
雇用关系的承继	对象公司的全部劳动者和雇用关系“一揽子”承继给受让人。劳动者可以提出异议，可以选择继续留在对象公司	通常情况下，劳动者的雇用关系不承继，劳动者单独与受让人签订协议形成新的雇用关系，实质上为企业转让的按照企业转让的规定	不影响原有的雇用关系。与解雇员工相关的问题由受让人承担	“一揽子”承继

第十章
CHAPTER 10

韩国公司法概要[1]

第一节 综 述

一、企业与公司

企业大致可以分类为公企业和私企业。公企业和私企业一般是以经济主体为基准划分的，国家或公共团体运营的企业是公企业，私人运营的企业是私企业。以前韩国一部分公企业作为政府的一个机关来运营（如铁道厅），这些企业慢慢地转化成公法上的公社或特殊法人，最近，随着公企业的民营化，一些公社转化成商法上的股份公司形态（如韩国中部发电）。

私企业可以分为共同企业和个人企业。在韩国，共同企业的形态大体上可以分为合伙型和公司型。合伙型企业形态有民法上的合伙（《韩国民法》第 703 条以下）、商法上的隐名合伙（《韩国商法》第 78 条以下）、商法上的合资合伙（《韩国商法》第 86 条之 2 以下）等。但是共同企业形态中对国民经济发挥重大作用的是商法上的公司。商法规定了合名公司、合资公司、股份公司、有限公司、有限责任等五种公司形态。这些公司形态的差异主要表现在股东对公司债务承担的责任不同。如表 25 所示，在韩国股份公司是占绝对多数的公司形态。与中国不同的是有限公司不那么重要。本书下面将主要介绍股份公司，对于其他公司形态仅作简要描述。

---

〔1〕 原著并没有第十章《韩国公司法概要》这部分。考虑到原著是为韩国本国的法学院学生和实务者创作的，外国读者直接进入的话，难免生疏。经译者代表提议，与作者代表金建植教授共同完成了这部分内容，供读者参考。

表 25　各种法人数量统计（2016 年）

公司形态	法人数量 / 个	百分率（%）
股份公司	560，639	94.8
有限公司	26，858	4.5
合资公司	3386	0.6
合名公司	—	0.1
合计	591，694	100

资料来源：韩国国税厅。
注：这部分统计资料里没有有限责任公司的原因是没有找到使用有限责任公司的记录。

二、公司法法源

各国根据自己的立法政策对商法范围作出了不同的设定。对于公司法部分，美、德、日、中等很多国家单独颁布了公司法典，而韩国关于公司的一般性法律规定，是在 1962 年 1 月 20 日制定、1963 年 1 月 1 日实施的《韩国商法》第三编。第三编是商法最重要、最庞大的部分，规定了公司组织和运营的基本事项。作为公司法法源，排在商法公司编之后的是 2007 年 8 月 3 日制定、2009 年 2 月 4 日实施的《韩国资本市场和金融投资业法》（以下简称资本市场法）。资本市场法对股票上市公司的财务作了很多特别规定。1980 年 12 月 31 日制定、1981 年 1 月 1 日实施的《韩国股份公司外部监查法》（以下简称外监法）对于公司会计非常重要。外监法强制规定一定规模以上的股份公司实施外部监查。另外，规定一般性竞争限制法的《韩国独占规制与公正交易法》（以下简称韩国公正交易法）也包含很多公司法的规定。代表性例子是关于控股公司、禁止循环出资等的规定。

三、公司法的基本概念和法理

（一）营利性

《韩国商法》规定公司是以营利为目的的法人（该法第 169 条）。因此，理论上完全不以营利为目的的纯粹非营利团体不能成为商法上的公司。这里说的营利是指公司不仅通过对外经营活动取得利益，还要将利益分配给其成员。是股份公司的，利益分配的形态可分为平时的利益分配（该法第 462 条）和清算时的剩余资产分配（该法第 538 条）。从概念上如果将营利性理解为是对股东的利益分配的话，营利目的可以视为是股东利益（或股东价值）最大化。

这种股东利益最大化可以适用作为公司机构全部行为的评价基准。即在公司的资金筹措、投资、合并、返还资金等全部议事决定中，判断董事是否遵守后面说明的善管注意义务和忠实义务时，可以将股东利益最大化作为基准。可是实际上在韩国，就像排斥考虑公司股东以外的利益一样，也很难找到认定这一原则拘束力的强有力见解。

（二）法人性和权利能力

《韩国商法》规定公司全部都是法人（该法第169条）。不仅股份公司和有限公司，具有强烈合伙性质的合名公司或合资公司也认定其法人人格。作为公司成员的股东，具有另外的独立权利义务主体的能力，即权利能力。因此，公司不仅以自己的名义持有资产承担债务，也可以成为诉讼当事人。但与自然人不同，公司的权利在几个方面受到限制。第一，《韩国商法》上的公司不能成为其他公司的无限责任股东（该法第173条）。第二，因解散处于清算中的公司，其权利能力仅限于清算目的范围内（该法第245条、第542条）。第三，关于公司的权利能力是否仅限于章程规定的范围内，虽然通说采取限制否定说，但判例采取了限制肯定说。大法院虽然采取了限制肯定说，但是大法院认为目的范围内的行为不限于章程明示的目的自身，与履行目的相关的全部直接、间接的必要行为也包括在内。其对章程目的条款的弹性解释实质上与采取限制否定说没有大的差异（大法院1999.10.8. 宣告98Da2488判决等）。

（三）法人人格否认法理

公司与股东具有相互独立的法人人格（《韩国商法》第169条）。可是，有时认定隔离公司与股东的法人人格这层壁垒反而可能会导致违反公平正义的结果。这时，漠视公司和股东的人为区别，允许将二者等同对待的法理，通常称之为“法人人格否认法理”。虽然在《韩国商法》上没有明示法人人格否认法理，但是在判例和通说上都予以肯定。适用法人人格否认的事实类型虽然具有多种形态，但典型的是下列两种类型。（1）实质上与个人企业一样运营的公司在破产时，债权人向公司背后的大股东追偿公司债务责任的。大股东有的是自然人，有的是公司。（2）面临破产状态的既存公司的经营人，以逃避债务为目的设立其他公司，继续相同的经营，破产的公司债权人向新设公司要求履行债务的。

第二节　股份公司的基本概念

《韩国商法》没有特别对股份公司作出定义。股份公司一般是指将由股东出资组成的资本金划分成均等的股份，股东依据认购的股份承担出资义务，对公司的债务不承担责任的公司形态。据此，有限责任、资本金、股份是构成股份公司的三个要素。下面解释股份公司几个重要的概念。

一、有限责任

股东的有限责任是指股东只以自己认购缴纳的股票价额为限承担责任，对公司的债务不承担责任(《韩国商法》第 331 条)。股东的有限责任不是从公司的法人人格理论上引申出来的，而是出于一种政策上的考虑而设定的。从股东有限责任延伸的问题是如何保护债权人的利益。《韩国商法》上规定的资本金制度、资本充实原则、债权人异议程序等就是为了保护债权人利益而设置的制度。在股东主张有限责任而违反公平正义原则时，法院会通过否认该法人人格来保护债权人利益。

二、资本金

依据股东的有限责任，股份公司能够给债权人提供担保的只有公司的财产。为了保护债权人的利益公司需要有充分的资产。资本金就是指为了确保公司的财产而设定的金额。《韩国商法》原则上规定除商法有其他规定之外，资本金是发行股份的额面总额(同法第 451 条第 1 款)。因此，原则上新股发行伴随着资本金的增加。过去曾有规定最低资本金为韩币 5000 万韩元的时期(2009 年修改前旧《韩国商法》第 329 条第 1 款)。规定最低资本金的宗旨是为了防止滥设财产基础不实的股份公司，诱使小规模公司不采取股份公司形态。可是对此，也有最低资本金制度没有取得保护债权人的实际效果，反而成为公司设立的障碍要素的批判。因此，2009 年最终废止最低资本金制度。

过去对于资本金，广泛地认定了资本的确定原则、充实原则、不变原则这三个资本原则。在现行法上，除了资本充实原则外，其他原则都大幅褪色。

这里对资本充实原则作简单说明。资本充实原则是指在公司存续中要经常现实性持有与资本金相对应财产的原则。这一原则要适用于两种情况，(1)公司在设立和增资时，与资本金相当的财产要转移到公司;(2)公司在运营时，限制相当于资本金的财产流出公司之外。公司设立和增资时，资本充实原则具体化的制度是货币出资的全额缴纳和实务出资的全部履行(《韩国商法》第 295 条、第 305 条、第 421 条、第 425 条)、限制折价发行(同法第 330 条、第 417 条)、规制变形设立(同法第 299 条、第 310 条、第 313 条、第 314 条、第 422 条)等。另外公司运营时，资本充实原则具体化的制度有，限制可能分红利益(同法第 462 条)、限制取得本公司股票(同法第 341 条、第 341 条之 3)、法定准备金制度(同法第 458 条～第 461 条之 2)等。

三、股票和种类股

股份公司的成员——股东以出资额为基准，均等分割的份额就是股份。

《韩国商法》为了强化股份的流通性，规定了发行表示股票的有价证券，即发行股票(同法第 355 条第 1 款)。股票根据是否记载票面金额分为额面股和无额面股。额面股是指记载章程(同法第 289 条第 1 款)和股票(同法第 356 条第 4 款)1 股的金额(票面额)

的股票。现行《韩国商法》虽然规定可以发行无额面股，实际上几乎没有发行的例子，因此这里集中说明额面股。票面额（票面金额）应当是100韩元以上的均一金额（同法第329条第2款、第3款）。

原则上发行的股票内容是相同的。但《韩国商法》规定可以发行不同内容的股票，即可以发行种类股（《韩国商法》第344条）。在2011年修订《韩国商法》时，种类股指的是对公司的利益或剩余资产的权利不同的股份。权利不同是指对现金流分配的顺位不同，先顺位的是优先股，后顺位的是普通股。优先股可以分为可赎回股、无表决权股和可转换股。2011年《韩国商法》修订后允许发行更多内容的股票。《韩国商法》的这些变化具有以下特征：①明示对于现金流的权利不局限于顺位上的差异；②可以以多种方式限制表决权，允许优先股之外的股票；③可以发行多种可转换股和可赎回股。

开放发行种类股的根本原因是为了满足公司或投资者对资金和投资的各种需求。种类股的范围越大，公司在运营上的自治余地就越大。因此放开到哪种程度可以说是政策上的选择。对种类股的开放是发达国家的一种趋势。韩国2011年修订《韩国商法》时，正是顺应了这种趋势。但种类股还是排除了附拒绝权股、附高管任命权股、限制转让股等对并购和敌意收购能产生重大影响的新种股票。但种类股也不都是起肯定作用的。打破同股同权的原则，不同的股东利益集团会随之增加，调和这些股东集团的关系也将变得更加复杂。发行种类股的效用超过由此产生的费用时，这种发行就是合理的。

发行种类股不仅对认购种类股的股东产生影响，对现在和将来的股东也会产生影响，因此需要相关人事先了解影响的范围。这就需要将各种种类股的内容和数量记载于章程（《韩国商法》第344条第2款），由发起人或董事会在章程规定的范围内发行。

发行种类股公司的意思决定也主要集中在普通股股东的利益上。因此，保护种类股股东的利益就成为重要的问题。这个问题实际上一般是与优先股相关发生的，下面以优先股为中心进行说明。作为保护优先股的方法，特别重要的是由优先股股东构成种类股股东大会。《韩国商法》在保护种类股股东上，规定下列情况需要种类股股东大会的决议。第一，变更章程上记载的种类股内容损害种类股股东的（《韩国商法》第435条第1款）。代表性例子是减少章程规定的优先分红额。第二，公司在发生合并等变化时，给某种种类股股东带来损害的（《韩国商法》第436条）。

四、股票转让

股票原则上可以自由转让（《韩国商法》第335条第1款本书）。《韩国商法》针对十分重视股东个性的公司，规定在章程上可以限制股票的转让性。即“公司根据章程的规定，可以规定发行股票的转让需经董事会认可”（《韩国商法》第335条第1款但书）。限制转让的股票未经董事会认可转让的，对公司不发生效力（《韩国商法》第335条第

2 款）。这种商法上的限制转让只在小部分范围内予以认可，实际上进行的转让限制大部分是依据合同进行的。股东之间的股票转让限制约定“不是全面否定股东对投入资本回收的可能性，如果不违反公序良俗的话，原则上在当事人之间是有效的”（大法院 2008.7.10. 宣告 2007Da14193 判决）。

交付股票是股票转让的原则（《韩国商法》第 336 条第 1 款）。股票发行前的股票转让对公司没有效力（《韩国商法》第 335 条第 3 款）。现实中，有很多公司不发行票面，过去围绕股票转让发生了很多纠纷。因此，现行《韩国商法》规定在公司设立后或新股认缴日期后经过 6 个月，不发行股票的，允许转让（同法第 335 条第 3 款但书）。但是，这时因股票不存在，转让人和受让人之间除转让协议外，还需具备民法上的指明债权转让的对抗要件（大法院 2003.10.24. 宣告 2003Da29661 判决）。

五、股东与股东名册

股份可以依据交付股票这一简便方法自由转让（《韩国商法》第 335 条第 1 款、第 336 条第 1 款）。公司掌握真正的股东，让他们行使表决权或分红请求权等股东权利。但这样的话，公司的负担就会很大。《韩国商法》为了减轻公司负担，引入了股东名册制度。《韩国商法》规定转让股票未在股东名册上更名的，不得对抗公司（《韩国商法》第 337 条第 1 款）。因此，实际受让股票者在名义变更之前对公司不能行使股东权。公司对于没有完成名义变更的股票取得人是否允许其行使股东权，在过去是有争议的，最近经大法院全员合议体判决得出不得行使的结论（大法院（全员合议体）2017.3.23. 宣告 2015Da248342 判决）。公司让名义股东行使股东权的，对包括真正的股东或不是真正股东人免除责任。名义变更仅具有推定效力，不是合法持有人的，即使进行了名义变更也不能成为股东（大法院 1989.7.11. 宣告 89DaKa5345 判决）。

第三节　股份公司的设立

一、发起设立与募集设立

股份公司要经过几个阶段的组织程序，最终进行设立登记后成立。这些阶段有①制定章程；②确定股东；③股东出资；④设置经营机构；⑤设立登记。制定股份公司章程时发起人需记载下列内容：①目标；②商号；③公司发行股份总数；④发行额面股每股的金额；⑤公司设立时发行股份总数；⑥公司总部所在地；⑦公司公告的方法；⑧发起人的姓名、身份证号码、地址（《韩国商法》第 289 条）。

设立股份公司有两种方式，即发起设立和募集设立。发起设立时发行股份全部由发起人认购。募集设立时，发起人认购一部分股份，其余股份由募集的股东认购。下列表 26、表 27 显示了发起设立和募集设立的程序和在程序上的差异。

表 26　发起设立与募集设立的程序

	发起设立	募集设立
制作章程	发起人制作	发起人制作
确定股东	发起人认购	发起人认购＋要约与配置
公司财产的形成	全额缴纳	全额缴纳
机构组成	发起人选任	创立大会选任
设立经过调查	危险设立事项：向法院报告 一般设立事项：向发起人报告	危险设立事项：向创立大会报告 一般设立事项：向创立大会报告
设立登记	法定代表人	法定代表人

注：危险设立是指公司设立时章程存在危害公司资本充实原则和公司债权人的条款，以这些条款为基础进行的设立是危险设立。这些事项和相关发起人都需明确记载于章程（《韩国商法》第 290 条）。

表 27　发起设立和募集设立在程序上的差异

	发起设立	募集设立
认股	发起人	发起人和募集的认股人
缴纳股款	发起人指定金融机构和缴纳场所	认股要约书记载的缴纳场所
懈怠缴纳股款	无失权程序	有失权程序
创立大会	不存在	存在
选任高管	发起人选任	创立大会选任
危险设立事项	向法院报告	向创立大会报告
设立经过调查报告	向发起人报告	向创立大会报告
设立前章程变更	发起人全体同意，取得公证人新的认可	创立大会决议

二、虚假出资

实务上公司设立大部分是为了将既存经营项目公司化。这时，原则上采取实物出资的方式，但是为了回避实物出资程序上的负担，大部分采取首先以货币出资设立公司，然后向公司转让的方式。货币出资时，适用全额缴纳的原则（《韩国商法》第 295 条第 1 款、第 305 条第 1 款），因此即使是将既存经营公司化时也需要调动相当大的资金。结果是从外部调动必要的资金进行的虚假出资被广泛采用。学说上关于虚假出资私法上的效果是对立的。大法院一贯采用有效说（大法院 1983.5.24. 宣告 82Nu522 判决、大法院 2004.3.26. 宣告 2002Da29138 判决等）。将虚假出资看作有效的话，对于从公司账户引出资金偿还借入资金的法定代表人，应视为公司对其持有借款债权。依据过桥资金的虚假出资，私法上虽然有效，但是在刑事上，就使用从公司引出的缴纳资金偿还虚假出资股东的借入资金，而不是"为了公司"而使用的，《韩国商法》上按照虚假出资罪（第 628 条第 1 款）处罚。

三、变形设立事项

变形设立事项是指公司设立时，因发起人滥用权限而有毁损公司财产基础危险的情况之中《韩国商法》特别规定的事项。商法规定下列四种变形设立事项，要求在章程中予以规定(《韩国商法》第 290 条)。① 发起人的特别利益；② 实物出资；③ 收购资产；④ 设立费用和发起人报酬。其中存在问题特别多的是②和③。实物出资是指以货币之外的财产出资。收购资产是指发起人在公司设立之前与特定人约定在公司设立后受让特定资产(《韩国商法》第 290 条第 3 款)。收购资产的履行时间是公司设立之后，在资产转让人接受股票之外的对价这点上，虽然与实物出资有区别，但是从对资本充实可能有害这点上看，与实物出资类似，依据变形设立事项进行规制。

《韩国商法》规定的变形设立由下列要素构成。① 变形设立事项记载于章程，告知公司的利害关系人，变形设立事项未记载于章程的，视为无效(同法第 290 条)；②接受由法院选任的监查人的调查(同法第 299 条、第 310 条)，认定变形设立不当时，法院或创立总会可以变更章程规定的变形设立事项(同法第 300 条、第 314 条)；③募集设立的，变形设立事项要记载于股票认购书(同法第 302 条第 1 款第 2 项)，告知股票认购人。

将既存经营法人化的公司设立，虽然经常伴随实物出资，但是因现实上对变形设立事项的规制，大多采用先使用现金替代实物出资或财产收购，设立公司之后，再由公司收购既存经营的形态(同法第 375 条：事后设立)。

四、设立相关人的责任

设立股份公司的程序日渐考虑设立的简便，精简化是趋势。《韩国商法》一方面将设立程序精简化，另一方面对于设立相关人的错误处以刑罚(同法第 622 条、第 627～630 条等)和罚款(同法第 635 条)，同时追究严格的民事责任。公司设立的相关人包括发起人、董事、监事、监查人等。这里重要的是公司设立的主体发起人的民事责任。发起人承担①收购和缴纳的担保责任(同法第 321 条)；②职务懈怠的损害赔偿责任(同法第 322 条)；③公司设立不成立时的设立费用和缴纳股款的返还责任(同法第 326 条)。

五、设立无效

股份公司设立后会形成各种复杂的利害关系，如果以设立过程中存在瑕疵为由轻易宣布设立无效的话，就会使已经形成的法律关系处于不安定状态。《韩国商法》针对这种情况作了下列特别规定。①不接受设立取消之诉；②只接受设立无效之诉；③设立无效之诉的诉因只限于客观性的瑕疵；④设立无效的判决不具有溯及力。这些考虑都是为了维持已经确立的法律关系和交易的安定性。

第四节 股份公司的组织机构

一、组织机构功能划分

公司作为法人具有独立的权利能力，从法律上看公司有意思能力和行为能力。这是因为法律赋予了公司一种拟制性的人格。公司的意思和行为通过公司的组织机构来实现。股份公司将意思决定、执行、监督功能交由三个不同组织机构行使，三个机构相互牵制以保证企业的正常运行。也通过这种组织机构的设立，增加公司透明度，让投资者在投资前了解公司组织机构，放心对公司投资。

《韩国商法》按照理论将股份公司的三个职能划分给三个机构行使之后，还有区分不明确的方面，这是由于下列原因形成的。公司的意思决定由股东大会和董事会进行，股东大会决定公司的重大事项，董事会决定具体的业务执行事项（《韩国商法》第361条、第393条第1款）。董事会和法定代表人担任执行功能。原则上公司的业务执行机构是董事会（同法第393条第1款），但董事会在组织形式上是一种会议体制，不能执行实际业务。因此，董事会选任法定代表人，由法定代表人实际执行业务。但是，2011年修订《韩国商法》时引进了执行高管制度（同法第408条之2），可以用执行高管代表人代替法定代表人，不再另设法定代表人。对业务执行的监督由董事会和监事负责。但是，实际上执行高管制度几乎没有被使用。

关于监督，《韩国商法》的原则规定是监事是业务执行的监督机构（同法第409条）。同时，为了明确董事会的监督权限并将其具体化，设立了监事委员会制度（同法第415条之2）。监事委员会由3名以上董事组成，其中须有2/3以上独立董事。设置监事委员会的，不能再设置监事（同法第415条之2第1款、第2款）。这样，《韩国商法》上就存在董事会和监事都有对业务执行监督权的情况。从以上股份公司的运作构造上可以看出，董事会参与了意思决定、业务执行、监督这三个公司运作的全部过程。

二、股东大会

（一）权限

股份公司的股东大会由全体股东组成，是公司的最高权力机构，决定公司的基本事项，是公司的必设机构。股东大会可以决议限于《韩国商法》或章程规定的事项（同法第361条）。股东大会具体权限如下：①关于公司基本结构的事项，如业务转让、章程变更、减资、合并、分立、换股、转股、解散、机构变更等；②关于组织公司机构，选任、解任公司的董事、监事、清算人等；③关于股东的财产性利害关系，认可财务报表和决定分红、决定送股（股票分红），董事、监事、清算人免责；向第三人配置可转换债券、附新股认购权债券等。

股东大会的权限可以通过章程扩大，但对于董事会决定的事项是否可以由章程确定为股东大会的决议事项是有争议的。一种见解认为股东大会是公司最高和必要权力机构，在不违反法律强制规定的情况下可以将董事会的权限通过章程转移到股东大会，反对见解认为《韩国商法》已经设定了股东大会和董事会权限，这是强制规定，不能经章程变更，如果股东大会可以决定任何事项的话，有悖于所有和经营相分离的理念。

（二）种类股股东大会

种类股股东大会是指公司发行种类股时，持有种类股的股东组成的股东大会。种类股股东大会的权限按照发行时确定的种类享有意思决定权。种类股股东大会是股东大会决议发行效力的追加要件，其并不独立于股东大会，也不是公司的机构。种类股股东反对股东大会决议或认为股东大会意思决定不符合自己投资要求时，可以通过股份回购请求权选择退出。种类股股东享有否决权的，可以通过行使否决权维护自己的利益。

《韩国商法》规定了需要种类股股东大会决议的三种情况。①章程变更会给某种种类股的股东带来损害的，如降低优先股分红比例等减少优先股权利的事项；②种类股之间，对新股认购权有特殊规定的，其结果对某类种类股股东带来损害的，如相较普通股对优先股减少配发新股；③合并、分立、分立式合并、换股、股份移转等对某类种类股股东带来损害的。

（三）程序

股东大会的召集除《韩国商法》另有规定之外，由董事会决定（《韩国商法》第 362 条）。实际召集的执行由法定代表人负责。董事会确定股东大会的日期、场所、议题和议案。法定代表人在没有董事会决议的情况下召集股东大会（大法院 1987.4.28. 宣告 86DaKa553 判决），或者虽然有董事会决议，但是不是由法定代表人召集的（大法院 1993.9.10. 宣告 93Du698 判决）属于股东大会决议的取消事由。具有召集权的董事会拒绝召集的，也有股东大会召开的必要情况。对此，商法例外认可小股东、监事（或监视委员会）、法院召集股东大会。

召集股东大会时，应当在股东大会之日 2 周之前向股东发送书面通知，或经股东同意发送电子文书（《韩国商法》第 363 条第 1 款）。股东大会的召集通知除了应当记载期日、场所之外，还应当记载会议目的事项，即议题（同法第 363 条第 2 款）。合并（同法第 522 条第 2 款）、章程变更（同法第 433 条第 2 款）、减资（同法第 438 条）等特别决议事项，不仅要记载议题，还需记载议案的要点。议案要点是决议事项的主要内容，当然还需记载议案的宗旨。

股东大会的召集由董事会决定(同法第 362 条),因此议题和议案也视为由董事会决定。可以提交董事会确定的议案或其他议案,但原则上不接受追加的议题。作为例外,《韩国商法》在限制范围内赋予小股东控制一定议题和议案的权限,即股东提案权(同法第 363 条之 2)。

(四)股东的表决权和行使

原则上股东持有 1 股享有 1 个表决权(《韩国商法》第 369 条第 1 款)(1 股 1 权)。这一原则是强制性的,除法律认定的例外情况,章程或股东大会决议不得限制(大法院 2009.11.26. 宣告 2009Da51820 判决)。作为种类股的一种,公司依据章程的规定发行排斥或限制表决权的股票时(同法第 344 条第 1 款、第 344 条之 3),与股东无关,该股票表决权一直受限。表决权随股东的不同,也有临时限制的情况。全面限制表决权的情况有本公司股票(同法第 369 条第 2 款)或公司间相互持股(同法第 359 条第 3 款)。表决权只与特定事案相关受限的代表性例子是对有特别利害关系股东的表决权限制(同法第 368 条第 4 款)。

股东自行出席行使表决权有困难的,可以委托代理人代理行使(《韩国商法》第 368 条第 3 款)。普通股东对于持有的股票全部行使赞成或反对权利。可是,《韩国商法》允许不统一行使表决权(第 368 条之 2 第 1 款)。例如,持有 1000 股股票的股东,可以采取 400 股行使赞成,600 股行使反对的表决方式。

作为股东间合同的一种,签订就一定的表决事项约定按照一定方式行使的合同很多。现在一般的见解是表决权合同的内容不违反公序良俗则有效。虽然可以违反合同为由向违约方请求损害赔偿,但是计算损害额并不容易。学说上的见解大体上是一致的,即依据违反表决权合同的表决权行使而通过的决议完全有效。

(五)决议要件

股东大会决议除《韩国商法》或章程另有规定外,应当按照出席股东表决权的过半数和发行股票总数的 1/4 以上进行(同法第 368 条第 1 款)。这称为普通决议。变更章程的决议按照出席股东表决权的 2/3 和发行股票总数的 1/3 以上进行(同法第 434 条)。这称为特别决议。章程之外,《韩国商法》要求特别决议的事项还有“一揽子”股票交换、转移(同法第 360 条之 2 第 2 款、第 360 条之 16 第 2 款)、企业转让(同法第 374 条第 1 款)、事后设立(同法第 375 条)、董事监事的解任(同法第 385 条第 1 款、第 415 条)、折价发行(同法第 417 条第 1 款)、减资(同法第 438 条第 1 款)、转换债券和附新股认购权债券向第三人发行(同法第 513 条第 3 款、第 516 条之 2 第 4 款)、解散(同法第 518 条)、存继(同法第 519 条)、合并(同法第 522 条第 3 款)、分立与分立合并(同法第 530 条之 3 第 2 款)等。另外,董事和监事的免责决议(同法第 400 条、第 415 条)、有限公司的组织变更要求取得全体股东的同意。

（六）股东大会决议瑕疵

股东大会决议若适用法律行为的一般性原则的话，任何人、任何时候，以任何方法都可以主张决议的瑕疵。可是，决议的效力与包括股东在内的多数利害关系人的利益相关联，有必要快速且统一地确定其效力。根据这种团体法上的需要，《韩国商法》对决议瑕疵纠纷的诉讼作出了特别规定。

《韩国商法》首先按照瑕疵的类型，法定了四种诉讼类型。① 决议取消之诉（同法第 376 条）；② 决议无效之诉（同法第 380 条前半段）；③ 决议不存在之诉（同法第 380 条后半段）；④ 不当决议取消变更之诉（同法第 381 条）。首先取消事由是股东大会的召集程序或决议方法违反法令、章程，或显著不公平时，即程序上有瑕疵，决议内容违反章程（同法第 376 条第 1 款）。决议无效确认之诉在决议内容违反法令时可以提起（同法第 380 条）。决议不存在确认之诉是股东大会决议虽然外观上存在，召集程序或决议方法的瑕疵重大到不能认定决议存在的程度而提起的诉讼（同法第 380 条）。不当决议取消变更之诉是有特别利害关系的股东未能行使表决权的结果，成立不当决议的，取消或变更该不当决议之诉讼。

《韩国商法》对于上述诉讼程序规定了各种特别规定。对于瑕疵程度严重的②和③，以统一、确定法律关系为目的，止于认定判决的对世效果。但是对于瑕疵程度不严重的①和④，为了法律关系的安定，限制主张瑕疵的方法、主张的权利人和期间等。

三、董事、董事会、法定代表人

（一）董事

1. 任免

董事作为董事会的成员，由股东大会推选，其只参与执行业务上的意思决定，通过董事会监督法定代表人等执行业务，董事不是独立的机构。董事需 3 人以上（《韩国商法》第 383 条第 1 款）。但是，资本金不满 10 亿韩元的公司，可以只设置 1 至 2 名董事（同法第 383 条第 1 款但书）。

董事可以分成内部董事、独立董事、非常务董事（《韩国商法》第 317 条第 2 款第 8 项）。独立董事是指“作为不负担公司的日常事务的董事”，没有一定的不合格事由的人（同法第 382 条第 3 款、第 542 条之 8 第 2 款）。理论上，不具备独立董事要件的董事都应当是内部董事。可是，韩国法规定除内部董事外“此外不负担日常事务的董事”，即认可非常务董事的概念（同法第 317 条第 2 款第 8 项）。上市公司独立董事原则上应占 1/4 以上，最近年末至现在资产总额 2 兆韩元以上的上市公司独立董事应当为 3 名以上，超过董事总数的半数以上（同法第 542 条之 8 第 1 款、同法实施细则第 34 条第 2 款）。对于上市公司强制规定选任一定比率的独立董事，维持小规模的董事会成员是一种趋势。

公司可以不确定董事的任期，如果确定的话，不得超过 3 年（《韩国商法》第 383 条第2款)。与日期无关,公司可以在任何时候解任董事。解任由股东大会特别决议决定(同法第385条第1款)。无正当理由在任期终了前解任的董事,可以向公司请求因解任引起的损害赔偿(同法第385条第1款但书)。董事虽有与职务相关的不当行为或违反法律、违反章程的重大事实,但是股东大会否决将其解任提案的,小股东可以提起董事解任之诉(同法第385条第2款)。

因为公司与董事之间是委任关系,民法规定委任关系原则上不得请求报酬(《韩国民法》第686条第1款),但是公司可以通过职薪、津贴、奖金等方式支付报酬。公司董事的报酬通过章程或股东大会决议确定(同法第388条),大部分情况是由股东大会来决定的。章程没有规定或股东大会没有决议的,董事无法向公司请求报酬。普遍做法是章程或股东大会决议确定报酬总额或上限,然后将分配权限委任给董事会或法定代表人。

2. 善管注意义务和忠实义务

公司与董事是一种委任关系,《韩国商法》规定董事与公司的关系适用民法,民法规定受任人要承担善管注意义务(《韩国民法》第681条)。董事可以引用经营判断原则进行抗辩,但是违反法律的事项不适用经营判断原则。董事对公司承担上述的善管义务和忠实义务(同法第382条之3)。忠实义务基本上是关于董事和公司之间的利益冲突。董事与公司的利益冲突多种多样。《韩国商法》对具体适用忠实义务情况中的自我交易(同法第398条)、竞争禁止(同法第397条)、董事报酬(同法第388条)、挪用公司机会(同法第397条之2)另外作了规定。

3. 责任

董事因故意或过失违反法令或章程,或懈怠业务,对公司遭受的损害承担赔偿责任(《韩国商法》第399条)。法定代表人或董事因故意或重大过失、职务懈怠给第三人造成损害时,与公司连带承担不法行为引起的责任(《韩国商法》第401条第1款)。利用自己的影响力影响公司,指示董事执行业务的人,适用商法上董事责任的规定(《韩国商法》第401条之2)。

作为对董事的监督方式之一,董事的行为违反法令或章程的规定,公司可能会发生无法挽回损害的,为了公司,监事或持股1%以上的股东可以对该行为请求留止,即股东享有留止请求权。如果董事已经进行了该行为,作为事后手段股东可以提起股东代表诉讼(《韩国商法》第402条、第403条)。

(二)董事会

董事会是由全部董事组成的公司业务执行机关(《韩国商法》第383条第1款),具有业务执行机构和监督机构的双重职能,是必须的常设机构。董事会的活动分定期和临时会议。董事会名义上是业务执行机构,但实际上其只是对业务作出意思决定,具体执行是由董事会选任的法定代表人来进行。《韩国商法》只规定了法定代表人对外权限,没有规定对内的权限。公司惯例上一般将公司的代表权和业务执行权力合在一起。执行业务是由法定代表人来进行，那么对执行业务的监督也就是对法定代表人业务的监督。董事会实际的职能就是监督法定代表人的业务执行情况，同时对重要事项作出意思决定。

董事会作为会议组织，与股东大会一样需要召集和决议程序。股东大会在股东交换意见的意义上更注重保障股东参与权利，董事会更重视通过实际性意见交换作出意思决定。董事会由各董事召集，董事会也可以通过决议确定负责召集董事会的董事。其他股东可以要求负责召集董事会的董事召开董事会，该董事没有正当理由拒绝召开的，其他董事可以召开董事会(《韩国商法》第390条第1款、第2款)。

董事会决议由董事过半数出席和出席董事的过半数形成(《韩国商法》第391条第1款本书)。挪用公司机会和自我交易的认可与监事委员的解任决议例外要求2/3以上董事赞成(《韩国商法》第397条之2、第398条、第415条之2第3款)，与董事会决议有利害关系的董事不能行使表决权(《韩国商法》第391条第3款准用第368条第3款)。

与股东大会决议相同，董事会决议的瑕疵分为程序上的瑕疵和内容上的瑕疵。可是与股东大会决议不同，《韩国商法》对于董事会决议的瑕疵没有任何规定，根据一般原则视为全部无效(大法院1982.7.13.宣告80Da2441判决)。对于能够主张董事会决议无效的主体、时期、方法，没有限制(大法院1982.7.13.宣告80Da2441判决)，不是一定要通过诉讼才能主张无效。在无效确认诉讼中胜诉的，判决没有对世效果(大法院1988.4.25.宣告87Nu399判决)。对于依据瑕疵董事会决议形成的后续行为的效力没有规定。后续行为是对外交易的，除了公司证明对方知道或应当知道董事会决议的瑕疵之外有效(大法院1978.6.27.宣告78Da389判决)。

董事会可以设置下位的各种委员会组织，监事委员会由章程确定设置。一般委员会由2名以上董事组成(《韩国商法》第393条之2第3款)。监事委员会由3名以上董事组成，其中2/3以上应当是独立董事(《韩国商法》第415条之2第2款)。设置委员会原则上不是强制规定。但资产总额达到2兆韩元以上的大规模上市公司，必须设置独立董事候补推荐委员会(《韩国商法》第542条之8第4款)和监事委员会(《韩国商法》第542条之11第1款)，独立董事候补推荐委员会成员过半数、监事委员会2/3以上由独立董事组成。各委员会就董事会委任事项进行决议，效力与董事会决议效力相同。

(三)法定代表人

法定代表人对内执行公司业务对外代表公司，是股份公司必要的常设独立机构。法定代表人具有业务执行权和公司代表权。2011年修订的《韩国商法》增加了执行高管制度，公司设置执行高管的，不设置法定代表人。

原则上法定代表人由董事会决议选任，章程也可以规定通过股东大会选任法定代表人(《韩国商法》第389条第1款)。法定代表人除了要求是董事之外,没有其他资格要件。可以确定数人作为法定代表人共同代表公司(《韩国商法》第389条)。理论上董事会全体董事都可以成为共同法定代表人。

《韩国商法》上没有关于法定代表人任期规定,大部分通过公司章程来约定。法定代表人的姓名属于登记事项(《韩国商法》第317条第2款第9项),但不是选任的生效要件,因此即使不登记,也不影响法定代表人的资格。

《韩国商法》上同样没有规定法定代表人的任期终止和解任。因为法定代表人与公司是委任关系,所以与董事一样适用民法上的规定。

法定代表人具有对内对外的业务执行权。对外代表公司执行业务,与董事会的内部关系上,不仅执行董事会的决议事项,还包括执行董事会决议事项的细部事项和行使日常业务的意思决定权和执行权。

法定代表人的代表权限包括了公司经营行为的全部权利,即使公司内部对代表权进行限制,但是这种限制不能对抗善意第三人(《韩国商法》第389条第3款、第209条)。前者体现了代表权限的概括性,后者体现了代表权的统一性。

原则上股份公司设置单一的法定代表人,也可以决定由数人担任法定代表人,数名法定代表人可以单独代表公司。这时,为了防止某名法定代表人滥用权利,可以规定数名法定代表人共同代表公司(《韩国商法》第389条第2款),单独代表行为无效。

代表权滥用是指法定代表人不是为了公司利益,而是为了自己或第三人利益行使代表权。滥用代表权的典型例子是法定代表人对与公司业务无关的第三人债务,以公司名义提供保证。对于其是否属于滥用交易的私法上的效果是有争议的。在韩国,与滥用代表权的情况相同,民法上的与非真意意思表示(《韩国商法》第107条)类似的非真意意思表示说,和与对方知道滥用事实的权利主张违反信义诚实,乃至视为权利滥用的权利滥用说相对立。判例虽然结果不同,但是根据非真意意思表示说的判例更多(大法院2005.7.28. 宣告2005Da3649判决、大法院1997.8.29. 宣告97Da18059判决等)。

原则上公司对不是公司法定代表人的代表行为不承担责任。可是在过去韩国还没有引进公司制度时期,只有法定代表人享有代表公司的权利,但是根据商业登记簿确定谁是公司法定代表人的规定并不广为人知。《韩国商法》在外观上为了保护不了解公司制度的人引进了表见法定代表人制度。即"对使用可以认定有代表公司权限的社长、副社长、专务、常务或其他名称的董事的行为,即使该董事没有代表公司权限,公司也要对善意第三人承担责任"(《韩国商法》第395条)。

(四)监事与监事委员会

1. 监事与监事委员会的意义

监事的主要任务是监督公司的业务和会计,是股份公司的必要常设机构。必要常设机构这一点与有限公司的监事是任意机构不同。

监事由股东大会经普通决议选任(《韩国商法》第409条第1款)。为了防止大股东左右监事选任,持股超过3%的部分不得行使表决权,章程可以降低这一比例,但不得提高(《韩国商法》第409条第2款)。《韩国商法》上对于监事的资格没有规定。监事的任期为自就任起,至3年内最终决算期的定期股东大会终结日止(《韩国商法》第410条)。

公司对董事,或董事对公司提起诉讼时,监事代表公司进行诉讼。监事委员会的委员是诉讼当事人时,监事委员会或董事向法院申请选出公司的代表人(《韩国商法》第394条)。

监事与公司的关系是委任关系,承担善管注意义务。但监事的善管注意义务不包括忠实义务。因此,监事不承担竞业禁止义务,挪用公司机会和自我交易等不需取得董事会的承认。

监事委员会是董事会的下位委员会,韩国于1999年修改《韩国商法》时引进这一制度。原则上监事是公司的监查机构,章程可以选择设置监事委员会代替监事(《韩国商法》第415条之2第1款)。资产总额韩币2兆韩元以上的上市公司必须设置监事委员会(《韩国商法》第542条之11第1款、《韩国商法施行令》第37条第1款)。

《韩国商法》对于非上市公司的监事委员会委员的资格没有规定,但是要求独立董事要占监事委员会的2/3以上(同法第415条之2)。上市公司对监事委员会委员的资格有所限制。①资产总额不满1000亿韩元的公司因可以选择设置监事委员会,故对委员资格没有限制;②资产总额1000亿韩元以上2兆韩元以下公司设置的常勤监事或监事委员会委员的资格适用前款规定(《韩国商法》第542条之10第1款但书);③资产总额2兆韩元以上的上市公司的监事委员会委员中必须有1名会计或财务专家,监事委员会的代表由独立董事担任(《韩国商法》第542条之11第2款)。

监事委员会由3名以上董事组成(《韩国商法》第415条之2第2款)。非上市公司由董事会决议选任委员,解任需董事会2/3以上决议(《韩国商法》第415条之2第2款),监事委员会委员的选任从前规定。上市公司的监事委员会选任,①资产总额不满1000亿韩元公司的选任方法与非上市公司相同;②资产总额1000亿韩元以上2兆韩元以下公司的监事委员由股东大会选任和解任(《韩国商法》第542条之12第1款);③资产总额2兆韩元以上的上市公司的监事委员选任与前述相同。

《韩国商法》上没有规定监事委员会委员的任期,由章程或董事会决议确定。没有规定时,董事职位终了时同时丧失监事委员会委员资格。

监事委员会是董事会的下位委员会,因此在运作上适用与其他委员会一样的议事程序(《韩国商法》第393条之2第4款、第5款)。首先要选任委员代表,委员会的决定和执行由委员代表进行。上市公司的委员代表必须是独立董事(《韩国商法》第542条之11第2款)。监事委员会为了提高监查的效率可以以公司费用取得专家的协助(《韩国商法》第415条之2第5款)。

监事委员会是董事会的下位委员会，下位组织监督上位组织逻辑上是有问题的。但是，监事委员会是代替监事行使权力的机构，从董事会独立出来行使监查权，为了维持其独立性，《韩国商法》第412条之2第2款规定独立董事需占监查委员的2/3以上，这就保证了他的独立性。另外，董事会不同意监事委员会的决定的，只能再进行表决，不能推翻(《韩国商法》第415条之2第6款)。

《韩国商法》没有对监事委员会的权限作出特别规定，其适用对于监事权限的规定(第416条之2第7款)。

2. 监事与监事委员会的设置

《韩国商法》对监事与监事委员会的设置进行了详细规定。首先，以非上市公司资本金总额韩币10亿韩元为基准，①小规模公司大部分是出资人直接经营公司，对业务执行不需要独立的监督，因此未达到10亿韩元标准的公司可以不设监事机构(同法第409条第4款)；② 10亿韩元标准以上的公司必须设置监事或监事委员会。上市公司实行非常勤监事、常勤监事、监事委员会制度。监事委员会也有两种形态。《韩国商法施行令》规定了资产总额韩币1000亿韩元和2兆韩元两个标准线(同法第36条第1款、第37条第1款)。①资产总额不满1000亿韩元的公司必须设置非常勤监事，可以选择设置常勤监事或监事委员会；②资产总额1000亿韩元以上2兆韩元以下的公司必须设置常勤监事或《韩国商法》第542条之11规定类型的监事委员会(同法第542条之10第1款)；③资产总额2兆韩元以上的上市公司必须设置监事委员会(同法第542条之11)。

第五节　股份公司会计

一、概要

《韩国商法》对于股份公司会计另外作了规定(第3编第4章第7节)。此外，1980年末制定的《韩国股份公司外部监事法》(以下简称《韩国外监法》)强制规定一定规模以上的股份公司设置外部监事(《韩国外监法》第2条)，据此设立的民间机构韩国会计基准院制定了规制对象适用的会计处理基准(《韩国外监法》第13条第1款)。这里简单说明《韩国商法》的会计相关规定后叙述利益分红。

《韩国商法》在会计相关规定中规定了决算过程和企业公示的相关内容。与决算过程相关的内容是① 关于会计原则和每个决算期制作的财务制表和经营报告书，监事和认可等规定(同法第446条之2至第459条)；② 借贷对照表中与资本相关的规定(同法第451～459条)；③关于利益分红的规定(同法第462条至第464条之2)，为了将财务状况和经营业绩向股东和债权人公示的财务制表等的配置和公示（同法第448条）、借贷对照表的公告（同法第449条第3款）、股东的会计账簿查阅权（同法第466条）。

二、利益分红

公司为了决定利益分红需要具备《韩国商法》规定的下列要件。(1)可能分红的范围（同法第462条第1款）；(2)享有决定分红权机关的决定（同法第462条第2款）；(3)可能分红的时期；(4)根据股东的人数提供给全部股东（同法第464条）。决定分红后，产生股东分红请求权和分红支付义务。

《韩国商法》上的利益分红只认可可分红范围内的利益。可分红利益是指借贷对照表上的纯资产额减去下列金额（同法第462条第1款）：①资本金之金额；②至决算期止累积的资本准备金和利益准备金总额；③该决算期应当累积的利益准备金额；④总统令规定的未实现利益。

利益分红的决定权原则上归股东大会（《韩国商法》第462条第2款）。例外规定财务制表由董事会认可的（同法第449条之2第1款），也可以由董事会决定分红（同法第462条第2款但书）。利益分红可以在每个决算期实施（同法第448条第1款）。原则上决算期每年一次，也可以规定每年两次以上（同法第365条第2款）。

超过可能分红利益的违法分红为无效。这时，公司可以不当得利（《韩国民法》第741条）为由向股东请求返还已经支付的分红款。《韩国商法》认可公司债权人直接向股东请求返还违法分红（同法第462条第3款）。

公司可以根据股东大会决议将利益分红总额的50%以内作为利益分红发行新股（《韩国商法》第462条之2第1款）。同时，有章程规定的，可以以货币以外的财产分红。

第六节　企业财务

可以将企业筹措和运营资金，返还给投资者的活动称为企业财务。《韩国商法》对下列财务活动作了规定，①发行新股；② 债券发行、与返还资金相关的活动；③利益分红；④取得本公司股份；⑤ 减资。这里简述其中的①、②、④。

一、新股发行

（一）新股发行的概念

公司设立后在授权股份的范围内可以追加发行新股。新股发行会导致资本金增加，也可以将新股发行称为增资。发行额面股时额面价额，发行无面额股时发行价额的1/2

以上由公司确定的部分为资本金(《韩国商法》第451条第1款、第2款)。

新股发行方式有多种形态。普通的新股发行是为了筹措资金,新股认股人缴纳认购款后,公司的资产增加,也可以称其为有偿增资。以筹措资金之外目的发行新股的,可称为特殊新股发行。典型发行特殊新股的例子是将公积金转入资本金时发行新股(《韩国商法》第461条),这时,公司的资本金增加了,但资产没有增加,可以把这种发行新股称为无偿增资。此外还有股份分红(《韩国商法》第462条之2)、附转换股或转换债券的转换(《韩国商法》第346条、第513条)、附新股认购权债券,合并、分立、换股、股份转移等形态都属于特殊的发行新股。本书没有特别说明时都是指普通的新股发行。

(二)新股发行类型

新股发行按照配股对象可以分为向股东发行的股东配股增资、向一般投资人发行的公募增资、向第三人配股发行的第三人配股增资、股东优先公募增资等。按照发行价额可以分为额面发行和时价发行。

(三)新股认购权

新股认购权是公司发行新股时其他人优先认购新股的权利。公司向第三人发行新股后,公司的控制权会产生稀释现象。因此,原则上股东有按照持股比例认购新股的权利(《韩国商法》第418条第1款)。但是,完全按照这样执行的话,会影响筹措资金的灵活性。《韩国商法》针对这种情况又规定,章程可以限制股东的新股认购权(《韩国商法》第418条第2款)。但是,《韩国商法》只认可在"引进新技术、改善财务结构等,为了达成公司经营上的目的而必须"时适用(同法第418条第2款但书)。发行新股按照股东持股比例进行的是股东配股,向股东以外人发行的是第三者配股。

《韩国资本市场法》规定了一般公募增资的新股发行方式(同法第165条之6第1款、第3款、第4款)。一般公募增资对股东的新股认购权是一种例外,其按照资本市场法规定的程序,以不特定多数人为对象发行新股。不特定多数人这点与第三者配股有显著差异。

(四)违法、不正当新股发行的救济方法

作为在事前阻止违法、不正当新股发行的方法有 ① 新股发行留止请求;②新股发行无效之诉;另外为了填补低价发行引起的损害,作为救济方法;③共谋收购人的责任(《韩国商法》第424条之2)和一般性的;④董事损害赔偿责任(同法第399条、第401条)。依据①,公司违反法令或章程,以显著不正当方法发行股票,致使股东可能遭受不利益的,股东可以向公司请求股票发行留止。依据②,新股发行无效请求权限于股东、董事或监事,在新股发行之日起6个月内以诉讼方式主张发行无效。依据③,与董事共谋以显著不正当价格收购股票的,对公司负有支付与正当价格之差额的义务。关于④,通说和判例认为向股东配置发行新股,即使低于市价也不会给公司造成损害,但是向第三者低价发行的，认定其会给公司造成损害。

二、发行债券

（一）债券的概念

债券是股份公司根据债券发行规定，通过发行债券的方式担负的债务。债券主要以通过向不特定多数投资人发行筹措长期资金为目标。

《韩国商法》对发行债券设置了很多规定 ，其原因主要有以下几点：①这些规定是为了解决多数债券债权人的集团性问题，债券在偿还之前公司会发生各种情况，这时调整债权人和公司之间的关系是有必要的，债券管理公司和债券管理人集会就是为了这一目的而设置的；②债券经常是大规模向多数投资人发行的，为了保护发行公司和保护投资者需要严格规定发行程序；③债券是有价证券，需要设置行使权利和转让的相关规定；④转换债券或附新股认购权债券等形式的债券，需要调整与股东的利益关系。

（二）债券的种类

从表面内容看债券分普通债券和特殊债券。普通债券是只具有债券的基本事项，到期偿还本金，定期支付利息，债券内容中没有转换事项或附其他权利。普通债券的内容之外附加其他条件的债券是特殊债券。按照是否附加担保条件分成保证债券和无保证债券。按照是否记载姓名分成记名债券和无记名债券。

2011 年《韩国商法》修订时将下列证券规定在债券范畴之内。①参加利益分红债券；②交换债券和可赎回债券；③衍生债券。

债券与股票一样具有非常丰富的形态。这源于投资者对各种现金流的需求和公司需要遵守自我资本规制等原因。通过下列表 28 可以了解韩国债券发行类型的基本情况。

表 28 债券发行现状

类型	2011 年		2012 年		2013 年	
	件数	金额（亿韩元）	件数	金额（亿韩元）	件数	金额（亿韩元）
一般债券	583	617,973	563	571,690	425	415,551
保证债券	3	2229	1	500	2	650
无保障债券	580	615,744	562	571,190	417	411,951
附担保债券	0	0	0	0	6	2950
一般	556	603,773	540	406,889	413	406,889
连接股票	27	14,200	23	8662	12	8662

资料来源：2013 年企业直接筹资现状（金融监督院 报道资料 2013.1.28.）第 10 页。

（三）债券的发行

所发行的债券只有少数投资人时，投资者可以直接与发行公司签订债券合同。但是面对不特定多数投资者发行时，就需要证券公司等专门机构的参与。这些机构是包销(underwriting)公司、受托公司、债券管理公司，对发行债券起到承销、代理发行、处理业务、代理债券债权人的职能作用。

向不特定多数投资者发行债券大部分需要依据资本市场法的公募方式发行。发行方法有全额承销、余额承销、募集斡旋三种方式。

发行债券需经董事会决议(《韩国商法》第469条第1款)。为了促进融资的机动性，根据章程规定由董事会确定债券的金额和种类，1年期限内的债券发行可以委任给法定代表人决定(同法第469条第4款)。公司为了发行债券与受托公司签订委托合同，受托公司以自己名义为发行公司发行债券(同法第476条第2款)。

三、本公司股票取得

现行公司法没有明示从原则上禁止取得本公司股票，只是明示规定在两种情况下允许取得本公司股票。对于其他情况下不允许取得本公司股票这点是没有争议的。允许取得本公司股票的情况是，① 在可能分红的利益范围内取得(《韩国商法》第341条)；②为特定目的取得(同法第341条之2)。原来只认可②，随着认可取得本公司股票对企业财务的可用性也将①包含在内。对于取得本公司股票，《韩国商法》虽然采取形式上原则禁止例外适用的结构，但实际上①的范围很广，本公司股票取得在很大范围上被采用。这里只对①作简单说明。

董事会可以在股东大会已经确定的限度内取得本公司股票(《韩国商法》第341条第2款)。取得本公司股票只能在交易所，或根据各股东持有股票的数量，按照均等条件取得(同法第341条第1款)。本公司股权取得与利益分红一样，只能在前一个决算期的可分红利益限度内进行(同法第341条第1款但书)。

与过去不同，现行《韩国商法》允许公司处分取得的本公司股票，或不注销而持有。对于公司持有的本公司股票，将其视为资产的资产说和将其视为未发行股票的未发行股票说是对立的。韩国所选择的国际会计基准从功能性观点出发采用未发行股票说，学说和判例大体上仍然采用资产说。

处分本公司股票由董事会决定。处分本公司股票除了没有伴随资本金增加这一点之外，实际上具有与新股发行一样的效果。从股东观点上看与发行新股一样，可能有侵害控制权性利益和财产性利益的危险。因此，就存在是否认可处分本公司股票时也要赋予股东与新股认购权类似的优先认购权的问题。特别是有经营权纠纷的公司存在这样问题的，可以向友好第三人处分本公司股票。对此，大法院还没有判例，下级法院判例意见并不统一，多数认为本公司股票取得不能类推适用新股发行的法理。

第七节 企业组织结构重组

企业需要根据现实经营环境不断变化，这些变化基本上都在企业组织结构上体现出来。企业组织结构的变化有实质上的变化和形式上的变化两种。实质变化是指企业并购或处分，导致企业扩张或缩小；形式变化是指企业实质没有变化，只是在法律结构上发生变化，如集团公司内子公司的合并或分立。《韩国商法》第3编第4章股份公司第9节以下是解散、合并、公司分立、清算、上市公司特例。下面将合并与分立、解散与清算合在一起叙述。

一、合并与分立

（一）合并

合并是指两个以上公司根据《韩国商法》规定的程序，不经清算程序合并成一个公司。消灭公司的全部权利义务由存继公司或新设公司概括性地承继。公司可以自由合并，即任何种类的公司都可以合并。但对合并后的公司形式有限制。

公司的一方或双方是股份公司、有限公司或有限责任公司的，合并后的公司应当是股份公司、有限公司、有限责任公司（《韩国商法》第174条第2款）。这是因为合并后公司是人合公司的，会加重股东的责任，需要履行复杂程序。股份公司和有限公司合并的，合并后公司是股份公司的，需取得法院许可（《韩国商法》第600条第1款），合并后公司是有限公司的，股份公司的债券应当偿还完毕（《韩国商法》第600条第2款）。这是因为有限公司不能发行债券。另外，公司合并时还受到《韩国金融产业结构改善法》《韩国资本市场法》《韩国公正交易法》的限制。

公司合并分为吸收合并和新设合并，实际上很少有新设合并的例子。

公司合并需制作合并合同书，取得股东大会认可（《韩国商法》第522条）。合并的认可是特别决议事项（同法第522条第3款）。作为例外，简易合并（同法第527条之2）和小规模合并（同法第527条之3）可以省略股东大会决议（同法第422条第3款）。简易合并是①消灭公司的股东全部同意，和②存续公司已经持有消灭公司发行股票总数的90%以上的，免除消灭公司的股东大会决议。小规模合并是存续公司发行新股的总数未超过发行股票总数的10%的，免除存续公司的股东大会决议。

合并合同最核心的部分是合并比率。资本市场法对上市公司的合并比率作了强制性规定，规定以市场价格为基础的具体基准（《韩国商法》第165条之4第1款第1项）。

现行《韩国商法》认可代替存续公司股票，使用“货币或此外的其他财产”交付给消灭公司的股东，即交付金合并（同法第523条第3款）。

董事会有合并决议的，反对决议的股东在股东大会前以书面向公司通知反对合并决议的意思的，在股东大会决议日起20日内向公司请求收购自己持有的股票（《韩国商法》第522条之3第1款）。股票收购价格依据股东和公司间协议确定（同法第374条之2第3款），达不成协议的，公司或请求收购的股东可以向法院请求决定收购价格，法院参考公司的财产状态和其他情况计算公正的收购价格（同法第374条之2第4款、第5款）。但是，韩国资本市场法对上市公司作了特别规定。没有达成协议的，依据以市场价格为基础确定的基准，当事人一方反对这一基准的，由法院确定价格（《韩国资本市场法》第165条之5第3款）。因资本市场法的基准很大程度上反映过去的股价，在股价下落的情况下，收购价格比请求收购时的市场价格高。这种情况下，内心并不反对公司交易的股东，为了取得差额利益也会表示反对意思行使股票收购请求权，从战略上采取这种行动的例子很多。

在合并时《韩国商法》为了保护债权人，准备了特别的异议程序（同法第527条之5）。债权人异议程序有三个阶段，①告知债权人对于合并可以提出异议；②债权人提出异议；③公司向提出异议的债权人偿还债务或提供担保。

《韩国商法》规定限于公司的股东、董事、监事、清算人、破产管理人，或不认可合并的债权人可以以诉讼的方式主张合并无效（同法第529条第1款）。对于合并无效事由，《韩国商法》上虽然没有规定，但是考虑法律上的安定性，处于优势的是应当严格限制的见解。

（二）分立

公司分立，是指将一个公司的经营资产分立成两个以上的公司，分立后的经营资产作为资本新设公司或和其他公司合并的行为。

公司分立按照分立基准的不同可以作如下分类。①按照分立后是否维持经营资产的独立性可以分成单纯分立和分割合并。《韩国商法》第530条之2第1款、第2款对此作了规定。单纯分立是指将A公司的经营资产分离出一部分，分离出的经营资产独立后设立B公司。分立合并是指从A公司分立出的经营资产没有维持独立性，而是被其他C公司承继。同样，也可以将分离出的经营资产单独成立公司，剩余经营资产被其他公司吸收合并。②新设立公司或承继经营资产的公司发行新股，以此交换经营资产的，按照发行对象可以分成人的分立和物的分立。人的分立是指将发行股份交付给原分立公司股东，物的分立是指将发行股份交付给原分立公司。

将上述两种分类方法结合的话，分立可以分类成人的单纯分立、物的单纯分立、人的分立合并、物的分立合并。

分立从经济性看虽然与合并有相反的效果，但是程序上与合并类似。特别是分立合并，在需要与对方公司达成协议这点上看，与合并更加类似。与合并一样，分立的核心是分立计划书和分立合并合同的制作和股东大会的认可。《韩国商法》上虽然没有明文规定，但与合并的情况一样需要董事会决议。分立公司的债权人原则上受新设公司、分立承继公司连带责任的保护，与合并不同的是不需要另外明确债权人保护程序。但是，分立合并的对方公司与合并一样，适用债权人保护程序(《韩国商法》第530条之11第2款准用第527条之5)。

分立虽然伴随多种效果，其中特别重要的是①权利义务的"一揽子"承继和②相关公司的连带责任。以下按顺序说明。

首先与"一揽子"承继相关，新设公司或分立承继公司按照分立计划书和分立合并合同的规定，承继分立公司的权利和义务(《韩国商法》第530条之10)。分立的效果在登记时发生(第530条之11第1款准用第234条)，不经个别的财产转移程序在分立登记时"一揽子"承继。但是与合并不同，权利义务需要在分立计划书或分立合并合同中特别规定。

分立的，只承继分立计划书或分立合并合同中特别规定的债务(《韩国商法》第530条之10)。这依据与债务人的合同类似于债务收购，原则上需要债权人的承诺(《韩国民法》第454条第1款)。但是要求债权人承诺的话，现实上将很难实施分立，就此，《韩国商法》设置了两种方法。一种是相关公司的连带责任，另一种是连带责任变更成分立责任时债权人的异议程序。承担连带责任的，对于债权人没有不利，经债权人异议程序的，事实上与债权人的承诺相同。

《韩国商法》规定连带责任的主体是分立公司、单纯分立新设公司、分立承继公司、分立合并新设公司(同法第530条之9第1款)。单纯分立新设公司、分立承继公司、分立合并新设公司在自己承继的债务上追加负担分立公司剩余的债务，这可视为一种没有债务的责任。另外，分立公司同样对因单纯分立新设公司等免责性"一揽子"承继的债务，根据该条款负担连带责任。这些公司承担连带责任负担的债务是"分立或分立合并之前的分立公司债务"(同法第530条之9第1款)。

新设公司、分立承继公司对于分立公司债务的连带责任是可以排斥的(《韩国商法》第530条之9第2款、第3款)。为了排斥该连带责任，分立公司在分立合并合同或分立计划书中记载新设公司、分立承继公司仅对分立公司承担"与承继财产相关的债务"的责任，并应当取得股东大会认可，经过债权人的异议程序(同法第539条之9第4款准用第527条之5)。

二、解散与清算

公司解散是指消灭法人人格的事实。解散事由中除合并和分立之外，公司的法人人格不是因解散就直接消灭了，而是经解散之后的清算等程序后才消灭。

解散事由包括：①经营期限届满或发生其他章程上规定的事由；②公司合并；③破产；④法院命令或判决；⑤公司分立或分立合并（①～⑤《韩国商法》第 517 条）；⑥股东大会的特别决议（《韩国商法》第 518 条）；⑦整理休眠公司（《韩国商法》第 520 条之 2）。

清算是指在消灭公司的法人人格之前终结现存业务，追讨债权和偿还债务，向股东分配剩余资产后消灭公司的程序。股份公司对公司债权人的责任财产限于公司财产，因此清算时要严格按照程序进行。股份公司是资合公司，与人合公司不同，不能任意清算，只能经过法定清算程序后才能解散。

清算时公司的权利能力限于清算目的范围之内（《韩国商法》第 542 条第 1 款、第 245 条）。因此，超过终结现存业务等清算职权范围（同法第 254 条）的经营交易对公司不产生效力。公司清算适用非诉案件程序法。清算案件由公司总部所在地地方法院合议部管辖，清算接受管辖法院的监督（《韩国非诉案件程序法》第 117 条第 2 款、第 118 条）。

《韩国商法》上对清算人的人数没有规定，因此也可只选任一人作为清算人。清算人与公司的关系是委任关系（《韩国商法》第 542 条第 2 款）。《韩国商法》虽然没有规定清算人的资格要件，但是监事不能兼任清算人（同法第 542 条第 2 款、第 411 条）。

除章程另有规定或股东大会选任其他人之外，由董事担任清算人，没有人选时，也可以根据利害关系人请求由法院选任（《韩国商法》第 532 条第 1 款、第 2 款）。清算人职务因辞职、破产等原因终止（《韩国民法》第 689 条第 1 款）。除法院选任之外，股东大会可以随时解除清算人职务（《韩国商法》第 539 条第 1 款）。除只有一人是清算人之外，成立清算人会，适用关于董事会的规定。清算人会设立清算代表人。

清算终结时清算人要向股东大会提交结算报告，取得股东大会认可。结算报告取得股东大会认可的，解除清算人责任（《韩国商法》第 540 条第 1 款、第 2 款）。公司的法人人格在股东大会承认结算报告书时消灭。清算人在结算报告书取得股东大会认可后 2 周内在公司总部所在地，3 周内在分支机构所在地进行清算终结登记（《韩国商法》第 542 条第 1 款、第 264 条）。

第八节　上市公司特别规定

2009 年 2 月 4 日《韩国资本市场法》实施后，原来旧《韩国证券交易法》中，关于上市公司的公司治理部分转移至《韩国商法》第 4 章第 13 节，财务部分规定在《韩国资本市场法》里。因为是特别规定，第 13 节的内容在适用上优先于股份公司的其他规定

(《韩国商法》第542条之2第2款)。在这部分与《韩国资本市场法》的关系上,《韩国资本市场法》是《韩国商法》的特别法,首先应当优先适用特别法即《韩国资本市场法》,另外,《韩国资本市场法》的规定主要是为了保护投资者,在对投资者有利的情况下,可以选择适用《韩国资本市场法》或《韩国商法》。

一、认股选择权

《韩国商法》第340条之2规定了认股选择权,即公司根据章程规定经股东大会决议,可以按照事前确定的价格赋予对公司的设立经营与技术革新等方面有重大贡献,或可能有重大贡献的公司董事、执行高管、监事或被雇佣的人新股认购权,或买入本公司股份的权利。作为上市公司特别规定,在《韩国商法》第542条之3第1款追加了总统令确定的关联公司的董事、执行高管、监事和被雇佣人有认股选择权。

二、股东大会召集公告

非上市公司在召开股东大会时,需于2周前书面通知股东。但是,上市公司的股东众多,要通知到每个人的话,会增加时间和费用。《韩国商法》针对此问题作出了特别规定。对于向持有含表决权发行股票总数1/100以下的股东,按照章程的规定在会议日前2周在两个以上的日报上发布2次公告,或者按照总统令规定的电子方式发布公告(《韩国商法》第542条之4第1款、《韩国商法施行令》第6条第1款)。

三、少数股东权

《韩国商法》规定非上市公司的少数股东权行权主体是3%以上股票的所有人(同法第366条)。但是上市公司少数股东的行权要件是持股1%以上加上连续持股6个月以上(《韩国商法》第542条之6)。上市公司的股东可以选择适用上述两个规定。这里需要注意的是非上市公司要求的是股票所有人,上市公司要求的是持有人,即股票的所有人、受托行使股东权的人、2名以上共同行使股东权的人(《韩国商法》第542条之6第8款)。

四、累积投票请求

在选任董事时,非上市公司少数股东申请累积投票的,需在股东大会召开7日前向公司申请(《韩国商法》第382条之2第2款)。但是上市公司需要制作股东大会召集通知、公告文、委任状等文件,因此特别规定在股东大会召开6周前通知(《韩国商法》第542条之7第1款)。

五、独立董事

《韩国商法》对非上市公司的独立董事成员没有强制性规定。考虑上市公司资产规模,除总统令规定情况以外,1/4以上的董事应当是独立董事(同法第542条之8第1

款)。最近会计年度末资产总额在韩币2兆韩元以上的上市公司,独立董事要有3名以上,并且需要过董事会半数(同法第542条之8第1款)。另外,上市公司特别规定中增加了独立董事的失格事由,即未成年人、禁置产人、限制置产人、宣告破产未恢复人、被宣告监禁以上刑罚执行或免除执行未满2年等内容。

六、与主要股东等利害关系人交易

原则上公司不能向股东等利害关系人提供信用。但是,为了福利或对公司经营的健全性没有危害的,可以向其提供信用(《韩国商法》第542条第9款)。

七、合规控制基准与合规监督人

最近会计年度末至现在资产总额在韩币5000亿元以上的上市公司,为了遵守法令让公司经营正常进行,需要制定履行职务时遵守法律的基准和程序,并且需要配置1名以上人员监督上述规定的执行(《韩国商法》第542条之13第1款、第2款)。

八、其他

除上述外,《韩国商法》第4章第13节上市公司特别规定中还规定了常勤董事、监事委员会、监事委员会组成等内容。

第九节　其他公司形态

一、合名公司

(一)合名公司的概念

合名公司是由2人以上的无限责任股东成立的公司,是典型的人合公司。合名公司具有以下几个显著特征,即股东原则上是公司的业务执行机构,具有公司代表权,对于公司基本事项的决定需要全体股东同意,公司股权的转让需要取得其他股东的同意。

从合名公司的上述特征可以看出,合名公司相较公司资产更重视股东的信用和能力。这种公司形态适合于经营风险大且需要股东积极参与经营的企业类型,投资的股东哪怕不参与经营也要充分信任其他股东。这种公司形态适合于存在相互信赖关系的少数人之间进行共同的项目。合名公司不适合于需要筹措大规模资金,接受众多人投资的项目。

合名公司重视股东个性这一点,与民法上的合伙相似。二者共同点如下:都需要2人以上成立(《韩国商法》第178条、第703条);都对债权人承担无限责任;业务执行上,股东和合伙人担任业务的执行(《韩国商法》第 200 条第 1 款、第 706 条第 3 款);可以选择专门执行业务的人(同法第 201 条第 1 款、第 706 条第 1 款);业务执行人都承担善管注意义务(同法 195 条、第 707 条、第 681～688 条)。

二者的区别如下:合名公司需要登记具有法人资格(《韩国商法》第 169 条、第 180 条),合伙不需要;民法上的合伙人对债务承担分割后的责任,合名公司的全部股东对公司债务承担连带责任,但是可以向公司债权人主张先由公司财产进行清偿。新加入的股东对加入之前的公司债务也要承担责任(《韩国商法》第 213 条),退股的股东在登记后 2 年内承担责任,转让股份的股东也适用这一规定(同法第 225 条);民法上的合伙在有不得已等事由时可以退出(《韩国民法》第 716 条),合名公司的股东转让股权时,需取得全体股东的同意(同法第 197 条)。

(二)合名公司的内部关系

合名公司的内部关系是指公司和股东的关系以及股东之间的出资、利益分配、股东权利义务、公司的业务执行等关系。合名公司的内部关系在章程和商法没有规定时适用民法的规定(《韩国商法》第 195 条)。合名公司的股东除了可以以金钱、实物等资产出资之外,还可以以劳务和信用出资,这一点与其他公司股东的出资方式不同。这也是因为合名公司的股东具有专门性,能够积极地参与经营,这样的规定可以使股东更有效率地运营公司。

公司的业务执行是指关于公司运营的全部事项,即为了达成公司章程所设定的目标而进行的法律上的和事实上的行为。在章程没有其他规定的情况下,每个股东都有执行公司业务的权利和义务,也就是说除章程有特别规定之外,每个股东都可以自动地成为执行公司业务的机构。其他股东对各股东执行公司业务的行为有异议的,应当马上中止该行为,然后经股东过半数决议(《韩国商法》第 200 条)。执行业务股东与公司的关系适用民法上关于委任的规定(《韩国商法》第 195 条、《韩国民法》第 707 条)。执行业务股东没有正当事由的不能辞任,不经其他全体股东一致同意的情况下不得解任(《韩国商法》第 195 条、《韩国民法》第 708 条)。因需全体股东一致同意才能解任,就存在股东显著不适合执行业务,或有重大违反义务,而全体股东意见不一致的情况。这时,法院可以根据股东的请求宣告该股东丧失执行业务权限(《韩国商法》第 205 条第 1 款)。业务执行的意思决定原则上要求过股东半数,业务执行股东由数人组成的,由这些人的半数决定(《韩国商法》第 195 条、《韩国民法》第 706 条第 2 款)。公司章程规定数人为共同业务执行股东时,业务执行的意思由共同业务执行股东全体同意决定。投票依据股东人数进行,而不是根据资本数计算。因为没有业务执行权的股东也要对公司债务承担无限责任,其可以随时检查公司的业务和财产情况(《韩国商法》第 195 条、《韩国民法》第 710 条)。公司章程也不能剥夺股东的这项权利。

《韩国商法》上没有规定合名公司的损益分配原则,这是因为合名公司的股东都是专门性经营人才，能够积极主动地参与公司的经营，并且股东都承担无限责任，债权人可以直接向股东追偿，没有过度了解公司财务和经营状况的必要。《韩国商法》上没有对合名公司的会计作出要求，它遵守一般性的公正、妥当的会计惯行即可（同法第 29 条）。正因如此，合名公司的章程可以自由规定公司的损益分配和分配方法。

合名公司重要的特征之一是重视股东的个性，因此，在股东转让股权时需取得其他股东的同意（《韩国商法》第 197 条）。股东信息是章程中必须记载的事项，也是需要登记的事项，股权转让时应当进行股东变更登记。股东死亡的，继承人享有股权回购请求权。但是章程中规定该股权可以继承的，从其规定。继承人应当在知道继承之日起 3 个月内通知公司是否继承股权（《韩国商法》第 219 条第 1 款）。

合名公司的股东承担善管注意义务（《韩国民法》第 681 条）、竞业禁止义务（同法第 198 条第 1 款）、除股东过半数同意外不得为了自己或第三人利益与公司交易的义务（同法第 199 条）。

（三）合名公司的外部关系

合名公司的外部关系，是指公司和第三人的关系与股东和第三人的关系。合名公司具有法人人格，因此在对外关系中公司与第三者的关系处于中心地位。另外，合名公司比其他公司形态更重视股东的地位，为了保护交易安全和公共性利益，对合名公司的法人人格规定得更为严格，并且属于强制性规定，章程或股东会不能改变这些规定。

在对外代表公司的权限方面，《韩国商法》将代表权与业务执行权相结合。章程中没有规定业务执行股东的，每个股东都可以代表公司。章程中规定业务执行股东的，该业务执行股东代表公司。章程中规定数名业务执行股东的，各股东都有代表公司的权利。章程或股东会可以决定执行业务股东的特定人代表公司，也可以决定数人共同代表公司（《韩国商法》第 207 条、第 208 条）。代表公司的股东是公司的法定代理人，就公司的业务方面拥有全部权利，对代表权的限制不能对抗第三人（同法第 209 条）。

合名公司的典型特征是股东对外的无限连带清偿责任，这种责任原则上是在债务发生时是该公司的股东，但下列情况例外。一是新入股股东的例外，新入股股东对入股前的公司债务与其他股东承担同等责任（《韩国商法》第 213 条）；二是自称是股东的，即不是公司的股东，而对外自称是公司股东的人，让对方产生误会与公司交易的，就这一交易与公司股东承担同等责任（《韩国商法》第 215 条，也可称其为表见股东）；三是退股股东，股东对退股登记之前发生的债务，在退出登记 2 年内与其他股东承担同等责任。转让股权的股东也适用上述规定（《韩国商法》第 225 条）。

（四）入股与退股

入股合名公司是指在公司成立后，与公司签订入股合同原始取得股东资格。这与受让或继承取得股权不同。股东的个人事项（姓名、身份证号码、地址）是章程中必须记载事项（《韩国商法》第 179 条第 3 款），因此，新入股公司的不仅要签订入股合同还要修改章程。而修改章程需取得公司全体股东的同意(《韩国商法》第204条),那么为了入股公司也需要全体股东同意。另外,股东个人事项属于登记事项,在新股东入股后一定时间内应当进行变更登记(《韩国商法》第183条、第180条1款)。

退股合名公司是指绝对性地消灭存在中的公司股东资格。这与全部转让股权相对丧失股东资格不同。人合公司重要的是股东之间的信赖关系,如果丧失了这种信赖,就有必要解除这种同业关系。同理,股东有特别事由时,也应当可以脱离这种同业关系。因此,公司就有解散的可能。如果要维持公司,就要允许转让股权。这时,作为人合公司就要在维持公司结构和公司目标与要求收回投资的股东目标之间寻找平衡点。

退股合名公司分任意退股和法定退股两种情况。任意退股是指根据股东意思退股合名公司。法定退股是指与退股的股东意思无关,在出现一定退股事由时,就在法律上形成了当然的退股。这些法定事由有①发生章程规定的事由;②全体股东同意;③死亡;④禁置产;⑤破产;⑥开除。

二、合资公司

(一)合资公司的概念

合资公司是指各由1名以上承担无限责任的股东和其他承担有限责任的股东组成的公司(《韩国商法》第268条)。承担无限责任的股东负责执行公司业务和代表公司(同法第273条、第278条),承担有限责任的股东不参与公司的业务,对公司的业务和资产状况享有监督权(同法第277条)。

合资公司是一种吸引有限责任股东的资金投入无限责任股东经营项目的公司形态,其具有人合公司和资合公司的共同特性。因其存在无限责任股东,在没有特别规定时适用关于合名公司的规定(《韩国商法》第269条)。合资公司是一种适合企业家和资本家合作的公司形态。资本家的出资与商业贷款不同,企业家没有还本付息的困扰,可以安心于经营,与合伙和合名公司相比,资本家对公司债务承担有限责任,可以放心投资。

从经济性功能上看,合资公司的无限责任股东和有限责任股东的结构与隐名合伙类似;从法律角度上看,合资公司具有法人人格,体现出股东们共同经营的特征,这与隐名合伙的隐名合伙人出资,经营人负责经营,二者之间具有债权合同性质的特征有根本区别。与合资公司最相似的是2011年引入《韩国商法》的合资合伙。

(二)合资公司的内部关系

合资公司的内部关系是指公司与股东的关系和股东之间的关系。在《韩国商法》上没有特别规定合资公司的内部关系,与合名公司一样适用民法合伙的规定(《韩国商法》第269条、第195条)。关于出资方面,大部分合资公司也适用合名公司的出资规定(《韩国商法》第269条)。但只允许有限责任股东以财产出资,不接受信用和劳务出资(《韩国商法》第 272 条)。

无限责任股东在章程没有其他规定的情况下,分别享有并承担公司业务执行权利和义务(《韩国商法》第 273 条)。原则上有限责任股东不能执行公司业务或进行代表公司的行为(《韩国商法》第 278 条)。但是,公司的业务执行权属于公司的内部关系,章程的规定可以赋予有限责任股东业务执行权。公司代表权属于对外关系,通过章程规定或股东决议也不能赋予有限责任股东这一权利。但是公司章程变更(《韩国商法》第 269 条、第 204 条)、无限责任股东转让股权(同法第 269 条、第 197 条)、无限责任股东除名(同法第 269 条、第 220 条)、业务执行权的剥夺(同法第 269 条、第 205 条)、合并(同法第 269 条、第 230 条)、解散(同法第 269 条、第 227 条)等重大事项的变更,不分有限、无限股东,需股东全体同意或过半数同意。有限责任股东虽然原则上没有业务执行权,但对上述事项的决定享有与无限责任股东一样的权利。

合资公司的业务执行方面也是适用民法上关于合伙的规定(《韩国商法》第 269 条、第 195 条)。关于执行业务的意思决定,从章程规定,章程没有规定的由无限责任股东过半数决定,确定了业务执行股东的,由这些股东过半数决定(《韩国商法》第 269 条、第 195 条、民法第 706 条第 2 款)。确定共同业务执行股东的,由共同业务执行股东全体同意形成决议(《韩国商法》第 269 条、第 202 条)。

合资公司股东承担善管注意义务(《韩国商法》第 269 条、第 195 条,《韩国民法》第 707 条、第 681 条)、竞业禁止义务、股东自我交易限制义务(《韩国商法》第 269 条、第 199 条)。

关于合资公司的损益分配,《韩国商法》上没有规定,其与合名公司适用一样的法理,最终适用民法的规定(《韩国商法》第 269 条、第 195 条,《韩国民法》第 711 条)。

关于合资公司的股权转让,无限责任股东与有限责任股东不同。无限责任股东转让股权时,需取得包括有限责任股东的全体股东同意(《韩国商法》第 197 条)。有限责任股东其股权的特性更注重于资本,因此,其股权转让时仅需全体无限责任股东同意(《韩国商法》第 276 条)。

(三)合资公司的外部关系

合资公司的外部关系,是指公司与第三人和股东与第三人之间的关系。关于这方面的规定与合名公司相同,为了保护交易安全和其他公共利益,属于强制性规定,章程和股东全体同意也不能变更。但因存在有限责任股东,个别规定与合名公司不同。

首先对外代表公司方面,无限责任股东原则上各自享有公司代表权(《韩国商法》第 269 条、第 207 条)。而有限责任股东不能代表公司(《韩国商法》第 278 条),这是强行规定,即使公司章程或全体股东决议也不能改变这一强制规定。

有限责任股东以认缴出资为限向公司债权人承担连带责任。有限责任股东从公司分配得到利益的,在对债权人承担责任时,取得的利益加入责任数额(《韩国商法》第 279

条第2款)。这里需要特别说明的是有限责任股东的出资。合资公司与合名公司一样没有注册资本制度,股东可以自由减少出资 。股东减少出资的,对于登记前产生的公司债务,在登记后2年内承担与减少出资前一样的责任(《韩国商法》第280条)。

有限责任股东的行为让他人误认为是无限责任股东,因误认而与公司交易的,该有限责任股东承担与无限责任股东相同责任(《韩国商法》第281条第1款)。这时需具备两个要件。一是有限责任股东实施了让他人误认的行为,该行为与有限责任股东是否有过失无关;二是他人因为误认而与公司交易,即误认与交易有因果关系。

(四)入股与退股

合资公司的有限责任公司股东和无限责任股东入股时需要变更公司章程(《韩国商法》第270条)。章程变更需要股东与公司签订合同。入股公司的方法,一种是直接入股公司,原始取得股东资格;一种是收购既存股东的股份。

无限责任股东退股时适用合名公司关于股东退股的规定(《韩国商法》第269条、第217条、第218条)。有限责任股东则不同,这是因为有限责任股东与业务执行没有关系,其只是消极的投资者。有限责任股东死亡的,其继承人继承股权(《韩国商法》第283条第1款)。有限责任股东被宣告禁治产时,不影响其股东身份(同法第284条第1款)。在没有其他规定的情况下,破产股东退出公司(同法第218条)。

三、有限公司

(一)有限公司的概念

有限公司是指将全体股东出资组成的资本均分成股份,股东按照认购的股份承担缴纳义务,在出资范围内承担有限责任,对公司债权人不承担任何义务的公司形态。有限公司在股东有限责任这点上与股份公司类似,在组织运营上拥有广泛的自治权,这点与人合公司类似。有限公司适合于相对少数投资者参与的小规模中小企业,在实际中应用得并不广泛。合资投资公司和外国公司的韩国分支机构较多采用这种公司形态。

有限公司与股份公司相比较有以下差异。有限公司只适用发起设立;发起人即是股东,出资、章程、公司机构设立同时进行;不要求设立过程;有设立无效之诉和设立取消之诉;股份不能发行证券;向股东以外第三人转让股份的,需经股东会特别决议同意;股东在确定的出资义务之外,增加资本时有追加投资义务;对董事人数和任期没有限制;没有董事会和法定代表人制度;只有在章程有规定时才设立监事;增加资本必须经股东会特别决议,并且需变更章程;禁止公募;不能发行债券;不需要公告资产负债表。

(二)有限公司的设立

有限公司只允许使用发起方式设立。有限公司中没有发起人制度,股东起到事实上的发起人作用。设立程序基本上是准备设立有限公司的股东制作章程,按照章程规定的程序履行出资后进行设立登记。股东按照章程中设定的股份数额认缴出资并登记。章程必须记载的事项有：①目标、商号、股东的基本情况；②资本金总额；③每股金额；④各股东股份数；⑤公司地址（《韩国商法》第 543 条）。

《韩国商法》赋予有限公司广泛的自治权，法定代表人、监事、股东会召开时期、股东决议等内容都是章程上的任意记载事项（同法第 562 条第 2 款、第 568 条第 1 款、第 571 条第 2 款、第 575 条）。章程没有设定初任公司董事的，公司应当在设立前召开股东会选任（同法第 547 条第 2 款）。公司设立前由董事督促、执行股东的现金或实物出资（同法第 549 条第 1 款）。设立登记于出资程序完成后 2 周内完成（同法第 549 条第 1 款）。

根据资本充足原则，原则上在完成出资后才能进行设立登记。但现实中存在未完成出资而登记的情况。这时，公司设立当时的股东、董事、监事对公司承担未履行出资的连带责任（《韩国商法》第 551 条第 1 款）。

有限公司设立过程中存在瑕疵的，会产生未设立、无效、取消等三种结果。未设立是指未完成公司设立登记，中途夭折。这时适用返还原则，股东各自分担设立费用，鉴于这种情况不难处理，《韩国商法》对此没有规定。章程的必须记载事项不完整等是设立无效的原因，从公司设立起 2 年内股东、董事、监事可以提起设立无效之诉。股东意思表示瑕疵的公司设立、以加害债权人为目标的公司设立等是设立取消的原因，从公司设立 2 年内权利人可以提起公司设立取消之诉（《韩国商法》第 552 条第 1 款）。

（三）股东会

有限公司股东会是公司股东直接参与决定公司意思的机构。《韩国商法》规定公司的业务转让、竞业事项、章程变更等内容是需要股东会认可的事项（《韩国商法》第 576 条、第 567 条、第 397 条、第 584 条）。原则上公司董事召集董事会的召开，监事也可以召集临时股东会（《韩国商法》第 571 条第 1 款）。召集通知于会议 1 周前书面发给股东，经各股东同意也可以采取电子方式（《韩国商法》第 571 条第 2 款）。关于表决权，可以采取 1 股 1 权的方式，也可以采取按照股东 1 人 1 票的方式，也可以采取复数表决权的方式（《韩国商法》第 575 条）。

（四）董事

有限公司设置 1 名以上董事（《韩国商法》第 561 条）。《韩国商法》对董事的资格和任期没有限制。公司设置数名董事时，章程没有其他规定的，应当由过半数董事决定公司业务的执行（《韩国商法》第 564 条第 1 款）。公司设立前章程中没有设定董事的，应当由股东会选任董事。董事既是公司业务的执行机构也是公司的代表机构。

董事承担善管注意义务、自我交易限制义务、竞业禁止义务。同时，董事还承担损害赔偿责任、资本充实责任，股东还享有代表诉讼权和留止请求权等。

（五）监事

因为有限公司大部分是小规模公司，公司股东即可以监视公司的业务。因此，监事属于有限公司的任意设置机构，只有章程规定时才设置监事（《韩国商法》第 568 条第 1

款)。原则上监事由股东会选任(《韩国商法》第 570 条准用第 382 条),章程也可以规定初任监事。

四、有限责任公司

(一)有限责任公司的概念

有限责任公司于 2011 年修订《韩国商法》时引进,是全部由承担有限责任的股东构成的公司形态。从内部关系上看,与合名公司和合资公司一样具有合伙的性质,《韩国商法》在规定有限责任公司内部关系时适用关于合名公司的规定(同法第 287 条准用第 18 条)。从外部关系上看,股东承担有限责任。

可以将有限责任公司理解成处于人合公司和资合公司的中间形态。首先,股东全部由有限责任股东构成,从保护债权人观点看,要确定公司是否有实际资产。不接受信用和劳务出资,而且要求股东实际履行出资责任(《韩国商法》第 287 条之 4)。其次,有限责任公司在业务执行、股权转让、损益分配、入股退股等方面反映出人合公司的特性。

因为有限责任公司具有人合公司特性,IT 等人合属性较强的公司为了吸引具有优秀经营能力或技术能力的人加入可以选择这种公司形态,章程可以灵活确定他们的出资比例,充分地分配给他们权限和公司收益。有限责任公司可以像合伙形态企业一样认定股东出资,同时认定他们的有限责任。

(二)有限责任公司的设立

设立有限责任公司时,需有股东制定章程履行出资并履行设立登记程序(《韩国商法》第 287 条)。《韩国商法》对股东数没有限制,1 人也可以成立有限责任公司。章程需记载下列事项:①目标、商号、股东基本信息、公司地址、章程制定日期;②股东出资的目标和价额;③资本金数额;④业务执行人姓名(是法人时,法人的名称)及地址(《韩国商法》第 287 条之 3)。

有限责任公司除现金和财产之外不接受信用和劳务出资。这是为了防止滥用有限责任公司的出资制度。股东在制定章程后,进行登记之前应当全部完成出资。实物出资的股东在缴纳期限内应当将资产转移给公司,需登记等权利转移或设定权利的,应当履行完相关程序并交付给公司(《韩国商法》第 287 条之 4)。

(三)有限责任公司的内部关系

有限责任公司不设股东会、董事会、监事等内外业务执行机构,公司业务由章程规定的业务执行人担任。业务执行人可以是股东,也可以是选任的其他人。业务执行人是复数的,各自执行公司的业务,并承担相应的权利义务。章程规定 2 人以上共同业务执行人时,没有全体共同业务执行人的同意不能执行业务(《韩国商法》第 287 条)。非业务执行股东享有对业务执行人的监督权。股东可以对业务执行人提起股东代表诉讼(《韩国商法》第 287 条之 22)。拥有公司代表权的业务执行人在执行业务过程中造成他人损害的，与公司连带承担赔偿责任(《韩国商法》第287条之20)。

(四)有限责任公司的外部关系

业务执行人拥有公司代表权。业务执行人是复数的，经章程或全体股东同意可以确定代表公司的业务执行人，也可以确定由业务执行人共同代表公司。在公司与包括业务执行人在内的其他股东之间发生诉讼没有代表公司的人时，应当由其他股东过半数决议选定代表公司的股东(《韩国商法》第287条之21)。

五、外国公司

(一)外国公司的概念

《韩国商法》上没有对外国公司作出专门的定义。一般认为外国公司是根据公司所属国设立准据法为基准设立的法人，或与公司类似的组织。以设立准据法为基准区别是国内公司还是外国公司。

外国公司在韩国经营时，需确定在韩国的代表人和经营场所，代表人中1人以上要在韩国有住所。这时，该外国公司的经营场所的设置参考韩国同种类公司或最类似公司的分支机构设立方法进行设立登记(《韩国商法》第614条)。

外国公司在经营场所所在地未将代表人、经营场所等内容登记之前不能进行连续交易。违反上述规定的，进行该交易的行为人与公司连带承担责任(《韩国商法》第616条)。

外国公司在适用法律时，除法律有特别规定之外，将其视为在韩国设立的同种或最类似公司(《韩国商法》第621条)。

(二)类似外国公司

即使是在外国设立的公司，但公司总部设置在韩国，或以在韩国经营为主要目标的，该公司与在韩国设立的公司一样适用韩国法律(《韩国商法》第617条)。

专有名词*

ㄱ

가격조정　价格调整

가장납입(납입가장)　虚假出资

가장납입죄(납입가장죄)　虚假出资罪

가처분　行为保全措施 / 行为保全

가치평가　价值评估

간이영업양수　简易企业受让

간이합병　简易合并

간접손해　间接损害 / 间接损失

감사(위원회)　监事(委员会)

감시의무　监视义务 / 监督义务

개업준비행위　开业筹备行为

거래보호조항　交易保护条款

검사인　监察人(inspector)[1]

견금　过桥出资 / 过桥借款出资

결의　决议

겸직금지　兼职禁止

경업금지　竞业禁止

---

* 专有名词这一部分原文是索引。考虑到法律专有名词一直是中韩法律界人士比较纠结的问题。这里按照索引原文翻译出来,标题改为“专有名词”,以供专业人士参考。下面的脚注是为了便于读者理解作出的说明。

〔1〕 与监事不同,监察人是以调查股份公司或有限公司的设立公司、发行新股、非货币出资等行为以及业务和财产状态为职务的临时性监察机关。监察人根据选任的目标不同,其机能也不同,一般限定于对董事或发起人所进行的程序或执行业务的合法性和结算结果的监察和报告。只在特别情况下选任。选任的形态有法院选任(《韩国商法》第298条、第582条),创立大会或股东大会、股东会选任(同法第367条)。

경영권방어　管理防御 / 控制权防御（managerial entrenchment）（可根据个人习惯）

경영판단원칙　经营判断原则

계약에의한주식의양도제한　合同上的股份转让限制

공개매수　要约收购（takeover bid/tender offer）

공동대표이사　共同法定代表人[1]

공모　公开募集

공정증서원본부실기재및동행사죄　骗取证照及使用罪[2]

교부금분할합병　交付金分立式合并

교부금주식교환　交付金换股

교부금합병　交付金合并

구상권　追偿权

기명주식　记名股

기밀유지계약　保密合同

기업가치의평가　企业价值评估

기준일　基准日

ㄴ

납입가장죄（가장납입죄）　虚假出资罪

납입금보관증명서　股款缴付（缴纳）保管证明书

납입의무*　缴付义务 / 缴纳义务

내부감사　内部审计 / 内部监查（internal audit）

내부통제　内部管理（internal control）

ㄷ

단독대표행위　单独代表行为

단순분할　单纯分立[3]

대항력　抗辩力

대리권증명서면　代理权证明书

대리비용　代理费用

대표권　代表权

---

〔1〕 韩国商法规定可以选举数人担任公司的法定代表人（同法第 389 条第 2 款）。

〔2〕 该行为是指向国家机关提供虚假事实或虚假材料骗取证照的行为。

〔3〕 与公司合并无关的公司分立。

——의남용　之滥用
——의제한　之限制
대표소송　代表诉讼
——남송방지　防止滥诉 / 滥诉防止
——소송비용　诉讼费用
——이중대표소송　双重代表诉讼
——화해　和解
대표이사　法定代表人
——공동대표이사　共同法定代表人
——표현대표이사　表见法定代表人
——의해임　之解聘
——행위　行为
대표집행임원　法定执行高管
등기　登记
등록질　登记质权

ㅁ

매수청구기간　收购请求期间
면제　免除 / 豁免
면책력　免责力 / 免责能力
명부상주주(명의주주)　名册上股东(名义股东)
명의개서　更名 / 过户
——의부당거절　之不当拒绝
——의해태　之懈怠
명의차용자　名义借用人
모집설립　募集设立
무기명주식　无记名股票
무상감자　无偿减资
무증자합병　无增资合并
물적분할　派生分立 / 存续分立[1]

〔1〕 有翻译成“物的分立”的意见，但检索国内使用情况，只在与日本法相关论文中使用，因此建议使用派生分立或存续分立。

ㅂ

발기설립　发起设立

발기인　发起人

발기인조합　发起人合伙 / 发起人协议[1]

배당가능이익　可分红营利

법령위반행위　违反法令行为

법인격부인의법리　法人格否认法理

법인격의남용　法人格滥用

법인격형해화　法人格形骸化

변태설립사항　非货币出资设立事项[2]/ 变形设立事项

변호사보수　律师报酬

보통결의　普通决议

부당제소　不当起诉

부분적포괄승계　部分性“一揽子”承继

부실등기　虚假登记

분리선출방식　分别选举方式

분할합병　分立合并

분할회사　分立公司

비등기이사　非登记董事

비상장주식의평가　非上市股评估

비용청구권　费用请求权

ㅅ

사실상영향력　实际影响力

사실상이사　实际董事

사외이사　独立董事

사외이사후보추천권　独立董事候选人推荐权

사외이사후보추천위원회　独立董事候选人推荐委员会

사채관리회사　公司债管理公司

사채권자집회　公司债债权人会议(集会)

---

〔1〕 韩国的发起人协议,具有合伙组织性质,不因公司设立而消灭,与成立后的公司并存。根据具体行文使用发起人合伙或发起人协议。

〔2〕 非货币出资设立事项,记入章程才具有效力(《韩国商法》第 290 条)。

사채의가치평가　公司债的价值评估
사채의발행　公司债发行
사후설립　事后设立
삼각분할합병　三角分立合并
삼각주식교환　三角换股/三角股权交换
삼각합병　三角合并
삼성전자대표소송판결　三星电子代表诉讼判决
상장회사　上市公司
상호보유주식(상호주)　交叉持股/交叉持有股权
상호속용　商号承继使用
서면결의　书面决议
서면투표　书面投票/书面表决
선관주의의무　善管注意义务
선의취득　善意取得
선행조건　先行条件
설권증권　设权证券
설립등기　设立登记
설립비용　设立费用
설립중의회사　设立中的公司
소규모영업양수　小规模企业受让〔1〕
소규모주식회사　小规模股份公司〔2〕
소규모합병　小规模合并〔3〕
소급효　溯及力
소송물　诉讼标的物/诉讼标的
소수주주축출　挤出(排挤)小股东
소집의철회와연기　召集的撤回与延期
소집장소　召集场所
소집절차　召集程序
소집지　召集地
소집통지　召集通知

〔1〕 这里的小规模是指股权转让时涉及的股份比例。参考《韩国创业企业育成特别措施法》的规定。
〔2〕《韩国中小企业基本法》第2条、《韩国中小企业基本法施行令》第8条规定了小规模股份公司的具体条件。
〔3〕 这里的小规模是指发行新股或转移本公司股份的总数不超过公司发行股票总数的10%(《韩国商法》第527条第1款)。

손해배상책임　损害赔偿责任
승계회사　承继公司
시차임기제　交错任期制
신용공여의금지　授信禁止
신인의무　诚信义务
신주발행　新股发行
신주발행의무효　新股发行无效
신주인수권　新股认购权
신주인수선택권　新股认购选择权
실기주　更名过期股票
실질주주　实际股东

ㅇ

약식질　简易出质[1]
양해각서　备忘录
업무집행관여자　业务执行参与人
엄무집행지시자　业务执行指示人
에버랜드사건　Everland 事件(案)/爱宝乐园事件
역삼각합병　逆向三角合并/逆三角合并
연대책임배제절차　连带责任排除程序
열람등사청구권　查阅复制请求权
——이사회의사록　董事会会议记录
——주주명부　股东名册
——회계장부　会计账簿
영업양도　企业转让
——간이영업양수　简易企业受让
——소규모영업양수　小规模企业受让
외부감사　外部监事
우선주　优先股
위법배당　违法分红/违法分配股利
위법행위유지청구권　违法行为留置请求权
위임장　委任状/委托书

〔1〕 未进行登记的质押。

의결권　表决权
——대리행사　代理行权 / 代理行使
——대리행사의권유　表决权征集
——의불통일행사　之不统一行使
——의제한　之限制
——의위임　之委任 / 委托
의결권배제 · 제한주식　表决权排斥 · 限制股票
의안　议案
의안상정가처분　提交议案行为保全 / 提交议案行为保全措施
의장　议长 / 主席
——질서유지권　秩序维持权
의제　议题
이사　董事
——비등기이사　非登记董事
——사내이사　内部董事
——사실상이사　实际董事
——사외이사　独立董事
——이해관계없는이사　无利害关系董事
——- 일시이사　临时董事
——퇴임이사　退任董事
——표현이사　表见董事
——의보수　之报酬
——의선임　之选举 / 选任
——의손해배상책임　之损害赔偿责任
——의의무　之义务
——감시의무　监视义务 / 监督义务
——- 선관주의의무　善管注意义务
——신인의무　诚信义务
——충실의무　忠实义务
——의임용계약　之任用合同 / 聘用合同
——의종임　之任期终止
——의직무집행정지　之职务执行停止 / 停止执行职务
——의책임면제(제한)　之责任免除(限制)/ 免责(限制)
——의책임해제　之责任解除 / 解除责任

——의퇴임　之退任
——의해임　之解职 / 解任
이사회　董事会
——결의　决议
——결의사항　决议事项
——결의정족수　决议法定人数
——규정　规定
——소집　召集
이사회의사록열람등사청구권　董事会会议记录查阅复制请求权
이익배당　利润分红
이익충돌거래　利益冲突交易
이중대표소송　双重代表诉讼
이해관계없는이사　无利害关系董事
이해관계자　利害关系人
인적분할　新设分立
일괄선출방식　"一揽子"选举方式 / 整批选举方式 / 整体选举方式
일괄예탁제도　"一揽子"预托制度 / 整体预托制度
일반공모증자　一般公募增资
일시이사　临时董事
1 인주주　一人股东
1 인회사　一人公司
1 주 1 의결권원칙　一股一权原则 / 股权平等原则 / 股东平等原则
임무해태　职务懈怠
임시의장　临时议长 / 临时主席
임시주주총회소집청구권　临时股东大会召集请求权
임시주주총회소집허가　临时股东大会召集批准
임원　高级管理人员 / 高管
임원배상책임보험　高级管理人员赔偿责任保险 / 高管赔偿责任保险

ㅈ

자격수여적효력　资格赋予效力
자기거래　董事等与公司交易[1]

〔1〕《韩国商法》第 398 条对这里的"董事等"的人员范围作了具体规定。

자기거래금지　董事等与公司交易禁止
자기주식　库存股 / 本公司股份
자기주식취득　库存股取得 / 本公司股份取得
자본금　资本金
자산양도　资产转让
잔여청구권자　剩余财产请求权人
재량기각　裁量驳回〔1〕
재무제표　财务报表
재산인수　财产受让
적대적기업인수　敌意收购
전자등록제도　电子登记制度
정관　章程
정관에의한주식의양도제한　章程限制的股份转让
정관의작성　制定章程
정당한사유없는해임　无正当事由之解任
제 3 자에대한손해배상책임　对第三人的损害赔偿责任
제소기간　起诉期间
제한　限制
종류주식　种类股〔2〕
종류주주총회　种类股股东大会
주권　股票
주권불소지　不持有股票 / 不持有书面股票〔3〕
주금납입취급은행　股款缴付银行
주식　股份
——기명주식　记名股
——무기명주식　无记名股
——무의결권주식　无表决权股
——배당우선주　分红优先股

〔1〕 提起决议取消之诉时，法院考虑决议的内容、公司的现状和各种情况，认为该诉讼不合适的，可以驳回诉讼请求［《韩国商法》第 379 条（法院根据裁量驳回请求）］。

〔2〕 公司可以发行营利分红、剩余资产分配、股东大会表决权行使、可赎回和转换等内容不同的种类股（《韩国商法》第 344 条第 1 款）。

〔3〕 除章程另有规定外，股东可向公司申请不持有书面股票。公司在股东申请后应立即将不发行书面股票的意思记载于股东名册和副本上，将该事实通知股东。这时，公司可以不发行书面股票（《韩国商法》第 358 条之 2 第 1 款、第 2 款）。

——상환주식　可赎回股
——전환주식　可转换股
주식교환　换股
——교부금주식교환　交付金换股
——삼각주식교환　三角型换股
주식매수선택권　股份认购选择权
주식매수청구권　股份认购权
——매수청구기간　认购请求期限
주식배당　股份分红
주식병합　股份合并
주식양도　股份转让
——의자유　之自由
——의제한　之限制
주식양수도계약　股份转让受让合同
주식의가치평가　股份价值评估
주식의담보　股份担保
주식의상호소유　相互持股 / 交叉持股
주식의이중양도　股份的双重转让
주식이전　股份转移
주요주주　主要股东
주의의무　注意义务
주주　股东
——명의주주　名义股东
——실질주주　实际股东
——1 인주주　一人股东
——주요주주　主要股东
——최대주주　最大股东
주주간계약　股东协议
주주명부　股东名册
——열람등사청구권　查阅复制请求权
——의대항력　之对抗力 / 抗辩力
——의면책력　之免责力 / 免责能力
——의효력　之效力
주주유한책임　股东有限责任

주주의질문권　股东质询权
주주이익　股东利益
주주제안권　股东提案权
주주총회　股东大会
——결의　决议(表决)
——결의무효확인의소　确认决议无效之诉
——결의부존재확인의소　确认决议不存在之诉
——결의취소의소　取消决议之诉
——결의취소의소의재량기각　取消决议之诉的裁量驳回
——결의하자　决议瑕疵
——보통결의　普通决议
——특별결의　特别决议
——특수결의　特殊决议
——의권한　之权限
——의소집　之召集
——의소집철회와연기　之召集撤回与延期
——참석장　出席通知/出席证[1]
주주평등의원칙　股东平等原则
준법감시인　合规经理/合规监察人/合规监察主任(compliance officer)
준법지원인　合规监督人
준법통제기준　合规控制基准
준비금　准备金
중요한자산의처분　重大资产处分
증권관련집단소송　证券集团诉讼
지명채권의양도　指名债权[2]之转让
직무대행자　职务代行人
직무집행대행자　职务执行代行人
직접손해　直接损害(损失)
진술및보장　陈述与保证
집중투표제　累积投票制
집행임원　执行高管

[1] 韩国的出席证不仅具有证明出席资格的功能,还具有投票的功能。
[2] 指名债权是债权人特定的普通债权。

ㅊ

차입매수　借款收购

참석장　出席通知 / 出席证

창립총회　创立大会

채권자보호절차　债权人保护程序

채무초과회사　资不抵债公司

책임면제　免除责任 / 责任免除

책임제한　责任限制 / 限制责任

책임해제　责任解除 / 解除责任

최대주주　最大股东

충실의무　忠实义务

ㅌ

타인명의에의한주식인수　以他人名义收购股份 / 以他人账户收购股份

퇴임이사　退任董事

특별결의　特别决议

특별이해관계인　特别利害关系人

특수결의　特殊决议

ㅍ

포이즌필　毒丸

표현대리　表见代理

표현대표이사　表见法定代表人

표현이사　表见董事

ㅎ

합병　合并

——교부금합병　交付金合并

——무증자합병　无增资合并

——역삼각합병　反向三角合并 / 逆三角合并

——역합병　逆(反)向合并

——합병무효사유　合并无效事由

——합병무효의소　合并无效之诉

——합병비율　合并比率

——합병비율의불공정　合并比率不公正
해직보상금　解职补偿金
현물출자　实物出资
형성소송　形成之诉
확약　约定（covenant）
확인소송　确认之诉
회계장부열람등사청구권　会计账簿查阅复制请求权
회사기회유용　篡夺公司机会
회사분할　公司分立
——교부금분할합병　交付金分立合并
——삼각분할합병　三角型分立合并
——삼각합병　三角合并
회사에대한손해배상책임　对公司的损害赔偿责任
회사의권리능력　公司的权利能力
회사의설립　公司设立
——모집설립　募集设立
——발기설립　发起设立
——발기인　发起人
——설립중회사　设立中的公司
회사의영리성　公司的营利性
회사의정치헌금　公司的政治捐款
회사이익　公司利益
회의의목적사항　会议目的事项 / 会议目的

跋

从国内辞去公职到韩国留学至今已有18年，取得博士学位到大学任教至今也有8年多时间了。尽管如此，仍自感很多方面没有了解韩国。过去，韩国被认为是亚洲四小龙之一，其在经济发展与民主法治方面有很多成功的经验。中国政府也曾派遣公务人员到韩国学习他们的成功经验。但是，辉煌的成就外表很容易掩盖制度本身造成的负面结果，不深入其中很难了解各种弊端的成因。

在攻读博士学位期间，一直有个愿望，想把韩国的一些成功和失败经验介绍到中国，希望能为中韩之间的法律交流尽一份微薄之力。翻译本书就是源自当时的想法，也可以看作本人在努力成为学者的过程中一个积极的尝试。

本书的翻译团队基本都是先后就读、毕业于韩国首尔大学法学院商法专业的中国留学生。翻译团队成员自感毕业后疏于学习，即邀请首尔大学法学院金建植教授作指导，并于2016年12月成立了公司法学习小组。小组成员定期发表学习体会，或把各自在实务中遇到的问题拿出来共同讨论。经过一年的活动，成员们感于效率不高，经商金建植教授同意，遂于2017年底开始共同翻译本书。

本书的共著者几乎都是翻译成员的导师或毕业论文审查委员。成员们本着报答恩师和母校的立场，完全义务性参与翻译工作。这里需要说明的是，公司法学习小组还包括金声子、金银玉、金仲富律师，他们都对本书的翻译作出了各种努力，但最终因工作繁忙没能参加最后的翻译工作。翻译工作都是成员利用业余时间完成的，特别是在职律师们，在繁忙的工作之余，利用节假日时间参与翻译，付出了艰辛的努力。在此，对持续给予无限关怀的恩师金建植教授和参与翻译的团队成员表示衷心的感谢。

2019年11月

译者代表　张珍宝